W0060507

T. R. Fehrenbach

Die Comanchen

Zerstörung einer Kultur

**Fackel
träger**

Die amerikanische Originalausgabe
erschien unter dem Titel
Comanches
The Destruction of a People
im Verlag Alfred A. Knopf, Inc.
© 1974 by T. R. Fehrenbach

Die deutsche Erstausgabe erschien 1975
im Fackelträger-Verlag.

Übersetzung: Heidi Berlitz und Volker Bradke

Die Deutsche Bibliothek - CIP-Einheitsaufnahme
Fehrenbach, Theodore R.:
Die Comanchen:
Zerstörung einer Kultur/T. R. Fehrenbach.
[Übers.: Heidi Berlitz und Volker Bradke]. –
Hannover: Fackelträger-Verl., 1992
Einheitssacht.: Comanches ‹dt.›

© für alle deutschsprachigen Rechte:
1992 by Fackelträger-Verlag GmbH, Hannover
Umschlaggestaltung: Liselotte Lüddecke,
unter Verwendung eines Photos von Adolph F. Muhr
(das Mitglied des Kiowa-Stammes Two Hatchet, 1898)
Gesamtherstellung: Mohndruck, Gütersloh
Printed in Germany 1992
ISBN 3-7716-1556-9

WYOMING

NEBRASKA

IOWA

COLORADO

ARAPAHOS

PAWNEES

MONTANA

KANSAS

CHEYENNES
Bent's Fort
(1829)

STRASSE NACH SANTA FE

PLATTE RIVER

MISSOURI RIVER

ARKANSAS RIVER

RIO GRANDE

UTES

Taos

YAMPAHREEKUH

NORTH CANADIAN RIVER

CIMARRON RIVER

OKLAHOMA

ARKANSAS RIVER

OSAGES

Santa Fe
(1609)

CANADIAN RIVER

KIOWAS UND
KIOWA APACHEN

KUHTSOO - EHKUH

CANADIAN RIVER

ARKANSAS

KWERHAR-
REHNUN

LLANO ESTACADO

Old Spanish
Fort (C.1750)

NEU MEXICO

COMANCHERÍA

NAWKOHNEE

RED RIVER

TAHNEEMUH

LOUISIANA

TEHNAWA

CADDOANS (HASINAI)

SABINE RIVER

RIO PECOS

COLORADO RIVER

WACOS

COMANCHEN PFAD

PEHNAHTERKUH

TEXAS

RIO GRANDE

COMANCHEN PFAD

SAN SABA RIVER

TRINITY RIVER

TONKAWAS

BRAZOS RIVER

LIPAN
APACHEN

EDWARDS
PLATEAU

CHIHUAHUA

(RIO BRAVO DEL NORTE)

BALCONES ESCARPMENT

San Antonio
(1718)

SAN ANTONIO RIVER

LIPAN
APACHEN

NUECES RIVER

KARANKAWAS

M E X I C O

COAHUILTEGANS

Laredo
(1755)

Golf von Mexico

COAHUILA

RIO GRANDE

NUEVO
LEON

TAMAULIPAS

COMANCHERÍA

- - - Comanchería 1750 – 1840

0   Meilen   300

palladus

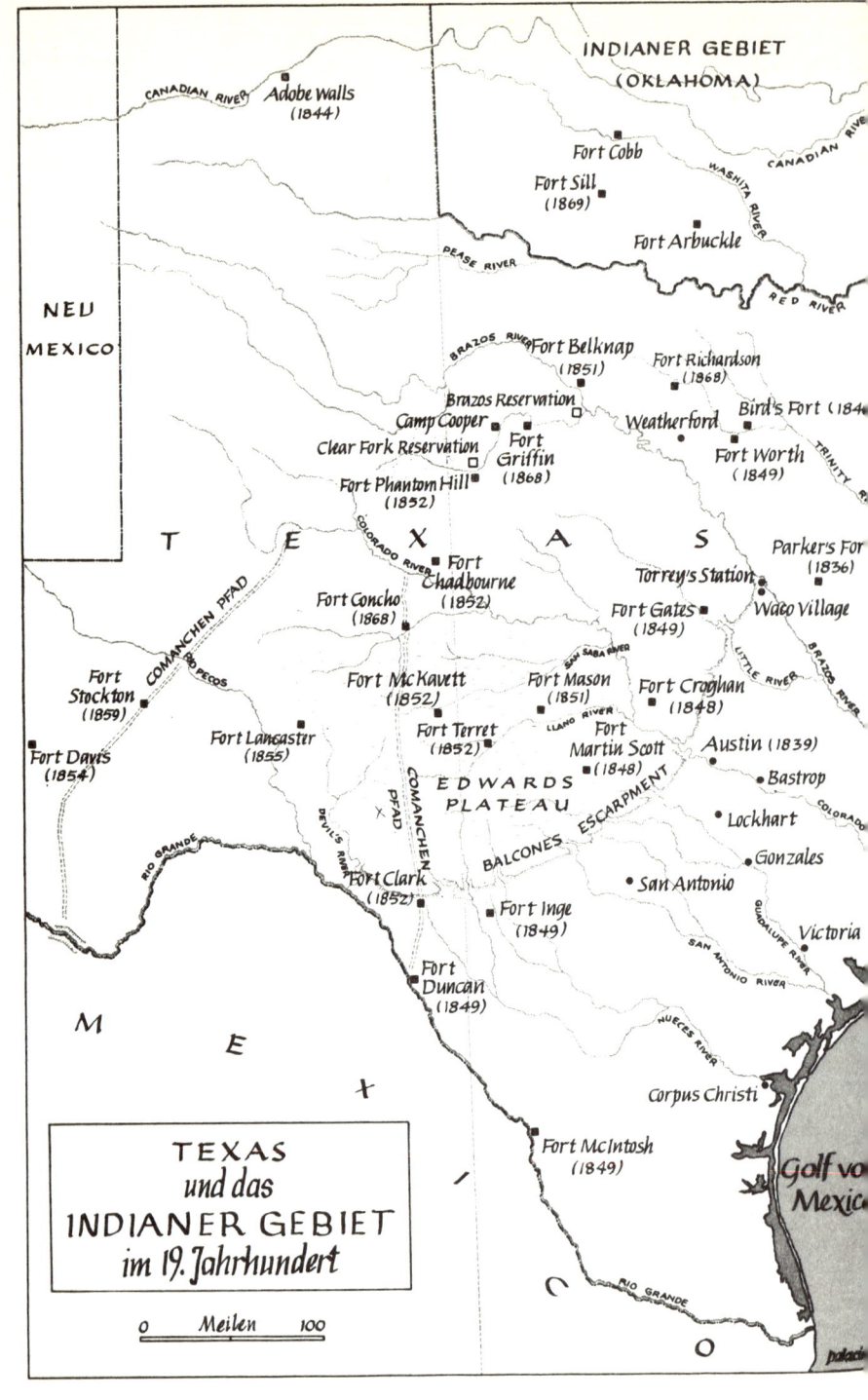

INDIANER GEBIET (OKLAHOMA)

NEU MEXICO

CANADIAN RIVER — Adobe Walls (1844)

Fort Cobb
Fort Sill (1869)
Fort Arbuckle

WASHITA RIVER
CANADIAN RIVER
PEASE RIVER
RED RIVER

BRAZOS RIVER — Fort Belknap (1851)
Fort Richardson (1868)
Brazos Reservation
Camp Cooper
Weatherford
Bird's Fort (184
Clear Fork Reservation
Fort Griffin (1868)
Fort Worth (1849)
Fort Phantom Hill (1852)

T   E   X   A   S

COLORADO RIVER
Fort Chadbourne (1852)
Fort Concho (1868)
Parker's For (1836)
Torrey's Station
Waco Village
Fort Gates (1849)

TRINITY R.
LITTLE RIVER
BRAZOS RIVER

COMANCHEN PFAD
RIO PECOS

Fort Stockton (1859)
Fort McKavett (1852)
SAN SABA RIVER
Fort Mason (1851)
Fort Croghan (1848)

Fort Lancaster (1855)
Fort Terret (1852)
LLANO RIVER
Fort Martin Scott (1848)
Austin (1839)

Fort Davis (1854)
E D W A R D S P L A T E A U
Bastrop

COMANCHEN PFAD
DEVIL'S RIVER
X PFAD
BALCONES ESCARPMENT
Lockhart
COLORADO R

RIO GRANDE
Fort Clark (1852)
Fort Inge (1849)
San Antonio
Gonzales

M   E   X   I   C   O

Fort Duncan (1849)
SAN ANTONIO RIVER
GUADALUPE RIVER
Victoria

NUECES RIVER
Corpus Christi

Fort McIntosh (1849)

RIO GRANDE

Golf vo Mexic

TEXAS und das INDIANER GEBIET im 19. Jahrhundert

0   Meilen   100

Inhalt

NEMENE UND DIE AMERIKANER

Übersetzungen und Transkriptionen von Namen, Worten und Begriffen aus dem Sprachschatz der amerikanischen Indianer haben vielfach Verwirrung gestiftet. Die nordamerikanischen Sprachen, ob sie nun komplizierte Flexionsformen besitzen, wie beispielsweise der Nahuatl-Dialekt der Mexikaner, oder sich rein agglutinierend bilden, wie bei den meisten Algonkinindianern, entstammen Wurzeln, die sämtlichen indoeuropäischen Sprachen fremd sind. Die Sprachen der amerikanischen Indianer erweisen sich zumeist als so symbolträchtig, daß sie völlig unterschiedliche Übertragungen ins Spanische, Französische oder Englische erfordern. Zudem weisen die Dialekte der amerikanischen Indianer Laute auf, die für Angloamerikaner unaussprechlich sind. Jeder Europäer vernahm aus den Worten der Indianer etwas anderes. Viele Widersprüche wurden jedoch im Laufe der Zeit standardisiert.

Die ersten, die in das Land der Indianer eindrangen, wandten ein zwar grobes, doch recht brauchbares System zur Überlieferung der indianischen Worte an – sie umschrieben sie phonetisch entsprechend den Lauten ihrer Muttersprache. Lewis und Clark umschrieben auf ihrer Expedition die Kiowa als *Cay-au-wa*, doch wurde der Name bald nach wissenschaftlichen Gesichtspunkten in Kiowa umgewandelt (Webster: *Kâ'-i-gwŭ*), ein Wort, das die meisten Amerikaner nicht einmal mit Hilfe eines Wörterbuches aussprechen können. Das Übereinkommen *Kiowa* (KAY-uh-wuh), *Tonkawa* (TONK-away) und *Karankawa* (Kah-RAHNK-away) zu schreiben, kann man wegen der Einheitlichkeit nicht einfach ignorieren. Seltene Wörter, die noch nicht standardisiert sind, habe ich selbst dem Klang nach in unsere Schrift überführt.

Der Gebrauch von Websters phonetischer Umschrift oder des Internationalen Phonetischen Systems, wo sich der Leser mit Worten wie *hitän*, *puhakʌt* oder *Nʒmʒnə* abmühen müßte, hielt ich in dem Rahmen dieses Buchs für nicht sinnvoll.

Die schoschonische Sprachfamilie, der die Nemene angehörten, besitzt anders als das Englische oder alle indogermanischen Sprachen klangvolle Worte mit unregelmäßigen Vokallauten, langgezogen und gedehnt, die dem Englischen fremd sind. So gibt es das gerollte und das trällernde Zungen-*r* (r) und Verschlußlaute wie das *v* (β) und *t* (t̪). Für das amerikanische Ohr klingt eine schoschonische Rede wie Gesang, interpunktiert durch leise Explosionen.

Sprache wirkt auf das menschliche Bewußtsein zurück, das sie erschaffen hat. Der Verlust sprachlicher Besonderheiten verdeckt einen Großteil der Ursprünglichkeit eines Volkes. Es ging etwas von der Würde und der Legende jenes großen Athabaskenkriegers verloren, dessen mexikanischer

Name *Heh*-ROHN-*ee-moh* lautete – ein bei den Leuten des Südwestens vielgenannter Name, obwohl sie ihn niemals geschrieben gesehen hatten –, als er vom Fernsehen in Geronimo umgetauft wurde.

T. R. Fehrenbach

Nemene und die Steinzeitindianer

Menschen, die selten gefroren, selten geschwitzt, selten in Nässe und Feuchtigkeit gelebt haben; Menschen, die niemals wirklichen Hunger gelitten haben; Menschen, die zuversichtlich auf viele weitere Lebenstage und Lebensjahre hoffen dürfen – diesen Menschen muß die Begegnung mit einem Volk, das friert und schwitzt, das in Nässe und Feuchtigkeit lebt, das Hunger erleidet und kaum Hoffnung fürs Überleben von einem Tag zum anderen hat, eine Art existentiellen Schock verursachen ... Und doch hat dieses Volk Jahrtausende überlebt, und es war mit seinem Leben sogar glücklich. Nur die Europäer konnten nicht begreifen, ja sie fanden es unerträglich, daß ein solches Volk seine eigenen Götter, seine eigenen Sitten und Gebräuche, seine eigenen Speisen den Segnungen der europäischen Zivilisation vorzog. Aber gerade das hat das indianische Volk getan. Es hielt an seinen überkommenen Lebensformen fest. Und deshalb ging es unter. Aber mit seiner Standhaftigkeit bis in die letzten Kapitel der Tragödie seines Untergangs hat es sich das Anrecht auf ein nachhaltiges Gedenken erworben.

W. W. Newcomb

Soweit es sich geschichtlich zurückverfolgen läßt, haben sich die geistigen und seelischen Anlagen und Möglichkeiten des Menschen nicht gewandelt.

J. Frank Dobie

Ihre Pfeile sind zerbrochen, ihre Lebenskraft ist dahin. Die Lagerfeuer sind schon lange verlöscht. Sie leben nur noch in den Liedern und den Berichten derjenigen, von denen sie ausgerottet wurden. Wir aber müssen uns deshalb bemühen, wahr und gerecht ihr wildes, tapferes Leben zu schildern und uns der Tragödie ihres Untergangs bewußt zu bleiben.

Charles Sprague

Die Jäger, die aus Sibirien kamen

Vor Jahrtausenden, nur kurz nachdem sich die ersten Menschen aus Zentralasien in das noch subarktische Europa vorgewagt hatten, brachen andere Gruppen zum amerikanischen Kontinent nach Nordosten auf.

Wo in der Welt sich der Mensch herausbildete, ist wissenschaftlich noch heute ungeklärt, ebenso die physischen und psychischen Umwege, auf denen er im Laufe seiner Evolution zum Homo sapiens wurde, und welche Prozesse zur Herausbildung verschiedener Unterarten oder Rassen führten. Knochenfunde deuten darauf hin, daß der Geburtsort der Menschheit in den wildreichen Steppen Afrikas, das zur Eiszeit ein milderes Klima aufwies, zu suchen ist, doch lassen die unvollständigen Beweise keine eindeutigen Schlüsse zu. Ob sich der Homo sapiens einmalig entwickelte oder ob mehrere parallele Evolutionsstränge bestehen, also sich der Prototyp des Menschen an verschiedenen Orten – was die Rassenunterschiede erklären würde – herausbildete, bleibt unklar. Eine Tatsache jedoch scheint gewiß: Der Ursprung der Menschheit liegt nicht in der Neuen Welt.

Aus beiden Teilen Amerikas sind keinerlei Funde von Skeletteilen hochentwickelter Affen, Hominiden oder Urmenschen wie den Neandertalern bekannt. Die ältesten menschenähnlichen Relikte Amerikas weisen eindeutig menschliche Züge auf und bezeugen, daß zur damaligen Zeit sowohl der Gebrauch des Feuers als auch primitiven Werkzeugs bereits verbreitet war. Die unter den Kalkschichten gefundenen Schädel von Männern und Frauen lassen vermuten, daß die körperlichen sowie höchstwahrscheinlich auch geistigen Anlagen dieser Homines sapientes sich kaum vom Menschen unserer Tage unterschieden. Über andere Sachverhalte geben Knochenreste und erloschene Feuerstellen nur wenig Aufschluß; allerdings scheinen die Überbleibsel von einer langschädeligen Rasse mit ausgeprägtem Unterkiefer und platten, gebogenen Beinknochen, vielleicht einem australoiden oder protokaukasoiden Menschentyp, zu stammen. Diese Menschen, die auf den Hochebenen die Monster der letzten Eiszeit – das Mammut, den Urelefanten – jagten, lebten in Amerika schon vor wenigstens fünfzehntausend Jahren. Entweder starb dieser Menschentyp mit den massigen pleistozänen Tieren, von deren Fleisch er lebte, infolge drastischer Klimaveränderungen aus, als sich die glazialen Eismassen nach Norden zurückzogen, oder er wurde von Neuankömmlingen ausgelöscht oder ging in der neuen Rasse auf.

Jedoch waren alle, die auf den amerikanischen Kontinent vordrangen, Menschen im Sinne des Begriffs: Lebewesen von aufrechtem Gang, die gesellig lebten, die wenigstens die grundlegendsten Kenntnisse im Umgang mit Waffen, Werkzeug und Feuer besaßen und die Sprache und Symbole entwickelt hatten. Wahrscheinlich kamen diese Einwanderer über eine Landbrücke, die, da ein Großteil des Meerwassers im Eis gebunden war, Alaska und Sibirien verband, aus Asien, möglicherweise aus dem Altai-Gebirge. Selbst während der härtesten Perioden der letzten Eiszeit blieb dieser Landweg für Wanderer passierbar, und es gab an den südlichen Küsten zu jeder Zeit einige unvereiste Wege, die zum anderen Kontinent führten. Menschen, die mit Tierhäuten und Fellen bekleidet waren, die ihre Kinder und steinspitzenbesetzten Pfeile auf dem Rücken trugen, traten vor Jahrtausenden den langwierigen Marsch über diese Landbrücke an. Wenige von ihnen blieben in den unfreundlichen Nordregionen; der größte Teil verteilte sich über die Weiten des nordamerikanischen Kontinents und drang bis an die Ozeane vor. Einige kämpften sich sogar durch die Bergketten und Regenwälder Mittelamerikas, und ihre Lagerfeuer glimmten auch in der dünnen, eisigen Luft der Anden. Diese Invasion muß zwischen 10000 und 7000 vor Christus eingesetzt haben; in der Zeit um 5000 vor Christus war sie bereits in vollem Gange. Es kam in Nordamerika zu einer regelrechten Völkerwanderung, die noch anhielt, als europäische Abenteurer die Neue Welt entdeckten.

Die Rasse, die sich die menschenleere Urwildnis zu eigen machte, war klein, zäh, dunkelhäutig und unglaublich widerstandsfähig. Mit ihren Steinspitzenspeeren, Keulen, Äxten und Bohrern aus Stein oder Knochen kamen sie, um sich den menschenleeren Kontinent anzueignen. Sie besaßen gezähmte Hunde und brachten möglicherweise in der letzten Phase dieser Wanderung Pfeil und Bogen aus Asien mit. Sie jagten, aßen Samen, Früchte, Wurzeln und Beeren und lebten hauptsächlich von Frischfleisch. Um leben zu können, mußten sie unablässig andere Lebewesen töten. Unter diesen Bedingungen konnten sie sich kaum über die unmittelbare Subsistenz erheben; sie mußten nomadisieren, da sie trotz ihrer geringen

Zahl und der urtümlichen Waffen das Wild zu sehr dezimierten oder vertrieben.

Mit Pfeil und Bogen ausgerüstet, in Tierfelle gekleidet, lebten sie je nach Jahreszeit in Höhlen oder unter dichtem Buschwerk. Ihre Lebenserwartung lag um dreißig Jahre. Sie lernten zu denken, zu planen, zu organisieren; ihre schmerzlich gewonnenen Erfahrungen gaben sie von Generation zu Generation weiter. Und nicht zuletzt durch die verlängerte Phase kindlicher Hilflosigkeit unterschieden sie sich von den übrigen Lebewesen des Pleistozäns. Sie waren Mensch, der Jäger, Mensch, der Mörder – das gefährlichste ebenso wie das bewunderungswürdigste Wesen, das der Planet Erde in vier Jahrmilliarden hervorgebracht hatte. Sie lebten in Blutsbanden, Zehnergruppen von Jägern mit Frauen und Kindern; die Notwendigkeit der Kooperation zwischen den Banden und das absolute Verbot des Inzest – das älteste menschliche Tabu – waren ihnen bereits einsichtig. Diese Menschen waren nicht unschuldig aus dem Garten Eden hervorgegangen, sondern hatten sich in einem Jahrmillionen währenden Evolutionsprozeß zur klar abtrennbaren Spezies Mensch entfaltet.

Sie sammelten Nahrung, jagten, töteten, feierten Feste, paarten sich, starben und gebaren; vom Menschen unserer Tage unterschieden sie sich nur durch ihre Lebensumstände. Ihre Kenntnis der Welt und ihre handwerklichen Fertigkeiten waren primitiv, ihre Kultur dagegen überaus vielschichtig – wesentlich entwickelter und vielschichtiger, als die Angehörigen der westlichen Zivilisation noch vor hundert Jahren wähnten. Diese Menschen kannten Hoffnung, Angst, Ekstase, Liebe, Enttäuschung und Verzweiflung, doch ihre eigene Existenz und das Universum waren ihnen ein Rätsel. Sie bemühten sich, einen Sinn darin zu entdecken und die kosmischen Kräfte zu begreifen, die die Weltabläufe regelten, um sie gemäß ihren Bedürfnissen und Wünschen zu verändern; so stießen sie auf die Grundlage der Religion. Ihre symbolträchtige Sprache erwies sich als weitaus komplexer, als die Wissenschaft lange Zeit annahm; sie besaß phantasievolle Symbole, die nahezu jeden Gedanken, jedes Gefühl ausdrücken konnten. Sie kannten dieselben Freuden wie wir: Sonnenaufgang, Mondschein, prasselndes Feuer, fiebernde Jagdlust, sexuelles Glück, Geborgenheit – sie waren Menschen wie wir.

In Hautfarbe, Kopfform, Haar, Augenfarbe und Gestalt glichen sie den Mongolen oder Asiaten. Noch tausend Jahre nach ihrer Migration wiesen die Kinder dieser Rasse die typische mongolische Augenfalte auf. Doch ihr Lebensstil wandelte sich aufgrund der gewandelten Lebenssphäre und der Inzucht in den kleinen, isoliert lebenden Gruppen.

Diese räuberischen Menschen traten den Marsch in kleinen Banden an;

vereinzelt erreichten sie zu verschiedenen Zeiten unterschiedliche Orte. Trotz des Inzesttabus waren die Steinzeitmenschen Amerikas zur Inzucht gezwungen; gewöhnlich nahm ein Mann eine Cousine zur Frau. Dieser Faktor sowie sicherlich Veränderungen der klimatischen Bedingungen und der Umwelt formten die Indianer zu Menschen, die sich von ihrem Muttervolk in Asien grundsätzlich unterschieden und auch gewisse Differenzierungen untereinander in Größe, Hautfarbe und Gesichtsschnitt aufwiesen. Die Hautfarbe variierte zwischen Gelb und Kupferbraun, wobei letzteres in Nordamerika vorherrschte; doch hatten alle dunkles Haar und braune Augen, eine gewölbte Brust und schlanke Beine und ebenso wie ihre Vorfahren einen unbehaarten Körper. Insgesamt bildeten sie in der Neuen Welt eine neue Rasse.

Kolumbus, der 1492 meinte, auf dem westlichen Seeweg Indien erreicht zu haben, nannte diese Menschen *Indios* oder Indianer. Andere Spanier bezeichneten sie als *Colorados* oder Rothäute. In die Geschichte gingen sie als amerikanische Indianer ein. Sie selbst bezeichneten sich in ihren Sprachen immer nur als *Menschen* oder *Volk*.

Kolumbus war nicht der erste, der von Europa her Amerika und die indianische Urbevölkerung entdeckt hatte. Von Island aus hatten Normannen um 981 unter Erich dem Roten Grönland erreicht und im Südwesten eine Siedlung errichtet. Von dort aus sichtete Bjarn Herlufsson die Küste Nordamerikas, die 999/1000 von Leif, Erichs Sohn, betreten wurde. Die ersten Einwanderer aber waren Menschen, die aus Asien kamen.

Obgleich sich der amerikanische Kontinent keineswegs als paradiesisch erwies, überlebten die Indianer und breiteten sich aus. Die Schwierigkeiten lagen nicht in besonderen geographischen Faktoren, da der Kontinent jegliche klimatischen und landschaftlichen Bedingungen bot; auch an ihren eigenen Grenzen scheinen diese Menschen nicht gescheitert zu sein. Die amerikanischen Indianer waren zäh, tapfer und intelligent, doch scheint eine besondere Fügung von verschiedenen Faktoren sie gehindert zu haben, Entwicklungswege einzuschlagen, wie wir sie von anderen Rassen her kennen.

Ihre Einwanderung stand unter keinem glücklichen Stern. Nur eine geringe Zahl verstreuter, räuberischer Gruppen betrat den Kontinent und schlug unzählige verschiedene Wege ein. Ihre Isoliertheit, die Inzucht und Stammesunterschiede aufkommen ließ, die Härte des Lebens, die keine Schwäche duldete, führte auch zur kulturellen Inzucht, was die erstaunliche Vielfalt der kulturellen Entwicklung verschiedener Banden und Stämme erklärt. Um Christi Geburt wiesen die Nordamerikaner eine kulturelle Differenziertheit auf, wie man sie zur damaligen Zeit bei anderen primitiven Völkern nicht vorfand. Die amerikanischen Indianer setzten sich aus hundert, vielleicht sogar tausend verschiedenen Stämmen zusammen.

Als die Landbrücke in die Beringstraße versank, wurden die amerikanischen Indianer von den Entwicklungsströmungen und kulturellen Auffächerungen, die sich auf dem eurasischen Kontinent vollzogen, abgeschnitten – doch blieben sie in den bewaldeten Weiten Amerikas auch voneinander getrennt. Von der Alten Welt und untereinander blieben sie so lange isoliert, bis die Banden zu Horden und die Horden zu Stämmen angewachsen waren und die größeren Stämme sich zu primitiven Allianzen zusammenschlossen, die wiederum mit benachbarten Volksgruppen engen Kontakt pflegten. Im weitesten Sinne machten die unbegrenzten räumlichen Möglichkeiten die nordamerikanischen Indianer nicht frei: im Gegenteil, sie stellten sie vor Probleme. Im Rahmen der Steinzeit-Technologie förderten die Weite des Landes und die Mobilität seiner Bewohner die verschiedenartigsten Experimente, die sich zu kulturellen Verhaltensmustern verhärteten. Unterschiede wie ein oder zwei Kerben im Pfeilschaft sind unbedeutend, doch andere betreffen grundsätzliche Normen wie Moral, Tabus, Einstellung zu Verwandten und sexuelle Praktiken. Verwandtschaftsgrade, Gesetzesauffassung und Sozialordnung unterschieden sich wesentlich. Häufig wurden die Tabus eines Stammes für andere verbindlich und als Absolutum gesetzt. Jahrhundertelang blieben ähnlich den genetischen auch die kulturellen Grundlagen begrenzt; als endlich die Völker Amerikas Millionen zählten und daher räumlich aufeinander zuwuchsen, war es für eine kulturelle Vermischung zu spät.

Keine Menschengruppe ist kulturell konservativer als jene, die unmittelbar oberhalb der Subsistenzgrenze lebt und ständig von ethnischer Auslöschung bedroht ist. Obgleich die nordamerikanischen Indianer gesellig in Horden lebten, verhielten sie sich äußerst ethnozentrisch. Jedes Volk glaubte von sich, seine eigene Lebensweise sei die beste, seine Gesetze und Gewohnheiten seien »natürlicher« und »menschlicher« als die anderer.

Den schlagendsten Beweis hierfür liefert die ungeheure Sprachaufsplitterung, die im Gegensatz zur Entwicklung in Eurasien voranschritt: Mit Ausnahme der ugrofinnischen Enklaven haben sämtliche Sprachen der Alten Welt eine gemeinsame indogermanische Wurzel und teilen jahrhundertelang tradierte psychostrukturelle Gemeinsamkeiten und Weltsichten. Griechisch, Latein, Deutsch und Russisch gelten als linguistisch gleichen Ursprungs, wenngleich sich auch die Menschen dieser Sprachfamilie seit prähistorischen Zeiten nicht mehr miteinander verständigen konnten. Als die Europäer Amerika entdeckten, hatten die nordamerikanischen Indianer mindestens 140 Sprachgruppen hervorgebracht, die sich unabhängig voneinander entwickelten und von denen keine zwei einen gemeinsamen Stamm besaßen. Jede Sprache kannte einen anderen Ausdruck für »Vater« und »Mutter«, unterschied sich in Klang und Struktur. Die Hauptsprachstämme, wie unter anderem Uto-Aztekisch, Sioux, Caddo und Algonkisch, bestanden jeweils aus völlig voneinander abweichenden Dialekten. Da die nordamerikanischen Indianer nicht seßhaft waren, läßt sich kaum eine Sprachkarte rekonstruieren; überall bildeten sich Enklaven. Inmitten der Uto-Azteken lebte eine athabaskisch sprechende Gruppe; alte Sprachstämme wurden von neueren überlagert. Die schoschonischen Sprachen des Great Western Basin wiesen verwandte Züge zum Nahua der handfertigen Tolteken Mexikos auf; die Ute, Pajute und Schoschonen der Rocky Mountains hatten jedoch jeglichen kulturellen Bezug zu ihren früheren Verwandten verloren, die in den Süden abgewandert waren und die sieben Nahua sprechenden Stämme des alten Mexiko bildeten. Auch in Europa wäre ein derartiges Sprachgewirr entstanden, wenn Römer, Hethiter, Aramäer, Ägypter, Kelten, Germanen und Chinesen im mittelalterlichen Frankreich Seite an Seite gesiedelt und ihre kulturelle Eigenständigkeit bewahrt hätten.

Wie die Indianer waren auch die eindringenden Europäer überzeugt, daß menschliches Verhalten sich entlang bestimmter »natürlicher« Entwicklungsstränge Naturgesetzen gemäß herausgebildet habe. So sagten es Philosophie und Religion. Als die traditionellen Wertvorstellungen der Europäer in Frage gestellt und als engstirnig angefeindet wurden, suchte man nach ursprünglicheren, vielleicht biologischen Faktoren, die der gesamten Menschheit eigen waren. Aber das »natürliche« Verhalten der nordamerikanischen Indianer endete an den Stammesgrenzen. Die Unterschiede zwischen den Stämmen erwiesen sich als bedeutsam; matrilineare – die älteste Form – standen neben den häufigeren patrilinearen Ordnungen, wie sie sich auch im indogermanischen Raum herausgebildet haben. Daneben differierten die Sexualpraktiken erheblich. Bei einigen Völkern teilten sich die Verwandten in die Frauen, andere lebten in völliger Promiskuität. Die geringste Andeutung promiskuitären Verhaltens hätte dagegen bei vielen anderen Stämmen sofort zu einem Blutbad geführt.

Die heutige Vermischung der Indianerstämme ist ein Produkt der Reservate. Nach der Zerstörung ihrer Eigenständigkeit führten Unterwerfung und Unterdrückung zu Ehen zwischen Angehörigen verschiedener Stämme. Es ist eine bittere Ironie, daß die Einheit der nordamerikanischen Indianerstämme erst durch die Annahme der Sprache und Zivilisation des Weißen Mannes möglich wurde; die Ironie gipfelt darin, daß die Indianer in ihrem Überlebenskampf Moral und Gesetze der Weißen übernahmen.

Dennoch besaßen sämtliche amerikanischen Indianervölker von der Arktis bis zu den Anden eine relativ einheitliche Weltanschauung, die alle Sprachen und Kulturkreise durchdrang. Ihre kosmische Weltdeutung, die sie aus Asien mitgebracht hatten, suchte nicht Ursache und Wirkung miteinander zu verknüpfen, sondern ersetzte Wissenschaft durch Magie und empirische Untersuchung durch subjektive Erfahrung. Möglicherweise war in der Frühgeschichte die gesamte Menschheit in einer solchen Haltung befangen; ein Nachhall davon findet sich noch heute in allen Kulturen. Erst als sich die alten Griechen vorsichtig an die Gesetze von Ursache und Wirkung herantasteten und die Grundlagen für den wissenschaftlichen Rationalismus schufen, schwand der Aberglaube in Europa langsam.

Die präkolumbianischen Indianer unterschieden sich nicht nur auf der primitivsten Kulturstufe kraß, sondern setzten sich auch durch den Grad ihres kulturellen Fortschritts deutlich gegeneinander ab. Die Kluft zwischen der pyramidenbauenden mittelamerikanischen Kultur und den Pame sprechenden Primitiven der nordmexikanischen Wüstenregion oder zwischen den Erbauern und Bewohnern des phantastischen Palenque und Copán in Chiapas und Guatemala und den Blasrohr benutzenden Völkern des Regenwaldes war enorm. Aber auch die unzivilisierten Indianer Nordamerikas wiesen kulturelle Unterschiede auf, wenn auch dort keine »Kultur« im eigentlichen Sinne entstand: zwischen den Seneka an der Atlantikküste und den armseligen Diggers der westlichen Bergregionen; zwischen den vielbewunderten Cherokesen und den geplagten Coahuiltec der südtexanischen Küstenebene.

Im allgemeinen werden sämtliche Indianer über einen Kamm geschoren. Obgleich alle amerikanischen Indianer noch auf der Stufe der Steinzeitkultur lebten und *äußerlich* keine großen Unterschiede aufwiesen, ist diese Haltung falsch. Die Spanier fabrizierten die ersten beständigen Vorurteile über die Indianer – teils zufällig, teils im Dienste ihrer eigenen Interessen. Nach ihren ersten Erfahrungen mit den Indios der Karibik stempelten sie die Indianer als *gente sin razón*, als Primitive, ab, die europäisches rationales Denken nicht nachvollziehen konnten. Sie hielten stur daran fest, die Indianer seien unfähig, ihre eigenen Angelegenheiten zu regeln, obwohl sie den Gegenbeweis, die hochentwickelte soziale und architektonische Kultur der Azteken und Inka, doch deutlich vor Augen hatten. Indianer galten den Europäern *per se* als primitiv.

Im Bewußtsein der US-Amerikaner hat sich insbesondere das Bild der berittenen Plainsindianer erhalten, der letzten Stämme, die sich der endgültigen Eroberung des Kontinents widersetzten. Die sogenannte Plains-Kultur ist jedoch nur ein winziges Segment der Indianerkultur Nordamerikas.

Auch zeichneten sich die Plainsstämme weder durch Zahlenstärke noch durch besondere Fertigkeiten oder Kriegslust aus; sie waren einfach die bekanntesten. Doch selbst diese Stämme besaßen keine einheitliche Kultur. Die Kluft zwischen den Cheyenne und den Comanchen klaffte weiter als die zwischen Italienern und Schweden – die wiederum den Indianern alle gleich erschienen.

Seit der Migration aus Sibirien, besonders seit etwa 5000 vor Christi Geburt, verbreitete sich die Kluft zwischen den beiden Welten.

Es gibt keinen Grund anzunehmen, die Indianer hätten weniger an geistigem, physischem oder psychischem Potential besessen als jede andere Rasse. Als die ersten Indianer mit Speeren und Pelzen die endlosen Weiten durchquerten, waren Feuer, Werkzeuge und Kleidung überall bekannt, und sie hatten bereits mit der Domestikation verschiedener Tiere begonnen. Soweit bekannt, hatte aber noch nie ein Mensch Pflanzen angebaut, Brot gebacken, einen Tempel errichtet; und von Städten träumte man noch nicht einmal. Als die Indianer nach Amerika zogen, lebten alle Menschen als Jäger und Sammler, erlebten denselben Zyklus von Geburt und Tod.

Etwa 6500 vor Christi Geburt lernten die primitiven Völker des Nahen Ostens, wahrscheinlich im anatolischen Hochland, wilde Kornsamen zu sammeln und auszusäen. Bald züchteten sie verschiedene Kornarten und fügten die vegetarische Kost in ihren Lebensstil ein, ebenso wie die Tierhaltung. Kurz darauf – in prähistorischen Dimensionen – fand im Monsungürtel Asiens ein ähnlicher Durchbruch statt, die ersten Reisschößlinge wurden gesetzt. In den folgenden zweitausend Jahren fegte die neolithische Revolution – gegenüber der die industrielle Revolution nur als Phasenwechsel erscheint – über den gesamten eurasischen Kontinent. Wo Klima und Boden es gestatteten, begannen die Menschen zu säen und Felder zu bestellen.

Diese Revolution im agrarischen Bereich war die erste entscheidende Veränderung in der Geschichte der Menschheit. Durch Ackerbau und Viehzucht gewann der Mensch erstmalig eine gewisse Unabhängigkeit von seinen Umweltbedingungen; er war nicht mehr gänzlich den Launen der Natur ausgesetzt, er formte die Erde selbst. Obgleich das Diktat der Jahreszeit und die kosmischen Kräfte, die sich dem menschlichen Verständnis und seiner Kontrolle entzogen, weiterhin Schwierigkeiten bereiteten, hatte der Mensch einen Prozeß in Gang gesetzt, der Seßhaftigkeit, Zusammenleben in größeren Gruppen, Bevölkerungswachstum und Zukunftsplanung mit Erfolgschancen ermöglichte. Die noch dürftigen Hafer-, Gerste- und Weizenpflanzen, die während der periodischen Regenfälle im östlichen

Mittelmeerbereich sprossen, und die Reisfelder an den terrassierten Berghängen Asiens, die zu Beginn der Monsunzeit grünten, stillten nicht nur den Hunger der Menschen, sondern veränderten ihre Stellung gegenüber der Natur grundlegend.

Sämtliche über den Jägern und Sammlern stehenden Gesellschaftsformationen waren auf den Getreideanbau angewiesen. Die Entwicklung der Menschheit konnte ohne einigermaßen gesicherte, nahrhafte, lagerungsfähige Vorräte nicht weiter voranschreiten. Kein Jäger- oder Hirtenvolk, mochte es noch so intelligent sein und ausdauernd schuften, konnte die Zivilisation hervorbringen; es war höchstens in der Lage, den barbarischen Lebensstil etwas abzumildern, nicht aber fähig, ein komplexes Gesellschaftssystem mit fortgeschrittener Arbeitsteilung zu schaffen, das einige Mitglieder von der Produktion des Lebensnotwendigsten freisetzte. Da es mit dem Wild oder den Herden ziehen mußte, besaß es keine festen Wohnstätten, von städtischen Siedlungen einmal ganz abgesehen. Erst sichere Nahrungsvorräte – über den augenblicklichen Bedarf hinaus – ermöglichten Anfänge von sozialer Organisation, gezielter Naturbeobachtung, experimenteller Forschung und ließen die Gedanken über aktuelle Probleme hinausschweifen.

Das Alte Testament berichtet, wie sich die umherziehenden Stämme der Stadtkultur widersetzten. Doch Landwirtschaft bedeutete Macht, und einer neuen Technik, die Macht erzeugte, konnten sich die nomadisierenden Völker auf Dauer nicht widersetzen. Die Feldbestellung erforderte die Kenntnis des Kalenders, und die Bauern strebten danach, sich die mysteriösen Kräfte, welche ihnen Sonne, Regen und Frost bescherten, geneigt zu machen oder sie gar zu beherrschen. Sie schufen sich Götter, brachten Opfer, bauten Tempel. Gemeinschaften siedelten sich um Tempel nahe den großen Flüssen an, die ihre Felder bewässerten. Schon bald erlaubte der Überfluß der Felder soziale Differenzierung; Handwerker- und Priesterstand bildeten sich heraus. Die Bevölkerung teilte sich in erbliche Kasten, die die jeweilige ökonomische Funktion widerspiegelten. Die Freistellung von den elementarsten Verrichtungen gab den Priester-Ingenieuren die Möglichkeit, zu beobachten und zu planen; um die wichtigsten Tempel wuchsen Städte. Bereits im vierten Jahrhundert vor Christi Geburt hatten die Menschen in Mesopotamien auf den Zinnen einer früheren Kultur am Rande der arabischen Wüste um eine ehrfurchtgebietende Religion herum eine echte agrarische Zivilisation errichtet.

Diese Zivilisation besaß eine komplexe Sozialordnung, Schrift, Philosophie und erlesene Kunstwerke.

Als weitaus bedeutender sollte sich jedoch die Entdeckung einer mathematisch erfaßbaren Weltordnung durch die Sumerer erweisen, wo man früher nur zufälliges Chaos gesehen hatte.

Das Wesentliche dieser Zivilisation lag aber nicht in der Kunst oder Ordnung, sondern in der Macht: der Macht über die menschlichen Lebensbedingungen und der Macht über andere Menschen. Nur organisierte, zivilisierte Völker konnten Nahrungsmittelüberschüsse erzielen und sich selbst weiterbilden – trotz ihrer Aversionen erkannten auch die Barbaren dieses Faktum an. Wie oft auch Kain Abel erschlug, die Barbaren Babylon zerstörten, düstere Zeiten hereinbrachen – von den zentralen Erkenntnissen ging selten etwas unwiderruflich verloren. Aus der Zerstörung der minoischen Kultur wuchs Griechenland; die indogermanischen Barbaren, die Rom vernichteten, mühten sich tausend Jahre um den Wiederaufbau. Die Archäologen weisen immer wieder nach, daß viele Dinge unseres Kulturkreises dem fernen Babylon entstammen – weitaus mehr, als wir uns träumen lassen.

Die amerikanischen Indianer machten eine ähnliche Entwicklung durch, die allerdings erst später einsetzte. Ihre geringe Zahl, die enorme Isolation von der Alten Welt und voneinander in der Neuen, die Tatsache, daß in Amerika Zugtiere wie Pferde und Ochsen fehlten, behinderten den Entwicklungsprozeß, so daß ihnen erst um 2500 vor Christi Geburt der Durchbruch zum Ackerbau gelang. Mit Hilfe von Radiokarbonuntersuchungen datiert man die Mais- und Kornlager Neu-Mexikos auf diesen Zeitraum. Und was ihre Kunst, religiösen Bräuche und den Pyramidenbau betrifft, weisen die amerikanischen und die afroasiatischen Kulturen eindeutige Übereinstimmungen auf.

Ähnlich wie in Eurasien scheint sich auch in Amerika der Ackerbau unabhängig an zwei Orten herausgebildet zu haben: in den Golfregionen Mittelamerikas und an den Andenhängen auf der pazifischen Seite. Auch die Grundmuster der Prozesse gleichen einander: Jäger wurden seßhaft, um Korn anzubauen; sie entwickelten Kalender und Priesterschaften; die Bevölkerung sammelte sich in den fruchtbaren Gebieten und mußte sich sozial organisieren. Um die riesigen Tempel, die den kosmischen Kräften, den dämonischen Göttern geweiht waren, bildeten sich Städte. Wilde und Barbaren kämpften erbittert gegen die vordringende Zivilisation. Selbst innerhalb eines Gebietes und einer Sprachgruppe bestanden verschiedene Entwicklungsstufen nebeneinander.

Doch Amerika hinkte etwa viertausend Jahre hinter der europäischen Entwicklung her. Im Vergleich zu den mindestens Millionen Jahren menschlicher Evolution scheint diese Kluft von geringer Bedeutung, doch die agrarische Revolution beschleunigte die kulturelle Entwicklung, und Amerika hatte zu lange auf demselben Niveau verharrt, so daß es unweigerlich zurückfiel.

Im Dschungel Mittelamerikas betrieben Indianer Brandrodung, sie bohrten Löcher mit dem Pflanzstock, legten den Samen des heimischen Guatemalagrases und den gottgegebenen Mais oder Korn hinein und beteten um Regen. Sie erbauten Schutzhütten und wurden in kleinen Orten seßhaft; ihre Zahl wuchs. Um die saisonale und klimatische Abhängigkeit, die ihr Leben beherrschte, abzubauen, erfanden sie Kulte, die sich verselbständigten und nun ihrerseits das menschliche Bewußtsein völlig beherrschten. Die Kulte brachten Priester, Zauberer und Techniker, Erbclans und Kasten hervor, und Elitegruppen begannen mit der Schaffung einer exotischen Zivilisation. In den gleichen Breitengraden, nur auf fruchtbareren Böden als in der Alten Welt, errichteten sie Pyramiden, und um die Tempel bildeten sich riesige Gemeinwesen. Sie schufen sich dämonische Götter, die sie mit Gehorsam, Opfer, Tanz, Musik, besonderen Riten und Menschenblut freundlich zu stimmen suchten. Friedliche Zivilisationen mit unzähligen zeremoniellen Regeln entfalteten sich, überstanden Schicksalsschläge und Naturkatastrophen, starben dahin und regenerierten sich. Kämpferelten ersetzten die herrschende Priesterschaft oder schlossen sich ihr an. Unter der Oberherrschaft einiger Völker, deren letzte die Inka und Azteken waren, schufen sie Staaten und Reiche.

Die Kulturen der Indianer Mittelamerikas mit der Maya- und den aztekischen Kulturen und die der südamerikanischen Inka beweisen einen hohen Entwicklungsstand und können sich durchaus mit den afroasiatischen messen. Doch bereits die Anfänge lagen um Jahrtausende zu spät; Amerika konnte den Vorsprung Eurasiens nicht aufholen.

Als die ägyptischen Pyramiden schon sehr alt waren, entstanden erste ärmliche Lehmdörfer an den sumpfigen Ufern der mexikanischen Seen; zu Beginn der Naturwissenschaft im Hellenismus beherrschten seltsame Zauberer mit Masken und absonderlichen Riten die Dörfer Amerikas; sie richteten Jungfrauen hin und düngten die Felder mit dampfendem Menschenblut. Als aus Lehmziegeln die ersten indianischen Pyramiden entstanden, als in Mexiko und Peru echte Kulturen heranwuchsen, war Rom bereits der Agonie nahe.

Diese Kluft konnte auch deshalb nicht geschlossen werden, weil die menschliche Entwicklung in beiden Welten ähnliche Zyklen durchlief. Das große Teotihuacán der mexikanischen Hochebene erfuhr seine *Götterdämmerung*; es wurde ausradiert, abgebrannt und begraben wie das einst mächtige Ninive. Der Regenwald verschlang das berühmte Palenque und Copán; ihre Erbauer verschwanden wie die Schöpfer der verlassenen

Indus-Kulturen. In beiden Welten strömten von Norden Barbaren in das Land ein, töteten und zerstörten alles, ließen sich nieder und begannen von neuem. Es ging zwar nichts Grundlegendes verloren in diesen Interregna der Gewaltsamkeit, aber aufgrund des gleichen Verlaufmusters von Verfall und Wiedergeburt konnte die Entwicklungslücke nicht geschlossen werden.

Die indianischen Kulturen währten kaum mehr als ein Jahrtausend, als sie unerwartet der endgültige Todesstoß traf. Sie hatten erstaunliche Kunstwerke erschaffen und Leistungen vollbracht, riesigen, disziplinierten Bevölkerungen eine Gesellschaftsordnung gegeben, deren Hierarchie die komplexen und diversen Gruppen zusammenhielt. Sie besaßen mathematische Kenntnisse und einen Kalender, der dem Gregorianischen überlegen war; Schrift und Literatur breiteten sich aus. All diese Leistungen vollbrachten sie ohne Pferd und Kuh, ohne das Rad, ohne Werkzeuge aus Metall.

Als die Spanier einfielen, war dennoch längst nicht ein dem sechzehnten Jahrhundert des Abendlandes vergleichbarer Stand erreicht.

Die fortgeschrittensten amerikanischen Indianer befanden sich eher auf der Stufe der längst vergessenen Sumerer der Ebenen Mesopotamiens. Sie brachten ihren Gottheiten noch Menschenopfer, und die kriegerischen Tarasca nordwestlich von Mexiko hatten gerade mit dem Hämmern von Kupfergegenständen begonnen.

Die Kulturen der amerikanischen Indianer wären selbst dann dem Untergang geweiht gewesen, wenn die Europäer Geschenke statt Schwert und Kreuz gebracht hätten, da sie dem kulturellen Schock wahrscheinlich nicht gewachsen gewesen wären. Es handelte sich um isolierte, zerbrechliche Kulturen, die noch ungewissen Zielen folgten und nicht dauernd Zerrüttungen, Zusammenstößen und Vermischungen ausgesetzt waren, wie sie in Eurasien seit Urzeiten die Zivilisation beschleunigten. Sie erwiesen sich als so wenig stabil, daß die Ankunft der Spanier ihre Herrscher verwirrte und ihre Welten zerstörte. Cortés und Pizarro schlugen Millionen Indianer mit einer Handvoll berittener, gepanzerter Männer. Obgleich die Vernichtung der Indianer für diese selbst tragisch bleibt, erschufen sie aus dem Blickwinkel der übrigen Welt nichts, was nicht schon dagewesen wäre. Ihr hervorragendster Beitrag lag auf dem Gebiet der Naturprodukte – Tabak, Kakaobaum, Knollengewächse, Mais, Bohnen und andere Getreidearten, die schließlich den größten Teil der Weltproduktion an Agrarprodukten ausmachen sollten. Er wäre sicherlich irgendwann von jeder beliebigen Kultur geleistet worden, die diese schlummernden Ressourcen entdeckte.

Einzelne Errungenschaften der mittelamerikanischen Kultur findet man bis weit über die blutbespritzten Tempel der Azteken hinaus. Agrartechniken verbreiteten sich die Bergketten Mexikos entlang bis in den Südwesten der Vereinigten Staaten. Teosinthepflanzungen übersprangen die Trokkenzonen und kulturellen Ödlandschaften von Nordmexiko und Südtexas; Korn, Kürbis und Bohnen veränderten die Lebensweise der indianischen Jäger von den südlichen Rocky Mountains und der Küstenebene des Golfs bis in die kalten, hügeligen Waldsteppen am Atlantik. Das Korn der Indianer, der Mais, hatte bereits seine klimatische Grenze im Norden erreicht, bevor der erste Weiße Mann Amerika betrat.

Kurz nach Christi Geburt ließen sich einige Caddo und Algonkisch sprechende sowie andere größere Stammesverbände seßhaft nieder, gingen zum Ackerbau über und nahmen an Bevölkerungszahl zu. Obgleich die Felder ihre Hauptnahrungsquelle darstellten, jagten sie weiterhin im Waldgestrüpp, wo der Wildbestand durch die Vielzahl von Räubern – Menschen und Tiere – nicht anwachsen konnte; aber die erlegte Beute diente nur zur Aufbesserung der kargen Kost. Im Zuge der Feldanlage begannen die Stämme des Ostens feste Territorien abzustecken. Sie fällten Bäume und bauten feste Unterkünfte: geräumige, haltbare Holzhäuser und Hütten, die zu Clan-Zentren oder Städten heranwuchsen. Aus den kleinen Familienverbänden wurden Clans und Stämme mit festgelegter innerer Rangfolge und sogar einer politischen Organisation. Die Ackerbau betreibenden Indianer besaßen eine gesellschaftliche wie militärische Führungsschicht sowie erbliches Priestertum, und die größeren Gruppen, wie beispielsweise die Caddo und Algonkin, bildeten den Kern von Völkern aus etlichen Stammeskonföderationen.

Das Stammessystem der Irokesen war ebenso kompliziert und zentral für ihre Lebensweise wie das Clansystem für die Schotten. Das kulturelle Niveau der Waldindianer des Südens und Ostens lag wahrscheinlich kaum unter dem der germanischen Stämme, bevor diese mit den Römern in Berührung kamen. Doch kannten die nordamerikanischen Indianer weder die Bearbeitung von Bronze oder Eisen noch das Pferd, zwei wertvolle Hilfsmittel, die mit der Zivilisation in die eurasischen Steppen gekommen waren. Nichtsdestoweniger zeigten die Irokesen, ein Bündnis mehrerer Stämme, Ansätze eines Indianerreiches am Mittelatlantik. Die Creek, Chickasaw, Caddo und Cherokesen zählten nicht länger zu den wilden Jägern; sie waren höherentwickelte Barbaren.

Im fernen Südwesten lebten die Puebloindianer, gleichfalls Barbaren. Ihre Kultur (vom spanischen Wort *pueblo*, Dorf oder Stadt, hergeleitet) schlug unter den Uto-Azteken der Hochebene des heutigen Arizona, Colorado und Neu-Mexiko tiefe Wurzeln. Unter Puebloindianern versteht man nicht ein Volk, sondern eine Abfolge etlicher Stämme, die zu verschiedener Zeit an verschiedenen Orten geräumige Häuser aus luftgetrockneten Ziegeln erbauten, die sie mit Leitern und Strohdächern versahen. Die Puebloindianer pflanzten Korn, Kürbis, Baumwolle, Bohnen, Tabak und Sonnenblumen an. Sie webten Stoffe zu Kleidungszwecken, verfertigten Tonwaren und brachten eine bewundernswerte Ornamentik hervor. Gemeinsam mühten sich Männer und Frauen in diszipliniertem Fleiß auf den Feldern, sie entwickelten eindrucksvolle Rituale und Zeremonien. Ihre Regentänze und anderen Feste vollführten sie in einem Rausch aus Farbe, Federn, Umhängen und Juwelen. Die Nahrungsüberschüsse aus ihrem Ackerbau gestatteten den Puebloindianern ein zufriedenes Leben; gelegentlich trieben sie sogar mit den entfernt benachbarten Caddo Handel. Wie diese in einem anderen texanischen Gebiet lebenden Stämme waren sie nicht sonderlich kriegerisch. Die Puebloindianer lebten noch in jenem frühen Stadium des Ackerbaus, in dem die Feldbestellung den Großteil ihrer Kräfte beanspruchte.

Etwa um das Jahr 1000 breitete sich die Pueblokultur über den gesamten Südwesten Nordamerikas aus, über Colorado, die Great Plains bis in das Trans Pecos Basin; selbst entlang des Canadian River im Texas Panhandle legte man eine riesige Ruine frei. Bereits in ihrem Frühstadium hatte die Pueblokultur mit erheblichen Schwierigkeiten zu kämpfen, die schließlich zu ihrem Niedergang führten. Sie bildete sich in einer Region heraus, die während der letzten Eiszeit überaus fruchtbar gewesen war, jedoch gegen Ende dieser Periode immer heißer und trockener wurde – eine Entwicklung des ausgehenden Pleistozäns in der Alten wie der Neuen Welt. In der Alten Welt verwandelten sich einige tausend Jahre zuvor die fruchtbaren Ebenen Nordafrikas in Wüstenlandschaft, in die Sahara; die Regenfälle, die die Berge Griechenlands und Italiens grünen ließen, blieben aus. Einstmals fruchtbare Gebiete verdorrten und zeigten Erosionserscheinungen; einmal vom Menschen gefällt, konnten sich die pleistozänen Kiefernbestände des Mittelmeerraums nicht regenerieren. In Nordamerika führte der gleiche Prozeß zu zyklischen Trockenzeiten. Auf niederschlagsreiche Zeiten folgten im Südwesten der Vereinigten Staaten und Mexiko verhängnisvolle Dürreperioden. Im Osten verlagerte sich die Birkenvegetation nordwärts, wo es kälter war; noch einschneidender wirkte sich der Klimaumschwung auf den Rumpfplateaus der Rocky Mountains aus. Die Geburtsstätte der Protozivilisation der Pueblos nahm wüstenähnlichen Charakter an und drängte die Kultur an den Oberlauf des Rio Grande zurück. Selbst an den Ufern dieses großen Flusses standen die indianischen Ackerbauern im ständigen Kampf gegen Trockenheit und schleichende Wüstwerdung. Das Ausbleiben der Regenfälle vertrieb die Pueblos von ihren sicheren Hochebenen und machte ihre Zukunft ungewiß – selbst wenn vor den Europäern keine menschlichen Feinde sie bedrängt hätten.

Von der mexikanischen Kultur weit entfernt, zwischen den ausgedörrten Feldern der Pueblos und den verräucherten Hütten der Waldindianer, breitete sich im Herzen Nordamerikas das riesige Hochland aus. Dieses Kernstück der kontinentalen Landmasse, eine Abfolge von hügeligen Grasländern und Hochebenen, erstreckte sich von den Wäldern des Mississippitals bis zum Fuße der Rocky Mountains, von Kanada bis tief nach Texas hinein. Obgleich es unermeßlich weit und vielfältig war, besaß dieses fast formlose Gebiet wenige markante Grenzen: Nur wenige baumbestandene Flußläufe, deren braune Brühe träge dahinfloß, schnitten sich tief in die Landoberfläche ein; entfernte Kalkbrüche und freiliegende Schichten leuchteten aus der Mesa; von Mesquitsträuchern und Buffalogras bedeckte Landschaften lösten sich plötzlich im dünnen Blau der Wüstenberge auf; für das menschliche Auge am deutlichsten war die Baumgrenze, wo Mangel an Niederschlag die Gegend in ein Meer wogenden, säuselnden Grases verwandelte. Das Land wies eine Vielzahl regionaler Differenzierungen auf, karge Felsklippen, aufragende Grate, vereinzelte Baumgruppen, hier und da fielen Canyons tief unter die Prärielandschaft ab. In seinem ursprünglichen Zustand erstaunte und bedrückte der Anblick das an die enge Kammerung atlantischer Regionen gewöhnte Auge der Westeuropäer. Lewis und Clark nannten diese Region die Great Plains; andere Europäer verglichen die weiten, hügeligen Prärien mit einem Meer aus Gras. Ebenso wie die Ozeane blieb das Land Jahrtausende unerforscht.

Im Weltmaßstab ähnelten diese Regionen stärker als jede andere Landschaft den weiten Ebenen und Steppen Zentralasiens. Von Ost nach West nahm die Niederschlagsmenge ab – jenseits des achtundneunzigsten Längengrades zeigte das Kreideplateau ausschließlich aride Züge. Außerdem war der ohnehin geringe Niederschlag örtlich von Jahr zu Jahr verschieden. Von den kalten Höhen der kanadischen Wälder bis zum Wacholdergestrüpp der Hügel von Mitteltexas gab es nichts, was den Wind in seiner Wucht hätte mildern können.

Da westöstlich verlaufende Gebirgszüge fehlen, kann sich der Austausch polarer und tropischer Luftmassen ungehindert vollziehen. Bei besonders starkem Druckgefälle wird polare Kaltluft bis weit in die Großen Ebenen hineingetragen; eisige Stürme aus Nordwesten dringen als Northern, in Verbindung mit Schneefall als Blizzards bis zur Golfküste vor. Hauptsächlich im Frühjahr setzen die den asischen Taifunen ähnlichen Tornados das

Land unter Wasser und reißen durch ihre hohe Geschwindigkeit große Löcher in die Landschaft. Gewitterstürme mit enormen elektrischen Entladungen und Wolkenbrüche begleiten sie. Ebenso heftig sind die Hurrikane an der atlantischen Küste.

Im Frühjahr verwandelt der Regen aus dem Süden die Ebenen Zentral-Nordamerikas in einen Blütenteppich, dem nur noch die Mohnfelder Zentralasiens gleichkommen. Dieselben Südwinde versengen im Sommer das knisternde Hartgras und trocknen den Boden aus; im Winter bringen die Nordwinde Regen und häufen Berge von Schnee auf. Der starke meteorologische Wechsel – brennende Hitze im Sommer, die die entfernten Grate vor den Augen flimmern macht, klirrende Kälte im Winter, Eisstürme, die vom Dach der Welt herabbrausen und alles gefrieren lassen – geht darauf zurück, daß das Herzstück der kontinentalen Landmasse von mildernden Meeresströmungen abgeschnitten ist.

Die harten Existenzbedingungen für Mensch und Tier machten das Leben unbeständig, ruhelos und grausam. Sie verlangten Zähigkeit. In solcher Umgebung konnte eine menschliche Zivilisation nicht so leicht Fuß fassen und gedeihen, und – zum Vergleich – aus ähnlichen Gegenden drangen die Hunnen nach Europa vor. Die Indianer, die die Weiten im Herzen Amerikas wählten oder dorthin gedrängt wurden, blieben jahrtausendelang primitive Jäger. Unberitten, mit hölzernen Steinspitzenpfeilen und -speeren bewaffnet, waren sie zwar gerüstet, mit diesem Land fertig zu werden und in ihm zu leben, doch nicht, es zu verändern.

Wenig Zeit blieb ihnen, sich auszuruhen, sich zu wundern, über die Dinge in ihrer Gesamtheit nachzudenken. Die kleinen Banden mußten fast ständig wandern, da die wenigen Nahrungsquellen rasch erschöpft waren – die Wurzeln und Beeren und das scheue Wild der Flußwälder und geschützten Canyons. Wo sie kampierten, waren sie zu Hause, in Canyons oder im Vorgebirge, auf den Bergwiesen oder, allerdings selten, im unbegrenzten Grasmeer.

Die Grassteppen stellten das größte natürliche Wildreservoir der Welt dar. Im Zentralteil des nordamerikanischen Kontinents lebte weitaus mehr Getier als in den milderen, aber völlig zugewachsenen, düsteren Waldgebieten, wo Wildkatzen und andere Raubtiere die Zahl der Pflanzenfresser stark dezimierten. Die Großen Ebenen beherbergten Millionen von Großtieren der *Bison bison* oder der Amerikanischen Büffel, Antilopenherden, viele verschiedene Arten Rotwild. Am Fuße der hohen Canyons traf man auf Bären, Kleinwild und Vögel. Obgleich das Land ein Paradies für Jäger hätte sein können, fiel es den primitiv bewaffneten Menschen nicht leicht, sich ausreichend Fleisch zu beschaffen.

30

Das Rehwild der weiten Ebenen besaß scharfe Augen und einen guten Geruchssinn, war leichtfüßig und mit Waffen von geringer Reichweite schwer zu erlegen. Auch der Bär ließ sich mit einfachen Speeren nicht leicht erbeuten. Und den zahllosen Bisons, wie stumpfsinnig sie sich auch in Herden verhielten, konnte man auf offener Prärie nicht gefahrlos nahekommen. Die Büffel blieben zwar verwirrt stehen, während man die gesamte Herde, einen nach dem anderen, tötete, solange sie die Gefahrenquelle weder sahen noch rochen; doch besaßen die indianischen Krieger keinerlei Waffen, um sie aus der Ferne zu erlegen. Die erfolgreichste Art der Büffeljagd war, eine ganze Herde durch Feuer oder andere Mittel in Sumpfgelände oder in einen Abgrund zu hetzen. Wenn es den Jägern gelang, eine Büffelgruppe zu umzingeln oder eine Herde in die Falle zu locken, hatten sie Fleisch – zuviel Fleisch, das meiste verdarb. Auch zogen die Herden beständig weiter; sie folgten den unregelmäßigen Regenfällen, dem grünen Gras; diese unberechenbaren Wanderungen führten sie oftmals in die weiten Ebenen, wo sie Monate oder Jahre blieben. Zu Fuß, mit Frau und Kindern, konnten die Jäger den Bisons nur mühsam folgen.

Während der warmen Monate, wenn die Erde reiche Nahrung bot – Wurzeln, Beeren, Knollen, wilde Früchte, Würmer und Schildkröten – und es nach der Frühlingsbrut zahllose Jungtiere gab, ernährten sich die Jagdverbände von allem, was der menschliche Magen verdauen konnte. Erst wenn die heulenden Blizzards sie von den Ebenen verjagten und die Canyons mit gefrorenem Schnee überdeckt waren, kamen die Hungermonde. Der tiefe Winter heißt in der symbolträchtigen Sprache der Plainsindianer die »Zeit, wenn unsere Kinder nach Essen schreien«.

Kleinkinder erkrankten, Alte starben. An den ältesten Lagerstätten der nordamerikanischen Ebenen hat man neben längst erloschenen Feuerstellen, behauenen Steinwerkzeugen und tierischen Überresten zerbrochene und geröstete Menschenknochen gefunden. Viele der Jagdverbände trieben mit Sicherheit Kannibalismus; damit brachen sie das zweitälteste menschliche Tabu. Es handelt sich dabei um uralte Praktiken, die sich bei vielen Indianerstämmen als ritueller Kannibalismus bis heute erhalten haben. Die Azteken verspeisten in einer Art Zeremoniell Körperteile oder innere Organe getöteter Feinde, was bei vielen Eingeborenen des gesamten Südwestens üblich war. Auch das Volk Montezumas hatte irgendwann in der uto-aztekischen Vergangenheit Menschenfleisch gegessen. Diese Praktiken zählen nicht zu den Eigentümlichkeiten der Indianer; der Kannibalismus der Frühzeit war ein Ausfluß der Lebensbedingungen. Aus dem neunzehnten Jahrhundert existieren Berichte, daß Europäer, in denselben Weiten vom Winter überrascht, einander verspeisten.

In den vielen tausend Jahren, die die Indianer der Ebenen und Berge auf dem nordamerikanischen Kontinent lebten, verharrten sie kulturell auf dem Niveau des Wilden. Die geophysikalischen Gegebenheiten standen ihrer kulturellen Entwicklung genauso entgegen wie dem Aufkommen einer Zivilisation bei den Indianern der Regenwälder oder Wüstenregionen dieses Landes. Dennoch bewahrten sie ihre Menschlichkeit. Wenn auch ihre Kultur nicht voranschritt, hielt sie sich doch auf gleichbleibendem Niveau und sank nicht ab. Sie kannten Feuer, Werkzeuge und Sprachen, was einen gewissen Grad an Intelligenz verlangt. Sie begriffen das Faktum der Blutsverwandtschaft und entwickelten komplexe Formen, sie anzuerkennen und auszudrücken. Sie waren in kleinen, aber zweckentsprechenden Banden organisiert, was Überleben und Verbreitung der Rasse sicherte.

Sämtliche Erkenntnisse, die sie in dieser feindlichen Welt gewonnen hatten, gaben sie von Generation zu Generation weiter. Da sie bei ihrer Suche nach Nahrung und Schutz ihr gesamtes Hab und Gut auf dem Rücken mit sich tragen mußten, kannten sie nur eine Handvoll tragbarer Gegenstände sowie einfache Unterkünfte aus Tierhaut und Zweigwerk. Philosophie, Kunst und Politik waren unbekannt. Jahrtausende hindurch bestanden die Jagdverbände aus körperlich und geistig entwickelten Menschen, die jedoch noch keinen Schritt in Richtung Feldbau und Seßhaftigkeit getan hatten. Um die Zeitenwende befand sich ihre Kultur materiell auf dem gleichen Niveau wie vierzigtausend Jahre zuvor.

Tausend Jahre vor Ankunft der Europäer bot Nordamerika das Bild einer komplexen menschlichen Landschaft. Von den Hallen Montezumas bis zu den großen Unterkünften der Irokesen, von den Ziegelbauten der Pueblos bis zu den primitiven Schutzhütten der Indianer der Ebenen und Berge gab es keine gemeinsame Kultur, sondern Myriaden kultureller Entwicklungsstufen: die »Hochkultur« Mexikos mit Schrift, Astronomie, Astrologie, Bildhauerei, organisierten Armeen und ewigen Kriegen; die »hochentwickelten Barbaren« der dunklen Wälder zwischen Mississippi und Atlantik mit Clanhäuptlingen, Klassensystem, geheiligten Totems, die entlang ihrer Flüsse hölzerne Palisaden errichteten; die friedfertige, Ackerbau treibende »Proto-Zivilisation« der südwestlichen Mesas mit ihren Zeremonien; und zwischendrin, inmitten der naßkalten Wälder, tief in den Bergwüsten, hoch oben am Rande der ehrfurchtgebietenden Ebenen, die Jäger, die jede andere Lebensweise verachteten.

Diese Welt war keineswegs statisch, sondern in ihr spielten sich dramatische Veränderungen ab. Die Reiche der Azteken und Inka befanden sich auf dem Vormarsch. Die Algonkin entwickelten ihre Stammesfehden zu grausamer Kunst. Die wilden Stämme waren noch nicht seßhaft. Die Azteken drängten erst im dreizehnten Jahrhundert in das Tal von Mexiko. Entweder wurden sie durch eine Dürreperiode oder andere wilde Stämme aus dem trockenen Norden vertrieben; auch an ihren Nordgrenzen sammelten sich neue Stämme, als Cortés Karavellen ihre Anker warfen.

Athabaskisch sprechende Völkerschaften, die jahrtausendelang die farnreichen Wälder am Nordpazifik bewohnt hatten, drangen kurz nach dem Jahre 1000 in das Trockengebiet der südwestlichen Rocky Mountains vor. Sie fielen bei den Uto-Azteken ein, verwüsteten die friedliche Kultur der Pueblos und lösten so wahrscheinlich ihren Niedergang aus. Tausende von Jahren zuvor hatten die Uto-Azteken selbst die primitiven Hokan sprechenden Stämme zerschlagen und die Überlebenden nach Ost und West in die Wüsten verjagt – die verachteten Coahuiltec und Yuma. Überall, so gestand der Aztekenherrscher gegenüber Cortés, war der Mensch dazu bestimmt, mit Schild und Speer neues Land zu erobern. Der Nachhall der Athabasken-Invasion war noch nicht verklungen, als Coronado den oberen Rio Grande hinaufritt. Immer wieder verdrängte ein Volk, eine Kultur eine andere, so, wie die Azteken Azcapotzalco zerstörten und die Xochimilca zu Sklaven machten; an Zahl, Organisation, manchmal nur an Willenskraft oder bitterer Enttäuschung überlegene Völker töteten, vertrieben oder unterwarfen ihre Feinde. Überlebten die Unterlegenen, so nur auf den schlechtesten Böden oder in den ärmsten Jagdgründen, und in den Augen der Sieger waren sie selbst dort noch unerwünschte Schmarotzer. Lange bevor die Europäer den Kontinent eroberten, war die Geschichte Amerikas von Brutalität gezeichnet.

Auf anderer Ebene zeigte sich Nordamerika jedoch statisch. Der unbegrenzte Raum, der ihnen Jahrhunderte zur Verfügung stand, hatte die indianischen Jäger geprägt und Grundmuster herausgebildet, die selbst die fortschrittlichsten Indianervölker nicht abschütteln konnten, auch nach einigen Jahrhunderten Kultur nicht, wie etwa die Azteken oder Mohawk. Jeglicher Fortschritt vollzog sich im Rahmen der urtümlichen indianischen Weltanschauung, die alle Geschehnisse als Unglück oder Zufall sah und sich auf die Magie als Motor der Weltgeschichte verließ. Die Indianer legten Halluzinationen als wahrhaftiges Geschehen aus, vertrauten Visionen mehr als empirischen Beobachtungen und stellten den Instinkt über die Vernunft. Sie teilten eine gemeinsame Religiosität. Der einzige wirkliche Unterschied der Kulturstufen lag darin, daß der Glaube der Wilden rudimentär, unfertig, persönlich ausgerichtet sowie von Form und Ausdruck her primitiv war; dagegen stand der zivilisierte Aberglaube, von höchst eleganter Struktur, ein integrierendes Moment der organisierten und disziplinierten Gesellschaft – ein Aberglaube, der sich in der schönen Kunst ausdrückte.

Der Jahrtausende während brutale Kampf mit der Natur prägte die Indianer; ihnen ist ein leidenschaftlicher Konservatismus, der echte Konservatismus überlieferter, vorgefertigter Denkmuster, eigen. Ihr Konservatismus steht nicht im Widerspruch zu der Tatsache, daß die Indianer neue Werkzeuge und Erfindungen ohne Zögern übernahmen. Sie übernahmen Bogen, Pferd, Waffen, Eisen – aber alle Werkzeuge und dazugehörigen Techniken paßten sie in ihre Kultur ein. Ein derartiges Verhalten ist typisch für die Indianer: Neue Werkzeuge und neue Techniken eröffneten ihnen neue Möglichkeiten, selten aber änderten sich die Verhaltensmuster eines Stammes entscheidend. Jeder indianische Volksstamm glaubte fest nicht nur an den Erfolg, sondern an die Richtigkeit des eigenen Weges, ebenso wie die zivilisierten Völker von ihrer eigenen Überlegenheit überzeugt waren. Diese Einstellung sprachen die Spanier an, als sie die Indios als *gente sin razón* abstempelten.

Die siegreichen Azteken, die mit obsidianbesetzten Schwertern und Speeren riesige Hegemonien erfochten, konnten weder über ihre Stammesorganisation hinauswachsen noch sich an neue Weltanschauungen heranwagen. Ihr Reich war labil, da sie strikte Normen besaßen und ihr Bewußtsein sich gegen reale Sachverhalte verschloß. In ihre Weltanschauung – wie bei allen nordamerikanischen Indianern – floß eine derartige Arroganz ein, daß die Rasse lieber den Tod von Millionen hinnahm, als ihre überkommenen Auffassungen preiszugeben. Die Indianer Mexikos gelten als die zivilisiertesten und flexibelsten, als die Indianer, die den längsten Evolutionsprozeß durchlaufen hatten. Trotz der Grausamkeiten der Eroberer und der eingeschleppten Seuchen der Alten Welt überlebten viele von ihnen. Anderen Indianern, weiter nördlich, die noch in der wilden Barbarei lebten, gelang es weniger gut, sich von der notwendigen Eitelkeit und Illusionen frei zu machen. Menschen, deren Glaube sich an Zufall und Magie klammert, lernen nur wenig aus Niederlagen.

Ihre lange Erfahrung, die sie gelehrt hatte, jegliche Handlung an gewissen Normen und Fetischen auszurichten, wurde ihnen zum Verhängnis. Angemessen reagierten sie nur auf einer einzigen Ebene – in der Anpassung an die Lebensbedingungen. Ähnlich dem Jaguar kam es ihnen nicht in den Sinn, die Welt *ihren* Bedürfnissen anzupassen. Die Indianer hatten gelernt, in der Wildnis zu überleben; immer wieder bewiesen sie, daß sie sich ihren Umweltbedingungen weit besser anpassen konnten als die Europäer. Die Kosten des Überlebens waren jedoch zu hoch, als sie mit grundsätzlichen Veränderungen konfrontiert wurden.

Die Mexikaner glaubten, die Sonne ginge nicht auf, wenn man den Göttern nicht dampfende Menschenherzen darbrachte, und das Korn ginge nicht auf, wenn man die Felder nicht mit Menschenblut besprengte. Daher sandte Montezuma der Jüngere Magier gegen Cortés aus, obgleich Hunderte von Bataillonen seinem Befehl unterstanden. Montezuma las das Verhängnis aus Orakeln, und andere mutige Männer ritten in den Kampf im Glauben, kosmische Kräfte könnten die Kugeln von ihrer Brust fernhalten. Wenn etwas schiefging, lasteten sie es ihrer Zauberkunst an; sie weigerten sich strikt, die Tyrannenherrschaft von Ursache und Wirkung über menschliche Träume und Hoffnungen zu akzeptieren. *Sie* haben nichts falsch gemacht, die guten Geister haben sich abgewandt.

Die Indianer befehdeten einander, vernichteten einander, machten sich gegenseitig zu Sklaven, ohne jedoch ihre Welt zu zerstören. Sie handelten alle in einem gemeinsamen Kontext. Erst die Nachfahren der Indogermanen zerstörten die Welt der nordamerikanischen Indianer – durch Kugeln gegen Pfeil und Bogen, durch Krankheiten der Alten Welt, gegen die die Indianer keine Abwehrkräfte besaßen, durch Rauschmittel. Viele Indianerstämme kannten Rauschmittel, lange bevor die Europäer Whisky oder Rum einführten. Doch dosierten die Stämme halluzinogene Drogen sehr schwach und benutzten sie ausschließlich für magische Zwecke, bis ihre Welt zu bröckeln begann. Erst dann suchten sie in Pulque oder Peyote Zuflucht.

Die Europäer brachten die Indianer durchaus nicht nur im Kampf zur Strecke. Zur Zeit der weltumgreifenden Erkundungsfahrten unterjochten die Westeuropäer viele Völker; sobald die westliche Welle abebbte, kamen die alten Kulturen wieder hervor; gewandelt zwar, enthielten sie dennoch die wesentlichen Strukturmerkmale und Denkweisen der präkolonialen Zeit. Nur die nordamerikanischen Indianer und einige Inselvölkchen erlitten den psychischen, wenn nicht sogar physischen Untergang. Ihre Weltanschauung lag in Trümmern, ihr Glaube und ihre Traditionen hatten sich nicht nur als unzulänglich, sondern als falsch erwiesen. Die Kolonialherren haben die Grausamkeit dieser Vernichtung, die über den Schmerz von Tod und Niederlage an Tragweite hinausging, nie völlig erfaßt. Die Westeuropäer verstanden die Indianer ebensowenig, wie diese mit dem plötzlichen Schock einer fernen Zukunft, die sich ihrer Welt aufdrängte, fertig wurden.

Die Indianer waren ihren Feinden weder geistig noch körperlich unterlegen. Total unterlegen waren sie nur in bezug auf die kulturelle Entwicklung, die Kultur jahrtausendealter Erfahrung. Montezuma II. war keineswegs ein ungehobelter Wilder; er besaß Wissen und darüber hinaus mehr menschliche Würde, als Cortés je kannte. Dennoch landete Cortés, wie alle Weißen, mit Mitteln in der Hinterhand, die ein Indianer nie begreifen konnte. Er war kühl, zuversichtlich, unerbittlich in einmal gefaßten Entschlüssen. Er rief seinen eigenen Gott an, verwechselte dessen Güte aber nicht mit der Güte von Kanonen und Brigantinen, Waffen und kluger Verhandlungstaktik. Cortés glaubte sich im Besitz eines Teiles der Herrlichkeit, mit der der Himmel die Sterblichen für ihre Mühen belohnt. Ihm gegenüber wirkte Montezuma wie ein abergläubischer Wilder, tapfer, doch hilflos in einer Welt des Zusammenbruchs.

Die Indianer waren in jedweder Art von Machtausübung unterlegen; und Machtausübung wie Gewaltanwendung sind im Grunde die zentralen Punkte in der Geschichte der Welteroberung durch die zivilisierten Menschen. Die Indianer entwickelten und projizierten ihre Magie in eine verzehrende Religiosität. Davon lebten sie gleichermaßen wie von den Produkten der Natur. Möglicherweise war die gesamte Menschheit vor vierzigtausend Jahren einer solchen Religiosität verhaftet. Noch vor viertausend Jahren hätten sich Indianer und Eurasier auf etwa gleicher Ebene begegnen können. Als aber die Indianer sich vom Rest der Menschheit abspalteten und in unbekannte Kontinente zogen, wurden sie zu Gefangenen der Umweltbedingungen. Sie überlebten und hielten an einer Qualität von Herz und Geist fest, die den ursprünglichen Anbruch der Zivilisation ahnen läßt. Sie waren tapfer, wie alle Menschenrassen gleich tapfer sind, wenn auch im Kampf gegen die Widrigkeiten des Lebens nicht gleich erfolgreich. Wegen ihrer Menschlichkeit sind sie zu bewundern, und selbst nach ihrer Vernichtung gebührt ihnen unsere Achtung.

Volk im Land der Berge und Canyons

Im sechzehnten Jahrhundert, als sich Westeuropäer in kleinen Segelschiffen aufmachten, mit Feuer, Schwert und Handel die Welt zu vereinen, lebten jene amerikanischen Indianer, die sich gegen das Vordringen der europäischen Reiche am heftigsten und erfolgreichsten widersetzen sollten, oberhalb der Quellen des Arkansas, weit oben in den östlichen Rocky Mountains im heutigen Wyoming.

Die majestätischen Schneegipfel, die bewaldeten, düsteren Canyons und die ausgedehnten Bergwiesen verliehen dem Land seinen Reiz. Dennoch trug das Leben in dieser unzugänglichen Bergwelt, in der Nahrung rar und die Winter lang waren, unerbittliche Züge. Die Indianer dieser Region hatten es weder zu Reichtum noch zu Einfluß gebracht, keine Tempel und Paläste gebaut; sie waren zumeist noch Jäger und Sammler. Anders als die zivilisierten Mexikaner, die städtisches Leben entfaltet hatten, oder die barbarischen Algonkinindianer des Ostens, verharrten sie in kulturellem Stillstand.

Kultur und Einstellung glichen dem, was ihre Vorfahren aus Asien mitgebracht hatten. Sie waren Steinzeitmenschen, Jäger, die nie einen Baum gefällt, nie ein Haus gebaut, nie Ackerbau betrieben hatten. Sie benutzten Pfeil und Bogen und Speere; aus Tierknochen und Steinen verfertigten sie Keulen und Äxte. Gegerbte Tierhäute dienten ihnen als Kleidung und Schutz. Alle wesentlichen Gebrauchsgegenstände verfertigten sie aus Stein oder tierischen Materialien; Werkzeuge, Pfeil- und Speerspitzen bestanden aus Feuerstein. Obgleich sie Keile, Pfeifen, Pfeile und Bohrer kunstvoll verzierten, änderten sich ihre Techniken und ihr Lebensstil über Jahrtausende nicht. Mit Felltrommeln, Knochenrasseln und Rohrflöten machten sie monotone Musik. Sie bemalten sich die Gesichter, trugen kunstvoll geflochtenes Haar und tätowierten sich die Brust.

Dennoch besaß dieses Volk ein starkes Bewußtsein der eigenen Menschlichkeit. Sie nannten sich Ne´me`ne, »Volk«, nicht »Das Volk«; ne´m bedeutet Mensch und entstammt dem alten uto-aztekischen Dialekt der Comanchen. Aufgrund der langen Trennung von der Alten Welt und der Isolation in der Neuen betrachteten sich die asiatischen Jagdverbände als einzigartig; jedes Volk hielt sich selbst für das menschlichste. Diese Haltung darf nicht mit dem Rassismus unserer Tage gleichgesetzt werden; die Nemene kannten keine rassistischen Dogmen, ihr Gefühl entsprang dem Instinkt. Unter sich waren sie alle gleich: Sie sprachen die gleiche Sprache, hatten den gleichen Lebensstil und befolgten die gleichen Tabus. Alle anderen Menschen waren aufzeigbar anders. Die Nemene leugneten keineswegs die Menschlichkeit anderer Menschen im biologischen Sinne, nur waren die anderen offensichtlich doch nicht ganz so Menschen wie sie selbst sich sahen.

Die Nemene waren nicht die Juden unter den Stämmen, eher Hebräer in der Wüste, die ihr Gesetz und ihren Gott noch nicht gefunden hatten. Seit Anbeginn hieß es »sie« und »wir«, gleich, ob in der amerikanischen Wildnis oder Wüste Arabiens.

Von den anderen Indianerstämmen Nordamerikas wurden die Nemene nicht Volk genannt; jeder Stamm hatte diese Bezeichnung für sich selbst vorbehalten. Die Cheyenne bezeichneten die Nemene als *Shishin-ohto-kit-ahn-ay-oh*, was in ihrer eigenen klangvollen Sprache soviel wie »Schlangenvolk« bedeutete. Die Athabaskisch sprechenden Indianer gaben ihnen den Namen *Idahi*. Bei den Sioux sprechenden Völkern der Flußtäler des Westens waren sie als *Pah-doo-kah* oder *Pádouca* bekannt. Die Bergstämme der Ute, ursprünglich enge Verwandte, bezeichneten die Nemene als *Koh-mahts:* »Feinde«, »Die gegen uns sind«. Wie die meisten Indianerstämme Nordamerikas besaßen die Nemene mehrere Namen, den Namen, den sie sich selbst gegeben und jene, die sie von Feinden bekommen hatten.

Sie gehörten der Sprachfamilie der Schoschonen an, die wiederum zur großen Gruppe der Uto-Azteken zählte, welche in dem Gebiet von Westkanada weit über Sonora hinaus bis in den Zentralteil Mexikos heimisch waren. Nach Algonkisch und Athabaskisch gilt Uto-Aztekisch als verbreitetste indianische Sprachfamilie in Nordamerika. Im Laufe der Jahrtausende haben in allen US-Staaten von Oregon bis Neu-Mexiko irgendwann einmal schoschonische Jäger gelebt. Kulturen in den Gebirgszügen des Westens, aber auch viele andere indianische Kulturen, von den Diggers im Great Basin bis zu den Hopi, sprachen Schoschonisch.

Die Nemene stammen von nomadischen Gruppen ab, die vom Oberlauf des Green und des Snake River, in Utah, Idaho, Colorado und Wyoming bis nach Kansas hinein zu finden und am Oberlauf des Mississippi und des Platte entlang lebten. Wie die Legenden der Arikara bezeugen, waren die Crow den Nemene schon sehr früh im Gebiet des Snake River begegnet. Alle anderen nordamerikanischen Indianerstämme brachten das Schoschonisch sprechende »Volk« bezeichnenderweise mit dem Snake River in Verbindung. Die Nemene selbst konnten anhand ihrer Legenden die Stammesgeschichte nur bis zu der Zeit zurückverfolgen, da sie in den östlichen Rocky Mountains oberhalb des Quellgebietes des Arkansas lebten.

Sie hatten nur vage Vorstellungen über ihre Herkunft. Es gab keinerlei Aufzeichnungen, nur die mündliche Überlieferung. Da Erinnerung von persönlichen Erlebnissen geprägt ist, verblaßte die Überlieferung rasch – in welchem Kulturkreis kennen Familien ihre Geschichte schon über mehrere Generationen hinaus? Die Nemene glaubten, ihre Geburt entspränge einer magischen Paarung aller Tiere, da sie deren Eigenschaften in sich selbst zu erkennen glaubten. Sie verehrten den Wolf, wenn auch nicht direkt als Totem, so doch als möglichen Vorfahren; sie achteten den Vetter des Wolfs, den Coyoten, und da dieser mit dem Hund verwandt war, aßen sie kein Hundefleisch. Der Symbolgehalt, so zufällig er auch sein mag, trifft genau, denn diese Menschen ähnelten Wölfen. Sie waren Wilde mit ausgeprägtem Familiensinn, die einander Wärme, Würde und Liebe entgegenbrachten – dennoch lebten sie in Rudeln, listig wie Coyoten, und metzelten nieder, auf was sie stießen.

Ihre Vorgeschichte – solange sie im Westen von Kansas lebten – bleibt ungewiß. Andere Stämme waren reich an Legenden, Folklore und Liedern; als die Nemene in die Geschichte eintraten, besaßen sie wenige Legenden und noch weniger Liedgut, was die Vermutung aufkommen ließ, sie wollten ihre Vergangenheit mit aller Gewalt vergessen. Und solange sie in den Bergen lebten, war es sicher keine Geschichte von Größe und Erhabenheit.

Die Lebensbedingungen dort hatten diese Menschen bis in den Körperbau hinein geprägt. Sie waren kleiner, dunkler und gedrungener als die Indianer des Ostens und an den Flüssen der Plains. Die Männer, die jagen gingen, waren dunkler als die Frauen, da sie spärlicher bekleidet und so der Witterung stärker ausgesetzt waren. Obgleich sie den breiten, ausladenden Brustkorb aller nordamerikanischen Indianer hatten, waren sie nicht gerade wohlproportioniert. Ihr muskulöser Körper, die kurzen, gedrungenen Beine waren für die Berge geschaffen, nicht zuletzt auch von ihnen. Die Männer wurden selten größer als 1,65 Meter, die Durchschnittsgröße der Frauen lag um 1,50 Meter.

Die Hautfarbe variierte zwischen hellem Kupfer und wettergegerbtem Braun. Alle besaßen schwarze oder tiefbraune Augen mit blutunterlaufener Lederhaut. Ihre asiatische Herkunft zeigte sich in dem glatten, schwarzen Haar, dem fast unbehaarten Körper, der Bartlosigkeit und den Schlitzaugen bei den Babys. Dieses Volk mit den breiten Gesichtern und runden Köpfen gehörte mit einem Index von 83 der brachycephalen Rasse an, die aus den Cro-Magnons Asiens hervorging. Ihr Gesichtsschnitt war grob und massiv.

Die Existenz war durch die ständige Suche nach etwas Eßbarem beherrscht. In ihren Jagdgründen gab es nur wenig leicht erbeutbares Wild. Das Rotwild war wachsam und flink; die Gebirgselche massig und die Bären, die am Fuße der Canyons lebten, zu gefährlich, um sie mit Pfeil oder Speer anzugreifen. Hauptsächlich ernährten sich die Nemene von Kaninchen, Kriechtieren und kleinen Nagetieren. Sie fingen kleinere Tiere und rösteten sie über dem Feuer, das sie mühevoll mit hölzernen Bohrern entzündet hatten. Vögel wurden nicht erst gerupft und auch Nagetiere mit Fell gebraten. Sie warfen Schildkröten, die als besondere Delikatesse galten, mitsamt Panzer in die Glut. Geflügel verschmähten sie als Mahl für Feige, und Wassertiere wie Fische und Frösche waren mit einem uralten Tabu belegt. Halbverhungert aßen die Nemene alles: Fisch, Geflügel, Eidechsen, Schnecken und Raupen.

Wenn ein Jäger einen Elch oder Bären getötet hatte, feierte das ganze Lager den blutigen Triumph des menschlichen Mutes und der Geschicklichkeit. Nur wenn Bisonherden in ihr Territorium eindrangen und die Männer die Herde gemeinsam umzingeln konnten, war die Nahrungsbeschaffung problemlos. Die Nemene lösten bei den Tieren eine Panik aus, indem sie – wie bei allen Indianern Nordamerikas üblich – Gras- und Strauchsteppen in Brand setzten, wobei oft ganze Areale völlig zerstört wurden. Wenn die kopflosen, schnaubenden Tiere in einen Abgrund rannten, in eine Grube fielen oder in den Flußschlamm einsanken, prasselten Speere nieder und Feuersteinmesser gruben sich tief ins Fleisch ein, während Frauen und Kinder schreiend herbeieilten, um an dem Gemetzel teilzuhaben.

Die Nemene tranken das warme Blut, schnitten die Leber heraus und lutschten die Salze aus den geplatzten Gallenblasen. Sie verschlangen die Innereien roh und zogen die fettigen Gedärme durch die Zähne, um auch noch den letzten geheimnisvollen Genuß herauszusaugen. Sie liebten den Geschmack von Blut und die warme Milch aus aufgeschlitzten Eutern, besonders aber die geronnene Milch, die sie zuweilen im Magen eines Kälbchens oder Kitzes fanden.

War der Heißhunger gestillt, begannen die Männer mit dem Zerlegen und

Häuten. Die Frauen übernahmen die leichteren Arbeiten; sie schnitten bluttriefende Fleischfetzen heraus, die auf Stöcken geröstet oder an der Luft getrocknet wurden. Sie lösten die Mägen heraus und garten den Sack als Ganzes über einem Feuer. Hörner, Hufe und Häute verwahrten sie sorgfältig, um Werkzeuge und Gerätschaften daraus herzustellen. Obgleich derartige Aktionen eine enorme Verschwendung bedeuteten, versuchten die Nemene im Rahmen ihrer beschränkten Möglichkeiten, die Beute optimal zu nutzen.

Fleisch gab es nie genug. Während der fetten Monate praßten sie, und im Winter litten sie Hunger, da ihr Vorrat an getrockneten Fleischstreifen den Schnee nie überdauerte. Doch sie hielten zäh durch, ebenso wie die Tiere, ihre Beute. Ein Nemene-Schmaus hätte zivilisierte Menschen zutiefst angeekelt – aber nur weil sie das ganze Tier verzehrten, erhielt ihr Körper alle lebenswichtigen Nährstoffe. Hätten sie nur mageres Fleisch gegessen, wären Schwäche, Krankheit und Hungertod unausbleiblich die Folge gewesen. Die Nemene besaßen keine wissenschaftlichen Erkenntnisse über den Bedarf an Mineralstoffen und Salzen, ihr Geschmack beruhte einzig auf Instinkt.

Im Laufe der Jahrhunderte machten sie auch Erfahrungen mit dem riesigen Pflanzenangebot. Sie sammelten wilde Pflaumen und Trauben, Johannisbeeren und andere Früchte je nach Jahreszeit und aßen, bis die Bäuche sich blähten; sie suchten Eicheln und heimische Nüsse, sie verzehrten Pflanzen, die angloamerikanische Pioniere niemals zu den genießbaren gezählt hätten: Mormonentulpen, Sumach (Färberbaum), wilde Bitterzwiebeln, Mesquitbohnen, Kaktusopuntien, Zürgelbaumbeeren, Erdbirnen und Kümmel. Insgesamt hatten die Nemene etwa dreißig Pflanzenarten als genießbar herausgerochen, und nicht zuletzt deshalb überlebten sie.

Da sie das Land jedoch sehr schnell seiner mageren Ressourcen beraubten, konnten sie nicht auf engem Raum zusammen leben. Nur wenige Kinder wurden geboren, und noch weniger überlebten den Winter. Da alle Indianer Nordamerikas bis wenige Jahrhunderte vor der Eroberung des Kontinents durch die Europäer auf diese Weise lebten – der Getreideanbau scheint sich erst um etwa 500 nach Christi Geburt verbreitet zu haben –, existierten im sechzehnten Jahrhundert insgesamt wohl kaum mehr als eine Million nordamerikanischer Indianer. Das Volk der Nemene, das den Ackerbau nicht kannte, zählte weniger als fünftausend Köpfe, und die Jagdverbände bestanden maximal aus wenigen hundert Leuten. Jeder Zuwachs mußte kollektiven Selbstmord bedeuten.

Die Nemene waren zäh, ohne gesund zu sein. Wenn die Jäger die riesigen Areale auf der Suche nach Nahrung durchkämmten, schlossen sich die

Frauen dem Zug sofort nach der Niederkunft wieder an. Durch die Not zwar abgehärtet, waren diese Indianer dennoch allen erdenklichen Krankheiten ausgesetzt. Hunger, Witterung und fehlende Hygiene forderten ihren Zoll. Während der Winterstürme starben viele an Lungenentzündung; mit zunehmendem Alter litten sie unter Rheuma und Gicht. Leute aller Altersgruppen wurden von Darmerkrankungen dahingerafft, häufig war schon ein Dornkratzer tödlich; Wunden, Schlangenbisse und komplizierte Knochenbrüche führten zum raschen Tod.

Die Nemene kannten nur einfache, doch oft recht wirksame medizinische Mittel. Wie die zivilisierten Azteken, die empirische Verfahren und Mittel entwickelten, die in mancher Hinsicht heutigen europäischen Behandlungsmethoden überlegen waren, kannten die Stämme Nordamerikas viele arzneiische, mechanische und thermale Heilpraktiken gegen Erkrankungen. Sie besaßen primitive Kenntnisse der Chirurgie, sie wußten, wie man Schlangengift aussaugt und Wunden in Gras hüllt; aus Kaktusfeigen bereiteten sie Breiumschläge, und aus tierischen Fetten und Ölen gewannen sie Salben. Sie behandelten Zahnschmerzen mit Baumschwämmen und füllten Zahnkrater mit getrockneten Pilzen; Weidenrinde benutzten sie als Abführmittel. Sogar ein »Schwitzhaus« kannten sie; ein Zelt aus Tierhäuten diente dabei als Dampfraum. All diese primitiven Methoden erweckten, unterstützt von heroischem Durchhaltevermögen, oft Schwerverwundete zu neuem Leben.

Die meisten Kranken jedoch starben. Die Nemene besaßen ebenso wie die Europäer keinerlei Kenntnisse über Infektionen und Erkrankungen der inneren Organe. Diese schrieben sie bösen Geistern zu und vermischten so Religion und Medizin. Die Grenze zwischen Magie und empirisch gesicherten Heilmitteln war ohnehin immer fließend. Kräutermixturen und Umschläge mußten gewissen magischen Vorstellungen entsprechen. Sie wurden in Form etwa von Hundespuren aufgetragen, aber auch der Hund des Patienten wurde eingepinselt, um die gewünschte Wirkung zu erzielen. Die Nemene glaubten, ohne besondere geheime Riten, Beschwörungen und bestimmte Bußübungen seitens des Kranken könne kein Heilerfolg eintreten. In vielen Fällen starben die Leute lieber, als die Selbstkasteiungen der Behandlung zu akzeptieren. Die Nemene hielten die riesigen Mammutknochen, die sie verstreut in ihren Jagdgründen fanden, für Überreste ihres alten Satans, der großen Menschenfressereule, und benutzten sie als Zaubermittel. Dazu stellten sie aus den fossilen Resten Pulver her, mit dem sie Wunden bestreuten, oder legten einfach die Knochen auf die Leidenden in der Überzeugung, sie würden die bösen Geister aus dem Körper heraussaugen. Selbst einfache chirurgische Eingriffe erforderten Beschwörungsakte. Dabei besaß jede Familie bevorzugte Zaubermittel und -formeln; es gab keine festgelegten Anleitungen.

Das Leben im Freien, Hunger und schwere Arbeit minderten die Empfängnisbereitschaft der Frauen, rafften viele infolge von Infektionen nach der Geburt dahin und ließen sie bereits im Alter von fünfundzwanzig Jahren als alte Vetteln erscheinen; auch die Manneskraft versagte häufig vor dem dreißigsten Lebensjahr. Die meisten Nemene waren bereits mit vierzig vom Tode gezeichnet – sofern überhaupt ein derart biblisches Alter erreicht wurde –, obgleich sie wie die Asiaten nicht ergrauten.

In Teilen Asiens vollzieht sich der Alterungsprozeß der Agrarbevölkerung noch heute ähnlich rasch. Der große Unterschied zwischen den primitiven Jagdverbänden und den primitiven Agrargesellschaften besteht darin, daß die Jäger- und Sammlergesellschaften an Zahl nicht wachsen konnten. Auch die Viehzüchter und Ackerbauern Mexikos und der Alten Welt litten häufig Hunger, nur konnten sie ihre Lebensbedingungen besser steuern und beherrschen.

Selbst die geringe Naturbeherrschung, die den Nemene gelang, erforderte enorme Anstrengungen. Die Nemene fertigten ihre Werkzeuge und Gerätschaften mit zeitraubendem Arbeitsaufwand. Für die Frauen bedeutete es harte Arbeit, die Hirschhäute und Bisonfelle zu trocknen, zu gerben und daraus mit Knochenkeilen, Pfriemen und Tiersehnen Wildlederhemden und Schurze herzustellen. Die Anfertigung von Waffen – den Männern vorbehalten – war für ein Volk, das nur Feuer und Feuerstein besaß, überaus schwierig: das Verzieren geradlinig fliegender Pfeile aus abgelagertem Eschenholz oder Hornsträuchern; das Befestigen ausgesuchter Truthahn-, Enten- oder Bussardfedern mit Leim, den sie aus Hörnern und Hufen kochten; das Spannen von Büffelsehnen oder Bärendarm; die langwierige Herstellung von Schilden aus mehreren Lagen harter, wettergegerbter Tierhäute. Die primitiven Werkzeuge, büffelledernen Kleider, Zelte und Mokassins erforderten weit mehr Arbeitsaufwand und Geschicklichkeit in der Herstellung, als dies bei Gerätschaften und Kleidung der zivilisierten Menschen der Fall ist.

Jede Familie mußte ihren eigenen Bedarf decken. Alle notwendigen Produkte mußten an den zeitweiligen Lagerstätten hergestellt werden, und alles, was sie besaßen, mußten die Nemene auf den Treck mitnehmen. Es blieb keine Zeit zum Weben, Töpfern oder zum Bau fester Behausungen. Während der warmen Monate lebten die Nemene im Schutz der Bäume und in den Kältemonaten in Tipis, tragbaren Zelten aus Bisonfellen. Zelte, Kiefern- oder Zedernpflöcke mußten von einem Camp zum anderen mitgeschleppt werden; daher konnten die Nemene gar nicht daran denken, sich schwere Gegenstände aufzubürden. Die Frauen banden sich die Babys auf den Rücken und transportierten auch alle sonstige Habe, einzig unterstützt durch die Lastenhunde. Die Männer mußten sich frei bewegen können, um das Gelände zu erkunden, Frischfleisch zu erbeuten und den Treck vor Feinden zu schützen. So konnten sich die Nemene nur wenige Besitztümer leisten und blieben in ihrem Schwelgen und Fasten ganz den jahreszeitlich wechselnden Naturbedingungen unterworfen.

Den Alten gegenüber kannten sie keine Gnade; für eine alte Frau, die nicht mehr arbeiten oder Schritt halten konnte, war einfach kein Platz, so wenig wie für einen halbblinden Jäger, der die Fährte nicht mehr fand. Zwar starben die meisten jung, doch waren Selbstmord und Euthanasie weit verbreitet. Die unheilbar Kranken oder Altersschwachen entfernten sich häufig von der Bande, um stolz und ohne Zeugen zu sterben, oder sie wurden ihrem Schicksal überlassen – teils aus reinem Pragmatismus, teils aus Furcht vor feindlichen Geistern, die angeblich die Leidenden und Unglücklichen verfolgten. Mißgeburten wurden getötet; Frauen, die das Inzesttabu brachen, hingerichtet; Zwillinge umgebracht, da sie als widernatürlich galten; während der Hungerperiode setzte man weibliche Kinder aus. Der bevorstehende Tod dieser Kinder und Alten kümmerte die Nemene nicht; sie glaubten, daß die Tage des Erdendaseins für jeden Menschen ohnehin gezählt sind.

Dennoch waren sie keinesfalls unmenschlich. Sie erzogen ihre Kinder voller Liebe, vielleicht sogar mit mehr Liebe als ein Volk, das nicht ständig vom Untergang bedroht ist. Die Geburtenziffer war niedrig; aus diesem Grund wurden in allen Stämmen Nordamerikas Waisenkinder sofort adoptiert. Zehn Monate lang wurden die Säuglinge in der Wiege aufgezogen; zwar nicht sonderlich hygienisch, aber geborgen, bettete man sie in Moose und wickelte sie in Felle und Häute. Sie wurden gebadet und mit tierischen Fetten eingerieben, in den Schlaf gesungen und beim Kosenamen gerufen. Die Erziehung der Kinder war pragmatisch und tolerant. In einer Gesellschaft, in der alle Personen nach Alter und Geschlecht in ihren jeweiligen sozialen Rollen denselben Grundsätzen folgten, erlernten sie die Volksbräuche rasch. Sie lernten aus der Zustimmung und Mißbilligung der Eltern und Verwandten, so daß selten Grund bestand, sie zu bestrafen. In einem Jagdverband konnte kein Kind, kein Mitglied sich als Individualist abkapseln oder sich unabhängig von Volk oder Familie wähnen.

Wie alle Primitiven glaubten die Nemene an ein Leben nach dem Tode. Sie begruben ihre Toten dem Ritual entsprechend bekleidet und bemalt und – solange sie in den Bergen lebten – mit ihrem Hab und Gut, aufrecht sitzend in einer Höhle, Felsspalte oder ausgeschwemmten Einbuchtung, das

Gesicht zur Sonne gewandt. Die Nemene fürchteten die Toten, allerdings mehr gefühls- als glaubensbedingt.

Die Trauerriten, das Geheule und Geschrei, die Zurückgezogenheit und der anhaltende Kummer, den der unerwartete Tod eines jungen Jägers oder Kriegers bei den engen Verwandten fast aller nordamerikanischen Indianer auslöste, die monatelange Verzweiflung, die das ganze Lager ergriff, wenn mehrere Krieger fielen, befremdeten die Europäer. In den Jagdverbänden bedeutete der Tod eines jungen Jagdgefährten die Zerstörung einer Großfamilie: Sein Weib, seine Eltern, seine alternden Schwiegereltern wurden traditionsgemäß von ihm mit Fleisch versorgt. Das Ableben zu vieler Jäger gefährdete wegen mangelnden Schutzes die Existenz des gesamten Verbandes. Das Gejammer der Angehörigen galt daher nicht ausschließlich den Toten; sie beklagten vielmehr noch ihren eigenen Untergang. Die Schoschonen der Bergregionen opferten die Frauen auf dem Grab der Männer und gaben die Besitztümer hinzu. Die Kinder des Jägers wurden zumeist adoptiert; die Alten, sofern sie keinen weiteren Schwiegersohn oder Sohn hatten, nagten am Hungertuch. Der Tod eines jungen, kräftigen Mannes war für die Kleinverbände dieser Steinzeitjäger der schwerste Schicksalsschlag.

Die Nemene der Bergregionen wiesen in ihren Verwandtschaftsverbänden patrilineare Strukturen auf. Da Mann und Frau arbeiten mußten, war die Pflege und Erziehung der Kinder oft Tanten und Großeltern oder den älteren Männern anvertraut, die einst als große Jäger und Krieger gerühmt wurden. Damit war bei den Nemene bereits die Saat sozialer Differenzierung gelegt, wenn sie sich allerdings auch noch auf den Familienverband beschränkte. Noch konnte kein Mensch sein Fleisch durch die Herstellung von Waffen oder durch Dienstleistungen verdienen, noch gab es keine entwickelte Arbeitsteilung. Die Verbände bestanden jedoch nicht mehr wie früher nur aus Blutsverwandten, sondern fanden sich nach Kriterien des Schutzes und der Jagd zusammen. Jeder Angehörige des Volkes war gewöhnlich in jeder Bande der Nemene willkommen, da nur minimale Unterschiede zwischen den weitverstreuten Jagdverbänden bestanden.

Die Banden bildeten keine echte Gesellschaft. Sie stellten der Notwendigkeit gehorchende, gesellige Gruppen dar, bei denen jedes Familienoberhaupt die höchste Macht und Würde besaß. Diese Banden lebten häufig über Meilen verstreut. Verwandtschaftsgrade wurden, soweit die Erinnerung reichte, in den Banden wie im Volk insgesamt beachtet. Doch wie alle nomadisierenden Jäger konnten die Nemene keine ausgedehnte Ahnenforschung betreiben: ein Bewußtsein dafür entwickelten erst die seßhaften Völker oder »hochentwickelten Barbaren« wie die Algonkin. Daher entfalteten die Nemene nicht die effektive Organisationsstruktur der Clans, die das Leben der fortgeschritteneren Indianer regelte. Sie besaßen keine Clan-Häuptlinge und keine Totems. Bei den Nemene handelte jede Bande autonom, sie kannten keine weitere Organisation als den Jagdverband, und im engeren Sinne des Wortes, wie es Indogermanen und andere nordamerikanische Indianer definierten, kann man noch nicht einmal von einem Stamm reden.

Da die Jagdverbände häufig jahrelang über Hunderte von Meilen getrennt lebten, waren Heiraten zwischen Angehörigen verschiedener Banden schwierig; zwar konnte sich ein Jäger ein Mädchen aus einer anderen Gruppe zur Frau nehmen, doch üblicherweise herrschte Inzucht. Die Verwandtschaftsbeziehungen zwischen den Banden ließen sich nicht genau klären, doch gehörten sie alle zu den Nemene und waren als solche anerkannt. Im Gegensatz zu anderen Stämmen befehdeten sich die verschiedenen Banden der Nemene, die sich zeitweilig bildeten und wieder zerfielen, nicht untereinander; trotz ihrer nomadisierenden Lebensweise hielten sie sich in einem klar umgrenzten Territorium auf. Nach vielen hundert Jahren, als sie zusammengedrängt wurden, zeigten die einzelnen Banden fast instinktiv außerordentlichen Widerwillen, die Grenzen ihres Territoriums zu überschreiten. Wie diese traditionell anerkannten Grenzen entstanden sind, bleibt ebenso rätselhaft wie im Fall der Grenzen, die von arabischen Stämmen in der Wüste eingehalten wurden.

Die Nemene ließen ihre Töchter nur ungern einen Mann aus einer anderen Bande nehmen. Dem Gatten einer Tochter fielen bestimmte Verpflichtungen gegenüber deren Eltern zu, deren Versorger und Verteidiger er genauso zu sein hatte wie der seiner Frau. Ebenso gestatteten die Nemene es auch einem jungen Mann nur widerstrebend, sich außerhalb der Gruppe zu vermählen, da dieser sich dann auch der Bande der Braueltern anschließen konnte. Aus diesem Grunde war die Heirat unter Vettern verbreitet, und nur gegen echten Inzest bestand ein striktes Tabu.

Um die Inzestgefahr zu umgehen, wurden Jungen und Mädchen sehr früh getrennt. Brüder und Schwestern lebten nicht in einem Tipi. Der Brauch forderte sogar, daß ein Mann, der von seiner heiratsfähigen Schwester berührt wurde oder auch nur schöne Augen gemacht bekam, das Mädchen töten sollte. Jungen mieden die Mädchen bereits in frühem Alter, da beide Geschlechter die Stammestabus schon mit der Muttermilch eingegeben bekamen.

Weitere sexuelle Tabus kannten die Nemene nicht. Nichtinzestuöses Erkunden und Experimentieren war erlaubt, ja sogar gutgeheißen, da Sexualität weder in Moral gekleidet noch von ihr verhindert wurde. Frigi-

dität bei Frauen gab es selten. Es galt als normal, daß ältere, noch unverheiratete Mädchen kleinere Jungen zu sexuellen Spielen aufforderten – ein
Verhaltensmuster, das erhalten blieb, solange der Stamm seine Unabhängigkeit bewahrte. Die Vermählung geschah bei den Schoschonen der Bergregionen ohne Zeremonie. Die Pärchen begannen miteinander zu schlafen,
und der Gatte, der zunächst die Mannbarkeitsriten absolviert haben
mußte, wurde zum neuen Familienoberhaupt. Für Mädchen existierten
keine Pubertätsriten, sie wurden einfach – zumeist von Tanten – in den
Pflichten der Frau unterwiesen.

In den Bergen kannte man auch kein aufwendiges Werben, keine Mitgift
und kein Brautgeld. Der Beischlaf galt als Akt der Eheschließung – eine
ökonomische Institution zur Fortpflanzung, die das Überleben des Volkes
sicherte. Da sich weder die Notwendigkeit noch die Gelegenheit ergab,
kam es in den Banden kaum zu Vergewaltigung oder Ehebruch. Levirats-
und Sororatsehen waren verbreitet, das heißt, die Ehe mit der Witwe eines
kinderlos verstorbenen Bruders oder mit der jüngeren Schwester der verstorbenen Frau waren üblich. Ähnliche Sitten findet man in allen primitiven Gesellschaften der Alten und der Neuen Welt. Darüber hinaus kannten
die Nemene das antizipatorische Levirat, bei dem sich Brüder in ihre
Frauen teilten. Verheiratete Männer gestatteten jüngeren Brüdern den
Verkehr mit der eigenen Frau in der Erwartung späterer Gegenleistung.
Dieses Verhalten mag die Familienbande gefestigt haben, doch stiftete es
noch mehr Verwirrung bezüglich der Genealogie des Volkes.

In einem Jagdverband konnten sich nur wenige Männer mehrere Frauen
leisten, und besonders in der Zeit, als die Nemene in den Rocky Mountains
lebten, war Polygamie selten. Gewöhnlich kam es zu ihr, wenn Familien-
verpflichtungen zu erfüllen waren, denn es durfte in der Gruppe keine le-
digen Frauen geben. Mit dem Vordringen in die Plains wandelten sich die
Sexualsitten des Volkes; diese Entwicklung verwirrte später die Ethnolo-
gen, insbesondere aber die Nemene selbst, da ein Wandel althergebrachten
Brauchtums unter dem Druck veränderter Bedingungen jede Gesellschaft
verunsichert.

Auch homosexuelle Praktiken waren üblich, doch ist aus der Frühzeit
nichts darüber bekannt. Homosexualität stellte einen Luxus dar, den die
brutalen Existenzbedingungen kaum gestatteten und der dem Selbsterhal-
tungstrieb indianischer Banden zuwiderlief.

Nur die Männer besaßen die Kraft zu den beiden sozialen Rollen, die das
unmittelbare Überleben sicherten – Jagd und Kampf. Alle anderen Aufgaben, ausgenommen die Waffenherstellung, fielen den Frauen zu. Die Männer konnten aufgrund ihrer größeren Körperkraft, aber nicht unbedingt

aufgrund größerer Aggressivität den Frauen und der Familie ihre Ober-herrschaft aufzwingen. Die Rollen von Mann und Frau waren seit langem im Zement der Bräuche erstarrt. Frauen galten als minderwertig und nah-men einen untergeordneten Rang ein. Die Nemene, wie fast alle Indianer Nordamerikas, behandelten sie fast wie Sklavinnen, was aus der Frauen-Opferung beim Tod des Mannes deutlich ersichtlich ist. Nur bei den Puebloindianern gingen Männer und Frauen auf den bewässerten Feldern den gleichen Tätigkeiten nach, woraus sich eine Art Gleichberechtigung von Mann und Frau ableitete. Eine Gesellschaft dagegen, die auf der Jagd basierte, bot der Frau keine Möglichkeit, ihren Status zu verbessern. So blieb er über Jahrtausende unverändert.

Die gesellschaftliche Position der Frau wurde noch durch einen weiteren Faktor geschwächt: Wie alle primitiven Völker reagierten die männlichen Nemene auf die Menstruation mit tiefem Unbehagen. Blutende Frauen galten als unrein und verflucht; sie mußten der Gruppe fernbleiben und durften von den Männern erst berührt werden, wenn sie sich nach Ende der Periode durch Baden und Riten gereinigt hatten. Man glaubte, die Menstruation setze jegliche Magie und Medizin außer Kraft. Eine Frau konnte weder unaufgefordert am Rat teilnehmen noch Priesterin oder Schamanin werden, bevor sie nicht das Klimakterium durchlaufen hatte. Erst dann galt der Fluch als aufgehoben – vorausgesetzt, eine Nemene-Frau lebte überhaupt so lange.

Trotzdem gibt es keinen Anhaltspunkt, daß die Frauen ihre Stellung als unangemessen oder gar bedrückend empfanden. Durch jahrhundertelange Gewohnheit geprägt, konnten sie sich andere Verhältnisse nicht vorstel-len.

Über die Familie hinaus, in der das Jäger-Familienoberhaupt patriarcha-lisch herrschte, besaßen die Nemene nur eine sehr vage Sozialordnung. Sämtliche Oberhäupter waren ranggleich, obgleich die einzelnen innerhalb einer Bande ein unterschiedliches Ansehen genossen.

In kriegerischen Situationen wählten die Nemene Kriegshäuptlinge, deren Macht jedoch nicht über den Kriegspfad hinausging. Hier suchte nicht der Mann das Amt, sondern das Amt den Mann, zumeist einen intelligenten, erfahrenen Krieger mit glücklicher Hand. Dem Häuptling wurde absoluter Gehorsam entgegengebracht, da jedes Mitglied der Kriegerbande dem Kriegsruf freiwillig folgte, so daß die Teilnahme Disziplin implizierte. Diese war so tief verwurzelt, daß man sie fast instinktiv nennen könnte – ähnlich der Disziplin, die sich ein Krieger während der Kriegshandlungen hinsichtlich Essen, Trinken und heroischem Durchhalten auferlegte. Die Jäger-Krieger verhielten sich wie ein Rudel Wölfe, indem sie einem geschickten Führer folgten. Versagen oder Pech zerstörten die Autorität und das Ansehen eines Kriegshäuptlings rasch, so daß sein Aufstieg und Fall oft dicht aufeinanderfolgten.

Wie fast alle Indianer Nordamerikas unterschieden die Nemene zwischen militärischer und ziviler Kontrolle. Jede Bande besaß ihren eigenen Häuptling für zivile Angelegenheiten, zumeist ein mächtiges Familienoberhaupt, das im Krieg und bei der Jagd Mut und Klugheit bewiesen hatte, ein Mann, dessen Rat geschätzt wurde. Auch hier bestimmte das Amt den Mann, aber auch der Mann das Amt, da die Stellung des Häuptlings nicht durch legale oder traditionelle Machtvorstellungen festgelegt, sondern vielmehr charismatisch geprägt war. Die Position des gewählten Führers hing von seiner Weisheit und persönlichen Ausstrahlung ab. Seine Machtvollkommenheit bezog sich mehr auf das Amt eines Mittlers als das eines Magistrats. Der Friedenshäuptling konnte zwar die Verlegung des Lagers veranlassen, doch keinem Familienoberhaupt Befehle erteilen, nicht Unrecht verhindern oder Recht erzwingen, Strafen verhängen oder über Krieg und Frieden entscheiden. Er war der Erste unter Gleichen, deren Rat er häufig suchte und deren Vorschläge gewöhnlich berücksichtigt wurden. Sein Erfolg hing von seiner Fähigkeit ab, die Stimmung in der Bande zu erfassen und Streitigkeiten in einer Weise beizulegen, die alle als gerecht empfanden.

Grob betrachtet, war die Gesellschaft der Jagdverbände eine Demokratie erwachsener Männer, die am Ratsfeuer alle wesentlichen Belange regelten – Krieg, Frieden, Bündnisse, Wechsel der Jagdgründe. Die Ratsversammlungen der Nemene waren wie bei allen anderen nordamerikanischen Stämmen wichtige Ereignisse. Die Prozedur richtete sich sehr viel stärker an jahrhundertealtem Brauch aus als der moderne Parlamentarismus an Geschäftsordnungen. Die Männer rauchten gemeinsam die zeremonielle Pfeife und hielten ihre Reden entsprechend der Hierarchie von Alter und Erfahrung. Jüngere Krieger-Jäger meldeten sich selten zu Wort; Frauen waren ausgeschlossen, sofern sie nicht etwas bezeugen mußten. Der Brauch der Nemene gestattete keine Debatten im Rat. Die Gründe dafür lassen sich nicht eindeutig aufschlüsseln, sie könnten aber darin zu sehen sein, daß unter primitiven Völkern, deren Männer von Natur aus unabhängig und aggressiv handelten, hitziger Wortstreit Blutvergießen verursacht hätte. Ratszusammenkünfte bestanden aus einer Reihe Ansprachen und Reden. Europäer und Angloamerikaner, die an solchen Ratssitzungen teilnahmen, verblüffte die Brillanz, Redegewandtheit und Bildhaftigkeit der indianischen Sprachen. Wenige Europäer begriffen damals, daß ein Volk eine differenzierte Sprache besitzen konnte, ohne einer Schrift mächtig zu sein.

Wenige wußten, daß die überragende Bedeutung des Rats im Leben der Indianer die Redner zwang, ihre Rede auszufeilen und einzuüben, ehe sie sich zu Wort meldeten. Im Rat herrschte unbedingte Höflichkeit: Nie wurde eine Rede unterbrochen, und hätten noch so triftige Gründe vorgelegen. Berichten zufolge hielt ein angesehener Redner inmitten seiner Zusammenfassung inne, um nachzudenken; niemand rührte sich oder sprach, bevor er fortfuhr, obgleich seine Überlegungen mehrere Stunden dauerten. Während der Ratssitzungen durften die Ehre oder die Absichten eines Sprechers nicht in Zweifel gezogen werden. Erst in nachfolgenden Reden durften Gegenargumente vorgebracht werden.

Entscheidungen wurden fast ausschließlich per Akklamation getroffen, nachdem ein oder mehrere Sprecher einen Antrag eingebracht hatten; sie wurden nur einstimmig angenommen oder verworfen. Alle Entscheidungen entsprangen daher zumeist dem Erfahrungsschatz oder der Volksweisheit und folgten selten radikalen oder neuartigen Ideen. War eine Entscheidung gefällt, wurde sie durch Ausrufer im ganzen Lager verbreitet. Dabei trat ein weiteres Phänomen auf, das europäische Beobachter in Erstaunen versetzte: Obgleich der Rat keine Mittel zur Durchsetzung seiner Beschlüsse besaß, wurden sie immer respektiert und eingehalten. Stimmte ein Familienoberhaupt – was selten geschah – nicht zu, so mußte es den Gerichtsbereich verlassen und sich von der Bande lossagen.

Die Nemene kannten kein Gesetz und keine Regierung, da sie ihrer nicht bedurften; sie waren noch *ein* Volk. Die scheinbar locker verknüpften anarchischen Jagdverbände waren in sich außerordentlich homogen. Das Volk besaß den ältesten und effektivsten Herrscher: die Tyrannei des Brauchs. Die Europäer beurteilten die Nemene nach ihren westlichen Kriterien und konnten folglich den ungeschriebenen Code nie begreifen, über den die Verfügungen die unzähligen verstreuten Tipis und Lager erreichten.

Die Gesetze der Nemene stellten kein komplexes rationalistisches Gefüge dar, das durch die Entscheidung von Herrschern, Richtern oder Parlamenten verändert und zeitweilig nur von geschulten Eliten gänzlich verstanden werden konnte. Die Gesetze der Nemene erwuchsen aus den überlieferten Weisheiten, verifiziert durch, manchmal schmerzliche, Erfahrungen. Weder ein einzelner noch ein Rat konnte die brauchtümlichen Gesetze außer acht lassen; jeder Häuptling oder Rat traf somit Entscheidungen, die allen unmittelbar einsichtig waren.

Den Nemene, soweit sie die Argumente der Europäer überhaupt begriffen, erschienen die Weißen als Sklaven, die sich voller Furcht vor Höhergestellten einer fernen Autorität beugten und dasselbe vom Roten Mann verlangten. Die Europäer sahen in den Nemene »wunderbar freic« Barbaren, die in wahrer Demokratie lebten. Sie haben die erdrückende Funktion des Brauchtums – eine so unterschwellige und eingefleischte Tyrannei, daß nur wenige Nemene je bewußt darüber nachdachten – nie ganz begriffen.

Kein Angehöriger des Stammes besaß die Möglichkeit, sich frei zu entscheiden. Bräuche, Konventionen und Dutzende gewachsener Tabus hatten längst jede Individuationsmöglichkeit erstickt. In ähnlich gelagerten Situationen handelten alle Nemene fast gleich. In einer Stammesgesellschaft gibt es kein Richtig oder Falsch; es gab nur eine einzige anerkannte Art, bestimmte Dinge anzufassen.

Die Jäger der Bergregion waren keine »edlen Wilden«. Diese Anschauung entstammt der Vorstellungswelt hochorganisierter, überbürokratisierter Gesellschaften, die sich einreden, der Mensch sei von Natur aus frei und erst die Zivilisierung habe ihn der Tyrannei unterworfen. Der schoschonische Jäger war kaum eine Frohnatur; die Nemene waren weder »gut« noch »edel«, noch barmherzig, noch – trotz aller harten Lebensanforderungen – sonderlich fleißig. Sie waren ein Volk, das sich mit knapper Not am Leben erhielt, existierten unter Bedingungen, die sie gedanklich nicht durchdringen konnten und glaubten an dunkle Mächte. Sie setzten alles daran, diese Mächte, die sie als Geister interpretierten, nicht zu beleidigen. Im Laufe ihrer Entwicklung hatten sie eine Art instinktive Würde erworben, die allerdings eher die Würde eines Lebewesens, das stoisch alle Leiden erträgt, als die rational erlangte Würde des Menschen war. Diese Würde war insbesondere dadurch gekennzeichnet, daß sie Selbstmitleid oder Sentimentalität nicht gestattete. Die Nemene standen dem Tod, und ihrem eigenen vorgegebenen Lebensstil, bejahend gegenüber, weil sie ihn für schicksalhaft und geheiligt hielten.

Menschen, die ein so gefahrvolles Leben führten, bedurften der Religiosität, auch wenn ihr Glaube primitiv und, ihrer Kosmogonie entsprechend, außerordentlich pragmatisch war. Die Religion der Nemene zielte darauf ab, sich übernatürliche Mächte geneigt zu erhalten, ein Geschenk, das sie *Puha* (»poohah«) oder »Medizin« nannten. Ihnen blieb keine Zeit zu abstraktem Denken. Jeder einzelne wurde dazu erzogen zu begreifen, *was* und *wer* er war – ein Angehöriger der Nemene –, und machte sich nie Gedanken darüber, *warum* er war. Seine Religion, die ein jeder tief ernst nahm, war das Bemühen um ein Verständnis der kosmischen Kräfte, um sie des Überlebens und Gedeihens willen beeinflussen zu können.

Diese Suche geschah individuell, ohne Gruppenrituale, und daher begriffen viele europäische Eindringlinge sie nicht als Religion und erkannten in ihr nicht die Urwurzel ihrer eigenen religiösen Übungen.

Dennoch trennte nicht die Religion Europäer und nordamerikanische Indianer, sondern die Wissenschaft. Die Europäer, die in Amerika landeten, hatten bereits die Trennung zwischen der Welt der Magie und der Welt von Ursache und Wirkung vollzogen. Für die nordamerikanischen Indianer hingegen waren Wissenschaft und Religion noch eins, wobei gerade die Nemene ihre Religion mit Feuereifer, ja fast wissenschaftlicher Hingabe betrieben. Sie kannten nicht den Willen eines vagen, abstrakten Gottes wie die Hebräer. Sie waren darauf aus, die Geister, die in den Felsen, Schneisen und im Tierreich hausten, »herauszuschnüffeln« und sie sich geneigt zu machen, um die *Puha* oder magische Kraft zu erlangen, die Büffel vor ihre Speere brachte, Krankheiten heilte und sie im Krieg siegen ließ. Jede Suche wurde von Furcht ausgelöst und begleitet, spendete aber andererseits tiefen Trost. Obgleich er glaubte, die Welt werde von magischen Kräften regiert, traute der Nem *seiner eigenen* Zauberkunst nur so lange, wie sie in seinem Sinne erfolgreich wirkte. Wandte sich das Schicksal zu seinen Ungunsten, suchte er nach neuen Zaubermitteln. Führte seine Magie jedoch zum Erfolg, steigerte sich der *Puhakut* oder Schöpfer wirkungsvoller Medizin in regelrechte Rauschzustände und in den Glauben an die Unverletzbarkeit seiner Person – ein Wahn, der den Europäern, welche an eine nicht personenbezogene Ordnung des Universums glaubten, unbegreiflich blieb. Hatte ein Angehöriger der Nemene *seine* »Medizin« entdeckt, so sah er der Zukunft unerschrocken entgegen.

Diese Religion kannte keine ethischen Grundsätze, keine moralische Überhöhung und keinen Begriff von göttlichem Lohn oder Strafe. Die Ethik war streng sozial ausgerichtet; Magie und Religion aber waren geheimer und persönlicher Natur. Die Geister halfen bevorzugten Individuen, so daß die Gunstbezeugungen nicht an moralische oder soziale Bedingungen geknüpft waren. Die Nemene machten sich auch keine theoretischen Gedanken hinsichtlich der Stellung des Menschen in der Natur oder eines Vertrages zwischen Mensch und Gott. Aber sie waren überzeugt, daß die Geister, die sich oft gnädig zeigten, sehr launisch reagieren konnten. Daher lebten sie ständig in der Angst, die Geister zu beleidigen und ihren Groll auf sich zu ziehen. Beim Entwickeln seiner persönlichen Magie – was auf ähnliche Weise vollzogen wurde, wie Kinder Geheimzeichen ersinnen und manche Leute eine Pechsträhne zu durchbrechen oder ihr Schicksal zu bessern suchen – mußte der einzelne zahllose komplizierte Handlungen vornehmen und Tabus beachten. Von Kindesbeinen an waren die Nemene gezwungen, Verrichtungen auf bestimmte unabänderliche Weise auszuführen. Durchbrachen sie eine Vorschrift, zerstörten sie die magische Kraft, und Unglück, sogar Zerstörung, waren ihnen gewiß.

Obgleich eine derart personengebundene, magiebegründete Religion keinerlei umfassendes Dogma oder Gruppenritual hervorbringen konnte – jedes Individuum folgte Hunderten unabdingbaren persönlichen Dogmen und Ritualen –, fügte sich der Glaube jedes einzelnen Jägers in einen bestimmten sozialen Kontext ein. Die Nemene respektierten die geheimen Zauberformeln und persönlichen Tabus ihrer Mitmenschen, ohne je zu versuchen, sie zu einem kohärenten Glaubenssystem zusammenzufügen.

Da die Nemene das Universum für unberechenbar hielten, ohne jegliche mathematische oder natürliche Ordnung, lag die einzige Möglichkeit planvoller Beeinflussung in den Visionen, die den Weg zur Erlangung magischer Kraft aufzeigten. Die Schoschonen der Hochgebirgsregionen vertrauten einst allein auf spontane Visionen und Offenbarungen der Psyche, doch in den östlichen Rocky Mountains hatten die Nemene von höher entwickelten Stämmen der Plains gelernt, daß man Visionen auch hervorrufen kann. Damit aber erlernten sie eine Methode für ihre Magie. Zwar akzeptierten sie weiterhin die spontanen Visionen, die aus überwältigenden seelischen Erlebnissen hervorgingen, begannen aber daneben Visionen auf gesellschaftlich anerkanntem Wege herbeizuführen.

Während der Pubertät, noch vor seinem ersten Jagd- oder Kriegszug, suchte jedes männliche Mitglied seine *Puha* oder Medizin zu entdecken; ihre Ermittlung oder Auswahl stellte das wichtigste Ereignis im Leben des jungen Mannes dar. Er mußte sie ausfindig machen und sorgsam interpretieren, da es sich um seine Grundmedizin handelte, die ihn sein ganzes Leben leiten sollte. Natürlich würde er sie später durch spezifische Zaubermittel für alle herausragenden Ereignisse in seinem Leben ergänzen – Mittel für Jagd und Krieg, für Trauerfälle, die Ehe oder die Geburt seiner Kinder. Jede Gelegenheit erforderte magische Handlungen, sonst, so glaubte der Krieger, stand er hilflos da wie eine menstruierende Frau.

Junge Männer suchten Visionen durch Wachen. Allein zogen sie sich an einsame Orte zurück, die sich durch eine besondere Aura auszeichneten. Bei der Vorbereitung half meist eine ältere Person, die selbst wirksame Medizin ersonnen hatte. Der junge Mann betete, rauchte Tabak oder Sumachblätter, fastete, sang und brachte sich bisweilen Wunden bei. Da die Nemene nicht wie die Stämme des Südwestens und die Mexikaner Rauschmittel oder Halluzinogene besaßen, machten sie sich die visionsfördernde Wirkung von Hunger, Schmerz und Abführmitteln, wie etwa Weidenrinde, zunutze. Der Wachende versuchte, seinen Verstand und seine Sinne bis zum Wahn zu verwirren, da er glaubte, ein auf das Innere konzentrierter Verstand sähe am klarsten. Im Gegensatz zu den Völkern des Ostens erniedrigten sich die Nemene niemals vor der Welt der Geister. Sie ergingen sich nicht wie die Sioux in Demütigungen oder bettelten um Gnade, sondern bewiesen weitaus mehr Würde bei ihren Wachen, da sie Wohlwollen von der Geisterwelt erwarteten.

Die Pubertätsvigilien ähnelten den Rittervigilien des europäischen Mittelalters, die nicht christlichen, sondern kriegerisch-barbarischen Ursprungs waren. Nötigenfalls wachte der junge Mann vier Tage und Nächte, bis sich eine Vision einstellte: heftiger Wind oder Sturm, ein riesiger Vogel, der vorüberfliegt, ein Wolfsschrei, eine Sternschnuppe. Seelische Erlebnisse waren dabei gleichermaßen hinreichend wie körperliche Empfindungen; die Nemene machten mit ihrem magisch begriffenen Universum zwischen beiden keinen Unterschied. Die Offenbarung zeigte dem jungen Mann seine Zauberkraft, sie sagte ihm, welcher Geist zu seinem Beschützer bestimmt war. Das Erfahrungserlebnis wurde vom ganzen Stamm anerkannt.

Die Nemene glaubten mit einer Verwegenheit an die derart gefundene Zauberkraft, daß die Europäer dies als Arroganz verkannten. »Vertrau auf Gott, doch sei auf der Hut« bedeutete für die Indianer die Aufhebung der Magie mangels Glauben. Der einzelne akzeptierte mit dem Geistergeschenk der *Puha* gleichzeitig auch eine Reihe komplexer Tabus; bei einigen handelte es sich um Eigenerfindungen, andere waren sozial fest verankert. Kein Außenseiter und schon lange nicht jemand, der nicht mit den Indianern Nordamerikas lebte, durchschaute je die Ge- und Verbote, die mit der *Puha* zusammenhingen. Der Jäger mit dem Zeichen des Adlers – große Kraft – mußte die charakteristischen Eigenarten des großen Vogels übernehmen; zum Beispiel durfte er niemandem gestatten, hinter ihm vorbeizugehen, solange er aß. Männer mit Wolfs-, Coyoten-, Bären-, Hirsch- oder Büffelmedizin mußten achtgeben, daß sie den Schutzgeist dieser Tiere niemals beleidigten. Der Kern der Magie aber blieb ein Geheimnis; die magische Kraft ging verloren, sobald man darüber sprach.

Häufig versagte die Magie, weil entweder der Besitzer ein Tabu verletzt oder sie mit einem Weib zerstört hatte; oder aber, weil sein Glaube nicht gefestigt genug war. Die Übertretung eines Tabus galt als äußerst schwerwiegend, niemand wagte, darüber zu spotten. Obgleich Vorstellungen über Belohnung oder Bestrafung durch die Geisterwelt unbekannt waren, anerkannten die Nemene eine Art Gleichgewicht, das möglicherweise im menschlichen Bewußtsein verankert ist. Jedes Ding hatte seinen Preis; jede Macht verlangte beschwerliche Dienste oder die Beachtung komplizierter Tabus. Schutzgeister gaben selbstlos, aber sie nahmen auch gnadenlos. Die Verletzung eines Tabus konnte heftige psychosomatische Störungen auslösen, ja zum Tod führen, und die Furcht vor Tabuverletzung bedingte eine fortwährende hysterische Spannung. Die meisten Nemene lebten in einem fast manisch-depressiv zu nennenden Zyklus; Schrecken und Jubel lagen eng beieinander, je nachdem, ob der Zauber wirkte oder nicht.

Da sich aus der Magie kein Gruppenritual oder -dogma herleiten ließ, waren Priester überflüssig. Einige Männer hatten jedoch besonders wirkungsvolle Visionen und besaßen deshalb entsprechend kraftvolle Medizin. Von diesen *Puhakut*, Schamanen oder Medizinmännern, stammte gewöhnlich eine Reihe eindrucksvoller Kabalen und Riten, die sich als erfolgreich erwiesen hatten und deren Macht alle Beobachter befriedigte. Die Schamanen waren zumeist eindrucksvolle Mystiker, die fest an ihre *Puha* glaubten, wenn sich auch in der neueren Geschichte einige Scharlatane darunter fanden. Zwar fungierten Medizinmänner nicht speziell als Heiler, da die Magie in alle Bereiche hineinreichte, aber sie boten auch Heilkuren an. Da die *Puha* ein Geschenk und kein Verdienst war, durfte kein Inhaber ein Hilfegesuch abschlagen. Die Schamanen bewiesen Geschick bei der Heilung psychosomatischer Beschwerden, doch bei Wunden und Fieber waren sie machtlos. Man konnte sie jedoch nie der Pfuscherei bezichtigen, da ihre Medizin nur so stark war wie der Glaube des Leidenden.

Mehr als eine Geschichte berichtet von der Tötung eines Schamanen, der das Volk im Machtrausch oder aus Verbitterung im Alter mit bösartigen Zaubersprüchen einschüchterte. Diese greisen Alten galten als gefährlich. Die Medizinmänner bildeten keine gesonderte Klasse, auch wenn sie Geschenke für ihre Dienste annahmen. Sie waren einfache Jäger-Krieger, denen ein bißchen mehr Wissen über die Geisterwelt oder Gunst der Schutzgeister nachgesagt wurde. Auch Frauen konnten *Puhakut* werden, allerdings erst nach dem Klimakterium.

Die überlebenden Nemene des zwanzigsten Jahrhunderts begreifen nicht, was ihre Vorfahren eigentlich geglaubt haben, da sie selbst nicht mehr daran glauben; die meisten sind Christen geworden, und der Magieglaube ist weitestgehend zerstört. Schon wesentlich früher zersetzten Glaubenselemente anderer Stämme den Glauben der Nemene. Bereits während ihres letzten Jahrhunderts in den Plains übernahmen sie die »spiritistischen Seancen« der Cheyenne, das mysteriöse Rütteln der Tipis, den Adlertanz sowie die Biber-Zeremonie der Pawnee. Auch die Donnervogelmythen der südwestlichen Stämme bezogen sie in ihren Kult mit ein.

Die Reisenden des achtzehnten und neunzehnten Jahrhunderts, die die Glaubensvorstellungen der Nemene näher untersuchten oder derartige Fragen mit Stammesangehörigen diskutierten, waren von der Universalität europäischer Mythen so überzeugt, daß die nordamerikanischen Indianer ihrer Ansicht nach nur eine leicht abweichende Version davon besitzen *mußten.* Es kam weder Europäern noch Angloamerikanern in den Sinn, die Kosmologie der Eingeborenen auf ihre Eigenständigkeit hin zu erforschen. Entweder suchten sie nach Parallelen zu Auffassungen des eigenen Kulturkreises, oder sie versuchten eigene Dogmen aufzupfropfen, womit sie die Grundlage für hartnäckige Mißverständnisse schufen.

Die Nemene sahen in Regen, Wind oder Donner niemals Gott. Eine dem hebräischen Jahwe oder mexikanischen Sonnengott vergleichbare Instanz kannten sie nicht, und die Beschaffenheit des Universums interessierte sie wenig. Die Europäer mühten sich, bei den Nemene einen »Allwissenden Vater« oder »Großen Geist« aufzuspüren. Tatsächlich fanden sich bei einigen Stämmen Nordamerikas derartige Anschauungen, nicht aber bei den Nemene; sie hätten sich zwar einen solchen Geist, der Mensch und Kosmos erschaffen, vorstellen, nicht aber ernstnehmen können. Nach ihrer Vorstellung konnte eine vielseitige Gottheit weder besonders aktiv noch effektiv wirken. Wie Vater-Sonne, Mutter-Erde und auch Mutter-Mond, die kalt auf die Belange des Menschen herabblickten und allesamt von den Nemene als weltbewegende Kräfte verehrt wurden, war ein solcher Gott zu entrückt, um als Schutzgeist zu dienen. Diese Geister mochten die Menschen wohl ernähren, doch hatten sie ihnen nie die persönliche Beachtung geschenkt, die sie sich von animistischen Beschützern erhofften.

Als Götter verehrten die Nemene Schutzgeister, die in Felsen, im Donner und vor allem in den Tieren wohnten. Diese animistische Weltanschauung, in die Religion und Wissenschaft eingingen, war in Asien schon längst fest verwurzelt, als ihre Vorfahren nach Amerika aufbrachen. Um überlegene Kräfte beteten sie zum Adlergeist, um Schnelligkeit zum Hirschgeist, um weise Kühnheit zum Wolfsgeist; vor dem Krähengeist dagegen hüteten sie sich, da er bösartig war. Sie verehrten den Büffelgeist und beteten zu ihm, er möge eine Bisonherde schicken. Erwählten sie eine genehme Medizin, so antworteten die Geister; fühlten diese sich beleidigt oder waren sie launisch, dann starben die Männer, die Frauen darbten, und die Kinder erfroren im Schnee.

Erst der Weiße Mann brachte den Wolf mit Gott, die Sonne mit dem Großen Geist, gutmütige und bösartige Schutzpatrone mit manichäischen Vorstellungen von Gut und Böse in Verbindung. Völlig unreflektiert übertrugen die Europäer ihre eigene Kosmologie auf die Indianer, wodurch sie die Naturmenschen allerdings kaum beeinflussen konnten. Die Nemene durchschauten die Absicht, und aller Wahrscheinlichkeit nach stimmten sie dem Weißen Mann oft nur aus Höflichkeit oder reinem Überdruß an den fremden Mythen zu.

Männer der Büffelmedizin beteten zu dem großen Tier, daß es in ihre Täler herabsteige, und sie betrieben mit Hörnern, Flöten, Rasseln und Trommeln Büffelmagie. Töteten sie einen Bison, so beließen sie das Herz unversehrt im Skelett, damit der Geist fortleben und die Plains wieder mit Büffelfleisch auffüllen möge. Nie brachen sie ein Büffeltabu. Männer mit kraftvoller Magie wurden nach dem Tode bemalt, mit dem Gesicht zur Sonne sitzend gebettet und auf mysteriöse Weise in das Schattenland jenseits der Sonne befördert, dessen Name »Gesegneter Jagdgrund« das einzige Paradies symbolisierte, das das Jägervolk sich denken konnte. Es war kein Land, wo Milch und Honig fließen, sondern ein grünes Tal mit unzähligen grasenden Tieren, weshalb die Menschen dort nie Kälte, Hunger, Sorgen und Schmerzen litten. Dieser Glaube an ein Leben nach dem Tode und die ebenso universelle Legende vom Versinken der Kontinente in einer Sintflut stellten übrigens die einzigen Übereinstimmungen mit dem Glauben der Europäer dar.

Die Nemene hatten weder ein Erlösungskonzept noch eine schlüssige Theologie entwickelt. Es gab keinen festgelegten Weg in die »Gesegneten Jagdgründe«, die nicht nur für Männer reserviert waren, sondern Menschen jeden Geschlechts und Alters nach dem Tode aufnahmen – und zwar nicht als Gotteslohn für Frömmigkeit auf Erden. Die Nemene glaubten, der Tod mache alle Menschen gleich. Sie erwarteten allerdings – es handelt sich hier eher um eine soziale als um eine religiöse Anschauung –, daß Kriegern, die bei der Verteidigung des Volkes fielen, und Frauen, die bei der Geburt starben, in den »Gesegneten Jagdgründen« wegen ihrer Aufopferung für die Menschheit besondere Aufmerksamkeit geschenkt werde. Die Vorstellung, daß faule, bösartige, mordlustige oder feige Menschen zur Strafe in »Höllische Jagdgründe« verstoßen werden, wo lahme Jäger vergebens Schattentiere jagten und Frauen vor Hunger jammerten – ein Leben, schlimmer als auf Erden –, kannten die Nemene der Gebirgsära nicht. Die Hölle pflanzten erst die christlichen Missionare des neunzehnten Jahrhunderts in die Gedankenwelt der Schoschonen.

Menschen, deren Haar nach dem Tode abgeschnitten wurde, durften das Paradies nicht betreten. Wie alle Indianerstämme Nordamerikas hielten die Nemene an dem uralten Haarfetisch fest, der womöglich ebenso alt ist wie das Menschengeschlecht. Die Männer kämmten, schmückten und fetteten ihr Haar, das sie niemals abschnitten, höchstens eine Strähne, um tiefste Trauer auszudrücken. Sie glaubten, Skalpieren zerstöre den menschlichen Geist, und Erwürgen ersticke die Seele; der Tod bei Nacht machte es zweifelhaft, ob der Schatten das Land jenseits der Sonne finden würde. Leichenschändung galt als der fürchterlichste Racheakt, da die Toten auch im Leben nach dem Tode nicht von ihren Wunden befreit waren. Skalpierte und verstümmelte Leichen wurden vernichtet; sie verwandelten sich in Gespenster, ominöse Schatten, die bei Mondaufgang umhergeisterten.

Die Grausamkeit des Menschen fand also Wege, den Feind seiner Stärke und Würde zu berauben und die Rache über das Grab hinauszutragen. Die Skalps, die die Nemene ihren erschlagenen Widersachern herunterrissen, dienten anfänglich nicht als Trophäe, sondern als Totem. Das älteste Totem der Nemene war der schauerliche Skalppfahl, den sie überallhin mitnahmen und vor ihren Zelten aufstellten, und ihr ältestes und fast einziges geselliges Ritual bestand im Skalptanz. Skalppfahl und Tanz waren traditionell verankert und unter allen Indianern Nordamerikas allgemein verbreitet; es muß angenommen werden, daß sie mit den ersten Einwanderern aus Zentralasien nach Amerika gelangten. Hierfür spricht, daß Archäologen in den gefrorenen Grabstätten des Altai-Gebirges skalpierte Leichen fanden, von denen man einigen die aufgerissenen Köpfe mit ihrem Haar bedeckt oder es wieder angenäht hatte. Die Nemene suchten im Krieg das Haar der Ihren zu schützen; sie verharrten bei gefallenen Kameraden bis zu deren Tod und verteidigten ihren Weg ins Paradies ebenso unerschrocken, wie sie dafür sorgten, daß nicht Fremde den Himmel bevölkerten.

Die Gespenster, die sie selbst geschaffen hatten, bereiteten den Nemene Unbehagen, obwohl sie im Grunde von ihnen nichts Böses befürchteten. Unter einem Gespenst stellte man sich ein skalpiertes Phantom vor, das bei Nacht umherschlich, oder ein verblichenes Skelett, das mit dem Mond aufstand. Die Nemene mieden außerdem Orte, an denen Menschen umgekommen waren.

Zwei Schreckgespenster aber fürchteten sie: die Menschenfressereule, die nächtens auf die Erde herniederkam und Menschen verschlang. Sie hielten die riesigen, über die Plains verstreuten Mammutknochen für Überreste dieser scheußlichen Bestie. Auch *Nenepee*, ein menschenähnliches, kaum mehr als einen Fuß hohes Geschöpf, das tödliche Pfeile abschoß, löste Angst und Schrecken aus. Zwar konnte man durchaus die magischen Kräfte dieser Geister besitzen oder vom »Kleinen Mann« begünstigt sein, doch war ihre Medizin so stark und daher für den Besitzer so gefährlich, daß die Nemene sie peinlich mieden.

Dies also war die Welt der Nemene in der Ära ihres Gebirgslebens: Ein grausames Universum, beherrscht von Hunger, Mühsal und magischen Kräften, ı ʿem die Menschen auf einen frühen Tod hofften; nicht selten brachte er die einzig mögliche Erleichterung.

Die Nemene waren zwar weder die Schöpfer noch die Organisatoren oder Zerstörer eines mathematisch geordneten Universums, aber sie waren dennoch Menschen: Mensch, der Jäger, Mensch, der Mörder; sie waren Menschen, wie sie vor achthundert Generationen den gesamten Erdball bevölkerten, mit einem Lebensstil, der schwierig und gefährlich zugleich war, aber ohne Konflikt zwischen Ideal und Handlung, zwischen Notwendigkeit und Recht. Die kollektive Ohnmacht verlieh diesen wettergegerbten, halbverhungerten, verkrüppelten, dreckigen und ungebildeten Menschen möglicherweise ihre persönliche Würde. Ein jeder stand allein und ersann in der Einsamkeit seiner Kraft-Magie sein eigenes Universum.

Ihre Weltanschauung betrachteten sie als unanfechtbar, ihren Lebensstil nicht nur als gut, sondern geheiligt. Gerade diese absolute Sicherheit verärgerte oder befremdete den Weißen Mann, dem wenige Dinge außer seinen Vorstellungen von Zivilisation heilig waren. Dem Nem dagegen waren alle seine Anschauungen, alle seine Sitten ebenso heilig wie seine Magie oder sein Medizinbeutel, der, gefüllt mit geheimen, persönlichen Dingen, zwischen seinen Beinen baumelte. Nemene-Männer trugen den Lendenschurz nicht aus Sittsamkeit oder Bequemlichkeit, sondern um ihre Medizin zu schützen, die mit versteckten Knoten und magischen Kräutern direkt neben dem Penis, dem magischsten und wichtigsten Organ, befestigt war. Ihre Weltanschauung erwies sich als zählebig, wie sehr sie auch durch höhere Mächte und Unglück erschüttert wurde. Restbestände der Magie können wahrscheinlich nie völlig ausgerottet werden: Überlebende der Nemene trugen auch in späteren Jahrhunderten zum Schutz ihrer Genitalien noch einen symbolischen Lendenschurz oder Schnüre aus Pferdehaut unter ihren modernen Hosen.

In ihrer Welt und gegen ihre Welt besaßen die Nemene jedoch keine Macht; selbst von den Nachbarstämmen wurden sie verachtet. Ihre Zahl war gering, und sie zogen in isolierten Banden umher. Die Völker des zentralamerikanischen Kernlandes, von denen viele bereits seit einem Jahrtausend in der weiten Entwässerungszone des Missouri Getreide anbauten, Tabak trockneten und schilfgedeckte Häuser erbauten, begegneten ihnen mit Geringschätzung und ohne Furcht.

Diese Volksstämme hatten von den geschützten Tälern Besitz ergriffen und ihre Kiefern- und Zedernpflöcke die Flüsse entlang tief in die Erde gerammt. Sie hatten riesige Felder abgesteckt und lagerten Maiskolben für den Winter ein; im Sommer aßen sie selbstgezogenes Gemüse und Kürbis. Wenn sie Zeit erübrigen konnten oder Trockenperioden ihre Felder ausdörrten, gingen sie auf die Jagd nach Fleisch und Fellen. Sie litten selten Hunger und waren dem Wetter längst nicht so ausgesetzt wie die Nemene.

Da sie zahlenmäßig überlegen waren, drängten sie jene in die kargen Berge zurück, auf Böden, für die sie selbst keine Verwendung hatten. Diese Volksstämme, die stolzen Sioux, der große Sioux sprechende Kreis der Omaha und Missouri, Iowa, Kansa und Ponca, ihre südlichen Osage-Verwandten und die Caddo-Wichita, waren reich an Liedgut und Ritualen, die von ihrem barbarischen Zivilisationsversuch zeugten. Sie hatten große gesellige Bräuche entwickelt – Tänze, Zeremonien und kulturelle Übungen.

Die Nemene hoch oben in Wyoming kannten nur wenige Lieder und noch weniger Tänze. Seit etwa einem Jahrtausend lebten sie gefangen in ihrem Schicksal, und kein Ausweg tat sich auf. Wäre es einem europäischen Beobachter möglich gewesen, dieses primitive Amerika zu erforschen, so hätte er sicherlich das Urteil der Iowa und Ponca, der Seneka und Azteken geteilt, das die Nemene als völlig ungebildete Wilde abstempelte, die aus ihrer Umwelt den geringsten Nutzen zogen. Jedem verständigen Beobachter wäre aufgefallen, daß die Zukunft den Barbaren gehörte und die Wilden hart um ihr Leben würden kämpfen müssen.

Aber gerade die an Zahl und wohl auch Macht überlegenen Völker des Kernlandes sollten mühelos weggefegt werden. Ihr reiches Lied- und Märchengut sollte verlorengehen. Kein Historiker sollte ihre Legenden aufzeichnen und ihr Verschwinden nur beiläufig erwähnt werden. Diese Stämme wurden ausgelöscht, und kaum eine Erinnerung an sie blieb erhalten. Nur die Flüsse und Täler, denen sie ihre Namen liehen, zeugen noch von ihrer Existenz; die überwiegende Mehrzahl der späteren Usurpatoren ihrer Ländereien bemerkte nicht einmal, daß Omaha, Missouri, Iowa und Kansa nicht einfach Ortsnamen sind, sondern einst für ganze Völker standen.

Auch die Nemene mußten wie alle anderen verschwinden, doch erst nachdem sie wie ein Wirbelwind in die Geschichte gestürmt waren. Wenn sie auch selbst keine Lieder besaßen, so berichten doch Lieder und Legenden von ihren Taten. Die Nemene sollten sich von allen Plainsindianern am unerbittlichsten, erfolgreichsten und tapfersten widersetzen: nicht um ihr Heimatland zu verteidigen, sondern um ihren geheiligten Lebensstil zu bewahren. Sie sollten zwischen Ebenen und Hochebenen kämpfen und das Land mit unzähligen Gräbern übersäen, bis schließlich der Kontinent ihre Knochen forderte und ihre Schatten, entsprechend ihrem Glauben, in das Land jenseits der Sonne hinüberwanderten.

Blut und Gewalt, Folter und Mord

Das primäre Motiv für die Verhaltensweise der Nemene bestand in einem biologischen Imperativ: Jagd nach Nahrung im Kampf ums Überleben. Ihr zentraler sozialer Imperativ dagegen war der Krieg.

Dieser zweite Imperativ könnte aus dem ersten erwachsen sein, was sich jedoch nicht beweisen läßt. Die Hypothesen über den Ursprung von Krieg und Gewalt bei den Indianervölkern Nordamerikas gehen von zwei verschiedenen Ansätzen aus: der eine nimmt instinktive Aggressionen, der andere soziale Faktoren als auslösendes Moment an. Der Augenschein spricht für die Instinkt-These, weitere Überlegungen deuten jedoch in eine andere Richtung. Und die Unklarheiten in den europäischen Auffassungen über Krieg und Aggression erleichtern es keineswegs, Ungereimtheiten im Verhalten der Indianer zu verstehen. Als sicher jedoch gilt, daß Krieg und Mord ebenso alt sind wie die Kainslegende und daß die nordamerikanischen Indianer ihre Kriegsethik wie den Skalppfahl schon aus der Alten Welt mitbrachten.

Einheitliche Grundmuster lassen sich in der indianischen Kriegführung nicht ausmachen. Wie die Stammeskulturen selbst unterschied sie sich örtlich und zeitlich. Das Märchen, daß ackerbautreibende oder zivilisierte Völker weniger kriegerisch gewesen seien als räuberische, wilde Stämme, steht im Widerspruch zu den Fakten, auch wenn es für manche Zeiten und unter bestimmten Umständen zutraf. Gerade viele primitive Jäger- und Sammlerkulturen wie die Insel-Arawak und die Coahuiltec lebten ausgesprochen friedlich; schon Kolumbus schrieb wahrheitsgetreu von den sanftmütigen, schüchternen *indios*. Die beiden am meisten entwickelten, ackerbautreibenden, organisierten und gefestigten Völker Nordamerikas dagegen, die Irokesen-Konföderation der östlichen Waldgebiete und die Azteken Mexikos, galten als die blutrünstigsten und grausamsten des

Kontinents. Man könnte das damit erklären, daß beide Stämme erst seit kurzem der Wildheit entwachsen waren und die Azteken zuvor eine alte Zivilisation niedergerungen hatten. Aber auch die Maya, deren Vorfahren seit einem Jahrtausend Ackerbau und städtisches Leben kannten, waren außerordentlich kriegslüstern. Sie fochten vernichtende Fehden untereinander aus und zerstörten die Maya-Kultur Yucatáns lange bevor die Spanier landeten; erst 1901 gelang es der mexikanischen Armee, die letzten Nachkommen dieser Kultur endgültig zu unterwerfen.

Weder die Azteken noch die Irokesen brauchten die benachbarten Indianer zu fürchten. Beide hatten so viel Land an sich gerissen, wie sie gerade noch verteidigen oder bebauen konnten. Beide Völker waren die mächtigsten ihrer Region; und dennoch bekriegten sie ihre Nachbarn unerbittlich. In regelrechten Expeditionen massakrierten sie gnadenlos und blutdürstig Stämme, die Hunderte von Meilen entfernt lebten. Die Azteken durchsetzten den Krieg mit religiösen Momenten; sie weihten Knaben – unter Gebeten, daß sie im Kriege fallen mögen – dem Sonnengott, und schon sehr früh drillten sie die Kinder auf ihre spätere Rolle in den Kampfverbänden. Die Azteken schonten sogar einen Teil ihrer benachbarten Feinde, damit es ihnen nie an Opfern für ihren Kriegsdämon Huitzilopochtli oder an Übungsobjekten mangelte.

Den Azteken, die bei ihren Kriegszügen oder Opferhandlungen Tausende Menschen hinschlachteten und die die organisierte Kampflust zu besonderer Kunst entwickelten, stand die Algonkin-Konföderation beim Morden nur in puncto Ausdauer nach. Den barbarischen Clans dagegen fehlte es an Organisationsvermögen und Mitteln, den Krieg durchzustehen. Angesichts der schieren Gewalttätigkeit dieser beiden Völker muten die Kriege der Plainsindianer nachgerade harmlos an.

Das höchst rituelle Barbarentum der Puebloindianer dagegen war von Grund auf friedlich. Die fleißigen Bauern und Töpfer der südwestlichen Hochebenen hatten keine Zeit, das Kriegshandwerk zu erlernen, und die in den südlichen Kiefernwäldern auf gleicher Stufe lebenden Caddo ernährten sich von Mais und Bohnen, bauten Tempel und Häuser und zeigten keine Neigung, sich mit ihren Nachbarn zu streiten. In ihren Frühstadien scheint auch die mexikanische Ackerbaukultur recht friedfertig gewesen zu sein. Die Seßhaften vertauschten ihre Waffen mit Saatkörnern und Pflanzstock und führten fast ein Jahrtausend lang ein ruhiges, geselliges Leben, bevor sie riesigen Bürokratien und Kriegerkönigen untergeordnet wurden.

Die Geschichte indianischer Kriegführung ist ebenso komplex und differenziert wie der Fortschritt der einzelnen Völker in Richtung auf Barbarei und Zivilisation. Bei allen Indianerstämmen Nordamerikas ist wahrscheinlich der Keim zu Gewalt und Krieg gleichermaßen wie bei anderen Völkern angelegt gewesen, ebenso wie das Fortschrittspotential. Graduelle Unterschiede gehen auf die jeweiligen Lebensbedingungen zurück.

Kleinere und schwächere Stämme wie die südtexanischen Coahuiltec, die Schoschonen des Great Northern Basin, einige karibische Völker und solche, die auf karges, trockenes Land verdrängt worden waren, begannen selten Streit mit ihren mächtigeren Nachbarn, da sie Vergeltungsmaßnahmen fürchteten.

Einst mächtige Stämme wie die Tarahumare von Chihuahua entwickelten sich nach ihrer weitgehenden Ausrottung durch die Spanier im siebzehnten Jahrhundert zu feigen Schleichern. Solange die Azteken als kleiner, nur geduldeter Stamm auf den Schlamminseln des Texcoco-Sees hausten, zahlten sie Tribut und vermieden jegliche Provokation gegenüber den mächtigen Stadtstaaten, die sie umgaben. Erst als ihre Macht wuchs, blühte bei den Azteken die Kampflust auf; ebenso bei den Schoschonen, als sie sich Pferde beschaffen konnten. Eindeutig besteht ein Zusammenhang zwischen Zahlenstärke, günstigen Naturbedingungen, daraus resultierender ökonomischer Sicherheit und der Fähigkeit, Krieg zu führen.

Viele Kriege unter den Indianern Nordamerikas begannen als territoriale Auseinandersetzungen. Häufig waren Stämme durch Naturkatastrophen wie Dürre gezwungen, in fruchtbarere Gebiete einzudringen. Solche Gebietsüberschreitungen führten zu örtlich begrenzten Kriegen und bleibendem Haß. Angloamerikaner berichten, wie sich den Crow beim Anblick des Zeichens der Dakota die Nackenhaare sträubten. Die Athabasken und die Schoschonen haßten einander. Die jeweils ersten Europäer, die mit nordamerikanischen Indianern Kontakt bekamen, wurden friedfertig empfangen und eindringlich vor mörderischen Nachbarstämmen gewarnt. Auch dieses Verhalten folgt einem Grundmuster: Vor völlig Fremden kannten die Primitiven keine Angst, sie zeigten sich ihnen gegenüber sogar ausgesprochen gastfreundlich; echte Haßgefühle hegten sie nur gegenüber benachbarten Stämmen, mit denen sie sich seit langer Zeit befehdeten.

Die uralten, unauslöschlichen Animositäten erleichterten den vordringenden Europäern die Eroberung erheblich. Cortés hätte Mexiko ohne die Nahua-Verbündeten niemals erobern können. In großer Zahl nahmen an allen spanischen Expeditionen Indianer als Freiwillige teil, und der US-Armee dienten sie als Pfadfinder. Bis die Weißen ihre Unabhängigkeit bedrohten, töteten die westlichen Indianer mehr Angehörige der eigenen Rasse als weiße Soldaten. In keiner Phase des europäisch-indianischen

Krieges mangelte es den Weißen an blutdurstigen Verbündeten unter den Eingeborenen. Solches Verhalten ist jedoch keineswegs als Verrat aneinander anzusehen, denn die Indianer begriffen sich ebensowenig wie die Europäer, etwa während der Kriege des zwanzigsten Jahrhunderts, als *eine* Rasse oder gar als Brüder.

Auf ihrer ständigen Wanderschaft blieben Zusammenstöße und Fehden zwischen Stämmen unterschiedlicher Sprache und Tradition nicht aus, zumal alle Waffen trugen. Absolut friedliche Indianer gab es nicht; selbst die schwächsten und am wenigsten geachteten Stämme griffen zur Waffe, sobald sie ihre Existenz bedroht sahen. Die auf engem Raum zusammengedrängten Coahuiltec-Banden rangen häufig um Wasserstellen miteinander; die Pueblo ließen einen regelrechten Pfeilregen auf Coronados gepanzerte Reiter niedergehen und vertrieben die Spanier 1680 aus Neu-Mexiko. Den Luxus regulärer Kriege konnten sich die Pueblo und Coahuiltec jedoch nicht leisten; dies blieb den Azteken, Dakota und Irokesen vorbehalten. Allen Stämmen war ein Ethos der Gewalt eigen – Pazifisten gab es unter den Indianern Nordamerikas nicht.

Wie bei allen primitiven Völkern richtete sich die Gewalt gewöhnlich gegen Außenstehende; homogene Jagdvölker wie die Nemene gestatteten keine stammesinternen Fehden oder Blutvergießen, sowenig wie Vergewaltigung, Diebstahl oder Mord gegenüber Stammesgenossen. Derartige Vergehen beleidigten den Stamm als Ganzes. Bei Mord, Ehebruch oder ähnlichem galt das älteste menschliche Gesetz, das *ius talionis*. Jedes Familienoberhaupt hatte das Recht, seine Frauen und Kinder für Ungehorsam oder Verbrechen zu strafen oder gar zu töten. Bei den Nemene schnitt der betrogene Mann seiner ungetreuen Frau zumeist die Nase ab und suchte vielfach noch bei seinem Gegenspieler Genugtuung. Nur sehr selten führten derartige Affären aber zu Blutvergießen zwischen den Männern; primitive Krieger brachten sich nicht wegen Weibergeschichten um. Da nach den Stammessitten die moralische Schande die gesellschaftliche Position des Gesetzesbrechers schwächte, reichte ein Kraftakt meist aus, dem Hahnrei Frau, Ehre und Wiedergutmachung für erlittenen Schaden zu sichern. Vielen Kriegern widerstrebte es, begehrenswerte Frauen um der Ehre willen zu verstümmeln; so war es oft mit einer Tracht Prügel getan.

Geschah ein Mord, der nach den Stammesbräuchen nicht gerechtfertigt werden konnte, nahm die Gerechtigkeit einen einfachen Lauf: Die nächsten Anverwandten des Opfers jagten den Mörder und töteten ihn. Nie mischten sich die Verwandten des Mörders in den Streit ein oder suchten seinen Tod zu rächen. Gerechte Strafe löste bandenintern keine Blutfehden aus; sie traten erst in sozial entwickelteren Gesellschaften auf, in denen nicht mehr rigides Brauchtum beherrschend war.

Die strikten moralischen Normen eines Stammes wirkten über seine ethnischen Grenzen niemals hinaus. Die Nemene unterschieden klar zwischen der Ermordung eines Stammesangehörigen und der Tötung eines Außenseiters – eine universelle Moral, die erst durch die Umformung von Moses' Vorschrift *Du sollst nicht morden* in das unhaltbare Gebot *Du sollst nicht töten* entstellt wurde.

Das einzige Gebot, das einen Außenseiter schützte, war das der Gastfreundschaft gegenüber völlig Fremden. Reisende jeder Rasse von weither konnten sich gemeinhin in Frieden unter den Indianern bewegen, wogegen enge Nachbarschaft das Gegenteil von Verständnis erzeugte. Ein beträchtlicher Teil der europäisch-indianischen Feindseligkeiten geht darauf zurück, daß Europäer unbeabsichtigt alte Fehden aufrührten. Die Franzosen schürten beispielsweise die Feindschaft der gefürchteten Irokesen, als ein Franzose zwei Krieger erschoß, die die Indianer angriffen, bei denen er weilte. Ebenso konnten Weiße nicht mit Crow *und* Sioux, Ottawa *und* Seneka, Comanchen *und* Apachen zugleich verbündet sein. Die Weißen waren töricht genug, dies nicht zu beherzigen.

Längst bevor Kolumbus die Neue Welt entdeckte, war der Krieg institutionalisiert und tief in das Ethos der Indianer eingebettet, war er integraler Bestandteil des Lebens. Bei den Nemene war wie bei allen ihnen benachbarten Stämmen jeder Mann zugleich Krieger und Jäger, und in den meisten indianischen Sprachen waren beide Begriffe synonym. Männlichkeit verstanden die Indianer nicht nur biologisch; sie forderte Mannbarkeitsriten, insbesondere gewaltbetonte.

Während der Pubertät mußte der Junge seine Magie oder Medizin erwählen, doch galt er erst als Mann, wenn er bei der Jagd und im Krieg Verwundungen davongetragen hatte. Der Knabe durfte mit auf die Jagd, sobald er kräftig genug war. Hier stellte er – meist im Kampf gegen ein gefährliches Tier – Stärke, Mut und Geschick unter Beweis; damit erwarb er sich Achtung. Und nur der in der Jagd erprobte Jugendliche konnte für die höchste Aufgabe eines Nem-Mannes erwählt werden: den Kriegspfad.

Diese Mutproben und Gewaltriten erwuchsen aus reiner Notwendigkeit; während der räuberischen Phase lebte der Mensch Hunderte Generationen lang in Blut und vom Blut. Ein Mann, der nicht töten konnte, hatte weder die Chance zu überleben noch die, seine Rasse zu mehren. Ein Mann, der seinen eigenen Herd nicht verteidigen konnte, war gesellschaftlich unbrauchbar. Der enorme Wert, den die indianischen Jäger dem Mut beimaßen, entstand weder zufällig noch künstlich. Tapferkeit und die Fähigkeit zu töten waren für die gesamte Gruppe lebensnotwendig. Die Nemene ehrten den erfolgreichen Krieger und gaben ihm das Gefühl, ein großer Mann zu sein; Feiglinge tolerierten sie nicht, und Kämpfer, die sich gerade so durchschlugen, wurden verachtet. Solange ein Jüngling dem Feind nicht ins Auge gesehen und sich selbst im Kampf bewiesen hatte, wußte er nichts von der Kameradschaft des Kriegs- oder Jagdpfades, wurde er weder von Älteren noch von Gleichaltrigen als Mann behandelt. Niemand bewunderte ihn, fragte ihn um Rat oder gehorchte seinen Befehlen, die Frauen verhöhnten ihn, und die Kinder lachten ihn aus. Kein Mann ohne Ansehen wagte sich im Rat zu Wort zu melden oder nach einer Frau Ausschau zu halten. Ohne eine Anzahl anerkannter Taten und Kriegsehrungen konnte er weder Friedens- noch Kriegshäuptling werden. Der stolze Krieger, der niedere Arbeiten verschmähte, keine Lasten trug und dem die Frauen aufs Wort folgten, verdankte seine Position nicht seiner Männlichkeit, sondern seiner blutig bewiesenen Tapferkeit.

Das System der Kriegsauszeichnungen scheint unter den Indianern allgemein verbreitet gewesen zu sein und selbst den Übergang zum Ackerbau, Barbarei und Zivilisation überlebt zu haben. Die sorgenfreien Mohawk sahen sich daher gezwungen, Hunderte von Meilen entfernt nach einem Feind für ihre Kriegspläne zu suchen, und die Azteken rüsteten jährlich Expeditionen. Selbst die Ackerbau treibenden Azteken unterwiesen jeden Jungen in der Kriegskunst und schickten ihn nach der Pubertät als Helfer mit der Armee aus; nur über Kriegsehren konnte er im Clan sozial aufsteigen. Einzig ein hochgeehrter Krieger durfte Lehrer, Richter, Clanhäuptling oder Priester werden. Der Krieg brachte Beute, Land, Gefangene, Sicherheit, Rache, Aufregung und die geheimen Lüste mit sich, den Blutdurst stillen und Schmerzen zufügen zu können. Wegen seiner Bedeutung für das Prestige konnten die Indianer den Krieg nicht abschaffen.

Die Kriege der nordamerikanischen Indianer hatten aber nur wenig mit den Auseinandersetzungen der Europäer gemein. Mit Ausnahme des mittelamerikanischen war kein Indianervolk im Sinne der Indogermanen seßhaft und mit dem eroberten Boden verwachsen. Selbst als ackerbauende Barbaren hielten die Stämme noch an den Besitzvorstellungen der Jägerära fest; der Anspruch auf geheiligtes, ererbtes Land blieb ihnen fremd. Sie waren beständig in Bewegung und wurden niemals dauerhaft ansässig. Außer den zivilisierten Ackerbauern Mittelamerikas begriff kein Volk den Boden, auf dem es jeweils lebte, auch nur als Stammeseigentum.

Die Millionen Indianer, die in den riesigen Weiten Nordamerikas verstreut lebten, sahen logischerweise im Boden etwas Ähnliches wie die Europäer etwa in Luft und Meer. Ihre Vorstellungen gingen von den Stammes-, besser: Bandengrenzen aus. Innerhalb dieses Gebietes eigneten sie sich das natürliche Produkt des Bodens an, ähnlich wie die Fischer den Reichtum der Meere ausbeuteten. Für die Indianer beherrschte ein Stamm oder Volk das Land in dem Sinne, wie für die Europäer häufig eine Nation das Meer beherrschte. Keiner besaß abgegrenzte Rechtstitel. Daher kämpften die Indianer Nordamerikas selten um Land als solches und verteidigten ihren Grund und Boden nicht bis zum bitteren Ende.

Plötzliche Überfälle und Gegenangriffe im Guerillastil kennzeichneten die Kriegführung, nicht erbittert umkämpfte Stellungen und Barrikaden, hinter denen die Indogermanen gehorsam starben. Die Nemene kannten wie alle anderen Indianer heilige Orte, doch keinen heiligen Grund und Boden. Da weder Europäer noch Indianer des anderen Einstellung zum Boden verstanden, mußte beiden das jeweilige Konzept der Kriegführung unbegreiflich bleiben. Einem Volk von geringer Zahl, das beständig am Existenzminimum dahinvegetierte, erschien der Tod wenig heroisch und ehrenwert und das Erringen von Boden durch Blutopfer ein Frevel. Sie rühmten den Erfolg im Krieg und betrauerten den Tod eines Kriegers als Volkstragödie. Der Sinn des Krieges bestand darin, den Feind zu töten, seine Lager niederzubrennen, seine Leichen zu schänden, um ihm den Eingang in die Ewigkeit zu versperren, seine Frauen zu vergewaltigen und seine Kinder zu entführen. Jeder Wert der Kriegsauszeichnungen schwand dahin, wenn der Besitzer sie nicht mehr lebendigen Leibes auskosten konnte. Daher blieb dem indianischen Krieger die »zivilisierte« Geisteshaltung fremd, der Alamo oder Antietam Tribut zollten, wo man sich bis in den Tod bekämpfte und sich noch im Sterben für den Sieger hielt. Unter den Indianern Nordamerikas bildeten sich derartige Vorstellungen nur in Mexiko aus, das seine eigenen Walhalla-Mythen hervorgebracht hat. Ein Nem-Krieger, der in eine Falle geraten war, kämpfte wohl um sein Leben, eiferte aber nicht Horatio nach. Das unpersönliche Verhältnis zum Boden erleichterte die Vertreibung der Indianer und erzeugte darüber hinaus bei den Europäern den Eindruck von Feigheit. Als die Indianer mit Menschen in Berührung kamen, die ihr Land verteidigten und der Massaker, die sie erlitten hatten, voller Ehrfurcht gedachten, breiteten sich unter ihnen Verwirrung und Frustration aus.

Die Kriegskunst eines so traditionsgebundenen, magiebeherrschten Volkes mußte logischerweise von Brauch, Fetisch oder Tabu bestimmt sein. Zeitweilig hielten die Europäer die Kriege der Indianer für zeremoniell, für eine Art Spiel. Tatsächlich *waren* die Kriege der Indianer zeremoniell, da bei ihnen alles zeremoniell verlief, aber ein Spiel waren sie keineswegs.

Das überkommene Grundprinzip der Kriegführung forderte als ersten Schritt die Gewinnung der zweckmäßigsten Magie. Die Nemene strebten ihren magieträchtigen Visionen nach wie die Menschen anderer Gesellschaften Orakeln oder Horoskopen. Da es in der Kriegerschar der Nemene keine festgefügten militärischen Ränge oder Privilegien gab, konnte jeder bewährte Krieger, der die geeignete Medizin besaß, einen Kriegszug anführen. Dazu mußte er seine potentielle Gefolgschaft durch Erläuterung seiner Visionen davon überzeugen, daß seine Medizin mächtig sei.

Ein Krieger, der zum Großen Adler betete und hernach den Adler auf Beutezug erspähte, konnte seine Vision vor den Rat oder kleinere Gruppen tatendurstiger junger Männer bringen. Diese, wie zahllose andere mögliche Erscheinungen wurden erregt diskutiert und interpretiert: Sandten die Nemene die Krieger dann aus, stürzten sie sich auf den Feind wie der Adler auf das Kaninchen.

Den Mann mit der *Puha* ernannten sie zum Kriegshäuptling, ein Rang, der mit der Mission endete. Alle, die sich der Kriegerschar anschlossen, gelobten, seinen Befehlen zu folgen. Den Schlüssel zu dieser Position boten Magie und Überzeugungskraft. Es ist daher kein Zufall, daß alle großen Indianerhäuptlinge Nordamerikas gleichzeitig beeindruckende Redner waren. Jedoch machte eine große Rede noch keinen erfolgreichen Häuptling; die Kriegshäuptlinge mußten visionsfähig und pragmatisch sein, mußten Organisationstalent und Durchsetzungsvermögen besitzen, denn die Schlachten der Nemene wurden sorgfältig geplant. Nach Offenbarung der Initialmagie wurde ein zweiter Schamane oder *Puhakut* zur Festigung der Überzeugung hinzugezogen. Doch damit war die Aufgabe der Medizinmänner erschöpft; auf den Kriegspfad nahmen die Nemene keine Schamanen mit.

Sobald der Bandenrat der Kriegerschar den Auftrag erteilt hatte, verbreitete sich die Nachricht wie ein Lauffeuer durch das gesamte Lager und sorgte für Wirrwarr und Aufregung. Ein jeder Krieger konnte entsprechend seiner Neigung und Medizin entscheiden, ob er dem Kriegsruf folgte, denn auf dem Kriegspfad benötigte jeder seine eigene Magie und mußte sein eigenes Omen deuten. Für die Nemene war der Krieg das große volksumgreifende Ereignis, da sie sich zu keinerlei sonstigen zeremoniellen Anlässen versammelten. Die Krieger wurden mit einer ausgefeilten, emotionsgeladenen Zeremonie verabschiedet, dem Kriegstanz.

Der Tanz selbst war mehr ein individualistischer Ritus, der im Extremfall chaotische Züge annahm. Die Krieger, die an dem Überfall teilnahmen, schufen ihre Medizin, indem sie zum Klang der Felltrommeln singend und heulend um ein Freudenfeuer tanzten und stampften.

68

Die Frauen, jung und alt, schrien dabei vom Rande her, um die tapferen Worte und Taten der Krieger zu ehren. Ihr durchdringendes Yee-yee-yee von außerhalb des Tänzerkreises spornte die Energien der in den Krieg ziehenden Männer an. Zu dieser Zeit nahmen die Frauen noch nicht am Krieg teil; sie konnten zu Fuß auf dem Kriegspfad nicht Schritt halten. Doch die Nem-Frauen waren Kämpfer, ebenso tapfer wie die Krieger. Bei den Indianern Nordamerikas blieben Frauen und Kinder vom Krieg nicht verschont. Frauen wurden vergewaltigt und geschändet, Kinder ermordet oder verschleppt. Das Beste, was eine Gefangene erhoffen konnte, war der untergeordnete Status einer Nebenfrau unter den Feinden. Da sie um ihr Schicksal wußten, waren Frauen, die sich bedroht sahen, besonders gefährlich; sie fügten gefangenen Kriegern des Feindes die fürchterlichsten Qualen zu.

Die Kriegerschar bemalte sich die Gesichter mit schwarzer Farbe – der Farbe des Todes. Da einst über Krieger, die ihre Vorbereitungen bei Tageslicht getroffen hatten und bei Sonne aufgebrochen waren, eine fatale Katastrophe hereinbrach, tanzten und verließen die Nemene das Lager bei Nacht. Vom Tanz noch erschöpft, konnten die Krieger allerdings in der ersten Nacht nur eine kurze Strecke zurücklegen.

Ihre Disziplin und Organisation erstaunten die Europäer, da sie zum sonstigen Lebensstil und der Kultur der Indianer in krassem Gegensatz standen. Doch Krieg war eben eine ernste Angelegenheit, und die Praxis hatte die Indianer den Wert strikter Disziplin, sorgsamer Vorbereitung und genauer Kontrolle gelehrt. Der Kriegshäuptling fungierte als uneingeschränkter Diktator, dessen Befehle gehorsam befolgt wurden. Konnte ein Gefolgsmann einem Befehl nicht zustimmen, mußte er aus dem Kriegerzug ausscheiden.

Der Kriegshäuptling bestimmte die Mission, die seiner Vision und Magie einbeschrieben war, und entschied, wie sie auszuführen sei. Er wählte Zeit und Weg, teilte die Späher ein, die dem Hauptzug weit vorauseilten, und stellte Nachtwachen zum Schutz des schlafenden Camps auf. Er kommandierte Krieger für den Nachschub ab; er plante Strategie und Taktik des Angriffs; er allein konnte den Befehl zum Rückzug geben oder in einen Waffenstillstand einwilligen.

Theoretisch gebührten Ehre und Beute ausschließlich ihm; in der Praxis verteilte jeder siegreiche Kriegshäuptling jedoch großzügig Auszeichnungen und den größten Teil der Siegesbeute. Dieses pragmatische Vorgehen steigerte nicht nur seine Beliebtheit, sondern stärkte überdies sein Prestige.

Befehlsgewalt und Autorität schwanden jedoch rasch, wenn ein schlechtes

Omen seiner Medizin entgegenzuwirken schien. In einem magiebeherrschten Universum konnte eine unvorhersehbare Katastrophe oder einfach Pech einen Kriegshäuptling ebenso gründlich ruinieren wie erwiesene Inkompetenz. Trotz der enormen Tapferkeit, Disziplin und Anstrengungen, die die Krieger bei einem Angriff zeigten, ließen sich die meisten Indianer Nordamerikas durch sonderbare Omen und alarmierende Rückschläge leicht demoralisieren. Die Nem-Krieger besaßen nur wenige Glaubensgrundsätze und daher auch keine Dogmen, mit denen sie sich im Unglück hätten Mut zusprechen können. Sie waren voller verborgener Ängste und Zweifel, und alles, was den Geruch von starker, entgegenwirkender Magie trug, zerstörte ihr Selbstvertrauen und machte sie nachgerade hysterisch. Unglück, Verwundungen, der Tod des Häuptlings ließen die Krieger, die sonst jede Schwierigkeit meisterten, verzagen und voller Panik fliehen.

Die Krieger durchquerten bei ihren Zügen riesige, unbevölkerte Landstriche, wo ihre Lager weit voneinander entfernt lagen. Ob der Krieg nun auf Rache, Beute oder Vergnügen abzielte, der Ablauf war gewöhnlich der gleiche. Ein Rachefeldzug galt zuweilen als beendet, sobald ein einzelner Feind entdeckt und getötet war, vorausgesetzt, dies tat der Medizin des Anführers Genüge.

Häufiger jedoch suchten die Krieger eine größere Gruppe benachbarter Feinde in den Hinterhalt zu locken, ohne dabei selbst Schaden zu nehmen. Kein Indianer Nordamerikas stellte sich dem offenen Kampf, da sich die Jagdvölker unnötige Kriegstote nicht leisten konnten. Doch dämpfte die Furcht vor dem Tod die Hitze des Gefechtes keineswegs; vielmehr entwickelten sich spezifische Kampfformen. Ein erfolgreicher Überfall beruhte auf unentdecktem Anschleichen, gelungenem Überraschungseffekt und nachfolgendem Massaker.

Die Kriegsbanden bewegten sich mit großer Umsicht voran, um nicht entdeckt zu werden. Ob die Krieger nun wußten, wo das Lager des Feindes lag, oder ob sie es durch Späher auskundschafteten, auf jeden Fall mußten sie Meilen rauhen, offenen, möglicherweise gefährlichen Geländes durchqueren. In solcher Umgebung glichen die indianischen Krieger wahrhaft Jägern, die sich an ihr Opfer heranpirschen. So bewahrten sie eine Unmenge für die Jagd wichtiger Fertigkeiten, die in der agraren Welt längst vergessen waren. Die Nemene oder andere Indianer gleicher Stufe besaßen nicht besseres Sehvermögen als der Mensch der Zivilisation – im Gegenteil, schlechte Augen und Augenkrankheiten waren verbreitet –, doch wußten sie, wonach sie auf dem Boden suchen mußten, und sie konnten mit ungeheurer Genauigkeit Spuren und Zeichen lesen. Sie hatten sich jenen scharfen Sinn für ihre Umwelt erhalten, den nur Wesen, die im Freien leben, entwickeln. In der Wildnis, wo Staub und Vegetation jahrhundertelang unberührt blieben, hinterließ jedes menschliche Eindringen eine Spur. Der Nem-Jäger-Krieger konnte im Staub, im weichen Boden, an abgeknickten Grashalmen sehen, daß Menschen vorbeigekommen waren; ein zertretenes Blatt, ein Mokassinabdruck, eine erloschene Feuerstelle gaben Auskunft darüber, wer wann und in welcher Stärke vorbeigekommen war. Sobald sie Feindesland betraten, verwandelten sich die Krieger in eine Horde spurenschnüffelnder Wölfe.

Die Krieger gaben sich alle Mühe, unentdeckt zu bleiben; sie verzichteten auf Lagerfeuer, aßen Trockenfleisch, ertrugen Hitze, Kälte und quälenden Durst mit stoischer Disziplin, um nur keine Spuren zu hinterlassen. Um der Entdeckung zu entgehen, marschierten die Nemene nachts, während sie tagsüber in Wäldern oder zwischen Felsen rasteten.

In diesem Lichte erscheinen die Kriege der Indianer weit weniger als Spiel als die rituellen Gefechte europäischer Armeen, wo Abteilungen gepanzerter Krieger sich auf offenem Feld gegenseitig zu Tode hieben. Im Krieg dachten die Indianer durch und durch praktisch: Sie wollten töten, ohne selbst getötet zu werden.

Viele Europäer hielten die Indianer zunächst wegen ihrer Taktiken für feige, ohne zu begreifen, daß ihre eigenen Kriegsmethoden inzwischen längst zeremoniell waren. Mit der Zeit jedoch marschierten die Armeen der zivilisierten Völker nicht mehr mit Banner und Trompeten in Schlachtrituale, sondern schickten Späher voraus und taten alles, um das Terrain zu erkunden.

Ging den Nemene der Überraschungseffekt verloren, indem der Feind die Krieger entdeckte, so konnte dies zu Aufgabe des gesamten Vorhabens führen. Kein fähiger Anführer ließ sich auf einen Kampf ohne eigenen Vorteil ein, solange ihm noch eine andere Möglichkeit blieb. Es galt durchaus nicht als Schande, den Rückzug anzutreten, weil die Medizin schlecht war; es wurde aber als enttäuschend empfunden. Zu einer Schlacht zwischen zwei verfeindeten Indianerstämmen kam es nur dann, wenn zwei Kriegerscharen zufällig zusammenstießen oder eine attackierte Bande rasch und erfolgreich auf den Überraschungsangriff reagierte.

Dieses Verhalten, das aus Kultur und Logik der nordamerikanischen Indianer erwuchs, verwirrte die meisten Europäer, die nach Amerika kamen, und ließ ihnen die Kriegerscharen als unberechenbar erscheinen. Häufig beobachteten Weiße, wie feindlich gesonnene Indianer aus anscheinend nichtigem Grunde eine Attacke an einem Punkt abbrachen, an dem europäischer Instinkt auf rasches Handeln und verschärften Angriff gedrängt hätte. Die Nemene und kulturell verwandte Völker kannten nicht jene unerbittliche Entschlossenheit, auf keinen Fall zu weichen, wegen der sich die Europäer zu Millionen abschlachten ließen. Auch fehlte ihnen der Wille der Europäer, trotz aller Schwierigkeiten vorwärtszudrängen, durch Zähigkeit und Unnachgiebigkeit den Sieg zu erringen. Dieses »Fehlverhalten« – bei den Nemene sowie ihren Dakota- und Cheyenne-Nachbarn besonders ausgeprägt – betrachteten die meisten Weißen mit Verachtung. So konnten die Indianer kaum eindeutige, hart erkämpfte Siege erringen – aber auf derartige Siege hätte die Kriegslogik der Indianer auch niemals abgezielt.

Nach wildem Auftakt flachten Schlachten zwischen verfeindeten Kriegern zu Täuschungsmanövern und Scharmützeln ab, da beide Seiten Deckung und Verstecke suchten, um vereinzelte Krieger von hinten anzugreifen oder sich gegenseitig mit Pfeilen zu überhäufen. Fand die Begegnung im Gebüsch oder Kieferngestrüpp statt, deutete häufig nur ein wippender Busch, ein kurz auftauchender Körperteil, das Zischen eines Pfeiles oder – wenn ein Pfeil traf – ein Stöhnen und Schreien auf den Kampf hin. Derartige Kriege umfaßten weite Areale und hielten stunden-, ja tagelang an. Nach europäischen Maßstäben lag die Zahl der Kriegsopfer bei Fehden der Indianer untereinander extrem niedrig. Die geringe Zahl der Opfer ging auf die angewandten Taktiken, nicht etwa auf die primitiven Steinwaffen zurück; Äxte, Pfeile und Feuersteinspeere in kräftiger Hand konnten auf grausame Weise töten.

Weil der Nahkampf nicht die Regel war, galt er als Inbegriff des Mutes und brachte großes Ansehen ein. Da alle Indianer die Gefangennahme oder Zerstückelung von Kameraden zu verhindern suchten, kam es häufig zu Nahkämpfen um die Leichen. Ein Kämpfer, der die Verschleppung und Zerstückelung eines Kameraden verhindert hatte, erntete besonderes Lob. Im siebzehnten Jahrhundert nannten die Franzosen eine Sitte, die unter den Stämmen Mittelamerikas verbreitet war, *Coups* anbringen.

Wer einen Hieb oder Stich mit Speer, Messer oder Handaxt oder Berühren mit der Hand anbringen konnte, erhielt die höchsten Auszeichnungen. Wegen der schnellen Reflexe der indianischen Jäger-Krieger und aufgrund der Tatsache, daß selbst ein schwerverwundeter Krieger, der im Sterben lag, bis zum letzten Atemzug unberechenbar blieb, konnten solche Hiebe nie gefahrlos angebracht werden. *Coups* und der Skalp eines Lebenden brachten daher weit mehr Ansehen ein, als wenn man einen Krieger aus dem Hinterhalt tötete oder einen Toten skalpierte. Immerhin riskierte der »Schlagjäger« dabei sein Leben.

Ursprünglich muß dieser Brauch aus einem sinnvollen Mutritus erwachsen sein, da die Bereitschaft, sich einem bewaffneten Krieger im Nahkampf entgegenzustellen, ebenso zu den lebensnotwendigen Werten zählte wie die Bereitschaft, ein starkes Tier mit Axt oder Speer anzugreifen. Doch wurde dieser Brauch – wie viele menschliche Verhaltensweisen – im Laufe der Zeit so mit mystisch-sozialen Wertvorstellungen belegt, daß er dem ursprünglichen Zweck zuwiderlief. Krieger riskierten ihr Leben einzig um gesellschaftlicher Anerkennung willen, und nicht wenige ließen dabei ihr Leben. Die Europäer reagierten häufig befremdet darauf, daß die Krieger-schar in ihrer Gesamtheit sich nicht offen im Kampf stellte, wogegen einzelne offensichtlich sinnlos angriffen und regelrecht Selbstmord begingen. Jeder Krieger, der einen *Coup* angebracht hatte, schrie sofort *Aaa-hey!* (Ich erhebe Anspruch!) – kein Siegesruf, sondern die Forderung nach Anerkennung. Es war möglich, durch feierlichen Schwur Anspruch auf einen *Coup*, den keiner bezeugen konnte, zu erheben, doch wie bei Treffern von Luft-waffenpiloten bedurfte eine Bestätigung gewöhnlich sachkundiger Gut-achter. Die Nemene besaßen ein rigides System des Schlagzählens – nur zwei Krieger konnten Anspruch auf einen *Coup* gegen denselben feindli-chen Krieger erheben. Die Cheyenne genehmigten drei, und die »Hunde-fresser« oder Arapaho anerkannten bis zu vier Kriegern den Trefferhieb gegen einen gefallenen Gegner.

Gelang den Nemene ein Überraschungsangriff, folgte eine wilde Flucht der Opfer. Der überraschte Feind setzte sich selten zur Wehr; Männer, Frauen und Kinder rannten einzig um ihr Leben. Greise und alte Frauen, die zu schwach waren, sich zu verteidigen oder zu fliehen, wurden niedergemet-zelt. Kleinkinder wurden auf grausame Weise umgebracht, mit der Axt zerstückelt, gegen Felsen oder Bäume geschleudert, auf Speeren blutend durch die Luft geschwenkt. Verwundete oder gefangengenommene Frauen wurden gewöhnlich vergewaltigt; war keine Zeit dazu, so tötete und skalpierte man sie auf der Stelle. Jungen und Mädchen im richtigen Alter, alt genug, um nicht mehr zur Last zu fallen, aber zu jung, um zu fliehen oder bleibende Haßgefühle zu entwickeln, wurden häufig von der Familie ihres Fängers adoptiert. Metzelei, Vergewaltigung, Gefangennahmen ge-schahen system- und regellos, ganz nach Lust, Laune und Siegesstimmung der blutrünstigen Krieger. Versuchten die Gegner einen Gegenangriff oder drängte die Zeit, dann mordeten sie alles Erreichbare. Nur wenn keine be-sondere Eile geboten war, erlaubten sie sich den Luxus, Kinder zur Adop-tion und Gefangene heimzunehmen. Krieger, die selbst keine Söhne oder Kinder besaßen, nahmen Feindeskinder gefangen und beschützten sie vor der Zerstörungswut der eigenen Leute. So konnte es durchaus geschehen, daß ein Krieger ein kleines Mädchen vergewaltigte und tötete, während sein Kampfgenosse ein Mädchen gleichen Alters als sein Kind annahm. Gefangene Knaben wurden vielfach als Sklaven verwandt und oftmals, besonders bei den Nemene, kastriert. War der Rückzug aus dem Feindesland schwierig, so überlebten ihn wenige Gefangene; die Nemene vergewaltigten und töteten sie unterwegs und hinterließen die schauerlichen Überreste, um den Feind zu erzürnen.

Die Leichen wurden verstümmelt, Arme und Beine abgetrennt, die Genitalien herausgeschnitten, die Brüste der Frauen abgenommen und die Leichen beiderlei Geschlechts ausgeweidet und enthauptet und, reichte die Zeit, die blutigen Eingeweide verbrannt. Diese Verstümmelung verkrüppelte den toten Feind auf Ewigkeit. Vor allem aber wurden Feinde jeden Alters und Geschlechts skalpiert, indem man einen tiefen Schnitt um den Haaransatz führte und die Haarplatte herausriß. Manchmal behielt man den gesamten Skalp, zeitweilig nur das Mittelstück, gerbte und streckte es vorsichtig und bewahrte es als bleibende Trophäe.

Das schwerste Los hatten die männlichen Gefangenen. Die Frauen wurden vergewaltigt und umgebracht, doch selten systematisch gefoltert, da die Folter Teil der männlichen Mutriten war. Die Nemene trafen sorgfältige Vorkehrungen, daß kein Krieger entfloh. Den wenigen Gefangenen, denen es dennoch gelang, waren Knaben, die ihr Schicksal scheinbar akzeptierten und so lange bei den Adoptivfamilien verweilten, bis diese ihnen Vertrauen schenkten. Gefangengenommene Männer wurden grausam mit ungegerbten Lederriemen, die Arme ausgebreitet, an kreuzartige Marterpfähle gebunden; über Nacht wurden sie heruntergeholt und in ausgebreiteter Lage verprügelt. Zeigte der Gefangene bei dieser Behandlung Verkrüpplungserscheinungen, so wurde er getötet. Hatten es die Nemene jedoch auf Folter abgesehen, bemühten sie sich mit allen Mitteln, die Gefangenen am Leben zu erhalten.

Die einzigen Berichte über Foltermethoden nordamerikanischer Indianer stammen aus der Feder Weißer, zumeist französischer Händler und Reisender. Jedes Volk, jeder Stamm, hatte seine besonderen Feinde und Apologeten. Die Abnaki, Verbündete der Franzosen, waren den Neuengländern ein Greuel, wohingegen die englandfreundlichen Irokesen von den Franzosen gehaßt wurden. Die Foltermethoden der Athabasken oder Apachen wurden stärker verteufelt als die anderer Stämme, nach Ansicht etlicher Militärfachleute des neunzehnten Jahrhunderts zu Unrecht. Weiße, die mit einem Indianerstamm befreundet waren, neigten dazu, die Folterungen abzuleugnen oder zu beschönigen. Damit wurden sie der Wahrheit jedoch nicht gerecht; die Folterung Gefangener war bei den Indianern Nordamerikas ebenso verbreitet wie die Skalpjagd. Folterriten waren in die Kultur eingebettet und ebenso alt wie die Rasse selbst. Wie alle indianischen Bräuche unterschieden sich die Foltermethoden je nach Laune und Umständen, da einige von ihnen Muße und Sicherheit erforderten. Die Behauptung, die Nemene verzichteten im Gegensatz zu Kiowa, Apachen, Cheyenne und Sioux auf Folterungen, bezieht sich entweder auf die Periode, als diese ihre Überfälle zumeist weit vom Lager entfernt tief im feindlichen Territorium durchführen mußten, oder sie stammt von überlebenden Comanchen des zwanzigsten Jahrhunderts. Obgleich ihnen Zeit und Geduld fehlten, ähnlich perverse Foltermethoden zu ersinnen wie die Ackerbau treibenden Indianer, folterten sie ihre Gefangenen, allerdings zumeist unterwegs.

Waren die Nemene in Eile, schlitzten sie junge Mädchen auf und ließen sie verbluten. Häufig spießten sie Gefangene am Boden fest – ohne Augenlider mit dem Gesicht zur Sonne – und zogen weiter. Im siebzehnten und achtzehnten Jahrhundert besaßen die traditionsreichsten Indianer, nahezu ausschließlich seßhafte »Barbaren« und nicht »Wilde«, das größte Repertoire vorstellbarer Foltermethoden. Die »friedlichen« Caddo kannten weitaus mehr Tricks, Gefangene in tagelange Agonie zu versetzen, als die Apachen oder die nomadisierenden Nemene. Auch die Kiowa, die eine höhere Kultur auf die Plains mitbrachten als die Nemene, galten als listigere Folterkünstler. Doch diese Erkenntnisse verwundern nicht. Die Zivilisation erhob in Frankreich die gesetzliche Folter zur hohen Kunst. Jene französischen und spanischen Schreiberlinge, die voller Entsetzen die Foltern der Indianer beschrieben, entstammten Gesellschaften, die Frauen und Kinder Inquisitionen unterzogen, wie sie sich ein amerikanischer Ureinwohner nicht hätte vorstellen können. Sie quälten Menschen auf dem Rad, der Folterbank, dem Scheiterhaufen inmitten Szenen sadistischer Festlichkeit zu Tode, die sich in nichts von der tiefverwurzelten Lust der Nemene, anderen Schmerzen zuzufügen, unterschieden.

Vergewaltigung, Erniedrigung und Tötung weiblicher Gefangener wurden bei den Nemene auf den Heimweg verschoben, bis die Krieger glaubten, genügend Sicherheitsabstand gewonnen zu haben, um ein Lager errichten und Feuer machen zu können. Es gab kein Tabu gegen das Foltern von Frauen, doch begnügte man sich zumeist mit Vergewaltigung, obwohl auch bekannt ist, daß die Indianer Frauen an Marterpfähle nagelten oder ihnen die Achillessehne durchschnitten und sie in der Wildnis zurückließen. Rein sexueller Sadismus scheint dagegen nahezu unbekannt gewesen zu sein, da es zu wenig sexuelle Frustration gab, um ihn zu nähren. Ins Lager heimgebrachte weibliche Gefangene bekamen vor allem die Eifersucht der Nem-Frauen schmerzlich zu spüren, die an körperlichen Strafen nicht sparten.

Da die Tapferkeit den Indianern Nordamerikas als Wert galt, stellten Folterungen die höchste Probe dar. Es bereitete den Peinigern ebensoviel Befriedigung, den Geist des Opfers zu brechen, indem sie Nerven und Körper langsam zerstörten, wie Tote zu verstümmeln. Da der Tapferkeit in ihrer Kultur ein so hoher Rang zukam, erntete der gefolterte Gefangene, der dem Tod tapfer ins Auge sah, selbst in den Augen seiner Feinde Anerkennung – eine Geste, die den meisten Europäern unverständlich blieb. Das Opfer, das sich bis zum Ende durch nichts anfechten ließ, trug sogar eine Art Triumph davon: Es brachte den Mördern böse Magie. In einem dokumentarisch belegten Fall lachte ein namenloser Weißer seinen Nemene-Häschern, die seine Genitalien buchstäblich mit Feuer und Messer bedrohten, unbeteiligt ins Gesicht. Verwirrt und betroffen befahl der Kriegshäuptling, ihn unbeschadet freizulassen, da seine Magie zu mächtig sei, um sie herauszufordern.

Die von Spaniern überlieferte Beschreibung einer Massenfolterung gefangener Tonkawa macht deutlich, warum das Thema Folterung den Weißen des Grenzgebietes so auf der Seele brannte. Die Nemene-Krieger banden ihre Opfer fest und hielten so lange Feuer an Hände und Füße der Gefangenen, bis die Nerven zerstört waren. Darauf amputierten sie die gefühllosen Extremitäten und begannen die Feuerfolter an dem blutenden Fleisch erneut. Dann skalpierten sie alle Opfer lebendig, um sie das volle Ausmaß ihrer Erniedrigung spüren zu lassen, schnitten ihnen die Zungen heraus, um dem Geschrei ein Ende zu bereiten, und überschütteten Hoden und Bauch der sich windenden Opfer mit glühenden Kohlen. Erst dann legten sich die Nemene befriedigt um das Folterfeuer schlafen.

Augenzeugen berichteten, daß die Frauen weitaus intensivere und tückischere Peiniger waren als die Männer – möglicherweise aus Rache gegen ihr Los. Sie wählten die langwierigsten und grausamsten Foltermethoden; sie schnitten dem Opfer die Finger ab, häuteten seine Augen, dehnten seine Zunge, verbrannten seine Fußsohlen und widmeten Penis und Hoden ausnahmslos unmenschliche Aufmerksamkeit. Die Folter zog sich über Stunden, ja Tage hin, solange noch Leben im Körper war.

Kam die Kriegerschar mit Ruhm, Gefangenen und Beute zurück – ohne eigene Verluste – feierte die gesamte Bande wilde Orgien. Die Krieger berichteten unter dem Dröhnen der Trommeln und den bewundernden Zurufen der Frauen von ihren Taten. *Coups* wurden angemeldet, Ansehen bestärkt – oder zerstört. Die heimgekehrten Krieger tanzten bis zur Erschöpfung, während die blutigen Trophäen an den Skalppfählen trockneten.

Kam die Kriegerschar geschlagen oder mit Verlusten zurück, kehrte sich die Hysterie um; das Gejammer hielt oft tagelang an, die Familien trauerten monatelang, und die Frauen schnitten sich aus Verzweiflung Brüste und Finger ab. Der Rat und *Puhakut* sannen über eine Medizin zur Rache nach.

Einige, jedoch nur wenige Indianervölker Nordamerikas wurden durch diese Kriege, die selten länger anhielten, vernichtet. Schwächere Volksstämme mußten auf wenig ertragreiche Landstriche ausweichen; so vertrieben die Uto-Azteken die Hokan, und die Nahua besetzten das Land der Otomi; die mächtigen Sioux und Algonkin drängten später die nördlichen Schoschonen tiefer in das öde Northern Basin, und die Nemene zerstreuten die T'Inde, Jicarilla oder südliche Athabasken. Hunderte kleinerer punischer Kriege ersetzten Waterloo.

Da die Kriegstaktiken der Indianerstämme zumeist gleichwertig waren und der Lebensraum groß war, entkamen viele ihrer Opfer. Blutige Massaker vernichtenden Ausmaßes fanden selten statt, da trotz Ruhm, Ansehen und Prestige, die sie einbrachten, weder die Weltanschauung noch die materiellen Ressourcen der Indianer ständigen Krieg erlaubten.

Diese materiellen Grenzen – weder moralische Zurückhaltung noch Rassendisziplin – verhinderten, daß sich die Indianer Nordamerikas gegenseitig ausrotteten.

Mit dem Mustang wachsen Macht und Mut

Niemand kann genau bestimmen, wie, wo oder wann der große Wandel im Leben der Nemene einsetzte, der durch die Verbreitung des Pferdes über die Plains eingeleitet wurde, längst bevor die Europäer den Kontinent durchdrungen hatten. Nicht eine Legende der Nemene berichtet über die Nutzbarmachung des Pferdes; es ist ganz so, als wäre es immer dagewesen.

Gleichfalls rätselhaft bleibt die Teilung des Volkes in zwei eigenständige, linguistisch allerdings identische Kulturen: die Schoschonen im Norden und die Comanchen im Südwesten. Der Zeitpunkt dieser Spaltung ist ebenso ungeklärt wie das Vordringen des Pferdes, die dafür notwendige Voraussetzung; ohne Pferd hätte kein Teil des Volkes auf die Plains hinausziehen können. In ihren Aussagen über die Teilung des Volkes sind die Legenden und Sagen der Nemene jedoch voller Widersprüche; wahrscheinlich vollzogen sich diese einschneidenden Veränderungen auch nicht plötzlich: Das Volk entdeckte das Pferd, ging zur Pferde- und Büffelkultur über und spaltete sich langsam gegen Ende des siebzehnten Jahrhunderts ab, als die Europäer noch nichts von der Existenz der Schoschonen ahnten.

Durch die Spanier, die im sechzehnten Jahrhundert fast ganz Mexiko unterwarfen und in die heutigen Südweststaaten der USA vordrängten, gelangte das Pferd in die Great Plains.

Bei den Eroberungs- und Erkundungszügen der Spanier spielte das Pferd eine besonders wichtige Rolle. Die Konquistadoren der Frühzeit verdankten ihre Siege ihrem Streitroß ebenso wie ihrem Gott. In Mexiko retteten in vielen entscheidenden Schlachten Kavalleristen Cortés' Expedition, und nach dem Fall des Aztekenreiches trugen Pferde die Spanier überallhin. Gepanzerte Reiter mit stählernen Waffen standen Kriegern gegenüber, die zu Fuß und mit Feuersteinwaffen kämpften. Quer durch Nordmexiko bis in die Plateaus und Hochebenen der südwestlichen USA konnten sich kleine Verbände berittener Soldaten ihren Weg durch feindliches Indianerland bahnen, ohne ernsthaft gefährdet zu sein. Coronado metzelte die Truppe der Hopi- und Zuñi-Bogenschützen, die ihm den Weg zu den Puebloindianern zu versperren suchte, gnadenlos nieder und zerstreute den Rest. Für seine und die Expedition de Sotos stellten die unwirtlichen Naturbedingungen eine weitaus größere Bedrohung dar als die Eingeborenen.

Die Pferde der Spanier, iberische Mustangs (vom spanischen *mesteño*), eigneten sich besonders gut, da sie – im Gegensatz zu den massigen, schweren, Korn fressenden Rassen Nordwesteuropas und der Britischen Inseln – zäh, ausdauernd, wendig und an die Wüste gewöhnt waren. Die Mauren hatten diese Tiere, in deren Adern sich reines Araberblut mit dem der robusten Berberpferde Nordafrikas mischte, bei ihrer Eroberung Spaniens mitgebracht. Diese genügsame Züchtung konnte die weiten Entfernungen zwischen den Wasserstellen überwinden, Männer in voller Rüstung meilenweit durch brennende Wüste und über hohe, rauhe Plateaus tragen und dabei von dem bißchen Gras, das sich gerade fand, leben, ohne zu erlahmen. Keine Pferderasse hätte sich in den trockenen und halbtrockenen Ebenen und Prärien besser bewährt, hätte besser in den großen Büffelgebieten von Kanada bis Texas gedeihen können als dieser zottige, unansehnliche kleine Mustang, der keiner besonderen Pflege oder Behandlung bedurfte und sich in der Wildnis ebenso zahlreich vermehrte wie in geschützteren Regionen.

Schon beim Entstehen der spanischen Kultur hatte dieser Pferdetypus eine große Rolle gespielt. Die meisten Konquistadoren stammten aus Estremadura oder Salamanca, einem rauhen, trockenen, hochgelegenen Viehzuchtgebiet mit wenigen großen Flüssen, das schon seit dem Mittelalter abgeholzt war. Die Kastilier der hohen Tafelländer waren ans Reiten ebenso gewöhnt wie an die landschaftlichen Gegebenheiten, wie sie sie in Mexiko und im Südwesten Nordamerikas vorfanden. In seinen Berichten an den spanischen König beschreibt Coronado die Plains als fruchtbares Land, nicht schlechter als spanischer Boden, nur leider mangele es an wertvollen Metallen; angelsächsische Reisende dagegen packte zunächst das Entsetzen angesichts dieses Landes, das sie fälschlicherweise als Wüste bezeichneten, denn die Engländer, meist zu Fuß unterwegs, hatten keine Erfahrung mit wasser- und holzarmen Gebieten. Mühelos durchritten die Konquistadoren Trockenzonen, die andere Europäer nur unter großen Qualen – wenn überhaupt – hinter ihren Ochsenkarren durchquerten. Für die Spanier war der Begriff Pferd überdies mit tiefverwurzelten sozialen Wertnormen besetzt: Spanisch war *caballero*, Reiter, das einzig gebräuchliche Wort für Herr. Daher ist es kein Zufall, daß die ersten Eroberer Neu-Spaniens oder Mexikos riesige Pferdeherden züchteten und Mexiko alsbald zu einem Land machten, das sich seiner Pferde und Reiter rühmen konnte.

Die Gesetze des *virreinato*, des Vizeregenten von Neu-Spanien, die den besiegten *indios* aus militärischen Gründen Pferde- und Feuerwaffenbesitz untersagten, wurden, was die Pferde anbetraf, sehr bald ignoriert. Die spanischen *encomenderos* und *hacenderos*, die riesige Herden besaßen, kamen ohne berittene indianische Helfer nicht aus; so lehrten sie diese Leibeigenen, Pferde zu pflegen, zu satteln, zu zäumen und zuzureiten. Es besteht kein Zweifel, daß im Mexiko des sechzehnten Jahrhunderts die Kenntnis der Pferdehaltung und des Reitens auf befriedete *indios* überging und von ihnen zu den wilden Stämmen. Nach 1550 trafen spanische Expeditionen im nördlichen Mexiko mehrfach auf berittene Indianer, die allerdings keine militärische Bedrohung darstellten.

Frühere Autoren glaubten, das Pferd sei mit bei ersten *entradas* auf den nordamerikanischen Kontinent gelangt. Sicherlich verloren Coronado und seine Nachfolger Pferde auf den Plains, doch handelte es sich zumeist um Wallache, und außerdem dürften die meisten von ihnen Raubtieren oder wilden Indianern zum Opfer gefallen sein. Die unzähligen Spanier, die Mitte des siebzehnten Jahrhunderts nördlich des Rio Grande ins Land drangen, trafen noch nicht auf berittene Indianer – ein Gegenbeweis, der dadurch gestützt wird, daß die Eingeborenen nicht nur das spanische Pferd, sondern gleichzeitig die dazugehörige Pferdekultur übernahmen, was nur durch langwierige Beobachtungen und Erfahrungen möglich war. Diese Bedingung war erst erfüllt, als die Spanier nördlich des Rio Grande feste Ansiedlungen mit Pferdezuchten errichteten.

Damit begann nach 1598 der *Adelantado* Don Juan de Oñate, der spätere Gouverneur der Provinz Neu-Mexiko, im Gebiet des oberen Rio Grande. Neu-Spanien war befriedet, und die Spanier strömten nordwärts aus dem alten Mexiko, um neue Kolonien zu gründen: Neu-Mexiko. Oñate wollte die Regionen, die Coronado sechzig Jahre zuvor geplündert hatte, einnehmen, unterwerfen und besiedeln. Er führte vierhundert Soldaten, viele Priester und, was besonders wichtig war, 130 Soldatenfamilien als Kolonisten mit sich.

Als noch bedeutsamer, doch das konnten Oñate und seine Leute noch nicht ahnen, sollten sich die siebentausend Haustiere erweisen, darunter dreihundert spanische Hengstfüllen und Stuten. Sie spielten für die Geschichte

Amerikas eine entscheidendere Rolle als die Kolonisten, die am oberen Rio Grande eine ebenso sterile wie streitbare Abart hispanomexikanischer Kultur etablierten.

Die Spanier unterwarfen und versklavten die ackerbautreibenden Puebloindianer. Sie gründeten Santa Fé und mehrere Missionen, Ranchen und Dörfer. Sowohl die spanischen Siedler als auch die Missionsbrüder benötigten die Indianerarbeit, um aus Lehmziegeln Forts, Missionslager und Kirchen zu errichten und die riesigen Herden der Sieger zu hüten. Junge *indios* lernten auf spanischen *ranchos* Pferdehaltung und Reiten, und sicherlich entkamen einige Sklaven mit Pferden. Inzwischen hatten die Spanier die Pferdezucht in Neu-Mexiko bis in die unmittelbare Nähe der High Plains ausgedehnt. Die von der Jagd lebenden Wilden der westlichen Rocky Mountains beobachteten und imitierten etwas für sie so immens Wichtiges.

Die ackerbautreibenden Puebloindianer hatten keine Verwendung für das Pferd, außer der, es für ihre Herren zu hegen, ganz im Gegensatz zu den benachbarten kriegerischen Athabasken oder Apachen, denen das Pferd ausgedehntere Jagd- und Beutezüge ermöglichte. Allerdings war das Pferd nicht die Hauptursache der Kriege zwischen Spaniern und Apachen. Indem die spanischen Eroberer die Herrschaft über die Puebloindianer an sich rissen und damit auch zu ihren Beschützern wurden, übertrug sich der Konflikt zwischen Pueblos und Apachen auf sie; die Pferdediebstähle intensivierten die Fehden. Laut spanischen Berichten von 1650 überfielen berittene Apachen die spanisch-indianischen Niederlassungen in Neu-Mexiko und raubten Rinder und Pferde. Bei einem derartigen Überfall stahlen sie 1659 dreihundert Pferde.

Die kriegerischen Apachen gaben sich nicht mit der Pferdezucht ab, sondern überfielen einfach spanische Siedlungen; sie brachten damit Aufruhr in die friedlichen Pueblodörfer, die die Spanier kaum gegen die berittenen Indianer schützen konnten, die blitzschnell zuschlugen und sich in die Berge zurückzogen oder in den endlosen Prärien und Hochebenen verschwanden.

Die Unfähigkeit der spanischen Gouverneure, derartige Überfälle auf Pueblo-Gemeinschaften zu verhindern, führte 1680 zur großen Revolte der Indianer Neu-Mexikos. Das Pueblo-Volk, das von spanischen Siedlern und Mönchen zur Zwangsarbeit genötigt, in Riten und Religion von katholischen Missionaren entmündigt und beständig von benachbarten, pferdegierigen Apachen heimgesucht wurde, erhob sich schließlich in seiner Verzweiflung. Es vertrieb die Spanier mit Greueltaten und Massakern; nur etwa zweitausend Europäer entgingen dem Aufstand. Während der

Jahre ihrer Unabhängigkeit versuchten die Puebloindianer zu ihrer alten Lebensweise zurückzukehren, bis die Spanier ab 1690 die Provinz erneut eroberten.

Die fliehenden Spanier ließen riesige Herden Lebendvieh zurück, darunter Tausende von Pferden. Puebloindianer und Apachen verzehrten die Rinder und Schafe; da die Rebellen mit den Pferden wenig anzufangen wußten, ließen sie sie wild in Wüste und Berge laufen – wo sie den Grundstock der großen Mustangherden des Südwestens bildeten – oder von berittenen Indianern forttreiben. Die darauf einsetzende Ausbreitung des Pferdes sollte die Geschichte des Westens entscheidend verändern.

Vor 1650 gab es laut spanischen Berichten nördlich Sonora keine Pferde. Um 1680 besaßen nur die Apachen Pferde in größerer Zahl. Selbst spanische Expeditionen, die 1675 Texas und den Südwesten durchquerten, trafen weder auf wilde Pferde noch auf berittene *indios*. Erst die Mendoza-López-*entrada* in Texas begegnete entlang dem Rio Pecos berittenen Indianern und verlor bei einem Indianerüberfall mehrere Pferde.

Infolge der häufigen Überfälle der Eingeborenen untereinander breitete sich das Pferd rasch aus; dazu kam noch der Handel, was Funde von Pueblo-Keramiken bis zur Golfküste beweisen. Der Ruhm des spanischen Mustangs lockte fremde Völker aus den nördlichen Rockies in den Südwesten. Um 1700 besaßen alle texanischen Stämme, sogar die Caddo tief im östlichen Kiefernwald, Pferde und wußten sie einzusetzen. Auch nach Norden breitete sich die neue Technologie rasch und umfassend aus. Um 1750 waren die Stämme östlich der kanadischen Rockies beritten, und die Pferdekultur war selbst in Regionen tief verwurzelt, die kein Konquistador je betrat.

Natürlich hing die Bedeutung des Pferdes für die einzelnen Indianerstämme von deren jeweiliger Kulturstufe ab. Den Puebloindianern brachte es hauptsächlich Ungelegenheiten, und die fortgeschrittene barbarische Kultur der ackerbautreibenden Caddo der Waldregionen wurde vom Pferd wenig berührt; für die Jagd fanden sie es zwar nützlich, doch reizten sie die Bisonjagdgebiete im Westen nicht sonderlich. Daher überließen sie spanischen Reisenden im achtzehnten Jahrhundert Pferde billig, woraus diese den Fehlschluß zogen, die Caddo besäßen riesige Herden.

Von größerem Nutzen als für die Waldbewohner war das Pferd für Völker am Rande der Plains, die seit einem Jahrtausend von Ackerbau und Jagd lebten; es erleichterte zwar die Büffeljagd und vergrößerte die Mobilität im Krieg – wie die Spanier in Neu-Mexiko zu ihrem Leidwesen erfahren mußten –, brachte aber keine entscheidende Umwälzung ihres Lebensstils oder ihrer Kultur.

Die Athabasken, die als kriegerische Primitive in das Land der Puebloindianer eindrangen, erwarben durch die jahrhundertelange Nachbarschaft zu Hopi-, Zuñi- und anderen Indianerstämmen einfache ackerbauliche Kenntnisse. Ein Stamm der Athabasken, die Navajo, hatte sich abgesondert und lebte weiterhin nomadisch und räuberisch, während alle anderen Athabasken östlich der Rocky Mountains begannen, in den Flußtälern nahe ihrer Camps Mais zu pflanzen. Als sie das Pferd kennenlernten, setzten sie es zwar bei Jagd- und Beutezügen ein, waren aber schon zu sehr der agrarischen Lebensweise verhaftet, als daß die Bekanntschaft mit dem Reittier tiefgreifende Wandlungen hätte bewirken können.

Auch für etliche primitive Jäger- und Sammlergesellschaften brachte das Pferd nicht den entscheidenden Anstoß. Die Indianer der Berge, der Plains, der Wüsten von Südtexas und Nordmexiko hatten nur begrenzt Verwendung für Pferde. Sie lebten außerhalb der Büffelregion und waren zu schwach, andere Stämme zu überfallen. Stämme wie die Coahuiltec hätten wahrscheinlich, teils aus kulturellem Konservatismus, hauptsächlich aber aufgrund von Umweltfaktoren, ein Pferd eher verspeist als eine Zucht begonnen.

Einige Völker am Rande der Büffelgebiete aber sahen im Reiten ihre große Chance. Das Pferd konnte in den weglosen Plains als Lasttier dienen, und es verschaffte den Jägern mit ihren primitiven Waffen einen Vorteil bei der Jagd auf große Tiere. Beritten waren sie besser in der Lage, es mit den Büffeln aufzunehmen und den ziellosen Wanderungen großer Herden zu folgen. Während die agrarischen und halbagrarischen Stämme keinerlei Veranlassung sahen, ihre Felder zu verlassen und den Büffeln zu folgen, zog es viele räuberische Völker, die nur von frischem Fleisch lebten, unwiderstehlich zum Pferd und auf die Plains.

Es gab etwa dreißig dieser Stämme, von denen ein Dutzend in die Geschichte eingehen sollte. Im Rahmen ihrer Kultur und Umweltbedingungen lernten sie, das spanische Pferd optimal zu nutzen. Die kulturell am wenigsten entwickelten Indianer machten den größten Schritt und schufen die sogenannte Plains-Kultur. Die Stämme wechselten mit ihren Pferden, die ihnen Sicherheit, Bequemlichkeit, Reichtum und Macht verschafften, vollends in die Plains.

Dennoch handelte es sich dabei eher um eine technologische als um eine kulturelle Umwälzung; die einzig wirkliche kulturelle Revolution war die Übernahme des Ackerbaus durch uto-aztekische Puebloindianer. Die Jägervölker, die sich des Pferdes bemächtigten und auf den Plains die Büffel verfolgten, blieben nomadisierende Jäger, die nur Aktionsradius und Nahrungsmenge erweiterten, aber keineswegs einen Schritt in Richtung

Zivilisation taten. Wie schon Bancroft im neunzehnten Jahrhundert feststellte, hat die Verbreitung des Pferdes über die Great Plains möglicherweise auch einen kulturellen Rückschritt bedeutet, da sie jede Entwicklung
zu Ackerbau, höherer sozialer Organisation und Auffächerung unterband.
Der berittene Jäger, der gewöhnlich Fleisch in genügendem Maße vorfand,
sah seine überkommene räuberische Kultur bestätigt. Das Pferd trug weniger dazu bei, solche Völker zu befreien, als vielmehr dazu, sie in eine Sackgasse zu locken.

Der Büffel war und blieb das Kernstück der neuen/alten Great-Plains-
Kultur. Er lieferte Fleisch, Zelte, Kleidung, Waffen, Werkzeuge, Seile,
Bettzeug, Leim, Kosmetika, Öl und Getränk (Blut) – alles, was die stein-
zeitliche Jägerkultur benötigte. Die Adaptation war sinnvoll, doch allzu
weitgehend. Einige Stämme wurden derart von den Büffeln abhängig, daß
sie sich die Möglichkeit kultureller Weiterentwicklung abschnitten.

Das Pferd vergrößerte einzig die Mobilität der Indianer; alle wesentlichen
Elemente der Plains-Kultur waren schon vor der Übernahme des Reittiers
entwickelt. Als die Spanier im sechzehnten Jahrhundert am Rande der
Bison-Plains auf Apachen und andere Stämme stießen, stellten die Indianer
bereits Tipis, Kleidung und Gerätschaften aus Büffelhaut, -horn und -seh-
nen her. Der von Hunden gezogene Travois war eine uralte, möglicherweise noch aus Asien stammende Erfindung. Hodge und andere Historiker
und Anthropologen irrten, als sie das Pferd, die Büffel, die Tipis, den
Sonnentanz und die Kriegergesellschaften als Errungenschaften der
Plains-Kultur einstuften. Jeder der sogenannten Plainsstämme brachte sein
eigenes kulturelles Erbe in den neuen Lebensraum mit und paßte seine
Traditionen und die nomadisierende Lebensweise dem Pferderücken an,
wobei es dann auch zu Vermischungen und gegenseitiger Befruchtung
zwischen den Stämmen kam.

Die revolutionärsten Veränderungen vollzogen sich – entsprechend der
Beherrschung des Pferdes – im Machtgefüge. Kleine und unbekannte
Stämme brachten es durch die Einbeziehung des Pferdes in ihre Kultur zu
Macht und nahmen an Zahl und Gefährlichkeit zu. Diese Umwälzung
richtete sich schließlich auch gegen die Europäer; an den Grenzen des spa-
nischen Weltreiches störten berittene Indianer das Machtgleichgewicht.

Im Jahre 1705 erschien in Neu-Mexiko zusammen mit einer Bande Berg-
Ute eine Gruppe kleinerer, dunkler, untersetzter Indianer. Beide Völker
waren den Spaniern bis dahin völlig unbekannt. Mit Hilfe anderer Indianer
gelang ihnen die Verständigung mit den Ute, die ihre Begleiter als *Kohmahts*, »Jene, die immer gegen uns sind«, beschrieben. Obgleich sie sich
seit je befehdeten, wanderten die Kohmahts gemeinsam mit ihren ethni-

schen Vettern, den Ute, mit denen sie einen Waffenstillstand geschlossen hatten – durchaus nichts Ungewöhnliches zwischen verfeindeten Stämmen. Derzeit hatten sich die Ute und die Kohmahts gegen die Athabasken verbündet und waren auf der Suche nach spanischen Pferden. Wie die meisten Europäer, die indianische Bezeichnungen anderer Völker für Stammesnamen hielten, glaubten die Spanier, Kohmahts, in ihrer Sprache *Kománticia*, sei der wahre Stammesname. Häufig fand sich auch die Schreibweise *Comantz* und *Commanche*, bis sich allmählich die Bezeichnung *Comanche* durchsetzte, die ebenso bildhaft gemeint war wie der Name *Apache* – »Feind«, den die Puebloindianer den Athabasken gaben. Durch die Mexikaner in Texas drangen diese Bezeichnungen in die englische Sprache ein, seltsamerweise jedoch, ohne daß den Amerikanern ihr Ursprung bekannt war, bis in den zwanziger Jahren ein Anthropologe, der bei den Ute in Colorado forschte, die beiden Worte verglich.

Diese Vettern der Ute, Schoschonen aus den Rocky Mountains, waren Nemene. Da es zu keiner geschäftlichen Einigung kam, stahl die Gruppe einige Pferde und ritt mit ihnen davon, woraus hervorgeht, daß die Nemene bereits vor 1705 Bekanntschaft mit dem spanischen Pferd gemacht haben mußten. Einen noch eindeutigeren Beweis liefert La Severs Karte von 1701, der die Padouca, die Bezeichnung der Sioux für die Nemene, am Oberlauf des Arkansas, in »Cansez«, ansiedelt. Doch schon vor 1700 besaßen die Nemene Pferde, da ein Teil ihres Volkes bereits südöstlich auf die Plateaus von Colorado und Kansas vorgedrungen war. Die beiden entscheidenden Einschnitte, die Umwälzung ihrer Lebensweise durch das Pferd und ihre Wanderung auf die Bison-Plains, hatten also vor Beginn des achtzehnten Jahrhunderts eingesetzt.

Zu einer abgestimmten Massenbewegung kam es nicht; sie hätte der Art der Schoschonen nicht entsprochen. Die Nemene haben sich wahrscheinlich Pferde beschafft und sind zunächst in kleinen Gruppen, die nur aus wenigen Familien bestanden, den Büffeln gefolgt; erst später fanden sie sich zum gegenseitigen Schutz und zur Arbeitserleichterung in der Prärie zu größeren autonomen Verbänden zusammen. Offensichtlich rief diese tiefgreifende Entscheidung – sich über die tierreichen, doch windgepeitschten und gefährlichen Plains auszubreiten, statt in den kargen, doch geschützten Bergen zu bleiben – in den Räten der Banden heftige Diskussionen hervor, denn es gibt etliche voneinander abweichende Legenden über die Teilung des Volkes.

Einer Sage zufolge teilte sich eine Bande, weil ein Junge bei einem hitzigen Kinderspiel umgekommen war, und Teile der Bande zogen auf die Plains. Eine andere Legende berichtet, wie sich zwei mächtige Krieger über die

Aufteilung eines erlegten Bären zerstritten und daraufhin ihre Bande spalteten. Beide Geschichten mögen durchaus wahr sein, denn es entspricht dem Wesen der verstreut lebenden schoschonischen Jäger, beständig alte Bande zu brechen und neue zu knüpfen. Dennoch müssen tiefere Gründe die Separation herbeigeführt haben, da sich bald Nemene in großer Zahl den Abwanderern anschlossen, die aus den Rockies kamen.

Viele Nemene erkannten den Wert des Pferdes für die Büffeljagd und hielten es für besser, das gesamte Lager in die Nähe der Büffelgründe zu verlegen; nun konnten ihnen die Büffel nicht mehr entgehen, indem sie einfach weiterzogen. Die Great Plains waren wild und unwegsam, glühendheiß im Sommer, und im Winter fegten eisige Blizzardstürme über das kahle, grenzenlose, hügelige Grasmeer. Doch weite Flußtäler boten Schutz, und die Pferdemagie wirkte sehr stark; Hunger war eine stärkere Macht als kultureller Konservatismus. Viele Nemene übernahmen die neue Technologie bereitwillig und wanderten in weite Fernen. Als sie jedoch versuchten, die Möglichkeiten voll auszuschöpfen, gerieten sie in eine weitere, neuere kulturelle Sackgasse. Andere schoschonische Bergstämme lehnten jede Neuerung ab; vielleicht erwogen und verwarfen sie die Möglichkeiten, vielleicht mangelte es ihnen an Pferden. So löste sich das Volk auf, Bande um Bande, und bildete neue Gemeinschaften. Einige blieben zurück; andere ritten in die Geschichte.

Der Auflösungsprozeß dauerte viele Winter. Die ersten Banden, die sich auf die Plains wagten, lebten verstreut, weit voneinander und von den Bergnemene entfernt. Sie dürften wohl diejenigen gewesen sein, die am weitesten nach Süden vordrangen; letzteres bleibt jedoch ungewiß, da die berittenen Indianer äußerst unbeständig waren. Erwiesen ist dagegen, daß die südlichen Banden in Zentraltexas jeglichen Kontakt zu den schoschonischen Bergstämmen und den berittenen Banden des Nordens verloren, ja sogar nichts mehr von deren Existenz wußten. Die zurückgebliebenen Schoschonen kannten inzwischen nur noch jene berittenen Vettern, die nahe dem Arkansas lebten und die sie *Yamparika*, Kümmelwurzelesser, nannten.

In ihrer Anpassung an die Plains blieben sich die Nemene selbst treu; ihre Bandenorganisation wies weiterhin atomistische Züge auf und basierte auf großen Familien- oder Verwandtschaftsgruppen, besaß aber keine Clanstruktur oder Stammesherrschaft. Der Kontakt zwischen den einzelnen Banden war gering; einzig ihre Sprache, gemeinsame Kultur und das Bewußtsein, daß sie, und nur sie, Volk waren, vereinte sie. Ein Jahrhundert später, als eine weit südliche und eine nördliche Bande zur beiderseitigen Überraschung in Mexiko aufeinanderstießen, erkannten und akzeptierten sie einander sogleich als Volk. Als die Banden auf die Plains zogen, kannte keine den Sonnentanz, einen Stammesrat, Polizei oder Kriegerverbände, oberste Häuptlinge oder Medizinmänner; auch besaßen sie kaum Lieder, Zeremonien oder Legenden, und sie sollten diese Dinge auch niemals übernehmen. Dennoch waren sie echte Plainsindianer, deren gesamtes Leben sich um Pferd und Büffel drehte.

Einige Indianerfachleute hielten fälschlicherweise den Sonnentanz und die Kriegergemeinschaften für den Inbegriff der Plainskultur, was die Angloamerikaner veranlaßte, in den nördlichen Stämmen, besonders den Cheyenne und den Sioux, die wichtigsten Vertreter, wenn nicht sogar die Prototypen der berittenen Indianer zu sehen. Leider begegneten die Amerikaner diesen Völkern, ehe sie noch die Nemene kannten. Ihr Glaube wurde noch durch subtile Vorurteile bestärkt. Die stolzen, wohlgestalteten Algonkin und Sioux mit ihren adlerähnlichen Gesichtszügen, eine graziöse, hochgewachsene Indianerrasse, genossen sowohl bei Weißen als auch bei Indianern großes Ansehen. Die nördlichen Stämme besaßen hervorragende Qualitäten, die auch die Europäer anerkannten; sie brachten große Führer hervor. Doch obwohl sie großartige Krieger waren, fehlte ihnen die Unbezähmbarkeit der Nemene. Selbst in ihrer Vernichtung stachen die nördlichen Stämme hervor. Nichts könnte Custers verwegene letzte Schlacht an Dramatik oder das Massaker am Wounded Knee an traumatischer Tragik übertreffen. Dennoch stellen die Sioux und Algonkin der Plains kein Maß für die Beurteilung der Plains-Kultur, geschweige denn ihrer Wurzel, dar. Gemessen an einem solchen Maßstab, fielen die Nemene, die späteren Comanchen, aus dem Rahmen; sie paßten nicht in Hodges Definition. Allerdings ist es wesentlich wahrscheinlicher, daß die Comanchen der Prototyp der berittenen Indianer Nordamerikas waren. Geht man davon aus, daß die sogenannten Plainsstämme keine neue Kultur entwickelten, sondern ihre Kulturen auf die Great Plains mitbrachten, bestehen kaum noch Zweifel.

Die Nemene waren keineswegs das erste Volk, das das spanische Pferd kennenlernte, doch dürften sie die ersten gewesen sein, die alle Möglichkeiten ausschöpften, die es bot. Zweifellos züchteten die Comanchen bereits Pferde, als diese bei den nördlichsten Stämmen im Gebiet der USA noch als Kuriosität galten. Die Nemene drängten rasch weiter südwärts, in die Nähe Spanisch Neu-Mexikos, des Zentrums der Pferdezucht. Bezeichnenderweise brachten die Comanchen die Verkehrswege nach Neu-Mexiko und zugleich die reichsten Teile der nordamerikanischen Bison-Plains, die südlich des Arkansas, unter ihre Kontrolle. Es ist belegt, daß die Comanchen mehr Pferde und größere Erfahrung im

Umgang mit diesen Tieren besaßen als alle anderen Stämme. Dodge stellte fest, sie seien die besten und einzig erfolgreichen Pferdezüchter der gesamten Great Plains gewesen. Überdies galten sie als die geschicktesten Pferdediebe. Unumstritten verfügten die Nemene im neunzehnten Jahrhundert über riesige Pferdeherden. Eine Bande von zweitausend Nemene besaß neben fünfzehntausend Pferden vierhundert Maultiere. Derartiger Reichtum, wie er sich auf den kalten, wildarmen High Plains nie hätte erzielen lassen, übertraf das Vorstellungsvermögen von Osage- und Pawnee-Indianern. Einfache Nem-Krieger brachten es häufig auf 250 Pferde und Kriegshäuptlinge bisweilen auf bis zu fünfzehnhundert, wogegen bei den Sioux oftmals ein oberster Häuptling kaum mehr als fünfzig Tiere sein eigen nannte. Wenn die Stämme gelegentlich zu friedlichen Besprechungen oder Tauschgeschäften zusammenkamen, schenkten die Nemene den Cheyenne und Arapaho großzügig Pferde, was deren Häuptlingen neidvolle Bewunderung abnötigte. So wurde auch das Schoschonische ganz naturwüchsig zur Handelssprache der gesamten Plains – eine Tatsache, die viele Historiker zu erwähnen vergessen. Nach und nach bezogen die meisten anderen Stämme ihre Pferde von den Comanchen.

Alle zeitgenössischen Indianerexperten stimmten überein, daß die Comanchen die besten Reiter waren. Der Künstler Catlin, der sowohl Sioux als auch Comanchen skizzierte und der die Sioux bewunderte, schrieb, letztere seien den kleinen, gedrungenen Comanchen im Sattel nicht gewachsen. Dieser Meinung war auch der Deutsche Möllhausen; andere Europäer äußerten, daß zwar die meisten Indianer ritten, doch hätten einzig die Comanchen gelernt, im Sattel zu leben. Die Soldaten der Vereinigten Staaten, die den nördlichen Stämmen die »beste leichte Kavallerie der Welt« zuschrieben, machten zwei Fehler: Berittene Indianer waren niemals »Kavallerie« im europäischen Sinn; und außerdem kannten die Amerikaner noch keine berittenen Comanchen.

Die einst armen, verachteten Nemene waren nun diejenigen, die die neue Technik des Reitens und der Pferdezucht am besten beherrschten. Von ihnen, die ihr Wissen – vielleicht vermittelt durch die Apachen – von den Spaniern bezogen, konnten jetzt andere Stämme lernen. Und in einer Kultur, die von der Büffeljagd zu Pferde lebte, mußten den besten Reitern mit den besten Pferden militärische und ökonomische Machtpositionen zufallen.

Die Comanchen übernahmen die Pferdekultur fast unverändert von den Spaniern: Zügel, Sättel, Lanzen, das Aufsitzen von rechts, wie die Spanier es von den Mauren gelernt hatten. Für das Kriegszaumzeug fertigten sie Zügel aus Pferdeleder oder -haar, die halb über das Maul gezogen wurden. Der Sattel bestand aus einem Polster mit kurzem Steigbügelriemen und wog etwa drei Pfund. Zwar imitierten die Comanchen auch den schweren Sattel der Mexikaner mit Sitz aus Büffelknochen und Büffelleder, doch zogen sie leichteres Sattelzeug vor, weil es sich für wendige, leichtgewichtige Reiter am besten eignete. Infolge des leichten Geschirrs und des geringen Gewichts von Reiter und Pferd rannten die Mustangs den europäischen Kavalleriepferden davon, insbesondere auf kurzen Strecken. Die einzige wirkliche Neuerung, die die Comanchen einführten, war die Schlinge um den Hals des Pferdes, die es dem Reiter ermöglichte, sich zum Schutz vor Pfeilen und Kugeln seitwärts neben das Tier zu hängen. Nur die geschicktesten Reiter konnten ein solch tollkühnes Kunststück ausführen, und gerade die Comanchen mauserten sich rasch zu einem der besten Reitervölker, die es je gab.

Die neugewonnene Bewegungsfreiheit gab den Plainsindianern im Sattel ein überschwengliches Gefühl von Macht, Stolz und Überlegenheit; und auf die Psyche der Nemene, die aus tiefem Elend aufgestiegen waren, wirkte sich diese Unabhängigkeit am stärksten aus: Seit jeher kriegerisch, entwickelten sie nun eine absonderliche Arroganz – ihre Magie war vollkommen bestätigt.

Die kleinen Banden schwelgten bald in nie erlebtem Reichtum: frisches Fleisch in jedem Tipi, ein Übermaß an Hörnern, Hufen und Häuten. Frauenopfer und Kindesmord waren überflüssig geworden. Die Banden wuchsen an Zahl. Ihr starkes Verantwortungsgefühl für die Bande veranlaßte erfolgreiche Jäger, Waisen und Alte mit zu versorgen. Die besten Jäger und Krieger konnten jetzt zwei bis drei Frauen ernähren und sich zusätzlich Sklavinnen halten. Aufgrund des Geschlechterverhältnisses war Polygamie großen Stils in so kleinen Gruppen allerdings unmöglich, und die meisten Männer nahmen nach wie vor nur eine Frau; aber es fand eine Art Selektion statt, da die Stärksten die meisten Kinder zeugten. Zwar gab es während der schlimmsten Winterstürme immer noch Hungerperioden, doch blieben jetzt mehr Kinder am Leben, so daß die erste Generation auf den Plains eine begrenzte Bevölkerungsexplosion erlebte.

Die alten Zwölfergruppen wuchsen zu großen Verbänden berittener Jäger; bald zählten die Banden, die insgesamt kaum sechzig Köpfe umfaßt hatten, zweihundert, dreihundert, ja tausend Angehörige, und ihre Lager dehnten sich meilenweit. Das Zusammenleben in Großverbänden bereitete nun keine Probleme mehr, da auch die Mustangs sich vermehrten und die Zahl der Büffel unerschöpflich schien. Immer mehr Banden durchzogen die Plains, und die größten konnten bald fünfhundert Reiter für Jagd- und Kriegszwecke abstellen.

Die Zahl der Nemene läßt sich nur annähernd schätzen; die Spanier bezifferten sie 1690 mit weniger als siebentausend. Nicht einmal ein Jahrhundert später vermutete ein Gouverneur Neu-Mexikos dreißigtausend Comanchen östlich der spanischen Siedlungen. Beide Zahlen dürften zu hoch gegriffen sein, doch geben sie zumindest einen Einblick in die Entwicklung.

Trotz des neuen Wohlstands war das Leben nach wie vor überaus hart; weniger Menschen verhungerten, doch die Zahl der Todesfälle aufgrund anderer Ursachen blieb erschreckend hoch. Da die Geburtenrate noch immer niedrig war, wuchs die Bevölkerung nur langsam.

Wenn sich auch das Los der Frau etwas besserte, da sie mehr zu essen hatte, für die Kleinkinder und den Hausrat nun Lasttiere zur Verfügung standen, und obwohl Vielehen, wo sie vorkamen, eine Aufgabenteilung brachten, war doch die Arbeit der Frau – nur Jagd und Schlachten galten als Männerarbeit – unvorstellbar mühsam. Bei den Wanderungen ritt sie an der Seite des Mannes, was zahllose Fehlgeburten verursachte und zu Unfruchtbarkeit führte; kaum eine Nem-Frau gebar mehr als zwei Kinder. Die Zahl der Männer, die im Krieg umkamen, war hoch, doch die Zahl der Frauen, die während der Geburt oder infolge von Fehlgeburten starben, lag weitaus höher. Daher wurde die Bevölkerungszahl nach wenigen Generationen wieder fast konstant.

Die Einbeziehung des Pferdes revolutionierte zwar den Lebensstil, erzeugte aber keine Eigendynamik wie etwa die industrielle Revolution. Nichtsdestoweniger nahm das Pferd eine zentrale Stellung ein, da es sowohl die Büffeljagd als auch die Kriegführung erleichterte. Ähnlich den arabischen Wüstennomaden begannen die Nemene ihre Pferde, besonders ihr Kriegsroß, zu lieben. Selbst der grausamste Krieger kannte solche Regungen: Obgleich sie sich vielfach an den letzten Zuckungen eines Feindes weideten, konnte kaum ein Comanche ein Pferd schlagen oder mißhandeln. Die Tiere sprachen darauf an und zeigten ihren Herren Schnelligkeit, Zuverlässigkeit und Mut; sie ließen sich durch leichten Druck oder ein Wort lenken, und bei den intelligentesten Tieren bedurfte es nicht einmal solcher Zeichen. Im Krieg und bei der Jagd hing das Leben des Kriegers von den Reaktionen seines Pferdes ab; daher erzogen die Nemene ihre Reittiere zu äußerster Zuverlässigkeit.

Doch wenn die Situation es erforderte, ritten sie ihre Pferde gnadenlos zuschanden – mit Methoden, die kein zivilisierter Mensch je durchschaut hat. Selbst Pferden, die Weiße schon aufgegeben hatten und denen der Schaum vor dem Maul stand, konnten die Indianer noch unglaubliche Kraftleistungen abnötigen. In Zeiten des Hungers aßen sie auch Pferdefleisch, schonten aber die Zuchtstuten bis zum Schluß.

Sobald sie rittlings aufsitzen konnten, gingen auch die Kinder mit Pferden um. Die Jungen träumten sehnsüchtig vom eigenen Pferd, das bei den Comanchen rasch symbolischen Wert erlangt hatte. Sogar für die Comanchen, die selbst Pferde züchteten, stellten Krieg und Überfall auf Indianer und Europäer die Hauptquelle des Pferdereichtums dar.

Die Nemene hatten eine Vorliebe für Schecken und lernten daher, gescheckte Ponies zu züchten; doch am höchsten im Kurs standen Schimmel, die selten vorkamen. Die meisten Hengste wurden kastriert, ein Trick, den die Nemene den Spaniern abschauten; von der Farbe her ansprechende Hengste aber wurden zur Zucht verwendet.

Als das Pferd über seine Funktion für Krieg und Jagd hinaus symbolischen Prestigewert gewann, strebten alle Comanchen nach dem Besitz vieler Pferde, und das Reittier wurde zum Gradmesser des Reichtums und zum Tauschmittel.

Da die Nemene außer selbstgefertigten Gerätschaften weder Reichtum noch Güter besessen hatten, brachte das Pferd als Besitz unbekannte Probleme. Entsprechend ihrem Brauch wurde die persönliche Habe eines Kriegers nach seinem Tod vernichtet oder verschenkt; daher opferte man eine Zeitlang die Pferde auf seinem Grab. Obgleich es die Sitte verlangte, galt dieser Brauch bald als skandalös – ähnlich, als würde man bei uns Geld verbrennen. Infolgedessen schoren die Hinterbliebenen toter Häuptlinge oder reicher Krieger nur noch die Schweife der Pferde und verteilten sie trotz heftiger Kritik nur ungern innerhalb der Bande. Da es keine Erbgesetze oder -regelungen gab, gingen die Comanchen dieses Problem stets voller Unbehagen an.

Das Pferd als disponibler Reichtum oder als Zahlungsmittel veränderte allmählich die Heiratssitten der Nemene. Die Comanchen galten wie alle Indianer der Plains nach europäischen Maßstäben durchaus nicht als sonderlich züchtig. Doch obgleich sie keine feierliche Eheschließung kannten, gab es anerkannte eheliche Verhältnisse. Vorehelichen Geschlechtsverkehr und frühe sexuelle Spiele akzeptierten die Comanchen wohlwollend. Den Geschlechtsverkehr, der zwar intim, aber selten geheim blieb, umgab keine besondere Aura. Man wußte, wer mit wem schlief, und amüsierte sich. Der Brauch, daß Brüder ihre Frauen ebenso wie weiße weibliche Gefangene teilten, erschien den Europäern als besonders anstößig. Die Comanchen dagegen sahen darin ein Symbol der Bruderschaft, und es wurde erwartet, daß Gleiches mit Gleichem vergolten werde; die Frauen wurden nicht gefragt. Allerdings sind die Praktiken einiger Plainsstämme, Fremden oder Europäern Frauen zum Kauf anzubieten, von den Nemene nicht bekannt.

Als die Nemene auf die Plains zogen, kannten sie weder Brautgeld noch Mitgift, doch der Pferdereichtum veränderte den halbsklavischen Status der Frau in der Ehe. Das großzügige Geschenk einer Pferdeherde mußte notgedrungen Eltern und Brüder bei der Partnerwahl beeinflussen; die Folge war, daß Väter, Brüder und Onkel heiratsfähige Frauen zum Kauf anboten. Um eine Frau zu erwerben, bot man üblicherweise Pferde, die nicht angenommen wurden, bevor der Handel perfekt war. Ganze Familien wurden zu harten, gierigen Händlern, wodurch die reicheren Krieger beim Frauenkauf im Vorteil waren. Bald waren die Nem-Männer erst mit fünfundzwanzig oder dreißig Jahren in der Lage, genügend Pferde aufzubringen, um eine gute Frau bezahlen zu können. Da reiche Krieger jüngere Frauen von sechzehn Jahren und weniger bevorzugten, wandelten sich die Ehebeziehungen.

Mehr denn je betrachtete der Krieger sein Weib als Eigentum; Altersunterschied und Frauenkauf rückten romantische, sexuelle Liebe außerhalb der anerkannten ehelichen Beziehungen. Obgleich die Frauen keinen Einspruch erheben konnten, wehrten sie sich häufig durch geheime Rebellion. Ehebruch, Entführung und Flucht mit einem anderen Mann nahmen auf den Plains bedenklich zu, ohne daß die Nemene-Gesellschaft dieser Entwicklung gewachsen gewesen wäre.

Zwar billigten die Nemene den jungen Leuten geheime Liebschaften zu, doch führten diese nur über das Jawort des Vaters oder männlichen Beschützers zur Ehe. Die Annäherungsversuche fielen sehr verschieden aus, grobschlächtig oder subtil, beides im Rahmen anerkannter Praktiken. Große Krieger warben häufig in grandiosem Stil, indem sie eine Pferdeherde zum Tipi des Brautvaters trieben. Derartige Geschenke wurden nie persönlich überreicht – dies galt als schlechter Stil –, sondern einfach hinterlassen.

Es galt auch als unziemlich für einen Krieger, der Auserwählten einen direkten Antrag zu machen. Wurde das Geschenk nicht angenommen, verlor niemand mehr ein Wort darüber. Nahm die Familie dagegen die Pferde an, brauchte der Bräutigam nur noch einen Vertrag mit der Familie der Frau auszuhandeln.

Die Ehe war nicht mehr ein Vertrag zwischen Mann und Frau, sondern Männersache geworden. Zusätzlich zum Brautgeld mußte der Bräutigam Dienste zusichern, etwa während bestimmter Monate Fleisch zu beschaffen oder den Brautvater im Alter zu unterstützen. Die Frau tat zwar ihre Wahl kund, doch lehnte sie selten ein beachtliches Geschenk oder eine gute Partie ab. Ärmere Krieger gaben ihr Begehr verhohlener zu erkennen; etwa wandten sie sich beiläufig mit dem Ausdruck *nemerarrah* – »Bruder der

Mutter meiner Kinder« – an einen Bruder der Ersehnten. Durch solch indirektes Werben entging man peinlichen Situationen.

So brachte der Pferdereichtum Erb- und Besitzprobleme, bestimmte gesellschaftliche Differenzierungen und Ehen zwischen jungen Mädchen und wesentlich älteren Männern hervor, wobei gerade der letzte Punkt besondere Schwierigkeiten bereitete, da verheirateten Frauen der außereheliche Geschlechtsverkehr und weitere Zusammenkünfte mit früheren Freiern verboten waren. Ehebruch, Imstichlassen, Ausreißen bedeuteten für die betroffenen Familien Affront und Schande. Entfloh eine Frau, so sann ihre Familie zumeist auf Genugtuung, ebenso der gehörnte Ehemann.

Erstaunlicherweise führten diese Abweichungen vom Normalverhalten auch weiterhin nur selten zu Blutvergießen, sondern wurden wie vor der Umwälzung der Gesellschaft durch das Pferd friedlich beigelegt. Schließlich stellten Ehebruch, Frauenraub oder Entführung nur eine unerlaubte Aneignung fremden Besitzes dar, die durch Entschädigung bereinigt werden konnte. Der Schuldige mußte kein tödliches Duell, sondern harte Verhandlungen durchstehen. Der Brauch forderte, daß der Schuldige in Form von Diensten oder Pferden Wiedergutmachung leistete. Für Uneingeweihte klang es befremdlich, daß der Hahnrei seinen Rivalen mit »Bruder« ansprach – völlig korrekt, da der gemeinsame Besitz einer Frau anerkannte Bande knüpfte und so Blutvergießen verhinderte. Die Bedingungen wurden von Mittlern, zumeist Verwandten, ausgehandelt. War der Schuldige flüchtig, so mußte oft die Familie die Wiedergutmachung leisten, um ihren guten Namen wiederherzustellen.

Männer mit riesigen Herden, zumeist die kräftigsten, aggressivsten und tapfersten Krieger, wurden rechtlich nahezu unantastbar. Sie konnten die Beschwerden armer Väter oder Ehemänner, die weniger Ansehen besaßen, lachend übergehen. Das gleiche galt für einen Mann mit vielen Brüdern, die alle bereit waren, ihm den Rücken zu stärken. Recht und Macht wuchsen immer enger zusammen, und Geschädigte, die keine Machtmittel besaßen, konnten in den Lagern der Comanchen nicht auf Gerechtigkeit hoffen. Daher waren die Verhandlungen recht einseitig, doch verlangte die Sitte, daß der Schuldner – wenn auch von oben herab – ein gewisses Maß an Schadenersatz zusicherte. Die Gesellschaft hielt zusammen. Das Verhalten ihrer Kind-Frauen bereitete den alternden Ehemännern jedoch die größten Sorgen.

War das Verhalten der Rechtsbrecher aber derart, daß es keine Hoffnung auf friedliche Einigung mehr gab, mußten sie fliehen. Gelang es ihnen nicht, bei einer anderen Comanchen-Bande Zuflucht zu finden, bedeutete dies Verbannung und beständige Gefahr. Bezeichnenderweise fürchteten

die Nemene das Exil mehr als den Tod, da trotz mangelnden Zusammen-
halts und fehlender Herrschaftsordnung die Gesellschaft enger verbunden
war als zivilisierte Gemeinwesen.

Wenn auch Männer noch immer nicht um ehebrecherische Frauen kämpften, vergossen sie weiterhin das Blut der Frauen, da der Brauch – wie in
den Bergen – dem betrogenen Mann gestattete, seine Frau zu bestrafen, ja
sogar zu töten.

Ebenso wie die Pferde nur noch symbolisch, durch Scheren des Schweifes,
an der Bahre des Kriegers getötet wurden, traten mit der verbesserten
Ernährungslage an Stelle der Frauen- und Kinderopfer symbolische Verstümmelungen. Alte Sitten sterben jedoch nur langsam aus; so verstümmelten sich Witwen, indem sie sich Arme, Gesicht oder Brüste aufschlitz-
ten oder Finger und Ohrläppchen abschnitten. Diese Wunden waren
oftmals tödlich. Obgleich sie Trauer ausdrückten, stellten sie doch in erster
Linie eine gesellschaftliche Konvention dar.

Männer verstümmelten sich keinesfalls; in tiefer Trauer schnitten sie höchstens ihr Haar ab. Dieser Ritus, der auf die Europäer gar keinen Eindruck
machte, besaß dennoch einen tieferen Sinn. Wie viele Primitive sahen die
Nemene im Haar einen Fetisch; die Männer schnitten sich niemals die
Haare, da das Haar in der Rangfolge gleich hinter dem Sexualorgan stand.
Die Disparität zwischen dem Traueropfer von Mann und Frau ist daher
nur eine scheinbare – wenngleich Männer und Pferde für wertvoller gehalten wurden als Frauen. Bezeichnend für den Status der Frau ist, daß viele
Nem-Männer Frauen stahlen, nie aber das Pferd eines anderen Comanchen
anrührten.

Die Rangfolge unter den Frauen spiegelte die Hierarchie der Plains-
Comanchen wider, sie wurde von den Männern jedoch zumindest geleug-
net. Die Frauen mächtiger Männer führten ein besseres Leben, sie wurden
beneidet und bewundert. Auch wenn in einem Haushalt mehrere Frauen
zusammenlebten, ging es ihnen besser; sie konnten sich die Arbeit –
Nähen, Kochen, Kinder versorgen, Fleisch zubereiten und andere Lasten
des Haushalts – teilen, doch bestand unter ihnen eine bestimmte Hackordnung: Eine Frau wurde als Erste respektiert. Neue Frauen, insbesondere
Gefangene, wurden von den älteren oder solchen mit älteren Rechten häufig geschunden, während der hohe Herr derartige Rivalitäten geflissentlich
übersah. Die Frauen großer Männer bewohnten normalerweise mit ihren
Kindern eigene Tipis. Diese waren mit den Schlafgewändern des Mannes
durch Lederschnüre verbunden; ein gebieterisches Ziehen rief die Frauen
herbei.

Aufgrund des Kindermangels gab es keinen illegitimen Nachwuchs;

schwangere Frauen galten als äußerst begehrenswert und fanden schnell einen Mann, der sie einem möglicherweise unfruchtbaren Weib vorzog. Die Geburt umgaben unzählige Tabus; der Ehemann mußte sich fernhalten, Hebammen leisteten Hilfe, und der Großvater, sofern er noch lebte, wartete feierlich vor dem Tipi. Wurde ein Junge geboren, gratulierte man ihm mit den Worten: »Ihr habt einen engen Freund.« Weniger willkommen war die rituelle Feststellung: »Es ist ein Mädchen.«
In beiden Fällen übernahmen, sofern vorhanden, die Großeltern, ansonsten Onkel und Tanten die Aufzucht und Erziehung, da die Eltern zu sehr mit der Produktion des Lebensnotwendigen in Anspruch genommen waren. Von besonderer Bedeutung erwies sich dabei, daß Väter ihre Söhne niemals zur Disziplin anhalten mußten, so daß der Onkel der Böse, der Vater jedoch Freund und Idol war.
Auch auf den Plains rief die Geburt von Zwillingen noch Bestürzung hervor; sie galten als unglückverheißendes Omen, und die Kinder wurden ohne Einwilligung der Mutter getötet.
Das Pferd befreite also weder Mann noch Frau. Arbeitserleichterungen und Verbesserung der Ernährungslage wurden durch das zunehmend anmaßendere Verhalten des Mannes wettgemacht. Alte Muster wurden bestärkt: Der beherrschende Mann zu Fuß avancierte zum gebieterischen Mann zu Pferd. Die Frage, ob die Frauen mit ihrem Los zufrieden waren, ist sinnlos, da sie kein anderes kannten. Und die weitere Geschichte zeigt, daß die Frauen der Comanchen ihren Lebensstil ebenso wütend bis zum Ende verteidigten wie die Männer.

Zu Anfang des achtzehnten Jahrhunderts waren die Nemene bereits voll zum »berittenen Barbarentum« übergegangen. Spätestens um 1701 lebten einige auf den Great Plains, wo Europäer, wie aus französischen Karten hervorgeht, ihre Bekanntschaft machten. Französische Handelsagenten trafen vereinzelte Nemene entlang dem späteren Santa Fé Trail zwischen Neu-Mexiko und Missouri. Bezeichnender noch ist vielleicht, daß zwischen Bourgemonds Beschreibung der Pádouca, die er 1724 in Kansas besuchte, und den Beschreibungen von Colonel Dodge und Randolph Marcy über ein Jahrhundert später keine nennenswerten Unterschiede bestehen. Die gesamte Plains-Kultur der Comanchen hatte ihre bleibende Form also bereits wenige Jahre nach ihrem Auszug aus den Bergen von Wyoming angenommen. Die auf dem Pferd aufbauende Kultur war gefestigt, bevor sie sich südlich des Arkansas niederließen.
Der Bison, ein zottiges Relikt des ausgehenden Pleistozäns und dem Wesen nach ein nördlicher Säuger, hatte während der letzten Eiszeit sein

Verbreitungsgebiet weit nach Süden ausgedehnt. Dieser träge, wenig aggressive, stumpfsinnige, starrköpfige Pflanzenfresser hatte nur geringe Überlebenschancen. Weder Anblick noch Geruch sterbender Artgenossen störten ihn; dagegen konnte ein plötzlicher Windstoß, ein Wetterleuchten die gesamte Herde in helle Panik versetzen, so daß sie unaufhaltsam losraste.

Diese Tierart konnte überleben und sich mehren, da es keine natürlichen Feinde gab. Pumas und Wölfe mochten gelegentlich ein Kalb reißen oder eine Kuh angreifen, doch auf den Plains hätte nichts einen ausgewachsenen Bullen zur Strecke bringen können. Der einzig gefährliche Büffelräuber Nordamerikas war der Mensch, und solange die Menschen noch keine Pferde besaßen, blieben die Büffel vor der Ausrottung verschont.

Entgegen anderslautenden Mythen gingen die nordamerikanischen Indianer verschwenderisch mit den Büffeln um. Ihre anfänglichen Jagdmethoden, bei denen ganze Herden in Abgründe gehetzt wurden, töteten unnötig Tausende von Büffeln. Mit Hilfe des Pferdes konnten die Schlachtopfer zwar gezielt ausgewählt werden, die Verschwendung aber ging weiter.

Doch auch Tausende berittener Indianer bedrohten den Plains-Büffel kaum in seiner Existenz. Anfang des achtzehnten Jahrhunderts lebten schätzungsweise mindestens sechzig Millionen Tiere im Zentralteil Nordamerikas. Die dichteste Büffelkonzentration fand sich auf den Great Plains südlich des Arkansas, und die größten Herden durchstreiften den Texas Panhandle – bis in historische Zeiten hinein der menschenfeindlichste Teil Nordamerikas. Im gesamten Verbreitungsgebiet der Büffel lebten nicht mehr als eine Viertelmillion Indianer, die mit ihren urtümlichen Waffen, ob nun mit oder ohne Pferd, die riesigen Herden nicht entscheidend dezimieren konnten. Durch natürliche Ursachen starben weit mehr Büffel als durch Jäger.

Die berittenen Stämme erkannten, daß die Jagd im Spätsommer und Herbst, kurz nach dem Haarwechsel, am ertragreichsten war, da den Büffeln dann ein dichter, dunkelbrauner Winterpelz wuchs und sie sich ihr Winterfett zulegten. Ganze Banden brachen zu dieser Jahreszeit ihre Camps entlang der Flüsse und Täler ab und zogen auf die offenen Plains hinaus, um bis zum ersten Schnee im November oder Dezember Büffel zu jagen. Selbst bei den weit verstreut lebenden Nemene stellte die Jagd eine Art kooperatives Wagnis dar. Alle Bandenmitglieder beteiligten sich je nach Körperkraft und Geschlecht.

Späher ritten aus, um die Weideplätze der Büffel auszukundschaften; ihnen folgten die berittenen Jäger mit dem gesamten Camp. Rabenschwärme ließen gewöhnlich auf Büffel schließen, da diese Vögel die Parasiten aus dem

Bisonfell picken. Im Norden verlief die Jagd nach straffer Organisation – wie im Krieg – mit Jagdhäuptlingen und Jagdpolizei. Die Comanchen jedoch jagten nie in den nördlichsten Bereichen, wo es weniger Büffel gab; in ihrer Region waren die Büffel so zahlreich, daß sie die Jagd kaum zu reglementieren brauchten. Die Banden ernannten Jagdleiter, die die umfassenden Entscheidungen über Jagdgebiet, Zeitpunkt des Jagdbeginns und Abbruch des Hauptcamps trafen. Alles andere organisierten die einzelnen Jagdverbände selbst.

Die Nem-Jäger ritten vorzugsweise neben einem ausgesuchten Bison und schossen ihre Pfeile direkt hinter die kurze Rippe. Jagd war für sie auch Sport, nicht nur Arbeit. Mit dem Bogen, auf den Plains aus *bois d'arc* oder Osage-Orange, wurde ein Pfeil aus Eschen- oder Maulbeerbaumholz mit breiter Feuersteinspitze abgeschossen; dies war auf kürzere Entfernungen eine sehr wirksame Waffe, die bis zu Entfernungen von vierzig und fünfzig Metern äußerst genau traf und hinter der eine solche Wucht saß, daß sie bei einer Entfernung von fünfzehn Metern einen ausgewachsenen Bullen durchbohrte. Ein gutplazierter Pfeil wirkte tödlich, und da Jäger und Gefolge beritten waren, machte es wenig, wie weit das Tier in seinem Todeskampf rannte.

Die Pferde kannten ihre Rolle; sie liefen frei, nur durch Worte oder Schenkeldruck gelenkt, und sprangen beim Abschuß des Pfeiles zur Seite, da verwundete Büffel wütend zustoßen oder im Sturz Reiter und Pferd unter sich begraben konnten.

Manchen Jägern war die Jagd mit dem Bogen als Mutprobe allein zu wenig; sie zogen die über vier Meter lange Plains-Lanze vor, eine Waffe, die die Nemene den Konquistadoren abgeschaut hatten. Es kostete wesentlich mehr Kraft, einen Büffel mit dem Speer zu erlegen, und es galt daher als Zeichen des Stolzes, nur mit einer Lanze bewaffnet auf die Jagd zu gehen. Jede Art berittener Jagd war gefährlich, da die Reiter, die sich inmitten der Herde bewegten, abgeworfen oder auf die Hörner genommen werden und die Pferde in die Löcher von Präriehunden geraten konnten; viele Jäger wurden zertrampelt. Doch gerade die Gefahr machte die Jagd aufregend. Sobald die Arbeit getan war und die Männer es erlaubten, jagten Frauen und Mädchen den flüchtenden Büffeln mit Bogen und Speer nach. Oftmals gelang es ihnen, verirrte oder verwundete Tiere zu töten. Im Umgang mit dem Bogen standen die Frauen den Männern an Geschicklichkeit kaum nach; nur an Kraft fehlte es ihnen. Die Kinder kreischten vor Erregung und träumten davon, daß auch sie einmal groß genug sein würden, um Lanze oder Bogen zu schwingen. Während um sie herum das Gemetzel weiterging, spielten sie ihre Jagdspiele und taten, als seien sie große Krieger.

Sobald der erjagte Bison zusammenbrach, bearbeiteten die Frauen den Kadaver mit ihren Feuersteinmessern. Welchem Jäger er gehörte, war leicht erkennbar an den Pfeilen. Während der Hauptjagdzeit im Herbst jedoch wurde das Häuten und Zerlegen von den Familien gemeinschaftlich verrichtet. Die Männer übernahmen die harte Arbeit – Häuten und Vierteln – und überließen den Rest den Frauen. Nach getaner Arbeit legte der Jagdleiter Fleisch und Häute für Alte, Kranke und Waisen beiseite; damit niemand Hunger leiden mußte, töteten die Jäger über den eigenen Bedarf hinaus einige weitere Tiere. Während die Nemene ihre Beute verarbeiteten, hielten die Pferde Wache. Zu Fuß waren die Comanchen immer auf der Hut und achteten auf das Spiel der Pferdeohren, das Gefahr ankündigen konnte.

Es gab jedesmal ein großes Gedränge um die ersten, noch dampfenden Köstlichkeiten der Jagd: salzig schmeckende Leber, warmes Blut, rohes Hirn und frisches Knochenmark wurden auf der Stelle verzehrt. Als Delikatesse galten auch die Eingeweide, die ausgelutscht wurden und um die vor allem die Kinder bettelten.

Später, während die Bisonsteaks über dem Feuer schmorten, begann das langwierige Trocknen der Häute. Gewöhnlich wurde das Fleisch an spitzen Stöcken über heißer Kohle oder offenen Feuern gegart, so daß es zwar außen verkohlt, innen aber noch rosa war. Feste Mahlzeiten kannten die Comanchen nicht; sie aßen, wann immer sie Hunger verspürten. Bald nachdem sie auf die Plains gezogen waren, übernahmen die Nemene die Metalltöpfe der Neumexikaner, in denen sie Fleisch über heißen Steinen kochten oder garten. Zwar erleichterten die Töpfe die Fleischzubereitung; da den Nemene jedoch jegliche Hygiene fremd war, riefen sie auch zahlreiche Verdauungsbeschwerden hervor. Ein Jagdlager ähnelte in kürzester Zeit einer Abdeckergrube. Die Comanchen warfen Knochen und Fleischreste bedenkenlos überall hin und verschmutzten so die Umgebung ihrer Tipis. Sobald der Gestank der verwesenden Reste unerträglich wurde, brachen sie das Camp ab.

Bezüglich der Mahlzeiten kannten sie keine Zeremonien; sie wurden eingenommen, wenn das Essen fertig war. Zu gewissen Gelegenheiten schnitten die Nemene allerdings Fleischstücke auf, boten sie den Geistern dar und begruben sie als symbolisches Opfer – eine Abart einer bei primitiven Völkern weitverbreiteten Sitte. Sofern genügend Fleisch vorhanden war, aßen sie gierig; trotz des begrenzten Nahrungsspielraums neigten die Nemene zu Fettleibigkeit.

Außer Büffeln wurden Antilopen, Elche, Rotwild, Kaninchen, Hasen und ähnliches Kleinwild gejagt. Die Unmengen getrockneten Bisonfleisches reichten meist über den Winter; anderes Fleisch, Früchte, Beeren, Nüsse und Wurzeln ergänzten lediglich die Kost. Die alten Tabus gegen den Genuß von Hunden, Fröschen, Wassertieren und die Vorurteile gegen Truthähne und anderes Geflügel bestanden auch auf den Plains weiter. Wenn sie zu verhungern drohten, vergaßen die Comanchen jedoch alle Tabus und aßen, was sie fanden. Kinder liebten eine Art Süßigkeit aus Mesquitbohnen und Knochenmark sowie getrocknete Fleischschnitzel mit zerstampften Nüssen, Früchten oder Beeren, die Pemmikan genannt wurden.

Mit einsetzendem Winterwetter oder auch früher, sobald Fleisch und Häute für den Winter reichten, suchten die Jäger in einem Canyon oder Flußtal Schutz. Wenn möglich, kampierten sie an fließendem Wasser und breiteten sich meilenweit entlang dem Ufer aus, wobei die Tipis von Verwandtschaftsgruppen haufenförmig beieinanderstanden, jedoch kein kompaktes Dorf bildeten.

Die im Querschnitt etwa vier Meter großen Tipis boten ausgezeichneten Schutz. Sie bestanden aus zwanzig getrockneten Bisonfellen, die mit der Innenseite nach außen zusammengenäht und immer nach dem gleichen Muster über ein Gestell aus zweiundzwanzig drei bis sechs Meter langen Kiefern- oder Zedernstangen gespannt waren. Die Konstruktion des Tipis deutete auf die Gebirgsherkunft der schoschonischen Nemene; im Gegensatz zu allen anderen Plainsstämmen gingen sie wie die Ute von einem Grundriß aus vier Stangen aus.

Diese geschickt zusammengefügten Tipis hielten jedem Blizzard besser stand und waren gemütlicher als alle Erdhöhlen und Hütten, die die Angloamerikaner entlang der Grenze errichteten, da man im Innern ein Feuer entzünden konnte. Die Frauen bauten ein Tipi innerhalb einer Viertelstunde auf und rissen es in fünf Minuten ab. Häute und Stangen ließen sich leicht auf dem Pferdetravois transportieren; das Tipi war für dieses Terrain außerordentlich praktisch. Doch nur in der kalten Jahreszeit lebten die Comanchen in Tipis; im Sommer nächtigten sie mit leichtem Bettzeug unter Zweigen oder unter freiem Himmel.

Als die Nemene ihre Tipis entlang der nördlichen Gabelung des Platte errichteten, wo die Franzosen sie entdeckten und die »Pádouc« mit dem Territorium von Cansez in Verbindung brachten, paßten sie in das Vorstellungsbild von den Plainsindianern. Zwar nur ein Viertel aller nordamerikanischen Indianer entsprach in Aussehen und Lebensweise diesem Bild, aber gerade diese »berittenen Barbaren« waren es, die im Bewußtsein der Amerikaner unauslöschlich einen Platz finden sollten. Dieses kupferfarbene Volk machte sich im Gegensatz zu den Sioux und

Cheyenne mit seiner Kleidung wenig Umstände; die Krieger trugen gewöhnlich nur Lendenschurz und Mokassins. Wie vor Jahrhunderten diente der Lendenschurz als Schutz für den geheiligten Medizinbeutel, der zwischen den Lenden hing; die Mokassins bestanden aus weichgekautem Rehleder mit härteren Büffelledersohlen. Diese für Reiter gefertigten Mokassins unterschieden sich von denen der Indianer der Waldregionen; sie reichten bis zur Hüfte, Fuß und Schaft waren gewöhnlich blau bemalt und mit Perlen verziert – später mit Silber aus Neu-Mexiko. Für die kältesten Zeiten des Jahres nähten die Frauen eine Art Polarstiefel aus Büffelwolle, und beide Geschlechter gingen in schwere Büffelgewänder gehüllt. Diese mit Sehnen zusammengenähten Gewänder wurden aus dem besten Winterpelz gefertigt und hielten sehr warm. Nach Schätzung der Weißen ersetzte ein guter Büffelüberwurf vier wolle Decken. Doch besaßen die Comanchen auch Bären-, Wolfs- und Stinktierumhänge; für die Kinder war Kaninchenfell besonders beliebt. Dekorativ verzierte Wildlederhemden lernten die Comanchen erst im neunzehnten Jahrhundert durch die südlichen Cheyenne kennen, behielten sie aber festlichen Anlässen vor. Die Frauen trugen lange, mit Fransen besetzte, hübsch verzierte Hemden und Wildlederröcke. Nur kleinere Mädchen gingen einzig mit einem Lendenschurz bekleidet; unter erwachsenen Frauen war Nacktheit nicht üblich. Diese trugen dekorative perlenbesetzte Hemden, Röcke und Mokassins aus gelbem und braunem Leder, die äußerst praktisch waren.

Im Sommer waren bei Männern und Frauen weder Hüte noch andere Kopfbedeckungen üblich, für die kalte Jahreszeit dagegen besaßen sie Pelzmützen. Sonstige Kopfbedeckungen benutzten die Comanchen nur im Krieg; sie ersannen den grausigsten und eindrucksvollsten Kriegsputz der Plains: Ein aus einem Bisonskalp gefertigter Kopfschutz, aus dem die gefährlichen Hörner des Büffelbullen hervorragten, verlieh den berittenen Kriegern einen furchterregenden Anblick, den kein Feind je vergaß. Comanchen mit Federschmuck gibt es dagegen nur im Kino. Wissler fand keinen Beweis dafür, daß die Nemene vor der Eingliederung in Reservate jemals den aufsehenerregenden Kriegs-Kopfschmuck aus Federn trugen, wie er von den nördlichen Stämmen bekannt ist. Erst als die Kultur der Comanchen zu bröckeln begann, kopierten sie die bunten Halstücher der Weißen und den Federputz der Cheyenne. Während der letzten Jahre auf den Plains befestigten manche Comanchen Adlerfedern in ihrem Haar, um auf große Taten aufmerksam zu machen. Diese Sitte übernahmen sie von den nördlichen Indianerstämmen, doch erlangten Federn für die Comanchen niemals die symbolische Bedeutung, die ihnen Algonkin und Sioux beimaßen.

Statt dessen ritzten die Comanchen ihre Kriegsauszeichnungen und ihre Stellung als Krieger in ihre Schilde ein, denen sie magische Kräfte nachsagten. Jeder Krieger stellte seinen Schild selbst aus Lagen festester Bisonhaut her, ein mit Pelz ausgestopftes, konvexes Gebilde, das Lanzen und Pfeile abfing und in Entfernungen von über fünfzig Meter selbst gegen Kugeln wirksamen Schutz bot. Die Schilde waren mit magischen Zeichen bemalt, und die Krieger nahmen sie unter ähnlich feierlichen und symbolträchtigen Ritualen zur Hand wie einst die Soldaten Spartas. Als Dekoration dienten Bärenzähne, Menschenhaar oder Pferdeschweife, die bezeugten, daß der Besitzer ein großer Jäger, gefürchteter Krieger oder auch ein unschlagbarer Pferdedieb war.

Kriegsschilde wurden, wenn sie nicht gerade gebraucht wurden, mit Rohlederhüllen geschützt und niemals im Tipi aufbewahrt. Da insbesondere unreine Frauen sie nicht berühren oder ihnen nahe kommen durften, um ihre magischen Kräfte nicht zu zerstören, verbargen die Krieger sie oft außerhalb des Lagers – eine Sitte, die die Comanchen-Krieger, deren Leben von der Stärke ihres Schilds und ihrer Medizin abhing, sehr ernst nahmen.

Obgleich sie ihr Haar nicht mit Kriegsfedern schmückten, verwandten sie dennoch viel Zeit auf ihre Frisur. Sie fetteten ihre langen, nie geschorenen Haare mit Bärenfett oder Büffeldung, teilten sie durch einen Mittelscheitel und flochten sie auf beiden Seiten zu Zöpfen, die sie je nach Geschmack mit Silberfäden, buntem Tuch, Perlen, Glas, Zinn oder ähnlichem schmückten. Im achtzehnten Jahrhundert galt eine einzige gelbe Feder in der Skalplocke als besonders schick, wenn auch jeglicher Symbolgehalt fehlte. Da sich die männliche Eitelkeit auf das Haar richtete, bürsteten die Nemene es regelmäßig mit Stachelschweinbürsten.

Gleichzeitig war den Nemene, ähnlich allen asiatischen Völkern, eine Abneigung gegen Gesichtshaare eigen. Wie so viele Indianer waren auch die Schoschonen – im Gegensatz zu dem verbreiteten Mythos, daß den Indianern keine Gesichtshaare wüchsen – nicht völlig bartlos, doch zupften sie den spärlichen Flaum sorgfältig aus. Als französische Händler den Spiegel einführten, gaben die Comanchen Pferde, Büffelfelle, nahezu alles für einen kleinen Handspiegel, um ihrer Eitelkeit frönen zu können.

Frauenhaar dagegen maßen sie keine besondere Bedeutung bei. Der Bequemlichkeit halber schnitten sich die Frauen die Haare kurz, auch kämmten sie es selten. Da man sich nur im Rahmen bestimmter Purifikationsriten wusch, waren die Nemene von Parasiten geplagt, was sie jedoch stoisch ignorierten.

Beide Geschlechter huldigten einem Farbenfetisch. Seit Urzeiten stellten die Indianer rote, schwarze, blaue, gelbe und Ockertöne aus Kalk und Beerensäften her; später lernten sie durch Händler Zinnoberrot kennen. Die Gesichtsbemalung war ein ähnlich alter Brauch wie der Haarfetisch der Männer; sie besaß soziale, zeremonielle, magische und psychologische Bedeutung und wurde bei allen wichtigen Anlässen aufgelegt. Jedes Individuum erfand seine eigene, besondere Bemalung.

Die Kriegsbemalung der Comanchen war schwarz, die Farbe des Todes, und verlief in Streifen über Gesicht und Stirn. Die Frauen legten keine Kriegsbemalung an und benutzten gewöhnlich lebhaftere Farben, zumeist Rot- und Gelbtöne; sie bemalten Ohren, Wangen und gelegentlich das gesamte Gesicht mit einem Farbgemisch, das jeder Beschreibung spottet. Männer und Frauen hatten ihr Kosmetiktäschchen stets bei der Hand.

Von den Wichita oder Pawnee hatten die Nemene wahrscheinlich gelernt, sich Muster auf die Brust zu tätowieren; Frauen bedeckten ihre Brüste oftmals bis zu den Warzen mit Ringeln, Krieger dagegen tätowierten oft Kampfnarben, um gefährlicher zu erscheinen.

Von den Büffelskalp-Kriegshelmen über die Gesichtsbemalung bis zu ihren Ornamenten mutete der Geschmack der Comanchen zivilisierte Menschen grotesk an. Der Kontakt mit Europäern, französischen Händlern aus Kanada und Missouri und Spaniern aus Neu-Mexiko, entwickelte diesen Geschmack zu voller Blüte. Die Händler brachten alle Arten Tand, Kitsch, Silber- und Zinnspangen, Glasperlen, Kupferarmreifen, riesige Ohrringe, Spiegel und zinnoberrote Farbe. Für die Europäer und Angloamerikaner standen die Lust am Farbkontrast einerseits, die angeborene Würde und das verhaltene Gebaren der Indianer andererseits in krassem Gegensatz. Doch die Comanchen bekümmerte es nicht, was die Weißen dachten.

Die berittenen Barbaren – Comanchen, Cheyenne oder Sioux – waren nie sonderlich zahlreich. Anfang des zwanzigsten Jahrhunderts schätzte Wissler, daß vor der europäischen Invasion etwa einhunderttausend Menschen auf den Plains lebten. Spätere Schätzungen gehen von der doppelten Zahl aus; die höchste Schätzung liegt bei einer Viertelmillion. Die Plainsindianer unterteilten sich in dreißig ethnische Gruppen, von denen auf dem Boden der Vereinigten Staaten und Kanadas elf als größere Stämme galten. Doch nur zwei, die Sioux und die Comanchen, zählten jemals mehr als zwanzigtausend Angehörige. Selbst diese großen, von den übrigen Indianern gefürchteten Völker hatten nie mehr als einige tausend Jäger-Krieger unter Waffen. Die Schoschonen, die später Comanchen wurden, besaßen höchstens fünftausend Krieger, die sich niemals zur gleichen Zeit am gleichen Ort befanden. Dennoch prägte diese Handvoll Wilder das Erinnerungsbild einer vergangenen Kultur.

Das Pferd, das den Indianern so gute Dienste leistete, schadete andererseits ihrer Entwicklung. Die Indianerstämme, die das Pferd in ihre Kultur aufnahmen und es ihren Bedürfnissen anpaßten, erwiesen sich als statisch, unflexibel, jeder Veränderung abgeneigt und gefährlich selbstzufrieden. Die Einführung des Pferdes vermochte nicht, ihr magiebeherrschtes Universum und ihre Weltanschauung in Frage zu stellen.

Sie akzeptierten das Pferd, so wie sie Sonne und Mond akzeptierten.

Die Namen der Reitervölker jedoch dürften sich am tiefsten ins Gedächtnis eingeprägt haben: Sioux, Cheyenne, Kiowa, Comanchen.

Ihre Namen stehen für Gewalt, Grausamkeit, blutigen Mut – Werte, die die Zivilisation zu verabscheuen vorgibt. Diese Völker waren weder edel noch frei. Dennoch erinnert man sich ihrer voller Stolz und Sehnsucht, da sie Freiheiten und Werte kannten, die der Zivilisation versagt sind: Leben, frei von Unterdrückung und Sklaverei.

Der leise Tod im Hochland

Als erste Folge des europäischen Vordringens auf dem amerikanischen Kontinent kam es zu blutigen Massakern; aber nicht die Europäer bekämpften die Indianer, sondern diese töteten und vertrieben sich gegenseitig.

Die ungleiche Ausbreitung europäischer Handelswaren und Technologien – Pferde, Feuer- und Metallwaffen – unter Stämme, die sich ständig befehdeten, verlagerte das Machtgleichgewicht; Stämme, die sich Pferde und Waffen zu verschaffen wußten, erlangten militärische Überlegenheit. Diesen materiellen und psychologischen Vorteil suchten sie auf Kosten benachbarter Stämme auszuschlachten, was zumeist blutige Konflikte und neue Machtkonstellationen verursachte.

Ende des siebzehnten und Anfang des achtzehnten Jahrhunderts erschütterten Bevölkerungsbewegungen und Kämpfe den Zentralteil Nordamerikas. Diese Ereignisse vollzogen sich außerhalb des europäischen Machtbereiches und wurden von den Europäern kaum wahrgenommen. Nichtsdestoweniger gingen sie auf Rivalitäten der Europäer untereinander zurück – auf den Kampf um die Vorherrschaft in Nordamerika.

Die Existenz der Indianer wurde also keineswegs nur durch das Vordringen der Weißen bedroht, sondern durch jeglichen Kontakt, und sei es mit friedlichen französischen Händlern. Dieser Aspekt wird häufig übersehen, da es dann letztlich die zwar sehr unterschiedlichen, doch gleichermaßen kolonialistischen Motive und Vorgehensweisen der Spanier und Engländer waren, die den Gang der Geschichte in Nordamerika bestimmten. Die weitgehend unbeachteten Ereignisse zwischen 1650 und 1750 zeigen anschaulich die Auswirkungen jedweden Kontakts von Wilden und Barbaren mit europäischer Zivilisation; und sie zeigen, daß sich die Kriege der Indianervölker nie in Pferderaub und im Anbringen von *Coups* erschöpften.

Frank Gilbert Roes Einschätzung der Kriege der Indianer als reine Pferde-beutezüge und J. Frank Dobies und Martin S. Garretsons übereinstim-mende Ansicht, solange die Indianer nicht auf Widerstand gestoßen seien, hätten sie keine Tötungsabsicht gezeigt, sind in gewissem Grade zutref-fend, wenn man sie nämlich auf die spätere Zeit, insbesondere das neun-zehnte Jahrhundert, bezieht. Nach 1807 beziehungsweise nach 1840 stabi-lisierte sich das Machtgleichgewicht der Plainsstämme, was sich auch in den Kriegen niederschlug. Doch selbst zu dieser Zeit noch schwelten Reste frü-herer Animositäten, wie aus den blutigen Fehden ersichtlich ist, von denen die vordringenden Weißen berichteten. Wenn nicht einmal die akute Gefahr der Vernichtung durch einen mächtigeren Feind Athabasken und Comanchen oder Comanchen und Tonkawa oder Sioux und Crow zusam-menbringen konnte, so bewegte sie nichts zu jenem Bündnis.

Im späten siebzehnten Jahrhundert bewirkten zwei entscheidende Neue-rungen – die Pferde-Technologie, die sich vom Südwesten her ausbreitete, und die Feuerwaffen- und Metallwaffen-Technologie, die vom Norden und Osten über die Missouri-Wasserscheide vordrang – gewaltige Macht-verschiebungen auf den Plains.

Während die Spanier unbewußt und ohne es zu wollen für die Verbreitung des Pferdes sorgten, verfolgten die Franzosen, die den Indianern von ihrer Enklave Quebec aus die Mittel zur Umwälzung verschafften, imperialisti-sche Pläne, wobei sie allerdings ganz anders vorgingen als Engländer oder Spanier. Die Engländer waren im wesentlichen durch Dissidenten, Flücht-linge und einige wenige respektable Kolonisten an der Atlantikküste ver-treten, die bereits unauslöschliche ethnische Enklaven gebildet hatten. Die Spanier dagegen errichteten planvoll ein hispano-amerikanisches Impe-rium mit und über den Eingeborenen. Die Franzosen träumten von einer Zukunft, in der ihr Königswappen über ganz Nordamerika flattern würde, doch es fehlte ihnen – im Gegensatz zu den Spaniern – an Missionierungs-drang, Enthusiasmus und den notwendigen Institutionen. Ihr Vorstoß kam auf merkantilem Wege. Im Zuge ihres Handels bahnten die Franzosen weitreichende Kontakte mit den Eingeborenen an und drangen tiefer ins Land ein als jede andere europäische Nation; dabei verfolgten sie den Plan, ihre Einflußsphäre zu einem ausgedehnten Handelsimperium zu konsoli-dieren.

Gerade weil die Franzosen den Indianern nicht als landhungrige Siedler oder unterjochende *encomenderos* und Mönche begegneten, gestalteten sich ihre ersten Kontakte wesentlich erfolgversprechender. Französische Händler, Trapper und Agenten operierten weit über die französischen Kolonien in Kanada hinaus bis tief ins Indianergebiet jenseits des Missouri und des Mississippi hinein, und da sie dort nicht – wie andernorts die Engländer und Spanier – Siedlungen gegen feindliche Eingeborene zu verteidigen hatten, konnten sie den Indianern Feuerwaffen, Messer, Äxte, Pfeilspitzen und Schnaps verkaufen, ohne sich selbst bei solchen Geschäften in Gefahr zu bringen.

Mit dieser Politik wollten sie die Stämme als Verbündete gegen die anderen Europäer gewinnen und ihnen die Waffen an die Hand geben, um deren Vordringen zu verhindern. Und die Händler machten ein überaus einträgliches Geschäft. Für Rum und eiserne Waffen konnte man bei den Indianern Felle eintauschen, die im Weiterverkauf ein Vielfaches einbrachten. Die Spanier und Engländer durchschauten und mißbilligten die Absichten der Franzosen. Allen beteiligten Mächten war klar, daß auf amerikanischem Boden koloniale Interessen ausgefochten wurden; nur schienen die Franzosen es vorzuziehen, sich mit den Indianern gegen andere Europäer zu verbünden. Daß sich französische Waffen gegen Weiße richteten, löste erbitterten Haß von Neu-England bis Neu-Mexiko aus. Als sich von Norden her die Technologie der neuen Waffen, von Süden her die Pferdekultur ausbreitete, begann das alte Macht- und Beziehungsgefüge der Indianervölker im mittleren Teil des Kontinents zu zerbröckeln. Die Stämme, die sich im Norden als erste metallene Waffen und Musketen verschafften, und diejenigen, die im Süden als erste reiten lernten, trugen ihre alten Fehden mit Nachbarn nun weit blutiger aus. Von den Rocky Mountains bis zum Missouri, von Britisch Kolumbien bis zum Rio Grande wüteten Kriege und führten tiefgreifende Veränderungen herbei.

Kein Volk erlangte Pferde und Feuerwaffen gleichzeitig. Die Franzosen bewaffneten die Stämme in der Reihenfolge, in der sie mit ihnen in Berührung kamen. Dabei begingen sie aus Unwissenheit einen für ihre Politik folgenschweren Fehler. Sie gaben Waffen an die Feinde der beiden verwegensten späteren Reitervölker und zogen sich so die Feindschaft der späteren Herren der nördlichen und der südlichen Plains zu: Die Dakota oder Sioux und die Comanchen sollten den französischen Vorstoß entscheidend blockieren.

Die Franzosen versorgten die halbseßhaften Völker im Gebiet der Großen Seen und des Missouri-Tales mit Waffen und Stahl; in ihrem Machttaumel fielen diese Stämme über ihre schwächeren, noch voll nomadischen Nachbarn her. Die Caddo im Süden und die Crow und Blackfeet im Norden erlangten auf diese Weise eine starke Machtposition, die allerdings von der Versorgung mit französischen Waffen abhing.

Gegen Ende des siebzehnten Jahrhunderts begannen die Frankreich verbündeten und wohlausgerüsteten Indianerstämme starken Druck auf ihre

Nachbarn außerhalb des französischen Einflußbereichs auszuüben. Die Dakota wurden westwärts in Richtung auf die kargen Plains abgedrängt, wo sie ihre Rettung im Pferd fanden, das sich damals gerade rasch nordwärts ausbreitete. Einige Stämme verschafften sich weder Pferde noch Waffen oder waren nicht imstande, das Reittier nutzbar zu machen; wie den Schoschonen der Rocky Mountains erging es in jenen Tagen vielen Stämmen.

Crow und Blackfeet überfielen die östlichen Schoschonen mit eisernen Äxten und Feuerwaffen und trieben sie nach Norden in noch unwirtlichere Gegenden. Als Lewis und Clark ins Northern Basin vorstießen, führten die Überlebenden als verachtete »Diggers« ein kläglisches Dasein.

Zur gleichen Zeit erlangten die Schoschonen, die mit den Pferden auf die Great Plains hinabzogen, einen erheblichen Vorteil. Ihnen stand nicht nur ein unermeßliches Nahrungsreservoir offen; die berittenen Stämme waren den zu Fuß kämpfenden Völkern, selbst wenn diese Musketen besaßen, überlegen, da sie härter zuschlagen und Verfolgern leicht entkommen konnten. Obgleich nicht belegt ist, daß die Comanchen den Prototyp der Reitervölker der Plains stellten, entwickelten sie durch ihre überlegene Beherrschung des Pferdes alsbald eine außergewöhnliche Gefährlichkeit – die Kampfeslust eines Volkes, das nach langer Unterdrückung in einen Machtrausch verfällt. Obwohl sie sich in eine kulturelle Sackgasse begaben, kann man nicht sagen, daß die Comanchen oder die Cheyenne und Dakota, die es ihnen gleichtaten, die falsche Wahl trafen; sie machten aus der Not eine Tugend: Hätten sie sich das Pferd nicht zunutze gemacht, wären sie besiegt und versprengt worden.

Da die Nemene auf ihrer Wanderung nach Süden, weg von den Blackfeet und Crow, nie über das Gebiet der Colorado-Ute hinaus vordrangen, blieben alte Feindschaften lebendig; neue kamen schnell hinzu, denn immer mehr Völker folgten den Büffeln, so daß sich Zusammenstöße und Gebietskämpfe trotz der Weite des Landes häuften. Während der ersten fünfzig Jahre der Pferdekultur gab es keine abgegrenzten Jagdgründe, so daß sich die Nemene gegen eine ganze Reihe von Stämmen behaupten mußten; besonders gegen die Pawnee entlang des Platte führten sie beständig Krieg. Im Vergleich zu den wilden Massakern der Bergstämme und im Missouri-Tal waren die Kämpfe auf den Plains jedoch harmloses Geplänkel, da die Stämme sich kaum gegenseitig die Jagdgründe beschnitten. Außerdem richteten die Plainsvölker ihre volle Aggressivität nie gegeneinander, sondern gegen jene Stämme, die die Pferdekultur nicht rasch genug zu meistern verstanden – gegen Mandan und Crow, obgleich diese schon längst französische Waffen besaßen. Berichte von Angloamerikanern aus den ersten Jahren des neunzehnten Jahrhunderts schildern, wie diese Völker, die sich nach verlorenen Kriegen niemals wieder auf die Plains wagten, in elenden Dörfern halb verhungert Schutz suchten, weil sie die besseren Reiter zu sehr fürchteten, um den Bisonherden zu folgen.

Die einschüssigen, wenig treffsicheren und keineswegs weittragenden Feuerwaffen ließen sich nur in Berg- und Waldregionen wirksam einsetzen, wo der Schütze Deckung fand, um nachzuladen; auch Äxte waren nur dann brauchbar, wenn ein Krieger unvermutet angreifen konnte. Vieles spricht dafür, daß die Feuersteingewehre der Europäer mit ihrem erschreckenden Getöse und Geblitze, dem Geschoß, das zu schnell flog, als daß das Auge es wahrnehmen konnte, und das auf so mysteriöse Weise tötete, den Indianern anfangs mehr eine psychologische als eine praktische Überlegenheit gab, zumal es der indianischen Mentalität widersprach, wie die Europäer in Formation zu kämpfen; sie griffen einzeln an. Einzig die Waldindianer fügten die Feuersteinmusketen glänzend in ihre Kriegstaktiken ein, wie zahlreiche Zeitgenossen beobachteten; für die berittene Kriegführung dagegen erlangten die Gewehre keine Bedeutung. Selbst die europäische Kavallerie verließ sich lieber auf Lanze und Säbel.

Auf den freien, weiten Plains eigneten sich Pfeil und Bogen weit besser; dort bewahrheitete sich die Regel, wer am besten reitet, schießt am sichersten. So galten die Comanchen, als beste Reiter der Plains weithin anerkannt, sehr bald als die treffsichersten und gefährlichsten Bogenschützen. Schon als Kinder lernten sie, in vollem Galopp freihändig neben fliehenden Büffeln zu reiten und ihre Pfeile zielsicher abzuschießen. Wenn auch die Reichweite der Musketenkugeln größer war, so ließ sich ein Pfeil – auch vom Pferd aus – genauer ins Ziel bringen. Nicht nur die Streuung der Feuerwaffen war ein Nachteil; ein Comanchen-Krieger konnte im Galopp zwanzig Pfeile abjagen und seine Beute einkreisen, wogegen ein Musketenschütze nach jedem Schuß neu laden mußte.

Die Franzosen brachten nicht nur Musketen, Messer, Äxte und Beile, sondern gaben auch Grundkenntnisse der Metallverarbeitung weiter. Die Indianer hatten zwar nicht die geringste Ahnung von der Eisengewinnung und auch kein Interesse daran, lernten aber rasch, aus Metallstücken – Faßreifen, Bratpfannen, Feilen und sonstigen Relikten der fernen Zivilisation, die die Grenze erreichten – Pfeil- und Speerspitzen herzustellen, indem sie das Metall zum Glühen brachten, in kaltem Wasser abschreckten und dann hämmerten.

Die Indianer Nordamerikas kannten zwei Arten, Jagd- und Kriegsspitzen. Bei der Jagd verwendeten sie breite, flache Spitzen, die möglichst große Wunden in Blutgefäße und Gewebe rissen und sich dennoch leicht entfernen ließen. Die Kriegsspitzen dagegen, zunächst aus Feuerstein, später aus Metall, waren genial-grausam: kleiner, spitzer und an den Kanten mit Zakken oder Widerhaken besetzt. Sie konnte man nicht einfach herausziehen, ohne die Wunde zu vergrößern, sondern man mußte zumeist den gesamten Pfeil bis zur anderen Körperseite durchstoßen; dementsprechend fielen die Wunden aus.

Gegen Ende des achtzehnten Jahrhunderts, insbesondere seitdem neue industrielle Verfahren die Herstellung von Eisenwaren verbilligten, weitete sich der Handel mit Metallspitzen entlang der indianischen Grenze enorm aus und währte – was häufig übersehen wird – bis weit ins neunzehnte Jahrhundert hinein. Selbst geringwertige Eisenspitzen, die in Massen produziert wurden, genügten den Zwecken der Indianer und waren sehr gefragt. Für ein Dutzend, das die Handelsgesellschaften etwa sechs Cents kostete, mußten die Indianer wertvolle Pelze geben, die auf dem europäischen Markt viele Dollar brachten. Im Verlauf von zwei Jahrhunderten wurden Millionen dieser Metallspitzen an Indianer verkauft; sie töteten mehr Menschen beider Rassen als alle Gewehre, die je in die Hand der Indianer gerieten, obgleich dieser Handel nicht einen Bruchteil des Aufsehens erregte, das das Geschäft mit den Feuerwaffen auf sich zog.

Wenn auch die indianische Kultur kaum grundlegende Veränderungen erfahren hatte, kann man die Plainsindianer des achtzehnten Jahrhunderts korrekterweise nicht mehr als Steinzeitjäger kennzeichnen, da sie bereits Waffen und Gerätschaften aus Metall benutzten. Gerade diese Waffen machten aus den berittenen Stämmen die besten Kämpfer, denen Europäer auf dem amerikanischen Kontinent begegneten. Im Gegensatz zu anderen Stämmen scheinen die meisten Comanchen-Banden bald begriffen zu haben, daß ihre eigenen Waffen, durch Metallspitzen verschärft, den Vorderlader-Feuerwaffen der Weißen überlegen waren, denn seit etwa 1800 interessierten sie sich kaum mehr für Musketen und Pistolen, sondern stützten sich wieder voll auf ihre alten Waffen.

Die Entscheidung auf den Plains brachte das Pferd. Alle Plainsindianer lebten als Reiternomaden von der Büffeljagd und setzten das Pferd auch im Krieg ein – aber auch diese neue Technologie wurde auf unterschiedliche Weise genutzt.

Pawnee, Crow, Wichita und selbst Sioux benutzten Pferde hauptsächlich als Transportmittel. Nur im Kino greifen Sioux oder südwestliche Apachen mit Pferden an; in Wirklichkeit ritten sie nahe an den Feind heran und kämpften zu Fuß. Sie schlichen sich in die feindlichen Camps ein und versuchten, Pferde zu stehlen. Die Plainsindianer ähneln eher Dragonern – berittener Infanterie – als Kavalleristen.

Die Comanchen dagegen als echtes Reitervolk verschmähten es, irgend etwas zu Fuß zu tun. Sie zogen es vor, auf dem Rücken der Pferde zu kämpfen, und entwickelten entsprechende Taktiken. Als einziges Volk raubten sie zu Pferde bisweilen ganze Herden der Reittiere.

Anfänglich experimentierten die Schoschonen der Plains mit verschiedenen Taktiken und Waffensystemen. Frühe französische Berichte beschreiben die Pádouca als Volk, das beritten mit langstieligen Steinäxten kämpfte; in anderen Darstellungen ist von Pferden in einem steifen Bisonhautpanzer die Rede. Diese Rüstung wurde sehr bald wieder aufgegeben, da sie weder Pfeile mit Metallspitzen noch Musketenkugeln abhielt. Zieht man die Herkunft der Schoschonen aus den Bergen in Betracht, ist die Evolution des Nem-Kriegers zum berittenen Kämpfer mit der Axt ein logischer Schritt; vor Einführung des Pferdes stellte der Tomahawk die wichtigste Waffe im Nahkampf dar und blieb auch weiterhin als Zusatzwaffe allgemein in Gebrauch. Für echte berittene Kriegführung jedoch war die Handaxt ungeeignet; dafür benötigte man Pfeil und Bogen.

Die Schützen kämpften einzeln und drangen niemals darauf, unmittelbar eine Entscheidung herbeizuführen. Dabei war ihr Vorgehen im einzelnen ausgezeichnet aufeinander abgestimmt. Diese Taktik, die den Europäern allen Respekt abnötigte und sie zuweilen auch das Fürchten lehrte, entwickelten die Comanchen wahrscheinlich im achtzehnten Jahrhundert in den unzähligen Fehden um die besten Büffelgründe.

Beim Angriff jagten die Krieger als lockere, im Zickzack reitende Gruppe auf den Feind zu – ein schwer auszumachendes Ziel. Die Reiter griffen an, kehrten vor Schußweite um, winkten und ritten Haken schlagend davon. Mit Kanonen und massiertem Musketenfeuer, das die Europäer so erfolgreich gegen geschlossen angreifende Eingeborene einsetzten, konnte man ihnen nicht beikommen. Häufig versuchten die Comanchen, den Feind zu umzingeln – eine bei der Büffeljagd erlernte Taktik, die sich auch im Krieg als erfolgreich erwies. Was spielerisch anmutete, hatte oft verheerende Folgen, denn die Bogenschützen der Comanchen waren darin geübt, angreifende Büffel auf fünfzig Meter im Galopp zu töten. Solange sich die Soldaten vom Geplänkel der Reiterbarbaren nicht beeindrucken ließen, blieben direkte Angriffe aus. Die Comanchen umkreisten den Gegner, durchkreuzten seine Linien, Pfeile schwirrten durch die Luft – und während der Angriff auf sich warten ließ, lösten sie unbemerkt die Halteleinen der Feindespferde und brachen manchmal sogar die Verteidigungsstellungen der Europäer auf.

Zeigten sich in den gegnerischen Formationen irgendwelche Schwächen oder Auflösungstendenzen, schlugen die Comanchen blitzschnell zu. Völlig sinnlos waren Fluchtversuche, denn dann griffen die Comanchen erst recht an; laut Colonel Richard Dodge galt es als der sichere Tod, ihnen den Rücken zuzukehren. Die Jagd auf bewegte Ziele war für sie fast eine Art Sport, und mit ihrer extrem beweglichen Angriffstaktik erwarben sich die berittenen Indianer bei der besser bewaffneten und organisierten weißen Kavallerie schon sehr bald tiefen Respekt.

Wurden die Comanchen attackiert, stellten sie sich dem Angreifer nicht; sie sprengten auseinander und schlugen als Einzelkämpfer zu, während die Angriffe der engen Formationen spanischer Lanzenreiter oder amerikanischer Dragoner in der weiten Prärie verpufften. Nur selten suchte ein ruhmsüchtiger Krieger, der einen *Coup* anbringen wollte, den direkten Kampf mit der Handaxt oder Lanze; die übrigen jagten flink umher und spickten den Feind mit Pfeilen. So rieben die Comanchen auf ihren zähen, wendigen Ponys, die wesentlich schneller waren als die schweren Gäule der Weißen, mit raschen, behenden Schlägen ganze Kavallerieformationen auf, ehe sich diese auf ihren erschöpften Tieren auch nur neu ordnen konnten.

Die meisten Historiker sind sich einig, daß die Comanchen jeglicher Infanterie oder schweren Kavallerie der Europäer – eine leichte, die sich hätte messen können, existierte in Amerika nicht – auf den freien Plains bis zur Erfindung des Repetiergewehrs überlegen waren. Dennoch blieb die Zahl der Toten und Verletzten relativ gering, da sie den Feind selten zu vernichten suchten, wenn dies vermeidbare eigene Opfer verlangte. Wurden sie verfolgt, kämpften sie erst dann, wenn der Gegner in unübersichtliches Terrain gelockt war, sie sich an Zahl überlegen fühlten oder selbst in eine Falle geraten waren.

Die Comanchen galten als die gerissensten Krieger der Plains, als die »abgefeimtesten Indianer der Vereinigten Staaten«, wie Dodge es ausdrückte. Sie wandten alle Tricks an; sie gaben vor zu fliehen, um den Feind aus der Deckung zu locken, stellten sich sogar tot, um den Gegner zu täuschen und näher kommen zu lassen. Sie gaben keinen Pardon, und sie erwarteten auch keinen.

Die Wanderung der Comanchen nach Süden, entlang der geschwungenen Kette der Rocky Mountains, auf der sie viele Fehden gegen Wichita, Pawnee, Ute und Crow ausfochten, begann um 1700 im Gebiet des Platte River; wenige Jahre später schon überquerten sie den Arkansas.

Hodge und andere vermuteten, daß die Nemene dem Druck der aufstrebenden Dakota oder Sioux im Norden wichen. Zwar wurden etliche Gruppen von Páduca durch Sioux, Crow oder Blackfoot von den Plains verdrängt, doch handelte es sich um nördliche Schoschonen, nicht um schoschonische Reiterstämme. Wie Richardson feststellte, gibt es keinerlei

Beweise, daß die Comanchen vor den Sioux südwärts flüchteten, oder daß die Comanchen während des siebzehnten oder achtzehnten Jahrhunderts mit den Dakota überhaupt in Berührung kamen. Höchstwahrscheinlich zogen die Nemene freiwillig nach Süden, denn sie besaßen eher Pferde als die Sioux und Cheyenne.

Der Büffelreichtum der südlichen Plateaus, besonders der Hochebenen von Texas, übertraf alle ihre Hoffnungen. Im Vergleich zu dem Gebiet südlich des Arkansas war die Gegend um den Platte River und die Black Hills wildarm. Außerdem grenzten die südlichen Bisongründe direkt an das Hauptgebiet der spanischen Pferdezucht in Neu-Mexiko an; die Winter dort waren milder, und das Land wimmelte noch nicht von berittenen Indianern. Es bedurfte keines besonderen Scharfsinns, den materiellen und strategischen Wert der südlichen Plains zu erkennen.

Doch dieses fleischreiche Gebiet war keineswegs herrenlos. Große Banden von der nordwestlichen Pazifikküste zugewanderter Athabasken durchstreiften seit Jahrhunderten das Land. Sie waren kräftige, äußerst kriegerische Räuber und Jäger, die in Kultur und Organisation den Gebirgsschoschonen ähnelten; bei ihrer Wanderung auf die Mesas und die südwestlichen Randzonen der Plains verwüsteten sie die friedfertige Pueblo-Kultur, zu deren Zurückbleiben sie wahrscheinlich in gleichem Maß beitrugen wie die zyklischen Dürreperioden.

Wie alle Indianerstämme Nordamerikas nannten auch die Athabasken sich Volk, *T'Inde* oder in Abwandlung des Begriffes *Náizhan*, »Unsere Rasse«. Der Pueblostamm der Zuñi kennzeichnete sie gegenüber den Spaniern als *Apachu* oder »Feinde«, so daß sie unter dem Namen »Feinde der Menschheit« in die Geschichte eingingen.

Im Südwesten teilten sich die Apachen in verschiedene Stämme und entwickelten lokale Charakteristika. Die Spanier unterschieden westliche und östliche Apachen-Banden, je nach ihrer Lage zu den neumexikanischen Niederlassungen. Die westlichen Apachen – zu ihnen zählen die Chiricahua, Navajo und San Carlos – lebten als nomadisierende Jagdverbände in den südwestlichen Hochebenen und bildeten eigenständige clanartige Stämme. Die zahlreicheren und bedeutenderen östlichen Apachen beherrschten das Gebiet vom Dismal River in Nebraska bis Zentraltexas, wo sie die mächtigen Tonkawa nahezu von den Plains verdrängt hatten. Sie waren typische Vertreter der Plains-Kultur vor der Verbreitung des Pferdes. Ihre rot-weißen Tipis aus Bisonhaut fand man zwischen dem Red River in Texas und dem heutigen Oklahoma bis zu den Hochebenen von Colorado. Sie kannten den Hunde-Travois und lebten von der Büffeljagd. Wie die Schoschonen waren sie über die Banden hinaus nicht organisiert, stellten aber insgesamt ein mächtiges Volk dar. Vor Beginn des siebzehnten Jahrhunderts hatten sie die Pueblo-Kultur jenseits des Pecos-Beckens in Texas bereits ausgelöscht und während der Revolte gegen die Spanier 1680–1690 einige Pueblo-Völker Neu-Mexikos fast ausgerottet.

Diese Banden, die die Spanier *Palomas* (»Tauben«), *Faraones* (»Pharaonen«) und *Jicarillas* (»Körbeflechter«) nannten, waren Beobachtungen früher Forscher zufolge die Herren der texanischen Plains. Ihren weiten, unregelmäßigen Camps gaben die Spanier den Namen *rancherías*; ein Forscher behauptet sogar, am oberen Arkansas eine *ranchería* mit »fünftausend Seelen« gesehen zu haben – zweifellos eine Übertreibung. Aber dennoch lebten die Apachen zu Tausenden in verstreuten, halb seßhaften Lagern in allen Flußtälern von Nebraska bis Texas.

Die östlichen Apachen hatten die Pueblos nicht nur zerschlagen, sie hatten von diesen Indianern auch gelernt: Sie bauten Mais, Kürbis und Bohnen an. Da sie bis zur Ernte an einem Ort ausharren mußten, führten sie ein seßhafteres Leben; einige Banden, zum Beispiel die Jicarilla, waren schon ziemlich weit zur ackerbautreibenden Barbarei fortgeschritten. Insgesamt hatten die östlichen Gruppen für die Phase vor der Pferdekultur die bestmögliche jahreszeitliche Kräfteteilung zwischen Jagd und Ackerbau getroffen, doch ironischerweise sollte ihnen gerade diese Lebensweise zum Verhängnis werden, als echte Wilde in das Land einritten.

Die Apachen hatten zwar als erstes kriegerisches Volk das Pferd von den Spaniern übernommen, entwickelten sich aber infolge ihrer halbagrarischen Lebensweise nie zu außergewöhnlichen Reitern und betrieben auch keine Pferdezucht. Das Pferd nutzten sie hauptsächlich für ihre Überfälle auf die Siedlungen der Pueblo-Indianer in spanischer Leibeigenschaft; aber sie folgten nicht den Büffeln auf die Plains, wurden nicht wieder zu Jägernomaden. Sie zogen den Ertrag ihrer Felder der Jagdausbeute vor.

Durch den Ackerbau entfremdeten sich die einzelnen Athabaskenstämme noch mehr voneinander. Die hochentwickelten Jicarilla, die ihre Felder bewässerten und Körbe flochten, fühlten sich den stärker räuberischen Banden keineswegs verwandt. Zwar bekämpften die Apachen einander nicht, aber sie standen sich auch nicht gegenseitig bei. Daher waren die Herren der südlichen Plains, die isoliert und verstreut bei ihren Feldern lebten, Anfang des achtzehnten Jahrhunderts gegen die Kriegstaktiken der berittenen Plains-Schoschonen überhaupt nicht gewappnet.

Wie ihr berittener Auszug auf die Great Plains vollzog sich die Südwanderung der Comanchen über den Arkansas nicht als organisierte Massenbewegung. Ihre Überfälle auf Apachen-Camps scheinen diesen Bevölkerungsbewegungen lange vorausgegangen zu sein, doch lassen sich Ort und Zeitpunkt der ersten, möglicherweise zufälligen Zusammenstöße zwischen Nemene und T'Inde nicht mehr bestimmen. Andererseits spricht einiges dafür, daß die Athabasken sich noch vage an das Volk aus dem hohen Norden, das sie *Idahi*, »Schlangen«, nannten, erinnerten und auch die berittenen Schoschonen ihre alten Haßgefühle gegen die *Neepan* oder *Navóne* nicht vergessen hatten. Zumindest führte ihre neuerliche Begegnung zu den erbittertsten, blutigsten und anhaltendsten Indianerfehden aller Zeiten. Jeder Comanche, wo auch immer er sich aufhielt, war der erklärte Feind eines jeden Apachen. Tragischerweise halfen beide großen Kriegervölker bewußt und unerbittlich dem Weißen Mann bei der Vernichtung des anderen Stammes.

Fehden zwischen Comanchen und Apachen muteten nicht mehr wie indianisches Kriegsspiel, wie waghalsiger Pferdediebstahl oder Mutriten an, sie waren Kernbestandteil der großen Umwälzungen, die das Vordringen europäischer Waffen und Pferde im Zentralteil Nordamerikas auslöste. Erst nach der völligen Vertreibung der Apachen von den Plains konnte sich ein neues Machtgleichgewicht einpendeln und Ruhe einkehren.

Als die Comanchen im späten siebzehnten Jahrhundert südlich des Arkansas auf die Apachen stießen, hatten sich die Dimensionen indianischer Kriegführung durch das Pferd erheblich erweitert. Gegen 1700 wuchs das normale Jagd- oder Siedlungspendelgebiet eines Plains-Stammes auf über tausend Kilometer; während zuvor noch kriegerische Überfälle im Radius von 150 Kilometern als größeres Unterfangen gegolten hatten, waren jetzt Bewegungen über fünfhundert bis sechshundert Kilometer an der Tagesordnung.

Kriegerische Überfälle über solche Distanzen erschienen den Europäern, besonders solchen, die in europäischen Maßstäben dachten, lange völlig unvorstellbar. Doch die indianischen Kriegerscharen überwanden sie mit Disziplin und stoischem Gleichmut gegenüber allen Beschwernissen des Kriegspfades: Ihre Pferde begnügten sich mit dem Gras, das sie am Wegesrand fanden, und die Krieger lebten von getrocknetem Fleisch und Wasser, das sie in Behältern aus Tierdarm mitführten.

Die größeren Entfernungen erforderten jedoch etliche Innovationen, besonders im Bereich der Logistik: Packpferde für Fleisch und Mesquitbohnenmehl wurden mitgenommen, jeder Krieger führte mehrere Pferde zum Wechseln mit – ein entscheidender Faktor, wenn der Feind auf den Fersen folgte. Auch Frauen nahmen an weiten Kriegszügen teil, griffen aber meist nicht mit an, sondern errichteten Basiscamps und sorgten für den Nachschub und den Komfort der Kämpfer. Zumeist handelte es sich um Kriegerfrauen oder abenteuerhungrige Seelen, die mit Kriegern durchgebrannt waren. Wenn es die Situation erforderte, griffen auch die Frauen zu den Waffen; gelegentlich bildeten sie eine zweite Kampflinie, schossen aus der Deckung oder töteten im Kampfgetümmel Feinde. Gern folterten sie auch Gefangene.

Da die Kriege zunehmend in unbekanntem Terrain stattfanden, mußten Krieger und besonders Kriegerhäuptlinge ihren Ortssinn schulen. Die meisten Comanchen konnten aus dem Gedächtnis einmal durchquertes Terrain exakt und flächentreu mit einem spitzen Stock auf dem Boden skizzieren und Marschrouten ausarbeiten. Weit über tausend Kilometer folgten die Krieger diesen groben Anhaltspunkten; an den Hufabdrücken konnten sie sogar ersehen, wo bereits ein Comanche geritten war.

Zwar mochte die Kriegführung noch zufällig, irrational, magie-beherrscht und für zivilisierte Menschen ohne Sinn und Ziel sein, die Exaktheit der Planung und Organisation kriegerischer Überfälle auf fremdem Territorium war dagegen verblüffend. Marschrouten wurden sorgfältig ausgewählt und ausgekundschaftet, die Aufgaben bis ins Detail zugeteilt. Comanchen ließen sich selten in einen Hinterhalt locken, ritten niemals blindlings in feindliches Terrain, verloren in der endlosen Prärie nie die Orientierung und waren nie ohne Fleisch und Wasser – was den Expeditionen der Weißen ziemlich regelmäßig passierte.

Die ausgedehnten Operationen verlangten neue Kommunikationsmethoden. Später ritten Späher dem Haupttreck oftmals um eine Tageslänge voraus; die Plainsindianer erfanden daher Rauchsignale, ein System, das nur sie anwandten. Auf Hügeln oder Hochebenen entzündeten sie Feuer und machten mit Büffelhäuten oder Decken einfache und leicht zu erkennende Fettholzrauchzeichen: *aufgeflogen – Feind in Sicht – Büffel – Alarm, Gefahr – Kommen – Halt – Freunde – Terrain klar*. In der klaren Luft konnte man diese Signale meilenweit sehen. Ihr Nachteil bestand darin, daß sie nur bei Tag sichtbar waren und auch keine Sicherheit boten, denn sie alarmierten Freund und Feind.

Infolge der wachsenden Mobilität begegneten sich immer mehr Stämme auf den Plains; diese Kontakte waren keineswegs nur feindlicher Natur. Da jeder Stamm seine eigene Sprache hatte, mußten Verständigungsschwierigkeiten überwunden werden. Dieses Problem wurde durch eine Zeichensprache gelöst, die ebenso wie die Rauchsignale auf die Great Plains, die Gebiete der Büffel- und Pferdestämme, beschränkt blieb. Von Kanada bis zum Rio Grande galten die gleichen Zeichen und Symbole.

Mit Hilfe dieses Mediums konnten seit Anfang des achtzehnten Jahrhunderts Dakota und Blackfoot sich mit Comanchen oder Wichita verständigen, wo immer sie zusammenkamen. Wie die Kultur, der sie entsprang, mutete die Zeichensprache äußerst poetisch und zeremoniell an, war aber dennoch begrifflich klar und ließ sich mit fast der gleichen Geschwindigkeit handhaben wie das gesprochene Wort. Da die Weißen statt der vielen Dialekte zumeist die Zeichensprache erlernten, wurde ihr Bild von Sprech- und Denkweise der Indianer wesentlich durch diese Kommunikationsform geprägt; die Differenziertheit der verschiedenen indianischen Kulturen konnten sie daher kaum mehr wahrnehmen.

Die Verbreitung dieser Universalsprache bei Völkerschaften, die einander nicht kannten, weist darauf hin, daß der Kontakt und die Kommunikation zwischen den Stämmen größer gewesen sein muß als vermutet. Als Sprachexperten galten die Kiowa, ein kleiner, doch mobiler Clan mit weitem Verbreitungsgebiet, wogegen die mächtigen, aber engstirnigen Nemene keine Meister der Zeichensprache waren.

Das Zeichen für Comanchen, ein schnelles, rückwärtsgerichtetes Wedeln mit dem Zeigefinger über der Brust, bedeutete »Schlange«; damit sollte jedoch kein Charakteristikum der Comanchen zum Ausdruck gebracht werden, wie die Weißen fälschlicherweise annahmen. Die Bezeichnung ging auf den ursprünglichen Namen *Idahi*, »Schlangenvolk«, der Kiowa-Apachen für die Schoschonen zurück, die einst an den Ufern des Snake River in Idaho hausten.

Die berittenen Überfälle lehrten die Comanchen neue Tricks, beispielsweise, daß sich als günstigste Zeit die Vollmondphase anbietet. Der spät aufgehende Mond spendete ausreichend Licht, um die Nacht durch zu reiten, was besonders auf dem Rückweg erforderlich werden konnte. Sie vermieden es, bei zunehmendem Mond anzugreifen, da sie glaubten, diese Zeit bringe Regen und damit schlechtes Fortkommen und gut sichtbare Spuren im Matsch.

Als beste Zeit für die Kriegführung betrachteten sie die Phase von den ersten Frühlingswochen, wo das Gras sprießt und Futter in ausreichendem Maße vorhanden war, bis zum Beginn des Herbstes, wenn alle Stämme zu sehr mit dem Erjagen der Wintervorräte beschäftigt waren, um ans Kämpfen zu denken.

Der einzige wirkliche Unterschied zwischen »Krieg« und »Überfall« lag in der Bestimmung durch die Medizin des Führers. Lautete das Vorhaben auf Pferderaub, so veranstalteten die Räuber gelegentlich auch ein Massaker, lautete die Mission jedoch zu töten oder zu rächen, wurde der Auftrag zielstrebig ausgeführt, bis genügend Blut geflossen war. Ob sich der Kriegshäuptling schon mit einem einzelnen Skalp zufriedengab oder Rache im großen Stil forderte, blieb dem Zufall überlassen.

Wie gegen die Pawnee und Ute im Osten und Westen ritten die Comanchen kriegerische Überfälle gegen die *Navóne* oder Athabasken, sobald sie
südlich des Arkansas auf diesen Stamm stießen. Die ersten Überfälle galten
sicherlich den Pferden, die die Apachen den Spaniern in Neu-Mexiko in
großer Zahl stahlen. Bald jedoch erkannten die Nemene die besondere
Wehrlosigkeit der Apachen – im Vergleich zu den Ute, die sich in den Bergen verbargen, und den Pawnee und Wichita, die ebenso mobil waren wie
die Comanchen – gegenüber ihrer Art der Kriegführung. Die östlichen
Apachen, die den Frühling und Sommer hindurch ihre Felder bebauten,
ließen sich leicht aufspüren, einkreisen und beritten angreifen, zumal die
Apachen Verfolgungsjagden über die unwegsamen Plains scheuten.

Die Comanchen dagegen zogen beständig umher, schlugen ihr Camp nie
am selben Ort auf und waren daher für die Kriegerschar der Apachen, die
Pferde nur zu Transportzwecken nutzten und sich im Grasmeer der Plains
nicht wohl fühlten, schwer auffindbar.

Die Comanchen überfielen möglichst weit auseinander liegende Apa-
chen-Lager, stahlen oftmals sämtliche Pferde und ließen den Feind hilflos
zurück; war die Gelegenheit günstig, töteten sie das ganze Camp. Die
Nemene begingen dabei nicht vorsätzlich Völkermord; es war einfach
Krieg, wie sie Krieg verstanden. In vielen Fällen nahmen sie Frauen und
Kleinkinder mit, die sie als Comanchen erzogen. Vorurteile beruhten auf
kulturellen, keinesfalls auf rassischen Differenzen.

Die Kriege zwischen Apachen und Comanchen wurden nicht auf Stam-
mesebene – die bei beiden Völkern ohnehin nicht entwickelt war – ausgefochten, sondern zwischen den Banden, die aufgrund wechselseitiger kultureller Antipathie verfeindet waren. Diese mehr oder minder zufälligen
Auseinandersetzungen sollten schon bald die Entscheidung herbeiführen,
zumal immer mehr Comanchen-Banden den Arkansas überquerten. Sie
sahen bei ihren Raubzügen das Land und freuten sich an der grenzenlosen
Weite und dem unendlichen Tierreichtum. Zwischen einem Ausgangslager
und einem Dorf der Comanchen bestand kaum ein Unterschied; wo immer
sie ihr Tipi errichteten, war ihr Zuhause. Tausende von Nemene drängten
auf die südlichen Plains, überfielen die *rancherías* der Apachen und rotteten
die östlichen Stämme nahezu aus; eine Art Völkerwanderung setzte ein.

Unbemerkt von den Nachbarn, selbst den Spaniern in Neu-Mexiko, ging
der Krieg – besser, die Unzahl kleinerer Überfälle und Massaker – weiter.
Zu sehr mit der Sicherung ihrer rückeroberten Gebiete am oberen Rio
Grande beschäftigt, bekamen die neumexikanischen Behörden erst nach
1700 Wind davon, daß ihren alten Feinden, den Apachen, jenseits ihres
Gebietes etwas zugestoßen sein mußte, wußten aber nichts Genaues. 1705

kam es zur ersten Begegnung mit den *Komántcia* oder Comanchen, und erst 1706 sah der spanische Gouverneur den Zusammenhang zwischen dem Auftauchen dieses neuen *indio*-Stammes und dem Elend der Apachen.

Im gleichen Jahr wurde den Männern in Santa Fé klar, daß die Apachen im Norden und Osten Neu-Mexikos geschlagen waren, da von überall Flüchtlinge über spanisches Territorium in die trockenen Gebirgszonen des Westens drängten. Zum Entzücken der Behörden ließen sich die Jicarilla zum Christentum bekehren und erbaten den Schutz der Spanier; man gestattete ihnen, sich im Westen Neu-Mexikos anzusiedeln.

Die meisten Apachenstämme zogen südwestwärts auf die trockenen Hochebenen von Arizona und Neu-Mexiko – die Mescalero beispielsweise begaben sich tiefer ins Gebirge –, sofern sie nicht völlig vom Erdboden verschwanden wie Faraones, Carlanas, Palomas und andere.

Einige östliche Apachen, wahrscheinlich Überreste von Banden, taten sich unter dem Namen *Ipa'N de* oder *Ipas Volk*, Anhänger eines großen Kriegshäuptlings, zu einer neuen Gruppe zusammen. Die Spanier bezeichneten sie als *Lipanes* und die Comanchen als *Nipan*. Doch der Häuptling Ipa erwies sich nicht als Retter seines Volkes. Den Spaniern kamen Gerüchte über eine »große Schlacht« am Red River zwischen Comanchen und Lipanes zu Ohren, in der die Apachen endgültig von den südlichen Plains vertrieben wurden.

Die kläglichen Überreste, die nicht nach Westen abgedrängt wurden, flüchteten nach Texas in das karge Gebiet jenseits des Pecos, in das Land der Tonkawa entlang dem San Saba und dem Oberlauf des Nueces und in die Täler des Guadalupe und Llano. Wie die westlichen Banden fielen sie auf die Stufe der Gebirgs- und Wüstenjäger und Sammler zurück. Sie gaben Ackerbau und Büffeljagd auf. Obgleich sie gefährliche, räuberische Grenzstämme blieben, begannen sie mit der Aufgabe ihrer Plains-Existenz ihren langwierigen sozialen Abstieg zu einem verachteten Volk, bis sie schließlich zwischen zwei überlegenen Mächten aufgerieben wurden.

Die Apachen, die am schwersten betroffenen Opfer der Comanchen, wurden in unwirtliche Grenzgebiete abgedrängt, wodurch ihr Haß gegenüber Comanchen und Spaniern wuchs. Da sie weder spanische Oberherrschaft noch spanischen Lebensstil akzeptieren konnten, die Comanchen sie andererseits töteten, wo immer sie sie trafen, waren sie nur in ihrer Gebirgswüste sicher.

Von dort aus überfielen und plünderten sie gnadenlos ihre Nachbarn – doch fügten sie nicht ihren ärgsten Feinden, ihren Vernichtern, sondern den wehrloseren Spaniern und anderen, friedlichen Indianern in ihrer Nähe den größten Schaden zu.

Um 1725 hatte sich die *Apachería*, wie die Spanier das Gebiet im Osten der südlichen Rocky Mountains nannten, zur *Comanchería* gewandelt, zur Domäne der Comanchen. Dieses Gebiet umfaßte das gesamte Areal von der spanischen Grenze bis zum Arkansas, zwischen der Grand Cordillera und den Cross Timbers in Texas; im Kern maß es von Nord nach Süd etwa eintausend, von Ost nach West über sechshundert Kilometer. Die Comanchería reichte vom achtundneunzigsten Längengrad bis an den Fuß der Rocky Mountains und begriff somit die gesamten südlichen Plains ein. Der Einfluß der Comanchen ging jedoch weit über ihr Territorium hinaus; sämtliche Camps und Niederlassungen im Umkreis von 1500 Kilometern lagen in Reichweite der Reiternomaden.

Den Zentralteil der Comanchería bildeten die ältesten Landmassen des nordamerikanischen Kontinents, hochgelegene Kreideplateaus, die sanft nach Osten abfallen. Nur Hügel, vereinzelte Flüßchen mit hochaufgeschütteten Flußterrassen, tiefe Canyons und kaum sichtbare Trockentäler unterbrachen diesen Ozean wogenden Grases. Die Flüsse, die sich in die Hochebenen eingeschnitten haben, sind seicht und von Baumgruppen gesäumt. Stellenweise haben sie im Laufe von Jahrmillionen tiefe unterirdische Höhlen geschaffen, die bei den periodischen Stürmen Schutz bieten.

Auf diesen spät-pleistozänen Hochplateaus, die sich seit der letzten Eiszeit kaum verändert haben, fallen jährlich weniger als fünfhundert Millimeter Niederschlag. Das Klima unterliegt zyklischen Schwankungen: In feuchten Jahren ist der Boden von einer dicken Grasmatte überzogen, die in trockenen Perioden unter der sengenden Sonne verdorrt. Dennoch ist es keine Wüstenlandschaft, wenngleich sie den ersten Engländern, denen spärlicher Niederschlag und Waldlosigkeit fremd waren, so erschien. Und weil sie kein Verständnis für die Natur dieses Landes mitbrachten, taten die Angelsachsen in späteren Jahren ihr möglichstes, es durch Pflugdenudation in eine Wüste zu verwandeln.

Im Frühling, während der Hauptregenperiode, leuchten aus dem tiefgrünen Gras der südlichen Plains wilde Blüten in den herrlichsten Farben; mit dem Ende der Frühjahrsregen laugt die Sonne die Erde aus; die zahlreichen Wasserstellen, die selbst die baumlose Hochebene des Llano Estacado übersäen, vertrocknen in Sand und Schmutz, das Gras wird gelb und spröde. Im Spätsommer muten die Plains wie eine echte Wüste an; doch schon geringe Regenfälle bringen die überraschende Schönheit zurück. Obgleich ganze Areale monate-, ja jahrelang ausgedörrt bleiben, gibt es immer irgendwo auf den Plains Regen und damit Gras, so daß Tiere und Menschen Nahrung finden können. Trotz der eisigen winterlichen Bliz-

zards ist das Klima relativ mild; nie gefriert der Boden unter der Schnee-
decke.
Die wenigen Flüsse – Arkansas, Cimarron, Canadian, Washita, Red, Pease,
Brazos, Colorado, Pecos –, die Canyons und die zahlreichen Quellen in
den Trockentälern haben fruchtbare Oasen geschaffen; ihre Ufer sind mit
Pappeln, wilden Pflaumen und Mustangtrauben bestanden. Flußabwärts,
in östlicher Richtung, verdichten sich die Pekan- und Walnußbestände,
durchsetzt mit Eschen, Ulmen und Zedrachbäumen, *bois d'arc* oder
Osage-Orangen, Weiden und Eichen. Judasbäume, Mehlbeeren und Dat-
telpflaumen gedeihen dort. Nirgends scheint das Land völlig öde, wenigstens Mesquitbohnen ringen dem Boden ihr karges Dasein ab. Der Tierreichtum, es handelt sich um die größte Tierdichte auf dem gesamten
nordamerikanischen Kontinent, liefert den Beweis für die außerordentliche Fruchtbarkeit dieses Landes.
Außer den Büffeln bevölkerten früher Hunderttausende Gabelantilopen,
Bären, Katzen, Elche, Hasen und Kaninchen die Plains; später kamen
Wildpferde hinzu; nur Coyoten und Wölfe stellten ihnen nach. Die Hochplateaus von Texas wiesen zwar nicht den Artenreichtum afrikanischer
Steppen auf, zeichneten sich aber, da die Zahl der Großräuber geringer war,
durch den Zahlenreichtum ihres Wildbestandes aus.
In ihrem riesigen Areal fanden die Comanchen alles, was sie zum Leben
brauchten: Die Tiere lieferten Fleisch, Fett, Horn, Häute, Pelze und Sehnen, die Flußauen Holz, Früchte, Nüsse, Beeren, kurz Nahrung und Roh-
materialien, und die Canyons mit ihrem Gesträuch boten sich als Lagerplatz an.
Die Zeit der Blizzards währte nur kurz; das ganze Jahr hindurch schien
die Sonne. Selbst in den Wintermonaten litten die Comanchen kaum mehr
Hunger, da die Büffel während der Kälteperioden südwärts wanderten. In
ihrem neuen Territorium lebten sie in völliger Sicherheit; sie waren derart
als grausame Krieger verrufen, daß selbst halbverhungerte Caddo, Apachen und Tonkawa nicht wagten, den Büffeln in die Comanchería nachzu-
stellen.
Nach alter Art lebten die Comanchen verstreut in isolierten Banden, die
sich zwar zu gelegentlichen Kriegszügen gegen Apachen zusammenschlossen, ansonsten jedoch autonom und unabhängig voneinander operierten;
jede Bande war ein Stamm für sich, der ein genau abgegrenztes Jagdgebiet
kontrollierte.
Historiker unterscheiden dreizehn eigenständige Comanchen-Banden; sicherlich existierten noch weitere, doch infolge der Gruppenmobilität
konnten weder Spanier noch Angloamerikaner jemals sämtliche Banden

auseinanderhalten. Im achtzehnten Jahrhundert traten auf den südlichen Plains fünf Hauptbanden hervor, die in der Geschichte der Comanchen eine bedeutende Rolle spielten und als einzige das späte neunzehnte Jahrhundert erlebten.

Die stärkste Bande, die wahrscheinlich als erste den Büffeln südwärts folgte, war als *Penateka* oder »Honigesser«, auch als *Pehnahner*, »Wespen«, oder *Hoh'ees*, »Waldvolk«, bekannt. Die Spanier bezeichneten sie als südliche Comanchen; ihre Domäne, innerhalb der Grenzen des heutigen Texas, umfaßte die westlichen Hochebenen und die südlichen Waldgebiete des Edwards Plateau mit seinen bienenreichen Forsten, die ihnen ihren Comanchen-Namen einbrachten – ein Name, der allerdings irreführend ist, denn auch ihre Nahrung bestand hauptsächlich aus Büffelfleisch.

Im Norden grenzte das Territorium der *Nokoni*, »Jene, die zurückschlagen«, an. Diese besonders unstete Nomadenbande zog in einem weiten Gebiet zwischen den Cross Timbers westlich des heutigen Fort Worth und den neumexikanischen Bergen umher. Da sie innerhalb weniger Tage erstaunliche Entfernungen zurücklegten, konnte man dieselbe Gruppe, die man am Red River erspähte, kurz darauf nahe Santa Fé und einen Monat später auf dem Colorado Plateau beobachten. Den Spaniern mißfiel diese Mobilität, aufgrund derer ihnen die Nokoni als außerordentlich zahlreich erschienen.

Als ein Häuptling namens Nokoni starb, änderte die Bande ihren Namen in *Detsanayuka*, was den Weißen die Identifikation noch mehr erschwerte, zumal kleinere Seitenlinien, deren bedeutendste die *Tanima*, »Leberesser«, und die *Tenawa*, »Jene, die flußabwärts leben«, waren, ihr Terrain teilten. Die Spanier in Santa Fé faßten alle diese Banden als östliche Comanchen zusammen.

Im Norden des Nokoni-Gebietes lagen die Jagdgründe der *Kotsoteka*, »Büffelesser«, die zumeist im westlichen Oklahoma jagten und ihre Winterlager entlang des Canadian River aufschlugen.

In den höheren Lagen der südlichen Plains hausten die *Yamparika* oder *Yahp-paheenuh*, »Kümmelwurzelesser«, deren Bereich nördlich über den Arkansas hinausgriff. Auch sie ernährten sich vorwiegend von Büffelfleisch.

Die fünfte bedeutende Gruppe, die *Kwahari* oder »Antilopen«, hauste weiter westlich auf den windumstürmten Kuppen des Llano Estacado. Andere Comanchen-Stämme gaben ihnen den Namen *Kwahadi*, »Sonnenschatten auf den Rücken«, da sie aus Bisonhäuten Sonnenschirme anfertigten. Obgleich mit nie mehr als zweitausend Mitgliedern zahlenmäßig die unbedeutendste der fünf großen Banden, beherrschten die Antilopen aufgrund ihrer Reserviertheit und Zähigkeit, von ihren eigenen Stammesgenossen unbehelligt, die besten Jagdgründe tief im Palo Duro und Tule Canyon.

Diese fünf herausragenden Banden – Penateka, Nokoni, Kotsoteka, Yamparika und Kwahari – stellten jede mindestens fünfhundert Krieger. Außer ihnen bildeten sich viele kleinere Banden und verschwanden wieder von der Bildfläche, etwa die *Ketahto*, »Verbranntes Fleisch«, und die »Stromaufwärts«, »Am Mittellauf«, »Unteres Ufer« und »Wasserpferd«; sie tauchen zumeist nur noch in den Legenden der Comanchen auf. Eine Bande jedoch, die *Nahmah-er-er-nuh* – ein obszöner Ausdruck, der zumeist als »Unzüchtiger« wiedergegeben wird – oder *Waw-ah-hees*, »Die mit Maden am Penis«, erregten durch ihre angeblich inzestuösen Sitten bei Comanchen und Weißen besonderes Interesse.

Untereinander pflegten die Banden wenig regelmäßigen Kontakt. Die südlichen und nördlichen Banden kamen während des gesamten achtzehnten Jahrhunderts überhaupt nicht miteinander in Berührung. Infolge der abgeschiedenen, bandenzentrierten Lebensweise entwickelten sie unterschiedliche Interessen. Die nördlichen und östlichen Banden standen mit Berg-Ute und anderen Plains-Stämmen auf Kriegsfuß; die Penateka vertrieben die Lipan-Apachen und Tonkawa. Allen jedoch haftete der urtümliche Apachen-Haß an. Kulturell bewirkte ihr ausgeprägter Konservatismus, daß sich trotz riesiger Distanzen erstaunlich wenige Unterschiede herausbildeten; einzig Tänze, Zeremonien und Akzente wichen geringfügig voneinander ab. Jeder Comanche konnte Stammesmitglieder anderer Banden mühelos erkennen, wogegen Weiße die einzelnen Comanchenbanden – und überhaupt die berittenen Indianer – kaum zu unterscheiden wußten. Der triumphale Sieg über die Apachen und der ungewohnte Reichtum des Landes zeitigten einige gefährliche Folgen, unter anderem ein überhebliches Sicherheitsgefühl der Comanchen. Um 1750 wagte kaum ein benachbartes Volk, Fuß auf Comanchenland zu setzen. Die Cheyenne und Pawnee blieben nördlich des Arkansas, die Apachen und Tonkawa fristeten südlich des Balcones Escarpment und in den Big-Bend-Bergen ein kümmerliches Dasein; die Ute überschritten selten die Rocky Mountains; einzig die Wichita machten gelegentlich die östlichen Randgebiete der Comanchería unsicher, stellten aber, da sie zahlenmäßig zu schwach waren, keine echte Bedrohung dar.

Aller materiellen Sorgen enthoben, sahen die Comanchen keine Notwendigkeit, strikte Stammesdisziplin zu entwickeln. Sie machten sich nicht einmal die Mühe, die Herbstjagd zu organisieren – abgesehen davon, daß sie auf den südlichen Plains das ganze Jahr über jagen konnten –, und im Vertrauen auf die riesigen Entfernungen zu Nachbarstämmen und ihren furchteinflößenden Ruf errichteten sie ihre Lager inmitten des Landes ohne nennenswerte Sicherheitsvorkehrungen.

Sie bauten ihre Tipis an offenen Auwäldern auf. Die Zelte der Bande reihten sich in Familiengruppen manchmal bis zu fünfundzwanzig Kilometer weit am Flußufer auf. Der einzige Grund für die Comanchen, gesellig zu siedeln, lag in dem Bedürfnis nach sozialem Kontakt. Die Camps boten kaum Schutz oder Sicherheit, und als einzige Wachen dienten die überall streunenden Hunde. Diese Nachlässigkeit stand in krassem Gegensatz zu den Praktiken der Dakota und anderer Stämme der nördlichen Plains, die engumgrenzte Camps an versteckten und sicheren Orten anlegten. Als kühnste Reiterkrieger Nordamerikas besaßen die Comanchen wohl die am wenigsten gesicherten Lager.

Eine weitere gefährliche Konsequenz der Apachen-Kriege war die, daß sich die gesamte Comanchen-Gesellschaft auf kriegerische Überfälle über weite Entfernungen verlegte. Die Comanchen hatten im Zuge ihrer Generationen währenden Übersiedlung in die Apachería die Überfälle auf Apachen zu einer regelrechten Lebensweise hochstilisiert. Ihre Sucht nach Skalps, Pferden und Kriegsehren und die Mühelosigkeit des Fleischerwerbs auf den südlichen Plains trugen dazu bei, daß sich die Haupttätigkeit der Comanchen von der Jagd nach Fleisch auf die Kriegführung verlagerte.

So sehr das Pferd ihr Jägerdasein bestimmte, so sehr bestätigte die Ausrottung und Vertreibung der Apachen den Kriegsstil der Comanchen. Nach 1750, als das neue Gebiet unumstritten sicher schien, gaben sich die Comanchen-Banden nicht mehr mit einfacher Büffeljagd zufrieden.

Der tiefe Haß der Apachen und ihre nicht endenden Überfälle im Grenzgebiet waren ökonomisch gerechtfertigt und verständlich, da sie selbst nach indianischem Maßstab arme Leute geworden waren. Die Comanchen dagegen, die Neureichen und zugleich die schwarzen Schafe der Plains, führten ihre Kriege nicht aus Mangel an Lebensnotwendigem. Obgleich sie die Pferde, die sie zur Jagd brauchten, selbst züchteten, setzten sie ihre Überfälle fort, da sich die hierarchischen Strukturen trotz der augenfälligen Unstrukturiertheit der Männerdemokratie verfestigt hatten – gebunden an Prestige. Und Prestige errangen die Männer nur im Krieg, insbesondere, indem sie andere Männer in den Krieg führten. Nicht zufällig verschenkten sämtliche Kriegshäuptlinge der Comanchen zu dieser Zeit die Beute, die ihnen zufiel, denn sie besaßen zwar meist Hunderte wertvoller Pferde, doch nie genug Prestige. Die Nahrungsgrundlage war gesichert, und so kam dem Krieg eine wachsende Bedeutung im Leben eines Mannes zu. Im

Frieden sahen die Männer weder ein Lebensziel noch die Möglichkeit, zu Ehren, Rang und Namen zu kommen.

Ein kühnes, aggressives Kriegertum entsprach dem Männerideal der Comanchen. Nur durch Blutriten und Töten konnte der junge Mann seine Männlichkeit beweisen, und nur durch die allgemeine öffentliche Anerkennung seines Mutes und seiner Geschicklichkeit blieb sie bewahrt. Dieses Ethos stempelte Schwäche zur Sünde. Was sich als notwendige Moral unter primitiven Jägern entwickelt hatte, verkehrte sich in eine Perversion, die nicht mehr zum Erhalt des Lebens beitrug, sondern es gefährdete. Als der ärgste Hunger gesättigt war, nahm der Drang nach Gewalttätigkeit extreme Formen an.

Seit Beginn des achtzehnten Jahrhunderts konnten Gewalttaten im Camp nur mit Mühe verhindert werden. Die Überlieferung der Comanchen macht deutlich, daß sich Konfrontationen zwischen Kriegern, bei denen persönliches Prestige berührt war, häuften. Auch Mordfälle nahmen zu, die meist aus der Arroganz oder Weigerung eines großen Kriegers resultierten, sich dem Unrecht zu beugen. Nur zwei Dinge vermochten die wachsende Gewalttätigkeit zwischen zwei mimosenhaft empfindlichen, arroganten, brutalen Kriegern, die im Camp nichts zu tun hatten, einzudämmen: das uralte, nahezu sakrosankte Tabu, Stammesgenossen zu töten, und die Tatsache, daß Aggressionen in Form von Krieg nach außen geleitet werden können.

Ethos und Selbstbildnis des Comanchen-Kriegers belegten das Alter negativ. Die Gebrechen, die sich bei Primitiven entgegen der landläufigen Mythologie vom gesunden unverwüstlichen Wilden früh einstellen – Zahnweh, Rheumatismus, Arthritis, Nachlassen der Sehkraft, Verdauungsbeschwerden – ließen alle Comanchen den Alterungsprozeß fürchten. Doch der Krieger litt besonders unter den Alterserscheinungen, seine Kräfte schwanden und machten ihn unfähig, sein öffentliches Ansehen, das persönliche Prestige, zu wahren.

Bei den meisten Indianern der Plains galt zwar ein ähnliches Kriegerethos, doch sorgten sie für ein sicheres, stilles Fleckchen für alternde Männer. Im gesamten Zentralteil des Nordkontinents war das Bild eines respektierten älteren Mannes, der geradlinig fliegende Pfeile schnitzt, junge Krieger instruiert und im Rat weise, bedachte Argumente einbringt, verbreitet – so hielten es jedenfalls Cheyenne und Kiowa, kulturell entwickeltere Stämme als die Nemene. Bei ihnen besaßen die Alten sogar eine eigene soziale Organisation, das Rauchzelt; solche Bräuche kannten auch die Comanchen, achteten sie jedoch nicht mehr. Spielte ein Krieger auf dem Kriegspfad nicht mehr den Heroen, fiel er dem Spott anheim, der nicht immer sehr subtil ausfiel. Oftmals verlor er die Macht über seine jüngeren Frauen, und auch sein Rat galt nichts mehr.

Die Tradition der Banden forderte, daß Alte den Generationswechsel würdevoll hinnahmen. Doch vielen gelang es nicht, sich in ihr Schicksal zu fügen, da ihnen die Gesellschaft keine Übergangshilfen bot. Die Einstellung zum hohen Alter, die bei den Comanchen von jeher geringschätzig war, verstärkte sich zu Bösartigkeit. Alte Männer galten als widernatürlich, sie feilschten um Frieden, fesselten Frauen an sich, die sie nicht verdienten, und nahmen der Jugend ihren Platz an der Sonne. Die Konfrontationen im Rat ähnelten Klassenkriegen – denn ein alternder Krieger, der gegen einen Überfall oder Krieg argumentierte, machte sich zum Bewahrer des Status quo, wogegen es junge, unverbrauchte Krieger nach neuen Taten und neuem Ruhm gelüstete. »Der Tapfere stirbt jung« wurde zum gebräuchlichsten Sprichwort, das per se eine Entwürdigung des Alters darstellte.

Die jungen Männer sorgten zwar dafür, daß betagte Stammesmitglieder keinen Hunger litten, doch versagten sie es ihnen, sich nützlich zu machen – wonach die Alten am meisten strebten. Selbst in die Legenden schlich sich das Bild des bösen Alten ein, der den Jungen mit Hexerei und bösen Flüchen das Leben erschwerte. Viele verdächtige Medizinmänner wurden umgebracht; Selbstmord, bei Frauen nach dem Klimakterium eine Seltenheit, galt bei alternden Männern als normal.

Nemene und die Franzosen und Spanier

Die Spanier ersannen ihre Einrichtung zur Grenzsicherung auf den Westindischen Inseln und entwickelten sie auf dem fruchtbaren Zentralplateau um Mexico City weiter, wo seßhafte, zivilisierte Indianer Ackerbau trieben, die im Vergleich zu den Nomaden der Plains lammfromm wie Schafe waren . . .
Auf die Bemühungen der Missionare reagierten die Indianer im besten Falle völlig unbeeindruckt, aber vielfach auch töteten sie die Ordensbrüder. Die wilden Comanchen und Apachen waren weder für die sanftmütige Lehre Christi empfänglich, noch ließen sie sich durch die Mysterien und erhabenen Zeremonien der Kirche bezähmen. Das Kriegsgeheul klang ihnen süßer als die Abendmahlsglocken, im Halbmond ihres Bogens sahen sie ein angemesseneres Symbol ihrer Sehnsüchte als im Kreuz der Kirche; und sie schätzten weit mehr das erhebende Gefühl, auf scheckigen Pferden den zottigen Büffeln nachzujagen, als unter der Anleitung schwarzberockter Priester die mühselige Kunst des Ackerbaus zu üben.

Walter Prescott Webb

Mich deucht, diese Leute sind verständig und gäben gute Diener ab.

Tagebucheintragung von Kolumbus

Er wußte nicht, wo er hinfuhr, und nicht, wo er gewesen war. Und er tat alles mit anderer Leute Geld. Die anderen Weißen sind seitdem seinem Beispiel gefolgt.

Indianische Spruchweisheit über Kolumbus

Wir müssen verstehen lernen, daß andere Lebens- und Bewußtseinsformen nicht mit moralischer Abwertung übergangen, sondern zunächst einmal verstanden und als daseinsberechtigt wahrgenommen werden müssen.

Frederik Hetman

Die vergessene Grenze am Bajio

Als die Spanier Anfang des sechzehnten Jahrhunderts gewaltsam in die Neue Welt eindrangen, hatten sie die heimatliche Halbinsel soeben von den muselmanischen Mauren befreit und befanden sich auf dem Gipfel ihrer Macht und ihres Elans. Die Eroberung der Neuen Welt war im wahrsten Sinne eine direkte Fortsetzung ihrer iberischen Kreuzzüge, da sie sich bei der Unterwerfung der Indianer derselben Prinzipien und Praktiken bedienten wie gegen die Juden und Mauren in Südspanien. Wie alle erfolgreichen Eroberer litten sie, solange es sich um fremde Kulturen handelte, hinsichtlich der Rechtmäßigkeit ihres Handelns nicht unter Selbstzweifeln. Die ersten Eingeborenen, auf die die Spanier in Amerika trafen, erweckten einen heidnischen und vielfach primitiven Eindruck, so daß die Spanier sie als *gente sin razón* abstempelten, als eine Rasse, die nicht in der Lage sei, ihr Schicksal zu bestimmen. Sie gestanden den Indianern keinerlei Recht auf kulturelle Eigenständigkeit zu, gleichgültig, ob es sich um schlichte »Eingeborene« oder zivilisierte, in komplexen Gesellschaften organisierte Wesen handelte. (Vereinzelt zeigten sich jedoch Spanier von der exotischen aztekischen Kultur beeindruckt; ihnen sind die wenigen noch erhaltenen Darstellungen der damaligen Kultur zu verdanken.) Alle heimischen Kulturen galten als heidnisch, europäischem Kulturgut in jeder Hinsicht unterlegen und zur Ausrottung verdammt. Die Beziehungen zwischen Eingeborenen und vordringenden Europäern endeten im Machtkampf. An Organisationstalent, technologischem Wissen und Willenskraft unvergleichlich überlegen, zerschlugen die Spanier die Indianerkulturen Nordamerikas und machten sich, wenn möglich, Land und Leute untertan. Verträge schlossen sie mit den Ureinwohnern nur, wenn momentane eigene Schwäche es erforderte; dabei verstanden sie es vortrefflich, die Indianer auch gegeneinander auszuspielen. Sie versuchten die Indianer zu »europäisieren« und zu christianisieren, ohne ihnen jedoch Gleichberechtigung zuzusichern.

Mit ihrem Vorgehen setzten die Spanier das Beispiel, dem die späteren europäischen Invasoren mehr oder minder weitgehend nacheiferten. Alle Europäer waren von dem Glauben besessen, Amerika müsse der Alten Welt ganz nach europäischen Bedingungen einverleibt werden. Nichtsdestoweniger ist es historisch von großer Bedeutung, daß gerade die Spanier und nicht Engländer, Holländer oder Portugiesen als erste in die entwikkelteren Regionen der Neuen Welt vorstießen. Denn die stolzen Kastilier waren weder ein Seefahrer- noch ein Handelsvolk; unter den Europäern zeichneten sie sich durch ihr gebieterisches Herrschaftsdenken aus. Ihnen stellte sich die Neue Welt nicht als jungfräuliches Land dar, sie sahen vielmehr die gottlosen Königreiche, die erobert, annektiert und dem spanischen Weltreich einverleibt werden mußten. Sie überquerten den Ozean mit dem Ziel, sich das Land untertan zu machen, und obgleich sie plünderten und wüteten wie die Römer, blieben sie gleich diesen, um ihre Untertanen allmählich zu assimilieren und dem Land ihren Stempel unauslöschlich aufzuprägen. Ähnlich wie bei den Römern sollte die Vermischung verschiedener Zivilisationskreise den Zusammenbruch ihrer Hegemonie und Weltmacht überdauern.

Wären die Seemächte als erste auf das Reich Montezumas oder der Inka gestoßen, hätte die Geschichte sicherlich einen völlig anderen Lauf genommen. Die seefahrenden Nationen wären wahrscheinlich ähnlich vorgegangen wie in Asien, wo sie befestigte Handelsposten errichteten, vorsichtig in die heimische Politik eingriffen und ihren Einfluß und ihre Kontrolle kaum merklich ausdehnten. Sie hätten Armeen einheimischer Soldaten aufgestellt und Steuern erhoben. Wahrscheinlich wären dagegen ihre Möglichkeiten, die Kolonien in Übersee ihrer Verfassung unterzuordnen, und ihr Interesse, die urtümlichen Kulte und Kulturen mit ihren eigenen zu überfrachten, nur gering gewesen. Es ist durchaus vorstellbar, daß unter englischer Flagge bis zum zwanzigsten Jahrhundert eine neue mexikanische Nation erwachsen wäre – geführt vielleicht von einem reinrassigen indianischen Premierminister mit Oxfordausbildung, gestützt auf eine marxistisch orientierte Eingeborenenelite, während in den fruchtbaren Tälern Südmittelmexikos das traditionelle Leben weiterginge, wie eh und je Nahuatl gesprochen würde und alte religiöse Kulte (ohne Menschenopfer natürlich, das die europäischen Herrscher ebenso ausgerottet hätten wie die Witwenverbrennung in Indien) fortlebten. Umgeben von Relikten einstiger Größe wäre das indianische Selbstbewußtsein möglicherweise intakt geblieben.

Die Relikte blieben erhalten, werden ausgegraben und bestaunt, doch das Selbstbewußtsein der Indianer liegt in Trümmern, da die spanische Eroberung wie die der Römer eine Überlagerung mit einer dominierenden Zivilisation darstellte. Die Spanier erwiesen sich als die unwiderruflichen Zerstörer der Indianer, physisch wie psychisch; obgleich in Mittel- und Südamerika Millionen von Indianern überlebten, können die heutigen Nachkommen das Schicksal ihres Volkes zumeist nur in spanischen Worten und katholischen Denkmustern beweinen. Sie können die Vergangenheit ebensowenig wiedererwecken wie die mohammedanischen Ägypter die Zeit der Pharaonen.

Trotz der grausamen Vernichtung von Millionen Menschen während der Frühzeit verfolgte der spanische Kirchenstaat niemals die Absicht, die Indianer auszurotten. Seine Politik sollte zwar die fremde Kultur ersticken, jedoch keinen Völkermord heraufbeschwören. Die spanische Vision des hispano-amerikanischen Imperiums bezog die Indianer nicht nur mit ein, sie fußte auch auf ihnen. Von Anbeginn waren nur wenige Spanier freiwillig bereit, nach Amerika auszuwandern, und sie kamen als Herrscher und Eroberer, nicht als Siedler; der gesamte Aufbau ihres Imperiums stützte sich auf untertänige, ausbeutbare Indianer – nicht Leichen, sondern schweißgebeugte Rücken zählten.

Zwischen Theorie und Praxis der Spanier in Amerika klaffte eine Lücke, die aus den widersprüchlichen Imperativen expandierender europäischer Zivilisation erwuchs. Die Krone wollte die Indianer als freie Untertanen, nicht als Sklaven sehen, und die Kirche, die zweite Macht im Staate, anerkannte sie als vollwertige Menschen, deren Seelen errettet werden konnten. Bestürzt über den Bevölkerungsschwund auf den Westindischen Inseln, beschlossen daher Krone und Kirche nach der Eroberung Mexikos durch Cortés, für den Fortbestand der Ureinwohner Amerikas zu sorgen. Doch konnte die Krone sie nicht vor der Willkür der eigenen Konquistadoren schützen, und die Kirche zerstörte ihre Kulturen. Gesetz und Sozialtheorie der Spanier gingen von der Annahme aus, daß sich die Indianer, wenn sie erst einmal bekehrt und hispanisiert wären, als echte Staatsbürger in die Gesellschaftsordnung einfügen ließen, was aber allein schon der Charakter der im Zuge der Eroberung entstandenen Institutionen vereitelte. Die spanischen Herren konnten nur durch die Ausbeutung der Indianer existieren, und ihre Nachkommen bildeten bald eine privilegierte Schicht, die unterworfenen Indianer hingegen blieben weiterhin die sie tragenden, abhängigen Kasten und Klassen. Die Krone selbst, bis zum Hals in die dynastischen Zänkereien der Habsburger verstrickt, mußte feststellen, daß ihre amerikanischen Revenuen nur durch Zwangsarbeit flossen. Die Entschlossenheit der Konquistadoren, an ihrem Herrenstatus festzuhalten, und die Notlage des spanischen Fiskus erhärteten diese sozioökonomischen Strukturen. Trotz aufgeklärter Positionen seitens Kirche und Staat erwies sich die Aufhebung der Leibeigenschaft in einem System, das von Notwendigkeiten, alten Bräuchen und dem Rassenhochmut der Spanier geprägt war, als schier undurchführbar.

Historisch war dies nichts Neues, einzig der Assimilationserfolg in einigen Aspekten überraschte. Die Kirche zeigte ein starkes vereinnahmend-paternalistisches Interesse an den Eingeborenen. Vereint entwickelten Kirche und Krone in Neu-Spanien, oder Mexiko, ein Vorgehen, durch das die Indianer »auf den rechten Pfad zurückgeführt« werden sollten, die sogenannte Reduktion. Die unterworfenen Eingeborenen – die den feudalen *encomenderos* verdingten Leibeigenen ebenso wie die Vasallen der Krone – wurden über die physische Unterwerfung hinaus dem missionarischen und rezivilisierenden Eifer spanischer Orden anvertraut.

Diese Orden – Franziskaner, Dominikaner und Augustiner –, die erst kurz zuvor durch die Reformen Isabellas der Katholischen diszipliniert und geläutert worden waren, bestanden im sechzehnten Jahrhundert aus fanatischen, energischen, doch erstaunlich humanistisch eingestellten Mönchen. Diese zähen, mutigen Gottesmänner wurden in kleinen Gruppen unter die Eingeborenen ausgesandt, und schon nach knapp einer Generation erbauten sie Klöster über zerstörten Kultstätten, untergruben traditionelle religiöse Vorstellungen und brachten unzähligen Indianern die spanische Sprache und rudimentäre Kenntnisse der europäischen Zivilisation bei. Alte Formen rotteten sie nicht einfach restlos aus, sondern ersetzten sie durch ihre eigenen. Doch ihren durchschlagenden Erfolg hätten sie nicht ohne echte Fürsorge gegenüber den Indianern erzielen können.

Dieses Programm stützte sich im wesentlichen auf Empfehlungen von Bartholomé de las Casas, eines zum *encomendero* avancierten Mönches, dessen Berichte über die Ausrottung der Eingeborenen auf den Westindischen Inseln die spanische Gesellschaft zutiefst erschütterten. Las Casas argumentierte, daß brutale Versklavung der Indianer zu ihrer völligen Vernichtung führe; die für den Unterhalt der Spanier notwendige Arbeit solle daher von importierten afrikanischen Sklaven verrichtet werden – eine weitere spanische Neuerung, die großen Anklang fand –, während die Indianer Nordamerikas allmählich auf ihre Rolle innerhalb der spanischen Gesellschaft orientiert werden sollten. Der Wert der Arbeit müsse ihnen mit Liebe, Geduld und vernünftigen Erklärungen, nicht aber mit der Peitsche oder dem Brandeisen beigebracht werden. Las Casas erkannte mit Weitblick den enormen kulturellen Schock, der primitive Völker befiel, die plötzlich von einer dominanten Zivilisation überrollt wurden – doch er und seine Anhänger unterschätzten die Auswirkungen: Sie glaubten, die Indianer innerhalb weniger Generationen »zurückführen« zu können.

Weltweit betrachtet, war das Vorgehen der Spanier bei ihren ersten Eroberungen auf den Westindischen Inseln durchaus nicht überaus verwerflich. Auch Europäer, Asiaten und Afrikaner beugten ihren Rücken unter der Knute überlegener Mächte und überlebten. Was der spanischen Eroberung in Amerika ihre spezifische Grausamkeit verlieh, beruhte auf der Unfähigkeit der Eingeborenen, mit den veränderten Umständen fertig zu werden. Die Indianer weigerten sich, unter Feuer und Hieben zu arbeiten, sie liefen davon und kamen in Sümpfen und Bergen um oder erhoben sich in hilfloser Rebellion; selbst Folter und Exekutionen zeitigten keine Wirkung. Restlos demoralisiert, versanken sie in völlige Apathie und starben innerhalb einer Generation aus. Die spanischen Ausrottungen waren zwar grausam und rücksichtslos, doch kam es zu ihnen eher aufgrund von Erbitterung als aufgrund von bedachter Politik.

Die Missionierungsmaßnahmen entsprangen also teils humanitären Absichten, teils praktischen Erwägungen; ihr Ziel lag in der Erhaltung der *indios*, damit sie ihren vorgesehenen Platz als tragende Klasse in der amerikanischen Kolonie einnehmen konnten.

Die größten Erfolge erzielte die spanische Politik, historisch gesehen, bei den seßhaften, zivilisierten, organisierten Indianern Südmittelmexikos. Diese Völker waren seit langem an stetige Arbeit gewöhnt, zahlten Steuern an heimische Prinzen und opferten einer allgegenwärtigen, alles erdrückenden Religion. Die spanischen Priester prägten sie nach spanisch-katholischem Muster um; die »Heimführung« war so vollkommen, daß sich die *reducidos* trotz beständiger Unterdrückung während dreier Jahrhunderte niemals ernsthaft auflehnten.

Die zunehmende Entvölkerung des zivilisierten Mexiko überschattete jedoch den Erfolg. Alle Indianer waren gegenüber den Krankheiten der Alten Welt außerordentlich anfällig. Blattern und typhusähnliche Erreger töteten Millionen; selbst gewöhnliche Kinderkrankheiten verliefen bei Indianern oftmals tödlich. Die Zahl der Eingeborenen Südmittelmexikos sank von elf Millionen 1520 auf eine Million 1650; danach nahm die Bevölkerungskurve einen Aufschwung. Aufgrund dieses Massensterbens stieg die Belastung der Überlebenden, die weiterhin den Unterhalt der Spanier gewährleisteten, und die Versklavung nahm zu; die Folge war ein Jahrhundert wirtschaftlicher Stagnation und Depression sowie der Übergang von Getreideanbau zu arbeitssparender Viehzucht – und die totale Lähmung der gesellschaftlichen Entwicklung. Durch die sinkende Zahl der

Indianer stieg der Bevölkerungsanteil der *mestizos* oder spanisch-indianischen Mischlinge, die bessere Widerstandskräfte gegen Infektionen besaßen und heute den überwiegenden Bevölkerungsteil Mittelamerikas ausmachen. Weitaus entscheidender jedoch verhinderte der Menschenmangel
die Ausweitung Spanisch-Mexikos über die Grenzen der präkolumbianischen Zivilisation hinaus.

Bei normalem Wachstum hätte die bekehrte, großenteils hispanisierte indianische Bevölkerung Neu-Spaniens mit ihrem Menschenüberschuß das
Neuland im Norden besiedeln können; so aber war niemand da, um den
spanischen Eroberern zu folgen und Besitz von dem Land zu ergreifen,
über dem die spanische Flagge wehte. Die Spanier mußten daher ihren
Kolonisierungsprozeß mit neuen Völkern weiter nördlich wiederholen –
doch stießen sie dabei auf das unlösbare Problem, daß die unzivilisierten
Stämme des Nordens für diese Rolle völlig ungeeignet waren.

Obgleich sie das feudale *encomienda*-System aufgegeben hatten und stattdessen die *indios* durch Missionsbrüder auf den rechten Weg zu führen
suchten, wiederholte sich im wesentlichen das, was bereits auf den Westindischen Inseln passiert war. Das Imperium breitete sich weniger über den
Rücken verstreuter Indianerstämme Nordmexikos als über ihren Leichen
aus.

Diese Problematik scheint den Spaniern – zumindest offiziell – entgangen
zu sein. Sie schoren alle *indios* über einen Kamm und ignorierten sowohl
die sie umgebenden Relikte mittelamerikanischer Kulturen als auch den
tiefgreifenden Kulturschock, den die spanische Eroberung unter Wilden
oder Barbaren ausgelöst hatte. Zwei Jahrhunderte hindurch versuchten die
Spanier, wilde Indianer, die nie Äcker bestellt hatten und sich jeglicher
Zivilisation widersetzten, heimzuführen und in die Gesellschaft einzubeziehen; ihre kostspielige Politik der Nächstenliebe tötete Millionen. Der
Grund liegt einerseits im Sieg der Ideologie über den Verstand – der Mis-
sionsdrang erstarb in den Herzen der katholischen Spanier nie völlig –, und
andererseits im kulturellen Bankrott des Kirchenstaates, der nicht fähig
war, eine anders geartete politische Strategie zu entwickeln. Da das nördliche Imperium entweder von bekehrten und dienstbar gemachten Indianern
oder gar nicht bevölkert sein mußte, geriet das Vordringen der Europäer
über den Lavastrom hinaus für die primitiven Indianer Mexikos zur Tragödie, für das spanische Imperium aber zum Schicksalsweg.

Die Schwierigkeiten begannen im Bajío, einer semiariden Zone zwischen
den Bergketten, nur wenige Meilen vom Valley of Mexico entfernt, in die
die Entdeckung reicher Silberadern weiter nördlich, im unzugänglichen
Zentralteil, die Spanier lockte. Dort lebten verstreute Jägernomaden, die

von den Azteken *Chichimec* (der Nahuatl-Ausdruck *chichimeca* bedeutete »blutiges Fleisch« oder »Wilde«) genannt wurden, kriegerische Eingeborene auf dem kulturellen Niveau der Apachen und Indianer des Südwestens.

Den Kriegsstil der Chichimec findet man heute im klassischen Western. Sie errichteten ihre Camps in unzugänglichen Hochlagen, außerhalb des Aktionsradius spanischer Kavallerie; sie lauerten an Wegen, hinter Bergvorsprüngen, um plötzlich hervorzustoßen, zu rauben und alles niederzubrennen; sie behielten die Europäer und ihre indianische Dienerschaft auf ihrem Weg zu den nördlichen Silberminen beständig im Auge. Die zivilisierten Indianer, die wichtigsten Verbündeten der Spanier, konnten gegen die Chichimec ebensowenig ausrichten wie die Spanier selbst. Viele Arbeiter, Tarasca-Indianer und andere, mußten ihr Leben entlang der Trails lassen. Doch die Chichimec überfielen auch Camps, töteten die Spanier und verzehrten Pferde und Maultiere.

Fünfzig Jahre lang währte dieser Krieg. Da sie die Chichimec nicht besiegen konnten, versuchten die Spanier, mit ihnen Frieden zu schließen – ein unmögliches Unterfangen, denn die unabhängigen Banden lebten verstreut und waren auch kaum bereit, auf die Bedingungen der Spanier einzugehen, da dies eine totale Umwandlung ihrer alten Lebensweise bedeutete. Die Kämpfe arteten in gegenseitiges Abschlachten aus; was für die Spanier einfach lästig war, endete für die Indianer in einer Katastrophe. Gejagt, geplündert, von Zeit zu Zeit Massakern ausgesetzt, waren die Chichimec schließlich des ungleichen Krieges müde. Sie konnten ihre Verluste an Menschen nicht ausgleichen, wohingegen jährlich neue Silbersucher ins Land drangen. Ende des sechzehnten Jahrhunderts gaben die Chichimec zur Verblüffung der Spanier auf. Die Überlebenden ließen sich freiwillig in der Nähe von Forts und Wegstationen, von denen einige zu Städten heranwuchsen, ansiedeln. Die Zeit war vorüber, in der Rebellen gebrandmarkt oder als Sklaven verkauft wurden. Keinerlei Strafen erwarteten die Chichimec, und dennoch entwickelten sie sich nicht zu friedlichen, ackerbautreibenden Untertanen, sondern lebten im Elend und starben bereits Anfang des siebzehnten Jahrhunderts infolge von Krankheit, Trunksucht und purer Verzweiflung aus.

Weder Kirche noch Krone lernten aus diesen Erfahrungen mit wilden Stämmen – oder daraus, daß es anscheinend unumgänglich war, sie auszurotten, um sie vor völliger Verwilderung zu bewahren. Dennoch betrieben die Spanier keine völlig starre, unwandelbare Politik; unter militärischem Schutz zogen nun besser organisierte Orden in die wilden Trockengebiete des Nordens. Im Süden hatten sich die Mönche unbewaffnet unter den befriedeten Indianern frei bewegen können; jetzt, im Norden, mußten die Missionen mit hohen Mauern befestigt und von Soldaten beschützt werden, die wilde Indianer für die Ordensbrüder zusammentrieben und sie zu den Missionsforts zurückbrachten, wenn sie flohen.

Der duale Fort-Missionskomplex, die Presidio-Mission, bildete im siebzehnten Jahrhundert die Operationsbasis der Spanier jenseits des befriedeten Mexiko. Die Krone unterhielt die aufwendigen Forts oder Presidios, während die Orden Hunderte hart arbeitende Freiwillige in die Missionslager entsandten. Bald jedoch mußten Forts und Missionen getrennt werden, da die Soldaten sich an den indianischen Frauen vergingen, und man errichtete die Presidios einige Kilometer von den Klöstern entfernt. Komplexe dieser Art überzogen nahezu den gesamten Nordnordwesten Neu-Spaniens; sie dienten dazu, die wilden, nomadisierenden Indianer im Sinne des spanischen Weltreiches zu zivilisieren, ihre Seelen zu retten und die weit vorgeschobene Grenze zu bevölkern und zu sichern.

Dieses romantisch-humanitäre Konzept schlug nicht fehl, weil es die Spanier etwa an Pesos oder Mühen hätten mangeln lassen, sondern weil es die Natur der primitiven Indianer verkannte. Theoretisch sollten sich Forts und Missionen nach kurzer Zeit selbst tragen – besser gesagt, durch die Arbeit der zahlreichen bekehrten Indianer –, eine Hoffnung, die sich jedoch selten erfüllte. Tatsächlich gingen aus den Missionsstationen nur wenige »heimgeführte« Indianer hervor, ob in Chihuahua, Durango, Sonora oder Nuevo León, kurz, wo immer wilde Stämme aufgespürt und »belehrt« wurden. Das System ließ sich nur unter riesigem finanziellen Aufwand aufrechterhalten und führte zu Eifersüchteleien, Kontroversen und Verbitterung zwischen Vertretern von Kirche und Krone, zwischen dem Militär und den Missionsbrüdern und auch zwischen den einzelnen Orden.

Die Soldaten haßten ihre schmutzige, langweilige, aber gefährliche Aufgabe, für die sie wenig Sold erhielten, und sie haßten die Ausbeutung durch die Offiziere, die bei der Verpflegungszuteilung immer einiges für sich abzweigten. Andererseits behinderten die Grausamkeiten, die die Truppen den Indianern zufügten, die Bemühungen der Mönche. Die Militärs dagegen behaupteten, die Geistlichen seien naiv und keineswegs über jeden Tadel erhaben. Diese Spannungen wurden Zeit des Bestehens der Presidio-Missionen nicht überwunden.

Auch in den Missionen herrschte eine gespannte Atmosphäre, da die Padres die Indianer oft mit schönen Versprechungen anlockten oder mit Zwang zu Missionsindianern machten; doch für Schutz, Unterkunft und Nahrung mußten sie hart arbeiten. Die Sexualmoral, die die Schwarzröcke ihren verständnislosen Mündeln aufzwangen, enttäuschte die meisten Indianer an der »Heimführung«. Weigerten sie sich jedoch zu arbeiten oder liefen davon, wurden sie hart bestraft. Viele Priester, die sich mit ganzer Kraft der Zivilisierung der Indianer widmeten, waren unbeugsame Moralisten und Antreiber, die streng nach dem spanisch-mexikanischen Sprichwort handelten, daß sich das Wohlverhalten der *indios* am besten durch einen Hieb über den Rücken erzielen lasse; in manch einem Missionslager blieben die Auspeitschpfähle nic leer, was zu blutigem Aufbegehren führte.

Mitte des siebzehnten Jahrhunderts revoltierten die mächtigen Tarahumare-Indianer, der dominierende Stamm in ganz Chihuahua und Sonora. Sie brannten die Missionen nieder, oftmals ohne die Priester herauszulassen, und belagerten die Presidios. Wie im Chichimec-Gebiet weiter südlich löste dies einen weiteren klassischen »Indianerkrieg« aus.

Die Befriedung der Tarahumare nahm Jahrzehnte in Anspruch. Tief in den Bergen trotzten sie der spanischen Kavallerie, bis ein Eingeborenenmädchen die spanischen Reiter zu einem geheimen Kriegerlager führte, wo der Stamm niedergemetzelt und nahezu ausgelöscht wurde. Die wenigen Überlebenden flohen in entlegene karge Berg- und Wüstenregionen Mexikos, wo das einst mächtige Volk zu den heute primitiven »Ureinwohnern« degenerierte, die im Haß auf alles Spanische und Zivilisierte noch immer stur an ihrer Kultur festhalten und langsam aussterben.

Der Erfolg des Presidio-Systems war mäßig; viele Missions-Komplexe konnten überhaupt keine Indianer für ihre Arbeit gewinnen. Nur wenige begannen verheißungsvoll, doch ihre Bevölkerung wurde von Krankheiten dahingerafft, der Rest desertierte. Selbst relativ friedliche Völker, zum Beispiel die Coahuiltec, neigten wie die mit roher Gewalt unterworfenen zu Apathie und starben in wenigen Jahrzehnten aus. Obgleich sich begrenzter Erfolg außer bei den Coahuiltec auch bei den halbagrarischen Pima im hohen Nordwesten einstellte und auch einige nordmexikanische Indianer »heimgeführt« werden konnten, die in der Masse der spanisch-mexikanischen Bevölkerung mit indianischem Blut aufgingen, empfanden die meisten Völker die Missionslager als Gefängnis und reagierten entsprechend. Die Experimente der Spanier nördlich des Aztekenreiches brachten keine gesunde hispanoamerikanische Rasse hervor, sondern resultierten in Tragödien und Ausrottung.

Die Spanier durchdrangen nicht den gesamten Norden Mexikos, so daß viele Indianerenklaven in unzugänglichen Gebieten in Sonora, Nayarit, Durango und Chihuahua überlebten – noch im letzten Viertel des neunzehnten Jahrhunderts führte die mexikanische Regierung blutige Feldzüge gegen Apachen und Yaqui durch, um die letzten unabhängigen Stämme zu unterjochen. Und die Zerstörung geht weiter, nicht mehr durch die Hand der Priester oder Soldaten, sondern seit der Revolution durch die Ideen weltlicher Schulen und den Vormarsch der mexikanischen Zivilisation. Die Kulturen blieben unvereinbar, so daß es selbst im indianischblütigen Mexiko für Indianer als Indianer keine Zukunft gibt.

Die Eroberung des mexikanischen Nordens, der *tierra despoblada* oder »unbevölkerten Region«, ist also in keiner Weise der Einbringung der zivilisierten Regionen Mexikos und Perus in das spanische Imperium vergleichbar. Trotz aller Unterschiede in Ziel und Form ähneln die Erfahrungen der Spanier dort eher denen der Angelsachsen in Nordamerika.

Auch der mexikanische Norden füllte sich allmählich mit Siedlern aus Neu-Spanien. Die Führer und die Großgrundbesitzer stammten gewöhnlich aus Spanien, wogegen die unteren Schichten, die sich im Norden niederließen – die Soldaten und *rancheros*, kleinere Landeigentümer, die Rinderzüchter oder *vaqueros*, die Bergleute, Händler und selbst Rechtsanwälte – vorwiegend *mestizos* waren. Die Grenze Neu-Spaniens, die im Bajío, nahe der Hauptstadt, begann, zog scharenweise *mestizos* an, eine in spanischen Städten verachtete Bevölkerungsgruppe, der sich im rauhen Grenzland noch echte Möglichkeiten boten. Im Norden galten sie zumeist als Spanier oder Weiße, während reinblütige Indianer hispano-mexikanischer Kultur *mestizos* genannt wurden. Bezeichnenderweise war bei dieser Grenzbevölkerung das indianische Bewußtsein verloren gegangen, und die wilden *indios* betrachtete sie sämtlich als Feinde. Mit der Zeit entwickelte sich eine bis heute erhaltene Dichotomie zwischen dem hispano-mexikanischen Norden und dem stärker indianischen Süden, nicht so sehr in der Kultur als in den Anschauungen. Der Norden, beginnend im Bajío, wurde zur Wiege sowohl der mexikanischen Mischrasse und Mischkultur als auch aller bedeutenden sozialen Umwälzungen, und im konkreten Sinne die Geburtsstätte der mexikanischen Nation.

Während nach und nach die Grundlagen für eine mexikanische Nation gelegt wurden, schob sich die spanische Grenze langsam in die unbesiedelten Gebiete Nordamerikas vor. Die Zahl der Siedler, ob aus Mexiko oder Spanien, blieb immer zu gering. Von den Bergwerkslagern, die sich später zu Städten entwickelten, Forts, Missionen und Zwischenstationen abgesehen, war der Norden Mexikos das Gebiet der Ranches oder Haciendas, war er Jahrhunderte hindurch nur dünn besiedelt; den Vormarsch begleiteten Krieg, Vertreibung, Ausrottung. Erst seit Mitte des achtzehnten Jahrhunderts ließ das Bevölkerungswachstum im Bajío die Kolonisation des fernen Nordostens zu; zahlreiche Siedlertrecks trugen die mexikanische Rinderzuchtkultur von Querétaro an den Rio Bravo oder Rio Grande und errichteten wehrhafte Siedlungen von Laredo bis zum Golf.

Infolge der Querelen mit den Wilden und des Mangels an hispanisierten indianischen Siedlern erreichte das spanische Imperium den Rio Grande erst nach vollen zwei Jahrhunderten. Forts, Vorposten und Missionslager gingen der Besiedlung durch eingeborene Mexikaner meist weit voran, aber Forts und Flaggen machen allein noch kein Imperium aus.

Dennoch erhob Spanien während dieser zwei Jahrhunderte Anspruch auf ganz Nordamerika. Außer den Indianern konnte schließlich nichts den spanischen Vormarsch zum Polarkreis verhindern. Doch konnten sie diesen Anspruch niemals einlösen, so ungern die stolzen Spanier, Erforscher und Eroberer der Neuen Welt, ihn auch aufgaben.

Und sie gaben ihn auch nicht auf. Bevor ihr Weltreich und ihre Weltmacht endgültig zusammenbrachen, sollten die Spanier in Nordamerika besiegt werden – nicht durch Entfernungen, Wüsten oder andere europäische Mächte, sondern durch berittene Indianer, wie sie Cortés und Pizarro niemals gesehen hatten.

Spanischer Irrtum nördlich des Rio Grande

Um sich die Gebiete am Oberlauf des Rio Grande zu sichern und die Provinz Neu-Mexiko zu schaffen, waren die Spanier über Tausende von Kilometern durch die *tierra despoblada* vorgestoßen. Später aber mißlang es ihnen stets, ihre eigentliche spanisch-mexikanische Grenze bis zu dieser letzten, schon im sechzehnten Jahrhundert gemachten Eroberung nach Norden vorzuschieben. Anfang des achtzehnten Jahrhunderts lagen immer noch Welten zwischen Santa Fé und dem nördlichen Außenposten Mexikos, Monterrey. Alt- und Neu-Mexiko waren nur durch ein paar unsichere Trails verbunden. Die Reise dauerte Monate. Obwohl es den Spaniern am oberen Rio Grande gut ging – sie besaßen viele Pferde, Rinder und Schafe und herrschten über einige wilde Stämme –, war Neu-Mexiko von allen bemerkenswerten Strömungen des achtzehnten Jahrhunderts abgeschnitten und in Kultur, Lebensformen und Institutionen nur ein blasser Abklatsch Neu-Spaniens. Die neu-mexikanischen Niederlassungen dämmerten dumpf vor sich hin. Die zweitausend Europäer und Hispano-Mexikaner konnten weder eine lebensvolle Kolonie noch eine ausstrahlende Kultur schaffen.

Nach der blutigen Rebellion von 1680 bis 1691 wurde das Sklavenleben der Pueblo-Indianer erträglicher, weil die Missionare aus reinen Vernunftgründen nicht mehr alle Elemente der Eingeborenenkultur auszulöschen versuchten. Neben der katholischen Messe durften die Indianer auch wieder ihre alten Regentänze und andere religiöse Riten pflegen, was die sozialen Spannungen schwächte; andererseits verhinderte dies aber auch die völlige Mexikanisierung der Provinz. Obwohl im achtzehnten Jahrhundert ein großer Teil der Indianer in der mexikanischen Mischkultur aufging, blieben viele weiterhin halb heidnisch, halb katholisch. Die von Geburt her spanische Bevölkerung wuchs nur langsam von wenigen hundert Menschen im Jahre 1700 auf wenige tausend; nach zwei Jahrhunderten zählte sie noch immer nicht mehr als siebentausend Menschen.

In den Augen der Regierung blieb die Kolonie unwirtschaftlich: Statt der spanischen Krone Reichtümer zu verschaffen, verschlang der Unterhalt der Behörden und der Soldaten große Summen. Anders als in den friedlichen und gewinnträchtigen Niederlassungen der südlichen Mitte Neu-Spaniens mußte hier die Grenze militärisch befestigt werden. Man fand keine Gold- oder Silberadern, die Scharen von Europäern angelockt hätten; nur einige wenige iberische Bauern wurden im Nordteil angesiedelt, denn die verstreut lebenden primitiven Pueblo-Indianer konnten nicht für den Unterhalt der spanischen Herren sorgen. Santa Fé entwickelte sich nie zu einem glitzernden, übersättigten Zentrum der Spanier wie Lima oder Mexico City, sondern blieb immer ein Haufen von Lehmhütten, ein öder Vorposten an der fernen Grenze.

Die Eroberung Neu-Mexikos bot sich als logische Expansion der spanischen Kolonie über die Grenzen Mexikos hinaus an und schien den Spaniern eine günstige Ausgangsposition in Nordamerika zu sichern, um ihre Herrschaft auf den Südwesten auszudehnen. Doch diese Pläne schlugen fehl, da einerseits die geographische Situation den Vormarsch der Spanier über das vom Rio Grande entwässerte Gebiet hinaus hemmte und da sie andererseits den entscheidenden Faktor übersehen hatten: die feindlichen, nicht zu besiegenden Indianer.

Von Anfang an bereiteten die Plainsindianer jenseits der neumexikanischen Pueblos den Spaniern größere Schwierigkeiten, als dies je die Chichimec und andere Stämme getan hatten. Oñate und seine Soldaten waren im Krieg gegen Indianer wohl erfahren, doch in Kansas fand die spanische Kavallerie ihren Meister. Nach blutigen Auseinandersetzungen mit dem benachbarten Kansa-Stamm mußte sich Oñate mit seinen Leuten zurückziehen.

Die Plains-Stämme zeigten keine übertriebene Angst vor den Weißen und ihren Pferden, sondern beantworteten alle spanischen Herrschaftsansprüche mit ihren Pfeilen. Ihre Wildheit und ihr eigenwilliger Kampfstil – Deckung suchen, blitzschnell zuschlagen, die spanischen Flanken einkreisen – übertraf alles, was die Spanier im Süden je erlebt hatten. Die spanischen Soldaten konnten mit ihren Lanzen in der Prärie kaum etwas ausrichten, während die Überraschungsangriffe der Indianer ihnen schwere Verluste zufügten.

Der Kampfesmut der *indios* beeindruckte die Spanier. Die Indianer ergaben sich nicht: Selbst wenn sie überwältigt oder nahezu tödlich verwundet waren, versuchten sie, noch einen letzten Feind zu töten. Die Spanier ahnten damals noch nichts von der Kriegführung der Plainsindianer, zu der auch die Folter gefangener Krieger am Marterpfahl gehörte. Die Indianer dagegen begriffen schnell die Hinterlist der Spanier und erkannten, daß diese nicht als Freunde, sondern als Eroberer gekommen waren. Nur die Waffen und Pferde der Europäer machten Eindruck auf sie; das Blendwerk und die Argumente der spanischen Mönche verachteten sie. Die spanischen Missionare gingen gegen eine Mauer an, da sie den Indianern die Agrarwirtschaft beibringen wollten, auf die jedoch die Plainsvölker wie alle Jägernomaden herabsahen.

Bei ihren mutigen Versuchen, die wilden Stämme zu zähmen, ließen viele Priester ihr Leben. Auch mit militärischer Gewaltanwendung gelang es nicht, die Indianer für die Absichten der Spanier reif zu machen. Zwar gaben Kirche und Staat ihr Ziel nicht auf, die »Wilden« zu christianisieren und dabei unter spanische Oberherrschaft zu bringen. Doch sie konnten ihre Pläne nicht verwirklichen.

Die Spanier zogen sich deshalb in östlicher Richtung von den Great Plains zurück und konzentrierten ihre Bemühungen auf Neu-Mexiko, auf die Stämme der Ute und Apachen, die dort und in Colorado lebten. Die Apachen hielten zunächst Frieden; sie sahen keinen Grund zur Furcht vor dem seltsamen Weißen Mann. Oñate behauptete daher in einem der irrigsten Berichte der amerikanischen Geschichte, sie unterworfen zu haben. Mit der Ausdehnung ihrer Herrschaft zogen sich die Spanier bald die Blutsfeindschaft der benachbarten Athabasken zu, denn Navajo und Apachen waren entschlossen, ihre Überfälle auf die Pueblos fortzusetzen. Solange die Apachen noch kaum Pferde besaßen, blieben die Feindseligkeiten unbedeutend; erst beritten stellten sie eine Bedrohung der verstreut liegenden Städte und Siedlungen dar. Da die Apachen heimlich angriffen und sich nach indianischer Methode danach blitzschnell in die endlosen Weiten zurückzogen, waren die Spanier relativ machtlos.

Die Ohnmacht der Spanier vor solchen blutigen Überfällen löste die große Pueblo-Rebellion von 1680 aus. Andererseits aber erleichterten gerade diese Stämme durch ihre gnadenlosen Raubzüge den Spaniern nach zehnjähriger Abwesenheit die Rückeroberung. In Neu-Mexiko und östlich von El Paso im Gebiet jenseits des Pecos waren einige Dörfer und Stämme völlig ausgelöscht worden – die friedlichen, ackerbautreibenden Indianer waren den berittenen Apachen einfach nicht gewachsen.

Doch auch die Rückgewinnung der Provinz durch die Spanier sollte die Situation nicht verbessern, da sich mit der Verbreitung des Pferdes nach 1680 das Machtgleichgewicht immer mehr zugunsten der berittenen Indianer verschob. Da hauptsächlich plötzliches Zuschlagen die Schlacht entschied, konnten sie sich aufgrund ihrer Guerillataktik durchaus mit der spanischen Kavallerie messen. Die wirtschaftliche Lage der Spanier hing von den verstreuten und zumeist ungedeckten Städten, Dörfern und Ranchen ab. Die Guerillataktiken der berittenen Indianer stellten daher eine existentielle Bedrohung dar. Die nomadische Lebensweise der Apachen verlangte jedoch immer neue Überfälle. Während die Indianer sich danach schnell in die Weite des Landes zurückziehen konnten, mußten die Europäer vor Ort um ihr Leben und ihre Habe kämpfen. Durch das Pferd gewannen die Kriege eine Stoßkraft und eine Dimension, die den Chichimec-, Tarahumare- und Yaqui-Kriegen in Mexiko fehlte.

Bald wurden die Spanier im Grenzgebiet zu Gejagten. Sie mußten sich unter Bedingungen zum Kampf stellen, die von den Indianern diktiert wurden. Die Waffensysteme beider Gegner waren ebenbürtig. Was die Spanier an Grausamkeit und Hinterlist aufbrachten, machten die Apachen durch ihre mörderische Lust am Plündern wett. Dennoch zeigte sich selbst während des Niederganges die Überlegenheit der Spanier in Organisation und Zielstrebigkeit. Sie strebten jetzt nicht mehr unbedingt den Krieg, sondern eher die friedliche Eroberung an. Das führte zu einem Gleichgewichtszustand über Jahrhunderte hinweg.

Nur eine riesige Armee hätte die Apachen in großangelegten Feldzügen schlagen können. Doch das spanische Grenzgebiet konnte und das Mutterland Spanien wollte den Preis dafür nicht zahlen, zumal klar war, daß die Kriege keinen sofortigen Gewinn einbringen würden. Außerdem hätten es notwendigerweise reine Vernichtungskriege sein müssen – eine Politik, die das ferne Madrid und auch der Vizekönig in Mexiko ablehnten. Trotz immer neuer Rückschläge hielten die Spanier an der Absicht fest, die *indios* zu bekehren und in die hispano-amerikanische Gesellschaft einzubeziehen. Die Kirche kämpfte dabei erbittert gegen rein militärische Maßnahmen und forderte, das Geld, das für Soldaten ausgegeben wird, besser für missionarische Bemühungen zu verwenden. Die einzige Aufgabe der Soldaten sahen die Kirchenmänner in der Bewachung ihrer Missionslager. Dabei hätten einige tausend Apachenkrieger, wären sie nur zu zielstrebigem Zusammengehen in der Lage gewesen, die Ranchen und Pueblos zerstören, die Städte belagern und die Europäer auslöschen können. Diese Art der Kriegführung allerdings war den Apachen völlig fremd. Ebenso fehlte ihnen der Mut zum Risiko und damit auch zu eigenen hohen Verlusten, die ein strategischer Krieg zur Vertreibung der Europäer gewiß gefordert hätte. Ihre Kriegshäuptlinge, zwar ausgezeichnete Taktiker, besaßen kaum strategische Kenntnisse. Selbst wenn ein Apachenhäuptling eine derartige Vorstellung gehabt hätte, so hätte er sich damit bei seinen Kriegern nicht durchsetzen können. Obwohl die plündernden Indianer von Zeit zu Zeit die gesamte Provinz in Atem hielten, kam es nur selten zu wirklich großen, blutigen Kämpfen. Die Kolonie erlitt Verluste – aber sie überlebte.

Eine statische Grenze mußte in einer derartigen Pattsituation die kämpferische Initiative an die ruhm- und beutesüchtigen Indianer verlieren. Solange jedoch die zivilisierten Gemeinschaften ihre Überlegenheit und ihre Willenskraft bewahrten, bestand keine tödliche Gefahr für die höheren Kulturen. Der spanische Wille, Mexiko zu halten, war immer groß genug, um die Verluste zu verkraften, die plündernde Apachen verursachten. Die spanische Krone bezeugte ihre Entschlossenheit, alle amerikanischen Territorien, ob sie nun tatsächlich oder nur nominell unterworfen waren, an sich zu fesseln. Hinter dieser Entschlossenheit verbarg sich jedoch oft mehr menschliche Eitelkeit als wirtschaftliches oder strategisches Interesse, zumal die Macht Spaniens, verglichen mit der anderer europäischer Nationen, langsam im Schwinden begriffen war.

Neu-Mexiko kennzeichnete den Höhepunkt der Macht Spaniens im sechzehnten Jahrhundert. Während der folgenden Jahrhunderte verloren Moral, Kraft und Antriebe ihre ursprüngliche Wucht. Die Auswirkungen des allseitigen Verfalls spanischer Macht werden jedoch häufig übertrieben. Neu-Spanien verspürte noch nichts von der Desillusion des Mutterlandes; Mexiko hinkte auch in dieser Beziehung hinter der iberischen Halbinsel her.

Was in der Neuen Welt geschah, spiegelte deshalb nicht so sehr den Niedergang Spaniens wider als vielmehr das Unvermögen der Spanier, sich zu ändern und weiterzuentwickeln. Alle gesellschaftlichen Strukturen waren verhärtet. Um 1700 ließ sich in der spanischen Verwaltung gegenüber 1550 kein Fortschritt feststellen – real hatte sich die Situation durch die verkrustete Bürokratisierung sogar verschlechtert. Auch die spanischen Streitkräfte waren im achtzehnten Jahrhundert nicht besser ausgerüstet oder organisiert als zweihundert Jahre zuvor. Aber wenn auch einiges an der Willenskraft verlorengegangen schien, vertraten die Spanier ihre Interessen in Amerika, wie sie sie sahen, noch sehr entschieden. Das beweist die Wiedereroberung Neu-Mexikos und der dafür erforderliche Aufwand.

Keiner anderen europäischen Macht als der spanischen wäre es möglich gewesen, im trockenen Südwesten Amerikas mehr zu unternehmen. Die Region galt als im Grunde unwirtschaftlich. Die aufstrebenden Europäer begriffen sich jedoch in erster Linie als ökonomisch denkende Menschen. Auch die Geographie brachte Probleme, die sich beispielsweise mit nordeuropäischen Technologien nicht lösen ließen. Englische Siedler etwa wären in einem Land mit nur geringen Niederschlägen und wenig Baumbestand kaum zurechtgekommen. Holländische Händler hätten sich von vornherein ferngehalten. Die Franzosen hätten die Kolonialisierung weniger entschlossen betrieben, da sie nie auf die gesellschaftliche Einbeziehung der Indianer abzielten. Die berittenen Apachen stellten die Mitteleuropäer vor Probleme, denen sie, wie die angloamerikanische Geschichte zeigt, noch nicht gewachsen waren.

Einzig die Spanier mit ihrem an Rom erinnernden Traum vom Imperium brachten all diese Kräfte auf – ohne nachdrängende Bevölkerungsmassen und ohne daß sie auf Profit hätten hoffen können. Kirche und Krone Spaniens wandten im achtzehnten Jahrhundert an der neumexikanischen und der texanischen Grenze Millionen von Pesos auf.

Unter der Stagnation der Gesellschafts- und Staatsentwicklung der Spanier litt die Verteidigung der Grenze am stärksten. Organisation und Politik waren häufig nicht mehr anpassungsfähig genug, die Probleme in den Griff zu bekommen. Der spanische Staat, absolutistisch und hochzentralisiert – alle militärischen, fiskalischen, zivilen, juristischen und religiösen Gewalten oblagen der Krone, die auch sämtliche Offiziere und Beamte ernannte und sogar die Ämterbesetzung der Kirche kontrollierte –, hätte den Zusammenhalt eines weltweiten Imperiums wohl gewährleisten können. Doch obgleich die Theorie des Staates hervorragend war, fiel die Praxis vielfach katastrophal aus.

Was Spanien benötigte, waren ein mächtiger Herrscher und Offiziere, die in jeder Hinsicht von Zielstrebigkeit und Elan beseelt waren. Die Macht der spanischen Krone jedoch, ob in der Hand eines starken Mannes oder eines schwachen Günstlings des Monarchen, konnte sich im siebzehnten Jahrhundert nur über den verknöcherten und verselbständigten Apparat der Bürokratie artikulieren. Dieser bürokratische Despotismus konnte unmöglich über den Ozean hinweg wirksam werden, geschweige denn die Verbindungslücken zwischen Madrid und Mexiko oder Neu-Spanien und Santa Fé schließen.

Ohne die Korruption, die sich bei einem derartigen Beamtenapparat notwendig herausbildete, hätte dieses System sogar noch weniger funktioniert. Zwar führte die Korruption zu Mißbrauch von Recht und Ordnung, erlaubte es aber andererseits, die erstickenden bürokratischen Strukturen zu umgehen. Da es offenbar unmöglich war, die spanische Bürokratie zu rationalisieren oder wirkungsvoller zu gestalten, bewegten sich die Spanier in einem Irrgarten verwirrender interner politischer Bestimmungen. Die spanischen Aktionen blieben daher immer häufiger zufällig und sporadisch, litten immer deutlicher unter Unentschlossenheit und endlosen Verzögerungen. Mochten die Gesetzgebung und sogar die Anordnungen hoher Behörden noch sinnvoll sein – im Labyrinth der Bürokratie ging ihre

Wirkung fast verloren. Es brauchte daher Jahre, um einfache Anweisungen, und Jahrzehnte, um wichtige Entscheidungen in Kraft zu setzen – falls dies überhaupt geschah. Die Bourbonenkönige begannen kurz nach 1700 mit der Reform des Systems, doch erst im letzten Viertel des achtzehnten Jahrhunderts zeigten sich erste grundlegende Veränderungen.

Zwar besaßen die Beamten enorme Macht – aber nicht genug, um die Politik wirklich zu bestimmen. Die mexikanischen Vizekönige in der Neuen Welt, kleine Autokraten, waren weitgehend den Weisungen aus Sevilla unterstellt. Da die höheren Beamten von Spanien knapp gehalten wurden und innerhalb des verzwickten Kompetenzgefüges kaum darauf hoffen konnten, etwas wahrhaft Sinnvolles zuwege zu bringen, widmeten sich viele während ihrer kurzen Amtsperioden hauptsächlich der persönlichen Bereicherung.

Die Gouverneure in Santa Fé waren politische Ernennungsbeamte, die sich gegen zahllose Gegner und Intriganten behaupten mußten und kaum Entscheidungsspielraum besaßen. Angesichts dieser desolaten Verhältnisse verwundert es um so mehr, daß es sich bei vielen Vizekönigen und Gouverneuren der Grenzprovinzen um humorvolle, befähigte Leute handelte, die trotz der geringen Aussicht auf Erfolg hart arbeiteten.

Die hohen Herren in Madrid betrachteten das spanische Grenzgebiet Ende des siebzehnten Jahrhunderts, als ihre Macht und ihr Imperium von allen Seiten bedroht war, nicht mehr als eigenständiges Land mit einer spanisch geprägten Bevölkerung, sondern einzig unter dem Aspekt, daß Frankreich und andere europäische Nationen ihnen diese Gebiete streitig machen wollten. Das Wohlergehen des Volkes, ob spanisch, *criollo*, *mestizo* oder indianischer Abstammung, interessierte die fernen Behörden wenig. Die Einwohner der amerikanischen Grenzprovinzen waren nur die Bauern in einem viel größeren Schachspiel, das aber nach europäischen Regeln und Denkmustern ausgetragen wurde. All diese Faktoren machten es der Regierung unmöglich, das Hauptproblem Neu-Mexikos zu lösen.

Die hohen Behörden im fernen Spanien brachten wenig Verständnis für das Indianerproblem auf: Das Eingeständnis, daß einige wenige Banden berittener Wilder den Vormarsch der Spanier behindern, daß die eingeborenen Apachen spanischen Kavalleristen eine Niederlage bereiten könnten, war eine für die spanische Krone undenkbare Herabwürdigung der Nation von Pizarro und Cortés.

Nur wenige spanische Offiziere wagten daher überhaupt noch, die wilden *indios* gegenüber ihren vorgesetzten Behörden im richtigen Licht darzustellen. Für den eigenen Ruf und für die Karriere schien es ihnen oft besser, die Grenzsiedlungen leiden zu lassen, als eine erfolglose Expedition oder eine mögliche Niederlage zu riskieren. Erläuterungen der wahren Situation stießen auf Unglauben und riefen höchstens Verachtung hervor.

Die häufig wechselnden Offiziere gaben also kaum wertvolle Erfahrungen weiter. Zwar beweisen spanische Dokumente, daß manche Befehlshaber alles lernten, was ein Europäer über den Kriegsstil der Apachen lernen konnte. Doch die harten Lektionen wurden nie Allgemeingut, da das spanische Imperium sich gegenüber den Erkenntnissen seiner Praktiker an der Grenze blind zeigte.

Nicht nur die unbewegliche Infrastruktur des spanischen Staates, sondern ebenso der Zustand der Kavallerie bereitete den Gouverneuren des Grenzgebiets kaum zu überwindende Schwierigkeiten. Die unregelmäßig und schlecht bezahlten spanischen Soldaten gründeten nur ungern Familien, wie es zum Wohle der Besiedlung von ihnen erwartet wurde. Viele der mit der Versorgung betrauten Unteroffiziere verwandten mehr Zeit darauf, Geld aus ihren Leuten zu pressen, als gegen die *indios* zu kämpfen. Laut Bestimmung sollten nur reinrassige Spanier mit tadellosem Charakter in die Armee aufgenommen werden; da dies jedoch praktisch unmöglich war, mußten die Posten in den Grenzforts mit mehr oder minder zweifelhaften Personen besetzt werden.

In den Mannschaftsgraden dienten vorwiegend *mestizos* und hispanisierte Indianer, darunter viele, die Weib und Kind verlassen hatten, dem Alkohol verfallen oder gar dem Henker entkommen waren. Ebenso wie viele spanische Ordensbrüder ihre Begeisterung einbüßten und infolge der Vergeblichkeit ihrer Bemühungen nachlässig wurden, breitete sich auch in den Garnisonen Gleichgültigkeit aus. Die Arroganz der Soldaten stieß bei Siedlern, Priestern und Indianern in gleicher Weise auf Ablehnung; es kam zu unerträglichen Spannungen zwischen Soldaten und Ordensbrüdern, *rancheros* und Missions-Indianern, zwischen Garnisonen und Siedlern.

Die Ausrüstung der Garnisonen bot oft ein erschreckendes Bild; verschlissene Uniformen wurden kaum ersetzt, die Waffen waren veraltet, und da auch hier Verluste nicht regelmäßig ersetzt wurden, besaßen die Forts Anfang des achtzehnten Jahrhunderts im Schnitt weniger Gewehre als Cortés nach Mexiko gebracht hatte. Die übliche Bewaffnung der spanischen Grenzsoldaten bestand noch immer aus Lanze und Schild: Die Truppen erschienen Reisenden, die im frühen neunzehnten Jahrhundert Neu-Mexiko besuchten, wie ein lebendiger Anachronismus.

Da die wenigen Kompanien keinen ausreichenden Schutz gegen die Indianer boten, wurde durch Gesetz die Bildung von Bürgermilizen angeordnet, denen alle Untertanen beizutreten hatten. Zugleich aber wurden die Milizen in ihrer Leistungsfähigkeit bewußt beschnitten, da die Krone und der

Beamtenstand aufgrund der vielen separatistischen Bewegungen und regionalen Rebellionen jeglicher lokalen Macht mißtrauten.

Einigen indianischen Hilfstruppen und Verbündeten untersagte das Gesetz völlig den Besitz von Waffen und Pferden. Doch konnten diese Bestimmungen nicht gegenüber zeitweiligen Verbündeten geltend gemacht werden, die nicht der spanischen Krone unterstanden und auf deren Dienste die Spanier häufig angewiesen waren. Die einheimischen Kontingente, die den größten Teil der »spanischen« Expeditionen ausmachten, führten also ihre eigenen Waffen und fochten auf ihre Weise, und sie unterstellten sich keineswegs immer einem strengen Kommando. Sie ließen viel zu wünschen übrig, zumal, wenn sie sich aus gezähmten oder angepaßten *indios* wie den Pueblo-Indianern zusammensetzten.

Tatsache aber ist, daß diese indianischen Verbündeten, durch Beuteversprechen oder alte Fehden mit anderen Indianerstämmen angestachelt, die meisten berühmten Siege der Spanier errangen. Kombinierte Kampfgruppen aus Spaniern und Indianern überwanden vielfach feindliche Indianerstämme, da die Europäer die Kerntruppe – mit Stahlwaffen ausgerüstete Soldaten – stellten und da spanische Offiziere die verbündeten Indianer zu Kampfhandlungen trieben, wie sie die Eingeborenen von sich aus nie unternommen hätten.

Trotz aller Fehler reichten so Spaniens Macht und seine Waffenstärke aus, um das indianische Mexiko zu erobern und um Völker wie die Pueblo-Indianer zu unterjochen. In den Weiten oberhalb des Rio Bravo aber konnten sich die Spanier gegenüber den erheblich schlagkräftigeren Indianerstämmen längst nicht mehr so gut durchsetzen. Gegen die Apachen erzielten die Spanier keine Fortschritte – und diese Athabasken waren, wie ihre Kriege mit den Comanchen zeigten, keineswegs entwickelte Reiterstämme.

Als die Spanier ihre Flagge weit oben in Nordamerika aufzogen, schien es bis zum Anfang des achtzehnten Jahrhunderts keine Macht zu geben, die ihren Vormarsch hätte aufhalten können. Und doch bauten sie auf Sand: Ihre nordamerikanischen Provinzen gründeten sie auf zwei entscheidenden Fehleinschätzungen – zum einen, daß Indianer für europäische Truppen keine ernstliche Bedrohung darstellen könnten, zum anderen, daß sich nordamerikanische Indianer innerhalb weniger Generationen in eine spanische Gesellschaftsordnung einfügen ließen.

Diese beiden grundlegenden Irrtümer, nicht aber in diesem Falle die inneren Widersprüche und Fehler des spanischen Systems, bedingten die Tragödie ihres Imperiums nördlich des Rio Grande.

Stolz, wild und voller Argwohn

Die spanischen Gouverneure von Neu-Mexiko, die also zumeist politische Ernennungsbeamte waren und zudem häufig wechselten, überblickten nie genau, was jenseits der Grenze vor sich ging. In der Zeit des großen Umbruchs und der Unruhen nach 1706 überschauten sie die Entwicklung noch weniger. Die Spanier wagten sich selten in das feindliche Gebiet vor. Ihre – meist veralteten – Informationen bekamen sie von durchziehenden *indios* oder auf dem Markt von Taos; nur sehr langsam wurde ihnen deshalb klar, daß die Comanchen die Plains erobert und die östlichen Apachen praktisch vernichtet hatten.

Neu-Mexiko hatte besonders um die Wende zum 18. Jahrhundert erheblich unter den Apachen zu leiden gehabt. Die Indianer überfielen und folterten Reisende, raubten Pferde und machten ganze Dörfer nieder. Als sich nun endlich die langersehnte Befriedung einzustellen schien, war die geplagte Bevölkerung erleichtert. Die Machthaber ahnten wohl, daß eine Katastrophe die Apachen heimgesucht haben mußte; deren wahres Ausmaß aber erkannten sie jahrelang nicht.

Im Krieg mit den berittenen Comanchen sind die zu Fuß kämpfenden Apachen nicht etwa mit einem Schlag ausgelöscht, sondern Bande um Bande dezimiert oder vernichtet worden. Im ersten Viertel des achtzehnten Jahrhunderts waren die Apachen nördlich und östlich von Neu-Mexiko bereits geschlagen. Östlich der Rocky Mountains zogen aber immer noch zahlreiche Verbände umher. Palomas traf man in jener Zeit bis nach Denver hinauf. Die Navajo bekriegten sich nach wie vor mit den Pawnee weiter östlich. Erst in den zwanziger Jahren verschwanden diese Banden nach und nach, und um 1740 waren sie völlig von den Plains verdrängt.

Den Spaniern in Neu-Mexiko kamen diese Machtverschiebungen in der sogenannten *Apachería* nur langsam zum Bewußtsein, zumal sie die Entwicklung aus einem anderen Gesichtswinkel sahen. Zur gleichen Zeit, als erstmals Comanchen in Santa Fé Pferde eintauschen wollten, tauchten auch französische Güter in den neumexikanischen Siedlungen auf: Im Vorrükken anderer europäischer Mächte auf ihren Herrschaftsbereich hatten die Spanier aber immer eine gefährlichere Bedrohung ihrer Interessen gesehen als in den Indianern an ihrer Grenze. Sie wußten längst, daß die Franzosen den europäischen Pelzhandel im gesamten Zentralteil des Nordkontinents beherrschten und zudem mit Waffenlieferungen die Indianer für sich zu gewinnen suchten. Daher ist die damalige spanische Politik an der Grenze vornehmlich aus der Furcht vor den Franzosen zu begreifen: Nicht einmal in Gebiete, die man nie erobert hatte, wollte man sie vordringen lassen. Ende des siebzehnten Jahrhunderts entwickelte sich eine Rivalität um den Südwesten, die mit dem raschen Niedergang der spanischen Macht in der Golfregion ebenso wie in Europa zusammenfiel und die schließlich zu langanhaltenden Auseinandersetzungen zwischen allen Europäern im Südwesten führen sollte. In der Rückschau muten diese Streitigkeiten um Herrschaftszonen reichlich wirklichkeitsfremd an, denn sie wurden um ein Gebiet geführt, das fest in der Hand mächtiger Indianerstämme war und noch weit über das Ende der Kämpfe hinaus in ihrer Hand bleiben sollte. Es war also eine Rivalität der Träume und Hoffnungen.

Nachdem 1680 das spanische Debakel in Neu-Mexiko begonnen hatte, weckte ein neumexikanischer Überläufer, Peñalosa, am Hof von Versailles Hoffnungen auf ein französisches Südwestreich. Zwar übertrieb Peñalosa maßlos den Reichtum jener Region an Bodenschätzen; aber er wußte auch spanische Schwächen genau zu benennen. Im Jahre 1684 wurde La Salle, Frankreichs größter Nordamerikaforscher, an die Mündung des Mississippi ausgesandt, um dort Forts zu errichten, »die Sache Gottes unter den Indianern zu betreiben und zum Ruhme des Königs durch Einnahme silberreicher Provinzen, die nur von einigen entkräfteten und trägen Spaniern verteidigt werden, große Eroberungen vorzunehmen«.

Da La Salle nur sehr ungenau navigierte, landete seine Expedition an der texanischen Küste. Dort aber wurde sie ein Opfer der eigenen Unfähigkeit, innerer Zwistigkeiten – und der Karankawa-Indianer. 1689 marschierte der spanische Gouverneur von Coahuila nach Texas und brannte die Reste von La Salles Fort an der Matagorda Bay nieder.

Bald darauf versuchten die Spanier, bei den Caddo in Osttexas eine Mission einzurichten. Aber dieser isolierte Vorposten mußte um 1692 aufgegeben werden. So gern die Spanier sich auch Texas angeeignet hätten – eine Grenze anderthalbtausend Kilometer vor ihrer eigentlichen Grenzlinie konnten sie mit ihren wenigen Leuten nicht halten.

Dies ermöglichte es indes den Franzosen, weiter vorzudringen. Anfang des achtzehnten Jahrhunderts zog d'Iberville die französische Flagge am oberen Golf auf – von der Mississippi-Mündung bis Mobile. Die Franzosen gründeten die Provinz Louisiana und zogen entlang der Wasserwege nach Norden. Sie hatten sich dabei das Endziel gesteckt, die Golfgebiete mit einem französischen Herrschaftsbereich zu verknüpfen, der sich von Quebec aus südwärts erstreckte.

Trotz aller hochtrabenden ideellen Anweisungen, die Louis XIV. gab, blieb das nordamerikanische Imperium der Franzosen merkantil ausgerichtet. Der Sieur de Cadillac, der Gouverneur von Louisiana, und seine wichtigsten Stellvertreter hatten kaum Interesse daran, unter den Indianern die Sache Gottes oder auch nur die ihres Königs zu betreiben; sie wurden von Crozat bezahlt, der das Handelsmonopol für Louisiana besaß. Die französische Fahne wehte also nicht so sehr über einer Kolonie mit Zivilisationsauftrag als vielmehr über einem Handelsunternehmen mit befestigten Außenposten. Zu einer Kolonie im engeren Sinne wurde Louisiana erst, als einige Jahre später französische Siedler, die von den Engländern aus Neu-Schottland vertrieben worden waren, dort Zuflucht fanden.

Seit den Tagen La Salles hatten die Franzosen Anspruch auf die Wasserscheide von Mississippi und Missouri – einschließlich Texas – erhoben. Die Mississippi-Forderung und eine Grenze zwischen dem Red und dem Sabine River hatten die Spanier widerstrebend zu akzeptieren begonnen; ihren Anspruch auf Texas aber wollten sie nicht aufgeben. Als der Sieur daher Truppen den Red River hochsandte, um Forts zu errichten, rückte er damit in spanisches Gebiet ein. Zur gleichen Zeit drangen französische Handelsagenten von Kanada aus über die Nebenflüsse des Missouri und die Great Plains nach Westen vor.

Um 1713 hatten der Sieur und sein Stellvertreter, Louis Juchereau de St. Denis, alle spanischen Hoffnungen, unter den zahlreichen und mächtigen Caddo der osttexanischen Hasinai-Konföderation Missionen errichten zu können, zunichte gemacht. Die Franzosen hatten den Indianern bereits Musketen verkauft, mit denen diese den Spaniern Widerstand leisteten. Nach dem gleichen Muster verfuhren sie bei den Wichita am oberen Red River und den Pawnee entlang des Platte. Mit französischen Musketen wurden die spanischen Siedlungen an den Grenzen Neu-Mexikos von den östlichen Apachen verwüstet. Französische Waren tauchten bald als Schmuggelgut auf den Märkten von Santa Fé und Taos auf.

Einigen Berichten zufolge sollen die spanischen Behörden über die Schmuggelwaren noch erboster gewesen sein als über die Waffen: Durch die Gewehre wurden zwar Kolonisten getötet, durch die Handelsgüter aber wurden die außerordentlichen Gewinne der spanischen Monopolisten geschmälert.

Gegen die Machenschaften der Franzosen war offenbar kein Kraut gewachsen. Die Spanier waren gegen sie ebenso hilflos wie im Osten die Engländer. Die Franzosen boten den Eingeborenen, was diese am meisten begehrten, ohne damit zugleich ihre Souveränität zu verletzen oder gar französische Kolonisten unter ihnen anzusiedeln. So gewannen sie sich Freunde.

Überhaupt schienen die Franzosen ein bemerkenswerter Schlag von Europäern zu sein: Obwohl viele von ihnen aus dem gebildeten Bürgertum und sogar aus dem Adel stammten, lebten sie sich gut in der Wildnis und unter den »Wilden« ein und nahmen sogar indianische Frauen. Bei manchen handelte es sich um aufsässige, der eigenen Welt entfremdete Männer. Zweifellos arbeiteten die erfolgreichsten unter ihnen, etwa der Kanadier St. Denis, mehr in die eigene Tasche als für die Interessen Frankreichs und des Königs. St. Denis erkannte übrigens schon sehr früh, daß es seinem Gewinnstreben an der Louisiana-Grenze nutzte, wenn es ihm gelang, mit den Spaniern Handelsbeziehungen aufzunehmen. Zu diesem Zweck bewegte er die Spanier in Mexiko zum Bau von Garnisonen und Siedlungen in Osttexas, mit denen er dann gemeinsam mit seinem Vorgesetzten, dem Sieur de Cadillac, einen lukrativen Schwarzhandel betrieb.

Die Franzosen unterhielten nie mehr als eine Handvoll Soldaten in jenem Teil der Welt. Ihre Macht beruhte ganz auf ihrem Einfluß bei den Indianern. Sie bewegten sich auch dort ungehindert, wohin kein anderer Europäer sich vorwagen durfte. Es hatte ganz den Anschein, als überzögen sie den gesamten inneren Kontinent mit ihrem Netz mächtiger Allianzen.

Fraglos bereiteten sie den übrigen europäischen Imperien durch ihre Waffenverkäufe und den Widerstand der Indianer, den sie anstachelten, enorme Schwierigkeiten. Sie bremsten – aus der Sicht der anderen Europäer – den Vormarsch der Zivilisation und waren indirekt für den Tod Tausender Siedler verantwortlich. Vielfach zettelten sie Kriege an, die sie dann nicht unter Kontrolle halten konnten. Sie schauten sogar an Indianerfeuern zu, wenn Europäer gefoltert wurden. Aber rückblickend betrachtet machten sich die übrigen Mächte wegen dieser Strategien und Aktivitäten wohl übertriebene Sorgen. Außer in Quebec und an der Küste von Louisiana war die französische Infrastruktur unausgebildet: Die Franzosen verfügten weder über starkes Militär noch über nennenswerte Kolonistenkontingente. Ihr ganzes »Imperium« basierte auf ein paar wackeligen, flüchtigen Bündnissen mit primitiven Stämmen. Und wenn auch die französischen Machenschaften an der spanischen und der Neu-England-Grenze einigen

Schaden verursachten, den Indianern selbst schadeten sie im Grunde doch weit mehr.

Französische Waffen lösten im siebzehnten Jahrhundert die ungeheuren Machtkämpfe der Indianer untereinander aus, und mit ihren Außenposten vernichteten die Franzosen fast ebenso viele Eingeborene durch verkaufte Waffen, übertragene Krankheiten und Alkohol wie die übrigen Europäer durch ihre Angriffskriege. Ohne es direkt zu wollen, brachten die Franzosen gerade die Stämme – etwa die Natchez, die Hasinai-Konföderation und zahlreiche andere – an den Rand des Untergangs, von denen ihr Verbleiben in Amerika abhing. Trotz allem aber faßten die Franzosen einzig in Quebec und einigen Teilen Louisianas auf Dauer Fuß.

Den Spaniern, die selbst Kolonisierungsprobleme hatten, war die französische Anwesenheit in Louisiana jedoch gar nicht angenehm: Die neuspanischen Vizekönige fürchteten Übergriffe auf ein Gebiet, das sie noch keineswegs gesichert hatten. Im Jahre 1716 richteten die Spanier vier neue Presidios entlang der Louisiana-Grenze ein und schmiedeten Pläne, sämtliche texanischen Indianer zu bekehren und zu hispanisieren. Auch hinsichtlich ihrer neumexikanischen Grenze machten sich die Spanier Sorgen, da ein spanisches Neu-Mexiko als einziges festes europäisches Siedlungsgebiet oberhalb des Rio Bravo französische Handelsagenten ebenso anzog wie indianische Plündererbanden.

Die Franzosen stießen aus dem Mississippi-Tal nach Westen vor und nahmen Kontakte auf mit den Sioux- und Caddo-Stämmen am Rand der Great Plains – den Osage, Pawnee und Wichita und auch mit den echten Plainsvölkern, etwa den Comanchen. Die Spanier verfolgten all diese Schritte der Franzosen voller Argwohn, zumal sie wußten, daß nunmehr französische Musketen ihre eigenen Feinde, die Wichita und Apachen, erreicht hatten.

Ungeachtet ihrer starren ideologischen Haltung gegenüber den Indianern versuchten die Spanier, die mit den Apachen und den Ute bereits verfeindet waren, sich in ihrer Politik auf die neuen Entwicklungen einzustellen. Als in Neu-Mexiko Comanchen auftauchten, bemühten sich deshalb die Behörden fast von Anfang an, mit den berittenen Neulingen Frieden zu schließen und sie möglichst als Pufferelement gegen das französische Vordringen zu benutzen.

Auch die Comanchen waren in friedlicher Absicht nach Neu-Mexiko gekommen. Sie suchten Handelskontakte, um im Tausch spanische Pferde zu erwerben. Erst als ihnen dies verwehrt wurde, gingen sie dazu über, die Tiere zu rauben. Solange die Spanier die Güter und vor allem die Tiere besaßen, die die Comanchen begehrten, konnte es also nur friedliche Kontakte – oder Krieg und Überfälle geben. Um bei der auf Frieden ausgerichteten neuen Grundlinie ihrer Politik bleiben zu können – und die Spanier taten das von 1716 bis zum Jahrhundertende –, reagierten sie anders als bisher auf die Überfälle der Indianer.

Als die Comanchen 1716 den Handelsposten Taos geplündert hatten, verfolgte Don Juan de Padellano die Marodeure zwar mit einer ungewöhnlich starken Strafexpedition und machte ein Comanchenlager nieder; auf diese Machtdemonstration hin ließ er aber die Gefangenen frei. Die unerwartet in die Freiheit entlassenen Comanchen sollten verbreiten, Spanien ziehe den friedlichen Handel dem Kriege vor. Nach einem weiteren Sieg 1719 über eine räuberische Bande erneuerte Cristóbal de la Serna dieses Angebot: Friede und Handel statt Krieg und Verfolgung.

Über ein Jahrhundert, bevor die Angloamerikaner in jene Gegend kamen, begannen damit die Spanier, die Comanchen in eine umfassende neue Strategie einzubeziehen, die diese niemals voll begriffen: Waffenstillstand wurde ausgerufen, Spanier setzten sich mit den Führern verschiedener umherziehender Stämme zusammen, um zu verhandeln. Die Spanier kalkulierten dabei bewußt ihre Schwäche ein. Ihre Motive also waren klar – nur nicht den Indianern.

Aus allen noch erhaltenen Dokumenten geht hervor, daß die Nemenegruppen immer sehr ungern mit Europäern verhandelten, ob es nun Spanier, Franzosen oder Angloamerikaner waren. Sie fürchteten die Weißen nicht, sondern verachteten sie eher. Ihr Problem bestand darin, daß sie die Denkweise der weißen Männer nicht verstanden; deren Beweggründe verwirrten sie, die europäische Begriffswelt war ihrer Mentalität völlig fremd. Die Comanchen zum Beispiel kannten sehr wohl gewisse Formen der Diplomatie, und ihre Stammesräte sind glänzende Beispiele für diplomatisches Debattieren: Sie kannten Waffenstillstände, Grenzabsprachen und Handelsbeziehungen, weil die Stämme und Banden untereinander dauernd derartige Vereinbarungen aushandelten; bei ihnen lösten Krieg und Diplomatie einander in rascher Folge ab. Aber die Europäer pflegten eine andere Art von Diplomatie.

Die Spanier beharrten darauf, mit einer Comanchen-»Nation« zu verhandeln und Abmachungen in Vertragsform zu treffen – so wie sie es gewohnt waren. Augenscheinlich konnten also die meisten Europäer, insbesondere ihre häufig wechselnden Oberherren im Südwesten, die Bandenorganisation der Nemene, die über den Jagdverband nicht hinausging, nicht begreifen. Da alle Comanchen gleich aussahen, gleich redeten, sich nie bekämpften und in ähnlichen Situationen fast alle gleich reagierten, unterstellten die Europäer ihnen eine übergreifende soziale Organisation, ähnlich ihren eigenen mächtigen Staaten oder ihrem absoluten Königstum. Sie vermuteten fälschlich eine »Nation«, einen »großen Häuptling aller Comanchen«, den sie beständig suchten, aber nie finden konnten.

Umgekehrt begriffen die Nemene die Europäer noch weniger als diese sie. Sie entdeckten keinen Sinn im Gebaren und in der Politik der Spanier. Offenkundig mächtige europäische Kriegshäuptlinge, die Hunderte bewaffnete Männer befehligten, sprachen von einem fernen Häuptling, dem sie untertan seien, und sie forderten im Namen dieses unsichtbaren Häuptlings Zusagen, die kein Comanchenhäuptling geben oder durchsetzen konnte. Wenn ein Häuptling der Nemene sein Wort gegeben hatte, brach er es selten, denn Vertrauensbruch bedeutete eine Verletzung des Brauches – und der besaß weitaus stärkeren Tabucharakter als jedes Gesetz der Europäer. Aber das Häuptlingswort hatte keinerlei Gesetzeskraft für andere, fremde Indianer; die Macht eines Kriegshäuptlings, Frieden zu schließen, ging normalerweise nicht über eine einzelne Kriegergruppe oder das Ende eines einzelnen Kriegszugs hinaus.

Die Comanchen erkannten bald, daß Spanier und Franzosen sich voneinander unterschieden und sich sogar befeindeten; dies paßte in ihr Bild von der Welt. Das spanische System selbst aber verwirrte sie zutiefst. Es war ihnen unbegreiflich, daß die Siedlungen in Neu-Mexiko, die gerade entstehenden Gemeinwesen in Südtexas und die Niederlassungen im fernen Neu-Spanien allesamt einer einzigen Autorität untertan sein sollten. Sie meinten, jeder spanische Beamte oder Offizier habe für sich selbst zu entscheiden, jedes der weit voneinander entfernten Gemeinwesen sei autonom. Es verdroß sie, wenn Abgesandte in für sie hohlen Begriffen redeten und uneinlösbare Forderungen stellten.

Die Comanchen sahen die Grundlagen, auf der die zivilisierten Umgangsformen allem Anschein nach beruhten, als Heuchelei an. Selbst wenn sie die besten Absichten hatten, sagten die Europäer das eine und taten in den Augen der Indianer das andere, und das erboste die wesentlich direkteren »Primitiven« verständlicherweise. Während die Europäer je nach Umständen, je nach Machtverhältnissen oder irgendeiner fernen Politik Meinung und Verhalten zu ändern vermochten – und dies gab ihnen, das erkannten die Indianer, Macht, so sehr es die Weißen auch als treulos diskreditierte – blieben die Comanchen dagegen sich selbst und ihrer Haltung treu. Die indianische Unfähigkeit zur schnellen Anpassung an die jeweiligen Umstände, ihre Offenheit im Denken und Fühlen war auf lange Sicht eine Schwäche, die mit zu ihrem Untergang beitrug.

De Padellanos und de la Sernas listenreiches Verhalten war im wesentlichen erfolgreich. Die Spanier hielten Versammlungen mit den Comanchen ab, schworen im Namen ihres Königs ewige Freundschaft und boten

Geschenke und Handelsversprechen an. So gelang es ihnen, mit den Banden, die Neu-Mexiko plagten, Frieden zu schließen. Und solange diese von den Spaniern Pferde bekamen, sahen sie keine Notwendigkeit mehr, sie zu bekriegen; sie hatten genügend andere Feinde. Immer noch verfolgten sie die Apachen im Osten, drängten sie die Lipan weiter und weiter nach Süden ins San-Saba-Gebiet.

Die Banden nördlich Neu-Mexikos begannen bald darauf einen langwierigen Krieg gegen die Colorado-Ute, in dem es sechzig Jahre lang keinen Waffenstillstand gab. Die östlichen Banden befehdeten sich mit den Wichita am Red River, und insgesamt drangen die Nemene immer tiefer nach Texas vor, bis zum Balcones Escarpment, wo sie die verstreuten Gruppen der Tonkawa und der Lipan massakrierten.

Der Waffenstillstand mit den Comanchen aber stand auf tönernen Füßen und ließ für die Europäer viel zu wünschen übrig. Die Indianer halfen den Spaniern nicht bei ihren Schwierigkeiten mit den Apachen; die Räuber kamen nun aus den westlichen Bergen jenseits des Comanchen-Gebiets. Auch die Überfälle der Nemene hörten nicht auf, da längst nicht alle Krieger und Banden Vertragspartner waren.

Langsam und schmerzlich sollten die Spanier den Charakter des Nemene-Gesellschaftsgefüges kennenlernen. Auch zwischen Handelskontakten und Überfällen ließ sich nicht immer unterscheiden, zumal die Comanchen bald erkannten, daß die Weißen Männer für harte Verhandlungen oft wenig Sinn zeigten, wenn die Krieger nur zahlreich und nachdrücklich genug bei den Siedlungen vorsprachen. Bei manchen solcher Gelegenheiten führten die Nemene große Pferdeherden heim. Aber erst nach 1720 bauten die Banden ihre sagenhaften Pferdebestände auf, um die sie die anderen Plainsstämme so sehr beneideten.

Ihrem zweiten Ziel – die Plainsindianer als Barriere zwischen sich und den Franzosen einzuschieben – kamen die Spanier schon näher. Nur war das nicht so sehr ihr Verdienst als vielmehr das der Franzosen; diese selbst machten sich die Comanchen zu Feinden. Wie viele Primitive hatten die Indianer sehr enge Vorstellungen von Neutralität, in deren Genuß nur der wirkliche Fremde kam, der ihnen nie geschadet und sich nie in ihre Angelegenheiten eingemischt hatte. Den Beginn ihrer Schwierigkeiten leiteten die Franzosen ein, als sie mit einzelnen untereinander verfeindeten Stämmen Geschäfte begannen. Überhaupt erforderte bei den eingefleischten Haßbeziehungen der Indianer untereinander jeder Handel enormes Feingefühl. Die Franzosen mußten also erst versuchen, zwischen allen Stämmen, die sie beeinflussen wollten, Waffenstillstand herzustellen. Zwar waren sie hervorragende Mittler, aber eine solche Friedenspolitik konnte in der kriegerischen Indianergesellschaft kaum rundum erfolgreich sein, zumal es unmöglich war, mit allen kriegführenden Stämmen gleichzeitig Kontakte aufzunehmen und zu pflegen.

So kam es, daß die Franzosen den Feinden der Comanchen, den Pawnee, Wichita und Apachen, bereits Waffen verkauften, ehe sie noch erkannt hatten, daß die Nemene zu einem führenden Volk auf den Plains aufgestiegen waren. Besonders die Schoschonen, die erlebt hatten, wie Crow und Blackfoot mit französischen Waffen über sie herfielen, neigten zu Mißtrauen gegen die Weißen Männer, die ihre Feinde bewaffnet hatten.

Nachdem sie, wie sie meinten, mit den Comanchen zu einem Frieden gekommen waren, hofften die spanischen Machthaber, diesen Erfolg bei den weiter entfernt lebenden Pawnee wiederholen zu können. Die spanischen Gouverneure in Santa Fé waren über beharrliche Gerüchte beunruhigt, denen zufolge die Franzosen Forts oder Kolonien am Platte River errichteten. Sie meinten, diesem Ärgernis ein Ende setzen zu müssen – sei es durch Zerstörung der vermuteten französischen Außenposten, sei es durch ein Bündnis mit den Pawnee.

Daher zogen sie im Sommer 1720 mit einer gut bewaffneten Expedition von 120 Mann – Spanier und verbündete Indianer – nach Norden in das Gebiet von Kansas und Nebraska. Man führte auch erhebliche Mengen Handelsgüter mit, um das Wohlwollen der Pawnee zu gewinnen, denn die Expedition sollte friedliche Beziehungen anstreben, sofern sich Krieg vermeiden ließ. Leider stand das Unternehmen unter Leitung Don Pedro de Villasurs, eines ebenso arroganten wie im Westen unerfahrenen politischen Ernennungsbeamten, der in seiner Selbstherrlichkeit keine Konzessionen an die Lebensbedingungen der Grenze machte und auf den Rat seiner sachkundigen Hauptleute Tomas Olguín und de la Serna nicht hörte. Er hatte den Plan, den Kontakt zu den Indianern über einen Pawnee aufzunehmen, der seit Kindesbeinen als Sklave bei den Spaniern lebte.

Dieser Bote aber fand wegen seiner europäischen Kleidung bei den Pawnee kein Gehör. Als er schließlich desertierte, gingen die hochmütigen Spanier dazu über, den Indianern schriftliche Botschaften zukommen zu lassen – einige davon sogar in Französisch. Villasur mutmaßte nämlich, es befänden sich Franzosen unter den Pawnee, die diese befehligten oder zumindest beeinflußten. Wie dem auch sei, auf jeden Fall begegneten die Pawnee den Spaniern feindselig, verhielten sich aber ihren französischen Freunden gegenüber loyal.

Gegen die Einwendungen de la Sernas und Olguíns kampierte die spanische Expedition an einem ungeschützten Platz in der offenen Prärie. Auch die Sicherheitsvorkehrungen wurden nur höchst unzulänglich getroffen. Bei Nacht umringten die Pawnee das Lager, und bei Morgengrauen griffen etwa fünfhundert Krieger an. Neben Pfeilhagel ging auch ein massives Musketenfeuer auf die überraschten Soldaten nieder: Entweder standen den Pawnee tatsächlich Franzosen zur Seite, oder sie besaßen zumindest viele französische Gewehre.

Die Spanier hatten keine Chance. Villasur, de la Serna und Olguín wurden ebenso wie der begleitende Priester und über fünfzig andere Spanier getötet. Die meisten indianischen Bündnispartner desertierten. Nur vierzehn Spaniern gelang es, sich heim nach Santa Fé zu retten.

Noch Jahre später behaupteten die Spanier, das schreckliche Gemetzel sei von den Franzosen angezettelt und sogar geleitet worden. Jedenfalls bedeutete es einen schweren Rückschlag für die Spanier: Es sollte das letzte Mal sein, daß sie sich aus Neu-Mexiko in die Plains hinauswagten.

Auf den ersten Blick schien die Schlacht am Platte ein großartiger Sieg für die Franzosen zu sein, ob sie nun unmittelbar daran beteiligt waren oder nicht. Aber so sehr der Überfall auch die Spanier zurückwarf, für die Franzosen brachte er keine Fortschritte. Denn wie die Spanier waren nun auch die Comanchen überzeugt, die Franzosen seien Verbündete der Pawnee, ihrer Feinde. Und die Franzosen konnten nicht verhindern, daß die von ihnen verkauften Musketen in den ständigen Indianerfehden auch gegen die Comanchen benutzt wurden.

In der gesamten *Comanchería* hieß es nun, die Franzosen seien nicht vertrauenswürdig. Die Nemene gingen ihnen mißtrauisch aus dem Wege. Im Jahre 1724 sandte der Gouverneur von Louisiana den Sieur de Bourgemond zu ihnen, um zu verhandeln. Bourgemond besuchte mehrere Gruppen. Es gelang ihm, zwischen ihnen und anderen Stämmen – Missouri, Osage, Iowa und Kansa – einen Waffenstillstand zu bewirken; doch mit den Pawnee und Wichita konnte er die Comanchen nicht versöhnen.

Die Franzosen sollten nicht mehr dazu kommen, den Comanchen die versprochenen Händler und Gewehre zu senden, da zwischen ihnen und den Sauk und Fox im Osten ein Krieg ausbrach, der ihnen den Wasserweg über den Missouri jahrelang verschloß. Durch diesen Bruch ihrer Zusage wurden sie im Land der Comanchen zu unerwünschten Personen und konnten sich dort nicht mehr ungehindert bewegen.

Ironischerweise machten sich gerade die Franzosen, die doch offenbar am besten mit den Indianern umzugehen verstanden, nach und nach die mächtigsten und strategisch am günstigsten angesiedelten Stämme zu Feinden. Sie zogen sich die Feindschaft der Irokesen-Konföderation, der Sauk und Fox, der Dakota und der Comanchen zu.

In allen Fällen erwuchs die Feindschaft aus der Freundschaft oder der Hilfe der Franzosen gegenüber den Feinden dieser Stämme. Im Osten stand so das Bündnis zwischen Irokesen und Engländern den französischen Plänen im Wege; das Bündnis zwischen Dakota und Comanchen verhinderte ihr Vordringen über die Great Plains nach Westen.

Im Jahre 1739 erst bekam eine französische Händlergruppe, die es bis nach Neu-Mexiko geschafft hatte, die Erlaubnis, ihre Waren dort zu verkaufen. Und erst kurz vor der Jahrhundertmitte gelang es den Franzosen, zwischen Wichita und Comanchen – und damit auch zwischen diesen und sich – einen Frieden herbeizuführen. Aber es war zu spät: Als einige französische Händler Santa Fé erreichten, wurden sie dort von den Spaniern festgesetzt – und ausgewiesen.

Die Feindschaft der Comanchen gegenüber den Franzosen hatte zwei Auswirkungen: Sie rettete erstens das spanische Imperium im Südwesten vor französischer Durchdringung und vor der Bildung mächtiger Indianerbündnisse; zweitens aber – was noch wichtiger ist – rettete sie die Comanchen selbst. Nie gab es wegen dieser Feindschaft in ihrem Gebiet feste Handelsposten, nie weiße Besucher, die Waffen und Alkohol verkauften und die Indianer demoralisierten; nie gab es in Comanchensiedlungen weiße Ehemänner, und nie breiteten sich die tödlichen Krankheiten der Weißen unter ihnen aus. So blieb das Volk in seiner Reserviertheit und Zurückgezogenheit stark und entging dem Schicksal der Caddo, Natchez und der vielen hundert anderen Stämme, die von europäischen Krankheiten ausgelöscht wurden.

Auf zwei Seiten von Weißen Männern bedrängt, von denen sie die einen ebensowenig schätzten und verstanden wie die anderen, wurden die Comanchen in jenen Jahren vorsichtig. Sie wußten nicht viel von den großen Strömungen, die an ihrer noch heilen Welt rüttelten. Aber sie sahen, in welcher Verfassung sich die *indios* unter spanischer Herrschaft befanden, und sie nahmen den Verfall und Niedergang vieler Nachbarn wahr, die unter den Einfluß der Franzosen gekommen waren. Damals gewannen die Nemene die Haltung, für die alle späteren Comanchen-Gruppen bekannt werden sollten: Sie blieben stolz, wild, reserviert und entschlossen, nur selbst die Bedingungen zu bestimmen, unter denen sie sich mit den Europäern einlassen wollten.

Gleichgültig, ob sie diese Haltung nun bewußt oder instinktiv einnahmen: Das Volk war zu einer mächtigen Barriere geworden, die allem weiteren Vordringen der Europäer auf den Plains im Wege stand.

Tragödie in Texas

Schon im sechzehnten und siebzehnten Jahrhundert hatten die Spanier die Weiten von Texas erforscht, das sie die Neuen Philippinen nannten. Sie waren dabei zu dem Ergebnis gekommen, daß es dieser Region ebenso an Reichtümern fehle wie an Reiz. Weder Silber noch leicht zu unterwerfende *indios* gab es dort. Die Provinz, die weit jenseits der damaligen Fortgrenze Neu-Spaniens lag, hätte sich nur mit Hilfe des Presidio-Systems langsam und mühevoll hispanisieren lassen. Daher war das Interesse Spaniens an dem Gebiet oberhalb des Rio Grande zunächst gering.

Nachdem aber die Franzosen in Louisiana Fuß gefaßt und nachdem sie am Red River Forts gebaut hatten, änderte sich 1716 die Haltung der Spanier. Diesmal jedoch reagierten sie nicht reflexartig und übereilt auf das Vordringen der Franzosen, wie sie es 26 Jahre zuvor mit dem rasch gescheiterten Missionsversuch bei den Caddo in Osttexas getan hatten, sondern versuchten nach einem sorgsam entwickelten und durchorganisierten Plan, die Neuen Philippinen für ihr Imperium zu gewinnen. Ihr Projekt, das voll vom Kirchenstaat getragen war und bei dem die spanische Krone Geld und Soldaten und die mexikanischen Klöster die Priester und Ordensbrüder stellten, sah einen weitgeschwungenen Gürtel von Presidio-Missionen vor, der von Laredo am Rio Grande durch Zentraltexas bis zum Sabine River, der spanisch-französischen Grenze, reichen sollte. Der Plan bezog alle texanischen Indianer ein, die die Spanier kannten.

Drei der anfangs vier Missionen lagen im Gebiet der Caddo nahe dem Sabine. Zwar waren die Spanier durch Hunderte Meilen wüstenähnlichen Gebiets von der sie tragenden Zivilisation in Neu-Spanien getrennt, aber die sanften Caddo mit ihrer seßhaften, wenig kriegerischen Ackerbaukultur eigneten sich von allen texanischen Indianern für Hispanisierung und »Heimführung« am ehesten. Außerdem lebten sie in einem strategisch wichtigen Gebiet, das sich mit der französischen Grenze überlappte. Die Spanier kannten diese *indios* als Tejas, nach dem Caddo-Wort *teychas* oder *tejas*, das »Freund« oder »Verbündeter« bedeutet.

Die vierte Mission wurde an der spanischen Küste an der Mündung des Lavaca River errichtet. Sie sollte die Karankawa bekehren, hochgewachsene, kannibalistische Wilde, die infolge falscher Behandlung durch europäische Erforscher auf den Weißen Mann nicht gut zu sprechen waren. Diese Mission war auch als Zugang zum Golf gedacht, wurde aber dann bald aus den fiebergeplagten Küstengebieten weiter landeinwärts verlegt.

Weitere Presidio-Missionen im texanischen Küstenbogen, Rosario und Refugio, lagen an strategisch günstigen Orten sowohl im Bereich der Karankawa als auch der südlichen Coahuiltec. Eine Mission wurde ferner bei den Tonkawa errichtet, einem kriegerischen Volk am Rande der Bison-Plains, mit einer Kultur ähnlich der, wie die Comanchen sie vor der Entwicklung der Pferdekultur gehabt hatten. Und schließlich wurde 1718 auf halber Strecke zwischen Laredo am Rio Bravo und den osttexanischen Niederlassungen die Mission San Antonio de Valero geschaffen, die als Wegstation und Versorgungsstützpunkt für die anderen Projekte dienen sollte.

Diese umfangreichen Bemühungen, die über zwei volle Generationen durchgehalten wurden, Millionen von Pesos verschlangen und für die Hunderte spanische Priester und Soldaten mit ganzer Kraft eintraten, scheiterten nicht etwa am fehlenden guten Willen oder an schwindender Kraft. Sie scheiterten, weil die Spanier von der grundlegend falschen Voraussetzung ausgingen, nordamerikanische Indianer ließen sich einfach durch derlei Methoden in ihrem Sinne zivilisieren.

Die osttexanischen Missionen der Spanier konnten die Caddo-Gruppen nicht anziehen. Diese standen bereits unter Einfluß der Franzosen und wurden von ihnen mit Waffen beliefert. Als die Caddo sich nicht freiwillig in spanischen Dienst nehmen ließen, wagten die Garnisonen auch nicht, Zwang auf sie auszuüben. Die Tonkawa-Mission fand bei den Indianern ebenfalls keinerlei Anklang. Auch in diesem Fall konnten und wollten die Soldaten die kriegerischen Indianer den Missionaren nicht gewaltsam zuführen. Die wenigen Bekehrten der Karankawa-Mission Espíritú Santo infizierten sich bald mit Masern und richteten mit der ansteckenden Krankheit im ganzen Stamm Verheerungen an. Die restlichen Karankawa flohen daraufhin in die Küstensümpfe und auf vorgelagerte Inseln. Fortan begegneten sie den Spaniern feindselig.

Im Grunde also führten die Missionierungsanstrengungen dazu, die Indianer auszurotten. Von Franzosen und Spaniern eingeschleppte Masern und

Pocken dezimierten die Caddo-Konföderationen. Ein ähnliches Schicksal traf die friedlichen Coahuiltec im Süden. Viele Hunderte dieser Indianer wurden in den Missionen des Küstenbogens und in San Antonio zusammengetrieben. Nur einige wenige überlebten die Krankheiten und die tiefgreifende kulturelle Demoralisierung – ein Phänomen, das die Missionsbrüder nie begriffen – und wurden hispanisierte Unterschichtenbürger. Insgesamt war das großartig gedachte Projekt, eine spanisch sprechende Bevölkerung zu schaffen, ein völliger Fehlschlag.

Trotz dieses Versagens hielt Spanien beharrlich an seinem Vorhaben fest. Einige wenige Spanier wurden in Texas angesiedelt; um die östlichen Forts faßten winzige spanisch-mexikanische Gemeinwesen Fuß, konnten aber in ihrer wirtschaftlichen Isolation ohne Zuwachs durch hispanisierte Indianer nicht gedeihen. Die spanische Regierung untersagte diesen Siedlungen Beziehungen zu den Franzosen in Louisiana, ihren natürlichen Handelspartnern, und verwaltete sie von Neu-Spanien aus; aufgrund dieser ungünstigen Bedingungen stagnierten sie noch stärker als die Ansiedlungen an der neumexikanischen Grenze.

Einzig in San Antonio erzielten die Spanier Kolonisierungserfolge. Dieser Komplex lag nur etwa fünfhundert Kilometer von den nächsten neuspanischen Außenposten entfernt. Seine Umgebung bildete eine Art Oase in den staubigen, kakteenbestandenen südlichen Plains.

Dort gab es Wasser, guten Boden, reichlich Holz und zum Bau geeigneten Stein. Das milde, trockene Klima ähnelte dem in manchen Teilen Spaniens. Die Mission lag zwar in den Jagdgründen einiger wandernder Coahuiltec-Gruppen, aber außerhalb der Reichweite aller mächtigen und gefährlichen Stämme. Die Franziskaner brachten verwandte Coahuiltec-Missionsindianer aus Mexiko mit und benutzten sie dazu, die Eingeborenen anzulocken. Die Anfangsergebnisse waren so ermutigend, daß man schon glaubte, San Antonio werde den Zehnjahresplan für die Kolonisierung von Texas erfüllen.

Im Jahre 1721 gliederte der Vizekönig die Mission der Provinz Coahuila an und stationierte in ihrer Nähe eine ständige Garnison, das Presidio San Antonio de Béxar. Nach und nach ließen sich, Indianer ausgenommen, etwa zweihundert spanische Siedler in dem Gebiet nieder. Der Missionsorden kam zu dem Schluß, dieser Grundstock könne eine umfangreichere Bevölkerung tragen, und forderte die Krone auf, Kolonisten zu senden. 1731 trafen 56 Siedlungswillige von den Kanarischen Inseln ein. Um die Jahrhundertmitte wurde der Komplex um vier weitere Missionen erweitert. San Antonio betreute damit etwa tausend Indianer.

Trotzdem mußte man die anfänglichen Hoffnungen bald aufgeben. Zwar wurden immer mehr Coahuiltec um die Klöster versammelt, aber nie gab es eine zweite Generation Missionsindianer. Die fünf Missionen lebten buchstäblich von der stetigen Vernichtung der verbliebenen nomadischen Coahuiltec. Obgleich sich inzwischen mehrere hundert spanische Kolonisten um San Antonio de Béxar niedergelassen hatten, war die Siedlung wirtschaftlich ebensowenig lebensfähig wie Neu-Mexiko – sie war isoliert. Es gelang den Siedlern nicht, ein blühendes Gemeinwesen zu entwickeln. Wie die Neumexikaner neigten sie dazu, auf eine halb barbarische Stufe zurückzufallen; die Kolonisten bauten keine Schulen, gingen weder geistigen noch künstlerischen Tätigkeiten nach und brachten nichts von dem hervor, was für eine höhere Kulturstufe im allgemeinen als kennzeichnend gilt. Die Kolonie zog weder Ärzte noch Rechtsanwälte noch sonstige Fachleute an. Zwar gab es unter den Missionaren gelehrte Männer, aber deren Bemühungen galten ausschließlich den Indianern. An der texanischen Grenze herrschten dementsprechend Analphabetentum und wirtschaftliche wie soziale Stagnation. Die gleichen Spannungen zwischen den Ordensleuten, den Soldaten und den zivilen Siedlern, die die gesamte mexikanische Grenze schwächten, lähmten auch Texas. Die einzelnen Gesellschaftsgruppen haßten einander und neideten jede Vergünstigung, die die Krone einer von ihnen zuteil werden ließ. Die Handvoll bekehrter und hispanisierter Coahuiltec ging in der allgemeinen *mestizo*-Bevölkerung auf. Eine Zählung Ende des 18. Jahrhunderts ergab, daß in San Antonio, der Hauptstadt der Provinz Texas, ganze 1700 Menschen lebten. Keine vierhundert davon waren Spanier.

Um 1750 war die Grenze erneut in ihre alte Unbeweglichkeit verfallen. Die ursprünglichen Zehnjahrespläne für die Missionen waren von einer autoritären Bürokratie, die absichtlich die Augen vor der Realität verschloß, immer wieder in die Zukunft verschoben worden. Nun brachen sie zusammen. Dabei erklärt aber das Versagen der texanischen Missionen diese Entwicklung nicht völlig. Wären nicht andere Faktoren hinzugekommen, so hätte die Geschichte von Spanisch-Texas ähnlich der von Nordmexiko verlaufen können. Aber aus dem gleichen Grunde, aus dem die spanische Kultur in Neu-Mexiko auf das Tal des Rio Grande beschränkt blieb, gelang es auch in Texas nicht, von den beschriebenen Siedlungen aus nach mexikanischem Modell ein weiteres Gebiet zu hispanisieren. Sehr bald begannen kriegerische, berittene Indianer die texanische Grenze unter Druck zu setzen.

Obgleich die Spanier aufgrund der Nähe der Franzosen in Texas mehr Militär einsetzten, waren sie dem Problem der mit Pferden ausgestatteten Indianerstämme dort nicht besser gewachsen als zuvor in Neu-Mexiko.

Um 1720 unterhielt die spanische Krone in Texas mehr Soldaten, als sie während der gesamten Eroberung und Unterwerfung des Inka- und des Aztekenreiches bereitgestellt hatte. Es fiel ihr überaus schwer, sich einzugestehen, daß diese Truppen dem wachsenden Indianerdruck nicht immer standhalten konnten. In ihrer Haltung gegenüber dem Presidio-System gebärdeten sich die Spanier gleichermaßen wirklichkeitsfremd wie in ihrer Haltung gegenüber den Missionen. Allen Ernstes erwarteten die Behörden im fernen Spanien und Mexiko, daß eine zerlumpte, schlecht bezahlte, miserabel ausgerüstete Truppe, die von korrupten Offizieren befehligt wurde, eine ausgedehnte Grenze gegen zahlenmäßig weit überlegene berittene Indianer verteidigen könne. Tatsache aber war, daß die spanische Form der Kolonisierung nordamerikanischen Indianern nicht gewachsen war.

Das späte siebzehnte Jahrhundert war auf den High Plains eine Zeit der Bewegung und des Blutvergießens gewesen. Dieser Aufruhr dehnte sich im achtzehnten Jahrhundert nach Texas hinein aus. Neben anderen auf Wanderschaft befindlichen Stämmen lösten die Comanchen eine Ära der gewaltsamen Vertreibungen aus, als sie südwärts den Arkansas überschritten.

Um 1700 zogen die Wichitavölker aus Südmittelkansas nach Süden und Westen; es war eine gewalttätige Heimkehr, denn als sie – wahrscheinlich unter dem Druck der Comanchen – über den Red River zurückwanderten, kamen sie als Feinde ihrer Vettern in der Hasinai-Konföderation und der Osage im Osten und stritten mit den Comanchen um die Plains. Nach vielen Wanderungen und Kriegen nahmen die Tawakoni und Waco in der Vorhut dieser Bewegung Land an den Flüssen Brazos und am Trinity in Besitz, tief in Texas. Nordwestlich dieser Stämme breiteten sich oberhalb der Cross Timbers die Taovaya am Red River aus.

Hier schlossen die Franzosen, die den Fluß hinaufzogen, Bündnisse mit ihnen und belieferten sie mit Waffen. Dadurch zogen sich die französischen Händler den Zorn der Comanchen zu. Die Franzosen bemerkten ihren Fehler rasch und bemühten sich, ihn auf die einzig mögliche Weise wettzumachen, indem sie die Wichita und die Comanchen auszusöhnen versuchten. Wie immer mußten die Franzosen weit mehr diplomatische Bemühungen darauf verwenden, um Waffenruhe zwischen den Stämmen zu stiften und zu erhalten, als darauf, sich selbst Freunde zu gewinnen. Von ihren Stützpunkten bei den Taovaya aus verfolgten sie diese Vorhaben jahrelang.

Es war leichter, die Wichita zur Freundschaft mit den Comanchen zu bewegen als umgekehrt die Comanchen dazu, Freunde der Wichita zu wer-

den. Im Jahre 1747 gelang auch dies; die östlichen Stämme nahmen französische Musketen als Geschenke an und schlossen Waffenstillstand mit den
Wichita, die sie achteten. Es handelte sich dabei mehr um einen wechselsei-
tigen Duldungspakt als um ein Bündnis. Beide Gruppen einigten sich darauf, sich nicht mehr zu bekriegen. Die Taovaya bekamen daraufhin begrenzte Jagdrechte an den Rändern der Plains zugestanden.

Dies aber war nur ein Teilerfolg für die Franzosen, denn ihr großes Ziel
bestand darin, die Comanchen zu dauerhaften Feinden der Spanier zu machen und sie zu Kriegen gegen deren Gebiete anzustacheln. Anders als die
Wichita, die schon seit Jahrhunderten mit den Spaniern verfeindet waren,
unterhielten jedoch inzwischen die Comanchen Beziehungen nach Neu-
Mexiko; sie durften auf die Märkte von Taos kommen, und die Neumexikaner bemühten sich verzweifelt um Frieden mit ihnen. Vor den redege-
wandten Franzosen aber waren die Comanchen auf der Hut und
keineswegs geneigt, sich ihnen in einem Krieg anzuschließen: In den Angelegenheiten der Weißen Männer verhielten sie sich zurückhaltend und neu-
tral.

Die Spanier in Texas allerdings sollten bald durch eine der großen Fehl-
kalkulationen jenes Jahrhunderts bewirken, daß sich diese Haltung der
Comanchen wandelte.

Während der ersten Jahrzehnte lagen alle texanischen Siedlungen der Spanier außerhalb der normalen Wanderungsgebiete der beiden gefährlichsten
Stämme, der Apachen und Comanchen. Kurz nach der Gründung von San
Antonio zogen berittene Comanchen an der Mission vorbei, reagierten auf
die Spanier aber eher neugierig als feindselig. Die Padres besaßen nur wenige Pferde, Missionen interessierten daher die Indianer nicht. Die eigentliche Grenze des Wanderungsgebiets der Comanchen lag noch weit im
Norden oberhalb des Edwards Plateau.

Die Grenzen der *Apachería* dagegen hatten sich erheblich verschoben.
Gruppen von Lipan-Apachen zogen damals von San Saba aus die Täler des
Guadalupe und des Nueces hinunter. Es handelte sich um Reste der östli-
chen Apachen, um drei große Gruppen, die zusammen mehr als tausend
Krieger zählten. Sie hatten bald die Siedlungen bei San Antonio entdeckt,
die zu jener Zeit gerade Bauern, Viehzüchter und zahlreiche Coahuiltec
anzogen. Und wie sie einst Neu-Mexiko geplündert hatten, gingen die
Lipan nun dazu über, San Antonio zu überfallen.

1720 töteten die Apachen viele von den Coahuiltec im Gebiet des San
Antonio River. Zweifellos trug dies erheblich zu der anfänglichen Bereitschaft der Stämme bei, sich den Spaniern anzuschließen. 1730 griff eine
große Gruppe von Kriegern der Apachen die Garnison an, die ihr Fort

noch nicht gebaut hatte, tötete oder verwundete 15 Soldaten und zwang den Rest, in der Stadt Schutz zu suchen. Dann trieben die Indianer sechzig Stück Vieh zur Seite und schlachteten es ab.

Dieser Affront gegen Macht und Würde Spaniens erforderte eine Strafexpedition. Der Kommandant, Bustillo y Cevallos, marschierte nach Westen zum San Saba River, wo er auf ein Indianerlager stieß, von dem keineswegs gesichert war, ob es sich um Lipan-Apachen handelte. Jedenfalls behauptete er hinterher, er habe zweihundert Apachen aller Altersgruppen und beiderlei Geschlechts erschlagen.

Solche Strafexpeditionen, die in der spanischen Grenzgeschichte häufig unternommen wurden, um die Macht Spaniens zu demonstrieren und Marodeuren eine Lektion zu erteilen, verfehlten meist ihren Zweck. Oft zogen die spanischen Truppen nur ziellos durch das ihnen unbekannte Land, und da die Kommandeure die einzelnen Stämme kaum unterscheiden konnten, fielen sie über die Indianer her, auf die sie gerade stießen – wenn sie überhaupt welchen begegneten. Trotz zahlreicher Vergeltungsschläge der Spanier, bei denen auch Apachenfrauen und -kinder verschleppt wurden, setzten die Lipan ihre Überfälle auf San Antonio und seine Umgebung etwa zwanzig Jahre lang unbeirrt fort.

Daher löste es einige Verwunderung aus, als eines Tages eine Gruppe von Indianern nach San Antonio kam und die »Braunröcke« zu sprechen begehrte. Die Priester akzeptierten freudig das Gespräch und hielten die Soldaten zurück. Die Lipan-Apachen sagten, ihnen sei an Frieden gelegen. Sie baten, die Frauen und Kinder zurückkaufen zu dürfen, die zur zwangsweisen Bekehrung in den Missionen gefangengehalten wurden. Sie fragten sogar, ob die Missionare nicht im Land der Lipan neben dem San Saba eine Mission einrichten könnten.

Das ließ die Franziskaner aufhorchen. Noch nie war es einem Orden gelungen, bei Apachen eine Mission zu gründen, und nun schien sich der große Durchbruch anzubahnen. Sie fragten bei ihren Oberen in Neu-Spanien an, die ihrerseits mit der Krone in Spanien verhandelten. Trotz der Einwendungen des Militärs an der Grenze kam nach endlosem bürokratischem Hin und Her schließlich eine Anordnung des Vizekönigs: Colonel Don Diego Ortiz de Parilla sollte fünf Padres an den San Saba eskortieren, um für die Lipan eine Mission aufzubauen; die Mönche sollten von einem neuen Fort, San Luis de las Amarillas, beschützt werden.

Man erhoffte sich viel von dem neuen Projekt. Wenn es der Mission gelang, die Apachen in Westmitteltexas »heimzuführen«, wäre dadurch die ständige Bedrohung beseitigt, der der San-Antonio-Komplex ausgesetzt war. Ferner konnte das Fort San Luis als vorgeschobener Posten dem gleichen

Zweck dienen. Und überdies waren Gerüchte bis nach Neu-Spanien gedrungen, im San-Saba-Gebiet gebe es Silber.

Als Mission und Fort schließlich standen, zeigten sich dort kaum Apachen, und nicht einer von ihnen siedelte sich an. Sprecher der Lipan erläuterten dem *padre presidente*, Alonso Giraldo Terreros, es sei gerade Jagdzeit; später wurden andere Entschuldigungen vorgebracht, um das Ausbleiben der Apachen zu rechtfertigen. Die spanischen Priester entschlossen sich, Geduld zu üben.

In der Rückschau darf es als ziemlich gesichert angesehen werden, daß die Lipan-Apachen eine abgekartete, perfide Täuschung betrieben. Mit ihrem Missionsvorschlag lockten sie 1757 die Spanier weit über die tatsächlichen Grenzen ihrer Jagdgründe hinaus. Die Spanier stießen damit in die *Comanchería* vor, ein Gebiet, das die zähen Reiterstämme der Penateka durchstreiften und für sich beanspruchten und in dem häufig Nokoni-Comanchen auftauchten. Die Apachen, die von den Comanchen aus dieser Gegend verdrängt worden waren, hofften augenscheinlich, ihre spanischen und indianischen Feinde in einen Krieg miteinander zu verwickeln, in dem diese sich gegenseitig vernichteten; sie müssen die Reaktion der Comanchen auf die spanische Mission wohl mit Spannung erwartet haben.

Die Spanier begingen Fehler, da sie offenkundig die Situation im Indianergebiet nördlich San Antonios nicht überblickten. Weder die texanischen noch die neumexikanischen Behörden erkannten damals, daß die Apachen schon weit nach Süden abgedrängt worden waren; sie wußten nur, daß Apachen sich in der Region nördlich und östlich Neu-Mexikos nicht hatten halten können.

Im Sommer 1757 warnte ein befreundeter Indianer die Spanier in San Antonio, sie hätten mit großem Unglück zu rechnen; Kriegsräte würden jenseits der Grenze abgehalten. Colonel Parilla nahm diese Warnung ernst genug, um alle Spanier in Texas in Alarmbereitschaft zu versetzen. Aber auf den Herbst folgte der Winter, und alles blieb ruhig. Da ging er wieder zum nachlässigen Routinedienst über.

Als im Frühjahr das Gras grünte, hatten die Priester am San Saba noch nicht einen einzigen Apachen in ihrer Umgebung seßhaft machen können; nichtsdestoweniger genossen sie den Frühling und hofften auf Erfolge für den Sommer 1758. Eines Morgens fiel den Ordensbrüdern auf, daß alle Apachen aus der Nähe von Fort und Mission verschwunden waren. Lautes Geschrei vor ihren Toren schreckte sie auf. Mehrere berittene *indios* fielen über die Pferdeherde der Mission her und raubten sämtliche Tiere.

Im Fort befahl Parilla seine Soldaten auf die Palisaden. Er sandte einen Boten zu Terreros und ließ die Padres auffordern, die Mission zu verlassen und ins Fort zu kommen. Terreros lehnte ab. Darauf begab sich Parilla selbst in die Mission und bat den *padre presidente*, doch um Gottes willen im Fort Schutz zu suchen und sämtliche Heiligtümer mitzubringen. Terreros erwiderte, daß die Indianer, denen er nie Leid zugefügt habe, auch ihm gewiß keines zufügen wollten. Daraufhin ließ Parilla siebzehn Soldaten bei den Priestern und kehrte ins Presidio zurück.

Am nächsten Morgen, dem 16. März 1758, wurde – darauf bestand Padre Terreros – wie gewöhnlich die Messe gelesen. Inmitten der Zeremonie hörten die in der Kapelle versammelten Priester dumpfes, dröhnendes Geschrei jenseits des Zaunes. Die Soldaten liefen auf ihre Posten und spannten die Hähne ihrer Gewehre. Terreros stieg mit Padre Molina auf die Brustwehr. Molina, der diesen Morgen überleben sollte, war sprachlos angesichts des Bildes, das sich ihm bot. Zweitausend indianische Krieger ritten langsam um die Missionsanlage herum. Es handelte sich, was die Spanier damals nicht erkannten, um Comanchen und Wichita; erstmals bekamen sie das von den Franzosen initiierte Bündnis zwischen den beiden Stämmen sinnfällig vor Augen geführt, und sie begriffen es immer noch nicht.

Molina fand als erster die Sprache wieder und sagte zu Terreros, er fürchte um ihr Leben. Sein Vorgesetzter erwiderte ihm stockend, diese Leute müßten doch eigentlich friedlicher Absicht sein. Der Unteroffizier, der Terreros unterstellt worden war, bat um Erlaubnis, das Feuer zu eröffnen; der Ordensobere weigerte sich, diesen Befehl zu geben. Wie Molina später schrieb, war der *padre presidente* nicht ruhig, sondern stand allem Anschein nach unter einer Art Hypnose.

Die Krieger draußen boten einen atemberaubenden Anblick – Plainsindianer in vollem Kriegsputz. Die Reiter trugen phantastischen Kopfschmuck aus Federn, Geweihen und Bisonhörnern. Ihre Gesichter waren rot und schwarz bemalt – mit den Farben des Todes, was Molina damals noch nicht wußte. Jeder Krieger trug einen Bogen und eine Lanze oder einen Speer. Den Soldaten fiel auf, daß außerdem mindestens hundert von ihnen mit neuen Musketen bewaffnet waren.

Ein Krieger ritt an die Palisaden der Mission heran, stieg kühn ab und öffnete das Tor. Jetzt war es zum Feuern zu spät, denn eine Horde Reiter stieß in die Umfriedung vor. Terreros wies seine Priester an, Geschenke herbeizubringen. Die Spanier begannen mit zitternder Hand, Tabaksbeutel und Perlenschnüre zu verteilen.

Der Anführer der Comanchen machte gebieterische Gesten in der Zeichensprache. Die Missionspriester hatten indianische Diener, die diese Sprache beherrschten und für Terreros dolmetschten. Die Comanchen forderten, daß ihnen auch die Tore des nahegelegenen Forts geöffnet werden sollten.

Terreros willigte ein, eine entsprechende Botschaft zu schreiben und sie durch die Comanchen an Colonel Parilla überbringen zu lassen.

Parilla war unterdessen von einem anderen Missionsdiener unterrichtet worden. Er hatte einige Pferde im Fort und befahl, Soldaten sollten damit losreiten und die Mission verstärken. Diese Gruppe stieß direkt auf die Comanchen, die mit Terreros' Botschaft zum Fort unterwegs waren. Schüsse fielen, und es folgte ein kurzes Gemetzel. Bis auf den letzten Mann wurden die Spanier niedergemacht; nur ein einziger konnte schwerverwundet zum Fort zurückkriechen.

In der Mission waren die ungeduldigen Indianer inzwischen dazu übergegangen, Türen aufzubrechen und die Lagerräume zu plündern. Die Europäer, Priester und Soldaten, drängten sich voller Furcht inmitten des Missionskomplexes zusammen.

Da kehrten schreiend und blutige Skalps schwenkend die Comanchen zurück, die zum Fort geritten waren. Die Krieger fielen sofort über die verschüchterten Spanier her. Ehe die Soldaten noch ihre Musketen heben konnten, waren ihre Körper schon von ungezählten Pfeilen getroffen. Ein Priester wurde von einem Indianer mit der Lanze durchbohrt – der nächste Comanche enthauptete ihn. Etliche Krieger griffen Terreros lebend; wahrscheinlich rette es den Padre vor unsäglichen Folterqualen, daß ein blutdürstiger Comanche ihn kurzerhand erschoß.

Molina rannte blindlings aus diesem Gemetzel davon und suchte mit einigen anderen Deckung in Terreros' privaten Gemächern. Aber auch hier fanden die Spanier keinen Schutz, da die Comanchen inzwischen Feuer in der Mission gelegt hatten. Molina war verletzt, aber Feuer und Rauch trieben ihn erneut ins Freie. Wie durch ein Wunder waren die Comanchen zu sehr mit Brandschatzen und Metzeln beschäftigt, um ihn in dem Durcheinander zu bemerken. Er schlüpfte in die Missionskapelle, deren Holz noch zu grün war, um in Flammen aufzugehen. Dort kniete er betend, bis die Comanchen durch die Flammen und den Rauch aus der Mission vertrieben wurden.

Nach Mitternacht krochen Molina und drei andere Überlebende zum Presidio. Die Comanchenhorde trieb sich noch drei Tage lang in der Nachbarschaft herum, aber die Indianer griffen das Fort nicht an.

Nachdem Späher berichtet hatten, daß sie alle abgezogen waren, gingen Parilla und Molina zur San-Saba-Mission zurück und gaben den toten Europäern ein christliches Begräbnis. Parilla sandte einen Boten aus, um Hilfe zu holen.

Die Zerstörung der Mission am San Saba und der Mord an den Priestern rief in San Antonio Bestürzung und in Mexiko den Zorn der Spanier hervor. Nun waren Regierung und Kirchenmänner sich einig, daß harte Gegenmaßnahmen ergriffen werden müßten. Als wenig später erneut Comanchen bei San Luis auftauchten, wurde beschlossen, diesen Plünderern eine Lektion zu erteilen. Die Provinzbehörden planten eine Strafexpedition, die alles in den Schatten stellen sollte, was man bis dahin unternommen hatte.

Sämtliche texanischen Garnisonen wurden aufgefordert, dafür Soldaten abzustellen. Indianische Hilfstruppen – zumeist Coahuiltec – wurden ausgehoben; Lipan-Apachen boten sich an, um gegen die Comanchen zu kämpfen. Die Spanier nahmen 134 Apachen in die Streitmacht auf. Alles in allem kommandierte Parilla etwa sechshundert Mann. Er verfügte über zwei Feldkanonen und eine große Versorgungseinheit.

Nach amerikanischen Maßstäben des achtzehnten Jahrhunderts war dies eine riesige Armee, ebenso groß wie die Truppen, mit denen Cortés und Pizarro ganze Reiche erobert hatten. Man meinte, diese Streitmacht sei mehr als ausreichend, um die anmaßenden Indianer zu vertreiben. Parilla erhielt Befehl, in einem ausgedehnten Feldzug so weit wie immer erforderlich zu marschieren, um den *indios* eine Lektion zu erteilen, die sie nicht so schnell vergessen würden.

Die Vorbereitung brauchte ihre Zeit. Es mußte ja noch die Zustimmung des Vizekönigs im fernen Mexiko eingeholt werden. Erst im August 1759 konnte Parilla aufbrechen.

Die indianischen Verbündeten wußten, wo das Land der Comanchen lag. Jedoch verspürte Parilla wenig Neigung, über die westlichen Plains zu marschieren – zu viele spanische Expeditionen waren in solch trockenen Regionen in Tod oder Untergang gezogen. Er schlug eine Route ein, die von San Antonio fast geradewegs nach Norden verlief und sich dicht an den Ausläufern der Great Plains hielt.

Tagelang zog die Expedition durch unberührtes Land, ohne auf Indianer zu stoßen. Dann meldeten Parillas Späher ein Lager im Norden. Es handelte sich um Tonkawa, und gewiß hat Parilla dies gewußt; er legte nun einen Wesenszug an den Tag, der vielen Grenzmilitärs eigen war – er unterschied absichtlich nicht zwischen den verschiedenen Arten *indios*.

Seine Armee umzingelte das arglose Tonkawadorf und griff an; dabei wurden Parillas Berichten zufolge viele hundert Krieger getötet und 150 Frauen und Kinder zur zwangsweisen Bekehrung und Hispanisierung gefangengenommen. Die spanische Armee ruhte aus und zog weiter.

Gegen Oktober 1759 näherte sich Parilla dem Red River, der damaligen

Grenze spanischer und französischer Gebietsansprüche. Hier stieß er plötzlich auf Indianer, die zu Tausenden aufgezogen waren, um ihm entgegenzutreten. Sie hatten den Weg der Spanier mit Barrikaden verstellt. Reiter umschwärmten die spanischen Flanken. Comanchen, Wichita, Caddo vom Red River, wahrscheinlich auch Osage und etliche andere Stämme hatten insgesamt mehrere tausend Krieger aufgeboten. Die Franzosen mußten diese Streitmacht zusammengebracht haben, denn einzig ihre Agenten waren in der Lage, die feindlichen Stämme zu einem derartigen Zweckbündnis zu bewegen.

Parilla reagierte nicht minder gelassen als Villasur, obwohl seine indianischen Hilfstruppen von Unruhe ergriffen wurden und seine Offiziere tiefe Besorgnis äußerten. Wie es einem spanischen Oberbefehlshaber geziemte, gab er Befehl zum Angriff.

Der spanische Kern der Truppe ging zur Attacke über – aber zugleich wurde deutlich, daß Parilla kein Heer vom Kaliber dessen eines Cortés befehligte. Die verbündeten Lipan machten sich aus dem Staube. Die mexikanische Bürgerwehr zauderte. Die Coahuiltec, die nie besonders kämpferisch gewesen waren, rannten um ihr Leben. In Windeseile schmolz Parillas Armee dahin. Panik griff um sich. Aber Parilla entging einem bösen Schicksal – durch Flucht.

Der Rückzug war eine totale Niederlage. Die Kanonen gingen verloren, ebenso wurde der Versorgungszug eingebüßt. Seltsamerweise machte der Feind keine Anstalten, das spanische Heer zu verfolgen oder zu vernichten. Es gab bei den Spaniern nur geringe Verluste, was sich dann später, als sich Parillas abgehetzte Soldaten wieder in San Antonio einfanden, kaum recht erklären ließ.

Trotzdem war dies die bisher schwerste militärische Niederlage, die die Spanier in Amerika erlebten, und es sollte auch die entscheidende sein. Die Auswirkungen lassen sich kaum übertreiben. Parillas *entrada* war die größte gewesen, die die Spanier zuwege bringen konnten. Ihre schmähliche Niederlage sollte im Bewußtsein der Spanier ebenso wie in dem der Indianer tiefe Spuren hinterlassen.

Die Spanier verfügten nun in Texas über keine Mittel mehr. Ihre Moral war böse angeschlagen. Die Plainsstämme, Comanchen und Wichita, die durch die spanischen Übergriffe vollends zu deren Feinden geworden waren, hatten für die scheinbare Kraft und die militärische Macht der Spanier jetzt nur noch Verachtung übrig.

Parilla fiel in Ungnade und wurde in Neu-Spanien vor ein Kriegsgericht gestellt. Zu seiner Verteidigung brachte er vor, sechstausend bewaffnete Indianer hätten ihn bedrängt – sicherlich eine Übertreibung –, und sie seien von französischen Offizieren unter französischer Flagge kommandiert worden. Viele spanische Soldaten schworen, sie hätten in der indianischen Vorhut der Indianer französische Waffenröcke und Fahnen gesehen. Ob dies nun zutrifft oder nicht, jedenfalls glaubten sie fest daran. Eine von den Franzosen herbeigeführte Niederlage war mit ihrem Stolz weit eher vereinbar als eine Erniedrigung durch nackte Indianer.

Zu Don Diego de Parillas Schmach fand das Gericht indes keinerlei Beleg für das Auftreten französischer Soldaten oder Offiziere an der Red-River-Grenze. Man gestand zu, daß Franzosen anwesend waren und vielleicht auch ihre Fahne aufgezogen haben mochten – aber eine Niederlage durch einige wenige französische Waldläufer war nicht minder verachtungswürdig als eine durch Indianer. Die Erinnerung an das Desaster lebte, wie ein spanischer Historiker berichtet, an der Grenze lange fort.

Das unselige Missionsunternehmen am San Saba und die Expedition Parillas markieren den Höhepunkt und das Ende spanischer Macht und spanischen Stolzes in Texas. Nie wieder wurde später ein Missionsfort unter kriegerischen Indianern genehmigt, nie wieder wurden ernsthaft Vergeltungsmaßnahmen gegen die Comanchen erwogen, deren Ruf blutrünstiger Barbarei nun den der Apachen überstieg. Die Machtverhältnisse hatten sich in Spanisch-Texas drastisch und dauerhaft verschoben.

Und wieder einmal sollten die Franzosen keine Gelegenheit finden, die gewandelte Situation für sich zu nutzen. Sie wurden im Osten von den Engländern hart bedrängt. In der ganzen Welt zerschlug die britische Seemacht das französische Imperium. Britische Verbände und angloamerikanische Hilfstruppen überrannten Quebec und vernichteten den französischen Stützpunkt in Kanada; britische Kriegsschiffe beherrschten die Zufahrtsrouten nach Amerika und isolierten Louisiana.

Angesichts der britischen Macht vergaß der neue spanische König, Karl III., die alte Feindschaft mit Frankreich und schloß mit ihm ein Bündnis. Dieser Allianz lag allerdings weniger bourbonische Familiensolidarität zugrunde als vielmehr die Erkenntnis der gemeinsamen angelsächsischen Bedrohung.

Die Briten hatten lange ebenso begehrlich auf das spanische Imperium geschielt wie die Franzosen, und nun schälte sich heraus, daß sie noch erheblich mächtiger waren als diese. 1761 trat Spanien auf der Seite Frankreichs in den weltweiten Siebenjährigen Krieg ein und beging damit einen folgenschweren Fehler. Dieser Kriegseintritt konnte den englischen Sieg nicht vereiteln. Spanien aber erlitt erheblichen Schaden: Es verlor Florida und, neben erheblichen Schätzen und Schiffen, für eine Zeitlang auch die Philippinen. Der einzige Ausgleich war der Gewinn Louisianas, das Frankreich

1762 an Spanien abtrat, um zu verhindern, daß es in britische Hand fiel. Bei den Friedensverhandlungen wurde Spanien zugestanden, dieses Gebiet zu behalten, womit es noch immer besser davonkam, als die spanische Krone je hätte hoffen dürfen.

Mit diesem Krieg fand das französische Reich in Nordamerika ein Ende. Spanien hatte an seinen Grenzen nun keinen europäischen Feind mehr, da die Engländer noch nicht über die Appalachen vorgedrungen waren. Es hatte ein riesiges neues Territorium gewonnen, für das ihm auch die erforderlichen spanischen Kolonisten zur Verfügung standen. Die Bevölkerung Neu-Spaniens war gewachsen und mindestens doppelt so zahlenstark wie die angelsächsische entlang der atlantischen Küste.

In der zweiten Jahrhunderthälfte kolonisierten diese mexikanischen Untertanen rasch die nördlichen Teile Neu-Spaniens und gründeten südlich des Rio Bravo dauerhafte Siedlungen. Zahllose Viehzüchter drängten in die neue Provinz Nuevo Santander zwischen Laredo und dem Golf. Aber über den Rio Grande in die fruchtbaren Gebiete weiter oben in Texas, wo Jahrhunderte zuvor schon einmal die spanische Flagge geweht hatte, zogen sie nicht. Die Zeiten waren vorüber, in denen Spanien durch den gesamten Kontinent bis in den hohen Norden hätte vorstoßen können. Nicht mehr aber, weil die Menschen fehlten, sondern der feindseligen Indianer wegen. Die spanische Grenze war zu einem Gebiet katastrophaler Rückschläge geworden. Es war nicht möglich gewesen, sie zum Red River und über die alten Handelsposten der Franzosen hinaus vorzuschieben. Sie war bei Santa Fé und San Antonio stehengeblieben. Und schlimmer noch: Zwischen diesen fernen Außenposten und um sie herum begann die eigentliche Grenze zu bröckeln und zurückzuweichen. Der Grund dafür waren die berittenen Indianer, die die Krone nicht bezähmen und die Kirche nicht bekehren konnte. Im Grenzland lauerten und töteten die westlichen Apachen und die östlichen Lipan weiter wie zuvor. Sie trieben sich an den Rändern der spanischen Siedlungen herum, raubten Pferde und Vieh und entführten Männer, Frauen und Kinder. Sie allein schon, von allen anderen Beschwernissen abgesehen, machten die gesamte Grenze unsicher und behinderten jede weitere Entwicklung.

Aber von den weglosen Plains im Norden her, aus jenem riesigen Landstrich zwischen Santa Fé und San Antonio, bahnte sich noch weit größerer Schrecken an. Was nun geschah, war fast unvermeidlich: Die *Comanchería* hatte sich bis an ihre eigenen natürlichen Grenzen ausgedehnt und stieß an die spanischen Grenzen – und ihrem Wesen gemäß exportierte sie Krieg. Damit waren, wenn die Spanier es auch nie in diesem Sinne betrachteten, zwei höchst unterschiedliche Reiche aneinandergestoßen. Über den gesamten Südwesten hin begann eine Auseinandersetzung auf Leben und Tod. Von dem Augenblick an, da sie in engeren Kontakt traten, konnten diese beiden Menschengruppen nicht in Frieden miteinander leben: Nur eine konnte überleben.

Krieger der Nemene erkundeten das spanische Grenzland und durchritten es. Nach und nach gewannen sie immer mehr Selbstsicherheit; sie erkannten die Schwächen der anfangs arroganten und machtbewußten Europäer. Nachdem sie in den vierziger Jahren des achtzehnten Jahrhunderts mit den Spaniern Neu-Mexikos Handel getrieben hatten, gingen sie in den sechziger Jahren dazu über, Texas zu plündern. Schrecken breitete sich entlang der gesamten Grenze aus, denn die Spanier waren außerstande, den überaus beweglichen, ausdauernden Kriegerbanden der Comanchen wirksam entgegenzutreten.

Die Garnisonen, die schon gegen die Apachen nichts hatten ausrichten können, waren gegen diese Reiterhorden völlig hilflos. Die Taktiken, die die Comanchen in ihren Auseinandersetzungen mit den Apachen effektvoll entwickelt hatten, wandten sie nun mit durchschlagendem Erfolg gegen die spanischen Siedlungen an. Die Banden blieben Hunderte Kilometer jenseits der Grenze auf den Hochebenen von Texas, Oklahoma und Kansas, wo sie, geschützt durch die weiten Entfernungen und aufgrund des riesigen Büffelbestandes wirtschaftlich gesichert, für die Spanier unerreichbar und unverwundbar waren.

Ihre außerordentliche Beweglichkeit gestattete es den kriegerischen Comanchen, nach Belieben über spanische Ansiedlungen herzufallen; sie schlugen planvoll zu und ritten über Hunderte von Kilometern heran. Sie unternahmen ausgedehnte Raubzüge tief in spanisches Gebiet hinein; dabei gingen sie Forts und massiertem Militär aus dem Wege, denn Schlachten nach europäischem Muster entsprachen nicht ihrer Kriegführung. Sie suchten sich schwache Stellen aus, Dörfer und abgelegene Anwesen im spanischen Hinterland – die lange Grenze Neu-Spaniens bot Möglichkeiten zu Raub und Überfällen mehr als genug Stoßtrupps unternahmen dabei erste erfolgreiche Raubzüge und zeichneten für die nachfolgenden Trupps sogar Landkarten in den Sand. Sie konnten sich die Topologie riesiger Landstriche hervorragend einprägen. Manche Indianer waren in der Lage, rein nach der Erinnerung zielsicher vom Red River nach Durango zu reiten. Bald zogen große Comanchengruppen plündernd durch Nuevo León und Nuevo Santander, durch Coahuila und bis nach Chihuahua hinein. Sie suchten Durango und Sonora heim; einige stießen sogar bis nach Jalisco vor. Der gesamte Südwesten und weite Teile Mexikos hatten entsetzlich unter ihnen zu leiden.

Die trockenen Regionen Nordmexikos waren nur dünn bevölkert; weite Entfernungen lagen zwischen den einzelnen Ansiedlungen. Es war – und ist es heute noch – ein ödes Land, für die Raubzüge der Comanchen indes bestens geeignet. Die Einwohner, ob Mexikaner oder hispanisierte Indianer, waren derbe, aber friedliche Leute. Sie hatten keine Waffen und waren auf Verteidigung und Krieg nicht eingestellt. Ihre Organisationsformen boten keinerlei Schutz gegen plündernde Comanchen. Die *vaqueros* waren selbst zwar hervorragende Reiter, die mit Lasso und Lanze umzugehen verstanden; sie konnten sich zwar gegen Indianer wehren, doch gelang ihnen kaum, sie aufzuspüren oder zu fangen. Die verstreuten *jacales* und Haciendas konnten so unmöglich überall verteidigt werden. Die Comanchen ritten unbemerkt heran, schlugen zu, raubten Pferde und ließen verstümmelte Leichen und verzweifelte Überlebende zurück.

Jede Verfolgung, ob durch Soldaten oder zusammengerufene Reiter, war zwecklos. Die Indianer teilten sich einfach in Gruppen auf, die auf verschiedenen Wegen zurückritten. Da die Comanchen viele erstklassige Pferde auf den Kriegspfad mitnahmen, die sie häufig wechselten, um alle Tiere frisch zu halten, gelang es ihnen fast immer, verfolgende Kavallerie weit hinter sich zu lassen. Den Indianern, die anhand der Spuren alles lesen konnten, was sie wissen wollten, fiel es nicht schwer, Mexikaner aufzuspüren; den Mexikanern bereitete dies umgekehrt außerordentliche Schwierigkeiten. Und wenn die Verfolger sich teilten, um mehreren Spuren zu folgen, gerieten sie oft unvermutet in einen Hinterhalt. Die Comanchen verständigten sich mit Rauchsignalen und konnten rasch wieder zusammenkommen.

Dieser Krieg mit seiner Taktik der unzähligen wespenstichartigen Überfälle versperrte die Entwicklung des Landes. In der zweiten Hälfte des 18. Jahrhunderts nahm die Wucht der indianischen Plünderungszüge immer mehr zu. Als die Vergeltungsschläge immer seltener kamen, wurde es den Comanchen bald klar, daß sie kaum etwas zu fürchten hatten, wenn sie nur die Städte und Engpässe mieden, wo sie einem nur dort überlegenen Gegner in die Falle gehen konnten. Es kam eine Zeit, in der sie kühn den Landstraßen folgten und durch die Täler ritten, in der sie Gefangene weithin sichtbar hinter sich herzerrten und ihre Beute bereits neben rauchenden Ruinen teilten. Nur in ihrem eigentlichen Heimatgebiet waren die Nemene verletzbar, und dort fast ebenso wie die Spanier – wenn diese das nur begriffen hätten. Aber den Spaniern war die Lust daran vergangen, in unbekanntes Terrain vorzudringen; sie mieden die *Comanchería*. Ihre Kommandeure erinnerten sich sehr wohl des Schicksals, das Don Diego de Parilla erlitten hatte. Keiner wollte den Marodeuren zu weit folgen.

Nach 1759 wagte sich kein spanischer Soldat mehr nördlich oder westlich über San Antonio hinaus vor. So kam es, daß die Comanchen sich immer in ein ungestörtes Zufluchtsgebiet zurückziehen konnten; eben das aber ist die Grundbedingung aller Guerillakriegführung.

Die Grenze, die nun *de facto* weit ins alte Mexiko zurückgedrängt war, ertrug alle diese Leiden mit jenem enormen Lebenswillen, der die Mexikaner auszeichnet. Aber die Menschen an der Nordgrenze lernten das Sprießen des Grases im Frühjahr und das Aufziehen des Sommermondes fürchten: Dann begann die Zeit der Überfälle. Die spanischen Karten, die in Europa gezeichnet wurden, wiesen die spanische Fahne bis hoch nach Nordamerika hinein aus, bis ins weite Land des Missouri. Wie die Lage aber in Wirklichkeit war, ersieht man eher aus den Routen, die Reisende und selbst Kavalleriekompanien auf dem Weg von San Antonio zum anderen Außenposten des Reiches, Santa Fé, einschlugen. Von San Antonio verlief die Route südwärts nach Laredo, von dort über Coahuila in die Randgebiete von Durango, weiter über Chihuahua nördlich nach El Paso, und von da aus hielt sie sich ans Tal des oberen Rio Grande. Die nördlichen Außenposten hielten nicht etwa ein Imperium zusammen – sie lagen vielmehr isoliert in feindlichem Gebiet.

Die grausamste Seite an den ständig wiederkehrenden Indianerüberfällen war wohl, daß dabei fast jedesmal auch Gefangene verschleppt wurden. Dies war zwar nur eine Umkehrung dessen, was die Spanier zuvor mit den Apachen und Comanchen gemacht hatten – immer hatten sie Frauen und Kinder versklavt und den Missionsbrüdern zur »Heimführung« in Christentum und spanische Lebensweise überantwortet. Da sie sich aber als Vertreter einer höheren Zivilisation fühlten, widerstrebte es den Spaniern zutiefst, daß nun auch Christen verschleppt wurden. Stets versuchten sie deshalb, Gefangene zu retten oder freizukaufen. Die Comanchen machten daraus ein einträgliches Geschäft. Nach ausgedehnten Raubzügen südlich des Rio Grande boten sie ihre Gefangenen in Neu-Mexiko, wo der brüchige Handelsfrieden noch hielt, zum Tausch gegen Pferde, Tabak und andere Güter an.

Dieser Handel widerte die Spanier im Grunde an, zumal die Comanchen mit ihren Gefangenen jeden erdenklichen Mißbrauch trieben, um deren Preise möglichst zu heben. Frauen wurden grundsätzlich vergewaltigt zurückgegeben, selbst kleine Kinder trugen oft die Male grausamer Folterung. Im Jahre 1761 erzürnte die Anmaßung der Indianer den Gouverneur von Neu-Mexiko bei einer solchen Lösegeldverhandlung dermaßen, daß er seine Soldaten gegen ein Lager nahe Santa Fé aussandte. Sechzig

Comanchentipis wurden zerstört und die Bewohner massakriert. Wenn auch die Nemene diese Argumentationsweise verstehen mochten, die Vorgesetzten des Gouverneurs in Neu-Spanien brachten dafür kein Verständnis auf. Nach 1759 hatte die Regierung eine Politik der Zurückhaltung gegenüber den Comanchen eingenommen, weil man sie für zu mächtig hielt, um bei ihnen Erfolge mit anderen Mitteln als geduldiger Diplomatie zu erzielen. Der Gouverneur wurde wegen seines Vorgehens gegen »friedliche Indianer« sogar zur Ordnung gerufen.

Die Theorie der spanischen Regierung war bewundernswert, stellte aber leider die wahren Verhältnisse nicht in Rechnung. Mehr als einmal hatten die Comanchen wegen geringfügiger Zwischenfälle Krieg mit den Spaniern begonnen, und es bedurfte wohl mehr als nur der Bekundungen des Wohlwollens, um sie dazu zu bringen, ihre Raubzüge zu unterlassen. Die Comanchenkrieger waren sich der Schwächen der Spanier wohl bewußt. Der Lösegeldhandel war nötig, um spanisch-mexikanische Gefangene vor dem Tod oder grausamer Folter zu bewahren. Nur machte die Regierung dabei bald einen folgenschweren Fehler: Um Freundschaft und guten Willen zu bekunden, verfügte sie die Verteilung von Geschenken, wann immer sich Kontakte mit vorüberziehenden Comanchen ergaben. Als Gegenleistung erwartete man von den Indianern Friedensgelöbnisse. Aber die Comanchen waren nicht dumm; sie begriffen die Geschenke als das, was sie in Wirklichkeit waren – als Tribut. Sie forderten bald immer mehr.

Wie eh und je war die Regierung bereit, die Grenzsiedlungen im Interesse ihrer weitgesteckten, langfristigen Pläne leiden zu lassen. Wenn sich das Vertrauen der Comanchen mit diplomatischen Mitteln nicht gewinnen ließ, so schien es doch andererseits unmöglich, die Mittel für einen langwierigen Indianerkrieg aufzuwenden, der an der unproduktiven Grenze große Militärkontingente und Unmengen an Material erfordert hätte. Die Silberminen und die großen Pflanzungen lagen jenseits der Reichweite der wilden Stämme. Lange Jahre hindurch waren daher die Grenzer Neu-Spaniens gezwungen, die entsetzlichsten Zustände zu ertragen. Es war ihnen untersagt, sich selbst zu verteidigen, während man ihnen gleichzeitig angemessenen Schutz vorenthielt.

Unter diesen Bedingungen konnte die Grenze von einer stagnierenden Zivilisation, die die gewalttätigen, mächtigen Comanchen fürchten gelernt hatte, nicht gehalten werden. Die Nemene und nicht die Franzosen oder Spanier waren zu den wahren Herren der Südwestgrenze geworden.

Der Traum vom Reich erfüllt sich nicht

Die spanische Regierung reagierte auf die furchtbaren Zustände an der nordamerikanischen Grenze überaus schleppend. Das lag jedoch nicht an der Krone, sondern daran, daß die Gesellschaft und die Bürokratie Neu-Spaniens mit lähmenden Widersprüchen zu kämpfen hatten und bereits erhebliche Verfallserscheinungen zeigten. Es nutzte wenig, daß Karl III., ohnehin der fähigste der spanischen Bourbonen, Minister und Beamte berief, die entschlossen waren, das Weltreich zu reformieren und neu zu beleben, die Erträge zu steigern und die militärische Verteidigung zu verbessern. Unter den vorherrschenden Umständen konnten diese Männer allerdings kaum etwas bewirken; die Bourbonen konnten der Ruine ihres Imperiums allenfalls eine moderne Fassade geben. Die Beamten, die Karl III. nach Amerika sandte, waren vorwiegend Militärs, die militärische Lösungen anstrebten. Vor den schwerwiegenden Problemen der spanisch-amerikanischen Gesellschaft aber mußten sie kapitulieren.

1766 sandte der König den *Visitador* oder Generalinspekteur Marqués de Rubí, um die Verhältnisse entlang der gesamten Grenze von Louisiana bis zur Baja California zu untersuchen. Der Marqués legte dabei über zehntausend Kilometer zurück, besuchte jeden Posten und jede Siedlung, legte Karten an und betrieb überaus gründliche Nachforschungen. Er stellte erschreckende Zustände fest und berichtete darüber mit aller Deutlichkeit.

Marqués de Rubí erkannte rasch, daß sich das System der weit vorgeschobenen Presidio-Missionen in der Auflösung befand. Apachen hatten die Missionen Calendario und San Lorenzo zerstört; in den texanischen Presidios San Luis am San Saba, Orcoquisac am Trinity und El Cañón am oberen Nueces herrschte praktisch Belagerungszustand; selbst die Truppen der Garnison San Antonio wagten sich kaum über die Reichweite ihrer Kanonen ins Land hinaus. Nur innerhalb der Befestigungsmauern waren die Soldaten noch Herren der Lage. Immer wieder wurden spanische Siedlungen überfallen. Auch die hispanisierten Coahuiltec bei San Antonio lebten in ständiger Bedrohung durch marodierende Lipan und Comanchen. Unter solchen Bedingungen konnten die Missionspriester keinerlei Erfolge mehr erzielen.

Rubí erkannte auch, daß die Missionen noch aus anderen Gründen scheitern mußten. Die Zahl der angeworbenen Indianer nahm mit bedenklicher Geschwindigkeit ab; viele der älteren Missionen lagen bereits verlassen da. Es war nicht zu übersehen, daß die Missionen in Texas keine hispanisierte Bevölkerung hatten hervorbringen können.

Zu ähnlich niederschmetternden Ergebnissen kam der Generalinspekteur bei der Begutachtung des Grenzverteidigungssystems. Die armselige Ausstattung der Fortsoldaten, nun fast ausschließlich entwurzelte *mestizos*, rief bei ihm ebenso Abscheu hervor wie die Bestechlichkeit und Geldgier der Offiziere, die an der nördlichen Grenze als Zahlmeister, Quartiermeister und Kommissare tätig waren. Infolge der Korruption waren die Truppen zerlumpt und miserabel ausgerüstet. Sie besaßen kaum Pferde und waren disziplinlos. Offiziere verkauften die Arbeitskraft ihrer Leute an private Landbesitzer, taten aber kaum etwas, um die Indianer abzuwehren.

Rubí faßte seine Untersuchungen in einer Reihe unmißverständlicher und scharf formulierter Berichte zusammen. Seine wesentlichste Erkenntnis war, daß die Grenze in Texas nur noch als Wunschtraum existierte. Die Presidios und Missionen verschafften Spanien in den riesigen Nordregionen keinerlei Kontrolle über die kriegerischen Indianer. Schlimmer noch – sie waren dermaßen exponiert, daß sie der tatsächlichen spanischen Grenze, die immer noch südlich des Rio Grande verlief, keinen Schutz boten. Spanien wäre nie in der Lage, die nördlichen Gebiete zu sichern, solange es keine Mittel fand, die wilden Indianer im Zaume zu halten.

Er erkannte klar, daß die süd- und osttexanischen Stämme keine nennenswerte Bedrohung darstellten. Die Gefahr ging von den Wichita, Comanchen und Apachen aus. Aber in diesem Punkt beging er einen schweren Irrtum, indem er sich der an der Grenze vorherrschenden Auffassung anschloß, die Apachen seien die schlimmsten Feinde Spaniens.

Diese Fehleinschätzung ist jedoch verständlich, da die Apachen die spanischen Siedlungen schon seit einem Jahrhundert terrorisierten. Als sie von den Comanchen ins Grenzgebiet abgedrängt worden waren, verstärkten sie sogar ihre Raubtätigkeit. Über die Comanchen wußten die Spanier noch immer nur sehr wenig und meinten, sie seien weit im Norden beheimatet; zweifellos schrieben sie auch viele Comanchenüberfälle den Apachen zu. Fast alle spanischen Beamten glaubten, die Schwierigkeiten mit den

Comanchen rührten hauptsächlich aus deren Nachbarschaft mit den östlichen Apachen her. Nur wenige begriffen, daß die Comanchen nicht etwa bei der Verfolgung feindlicher Indianer über die spanischen Siedlungen herfielen, wenn sie dabei zufällig in deren Nähe gerieten, sondern daß sie es auf die Pferde der Spanier abgesehen hatten. Man hoffte immer wieder, mit ihnen Frieden schließen zu können, sofern es nur gelänge, sie zu einem Bündnis für den gemeinsamen Krieg gegen die Lipan zu bewegen.

Rubís Empfehlungen waren daher fast gänzlich militärisch auf das Indianerproblem zugeschnitten, wie er es auffaßte:

1. Die Missionen und Forts in Texas sollten bis auf San Antonio und La Bahía, das außerhalb der Reichweite der Comanchen lag und als Zugang zum Golf strategische Bedeutung besaß, aufgegeben werden.

2. San Antonio sollte ebenso wie Santa Fé als Flaggenvorposten gehalten und dadurch verstärkt werden, daß man andere texanische Siedlungen in seine Nähe verlegte.

3. An der tatsächlichen Grenze sollten zwischen Laredo und dem kalifornischen Golf fünfzehn neue Forts errichtet werden, um Neu-Spanien vor den nördlichen Indianern zu schützen.

4. Man sollte durch »französische Methoden« Bündnisse zwischen den Comanchen, Wichita und anderen weit nördlichen Stämmen anstreben, indem man durch Verlassen ihrer Gebiete ihre Freundschaft zu gewinnen suchte und die gemeinsame Feindschaft gegenüber allen Apachen nährte.

5. In den Grenzgebieten sollte ein Vernichtungskrieg gegen die Apachen geführt werden, bei dem die überlebenden Frauen und Kinder als Sklaven nach Mexiko verschleppt werden sollten.

In drei Punkten waren diese Vorschläge radikal: Sie gestanden erstens das Versagen der bisherigen Grenzpolitik und die militärische Ohnmacht der Spanier gegenüber den berittenen Indianern ein; sie rieten zweitens zur zeitweiligen Aufgabe beanspruchter Gebiete; sie empfahlen drittens erstmals eine gezielte staatliche Ausrottungspolitik gegenüber einem Indianervolk.

Ähnliche Gedanken und Vorschläge hatten andere spanische Beobachter vorher auch schon niedergeschrieben. Der Marqués jedoch hatte das Vertrauen des Königs und fand mit seinem Rat bei ihm Gehör. 1772 gab Karl III. ein Edikt heraus, in das er sämtliche Empfehlungen de Rubís aufnahm. Er nannte es »Die Neuen Anordnungen für die Presidios«.

Noch im selben Jahr schloß der texanische Gouverneur Baron de Ripperdá die östlichen Missionen und Presidios an der Louisiana-Grenze. Allerdings stießen er und seine Soldaten bei den etwa fünfhundert spanischen Kolonisten, die sich am Rande der texanischen Kiefernwälder kleine Ranchen angelegt hatten, auf Schwierigkeiten. Diese Siedler lebten mit den aussterbenden Caddo in Frieden. Ihr fruchtbares Land lag weit außerhalb des Zugriffs der berittenen Stämme. Ripperdá sah ein, daß es falsch war, sie nach San Antonio umzusiedeln, mußte aber seinen Befehlen folgen. Bei San Antonio fanden die Umsiedler nur noch minderwertiges Land vor und lebten zudem in ständiger Bedrohung von seiten der Lipan und Comanchen. Sie weigerten sich, an dem neuen Ort zu bleiben, Ripperdá bot schließlich einen Kompromiß an: Zwar durften sie nicht in ihr altes Land zurückkehren, sollten aber weit im Osten, am Trinity River, eine neue Siedlung gründen. Das war Bucareli, ein Gebiet, das als sicher angesehen wurde, da es unterhalb einer Pufferzone lag, in der Tonkawa und Wichita heimisch waren.

Einige Jahre lang gedieh Bucareli. Doch dann machten es die Comanchen ausfindig. Die Tonkawa und Wichita boten den spanischen Bauern keinen Schutz. Im Frühjahr 1778 stahlen Comanchen einige Pferde. Dabei wurden mehrere Indianer von den Siedlern getötet. Die Comanchen rückten wenig später im selben Jahr mit starken Kräften an und trieben 276 Pferde davon. Die Lage wurde, wie der Priester von Bucareli schrieb, so gefährlich, daß die Männer die Siedlung schließlich nicht einmal mehr zur Jagd oder Feldbestellung zu verlassen wagten. Da die Siedler ein weiteres Jahr in der gefährdeten Gegend nicht riskieren wollten, kehrten sie, ohne die ferne Regierung zu fragen, in die Nähe ihrer alten Heimstätten zurück und bauten nahe dem alten Presidio Nacogdoches eine neue Siedlung auf. Wohl oder übel nahm der Gouverneur die vollendeten Tatsachen hin.

Der am einfachsten zu erfüllende Teil der »Neuen Anordnungen« war der Rückzug aus dem Norden und die Wiedererrichtung von Garnisonen südlich des Rio Bravo. Schwieriger und schleppender ließ sich der Teil des Planes an, der Bündnisse mit den texanischen Indianern und einen Krieg gegen die Apachen vorsah. Trotz aller bürokratischen Verzögerungen schien es dennoch einige Jahre lang so, als schlügen die »französischen Methoden« bei den nördlichen Stämmen recht gut an, zumal die Spanier nun auch auf die Hilfe von Franzosen zurückgreifen konnten.

Nachdem Louisiana an Spanien gefallen war, kehrten zwar die meisten Franzosen nach Europa zurück. Es blieben jedoch auch einige fähige Männer da, die nun die spanische Krone in Dienst nehmen konnte. Zu ihnen gehörte Athanase de Mezières, der dreißig Jahre an der Grenze gelebt hatte und zu den besten Indianeragenten aller Zeiten gezählt werden darf. Nachdem er spanischer Untertan geworden war, ernannte man ihn 1769 zum Kommandanten des Natchitoches-Distrikts am Red River. Gemäß de Rubís Plan suchte er nun die nordtexanischen Stämme auf und bereiste

Gebiete am oberen Red und Brazos River, in die sich kein Spanier wagen durfte.

Um 1771 war es ihm gelungen, Bündnisse aller Unterstämme der Wichita – Tawehash, Waco und Tawakoni – mit den Spaniern herzustellen. 1772 stöberte er die Kanonen wieder auf, die Parilla bei seiner Strafexpedition verloren hatte. 1774 schließlich hatte er die Zustimmung mindestens eines Comanchenstammes dafür gewonnen, sich mit den Weißen Männern gegen die Apachen zusammenzuschließen. Zu jener Zeit hatte er auch die Tonkawa bereits mit den Spaniern versöhnt. Die meisten Comanchen aber verhielten sich noch aktiv feindlich. Vielleicht wäre es ihm sogar gelungen, alle diese kriegerischen Stämme gegen die Apachen in Texas aufzubringen. Aber er starb; sein Werk zerfiel. Er war der letzte große französische Indianeragent, und es gab niemanden, der seine Arbeit hätte weiterführen können.

Teodoro de Croix, der 1776 zum Generalkommandanten der inneren (Grenz-) Provinzen von Neu-Spanien ernannt wurde, versuchte den meisterhaften Plan fortzuführen. In den Jahren 1777/78 berief er drei große Konferenzen in San Antonio, Monclova in Coahuila und seinem Hauptquartier in Chihuahua ein. An diesen Kriegsräten nahmen sämtliche wichtigen militärischen und zivilen Beamten teil. Die Ergebnisse und Beschlüsse dieser Versammlungen faßten im wesentlichen zusammen, was die Spanier über die Apachen wußten.

Das Apachenproblem an der Grenze bestand, seit die Spanier ins Land gekommen waren, und es war von Jahr zu Jahr schlimmer geworden. Die Apachen verfügten über fünftausend mit Bogen, Lanzen und Gewehren bewaffnete Krieger. Sie unternahmen nur Überraschungsangriffe, und auch nur, wenn sie im Vorteil waren. Die Grenzsoldaten dagegen reichten weder zur Verteidigung noch zum Angriff aus. Die östlichen Apachen mußten unbedingt zurückgeschlagen werden. Aber solch ein Feldzug hätte mindestens dreitausend Soldaten erfordert, mehr als die Spanier in ganz Neu-Spanien besaßen.

Da die Comanchen Feinde der Apachen waren, bot sich ein Bündnis mit ihnen an. Mit einem solchen Bündnis konnte man die Apachen »mit Gottes Hilfe« vernichten. Daher mußte man, um diesen Krieg führen zu können, Frieden mit den Comanchen erzielen.

Aus diesen Erkenntnissen entwickelte der Generalkommandant einen Operationsplan mit einer ebenso einfachen wie großartigen Strategie. Alle spanischen Truppen im Norden Neu-Spaniens und sämtliche Soldaten und Bürgermilizen, die in Neu-Mexiko aufgeboten werden konnten, sollten von Süden und Westen zum Rand der *Apachería* vorrücken. Gleichzeitig sollten die texanischen Truppen, verstärkt durch eine noch wesentlich größere Streitmacht aus Wichita, Comanchen und anderen Kriegerstämmen des Nordens, nach Süden und Westen vorstoßen. Die beiden Truppenkeile sollten dann die Apachen entlang des Rio Grande zusammentreiben, jagen und Bande um Bande vernichten.

Der Plan setzte das Überraschungsmoment voraus: Um die *indios* in Sicherheit zu wiegen, sandten die Spanier nun Friedens- und Freundschaftsbekundungen an alle Apachen, die sie erreichen konnten.

Teodoro de Croix erwartete nicht, die Apachen mit einem einzigen Feldzug völlig auslöschen zu können. Er wollte jedoch mit diesem Schlag die spanische Macht demonstrieren und die Überlebenden so sehr einschüchtern, daß diese keine Kriege mehr wagen würden. Dadurch wäre nicht nur der Frieden hergestellt und Texas, Neu-Mexiko und der Norden Neu-Spaniens vom Apachenterror befreit; die Beseitigung der Indianergefahr hätte seiner Rechnung nach auch die Verlegung der realen Grenze an den Rio Bravo und einen direkten Grenzverlauf von Louisiana nach Santa Fé ermöglicht. Durch Besiedlung des entstandenen Leerraumes sollte sich Spanien dann letztendlich ein riesiges nordamerikanisches Reich schaffen.

Die Strategie war in sich schlüssig. Nur basierte sie auf hoffnungslosen Wunschvorstellungen. Es gelang nie, das große Bündnis mit den nördlichen Indianern herbeizuführen. Aufeinander abgestimmte Operationen, wie sie die Spanier sich vorstellten, entsprachen nicht der Art indianischer Kriegführung. Außerdem konnte der Feldzug gegen die Apachen ohne die Comanchen ohnehin nicht erfolgreich sein. Er wurde in der Tat auch nie begonnen.

De Croix scheiterte schon an der spanischen Hälfte des Plans, da die Regierung die nötigen Mittel und Soldaten nicht bereitstellte. Wie bei so vielen Träumen der Spanier nahm man auch von dem Projekt zur Befriedung von Texas niemals offiziell Abstand, sondern ließ das große Vorhaben durch bürokratische Verzögerung einfach versanden. Die Grenzsiedlungen in Texas, Neu-Mexiko und dem Norden Neu-Spaniens waren damit in der Abwehr marodierender Indianer wieder völlig auf sich selbst gestellt.

Im Jahre 1780 schrieb Domingo Cabello, der Gouverneur von Texas, aus San Antonio: »Es vergeht kein Augenblick, in dem nicht Meldungen über Grausamkeiten oder Störungen von den Ranchen eintreffen ... Bei unserer völligen Schutzlosigkeit kann dies nur zur gänzlichen Zerstörung und zum Verlust dieser Provinz führen.«

Ab und zu sandte man ein paar Soldaten oder verlegte sie von einem Ort zum anderen; aber sie konnten kaum mehr ausrichten als bisher. Beim Vizekönig häuften sich die Proteste der Gouverneure und Kommandanten, der Priester und Siedler – und verpufften wirkungslos. Die dünnbesiedelten Nordprovinzen waren wirtschaftlich unbedeutend und besaßen weder politischen Einfluß noch Macht. Allenfalls wurde gelegentlich einmal ein fähiger Offizier auf eine Kommandostelle entsandt.

Die bereits 1772 begonnenen, jahrelangen Bemühungen um Frieden und Bündnisse mit den Comanchen brachten also keine nennenswerten Ergebnisse. Obwohl die Beamten in Neu-Mexiko ebenso zäh wie ehedem de Mezières in Texas um Frieden verhandelten, erzielten sie nur örtlich und zeitlich begrenzte Erfolge. Die Spanier mußten zahllose Provokationen hinnehmen. Ihre Taktik der Geschenke scheiterte.

Ein neuer Offizier allerdings, der 1779 nach Neu-Mexiko versetzte Don Juan Bautista de Anza, rettete den Spaniern wahrscheinlich jene Provinz gerade in den Jahren, in denen Cabellos Texas dem Verfall und der Zerstörung anheimfiel. De Anza war eine seltene Ausnahme im spanischen Beamtenstand: Er verstand die Indianer, erkannte auch ihre Probleme klar, und er hatte den Mut, nach seinen Erkenntnissen selbständig zu handeln. Er war überzeugt, daß sich das Comanchenproblem nur lösen ließ, wenn die Spanier sich den Respekt der Indianer erwarben.

Er hatte Auftrag, Frieden zu suchen. Den sichersten Weg dorthin sah er im Krieg. Er beschloß, die berittenen Indianer mit ihren eigenen Methoden zu bekämpfen. Im Herbst 1779 stellte er eine große Streitmacht aus Lanzenträgern und bewaffneten Zivilisten auf, die sechshundert Mann umfaßte, darunter 259 indianische Verbündete. Mit dieser Truppe zog de Anza auf verschwiegenen Pfaden und bemüht, nicht entdeckt zu werden, nach Norden tief ins Comanchengebiet. Auf dem östlichen Colorado-Plateau meldeten ihm seine indianischen Scouts das Lager eines großen Kriegshäuptlings der Kotsoteka-Comanchen, den die Spanier unter dem Namen Cuerno Verde (Green Horn, Grünes Horn) kannten.

Der Häuptling und die meisten seiner Krieger waren nicht daheim; sie plünderten gerade Taos. De Anza griff das Lager an, vernichtete es und tötete die Frauen und Kinder. Dann legte er mit seiner Truppe dem heimkehrenden Cuerno Verde südlich des Arkansas einen Hinterhalt. In dieser Schlacht nahe dem heutigen Greenhorn Peak wurden die Comanchen rücksichtslos massakriert. Cuerno Verde und seine Leute wurden niedergemacht. Nur wenigen Kriegern gelang die Flucht. Die Kunde von dieser blutigen Niederlage erschütterte bald die gesamte *Comanchería*.

Dabei war de Anza keineswegs ein blutdürstiger Militarist oder Indianerhasser; er bediente sich nur der Methode, die er für die einzig erfolgversprechende hielt. Er hegte keinerlei Absicht, die Nemene zu vernichten, denn dazu schätzte er allein schon ihre Zahl auf den südlichen Plains viel zu hoch ein. Er wollte den Räubern nur bittere Lektionen erteilen, sie zu einer Art Koexistenz zwingen und schließlich zu Freunden und Verbündeten der Spanier machen. Nach diesem Anfangserfolg wurden jedoch sämtliche Operationen verschoben, da zwischen Spanien und Großbritannien ein Krieg ausbrach. Erst 1783 konnte de Anza wieder losziehen.

In den Jahren 1783/84 bewirkten er und seine Soldaten kleine Wunder. Sie gingen wie Indianer auf den Kriegspfad, stießen tief ins Comanchengebiet vor und überraschten und töteten kleinere Gruppen, wo immer sie auf sie trafen. Sie griffen dabei auf die Erfahrungen de la Sernas und früherer Grenzer zurück und zeigten neben Rücksichtslosigkeit bisweilen auch Zurückhaltung: Durch freigelassene Gefangene ließ de Anza die Comanchen wissen, sie könnten Frieden und Handel haben, sofern sie nur bewiesen, daß sie es ernsthaft wünschten.

Diese Kriegszüge waren von herausragender Bedeutung, weil sie belegten, daß eine europäische Streitmacht, die sich indianischer Verbündeter bediente, die Indianer mit ihren eigenen Mitteln auf ihrem Terrain schlagen konnte. Die Comanchen entwickelten bald einen ehrfürchtigen Respekt vor de Anza. Im Juli 1785 tauchten in Neu-Mexiko die ersten Krieger mit den Zeichen des Waffenstillstands auf und boten Frieden an.

Nun bewies de Anza, wie genau er die Comanchen wirklich kannte. Er weigerte sich, über Frieden zu verhandeln, solange nicht alle an Neu-Mexiko angrenzenden Gruppen an den Beratungen teilnahmen. Und solange nicht sämtliche Comanchen in den Frieden einwilligten, würde es ihn mit keiner einzigen Gruppe geben, erklärte er. Ferner bestand er darauf, daß er als großer Häuptling aller Spanier nur mit einem Comanchenhäuptling verhandeln wolle, der ermächtigt sei, für sie alle zu sprechen. Er wußte, daß er mit europäischer Diplomatie bei den zersplitterten Comanchen nichts ausrichten konnte, solange sie sich nicht auf einen gemeinsamen Führer einigten.

Man kann nur vermuten, inwieweit die Comanchen diese Forderung begriffen und welche Krisen sie bei ihnen auslöste. Es ist bekannt, daß praktisch alle Kotsoteka- und Yamparika-Verbände Vertreter zu einem großen Rat in Taos entsandten. Hier wählten die versammelten Häuptlinge einen obersten Sprecher namens Cuera (Leather Jacket, Lederjacke), der auch zuweilen Cota de Malla (Coat of Mail, Panzerhemd) genannt wird. Dies ging nicht ohne erhebliche Meinungsverschiedenheiten untereinander ab; bei einem solchen Zwist widersetzte sich der Häuptling Toro Blanco (White Bull, Weißer Stier) den Anordnungen von Cuera und wurde getötet.

Kaum etwas spricht dafür, daß allein die Furcht vor Vernichtung die

Comanchen veranlaßt hatte, sich zu den Friedensgesprächen bereitzufinden. De Anza vermied sorgfältig, ihre Jagdgründe zu bedrohen oder zu versuchen, sie unter spanische Hoheit zu bringen. Er bot den Indianern schlicht die Wahl zwischen attraktiven Handelsbedingungen und der blutigen Kriegslanze an, eine Wahl, die alle Comanchen ohne Erniedrigung akzeptieren konnten.

De Anza war klug genug, Cuera mit einer eindrucksvollen Zeremonie willkommen zu heißen. Er schenkte ihm dabei ein Schwert und eine Fahne als Symbole der spanischen Anerkennung seiner Würde. Damit begannen die Spanier eine Praxis, die später von den Engländern und Amerikanern nachgeahmt werden sollte: Sie überreichten den Indianerhäuptlingen Medaillen und Uniformen, Titel und Insignien – leere Ehrbezeigungen im Grunde, die indianische Gleichheit vorspiegelten und vielfach Eindruck machten.

Aber in Taos wurden auch feierliche Gelübde geschworen. Die Comanchen versprachen, Neu-Mexiko nicht mehr zu bekriegen, und de Anza bezog geschickt die Ute und andere unter spanischem Schutz stehende Indianer in das Gelöbnis ein. Sie sagten ferner zu, den Spaniern gegen die verhaßten Apachen beizustehen.

Im Gegenzug schwor de Anza, daß den Banden die Märkte von Neu-Mexiko offenstehen würden und daß sie gegen Fleisch, Talg und Häute Waren und Pferde eintauschen könnten. Es waren dies auf beiden Seiten keine leichtfertigen oder scheinheiligen Zusagen. Juan de Anza schuf für Neu-Mexiko einen Frieden, der in seinen Auswirkungen bis in das Brauchtum der Comanchen einging, und selbst die Kwahari, die nicht Vertragspartei waren, hielten sich daran.

Der Waffenstillstand von 1786 setzte nur den Anfang einer neuen Beziehung zwischen den Spanisch-Mexikanern Neu-Mexikos und den benachbarten Comanchen. Nun konnten die Comanchen unbehindert auf die Märkte reiten und um Pferde feilschen, und neumexikanische Händler konnten sich frei im Comanchengebiet bewegen. Diese Händler und Rancher waren die einzigen Zivilisierten, die mit ihren Wagen und Waren in Comanchenlager eingelassen wurden.

Die Angloamerikaner des neunzehnten Jahrhunderts begriffen nie ganz die Rolle dieser Händler, der Comancheros, weil sie auch das Wesen des abgeschlossenen Friedens nicht begriffen: Es war ein Koexistenzabkommen zwischen den Indianern und Neu-Mexiko, das sich keineswegs auf sämtliche Spanier bezog. Die Comanchen verstanden nicht, daß die Europäer Nationen bildeten. Auf einer derartigen Grundlage, also für alle Spanier, hätten sie wahrscheinlich auch keinen Frieden akzeptiert.

Texas und die Provinzen des nördlichen Neu-Spanien blieben damit nach wie vor leichte Beute für die Kotsoteka und Yamparika. Die Comancheros verkauften Feuerwaffen, die die Comanchen gegen die mexikanischen Spanier einsetzten. Aber sie fuhren gleichzeitig fort, mexikanische Gefangene freizukaufen.

Der Friedensschluß und die Comancheros retteten Neu-Mexiko, das von den Apachen immer noch schwer heimgesucht wurde, vor den Verheerungen, die Texas und Nordmexiko trafen. Anfangs glaubte de Anza allerdings, er würde noch weit größere Auswirkungen mit sich bringen, als es dann tatsächlich der Fall war. Die Comanchen beteiligten sich an mehreren Expeditionen gegen die Apachen. Die Spanier hofften, die Indianer würden unter Häuptlingen, deren Loyalität sie kauften, schließlich spanische Untertanen werden.

Ugarte, der Nachfolger von de Croix als Generalkommandant der inneren Provinzen, wollte sogar einen Comanchen als »Generalleutnant« berufen, der den Spaniern als Verbindungsinstanz zu sämtlichen Gruppen dienen und dazu mit Gehalt und königlichem Patent ausgestattet werden sollte. Nachdem das Missionskonzept der »Heimführung« gescheitert war, versuchten die Soldaten des Königs, die Indianer über die Einführung einer militärischen Hierarchie zu europäisieren.

Jedoch vertraute Ugarte den Indianern nicht voll. Als einige der verbündeten Comanchen den Wunsch äußerten, Spanisch zu lernen, wandte Ugarte ein, nur Kinder, deren Wesen noch formbar war, sollten in der Sprache unterrichtet werden; erwachsene indianische Krieger könnten dabei zu viel über die Europäer erfahren.

Immer noch verfolgte de Anza ein ehrgeiziges Projekt der Spanier weiter. Bei jeder Ratssitzung, an der er teilnahm, suchte er die Comanchen zu bewegen, »den Weg des Weißen Mannes einzuschlagen« – Ackerbauern zu werden. Schließlich fand sich eine Gruppe, die Jupes, bereit, einen Versuch zu unternehmen. Die Regierung in Santa Fé investierte die damals erhebliche Summe von siebenhundert Dollar, um beim heutigen Pueblo in Colorado ein Dorf für sie zu errichten. Die erste Auswirkung war vorhersehbar: Unruhe unter den eifersüchtigen Ute, die keine Vergünstigungen von der Krone erhalten hatten. Das zweite Resultat kam ebenso unausweichlich, wenn es den Spaniern auch schleierhaft blieb: Einige der Jupes starben an Krankheiten – und sofort verließ die gesamte Gruppe das Dorf, das damit zur Tabuzone geworden war; die Indianer kehrten zum Jägerleben zurück. Nicht einmal der einflußreiche Juan de Anza also konnte die Lebensweise der Comanchen umkrempeln oder ihre ältesten Sitten und Bräuche ändern.

Der Waffenstillstand zwischen den Comanchen und Ute zerbrach schließlich, aber der Frieden in Neu-Mexiko hielt. Die Comancheros konnten sich ein ganzes Jahrhundert lang unter den Comanchen frei bewegen. Noch während der letzten Jahre spanischer Herrschaft in Texas beteiligten sich gelegentlich Nemene von den texanischen Plains an spanischen Kampagnen gegen Apachen am oberen Rio Grande. Viele Comanchen ehrten das Gedächtnis de Anzas und blieben seinem »Volk« wohlgesinnt.

Mit der größten Gruppe der Comanchen, den Penateka, war kein Frieden geschlossen worden. Ihr Wanderungsgebiet stieß zwar nicht an Neu-Mexiko an, aber Jahr um Jahr dehnten sie es in Richtung auf San Antonio de Bexár und den unteren Rio Grande aus. Im Jahre 1771 vertrieben sie die neue Ansiedlung Laredo vom Nordufer des Rio Grande; die Stadt wurde unter dem Namen Nuevo Laredo am Südufer, wo der Fluß einigen Schutz bot, wieder aufgebaut.

Hier aber wie überall in den verstreuten Ortschaften der spanischen Nordprovinzen basierte das Leben auf der Ackerbau- und Viehzuchtkultur, die von weitgestreckten Weidegründen und entlegenen Gehöften abhängig war. Wenn auch die Comanchen nicht einfach die Städte einnehmen konnten, machten sie doch den Viehzüchtern draußen auf dem Lande das Leben unerträglich und überfielen Rinder-, Pferde- und Ziegenranchen, wenn die Männer außer Haus waren, brandschatzten, vergewaltigten die Frauen, schnitten ihnen die Gedärme heraus und töteten oder entführten die Kinder. Jahr um Jahr wuchs die Angst.

In den östlichen Provinzen gab es keine Offiziere vom Format eines de Anza. Obwohl die Garnison San Antonio in den siebziger Jahren immer weiter verstärkt wurde – schließlich standen dort acht volle Kompanien –, wurden nie wirksame militärische Maßnahmen gegen die Comanchen unternommen. Die Winterlager der Penateka lagen immer noch weit nördlich und westlich von San Antonio in Gebieten, in die sich kein spanischer Kommandeur vorwagte. Man schien in Texas aus den neumexikanischen Erfahrungen nicht zu lernen.

Statt dessen verteilte Domingo Cabello, der Gouverneur von Texas, große Mengen Handelsgüter – Tabak, Stoffe, roten Farbstoff, Glasperlen und Werkzeuge – an jeden Comanchen- oder Lipanhäuptling, der nur kam, um sie sich zu holen. Kriegshäuptlinge hofierte man mit Orden und Uniformen. Diese Tribute legten der gesamten Grenze eine weitere Bürde auf; um die achtziger Jahre verschlangen sie jährlich etwa fünftausend Dollar, eine für jenes Land damals ungeheure Summe.

Erreichen jedoch konnte man mit derlei Beschwichtigungstaktiken nichts.

Einige Häuptlinge willigten zwar in lokale Waffenruhe ein, die gelegentlich einige Jahre lang hielt. Aber die zersplitterten Nemene ritten in Hunderten kleinerer Kriegerbanden; kein friedenswilliger Häuptling hätte sie kontrollieren können. Die Comanchen begannen Krieg, wann immer sie dazu Lust verspürten. Einige Gruppen, die nie die politische Struktur der spanischen Gebiete begriffen, nahmen in San Antonio Zahlungen an und ritten dann weiter, um in der Gegend von Laredo zu plündern.

Was die Comanchen nicht zerstörten, das holten sich die Lipan aus den westlichen Bergen. Allerdings wurden ihnen in den wirren Berichten der Spanier, die nie richtig die Situation im Indianerland erkannten, weit mehr Überfälle und Greuel zugeschrieben, als sie tatsächlich begingen. Bedrängt von den Comanchen, schwand die Macht der Apachen dahin. Die Existenz der Spanier bedrohten sie nie so, wie die Spanier selbst das glaubten.

Schließlich sollten die Spanier ihr Ziel, die östlichen Apachen entscheidend zu schlagen, doch noch erreichen. Im Jahre 1790 gelang es dem Kommandanten der östlichen Provinzen, Brigadegeneral Ugalde, ein ähnliches Bündnis herzustellen, wie de Anza es in Neu-Mexiko erwirkt hatte. Er stellte eine machtvolle Streitmacht aus Wichita und Comanchen zusammen, die mit der erklärten Absicht in sein Gebiet gekommen waren, sich den Spaniern gegen die Apachen anzuschließen. Gemeinsam mit dieser Truppe schlossen Ugaldes Soldaten die größte Gruppe der Lipan-Apachen in einer Schlucht am Nueces westlich von San Antonio ein. In diesem Kessel, der seither den Namen Cañon de Ugalde trägt, metzelten sie Hunderte von Apachen nieder. Danach hat dieser Stamm nie wieder eine ernstzunehmende Bedrohung dargestellt.

Ganz entgegen den zahlreichen Berichten über das Ende der indianischen Gefahr, die spätere Historiker verwirrten, sollte die Siegesfreude der Spanier nur kurz währen. Der Waffenfriede mit den Wichita und Comanchen erwies sich als wenig dauerhaft. Die Comanchen plünderten weiter. Doch zu guter Letzt erkannten die spanischen Behörden den wahren Charakter ihres Problems: Marodeure aus der fernen *Comanchería* und nicht Indianer aus den angrenzenden Gebieten machten ihnen zu schaffen.

Im Jahre 1792 berichtete Manuel Muñoz, der neue Gouverneur von Texas, erbittert, mit großzügigen Geschenken und Friedensangeboten lasse sich nichts mehr bewirken. Es war ein Schreckensjahr für die gesamte Grenze. Mehr Überfälle, Morde, Folterungen und Brandstiftungen denn je wurden gemeldet. Auf die zahllosen Klagen hin sandte der Vizekönig, der Conde de Revillagigedo, große Truppenkontingente nach Texas: Von den viertausend spanisch sprechenden Einwohnern waren nunmehr eintausend Soldaten.

Revillagigedo, den die Minister Karls III. nach dessen Tod 1788 ernannt hatten, war der letzte fähige Vizekönig Neu-Spaniens, so wie Ugalde Spaniens letzter großer Grenzgeneral sein sollte. Karl IV. übertrug die Regierungsgeschäfte Manuel de Godoy, dem Geliebten seiner Frau, und die Verwaltung des Reiches verkam in bodenloser Dekadenz und Korruption. Viele der fähigen Offiziere und Beamten wurden aus Amerika zurückbeordert; in San Antonio schlugen die Truppen, die Befehl hatten, starke mobile Einheiten zu bilden und nach dem Muster de Anzas und Ugaldes die Indianer zu verfolgen, ihre Zeit damit tot, lediglich die Befestigung des Presidios zu verstärken. Als 1793 in Europa Krieg ausbrach, wurden auch sie abberufen.

Die Missionen in Texas verfielen entweder oder wurden von Amts wegen säkularisiert. Als die Hauptmission in San Antonio 1793 von Militär übernommen wurde, umfaßte sie ganze 43 bekehrte und hispanisierte Indianer. Keine andere Mission konnte ein besseres Resultat vorweisen. Die spanische Gesamtbevölkerung in Texas sank auf weniger als dreitausend Menschen ab, Soldaten und bekehrte *indios* bereits eingeschlossen.

Nach 1793 besaß Spanien in Neu-Spanien keine Administration mehr, die den Willen oder die Kraft gehabt hätte, die nordamerikanische Grenze aufrechtzuerhalten. Unter Karl III. hatte sich Spanien kurze Zeit als Großmacht aufgeführt, unter Karl IV. wurde es zum Spielball anderer Mächte. Im Jahre 1803 rang Napoleon Spanien die Rückgabe des Louisiana-Territoriums unter der Zusage ab, das Gebiet nie an die Angloamerikaner abzutreten; kurz darauf wurde er vertragsbrüchig und verkaufte das gesamte Gebiet an die Vereinigten Staaten. Dadurch stand Spanien an seinen Grenzen erneut eine expandierende Macht gegenüber, während die USA auf Kosten des niedergehenden spanischen Reiches ihr Territorium verdoppeln konnten.

Mit Spanien ging es weiter bergab. 1808 besetzte Napoleon die gesamte iberische Halbinsel und verjagte die Bourbonendynastie vom Thron. In der spanisch-amerikanischen Welt löste dieses Ereignis eine schwere Krise aus, von der sie sich nie erholen sollte. Während Spanien noch in einem kopflosen Guerillakrieg gegen die französischen Eindringlinge gebunden war, erhob sich Mexiko in einer sozialen und antikolonialistischen Revolution.

Hidalgo begann seine Revolte 1810. Wie ein Steppenbrand breitete sie sich über die nördlichen Provinzen und Territorien Neu-Spaniens aus, in denen eine liberale politische Einstellung und eine antispanische Haltung vorherrschten. Zwar waren die Nordprovinzen zu schwach und zu dünn besiedelt, um in der Erhebung mehr als eine symbolische Rolle zu spielen.

Der Aufstand erforderte aber doch die Entsendung großer spanischer Truppenkontingente in den Norden.

Überdies schlossen sich den spanischen und mexikanischen Republikanern in ihren bewaffneten Vorstößen auf Santa Fé nordamerikanische Abenteurer an, die sogenannten Filibuster. Nach dem Sieg über eine spanische Armee eroberte solch eine Expedition 1813 San Antonio. Joaquín de Arredondo, der Kommandant der östlichen inneren Provinzen, zerschlug jedoch die Aufständischentruppe am Medina und deportierte die nordamerikanischen Überlebenden über den Sabine River.

Diese Feldzüge schwächten die Grenze weiter. Arredondo exekutierte in San Antonio dreihundert Republikaner. Durch den royalistischen Terror sank die Bevölkerungszahl auf den Stand zurück, den sie zwanzig Jahre zuvor hatte. Einige Jahre später kam es von Louisiana aus zu einer weiteren Filibusterexpedition. Trotz aller Schwierigkeiten gelang es den Spaniern 1819 in einem Vertrag, in dem sie Florida an die Vereinigten Staaten abtraten, sich die Sabine-Grenze fest zusichern zu lassen. Allerdings war ihnen klar, daß mit diesem Vertrag das Problem keineswegs gelöst war, denn die fruchtbaren Landstriche von Osttexas waren praktisch menschenleer und zogen ganze Horden von Nordamerikanern an, die in jenen Jahren nach Westen vorstießen.

Während die royalistischen Behörden die Grenzprovinzen mit Gewalt im Zaume hielten, waren die Siedlungen in der Abwehr der Indianer auf sich selbst gestellt. Von 1792 an nahm die indianische Bedrohung ständig zu. Sämtliche östlichen Grenzprovinzen lagen innerhalb der Reichweite der Comanchen, und die Indianer konnten ihre Überfälle nun gegen einen Feind durchführen, der ihnen in keiner Weise mehr gewachsen war. Texas, Nuevo León, Nuevo Santander, Coahuila, Chihuahua und selbst das ferne Durango litten von Jahr zu Jahr schlimmer unter dem Terror der Indianer. Alle Berichte aus dem Norden wiesen darauf hin, daß die Comanchen immer feindseliger wurden.

In der extremen Hilflosigkeit der entlegenen spanischen Ansiedlungen machte sich überaus nachteilig die Tatsache bemerkbar, daß die Spanier keinerlei Tradition der örtlichen Selbstverteidigung besaßen. Die Bevölkerung durfte von Gesetzes wegen keine Feuerwaffen besitzen, und in der revolutionären Atmosphäre nach 1810 in Neu-Spanien standen die Behörden lokalen Selbstschutzorganen noch ablehnender gegenüber, sofern sie nicht unmittelbarer Kontrolle spanischer Kommandeure unterstellt waren.

In ihrer Bedrängnis gingen die Siedlungen dazu über, sich Frieden um jeden Preis zu erkaufen. Wo immer die Comanchen auftauchten, bekamen sie Geschenke angeboten, damit sie Ranchen und Orte verschonten. Man dachte gar nicht mehr daran, vielleicht Bündnisse und Verträge mit den nördlichen Indianern herbeiführen zu können, wie es das Programm der Regierung einmal vorgesehen hatte, sondern zahlte nunmehr schlichtweg Tribute, um Massaker zu vermeiden. Je nach Laune der indianischen Krieger gelangen diese Freikaufsbemühungen manchmal, manchmal scheiterten sie. Einzig in Neu-Mexiko hatte der Frieden allgemein Bestand; dort schlossen sich noch 1810 bisweilen Comanchen im Kampf gegen die westlichen Apachen mit den Spaniern zusammen. Doch auch dort hielt der Frieden hauptsächlich aufgrund einer besonderen Ironie der Lage: Die benachbarten Indianer zogen plündernd durch Texas und Nordmexiko und fanden in den Comancheros stets willige Abnehmer für ihre Gefangenen. So profitierten einige Neumexikaner vom Leiden der anderen Regionen. Weite Teile der Nordgebiete verödeten und verelendeten zusehends unter solchen Bedingungen. Missionen und Siedlungen gingen in Rauch und Flammen auf oder wurden von ihren verängstigten Bewohnern verlassen. Die Comanchen beherrschten völlig das Terrain, und da die Armee sich überwiegend darauf verlegte, die zivilisierte Bevölkerung für die Krone in Schach zu halten, wurden auch keine Strafexpeditionen mehr gegen sie unternommen.

Unter den gegebenen Umständen reagierten die königstreuen Behörden weit zugänglicher auf einen Kolonisationsplan, den Moses Austin 1820 in San Antonio unterbreitete, als sie das in früheren Jahren getan hätten. Austin war im Missouri-Gebiet ein treuer spanischer Untertan gewesen, ehe die Region erst an Frankreich und dann an die USA überging. Nach 1763 waren viele Nordamerikaner nach Louisiana gekommen, und wie die französische Bevölkerung erwiesen sich die meisten von ihnen als loyale, nützliche Bürger.

Mit Unterstützung des Barons de Bastrop bat Austin um Erlaubnis, in Texas nordamerikanische Kolonisten ansiedeln zu dürfen. Außer der wirtschaftlichen Entwicklung, die Austin vorschwebte, sprachen noch weitere Argumente für den Plan, mit denen de Bastrop dem Provinzialrat in Monterrey und dem Generalkommandanten de Arredondo das Vorhaben schmackhaft machte: Erstens würde die Bedrohung durch die Indianer erst aufhören, wenn eine zivilisierte Bevölkerung zwischen dem San Antonio und dem Sabine fest Fuß gefaßt hatte; zweitens hatten spanische Kolonisten dieses Ziel in drei Jahrhunderten nicht verwirklichen können – und drittens bestand die Möglichkeit, daß die Nordamerikaner sich für die Spanier als ebenso nützlich erweisen würden, wie die Franzosen es in früheren Jahren in Louisiana getan hatten.

Diese Überlegungen beeindruckten den mächtigen General. Er ging dabei von einer überwiegend militärischen Sicht der Dinge aus und meinte, eine nordamerikanische Kolonie würde ein Pufferelement zwischen den Comanchen und den Grenzregionen schaffen und zumindest den indianischen Druck auf sie mildern. Außerdem rechnete er damit, daß eine solche Kolonie nicht nur gegen die wilden Indianer, sondern auch gegen nordamerikanische Filibuster und die vorwiegend liberale Grenzbevölkerung die Interessen der spanischen Krone hochhalten würde, sofern sie sich aus den passenden Siedlern zusammensetzte – nämlich aus Sklavenhaltern, denen man große Ländereien überließ. Daher griff Arredondo nach der neuen Lösung für das alte Problem und drängte die Zivilbehörden, Moses Austins Plan zuzustimmen. Anfang 1821 wurde das Projekt bewilligt.

Die Öffnung von Texas für angelsächsische Kolonisten sollte Spaniens letzte Tat für die Südwestgrenze sein. Einige Wochen darauf richtete sich ein Militärputsch der vizeköniglichen Truppen gegen die Krone und ging auf die mexikanische Unabhängigkeit aus. Das folgende mexikanische Kaiserreich und die kurz danach ausgerufene Republik bestätigten Austins Projekt, das von seinem Sohn Stephen weitergeführt wurde. Die Mexikaner bewilligten in der Hoffnung, auf diese Weise den Puffer gegen die Comanchen noch zu verstärken, weitere Landzuweisungen. Einige hundert nordamerikanische Siedler wanderten anfangs nach Osttexas ein. Bald aber schwoll der Zustrom auf Tausende an. Im allgemeinen ließen sie sich östlich des Colorado River nieder.

Mit dem Einholen der spanischen Flagge wurden auch nahezu sämtliche Truppen abgezogen. 1821 blieben ganze 59 Soldaten in Texas; in dieser Provinz gab es noch knappe viertausend Spanisch sprechende Einwohner. In den Gebieten unmittelbar südlich des Rio Grande waren es ganze fünfzehntausend.

Die Comanchen, die schon die französischen Absichten auf den südlichen Plains vereitelten, hatten eine für spanische Besiedlung unüberwindliche Barriere aufgerichtet. Im Zusammenstoß der Kulturen waren die berittenen Indianer als unerbittliche Aggressoren aufgetreten und als uneingeschränkte Sieger daraus hervorgegangen. Jetzt ritten die Penateka hochmütig nach San Antonio hinein, das sie als »ihre« Stadt beanspruchten. Sie nahmen sich von der verschreckten Bevölkerung, was sie sollten. Comanchenhäuptlinge prahlten, sie erlaubten den Spaniern nur deshalb, an den Rändern der *Comanchería* zu leben, damit sie Pferde für die Indianer züchten konnten.

Um die zwanziger Jahre des neunzehnten Jahrhunderts erstreckten sich die Jagdgründe der Comanchen vom Arkansas River bis zum Balcones

Escarpment, ihr Einfalls- und Plünderungsgebiet reichte von Colorado bis nach Durango. Überall in dieser riesigen Region waren sie sicher. Der Wert des Eigentums, das sie geraubt oder zerstört hatten, ging in die Millionen. Sie hatten die spanische Zivilisation um eine größere Provinz, wenn nicht gar um ein ganzes Reich gebracht.

Aber auch die Nemene hatten ihren Preis für die erfolgreiche Verteidigung und Erweiterung ihres Territoriums bezahlt: Sie konnten vom Kriegführen nun nicht mehr lassen, weil sie den Krieg um seiner selbst willen führten. Nie bestand für die Krieger der Yamparika eine wirkliche wirtschaftliche Notwendigkeit dazu, denn alles, was sie benötigten, lieferten ihnen die Büffel, oder sie bezogen es aus Neu-Mexiko. Und doch ritten die Yamparika jährlich Tausende Kilometer, um die mexikanische Grenze mit gnadenloser Verheerung zu überziehen. Sie kamen hauptsächlich, um Skalps, Pferdeherden und Gefangene zu erbeuten, womit sich vor allem das Ansehen und Sozialprestige ihrer Krieger stärkte. Um 1820 hatten sich solche Kriegszüge zu einem gewohnheitsmäßigen Verhaltensmuster verfestigt. Die Comanchen jenseits des Red River begriffen es als ganz normal und als ihr angestammtes Recht, ebenso wie sie den Büffel jagten, auch plündernd durch Texas zu ziehen.

Überdies hatten sie aus ihren beschränkten Kontakten mit der mexikanischen Zivilisation gefährlich falsche Vorstellungen abgeleitet. Da die verstreuten, hilflosen Gemeinwesen jedes für sich versuchten, sich mit Geschenken freizukaufen, begannen die Comanchen zu glauben, jede Siedlung stehe autonom für sich und sei ähnlich organisiert wie ihre eigenen Gruppen. Als sie in einem Gebiet Tribut annahmen, ein zweites verwüsteten und dann in einem dritten ihre mißbrauchten spanisch-mexikanischen Gefangenen verkauften, fingen sie an zu meinen, die einzelnen Siedlungen hätten kein Interesse am Schicksal der benachbarten anderen. Sie freuten sich über die Güter und Gaben, die sie für ihre zweifelhaften Waffenstillstandszusagen erhielten, und bald gingen sie davon aus, solche Tribute stünden ihnen unweigerlich zu. Ihre Erfahrungen in dieser Zeit ließen die Comanchen jene Gepflogenheiten annehmen, die später die Angloamerikaner gegen sie so erzürnten. Es war die Vorstellung der Indianer, sie könnten an einem Ort gegen die Weißen Männer Krieg führen und am nächsten mit ihnen handeln. Und es war die Einbildung, man müsse ihnen bei jeder Begegnung Tribut zollen und Geschenke machen. Doch sie hatten selbst einen hohen Preis für diese Haltung zu zahlen: Indem sie zuließen, daß ihre Siege sie in ihrer Arroganz und ihren Irrtümern bestärkten, legten die Comanchen die Grundlage für den eigenen Untergang.

Nemene und die Mexikaner

Laßt uns hingehen in unsere Gebirge. Laßt uns unsere Herden in den Tälern weiden und laßt uns dort reiten, wo es nach Salbei duftet und nach dem Geruch der Pinienholzfeuer. Laßt uns in Frieden wohnen im Land der roten Berge, die aus dem Sand der Wüste aufsteigen, wo die Adler fliegen.

Häuptling Ganada Mucho

Die Regierung muß begreifen, daß Comanchen, Apachen, Wichita und kleinere Banden wilder Indianer nicht nur die Besiedlung verhindert haben. Sie haben zwei Jahrhunderte lang unsere Dörfer verwüstet und Tausende von Morden und anderen schweren Verbrechen begangen. Infolge solcher Verheerungen tragen ganze Gemeinden Trauer.

Bericht des mexikanischen
Beamten Tadeo Ortiz

Macht und Ansehen bis zum Arkansas

Die Comanchen setzten den Krieg, den sie gegen die Spanier geführt hatten, mit den blutigen Mitteln und Taktiken auch gegen die Mexikaner fort. Der einzige Unterschied bestand darin, daß die Zustände in den nördlichen Provinzen noch chaotischer und hoffnungsloser werden sollten, da sich die mexikanische Regierung während der ersten drei Jahrzehnte der Unabhängigkeit nicht um die Abwehr der Indianer im Grenzgebiet kümmerte. In einem Krieg, der das mexikanische Nationalbewußtsein kaum berührte und der den Nordamerikanern nahezu unbekannt blieb, wurden die Mexikaner für das neunzehnte Jahrhundert die Hauptopfer der Comanchen. Durch die indianischen Raubzüge fanden Tausende mexikanischer Soldaten und Rancher südlich des Rio Grande den Tod – weitaus mehr als entlang der angloamerikanischen Grenze.

Da das unabhängige Mexiko keine homogene Nation darstellte und bis ins letzte Viertel des Jahrhunderts keine stabile, machtvolle Regierung besaß, die konsequente Maßnahmen gegen die Indianer hätte durchhalten können, gelang es der jungen Republik nicht, die von den Spaniern übernommenen Gebiete wirklich zu beherrschen. Die zerrütteten Institutionen der Spanier und ihre fehlgeschlagene Politik wurden unverändert aufrechterhalten und fortgeführt, bis sich in den dreißiger Jahren die Tore der Missionen endgültig schlossen. Die Randprovinzen waren allerdings bereits schon früher mit dem Rückzug der spanischen Soldaten und der zentralisierten Verwaltung aufgegeben worden.

Außer unhaltbaren Grenzen hinterließen die Spanier der Republik Mexiko nach dreihundertjähriger Kolonialzeit schwere soziale, wirtschaftliche und politische Probleme. Die Aufstände während der zehn Jahre vor der Unabhängigkeit hatten zum Ruin einiger der reichsten Provinzen geführt. Die Bevölkerung, nach Religionen, Rassen, Klassen und Kasten gespalten, war nur zu annähernd 18 Prozent europäischer Abstammung; aus dieser Minderheit rekrutierten sich die besitzenden und gebildeten Schichten. Weitere 22 Prozent zählten zu den *castas* oder *mestizos*, Mischlinge, die zwar nach dem Gesetz die Gleichberechtigung erlangt hatten, doch eine verachtete Unterschicht blieben. Den Hauptteil, sechzig Prozent, machten »heimgeführte« Indianer aus, geschundene Menschen, in dörfliche *ejidos* eingesperrt, als Leibeigene oder Schuldsklaven in Händen der Großgrundbesitzer des mittleren Südens. Die Masse der Mexikaner, armselige Analphabeten, war sich ihrer mißlichen Lage bewußt. Die führenden Schichten spalteten sich auf in ein konservativ-zentralistisches und ein reformistisch-föderalistisches Lager. Die Konservativen, unterstützt von Großgrundbesitzern, Kirchen und Militär, erstrebten eine Fortsetzung spanischer Lebensformen und Traditionen; die Reformisten dagegen waren angesichts der Not der Mestizen und Indianer entschlossen, die alten Sozialstrukturen abzubauen. Die Elite, welcher ideologischen Ausrichtung auch immer, besaß jedoch keinerlei Erfahrungen in der Ordnung öffentlicher Angelegenheiten und in Regierungsfragen, von denen sie die Spanier während ihrer Herrschaft konsequent ausgeschlossen hatten.

Unter diesen Umständen steuerte Mexiko, das eher einem orientalischen Reich ähnelte als einer der damaligen zeitgemäßen Nationen, in ein Chaos. In ihrem Kampf ums Überleben konnte sich die Regierung Mexikos nicht auch noch um die wildernden Indianer vor ihren Toren kümmern.

Die herrschenden Schichten begriffen Mexiko kaum als Nation, die sich über die Grenzen der spanischen Eroberungen des sechzehnten Jahrhunderts hinaus erstreckte. Ihr Mexiko war das zentrale Hochland mit seinen spanischen Städten und riesigen Besitzungen. Während sie von dem Besitzerstolz der Spanier der nördlichen Provinzen erfüllt waren und diese Gebiete auch keineswegs verlieren wollten, machte sich die kreolische Gesellschaft des Südens von den Verhältnissen der Grenze kaum eine Vorstellung; in Streitigkeiten untereinander befangen, übersahen die Hüter der Republik die Herausforderungen der Realität. Den Mexikanern erschien das Indianerproblem als unbedeutende Fußnote der Geschichte; sie begriffen nie recht, daß darin der Hauptgrund für den Gebietsverlust jenseits des Rio Bravo lag.

Nach Abschaffung der autoritären Herrschaft der Spanier wurde die innere Verwaltung immer wirkungsloser und unübersichtlicher. Die Randstaaten und -territorien entwickelten sich praktisch zu separaten Lehnsgütern, die den *caciques* unterstanden. Das waren politische Anführer, die jeder Form von Zentralregierung ablehnend gegenüberstanden. Die Hauptstadt, ob unter dem Banner der Konservativen oder der Reformisten, übte über die großen Städte und die Kerngebiete hinaus keinen Einfluß mehr aus. Die Regierung, die im Norden kaum noch Autorität besaß, war weder in der Lage, Zölle oder Steuern einzutreiben, noch die bestehenden Bürgermilizen zu kontrollieren, geschweige denn, die Grenzregionen zu schützen. Ironischerweise besaß gerade die Republik eine riesige Militärmacht – eine achtzigtausend Mann starke Armee, die die Staatskasse ungeheuer belastete, da ihr Budget die Staatseinkünfte überstieg. Diese in der revolutionären Phase aufgebaute Armee entwickelte sich bald auch zu einem bedrückenden politischen Faktor, der eine Regierung nach der anderen zerschlug. Sie wurde von zynischen Generälen geführt, die durch politischen Verrat in hohe Positionen aufsteigen wollten. Die Soldaten schienen vollauf mit Anschlägen und Palastrevolutionen oder der Abwehr ausländischer Interventionsversuche ausgelastet zu sein. Dauernd wurde diese korrupte und schlecht ausgerüstete Armee gegen das mexikanische Volk, nie aber zur Verteidigung der Grenze gegen die Indianer eingesetzt.

Das Ergebnis waren der endgültige Zusammenbruch des Presidio-Missions-Systems im Norden und grauenerregende Überfälle entlang der indianischen Grenze. Da jede Gegengewalt fehlte, fielen die Comanchen rücksichtslos über die östlichen Provinzen her, und auch die westlichen Apachen dehnten ihre Raubzüge wieder aus. Ein paar tausend regulärer Soldaten hätten der Indianergefahr unter straffer Führung in wenigen durchgehaltenen Feldzügen sicher ein Ende bereiten können. Die gesamte *Comanchería* lag auf mexikanischem Territorium oder grenzte unmittelbar daran an. Die Geschichte des vergangenen Jahrhunderts hatte doch gelehrt, daß selbst die berittenen Indianer entschlossenen Operationen nicht standhielten. Doch in einer Zeit, in der bisweilen der Fortbestand der jungen Nation in Gefahr war, hatten die leitenden Männer der sieben Millionen Mexikaner weder die Weitsicht noch die Mittel, die Grenze zu sichern. Doch der aus dieser falschen Politik erwachsende Schaden umfaßte mehr als die Tausende getöteter Mexikaner, die zahllosen ausgebrannten Viehschuppen der Ziegenhirten von Chihuahua, die verwüsteten Dörfer in Nuevo León, die Isolation und Verarmung der Grenzstädte oder die Schicksale von Hunderten Mädchen und Jungen, die in indianische Sklaverei verschleppt wurden. Hinzu kam das Gefühl der Hoffnungslosigkeit und Erniedrigung, das die nördlichen Regionen erfaßte und die Menschen in den Gebieten der *mestizos* und der stärker mexikanisch geprägten Bevölkerung, die sich von den Kreolen des Südens abhob, voller Bitterkeit gegen die Hauptstadt erfüllte. Das Endergebnis war der Verlust der Hälfte des Territoriums, das die ersten offiziellen Karten des unabhängigen Mexiko ausweisen.

Die Hoffnung de Arredondos und der spanischen Regierung, daß die Angloamerikaner Texas ausreichend besiedeln würden, ging in Erfüllung. Stephen F. Austin errichtete seine Kolonie in den reichen Flußauen entlang des Golfs zwischen dem Colorado und dem Brazos. Die ersten Jahre waren zwar schwierig, doch da die Siedler Korn und Baumwolle anbauten, begann die Kolonie bald zu gedeihen. Innerhalb von zehn Jahren siedelte Austin fünfzehnhundert Familien in diesem Gebiet an. Andere Kolonisten, die von Mexiko Landvollmachten erlangt hatten, brachten weitere Tausende von Siedlern ins Land. In diesem Jahrzehnt fällte die angloamerikanische Kolonie mehr Holz, kultivierte mehr Boden, erbaute mehr Städte, erntete mehr Getreide und zog mehr Kinder groß als die spanische Kultur im Laufe von zwei Jahrhunderten.

Da Austin seine Siedlungen aber östlich des Bisongebietes und durch eine Wichita-Pufferzone von den Comanchen abgegrenzt anlegte, verminderte die Besiedlung von Texas den Druck der Indianer an der mexikanischen Grenze kaum. Austin schloß außerdem günstige Verträge mit den Tawakoni und Waco weiter oberhalb am Brazos; der Waffenstillstand zwischen Comanchen und Wichita hatte Bestand. Die Indianer schenkten den texanischen Gebieten östlich von San Antonio keine Beachtung. In den kritischen Jahren nach der Gründung blieb die angloamerikanische Kolonie unbehelligt. Zwar griffen die Karankawa gelegentlich an und töteten einige Einwanderer, da die Zugangswege der Texaner zum Golf über Gebiet der Karankawa führten. Doch sahen die angloamerikanischen Grenzbewohner den Raubzügen der Indianer nicht untätig zu: Austin organisierte eine schlagkräftige Miliz und begann einen Vernichtungskrieg gegen die verbliebenen Karankawa entlang der Küste, deren Gebiet so gründlich gesäubert wurde, daß die Überlebenden bei den Brüdern der La Bahía-Mission Zuflucht suchten, wo sie durch Krankheiten ausstarben. Und die Tonkawa, die ebenfalls an Zahl rasch abnahmen, die Comanchen fürchteten und mit den Lipan verfeindet waren, bemühten sich, mit den Texanern in Frieden und Freundschaft zu leben.

Die Hoffnungen der spanischen und mexikanischen Behörden auf eine angloamerikanische Pufferzone gegen die berittenen Indianer gingen also nicht in Erfüllung. Die Behörden, oder zumindest der einflußreichste Teil der öffentlichen Meinung, sorgten sich inzwischen wegen eines anderen Problems: Der enorme Kolonisationserfolg der Angloamerikaner machte ihnen Angst.

Kontakte zwischen der angloamerikanischen Kolonie in Texas, die östlich und nördlich von den alten spanischen Niederlassungen lag, und Spanisch-Texas oder Mexiko bestanden kaum. Hunderte von Kilometern

Ödland trennte die Farmen am Brazos von den zivilisierten Gebieten Mexikos, so daß eine wirtschaftliche und kulturelle Annäherung nicht stattfand. Die Vernachlässigung der nördlichen Territorien durch die mexikanische Republik machte die Kolonie von Osttexas praktisch zu einer kulturellen und ökonomischen Enklave der USA innerhalb der Grenzen Mexikos, von dem die Kolonisten nichts zu erwarten hatten.

Die Schwierigkeiten erwuchsen hauptsächlich aus der Angst der Mexikaner vor der nordamerikanischen Republik. Während die Regierung der Vereinigten Staaten sich treu an die Buchstaben des Vertrages von 1819 hielt und den Sabine River als überkommene Grenze anerkannte, drängten angloamerikanische Grenzbewohner in Scharen gen Westen in die Nordgebiete, die spanische Kultur nie besiedelt oder entwickelt hatte. 1825 bot die Regierung der Vereinigten Staaten an, Texas aufzukaufen – ein Vorschlag, den die mexikanische Oberschicht instinktiv als Herausforderung empfand. Die Furcht vor der Ausbreitung der USA und die Entschlossenheit, den Nachbarstaat aus dem spanischen Südwesten fernzuhalten, bestimmte von nun an die Beziehungen Mexikos zu der angloamerikanischen Kolonie in Texas, die mehr und mehr als Trojanisches Pferd empfunden wurde.

Als 1828 General Manuel Mier y Terán im Auftrage der mexikanischen Regierung die Provinz Texas inspizierte, rief sein Bericht Erschrecken hervor: Nordöstlich von San Antonio überstiegen die *norteamericanos* die spanisch sprechende Bevölkerung um das Zehnfache. Sie hielten ihre kulturellen und ökonomischen Beziehungen zu den USA aufrecht, besaßen eigene Schulen (die Mexikaner versorgten ihre Bevölkerungsgruppe nicht mit schulischen Einrichtungen), ein höheres Bildungsniveau und straffere Organisationsformen. Mier y Terán sprach die Befürchtung aus, daß, wenn nichts unternommen würde, die Nordamerikaner Texas bald ganz beherrschten und daß Mexiko diese Provinz verlieren würde.

Mexiko und die Vereinigten Staaten hatten die alten Rivalitäten der europäischen Mächte auf dem nordamerikanischen Kontinent ererbt. Die nördliche Republik, eine klug regierte, dynamische Nation mit raschem Bevölkerungszuwachs, und der Staat im Süden, der mit seiner statischen Gesellschaft und seinen verfallenden Institutionen immer stärker anarchische Züge annahm, blieben notwendig Feinde, bis die Frage der Vorherrschaft geklärt und die Grenze zwischen den beiden Populationen festgelegt war. Mexiko beanspruchte den Südwesten vom Sabine bis zum Pazifik, tat für diese Gebiete jedoch so wenig, daß der Besitztitel ein dürftiges Unterpfand schien. Die Vereinigten Staaten dagegen konnten sich aus strategischen Gründen nicht sicher fühlen, bevor sie bis zum Pazifik vorgestoßen waren und so das Eindringen jedweder europäischen Macht verhinderten.

In ihrer Angst suchte die mexikanische Regierung dem Zustrom an Angloamerikanern durch »Notverordnungen« und ein Verbot der Negersklaverei – beides für texanische Kolonisten äußerst irritierend – Einhalt zu gebieten. Weitere Maßnahmen waren die Ansiedlung mexikanischer Sträflinge, die Aufnahme von Schweizern, Deutschen und anderen Einwanderern, um den Einfluß der Angloamerikaner zu schwächen, die strikte Durchsetzung von Zoll- und anderen Bestimmungen, um den Handel zwischen Texas und den USA zu unterbinden, und die Entsendung von Geheimagenten und Truppen, um die Provinz unter direkte Kontrolle der Zentralregierung zu stellen.

Doch die Durchsetzung dieser Maßnahmen – besonders der Einmarsch mexikanischer Soldaten, der den Kolonisten als regelrechte Besetzung erscheinen mußte – stieß auf Schwierigkeiten. Schon um 1830 kühlten sich die Beziehungen zwischen der Zentralregierung und der sich bislang selbst verwaltenden Kolonie ab und führten schließlich 1835 zu der Revolte, in der die Kolonisten gewaltsam Texas von Mexiko loslösten.

Diese Revolte wäre durchaus vermeidbar gewesen. Bis zum Schluß begriffen sich die meisten Texaner als loyale Bürger Mexikos, das ihnen während der Aufbauphase so großzügig Land, Steuer- und Zollfreiheit und Selbstverwaltung zugestanden hatte. Unter der Flagge einer in sich gefestigten spanischen Nation ohne Furcht vor den benachbarten USA hätte de Arredondos Traum von einer gesunden, expandierenden Pufferzone in Texas in Erfüllung gehen können. Selbst eine Integration der angloamerikanischen Siedlungen erschien nicht ausgeschlossen.

Die Unfähigkeit der Mexikaner aber, nach 1821 eine stabile Regierung zu schaffen, rief bei den Einwanderern Verachtung und Widerstand gegen die verspäteten tyrannischen Herrschaftsansprüche hervor. Aufgrund der Schwäche Mexikos konnten die dreißigtausend angloamerikanischen Siedler der Provinz mit Waffengewalt die Unabhängigkeit von einer Nation mit sieben Millionen Menschen erringen. Die tiefere Ursache dieser Entwicklung: Staatsgebilde, die den berittenen Indianern nicht gewachsen waren, konnten den nordamerikanischen Südwesten niemals kolonisieren.

Zu Beginn des neunzehnten Jahrhunderts lebten etwa zwanzig- bis dreißigtausend Comanchen im Gebiet von Südtexas bis zum Arkansas. Es war die Phase ihres größten Ansehens und ihrer größten Macht. Sie lebten sicher wie kaum ein Naturvolk zuvor.

Sämtliche Vorstöße der Europäer hatten sie erfolgreich abgewehrt, feindliche Stämme bedrohten ihr Territorium nicht. Die Comanchen beherrschten ihre Welt, so weit ihnen ihre Lebensweise dies gestattete. Ihre Kulturmuster hatten sich herauskristallisiert: Ihr Leben war kurz, gefährlich brutal, aber auch voller erhebender Momente; Jagd und Krieg hielten den männlichen Bevölkerungsanteil niedrig; beständiges Reiten und schwere Arbeit machten die Frauen früh unfruchtbar – es bestand weder die Gefahr einer Überbevölkerung der Plains noch die des Aussterbens.

Gegen Ende des achtzehnten Jahrhunderts stabilisierten sich die Lage und die Machtverhältnisse im Indianerland vorübergehend. Einige Stämme hatten die Vorherrschaft auf den Plains errungen, andere vegetierten am Rande dieser reichen Jagdgründe dahin oder waren bereits ausgerottet. Die erfolgreichen Völker ersannen Wege der Koexistenz, die allerdings Kriege nicht ausschlossen. Doch diese Kriege ähnelten eher berittenen Geplänkeln als den mörderischen Gemetzeln des vorausgegangenen Jahrhunderts.

Die Comanchen hielten Frieden mit den Tawehash am Red River und den Wichita im Gebiet der Cross Timbers, mit denen sie Seite an Seite gekämpft hatten; die Franzosen hatten diese Stämme gelehrt, sich gegenseitig zu tolerieren. Die Comanchen respektierten die tätowierten Krieger wegen ihres außerordentlichen Kampfgeistes – schließlich gab es nur etwa 2600 Wichita. Die kurzen Kriegsepisoden zwischen Comanchen und Wichita führten nicht zu eingefleischtem Haß, wie ihn das Volk gegenüber den Ute und Athabasken empfand.

Trotz de Anzas Friedensbemühungen gingen die Fehden mit den Ute weiter, allerdings nicht mehr mit der Intensität wie in den Jahren vor 1786, da sich das Interesse der Comanchen stärker auf Texas und Mexiko richtete, wo die Überfälle wesentlich gefahrloser und einträglicher waren. Gelegentlich wagten sich die Ute zu Plünderzügen aus den Bergen heraus und wurden dann von den Comanchen verfolgt. Die Feindschaft bedeutete aber für keinen der beiden Stämme mehr eine Existenzbedrohung.

Nach 1790 verschwanden die Lipan-Apachen aus den Randzonen der *Comanchería* und zogen sich hinter den Nueces zurück. Wie die Tonkawa waren sie zahlenmäßig zu schwach geworden, um den Comanchen, die in der Zwischenzeit einen neuen Bundesgenossen gefunden hatten, ihr Gebiet streitig zu machen.

In den achtziger Jahren tauchte ein neuer Stamm, die Kiowa, zwischen dem Nord-Platte und dem Arkansas auf. Die Kiowa (»Erste« oder »Erstes Volk«) stellten auf den Plains eine Besonderheit dar. Sie sprachen einen Dialekt der tanoischen Sprachfamilie, ähnlich dem der Pueblokultur Neu-Mexikos. Ihr kultureller Hintergrund unterschied sich deutlich von dem der Comanchen und anderer Plainsindianer.

Im siebzehnten Jahrhundert hatten die Kiowa ihre festen Siedlungen und ihre agrarische Lebensweise aufgegeben und waren auf Pferden den Büffeln über die High Plains gefolgt. Zur gleichen Zeit, zu der die Nemene südwärts hinter den Büffeln herzogen, wanderten die Kiowa nach Norden. Die spanischen Berichte erwähnen sie erst 1732, als man sie schon zu den berittenen Plainsindianern zählen konnte. Wie die Comanchen erinnerten sich auch die Kiowa kaum ihrer Vorgeschichte. Die einzigen Legenden, die von ihrer Vergangenheit zeugen, berichten von ihrer Herkunft nahe dem Quellgebiet des Missouri und dem Oberlauf des Yellowstone River, wo sie Freunde der Crow waren. Doch ihre Vergangenheit mußte weit mehr umfassen, da sie die reichste Stammeskultur der Plainsvölker besaßen. Ihre Sprache wies eine unter den berittenen Indianern einmalige begriffliche Vielfalt auf, die nicht aus einer nomadischen, räuberischen Kultur hervorgegangen sein konnte. In einer allumfassenden Religion voller übernatürlichem Zauber beteten sie die Sonne an. Die Kiowa besaßen heilige Objekte, die sogenannten *taime*-Figuren – bemalte und verzierte Steinbildnisse von etwa einem halben Meter Höhe. Die Hüter dieser heiligen Bildnisse waren eher Priester als Medizinmänner. Die Kiowa kannten »Eulen«- und »Büffel«-Doktoren und nahmen erfahrene Medizinmänner mit in den Krieg. Ihre Rituale waren vielfältig und ihre Tänze anmutig und farbenfroh. Für die Alten und Betagten räumten sie Ehrenplätze am Feuer ein, und die alten Männer führten »Kalender« – gegerbte Rollen aus Häuten, auf denen sie in Ideogrammen und mnemonischen Zeichen die wichtigsten Ereignisse vieler Jahre festhielten. Erhebliche Kunstfertigkeit zeichnete die Malerei, Tänze und Rituale der Kiowa aus. Einiges deutete auf aztekische Einflüsse in ihrer Entwicklung hin.

Ihr Sonnentanz war ein feierliches Ereignis, zu dem alle zwölf Kreise des Stammes jährlich zusammenkamen; er wurde vor dem Sonnenidol vollführt. Möglicherweise haben die anderen Plainsstämme dieses Zeremoniell von den Kiowa übernommen.

Die Stammesrunde war klein und festgefügt, sie hatte sich aus einer einzigen Gemeinschaft zu einem Volk entwickelt. Die Kiowa heirateten ausschließlich Stammesangehörige und besaßen Urformen von Stammbäumen und Hierarchien. Die *Kaitsenko*, eine aus den zehn besten Kriegern bestehende Kriegergesellschaft, bildete eine echte Militäraristokratie.

All diese Hinweise auf höhere Kultur jedoch beeindruckten die ersten Europäer, die mit den Kiowa in Berührung kamen, überhaupt nicht. Sie sahen nur die dunklen, stämmigen Reiter, die rasch und vielleicht auch verdientermaßen in den Ruf kamen, die grausamsten Foltermethoden auf den gesamten Plains zu haben. In allen anderen Punkten schienen sich die Kiowa kaum von den Comanchen zu unterscheiden; Kleidung, Waffen, Jagd- und Kriegsstil sowie ihre Unterkünfte hatten sie den Gegebenheiten des Büffelgebietes angepaßt. Eine zweite Besonderheit dieses Stammes stellte eine separate Gruppe dar, die in allem außer der Sprache zu den Kiowa zählte: Die Naíishadéna (»Unsere Art«), von den anderen »Die Diebe« genannt, sprach einen Athabasken-Dialekt und verständigte sich mit den Stammesverwandten durch Zeichensprache, die alle Kiowa hervorragend beherrschten. Die Franzosen übernahmen die Bezeichnung der Pawnee: *Gattacka*. Von denen hatte La Salle um 1681 in Illinois berichtet, daß sie den Spaniern Pferde stahlen. Sie waren Abkömmlinge der Athabaskenvölker im Mackenzie-River-Gebiet, die sich irgendwann den nordwärts wandernden Kiowa angeschlossen hatten.

Die Angloamerikaner beharrten auf dem Namen »Kiowa Apachen«, da sie »Apache« sprachen. Die Kiowa Apachen ahnten bis zum neunzehnten Jahrhundert nichts von der Existenz weiterer Apachenstämme, und als sie sich schließlich begegneten, geschah es zunächst in Feindschaft, die erst schwand, als sie in den Reservaten des Weißen Mannes die Ähnlichkeit ihrer Dialekte gewahrten; einer Vermischung stand nun nichts mehr im Wege.

Ein Jahrhundert lang war das Leben der Kiowa auf den High Plains eine heroische Kraftprobe gewesen. Sie überlebten wahrscheinlich deshalb, weil sie außerordentlich wanderungsfreudig und kriegerisch waren. Obgleich sie mit vielen Stämmen zusammenstießen, zogen sie doch zu schnell weiter, um aufgerieben oder ausgelöscht zu werden. Gegen 1780 verstärkte sich der Druck der Dakota in den Black Hills allerdings so sehr, daß die paar tausend Kiowa der Übermacht der Sioux nicht mehr standhalten konnten; auf den Spuren der Comanchen ritten sie gen Süden.

Auf die Nemene trafen sie am Arkansas, wo es zu ersten Gefechten kam. Selbst diese kampferprobten Krieger wären vielleicht aus dem Büffelrevier verdrängt worden, hätte nicht ein verängstigter Comanchero, als Kiowa und Comanchen um 1790 bei einer Handelsstation in Neu-Mexiko aufeinanderstießen, alles darangesetzt, einen Waffenstillstand zu arrangieren, um ein Blutbad zu vermeiden und seine eigene Haut zu retten. Repräsentanten beider Völker setzten sich auf neutralem Territorium zusammen und vereinbarten, in Frieden davonzureiten. Für die Kiowa war eine dauerhafte Waffenruhe von Vorteil, und die Comanchen sahen nichts Außergewöhnliches mehr darin. Die nördlichen Comanchen akzeptierten die Kiowa schließlich als gleichberechtigt in ihrem Gebiet, und die südlichen Comanchen respektierten diesen Frieden, der sich rasch zu einem festen Bündnis erhärtete, als die Yamparika die Kiowa in die Freuden der Raubzüge nach Mexiko einweihten.

Die Kiowa unternahmen bald von allen Plainsvölkern die ausgedehntesten

Raubzüge. Sie kampierten selten südlich des Red River und verbündeten sich nie formell mit den dort heimischen Penateka. Doch mit den Yamparika gemeinsam plünderten sie Mexiko und drangen tiefer in das Land ein als jemals die Comanchen. Kiowa ritten bis nach Durango und darüber hinaus, wo sie gewöhnlich mit Comanchen verwechselt wurden. Eine Gruppe von Kriegern unternahm einen fast unglaublichen Zug bis an die Grenzen Guatemalas und Yucatans, von wo sie mit Geschichten über seltsame Tiere in Bäumen, über Vögel mit bunt schimmerndem Gefieder, über Affen und Papageien zurückkehrten. Die Kiowa entwickelten sich in kurzer Zeit zu den gefährlichsten Indianern der südwestlichen Plains. Pro Kopf gerechnet, töteten sie mehr Angloamerikaner an der Grenze zwischen Kansas und Texas als die Comanchen.

Da die Kiowa nur ein kleiner Stamm waren und sich die Männer meist auf Raubzügen in ferne Gebiete befanden, waren ihre Lager nördlich des Red River vor Übergriffen feindlicher Indianer nicht sicher. Um 1802 überfielen die Osage, südliche Sioux aus dem Gebiet des Neosho River, Comanchen-Kiowa-Territorium; sie wichen dem Druck der Amerikaner nach Westen aus – der Anfang einer folgenschweren Völkerverschiebung, die schon bald auf die Plains übergreifen sollte. Mindestens ein denkwürdiges Massaker an den Kiowa geht auf das Konto der Osage; sie metzelten Frauen und Kinder nieder und raubten drei heilige *taime*-Figuren. Die restlichen zwei Figuren fielen 1868 in die Hände der Ute. Keine einzige der fünf Figuren wurde je wiederentdeckt.

Doch die Osage, die bislang kaum Pferde besaßen, blieben nicht der einzige Stamm, den es zur *Comanchería* drängte. Der Ruhm der Comanchenpferde verbreitete sich über die gesamten High Plains, so daß zwischen 1800 und 1807 manch fernes Volk Handelsbeziehungen mit den Comanchen anzuknüpfen versuchte. Obgleich es über diese Vorgänge kaum Aufzeichnungen gibt, ist unbezweifelbar, daß sich zwischen den Plainsstämmen ein beachtlicher Handel entwickelte.

Die Comanchen kontrollierten den Zugang zur Hauptquelle des Pferdereichtums im spanischen Grenzgebiet und waren auch die einzig erfolgreichen Pferdezüchter unter den Indianern Nordamerikas. Sie waren zu mächtig, als daß man sie ungestraft hätte berauben können. Daher baten die fremden Indianer, wenn sie in die *Comanchería* kamen, respektvoll in der Zeichensprache um Frieden und machten deutlich, daß sie Jungpferde zu erhandeln wünschten. Die Comanchen zeigten sich diesem Handel nicht abgeneigt, besonders wenn die Krieger entfernten Stämmen angehörten, mit denen keine überlieferte Feindschaft bestand. Nach indianischem Maßstab verfügten die Comanchen über einen unglaublichen Pferdereichtum. Der Handel gab ihnen die Möglichkeit, mit ihrem Reichtum zu protzen.

Fremde, die in Frieden aufgenommen worden waren, konnten sich gefahrlos im Comanchenlager bewegen. Die Gastfreundschaft wurde von keiner Seite verletzt. Die anderen Plainsvölker beneideten die Comanchen nicht nur, sondern bewunderten ebenso ihre Energie, ihren Elan und ihre Tapferkeit im Krieg. Zudem standen die Comanchen in dem Ruf, ausgezeichnete Pferdehändler zu sein, generös und mit einem ausgeprägten Ehrgefühl. Die Comanchenkrieger traten den Vertretern anderer Stämme gegenüber in einer fast aristokratischen Haltung auf.

Gern prahlten sie und maßen ihre Pferde im Rennen mit denen anderer Krieger. Als passionierte Spieler wetteten sie auf Pferde und Bogenschützen. Daneben waren Würfelspiele verbreitet, die sie wahrscheinlich aus Neu-Mexiko übernommen hatten. Ihr Konzept vom Universum, das sich auf den Zufall aufbaute, und ihr Glaube an die Kraft ihrer Magie machte alle Glücksspiele für sie unwiderstehlich. Im Gegensatz zu ihren Nachbarn boten die Comanchen Fremden keine Frauen zum Kauf an; Krieger sollen aber ihre Pferde, Decken, Waffen, sogar ihre Töchter und Frauen verwettet oder verspielt haben. Dabei mochten sie auch auf gewisse Listen nicht verzichten. So trainierten sie besonders verkommen aussehende Ponies als Renner und gewannen damit große Wettbeträge von den dadurch getäuschten Fremden.

Wie Hodge berichtete, konnten sich fast alle benachbarten Plainsvölker in der Sprache der Nemene verständlich machen, die sich mit der Zeit zur Handelssprache entwickelte. Ihre herausragende Bedeutung läßt auf weitreichenden, stetigen Handel schließen.

Die Beziehungen der einzelnen Stämme zueinander wandelten sich während der ersten drei Jahrzehnte des neunzehnten Jahrhunderts nicht. Die Kiowa und Comanchen fochten gegen die Ute und die Osage, trieben Handel mit Neu-Mexiko und den Stämmen jenseits des Arkansas und drangen bei ihren Raubzügen tief in das Innere Mexikos vor. Doch gestalteten sich die Kriege der Indianer untereinander in dieser Periode zumeist als relativ unblutiger Pferdediebstahl, wenn es auch gelegentlich, besonders durch die Osage, zu abscheulichen Massakern kam, bei denen ganze Camps vernichtet wurden. Die Herrschaftsbereiche waren abgesteckt. Die Plainsstämme zogen nur innerhalb ihres Territoriums umher. Zeitweilig schlossen sogar Comanchen und Ute und Osage miteinander Frieden.

In diesen Jahren machten die Comanchen auch ihre ersten Bekanntschaften mit angloamerikanischen Händlern, die über den Santa Fé Trail ins Land kamen. Um 1829 begannen die Gebrüder Bent, sich im Gebiet der Comanchen zu betätigen; William Bent und Ceran St. Vrain errichteten Handelsposten für die Comanchen und Kiowa. William Bent zeichnete sich durch besonderes Geschick im Handel mit den verschiedenen Indianerstämmen aus. Er kannte ihre Wesensart und nutzte sein Wissen für sein Geschäft aus. Die nördlichen Indianer hießen die weißen Händler nicht gerade willkommen. Doch die Comanchen hatten festgestellt, daß es auch bei den Weißen Männern verschiedene »Stämme« gab: Sie akzeptierten Bent und andere Händler wie Comancheros, nachdem sie begriffen hatten, daß die Angloamerikaner keine Mexikaner waren.

Die Händler ihrerseits berichteten, daß ihnen die Comanchen weniger Schwierigkeiten bereiteten als die Osage, die schon im Osten mit den Amerikanern in Konflikt geraten waren. Ein Großteil dessen, was über das Leben der Comanchen bekannt ist, entstammt Kontakten zwischen 1825 und 1840, als sich eine Reihe Angloamerikaner und Europäer der Gastfreundschaft der Comanchen erfreute.

Die relative Stabilisierung der Lage auf den Plains zeigt sich auch an dem Verlauf des Konfliktes, der sich zwischen den Comanchen und Kiowa einerseits und den Cheyenne und Arapaho andererseits entzündete. Um 1820 tauchten zahlreiche Angehörige der beiden nördlichen Stämme an den Grenzen der *Comanchería* auf. Ihr Erscheinen stand jedoch noch nicht im Zusammenhang mit der Verdrängung der östlichen Indianer, die in den dreißiger Jahren zu ungeheurem Aufruhr und zur Vernichtung vieler Völker führte. Dieser Konflikt ließ sich noch eindämmen.

Die Yamparika-, Kotsoteka-, Nokoni-Comanchen und die Kiowa kämpften seit etwa 1830 gegen die miteinander verbündeten Arapaho und Cheyenne. Entgegen einigen Berichten von »Schlachten« bestand dieser Krieg vorwiegend aus Täuschungsmanövern und Scharmützeln. Dennoch erwies er sich als entscheidend. Nach zehnjährigem Streit zeigte sich deutlich, daß die südlichen Stämme die Eindringlinge entlang des Arkansas nicht abzuwehren vermochten; allerdings stellten die Invasoren auch keine Bedrohung für das Hauptgebiet der Comanchen dar. Auf dieser Grundlage schlossen die Stämme unter Mitwirkung William Bents einen Waffenstillstand, der jedem europäischen Staatsmann zur Ehre gereicht hätte.

1840 trafen die angesehensten Krieger aller vier Stämme zu einem Rat zusammen und arbeiteten einen Vertrag aus, der später als der Great Peace bekannt wurde und besagte, daß die streitenden Parteien einander nie mehr überfallen und in Zukunft in Freundschaft Handel treiben wollten. Um den Frieden zu festigen, übergaben die Comanchen den nördlichen Stämmen Tausende von Pferden als Geschenk.

Die Comanchen konnten sich eine derartige Geste der Großmut ohne weiteres leisten; sie genossen es, daß dadurch ihr Ansehen auf den Plains enorm stieg. Doch die eigentlichen Ziele des Great Peace waren pragmatischer und strategischer Art. Der Vertrag beinhaltete nicht etwa ein Verbot für die betroffenen Parteien, weiterhin Kriege zu führen. Er war vielmehr die praktische Umsetzung der Erkenntnis, daß die mächtigsten der berittenen Stämme keinen Gewinn daraus zogen, sich gegenseitig zu befehden, daß ihre jeweiligen Interessen sich doch besser in anderen Richtungen auswirken sollten. Die Raubzüge der Comanchen richteten sich gegen den Süden, Westen und Osten; die traditionellen Feinde der Arapaho und Cheyenne dagegen waren im Norden beheimatet. Der Great Peace sicherte jedem Stamm den Rücken. Es handelte sich also nicht um ein Bündnis, sondern eher um ein Arrangement, das es allen Parteien gestattete, ihre alten Feinde noch härter zu verfolgen, ohne dabei Kräfte im Kampf gegeneinander zu vergeuden.

In den vierziger Jahren steigerte sich der Terror der Comanchen gegen Mexiko. Das Muster ihres Vorgehens hatte sich verfestigt. Die einzelnen Gruppen hatten regelrechte Routen entwickelt. Wenige Kilometer nördlich des Rio Grande, nahe dem heutigen Del Rio, vereinigten sich etliche Wege aus der *Comanchería* zu einem breiten Überlandtrail, den Tausende indianischer Pferde ausgestampft hatten. Dieser »Comanche Trace« führte einige Kilometer vom Fluß aus nach Süden und verlor sich allmählich dort, wo die Krieger über Nordmexiko ausschwärmten. Ein weiterer Comanche Trace überquerte den Rio Grande weiter westlich und verlief durch den Santa Elena Canyon. Die Pfade führten durch ödes, wüstenartiges Land in die mexikanischen Staaten Tamaulipas, Coahuila, Nuevo León und Chihuahua. Sie lagen weit westlich der angloamerikanischen Siedlungsgrenze; die Comanchen und Kiowa konnten über sie ungestört Tausende gestohlener Pferde heimtreiben.
Alle Comanchen unternahmen Überfälle auf Mexiko; die weit nördlichen Yamparika und die südlichen Penateka galten dabei als die aktivsten. Die Penateka ritten zwar niemals mit den Kiowa zusammen, tolerierten sie aber.
Ganze Familienverbände zogen mit Frauen und Kindern gen Süden. In lockerem Verbund errichteten sie an unwegsamen Stellen nahe den spanischen Siedlungen in der östlichen Gebirgskette Basislager, wo sie die Beute und die Gefangenen sammelten. Von dort aus unternahmen kleine Kriegerscharen weite Streifzüge in die umliegenden Gebiete, die sie oftmals monate- oder jahrelang heimsuchten, so daß man sich fragt, weshalb nicht ganze Landstriche Mexikos gegen die Indianer vorgingen. Doch die Nach-

richtenverbindungen waren sehr dürftig. Den isolierten Siedlungen fehlte die Erfahrung zu durchorganisierten Gemeinschaftsaktionen. Oft plünderten die Comanchen bereits viele Tage, ehe die umliegenden Gebiete davon erfuhren.

Zu den ausgeplünderten Regionen zählten die Provinzen, die die Spanier im sechzehnten Jahrhundert befriedet hatten, ebenso wie die Mitte des achtzehnten Jahrhunderts entstandenen Städte und Ranchen. Die Comanchen ritten regelmäßig nahe an große Siedlungen wie Monclova und Monterrey heran, mieden aber die eigentliche Stadt, da räumliche Enge und Schutzmauern den berittenen Indianern fremd waren. So bewahrte der städtische Charakter der mexikanischen Kultur die Zivilisation vor dem Untergang; aber die abseits gelegenen Distrikte des Landes litten schweren Schaden.

Das Auftauchen plündernder *indios* in den längst befriedeten Provinzen Coahuila und Nuevo León verwirrte die Mexikaner. Da es ihnen unwahrscheinlich erschien, daß die Krieger aus dem fernen Norden, vom Red River, kamen, hielten sie die Comanchen für Apachen aus der Sierra, die während dieser Jahre ihre Überfälle ebenfalls auf Sonora und Chihuahua ausdehnten.

Doch die Mexikaner sahen dem Unwesen nicht mehr schweigend zu. Immer wieder erhoben sie bei der Regierung Protest – doch vergebens. Die Armee, die in die Machtkämpfe des Südens verwickelt war, bekam schon bald auch im Norden alle Hände voll zu tun, als zwischen Mexiko und den USA über Texas der Krieg ausbrach.

Drei Jahrzehnte war die Grenze nun schon ohne wirksamen Schutz; denn obwohl lokale Behörden die notwendigsten Sicherungsmaßnahmen veranlaßten, reichten ihre unkoordinierten Bemühungen nicht aus. Letztendlich erkannte die Regierung das Problem und forderte 1848 für den Vertrag von Guadalupe Hidalgo, durch den das Gebiet zwischen dem Sabine River und dem Pazifik an die Vereinigten Staaten überging, eine Klausel, nach der die USA Indianerüberfälle aus dem abgetretenen Gebiet auf Mexiko zu unterbinden hätten. Den Terror der Comanchen bekam hauptsächlich die wehrlose, ohnehin schon unterdrückte Landbevölkerung zu spüren, die nicht in die städtische Kultur integriert war – ein Zeichen für die ungesunde Verfassung jener Zivilisation, die allmählich auf die revolutionäre Umwälzung zusteuerte.

Will man das Vorgehen der Comanchen beleuchten, so mutet dies nach europäischen Maßstäben wie eine Aneinanderreihung fürchterlicher Grausamkeiten an. Die Einzelheiten offenbaren jedoch bei genauerer

Betrachtung aufschlußreiche Wesenszüge der Kultur der Comanchen und Mexikaner, da sich der Charakter von Kulturen am deutlichsten im Krieg zeigt. Die Geschichte einer Überlebenden, die ihre Erfahrungen Jahre später in einer Reservation in Oklahoma schilderte, ist typisch für die Art des Krieges der Comanchen gegen die Mexikaner.

Es handelte sich um ein mexikanisches Mädchen, das im Alter von sieben Jahren geraubt worden war. Es konnte sich weder an seinen Namen erinnern noch wußte es, wer seine Eltern waren, außer, daß sie nahe »dem höchsten Berg Mexikos« gelebt hatten. Nachdem die Comanchen schon einige seiner Spielkameraden gefangen hatten, umzingelten sie eine Schule, setzten sie mit Fackeln in Brand, töteten den Lehrer, als er herausrannte, und entführten die Kinder. Das Mädchen selbst riß ein von den Comanchen adoptierter Mexikaner, der bei ihnen aufgezogen worden war, aus den Armen seiner Großmutter, zog es zu sich aufs Pferd und ritt mit ihm davon.

Andere Comanchenkrieger schlossen sich ihnen an. Bei Einbruch der Dunkelheit traf die Gruppe auf einen Jungen, der friedlich Schafe hütete. Die Indianer töteten ihn wegen der Lebensmittel, die sie in seinem Rucksack vermuteten. Dann brachen sie zu einem vier Tage langen Ritt zu ihrem Lager in die entfernten Berge auf. Da ihre Nahrungsvorräte nicht ausreichten, schlachteten sie ein Pferd. Bei der Ankunft im Camp der Comanchen rissen die Indianerfrauen dem Mädchen die Kleider vom Leibe und nahmen ihm seine Ohrringe weg. Es war naß, erschöpft und verängstigt. Doch andere Gefangene trösteten es, die Indianer würden ihm höchstwahrscheinlich nichts Schlimmes mehr antun.

Am nächsten Morgen hörten die Comanchen Wagengeräusche in der Nähe. Einige Krieger gingen der Sache nach. Die Gefangenen hörten Schüsse. Wenig später kamen die Comanchen mit einigen Decken und etwas Nahrung zurück. Sie hatten deswegen vier weiße Fuhrleute umgebracht.

Die Comanchen schienen stets völlig unerschrocken. Sie ritten gern zu Raubzügen aus und kehrten regelmäßig zurück. Die gefangenen Mädchen wurden nicht mißbraucht, nur durften sie nicht in der Nähe der Männer essen, damit deren Medizin nicht litt. Schließlich, wohl im September, ritten alle Comanchen des Camps, auch die Frauen, zu einem letzten Überfall aus. Sie ließen die Gefangenen, allesamt Kinder im Alter des Mädchens, in der Obhut eines mexikanischen Sklaven zurück. Da die Kinder großen Hunger hatten, schlachtete der Mann ein Pferd und briet es für sie. Die Kinder fielen gierig darüber her.

Die Comanchen kehrten mit vielen Pferden zurück. Die meisten Familien dachten jetzt an Heimkehr ins Winterlager und verließen das Kriegslager. Doch der junge Krieger, der das Mädchen geraubt hatte, plante noch weitere Plünderzüge und wollte, wie er einem anderen Indianer erzählte, das kleine Mädchen töten, da es ihm im Wege sei. Diesem anderen tat das Mädchen leid. Darum gab er dem Krieger ein paar Pfeile als Preis für das Kind und nahm es mit nach Texas.

Die Comanchen bewegten sich auch unterwegs frei und ohne Angst. Niemand stellte sich ihnen entgegen. Unterwegs ritten sie an einer Freundin des Mädchens vorbei, die am Rande des Weges verblutete. Andere Indianer hatten sie vergewaltigt und sterbend zurückgelassen. Sein neuer Besitzer beschwichtigte das verschreckte Mädchen: Er werde dafür sorgen, daß ihm nichts Ähnliches zustieß. Durch den ständigen Kontakt mit Neu-Mexiko und den Sklaven in ihren Camps sprachen alle Comanchen ein wenig Spanisch. Er versprach ihr auch, wenn sie erwachsen wäre, wolle er sie zu seiner Frau machen, denn er war verwitwet. Er befahl seiner Nichte, die seine Kinder versorgte, nett zu ihr zu sein; denn manchmal sprangen gerade die Frauen grausam mit den Gefangenen um.

Eines Nachts im Camp, als ihr Herr nach seiner Herde sah, zerrte ein junger Krieger die Kleine in die Büsche. Er entblößte sich, und sie bemerkte entsetzt, daß sein Hodensack von einer schrecklichen Krankheit befallen war. Bevor Schlimmeres geschehen konnte, lief ihr neuer Herr herbei und bedrohte den anderen, der sofort von ihr abließ. Er brachte das Mädchen zum Lager zurück und behielt es danach stets in seiner Nähe. Er band sogar die Knöchel unter dem Pferd zusammen, damit es nicht herabfiel, wenn sie zusammen ritten.

Noch immer auf dem Rückweg, trafen sie eine Gruppe Kiowa. Wahaawmaw, ihr Herr, wickelte sie in eine Decke, beschmierte ihr Gesicht mit Farbe und schickte sie mit seiner Nichte zu den Kiowa, um Nahrung zu erbetteln, da die Vorräte der Comanchen knapp wurden. Die Kiowa gaben ihnen eine Menge getrocknetes Fleisch und wiesen ihnen den Weg zu einem nahegelegenen Comanchenlager; die Indianer hatten bereits das Gebiet der *Comanchería* erreicht. Am folgenden Tag kamen das Mädchen und sein Herr im Hauptlager an, in dem auch die Eltern der verstorbenen Frau des Indianers und seine anderen Angehörigen lebten.

Die Frauen der Familie peitschten das Mädchen erst einmal aus, wie es Sitte war, wenn ein neuer Gefangener ins Lager kam. Das Mädchen mußte sich dann um die Kinder seines Herrn kümmern – eine schwere Aufgabe, da eines der Kinder, ein Krüppel, auf dem Rücken getragen werden mußte. Der Herr der Hütte blieb zwar freundlich zu ihr, nahm aber eine neue Frau, Puki, die jüngere Schwester seiner verstorbenen Frau. Puki mochte das mexikanische Mädchen nicht und stieß manchmal mit brennenden Holzscheiten nach ihm, um es zum Weinen zu bringen. Doch alle Stiefkinder hielten zusammen und beschützten es.

Der Winter war hart. Es gab heftige Schneestürme und wenig Fleisch. Die Krieger gingen mit Schneeschuhen auf die Jagd. Die gefangenen Jungen gruben erfrorene Pferde aus dem Schnee, um etwas zu essen zu haben. Doch der Frühling setzte früh ein, und Wahaawmaw lehrte das Mädchen Reiten und Jagen. Schon im kommenden Herbst kannte es Sprache und Bräuche der Comanchen genau. Es gebar seinem indianischen Herrn das erste Kind, bevor es fünfzehn Jahre alt war.

Kindesraub empörte die Mexikaner mehr als Mord, Vergewaltigung und Plünderung. Während die spanische Krone stets versuchte, in Gefangenschaft geratene Spanier oder unter spanischem Schutz stehende *indios* zu befreien oder loszukaufen, verfolgte die mexikanische Republik weder eine einheitliche Lösegeldpolitik, noch verfügte sie über die nötigen Geldmittel. Die Comancheros aber waren meist nur bereit, sich um Freikauf zu bemühen, wenn sie sicher sein konnten, ihre Auslagen zurückzuerhalten. Da die meisten Gefangenen der namenlosen Landbevölkerung entstammten und ihre Angehörigen häufig bei den Überfällen getötet worden waren, wurde der Freikauf zu einem risikoreichen Geschäft. Nur wenige, die in die *Comanchería* verschleppt wurden, sahen ihre Heimat wieder.

Anfang des neunzehnten Jahrhunderts hielt sich jedes Indianer-Camp mexikanische Gefangene – Frauen, Jungen und Mädchen. Die Behandlung der Gefangenen hing ganz von den Launen der Indianer ab. Einige Krieger kastrierten mexikanische Jungen und hielten sie als Sklaven, die ihre Pferdeherden versorgen mußten. Ein Comanche soll einen Gefangenen gekreuzigt haben, eine Art der Bestrafung, die er zweifellos in Mexiko gesehen hatte, denn die spanischen Behörden kreuzigten im achtzehnten Jahrhundert aufgegriffene Wegelagerer. Manche Mädchen und Frauen verkauften die Comanchen an andere Stämme weiter.

Die Gefangenen, die alle Prüfungen und Torturen überlebten, dienten meist als Sklaven im Lager. Die Jungen versorgten die Pferde, denn ohne die zahlreichen mexikanischen Sklaven hätten die Krieger ihre riesigen Herden nicht halten können; die Mädchen verrichteten Frauenarbeit. Doch die Comanchen erkannten Mut an; ein Junge, der ihre Bewunderung erregte, brauchte oft nicht lange Sklave zu bleiben und wurde von kinderlosen Kriegern adoptiert.

Wurde ein gefangener Junge von einer Familie adoptiert, so standen ihm alle Rechte und auch das Ansehen eines geborenen Comanchen zu. Sogar einige der berühmtesten Kriegshäuptlinge der Comanchen waren frühere

Gefangene oder Söhne gefangener Frauen; denn im Gegensatz zu den Kiowa kannten die Comanchen keine Vorurteile gegenüber Rasse oder Geburt. Häufig ließ sich sogar – eine Erfahrung der Comanchen und der Europäer – feststellen, daß adoptierte Jungen, die zu vollwertigen indianischen Kriegern heranwuchsen, sich noch grausamer verhielten als die eingeborenen Indianer. Normalerweise gewöhnten sich kindliche Gefangene schnell ein. Bei Jungen war das Alter bei der Gefangennahme ausschlaggebend für die Eingewöhnung; waren sie noch zu klein, überlebten sie selten oder wurden umgebracht, wenn sie ihren Besitzern auf dem Rückweg zur Last fielen. Ältere Jungen dagegen gaben gelegentlich auch vor, sich mit ihrem Comanchendasein abzufinden, liefen jedoch davon, sobald man ihnen eine Herde anvertraute. Die Mädchen, gleich welchen Alters, bereiteten weniger Schwierigkeiten.

Die meisten Kinder vergaßen rasch ihre Muttersprache und Herkunft und bemühten sich eifrig, als Comanchen akzeptiert zu werden. Die Mädchen träumten davon, Frauen großer Krieger zu werden. Die Jungen warteten sehnsüchtig auf den Tag, an dem sie ein ehrwürdiges Mitglied der Kriegerrunde werden oder eine Kriegerschar anführen würden. Die Kinder nahmen die Denk- und Lebensweise der Nemene an, und viele, die später zurückkamen oder befreit wurden, gestanden ehrlich ein, daß sie das wilde Leben auf den Plains mit seinen Erregungen, Gefahren und auch mit der Muße, die ihnen die Zivilisation nicht bieten konnte, lieben gelernt hatten.

Trotz der Grausamkeiten, die sie anfangs erdulden mußten, entwickelten viele Gefangene tiefe Zuneigung zu ihren Herren. Doch dieses Gefühl war gegenseitig. Die Pflegeeltern betrauerten den Verlust eines Adoptivkindes ebenso heftig wie den eines eigenen; Adoptivsöhne ehrten ihre Väter entsprechend dem strengen Brauch der Comanchen. Auch den Sklaven wurde dieses Gefühl der Zugehörigkeit und Zuneigung nicht verwehrt, und mancher mexikanische Sklave verteidigte sein Comanchenlager bis zum Tode. Die meisten Sklaven wurden auch nicht mit Gewalt oder Drohungen zum Bleiben gezwungen; man vertraute ihnen schließlich Pferdeherden an und ließ sie sogar Gewehre reparieren.

Das Verschleppen von Frauen und Kindern und ihre Aufnahme in die Stämme war ein uralter, weit verbreiteter Brauch bei den Indianern Nordamerikas; daher begriffen sie nicht, daß sie sich dadurch den Haß der Europäer zuziehen mußten. Für die Indianer war Frauenraub oft eine Überlebensmaßnahme; für die betroffenen Europäer mit ihrem völlig andersgearteten Frauenbild jedoch bedeutete er den schlimmsten Affront. Auch der Krieg der mexikanischen Republik gegen die nördlichen *indios* artete rasch in Barbarei aus – eine Entwicklung, die sich keineswegs auf die

Mexikaner beschränkte; wo immer Europäer mit dem Kriegsstil der Indianer in Berührung kamen, wurden sie dadurch brutalisiert. Bezeichnenderweise war eine derartige Reaktion ausgeblieben, solange die Soldaten der spanischen Krone an den Grenzen für Ordnung sorgten. Obgleich die spanischen Behörden Gewaltanwendung zur Heimführung der *indios* guthießen und selektiv mordeten, um sich unliebsamer Häuptlinge zu entledigen, verfolgten die Offiziere der Krone nur ein einziges Mal eine Ausrottungspolitik – bei der Kampagne gegen die Apachen. Doch die Missionsorden wandten sich mit aller Macht gegen ein derartiges Vorgehen, da sie bis zuletzt hofften, die Apachen bekehren zu können.

In den dreißiger Jahren war jedoch das Maß voll; die Verheerungen in den nördlichen Siedlungen hatten ein solches Ausmaß erreicht, daß die mexikanischen Führer die berittenen Indianer nicht mehr unter dem Blickwinkel katholischer Theologie duldsam gewähren lassen wollten. Betroffene Gemeinden und lokale Behörden klagten einhellig über die Politik der Feigheit, die keinen Fortschritt brachte und mit der ständigen Bedrohung der Grenze nicht fertig wurde. Da die nördlichen Staaten Mexikos keine wirksamen Maßnahmen von seiten der Armee erwarten konnten, griffen die politischen Führer vieler Gebiete zur Selbsthilfe und gingen von sich aus dazu über, die Indianer auszurotten.

Die Behörden setzten Prämien für die Tötung von Indianern aus; sie zahlten Silberpesos für Indianerskalps. Das glatte, derbe asiatisch-indianische Haar ließ sich leicht identifizieren – doch sagte es nichts aus über Alter, Geschlecht und Stamm der toten Indianer. Viele friedliche Indianer und Mexikaner indianischer Abstammung fielen skrupellosen Kopfgeldjägern zum Opfer, die ihre Haarschöpfe als Apachen- oder Comanchenskalp ausgaben. Die Behörden kauften eine Menge Skalps auf, merkten aber schon bald, daß die wenigsten davon wilden Indianern gehört hatten. Das Programm erwies sich als Fehlschlag.

Weitere verzweifelte Versuche wurden unternommen. Wenn möglich, lockte man Apachen oder Comanchen mit dem Versprechen von Verhandlungen und Geschenken in mexikanische Siedlungen, wo sie hinterhältig erschossen oder vergiftet wurden. Obwohl viele Apachen auf diese Weise getötet wurden, erwiesen sich auch solche Listen als unbrauchbar. Die Indianer durchschauten die Tricks der Mexikaner und beantworteten sie mit blutigen Fehden und Kriegen, die sich weit verheerender auswirkten als die früheren gelegentlichen Überfälle. Für jeden Apachen oder Comanchen, der auf heimtückische Weise gemordet wurde, starben weit mehr mexikanische Bauern und *vaqueros* – schreiend in der Wüste der Sonne ausgesetzt oder nackt auf Ameisenhügeln festgebunden.

Die wirksamste Rache der Mexikaner an den Comanchen traf die Indianer ironischerweise ohne Absicht ihrer Feinde: Epidemien aller Art suchten das Mexiko des neunzehnten Jahrhunderts heim. Je weiter die Nemene nach Süden vorstießen, desto mehr setzten sie sich den Krankheiten der zivilisierten Welt aus. Völlig überraschend brachen Pocken, Masern und Cholera nun auch bei den Comanchen aus; 1816 und 1839 richteten die Pocken ganze Gruppen zugrunde. Außerdem griffen unter der *mestizo*-Bevölkerung Geschlechtskrankheiten um sich, von denen auch die Comanchen nicht verschont blieben. Bei einigen Banden trat Syphilis auf, die sich infolge des ungebundenen Sexualverhaltens der Comanchen wie ein Steppenbrand ausbreitete. In den dreißiger und vierziger Jahren mehrten sich die Fälle von Epidemien und Geschlechtskrankheiten auch nördlich des Red River.

Als Folge ihrer außerordentlichen Zurückhaltung hatten die Comanchen das gesamte achtzehnte Jahrhundert hindurch ihre zahlenmäßige Stärke erhalten können, wogegen die texanischen Hasinai, die Tonkawa und andere Stämme durch Pockenepidemien bereits dezimiert worden waren. Zwar lehnten die Comanchen auch im neunzehnten Jahrhundert noch immer Kontakte mit Mexikanern und Europäern ab. Doch durch ihre Überfälle auf mexikanisches Gebiet verbreiteten sich die Krankheiten der Alten Welt mit der gleichen Zwangsläufigkeit unter ihnen, als wenn sie sich um die Städte angesiedelt oder Handelsposten oder Weiße bei sich geduldet hätten.

Doch kehrten sich die Machtverhältnisse durch die europäischen Krankheiten nur allmählich zuungunsten der Comanchen um. In den vierziger Jahren war der Blutzoll, den die Indianer forderten, noch weit größer als der, den sie selber zahlen mußten. Weite Teile Nordamerikas legten sie in Schutt und Asche. Verfallene, aufgegebene Missionen und verwüstete Forts, kleinere Städte und Dörfer säumten den Weg der Indianerstämme. Schwarzer, nach Menschenfleisch riechender Qualm stieg aus verkohlten Ranchgebäuden auf. Die weiße Bevölkerung zog sich immer mehr in die Schutz bietenden größeren Städte zurück. Einzelne Reisende, die unterwegs in der Ferne Geier kreisen und Rauch aufsteigen sahen, bekreuzigten sich und ritten schnell in anderer Richtung davon. Die indianischen *campesinos* aber, die in ihren Berggegenden ausharrten, bestatteten ihre Toten, beweinten sie – und hielten durch.

Besiedlung und Zivilisation europäischen Zuschnitts waren in weiten Teilen des Landes um mehr als ein Jahrhundert zurückgeworfen worden.

Nemene und die Texaner

Der Weiße Mann und der Rote Mann können nicht in Eintracht miteinander leben. Das verbietet die Natur. Da ich das weiß, fällt es mir nicht schwer, die dafür passende Politik zu beschließen. Sie besteht darin, einen unerbittlichen Krieg gegen die Indianer zu führen, sie ohne Mitleid bis in ihre Verstecke zu verfolgen.

Mirabeau Buonaparte Lamar in
seiner Antrittsrede als Präsident
von Texas 1838

Wohlmeinender Fremder, bete für den Soldaten, der die Prärie so manches Jahr durchstreifte. Er hat die Comanchen vielleicht auch von deiner Ranch ferngehalten und sie weit über die texanische Grenze hinaus verfolgt.

Inschrift auf einem Grab
des 19. Jahrhunderts bei
Fort Clark, Texas

Obwohl mit den Hilfsmitteln der Zivilisation ausgestattet, streiften europäische Grenzer oft alle Hemmungen ab, die ihnen das Rechtsdenken und die Kultur der zivilisierten Gesellschaft vermittelt hatten.

William H. McNeill
(The Rise of the West)

Es wäre besser, wenn die Felsen von Plymouth auf den Pilgern und nicht die Pilger auf den Felsen gelandet wären.

Leeman Brigtman

Das Gleichgewicht
der Wildnis wird gestört

Während die anderen europäischen Reiche im amerikanischen Südwesten scheiterten, hatten die Briten in Nordamerika Siedlungen errichtet, deren Kolonisationsansatz sich grundlegend von dem der Spanier und der Franzosen unterschied. Die englischsprachige Kolonisation Amerikas war eigentümlich unimperialistisch ausgerichtet. Die frühen Siedler am Atlantik waren Dissidenten von den Britischen Inseln. Sie kamen in Familiengruppen ohne Hilfe oder Behinderung seitens ihres Heimatlandes. Diese Frauen und Männer wollten nicht Flaggen aufziehen, britische Außenposten schaffen, Handel mit den Eingeborenen entwickeln oder sie unter ihre Herrschaft bringen. Ihre überwiegende Mehrheit vertrat Denkrichtungen, Glaubensauffassungen und Moralvorstellungen, die daheim nicht anerkannt wurden, und nun hofften sie, in der Neuen Welt gemäß ihren Grundsätzen leben zu können. Sie fanden keine Edelmetalle und keine Schätze außer dem Land, das sie nach den Geboten ihres Gewissens und ihrer Kultur urbar machten.

Bei diesen Kolonisten handelte es sich überwiegend um Protestanten, die das puritanische Ethos der britischen unteren Mittelschichten jener Zeit vertraten. Diese Gesellen und Handwerker, kleinen Kaufleute und Bauern waren in ihrer Auflehnung gegen die bestehende religiöse, soziale und politische Ordnung keineswegs weltferne Utopisten, sondern überaus nüchtern denkende und pragmatische Leute. Der eigentliche Kern ihrer protestantischen Ethik bestand weit weniger in sexueller Sittenstrenge als vielmehr in der Entschlossenheit, ihr Leben und ihre Umwelt nach eigenen Vorstellungen zu formen – unbeugsam in den Zielen, aber unendlich anpassungsfähig in der Wahl der Mittel zu ihrer Erreichung. Anfangs errichteten die englischen Emigranten nur einige wenige Städte auf amerikanischem Boden. Ihre Kultur blieb viele Jahre hindurch primitiv; aber sie waren, wie schon de Tocqueville feststellte, zivilisierte Menschen und Zivilisatoren in der grundlegendsten Bedeutung des Wortes.

Dieser flexiblen, dynamischen Gesellschaft fiel es leicht, andere nordeuropäische Einwanderergruppen anzuziehen und in ihre neugeschaffene britisch-amerikanische Zivilisation einzugliedern. Durch beständige Zuwanderung und ein beispielloses natürliches Wachstum – zwei Jahrhunderte lang war die angloamerikanische Geburtenrate höher, die Kindersterblichkeit niedriger als irgendwo sonst in der Welt – begannen die kleinen Enklaven am Atlantik rasch, sich in den schier grenzenlosen Raum auszudehnen. Im achtzehnten Jahrhundert schätzte man, es würde wohl tausend Jahre brauchen, um das Mississippi-Tal zu besiedeln. Doch schließlich sollte es nur zwei Generationen dauern, bis diese Region kolonisiert war.

Dieses ungeheure Wachstum entschied das kulturelle Schicksal des Kontinents. Mitte des achtzehnten Jahrhunderts gab es bereits mehr englisch sprechende Menschen in Nordamerika als sonstige Europäer und Indianer zusammengenommen. Diese zahlenstarke Bevölkerung mit ihrer aggressiven Dynamik sollte sich schließlich gegen spanische Ansprüche und Rechte, gegen französische Forts und Fahnen und gegen indianische Bündnisse und den Widerstand zahlloser Stämme durchsetzen. Die Schlachten, Landkäufe und Verträge, durch die Nordamerika an die englischsprachige Zivilisation überging, waren praktisch die Bestätigung der Tatsache, daß eine Gruppe Dissidenten von den britischen Inseln die einzige erfolgreiche europäische Kolonisation des Kontinents durchgeführt hatte.

Für die Eingeborenen war die Ankunft der Engländer gleichermaßen schicksalsentscheidend wie das Vordringen der Spanier und Franzosen in anderen Teilen des Kontinents. Nur vollzog sich die Vernichtung der Indianer auf andere Weise. Die Engländer kamen, um mit einer verpflanzten Gesellschaft und einer eigenen Gesellschaftsform neue Gemeinwesen zu gründen. Sie hatten nach ihrem Plan keine Verwendung für die Indianer. Sie brachten ihre Familien mit, und dieses stabilisierende Moment gesellschaftlicher Reproduktion allein schon sorgte dafür, daß es nicht wie in Französisch-Kanada oder dem kolonialen Mexiko zu einer Vermischung der Rassen in nennenswertem Umfang kommen konnte.

Wie alle Indogermanen hielten auch die Engländer die Unterordnung schwächerer Völker zwecks Ausbeutung für rechtmäßig; aber die primitiven Indianer ließen sich durch nichts dazu bringen zu arbeiten. Daher behob man den Mangel an Arbeitskräften an der nordamerikanischen Grenze, indem man unfreie Bauern und afrikanische Sklaven herbeischaffte. Die Engländer, die im siebzehnten Jahrhundert und danach eintrafen, hatten kein Interesse daran, fremde Völker zu bezwingen, zu bekehren oder in ihre Gesellschaftsform einzugliedern. Die britischen Kolonisten sahen Amerika nur unter einem Aspekt: Sie begriffen den Kontinent als endloses, offenes Land, das die Vorsehung ihnen für ihre Vorhaben und Pläne gegeben hatte. Der Gebrauch, den die Eingeborenen von diesem Land machten, erschien ihnen völlig sinnlos und derart verschwenderisch, daß er schon unmoralisch war. Ein ganzes Tausend hart arbeitender Europäer konnte von der gleichen Fläche leben, die bisher nur eine Handvoll gleichgültiger indianischer Jäger ernährte.

Die Briten beabsichtigten jedoch nicht die Ausrottung der Eingeborenen. Lange Zeit war es herrschende Meinung, daß es auf dem Kontinent mehr als genug Platz für beide Rassen gebe – nur müßten die Indianer Platz machen. Immer ging die englische Besiedlung von Landstrichen aus, in denen es keine oder nur wenige Indianer gab, zumal diese ohnehin über riesige Regionen weit verstreut lebten. Nur selten kam es unmittelbar zu Gebietsenteignungen. Meist stützte sich die Besiedlung auf Verträge oder Landkäufe.

Bei solchen Abkommen allerdings handelte es sich um die typischen Listen europäischer Diplomatie. Solange die Siedler zahlenmäßig schwach waren und die mächtigen Indianerkonföderationen fürchteten, forderten sie nur sehr wenig; aber je mehr ihre Zahl und Macht wuchs, desto mehr schraubten die Kolonisten ihre Forderungen in die Höhe. Dabei erschien ihnen dieses Vorgehen so selbstverständlich, daß sie es nie in Frage stellten.

Die Indianer dagegen waren über die »treulose« Diplomatie der Weißen, die einseitig Verträge änderten, um gewandelten Verhältnissen zu entsprechen, empört, denn ihre Welt war statisch, und einmal getroffene Vereinbarungen galten. Darüber hinaus begingen die Engländer den Fehler, daß sie ihre eigene explosive Dynamik nicht erkannten oder zumindest unterschätzten. Fast bis zuletzt gingen die britischen Einwanderer davon aus, man könne dauerhafte Demarkationslinien schaffen, durch die den Weißen einige Gebiete gesichert und andere »auf ewig« den Indianern vorbehalten würden. Da sie ferner nicht begriffen, welche Auswirkungen der kulturelle Schock ihrer Nachbarschaft für die Stämme haben mußte, saßen die Europäer ferner der Illusion auf, die beiden Rassen könnten in Frieden Seite an Seite leben. Da diese Vorstellungen sich im Laufe zweier Jahrhunderte als unhaltbar erwiesen, trat eine andere an ihre Stelle, die bis zum bitteren Ende vorherrschte. Es war die Annahme, daß die primitiven Völker akzeptieren würden, was die Umstände verlangten, also daß sie den Weg des Weißen Mannes einschlagen und sich darauf vorbereiten würden, in seiner Zivilisation einen Platz einzunehmen.

All dies waren unerfüllbare Träume, denn um »zivilisierte« Menschen zu werden, hätten die Indianer eine gewaltige historische und kulturelle Kluft überwinden müssen. Sie hätten mehr tun müssen, als nur eine neue Sprache zu lernen und ein paar neue Techniken zu übernehmen. Sie hätten ihr gesamtes Bild von der Welt und von der Rolle des Menschen in ihr verwerfen und alle Neigungen, Gesetze und Glaubensauffassungen ihrer Kultur – kurz alles, was ihnen natürlich oder heilig erschien – aufgeben müssen. Die indianische Geisterwelt und das europäische Universum von Ursache und Wirkung waren nicht einfach Ausprägungen unterschiedlich hoher Entwicklungsstufen der Naturbewältigung. Die beiden Kulturen waren zutiefst verschieden und sogar einander feindlich: Die Freiheiten der einen waren die Ketten der anderen, und umgekehrt. Die Indianer paßten sich der Natur an und bezogen daraus religiöse Rauschzustände, erlangten allerdings nur wenig Beherrschung über die reale Welt. Die Europäer dagegen, die nach Amerika kamen, bezogen ihre religiöse Erfüllung und ihren Seelenfrieden aus der Beherrschung der wirklichen Welt und der Natur – selbst wenn sie sie dabei zerstören mußten. Selbst in den armseligsten, ausgehungertsten Indianerbanden wollte kein Krieger eine solche Tyrannei der Natur hinnehmen.

Jahrhundertelang konnten das die Europäer kaum begreifen. Den puritanisch geprägten Angloamerikanern, die durch Naturbeherrschung und Anhäufung irdischer Güter Gottgefallen zu erlangen suchten, mußten die indianischen Wertvorstellungen schlimmer als nur unwissend, ja nachgerade unmoralisch erscheinen. Konflikte sind stets unvermeidlich, wenn so unterschiedliche Weltauffassungen aufeinanderprallen.

Die unmittelbaren Gründe für Konflikte allerdings waren mehr weltlicher Natur. Sie erwuchsen aus unvereinbaren Formen der Landnutzung. Fast alle nordamerikanischen Indianer lebten in einer äußerst feinfühligen Symbiose mit der heimischen Wildnis. Die Europäer dagegen waren gezwungen, ihre Zivilisation durch Umformung und Unterordnung der Natur unter ihren Willen voranzutreiben. Bevor sie nach Amerika kamen, hatten die Briten jedoch keine Erfahrung mit einer urweltlichen Wildnis; hätten die Indianer, die sie gastfreundlich empfingen, wie es weitgereisten Fremden zustand, ihnen nicht Grundkenntnisse des Lebens in einer solchen Welt vermittelt – die ersten Siedler hätten gar nicht überleben können. Nachdem sie sich niedergelassen hatten, mußten also die Pflanzer und Pilgerväter das Gleichgewicht der Wildnis zerstören, um eine Zivilisation, wie sie sie kannten, errichten zu können. Eine Handvoll weißer Männer wandelte mit dem Bau von Häusern und Zäunen, mit dem Anlegen von Straßen und Feldern das Gesicht und die Beschaffenheit des Landes in kurzer Zeit so grundlegend, daß es für die althergebrachte Nutzungsweise der Indianer ruiniert war. Als die Eingeborenen sahen, was geschah, reagierten sie mit Bedrückung auf die Zerstörung der Grundlage ihrer kulturellen Existenz. Sie konnten nur noch versuchen, ihr Leben und ihr Land durch Krieg zu verteidigen – oder sie mußten sich der vordringenden fremden Kultur anpassen. Weder das eine noch das andere aber sollte ihnen gelingen.

Die ersten Kontakte zwischen den Neuankömmlingen und den Indianern verliefen gewöhnlich friedlich, da die Eingeborenen Fremde nicht haßten und da die ersten Weißen, schwach und wenig zahlreich wie sie waren, Unannehmlichkeiten aus dem Wege zu gehen suchten, indem sie mit den Indianern Landnutzungsabkommen schlossen. Doch selbst wenn sie diese Abmachungen ehrlich meinten, was meistens der Fall war, konnten sie sie, je mehr sie an Zahl zunehmen, bald nicht mehr einhalten. Alle Kriege wurden dadurch provoziert, daß die Neuankömmlinge in Gebiete vorstießen, die ihnen nicht zugestanden worden waren.

Im siebzehnten und achtzehnten Jahrhundert gelüstete es kaum jemanden an der angloamerikanischen Grenze nach einem »Indianerkrieg«. Die Europäer hingen ihrem Traum von der Zivilisierung der Wildnis nach, ohne allerdings die Indianer gebührend in Rechnung zu stellen. Als die Pilgerväter dann das Landschaftsbild veränderten, fielen die Indianer über sie her.

Die blutigsten Indianerkriege wurden im siebzehnten Jahrhundert an der Atlantikküste und keineswegs auf den westlichen Plains ausgefochten. Im Verhältnis zu ihrer Gesamtzahl erlitten die Weißen hier ihre höchsten Verluste. Tausend englische Kolonisten fanden zwischen Neu-England und Virginia den Tod, als die östlichen Stammeskonföderationen schließlich in ihrer Verzweiflung auf den Kriegspfad gingen, um die weißen Eindringlinge ins Meer zurückzutreiben. Da es an der englischen Grenze keine Truppen und Befestigungsanlagen gab, traf die Wucht der indianischen Angriffe zuerst die winzigen Ansiedlungen, kleinen Farmen und einsamen Häuser der am weitesten vorgedrungenen Siedler mit voller Kraft. Die Kriegführung der östlichen Stämme ähnelte im wesentlichen der aller Indianer und basierte auf Überraschung, Hinterhalt, unbemerktem Anschleichen, List, Massakern und Gefangenenfolterung.

Nach europäischem Maßstab war all dies nicht Krieg, sondern Mord. So verwundert es auch nicht, daß die Briten die Indianerkriege in ihren frühen Darstellungen als »Aufstände« oder »Verschwörungen« kennzeichneten, denn die Stämme gaben keine förmlichen Kriegserklärungen und stellten sich den Europäern nicht zum Kampf Mann gegen Mann. Sie erhoben sich, angestachelt von Visionen und Magie, in plötzlicher Hysterie und fielen brandschatzend und mordend über arglose Siedlungen her.

Den Überlebenden von Indianerüberfällen, die vielfach ihren grauenhaft verstümmelten Verwandten – Männern, Frauen und Kindern – den Gnadentod geben mußten, wurde eine Bruderschaft aller Menschen, die die Indianer einschloß, bald unvorstellbar. Sie konnten in den Eingeborenen nur noch unmenschliche, unberechenbare, gefährliche Räuber und Wilde sehen – eine Art menschliche Schädlinge, die der Zivilisation von Nordamerika, wie sie den Einwanderern vorschwebte, im Wege standen.

Da die gesamte Grenzbevölkerung im Laufe der Zeit in lokale Indianerkriege verwickelt wurde, kam es zu einer unglaublichen Brutalisierung der Kolonisten: Die Zivilisierten übernahmen viele der barbarischen Praktiken ihrer Feinde. Im Gegenzug fielen sie über Indianerdörfer her. Das Skalpieren toter Eingeborener griff immer mehr um sich. Die Kolonie an der Massachusetts Bay zahlte für Indianerskalps ebenso Prämien wie für Wolfsfelle, und es gab kein Pardon, bis beide Spezies in jener Region nahezu ausgerottet waren.

Es ist ein Charakteristikum der Ausdehnung Angloamerikas, daß sich Mitgefühl mit den Eingeborenen nur in zeitlicher oder räumlicher Entfernung von der Indianergrenze einstellte – und am Anfang war jede Region Britisch-Amerikas im einen oder anderen Sinne Indianergrenze. Die Gewalttätigkeit und Grausamkeit der Kolonisten Neu-Englands und Virginias gegenüber den Indianern wiederholten sich im folgenden Jahrhundert bei den Grenzern des Mohawk Valley und Pennsylvanias und später in Kentucky und dem Westen jenseits der Appalachen.

Da während der ersten beiden Jahrhunderte des angloamerikanischen Vordringens über den Kontinent jedweder staatliche Schutz etwa durch Militär fehlte – überhaupt setzten sich rechtsstaatliche Verhältnisse immer erst lange nach der Besiedlung neuer Territorien durch –, mußten die Siedler an dieser brutalen, gesetzlosen Grenze im Gegensatz zu der Grenze der spanischen Kolonien nicht nur ihre wirtschaftlichen Probleme, sondern auch ihre militärische und staatliche Organisation selbst regeln. Die angloamerikanische Grenze verhielt sich nie passiv, weder gegenüber den fernen Behörden noch gegenüber den benachbarten Indianern. Die Grenzer organisierten ihre eigene Verteidigung und ihre lokalen Selbstverwaltungsorgane. Ihre Maßnahmen und Mittel reichten für einen wirksamen Schutz zwar nie aus, und viele Regionen litten weiter entsetzlich unter den Indianerkriegen; aber mit gelegentlicher Unterstützung aus dem Hinterland genügte ihre Schlagkraft langfristig, die Indianer zu vernichten.

Fast immer trugen die Indianer bei den ersten feindseligen Begegnungen den Sieg davon, denn gewöhnlich organisierten die Siedlungen erst Bürgerwehren, wenn es zu Massakern gekommen war, und ständige Grenzorganisationen, die hätten Schutz und Hilfe gewähren können, gab es nicht. Nur waren die halbagrarischen Indianer der Waldgebiete östlich des Mississippi durch die Gegenschläge der Grenzer weit stärker bedroht als deren eigene isolierte Siedlungen durch die indianischen Überfälle. Schwere Verluste untergruben die indianische Sozialstruktur; sie verfügten weder über die taktischen Konzepte noch über die Mittel, um einen längerfristig angelegten Krieg durchzustehen, wie die Europäer ihn führten.

Gewöhnlich nahmen die Weißen den Krieg dann auf, wenn die Indianer ihn bereits als erfolgreich abgeschlossen betrachteten. Sie begruben ihre Toten und planten Vernichtungsfeldzüge gegen die indianischen Marodeure. Gestützt auf die wachsende Bevölkerung in ihrem Hinterland, ließen sie sich durch blutige Niederlagen und Verluste nicht abschrecken. Die angloamerikanischen Bürgerwehren kämpften schließlich sommers wie winters, sie zogen in langausgedehnten Kampagnen durch das Indianergebiet und brannten Zelte und Felder ab. Auf diese Weise wurden die indianischen Siedlungen Neu-Englands zerstört, die Felder der Mohawk verbrannt und der Stamm dem Hungertod im Schnee preisgegeben, wurden die Völker des Ohio-Tales auseinandergetrieben und aus ihren Gebieten verjagt. Das Konzept des entschlossenen Durchhaltekrieges, wie die Weißen es verfolgten, paßte nicht ins Weltbild der Indianer. Diese Art von Krieg demoralisierte sie zutiefst.

Tiefer und tiefer drangen die Weißen in den Kontinent vor. Dabei blieb das Grundmuster ihres Vorgehens immer gleich. Einige wenige von ihnen, die neues Land bebauen wollten, stießen in indianische Stammesgebiete vor. Wenn dann der unumgängliche Konflikt ausbrach, verlangte die wachsende weiße Bevölkerung lautstark nach der Vernichtung oder Vertreibung aller Indianer. Die Auseinandersetzungen konnten von kurzer Dauer und in ein paar Monaten abgeschlossen sein, sie konnten aber auch, wie in Kentucky, ein blutiges Jahrzehnt lang andauern. In allen Gebieten jedoch war der Schlußakt der gleiche: Vernichtung, Vertreibung oder Unterwerfung der Eingeborenen. Wo sie bleiben durften, konnten sie dies nur als Geduldete, und nur in Enklaven, an denen die siegreiche Zivilisation kein Interesse hatte.

Die Besiegten fanden kaum Mitgefühl. Latenter Haß gegen sie herrschte vor, und sie paßten sich der fremden Zivilisation nicht in einer Weise an, die ihnen Achtung erworben hätte. Die Mehrheit der Stämme reagierte auf die gewandelten Verhältnisse in einer Art, die die Verachtung der Weißen noch steigerte. Sie weigerten sich, ihren Besiegern ernstlich nachzueifern, lehnten es ab, wirtschaftlich denkende Wesen zu werden, akzeptierten weder Idee noch Realität privaten Eigentums und paßten sich nicht ein in die

Disziplin unablässiger Arbeit. In ihrem umgekrempelten Land zu Fremd-
lingen geworden, wanderten sie entweder nach Westen weiter oder vegetierten elend am Rande der aufkeimenden Zivilisation. Apathisch, aber
nichtsdestoweniger unbeugsam, klammerten sie sich an alles, was sie von
ihrer überkommenen Weltanschauung und Kultur retten konnten. Sie
übernahmen oft zwar die Fehler weißer Zivilisation, verweigerten sich aber
ihren Tugenden. In »befriedeten« Grenzregionen waren verelendete
Indianerbanden, die Überreste einstmals stolzer und unabhängiger Völker,
eine verbreitete Erscheinung. Sie trugen die ausrangierte Kleidung der
Weißen und lebten in ständiger Trunkenheit und Erniedrigung. Die meisten amerikanischen Siedlungen des neunzehnten Jahrhunderts im neuerworbenen Westen hatten ihre »Indian Joes«, kleine Gruppen von Indianern, denen die Anpassung an die aufstrebende Zivilisation nicht gelang
und die rasch zugrunde gingen. Selbst in dieser Rolle waren sie noch gehaßt
und gefürchtet; nicht etwa, daß sie das Gewissen der Weißen belastet hätten – sie waren schlicht ein Ärgernis. Sie zementierten das Bild der Anglo-
merikaner von der gesamten Rasse und Kultur – dreckige, faule, halsstar-
rige Wilde, die sich selbst nicht helfen konnten und denen deshalb auch
nicht zu helfen war.
Wenn auch die weißen Grenzer in den Indianerkriegen selbst in grausame
Barbarei zurückfielen, ließen diese Kriege doch eindeutig die großen
Unterschiede in den Potenzen der beiden Kulturen erkennen.
In ihren gewaltsamen Phasen war die Eroberung des Landes durch die
Weißen jedoch kaum das Ergebnis einer zahlenmäßigen oder technologi-
schen Überlegenheit, sondern vielmehr das Resultat überlegener Organisation und Machtanwendung. Die Indianer konnten dem Zielbewußtsein
der Angloamerikaner nichts entgegensetzen. Obwohl die Grenzsiedlungen immer wieder in Flammen aufgingen, obwohl die Siedler immer wieder angegriffen und Bürgerwehren und sogar ganze Armeen von Braddock
bis St. Clair Fehler machten und massakriert wurden, paßte sich die vordringende Kultur energisch allen neuen Gegebenheiten rasch an. So wie die
frühen Farmer in landwirtschaftlicher Hinsicht viel von den Indianern
lernten, so überlebten die weißen Grenzer, indem sie sich später auch die
Taktiken und Techniken indianischer Kriegführung zu eigen machten. Sie
legten Spieße und Schwerter beiseite, gingen von den Massenformationen
ab und stellten sich auf Handäxte und Gewehre mit gezogenem Lauf um,
die weit bessere Waffen für die dicht bewaldete Wildnis waren. Sie studierten die Kampfesweise des Feindes, um seine Schwächen gegen ihn auszu-
nutzen.
Vor allem zogen sie Vorteil aus eingeborenen Verbündeten, die es bei den

beständigen Feindschaften der Stämme untereinander immer reichlich gab. Sie lernten, daß die ungestüme Kriegführung der Indianer kaum geeignet war, längere Belagerungen durchzuführen. Deshalb errichteten sie Palisadenforts als Schutzburgen. Nach europäischen Maßstäben waren die rauhen Grenzer anarchisch und disziplinlos; aber sie waren immer noch weitaus zäher, hartnäckiger, flexibler und lernfähiger als ihre indianischen Gegner.

Umgekehrt allerdings scheinen die Indianer aus jahrhundertelangen Kontakten mit der fremden Zivilisation praktisch nichts gelernt zu haben. Der Charakter ihrer Kultur versperrte ihnen jede Anpassung an neue Gegebenheiten. Sie übernahmen von den Weißen nur die Dinge – etwa Feuerwaffen und Eisen –, die sie in die vorhandenen Muster ihrer statischen Kultur einfügen konnten. Die Erkenntnis, daß eine Kultur den gesellschaftlichen oder machtpolitischen Erfordernissen und Zielen angepaßt werden könnte – eine Selbstverständlichkeit für Angloamerikaner –, war der indianischen Mentalität völlig fremd. Daher hielten die Indianer bis zum bitteren Ende an ihren althergebrachten Lebensmustern fest.

Der lange Krieg und die damit verbundene Demoralisierung der Eingeborenen blieben nicht ohne Einfluß darauf, welche Rechte die Amerikaner den Indianern zuzugestehen bereit waren und welche Politik sie ihnen gegenüber betrieben. Sie wurden als menschlich nicht gleichwertig angesehen, und daher erübrigte es sich nach der Ansicht der Europäer, ihnen Rechte einzuräumen, die ihnen nach angloamerikanischen Gesetzen hätten zufallen können – ähnlich wie die Entmenschlichung auch die Rechte afrikanischer Sklaven aufhob. Anders als die Spanier kannten die Angloamerikaner keine festgefügten Hierarchien oder gesetzlich verankerte Klassen- oder Kastenunterschiede, und diese »Demokratie« wirkte sich sehr zum Nachteil »tieferstehender« Völker und Kulturen aus. Nach spanischem Recht konnte ein *indio* oder Neger versklavt werden, ohne dadurch seine Menschlichkeit oder bestimmte Rechte gegenüber der Gesellschaft einzubüßen. Ein Volk dagegen, das allen Bürgern gleiche, unveräußerliche Rechte zusicherte, konnte »Nichtbürger« nur dadurch unterordnen, daß es sie zu wilden Tieren abstempelte. Negersklaven waren nach amerikanischem Recht bewegliche Habe wie etwa Vieh. Ein solches Rechtsempfinden konnte schließlich die Indianer nur noch als unbefugte Eindringlinge und Schädlinge auf »amerikanischem« Boden begreifen.

Innerhalb des beanspruchten Wirkungsbereichs ihres Rechts gestand die amerikanische Republik den Indianern kein unkündbares Eigentumsrecht an Grund und Boden zu; Indianer besaßen nur vertraglich zugestandene Rechte, durch die sie zu jederzeit kündbaren Pächtern wurden. Obgleich man weiterhin von der Konstruktion ausging, die Stämme seien autonome »Nationen«, waren sie in Wirklichkeit längst zu Mündeln der Regierung geworden. Und als Mündel ohne Befugnisse und festgeschriebene Rechte erlitten sie das übliche Schicksal von Pflegebefohlenen großer, unpersönlicher Institutionen.

Zweihundert Jahre Indianerkämpfe wirkten sich grausam gegen die Handvoll Stämme aus, die sich in die Welt der Weißen tatsächlich einzufügen versuchten. Anfang des neunzehnten Jahrhunderts machten die Cherokesen und einige südliche Völker, die sogenannten zivilisierten Stämme, rasche Fortschritte auf eine agrarische Zivilisation hin. Sie lebten friedlich in ihren zwar eingeschränkten, aber alten Gebieten, trieben Ackerbau wie die Weißen, bauten feste Häuser und erwarben zum Teil sogar Negersklaven. Daß sie schließlich enteignet und zum größten Teil in den zwanziger und dreißiger Jahren in das neu abgesteckte »Indianerterritorium« zwangsumgesiedelt werden sollten, geht auf die Habgier von Bundesstaaten und Personen zurück, die sich die Ländereien dieser Indianer aneignen wollten und daher Druck auf die Bundesregierung ausübten. Daß die amerikanische Nation diesen »Pfad der Tränen« zuließ, über den Tausende entwurzelte indianische Ackerbauern in die Wildnis des Westens vertrieben wurden, war nur möglich, weil die meisten Amerikaner die Auffassung vertraten, für Indianer gebe es keinen Platz im Rahmen ihrer entstehenden Nation; die beiden Kulturen könnten nicht einträchtig leben oder verschmelzen, und daher müsse die schwächere nachgeben.

Die meisten Stämme standen dem Aufbau einer neuen Nation, die in den zwanziger Jahren noch keineswegs gefestigt war, im Wege. Nur den Cherokesen sollte eine Assimilation doch noch gelingen. Gegen Ende des neunzehnten Jahrhunderts waren die Cherokesen die ersten Indianer, denen amerikanische Bürgerrechte zugestanden wurden; sie gingen rasch in der Masse der Weißen auf.

Nach solchen Grundmustern wurde der unvermeidliche Konflikt zwischen den gegensätzlichen Kulturen – der statischen indianischen und der dynamischen angloamerikanischen – allerorten ausgetragen. Diese Grundzüge hatten sich längst herausgebildet, ehe die Amerikaner nach Texas und damit in Kontakt mit den mächtigen Nemene auf den Plains kamen. Aber erst dort sollte der Zusammenprall der Rassen und Kulturen seine höchste und blutigste Steigerung erfahren.

Dort sollte die amerikanische Tragödie in der Vernichtung der letzten autonomen Indianer ihren grausamen Höhepunkt finden.

Parkers Fort vor dem Navasota River

Zu der Zeit, in der die Anglotexaner ihre Unabhängigkeit von Mexiko erzwangen, herrschte im Zentralteil Nordamerikas unter den Indianern erheblicher Aufruhr. Zwischen 1825 und 1840 wanderten tausende von östlichen Indianern freiwillig oder gezwungen in die Randzonen der Great Plains. Die verdrängten Völker wurden von den westlichen Stämmen als Eindringlinge betrachtet. Diese letzlich von den Weißen verursachten Bevölkerungsbewegungen riefen in den zwanziger und dreißiger Jahren heftige Konflikte zwischen den zuwandernden und den heimischen Indianerstämmen hervor. Entgegen der allgemeinen Auffassung konnten sich die östlichen Stämme mit ihren besseren Waffen und ihrer höher entwikkelten sozialen Organisation in den blutigen Zusammenstößen gegen die primitiveren westlichen Völker durchaus behaupten.

Seit etwa 1819 strömten diese indianischen »Immigranten« in großer Zahl südlich des Red River in den nordöstlichen Teil von Texas. Sie ließen sich in der Nähe der verbliebenen Caddovölker und der kleinen Wichitagruppen entlang den Flußläufen nieder, wo sie weite Waldgebiete an sich brachten, in denen sich damals noch keine spanischen oder amerikanischen Kolonisten angesiedelt hatten. Unter den Zuwanderern befanden sich die Überlebenden vieler östlicher Völker – Delaware, Shawnee, Kickapoo und kleinere Banden – sowie eine große Zahl von Cherokesen. Alle diese Stämme wollten von der Grenze der Vereinigten Staaten wegkommen, die zu jener Zeit entlang dem Sabine und dem Red River verlief.

Die westwärts wandernden Indianer erkannten zwar die Sinnlosigkeit weiterer Kämpfe gegen die Amerikaner, waren aber andererseits entschlossen, an ihrer agrarischen Lebensweise festzuhalten. Mexikanisch-Texas blieb ihnen als letztes Zufluchtsgebiet neben dem bereits übervölkerten Indianerterritorium in Ost-Oklahoma, das die Regierung der

Vereinigten Staaten den östlichen Stämmen zugewiesen hatte. Sie wollten nur in Frieden ihre Bohnen, ihren Mais und Kürbis anbauen, doch wohin sie auch zogen, entbrannten wütende Kämpfe mit den ansässigen Stämmen. Für alle ackerbautreibenden Indianer, etwa die Cherokesen, die aus den Bergen von Tennessee und North Carolina geflohen waren, bot Texas die letzte Möglichkeit in Nordamerika, ihre Kultur fortzusetzen. Die Cherokesen waren rücksichtslos aus dem Süden vertrieben worden, während die algonkischen Kickapoo ursprünglich aus dem entfernten Wisconsin stammten.

Die heftigen Kriege mit der Illinois-Konföderation im achtzehnten Jahrhundert hatten die Kickapoo zugrundegerichtet und südwärts nach Missouri und Kansas abgedrängt. Im neunzehnten Jahrhundert kamen sie zusammen mit den Potawatomi nach Texas. Sie steckten ihre fruchtbaren Felder ab und waren damit allen ein Dorn im Auge. Die westlichen Indianerstämme lehnten sie ab und erklärten ihnen den Krieg; den vorrückenden Weißen waren sie bei der Besiedlung im Wege.

Obgleich diese Zuwanderer zumeist friedfertig waren, erwiderten sie ohne Zögern den Krieg, raubten gelegentlich Tiere von den Weißen oder töteten einzelne Siedler. Selbst die sanften Caddo unternahmen verschiedentlich Plünderzüge. Wenn auch die vertriebenen Ackerbauern keine wirkliche Gefahr für die angloamerikanische Grenze darstellten, stießen sie auf Haß und Mißtrauen, besonders seitens der Weißen, die zumeist die einzelnen Indianerstämme nicht auseinanderhalten und einen Comanchen nicht von einem Cherokesen unterscheiden konnten.

Die Angloamerikaner, die sich in den zwanziger Jahren in Texas niederließen, wollten Differenzen mit den Indianern möglichst aus dem Wege gehen. Stephen F. Austin wußte genau, welche Schwierigkeiten die Mexikaner mit den Comanchen hatten, und bemühte sich zu verhindern, daß die angloamerikanische Kolonie in diese Auseinandersetzungen verwickelt wurde. Auf einer Reise nach Mexiko fiel er Comanchen in die Hände, aber da diese erkannten, daß ihr Gefangener weder ein Spanier noch ein Mexikaner war, boten sie ihm die Fremden zustehende Gastfreundschaft und ließen ihn in Frieden ziehen. Austins Politik enttäuschte Mexikos Hoffnung auf eine angloamerikanische Pufferzone; er hielt die Behörden mit Versprechungen hin, ihnen gegen die berittenen Indianer beizustehen, sobald die Kolonie stark genug sei.

Da die Anglotexaner während ihres Unabhängigkeitskampfes gegen Mexiko einen Angriff verschiedener texanischer Indianerstämme befürchteten, sandten sie Boten mit Friedensgesuchen zu allen Stämmen im Westen und Norden. Die Cherokesen und andere Stämme – die in dieser

Phase möglicherweise die Absichten der Texaner hätten zunichte machen können – versicherten ihre Neutralität. Den Comanchen weit draußen auf den Plains blieben die Streitigkeiten der Texaner mit den Mexikanern gleichgültig. Die Stämme begriffen nicht, daß die Schüsse bei San Jacinto nicht nur das Ende der mexikanischen Herrschaft nördlich des Rio Grande bedeuteten, sondern auch ihr eigenes Ende einleiteten.

Nachdem die texanischen Farmer aus dem Krieg heimgekehrt waren, ließen sich Konflikte nicht mehr länger vermeiden. In Massen strömten neue Siedler über den Sabine River. Im Gegensatz zu den relativ reichen sklavenhaltenden Baumwollpflanzern, die das Rückgrat der frühen Kolonie bildeten, waren die späteren Zuwanderer hauptsächlich Nachkommen früherer nordamerikanischer Pioniere von der Trans-Appalachen-Grenze, die weder Geld noch Sklaven besaßen und von den Möglichkeiten des offenen Westens angelockt wurden. Viele zählten zu jenen »Lederstrümpfen«, denen Austin die Ansiedlung in seiner Kolonie verwehrte. Es waren flintentragende Grenzer, die in der Wildnis einsame Hütten errichteten und holperige Kornfelder anlegten. Mindestens ein Viertel von ihnen war schottisch-irischer Abstammung. Diese zähen, eigensinnigen, kämpferischen Leute zogen unermüdliches Schaffen dem Nachdenken vor. Sie kamen nicht als Träger der angloamerikanischen Zivilisation, sondern eher als deren notwendige Vorhut. Die Hoffnung auf riesige Ländereien und späteren Reichtum trieb sie mit Kind und Kegel nach Westen. Zwar drangen sie nicht bis in die Jagdgründe der Nemene vor, ließen sich aber in Reichweite der indianischen Plünderzüge nieder. Dadurch lösten sie die längste und blutigste Auseinandersetzung der beiden Rassen auf dem nordamerikanischen Kontinent aus.

Nachweislich bestand zunächst zwischen Texanern und Comanchen keine Feindschaft, da die texanische Grenze bis etwa 1835 Hunderte von Kilometern südlich und östlich der eigentlichen *Comanchería* verlief. Die Texaner des Grenzgebiets wußten kaum etwas über die berittenen Indianer und hüteten sich vor ihnen. Auch die Comanchen reagierten unschlüssig, als sie die neuen dürftigen Siedlungen erspähten.

Als sicher gilt, daß die Comanchen frühzeitig gefährliche Fehleinschätzungen begingen. Ihre Ansichten über zivilisierte Gesellschaften entsprangen den Kontakten mit Spaniern und Mexikanern. Da Lebensstil und Aussehen der Texaner sich nicht sonderlich von denen der Spanisch-Mexikaner abhoben, neigten die Nemene dazu, sie mit ihnen gleichzusetzen. Sie glaubten, die Anglotexaner besäßen dasselbe Sozial-, Militär- und Regierungssystem wie die Mexikaner, und näherten sich ihnen wie mexikanischen Gemeinden, mit denen sie sich nicht im Krieg befanden, etwa Neu-Mexiko.

Obwohl sie Außenbeziehungen möglichst vermieden, waren die Comanchen inzwischen in mancher Hinsicht erheblich flexibler geworden. Sie hielten Waffenstillstand mit den Wichita, schlossen ein Bündnis mit den Kiowa und hatten ein gewinnbringendes Arrangement mit den neumexikanischen Comancheros vereinbart. Mit den Cheyenne und Arapaho verhandelten sie über einen vernunftgeprägten Great Peace, einen dauerhaften Frieden. Auch ein kurzfristiges Arrangement zwischen Texanern und Comanchen, ähnlich dem mit Santa Fé, lag durchaus im Rahmen des Möglichen; bekanntlich bestanden während der ersten Jahre Handelsbeziehungen mit etlichen Gruppen, die ihre in Mexiko gemachte Beute anboten. In den frühen dreißiger Jahren kauften Farmer und Händler im damaligen Westtexas mexikanische Waren und Pferde, ohne viel zu fragen.

Aufgrund des unterschiedlichen Volkscharakters konnte aber ein Krieg zwischen den Texanern und den Nemene nicht ausbleiben. Zwar mußten die Angloamerikaner die Plains irgendwann einmal erreichen. Doch der Konflikt brach schon weit eher aus: Die Texaner rückten mit ihren vereinzelten Farmen und Siedlungen immer weiter auf die Zentralplateaus vor und begaben sich damit in die Reichweite indianischer Plünderzüge. Außerdem brachten sie eine neue, beeindruckende Pferderasse mit, die die Comanchen zur Kreuzung mit ihren spanischen Mustangs begehrten. Abgesehen davon, daß die schweren Pferde und ungeschützten Skalps in ihrer Reichweite für die prunk- und ruhmsüchtigen Krieger eines Volks, das vom Raub lebte, eine unwiderstehliche Verlockung darstellten, wären die anglokeltischen Texaner des Grenzgebietes nie fähig gewesen, psychologisch geschickt auf die Comanchen einzugehen, wie es etwa die neumexikanischen Comancheros taten, die sich dadurch ihre guten Beziehungen zu den Indianern sicherten.

Den Texanern ging die Schlauheit der Mexikaner gänzlich ab. Sie stuften die Indianer als unwissende Wilde ein, und nicht einmal ihre Furcht vor ihnen konnte sie dazu bringen, einem solchen Volk entgegenzukommen. Nur wenigen Texanern gelang es, angesichts der Arroganz, die sich die Comanchen im Umgang mit den Mexikanern angewöhnt hatten, freundlich und umgänglich zu bleiben. Außerdem bestand die texanische Grenzbevölkerung zum größten Teil aus kleinen Farmern, deren einziger Reichtum in dem Boden lag, den sie bewirtschafteten. Sie besaßen kein Stück Vieh zuviel, kaum Reitpferde – jedenfalls nichts, was den riesigen, kaum überschaubaren Herden der mexikanischen Rancher gleichgekommen wäre.

Die von den Comanchen bei jedem Zusammentreffen vorgebrachte Forderung nach Geschenken faßten sie als Affront auf; ihre schroffe Verweigerung des Tributs dagegen beleidigte die Comanchen. Die Texaner waren bereit zu verhandeln, doch sie verhandelten hart. Wahrscheinlich betrogen sie die Indianer weniger als die Neumexikaner, doch führten sie ihre Verhandlungen mit weit weniger höflicher Nachgiebigkeit und Ehrerbietung. Der Gedanke, sich Frieden zu erkaufen, stand in krassem Gegensatz zu ihrem Weltbild und ihren moralischen Normen.

Aus Berichten der Comanchen ist ersichtlich, daß dieses wenig entgegenkommende Verhalten der Texaner die unsteten Indianer, die in Außenbeziehungen ohnehin äußerst heikel waren, aufbrachte und provozierte. Viele Historiker schreiben, die Texaner hätten sich bei diesen ersten Verhandlungen falsch verhalten; man sollte jedoch nicht vergessen, daß die Anthropologen, die die Kultur der Comanchen am eingehendsten untersucht haben, zu dem Schluß gekommen sind, der Konflikt sei unvermeidlich gewesen, da beide Völker nur sozialen Imperativen folgten.

1834 erforschten die Parkers, eine typische Siedlerfamilie aus Virginia, das Land und drangen weiter in die Brazostäler vor als je ein weißer Siedler vor ihnen. Sie entdeckten herrliche offene Ebenen mit Eichenwäldern, in denen es an Wasser und Wild nicht mangelte. Der Boden eignete sich hervorragend für Getreideanbau, und die Auwälder waren reich an Rotwild und Putern. Es war Gebiet der Wichita, schien jedoch gänzlich unbesiedelt; der nächste Indianerstamm, die Waco, lebte am Brazos.

Die Parkers wählten sorgsam eine Stelle aus, an der sie sich niederlassen wollten. Sie errichteten nahe dem Navasota River, einem Nebenfluß des Brazos, im späteren Limestone County ihre Palisaden; einige Grenzerfamilien schlossen sich ihnen an und bildeten eine kleine Siedlung von etwas über dreißig Pionieren. Außer »Parkers Fort« gab es nur zwei weitere Hütten von Weißen in der näheren Umgebung.

Der Parker-Clan gehörte zu den ultrakonservativen »Hardshell«-Baptisten, zu jener strengen, puritanischen Protestantensekte, die in harter Arbeit und kompromißloser Moral ihr Heil suchte und jeden anderen Weg in den Himmel anzweifelte. Diese Farmer hielten es für ihr unbedingtes Recht, in dieses Land zu kommen und es sich anzueignen. Sie errichteten ihr Fort und trugen immer Waffen bei sich, denn an der fernen Grenze war äußerste Vorsicht geboten. Sie waren dabei äußerst friedfertige Leute, die nicht die geringste Absicht hatten, irgend jemanden zu behelligen. Die Männer der Familie nahmen an der texanischen Revolution nicht teil. Der gesamte Clan flüchtete an den Fluß Trinity, als im Frühjahr 1836 mexikanische Truppen unter Santa Anna näher rückten. Sobald die Nachricht vom texanischen Sieg bei San Jacinto eingetroffen war, kehrten sie sofort zu ihren Feldern zurück. Wie Tausende von Texanern, die ebenso handelten, benötigten sie keine Regierung oder übergeordnete Staatsmacht, um ihrem Leben Ziel und Inhalt zu geben. Sie verwandten ihre ganze Kraft darauf, die Wildnis zu bezwingen und ihr den Lebensunterhalt abzuringen.

Am 19. Mai 1836 begaben sich die meisten Männer der Siedlung wie gewöhnlich auf die Kornfelder, die knapp außerhalb der Sichtweite des Forts lagen. Nur wenige Männer blieben bei den Frauen und Kindern und verrichteten die verschiedensten Arbeiten, als plötzlich eine Schar von mindestens hundert berittenen Indianern vor den Palisaden auftauchte. Einer der Krieger schwenkte eine schmutzige weiße Fahne.

Im Fort hielten sich unter anderem Elder John Parker, der patriarchalische Führer des Clans, seine Söhne Silas und Benjamin und Samuel Frost mit seinem Sohn auf. Sie beschlossen, mit den Indianern zu verhandeln, da die Reiter Zeichen der Freundschaft machten. Die Parkers hatten ein ungutes Gefühl, griffen aber nicht zu den Waffen.

Der noch unverheiratete Benjamin ging hinaus, um zu verhandeln. Silas, Vater von vier kleinen Kindern, hielt das Tor. Die Frosts und John Parker blieben bei den versammelten Familien.

Benjamin verständigte sich kurz in Pidgin-Englisch und in Zeichensprache mit den Indianern, die nicht absaßen. Wie später bestätigt wurde, handelte es sich zumeist um Comanchen von jenseits des Red River, einige Kiowa, Wichita und Caddo. Die Vermutung liegt nahe, daß sich diese abenteuerhungrigen jungen Krieger zu einem gemeinsamen Plünderzug zusammengefunden hatten, wie es in jenen Jahren im Grenzgebiet, jenseits aller Stammesterritorien, immer wieder geschah. Die Plainsindianer schlossen untereinander Waffenstillstand, um gegen die vordringenden Indianer aus dem Osten zu kämpfen; die ackerbautreibenden Indianer verbündeten sich gegen die Plainsstämme. Derartige kurzfristige Bündnisse wurden gegen jeglichen Feind geschlossenn.

Benjamin kehrte zum Tor zurück und berichtete, die Indianer wollten den Weg zu einer Wasserstelle wissen und forderten ein Rind. Er sagte, daß er sie nicht für sonderlich friedfertig halte; er habe das Rind verweigert, wolle aber zurückgehen und versuchen, einen Kampf zu verhindern. Gegen Silas' Rat kehrte er zu den nun offensichtlich erbosten Indianern zurück.

Die Leute im Fort sahen entsetzt, wie die Reiter Benjamin plötzlich umringten und ihre Lanzen in seinen Körper stießen. Dann stürzten Krieger unter lautem Geschrei auf das Tor zu. Silas Parker wurde niedergemetzelt, bevor er ihnen den Eingang versperren konnte. Reiter stoben in die Umfriedung. Die beiden Frosts, Vater und Sohn, starben unter den Augen der Frauen. Elder John Parker, seine Frau Granny und die anderen versuchten zu fliehen. Die Indianer sprengten auseinander und ritten sie nieder.

Es folgten Momente blutigen Schreckens. Einige Krieger ergriffen John Parker und seine Frau, der Rest ritt den Frauen und Kindern nach. Ein mörderischer Tumult brach aus.

Die aus dem sechzehnten und siebzehnten Jahrhundert stammenden Berichte von Europäern über Indianerkriege sind einfache, nichts beschönigende Darstellungen. Seit dem neunzehnten Jahrhundert dagegen kleidete man sie in viktorianisches Zartgefühl; Zeitungsartikel und selbst militärische Berichte verklärten Details durch Schönfärberei. Die Wirklichkeit sah jedoch anders aus.

Die Indianer nagelten John Parker auf den Boden, skalpierten ihn, trennten ihm seine Genitalien ab; dann töteten sie ihn und verstümmelten die Leiche weiter. Granny Parker rissen sie die Kleider vom Leib und trieben eine Lanze durch ihr Fleisch in den Boden. Etliche Krieger vergewaltigten sie, während der Rest über die anderen Frauen herfiel; zwei Frauen wurden schwer verletzt und mit klaffenden Wunden liegengelassen.

Lucy, die Frau von Silas Parker, flüchtete mit ihren vier kleinen Kindern aus dem Tor, doch die Reiter überholten sie nahe dem Fluß und zerrten sie und ihre Kinder auf die Pferde, um sie zu verschleppen.

Inzwischen eilten bewaffnete Männer von den Feldern herbei. David Faulkenberry, ein tapferer Mann, zwang die Indianer, Lucy und zwei der Kinder fallen zu lassen; ein Indianer entkam jedoch mit Cynthia Ann und John Parker, neun und sechs Jahre alt.

Als weitere Parker-Männer nahten, sprangen die Indianer auf die Pferde und galoppierten davon, heraus aus der Enge der Palisaden. Die Horde hätte sämtliche Weißen in der Umgebung töten können. Doch die Krieger gaben sich mit dem – in ihren Augen – großen Triumph zufrieden, den sie ohne Verluste ihrerseits erzwungen hatten. Sie ritten in einer Wolke von Staub nach Norden in Richtung des Trinity davon.

Die Indianer hatten fünf Männer umgebracht, einige Frauen niedergemacht und sterbend liegengelassen, zwei junge Frauen, Elizabeth Kellogg und Rachel Plummer, und drei kleine Kinder, die beiden Parkers und Rachel Plummers fünfzehn Monate alten Sohn James, entführt.

Die erschütterten Kolonisten, die nichts von den Gewohnheiten der Comanchen wußten, versteckten sich bis zum Sonnenuntergang am Fluß, aus Angst, die Indianer könnten zurückkehren. Dann pirschten sich David

Faulkenberry und Abram Anglin zum Fort. Sie fanden Granny Parker, die sich vor dem Tor zum Wasser zu schleppen suchte. Die zähe alte Frau hatte sich von der Comanchenlanze befreit und überlebte. Zwei andere Frauen starben jedoch in der Nacht.

Die Männer hielten die Familien die Nacht und den folgenden Tag am Fluß versteckt und wagten sich nicht einmal hervor, um die fliegenübersäten Leichen zu begraben. Schließlich trieben die Überlebenden Pferde zusammen, packten einige Vorräte und flohen viele Kilometer nach Osten, zur nächsten Siedlung.

Die Indianer dagegen folgten alten Kriegsbräuchen der Plains. Sie trieben ihre Pferde bis nach Mitternacht vorwärts, um möglichst viel Vorsprung vor möglichen Verfolgern zu gewinnen. Die Gefangenen, die sie auf die Pferde gebunden hatten, damit sie nicht herunterfielen, waren zerschlagen, zerkratzt, wund, verängstigt und halb bewußtlos, als die Comanchen schließlich anhielten, um ein Lager zu errichten. Die Krieger pfahlten ihre Pferde zum Grasen an, dann banden sie den Gefangenen Hände und Füße mit Riemen aus Rohleder zusammen und warfen sie mit dem Gesicht nach unten auf den Boden.

Die Indianer, die sich jetzt sicher fühlten, vollführten einen Siegestanz, sprangen und wirbelten um das Feuer, rühmten sich ihrer Heldentaten und schwenkten blutige Skalps. Der Sieg war vollkommen: Sie hatten keine Verluste; besonders wichtig für sie war aber, daß die lebenden Gefangenen ihren Triumph bezeugen und ihn durch ihre eigene Demütigung steigern konnten. Vom Tanz besessen, traten die Indianer auf die Gefangenen und schlugen mit Zweigen auf sie ein, bis ihnen das Blut den Rücken und die Beine hinunterrann.

Den Kindern taten sie weiter nichts an. Doch den beiden erwachsenen Frauen rissen sie die Kleider herunter und folterten sie. Diese Folterungen waren nicht so sehr auf Sadismus ausgerichtet, sondern gehörten zu jener völligen Erniedrigung, auf die es den Indianern ankam. Die beiden Frauen erlitten keine ernsthaften Verletzungen, da die Krieger sie nicht töten, sondern als Sklavinnen halten wollten; durch Folter und Androhung von Folter eingeschüchterte Gefangene bereiteten weniger Schwierigkeiten und lernten schneller, Befehle auszuführen. Zum Schluß vergewaltigten sie die Frauen die ganze Nacht hindurch vor den Augen der gefesselten Kinder.

Soweit bekannt ist, waren Elizabeth Kellogg und Rachel Plummer die ersten Amerikanerinnen, die von Comanchen gefangengenommen wurden. Sie wurden ebenso behandelt wie gefangene Frauen aus anderen Indianerstämmen. Später, in den Reservaten, wo man Indianer für Verbrechen gegen Weiße aufknüpfte, gestanden logischerweise nur wenige Comanchen ein, Gefangene gemacht und mißbraucht zu haben, und auch ihre Nachkommen neigten dazu, Vergewaltigungen und Folterungen zu verleugnen. Die Plainsstämme jedoch betrachteten die Frauen als Sklavinnen, und es ist kein Fall bekannt, in dem weiße Gefangene nicht mißhandelt und vergewaltigt wurden. Alle zurückgekehrten Gefangenen, die man zum Sprechen bewegen konnte, erzählten die gleiche Geschichte, und bis spät ins neunzehnte Jahrhundert rühmten sich die Comanchenkrieger solcher Heldentaten voller Stolz.

Nach einer derartigen Behandlung leisteten wenige Frauen ernsthaft Widerstand. Ein Krieger konnte aufsässige Frauen töten oder sie mit simplen Mitteln gefügig machen. Er ließ sie nackt, mit gefesselten Händen und angeleint hinter seinem Pferd herlaufen; Steine und Dornen zerstachen die bloßen Füße und Beine, und wenn die Gefangene stolperte oder vor Erschöpfung zusammenbrach, wurde sie mitgeschleift, was ungeheure Schmerzen verursachte. Gefangene, die nackt unter der südwestlichen Sonne laufen oder reiten mußten, erlitten qualvolle Verbrennungen. Die Gefangenen lernten schnell, freiwillige Unterordnung den Bestrafungen, die die Indianer ersannen, vorzuziehen.

Elizabeth Kellogg und Rachel Plummer überlebten ihre schwere Prüfung – die erste von vielen.

In der Morgendämmerung trennte sich die Kriegerschar. Die Comanchen und Kiowa zogen mit Mrs. Plummer und den drei Kindern nach Westen. Elizabeth Kellogg war Eigentum von Caddo oder Wichita, die sie mit zum Red River nahmen. Sie hatte Glück: Nach sechs Monaten stießen die Caddo auf Delaware, östliche Zuwanderer, und verkauften sie für Waren im Werte von 150 Dollar. Die Delaware zogen nach Nacogdoches in Osttexas, wo sie die Frau an Agenten der Republik Texas zum gleichen Preis übergaben. Elizabeth Kellogg war wieder frei. Über ihren weiteren Lebensweg ist nichts bekannt.

Rachel Plummer und die Kinder dagegen waren Gefangene von nördlichen oder östlichen Comanchen, wahrscheinlich Nokoni, die die High Plains schnell durchquerten und ihr Camp in Ostcolorado errichteten.

Die Kinder, sogar der winzige James Plummer, überlebten den Schock und gewöhnten sich rasch in die neue Lebensweise ein. Sie gingen gekleidet wie Nemene, sprachen ihre Sprache und liebten zähes Bisonfleisch. Die älteren Parker-Kinder ritten nach wenigen Monaten wie geborene Comanchen.

Der jungen Frau, Rachel Plummer, fiel die Umstellung weitaus schwerer. Ihre neue Rolle brachte grausame Erniedrigungen mit sich. Sie war rechtlose Sklavin eines Kriegers und mußte die schwersten und niedrigsten Arbeiten verrichten. Bald war sie ebenso verlaust und schmutzig wie die

Menschen ihrer Umgebung, gleichgültig gegen die Demütigungen ihres Geschlechts.

In Colorado gebar sie ein Kind, das nach ihren Angaben – sie hinterließ einen detaillierten Bericht über alle erlittenen Grausamkeiten – getötet wurde, indem man es auf das winterliche Eis schlug. Ein altes Comanchenweib, eine Verwandte ihres Herrn, mißhandelte sie auf bösartig grausame Weise. Eines Tages rebellierte Rachel Plummer, ergriff einen Stock und schlug auf die alte Frau ein. Rachel fürchtete, deshalb getötet zu werden. Doch sie kannte die Kultur der Comanchen nicht. Ihr Herr reagierte lediglich amüsiert. Die Alte unterließ danach die Quälereien; Rachel hatte sich einen Platz in der Hackordnung der Frauen erworben.

Nach vielen Monaten wurde Rachel Plummer von durchziehenden Comancheros entdeckt. An der Angloamerikanerin im Comanchencamp hatten die Neumexikaner zwar kein Kaufinteresse, aber sie erwähnten die für die damalige Zeit außergewöhnliche Sklavin in Santa Fé. Diese Neuigkeit ließ den amerikanischen Händler Donahue aufhorchen. Er beauftragte die Comancheros, die Frau ausfindig zu machen und zu versuchen, sie freizukaufen.

Die Comancheros fanden Rachel Plummer in einem Comanchenlager einige Tagereisen nördlich von Santa Fé, am Fuße der Rocky Mountains. Es gelang ihnen, sie loszukaufen, nicht aber ihren Sohn und die Parker-Kinder, die von Comanchenfamilien adoptiert worden waren. Die Comancheros brachten sie nach achtzehnmonatiger Gefangenschaft bei den Indianern nach Santa Fé.

Donahue und seine Frau begleiteten Rachel Plummer auf der langen Reise nach Independence, Missouri, wo einer ihrer Verwandten sie erwartete und nach Texas zurückbrachte.

Die Situation von heimgekehrten Gefangenen war an der amerikanischen Grenze im neunzehnten Jahrhundert allerdings bedauernswert. Die puritanischen Ansichten der Grenzbewohner und ihre harten rassistischen und sexuellen Auffassungen verhinderten eine taktvolle Wiedereingliederung der unglücklichen Frauen. Man brachte ihnen zwar aufrichtiges Mitleid entgegen, sah sie aber andererseits als beschmutzt und entehrt an, da sie von Kreaturen mißbraucht worden waren, die die Amerikaner als Tiere verachteten. Für ihre Familien waren sie ein Schandfleck; manche Ehemänner weigerten sich, sie wieder aufzunehmen und mit ihnen zu leben. Ironischerweise erfuhren also die heimgekehrten Frauen mehr wirkliche Schmach und Erniedrigung von ihrem eigenen Volk als von den Comanchen. Kehrten sie mit Halbblutkindern zurück, verschlimmerte dies ihre eigene und die Lage des Kindes noch. Wenn sich eine Gelegenheit bot, ließen diese Frauen die Grenze und alle früheren Bekannten für immer hinter sich. Rachel Plummer starb knapp ein Jahr nach ihrer Rückkehr in die Zivilisation.

Der Überfall auf Parkers Fort und das Schicksal der Gefangenen beschäftigten die gesamte Südwestgrenze. Die Parkers und Plummers unternahmen alle Anstrengungen, die Kinder ausfindig zu machen und sie zurückzuholen. Amerikaner, die in Neu-Mexiko – das damals noch zu Mexiko gehörte – Geschäfte tätigten, und die im Indianerterritorium stationierten Truppen der Vereinigten Staaten, die in den dreißiger Jahren noch friedliche Beziehungen zu den nördlichen Comanchen unterhielten, halfen bei der Suche mit. Obgleich Texas eine eigene Nation war, arbeiteten amerikanische und texanische Behörden in derartigen Angelegenheiten zusammen, und die US-Armee stellte beständig Nachforschungen jenseits der texanischen Grenze an.

Es gelang 1842, John Parker und James Plummer aufzuspüren und freizukaufen. Der Plummer-Junge sprach kein Wort Englisch, war aber noch jung genug, um einen zweiten Übergang zu verkraften. Der zwölfjährige John Parker dagegen hatte schon zuviel von den Comanchen angenommen, um sich jemals wieder bei seinem Volk einzuleben. Nur zu seiner Schwester, deren Herausgabe die Bande verweigerte, da sie inzwischen die Frau eines Comanchen geworden war, verspürte er eine enge Bindung. John blieb nur so lange bei seiner Familie, bis er sich selbst durchschlagen konnte; er durchstreifte die Plains auf der Suche nach Cynthia Ann. Ihm drohte keine Gefahr. Stieß er auf Comanchen, so konnte er beweisen, daß er trotz seiner blauen Augen und hellen Haut ein Nem war. Er fand die Schwester jedoch nie; schließlich nahm er ein mexikanisches Mädchen zur Frau, das als Gefangene unter den Comanchen lebte, und ließ sich in der Wüste südlich des Rio Grande nieder.

Cynthia Ann Parker befand sich bei den Kwahari, der zurückgezogensten und gewalttätigsten Horde. Gerüchte, man habe sie auf dem Llano Estacado gesehen, kamen den Offizieren im Indianerland mehrfach zu Ohren. Ein amerikanischer Oberst traf sie, als sie siebzehn Jahre alt war, bei einem Rat; er berichtet, sie habe sich geweigert, Englisch zu sprechen, und sei in Tränen ausgebrochen. Es war ihm nicht möglich, noch ein paar Worte an sie zu richten, da die Comanchen eine feindselige Haltung einnahmen. Alle Versuche, sie freizukaufen – für amerikanische Offiziere eine frustrierende und erniedrigende Erfahrung – schlugen fehl. Cynthia Ann Parker, jetzt Naduah von den Comanchen, war die Frau des großen Kriegers Peta Nokoni, der später einen eigenen Stamm anführte. Sie hatte jetzt kleine Kinder und verspürte nicht das geringste Verlangen, zurückzukehren –

falls sie sich überhaupt an ihr früheres Leben erinnern konnte. Es gab keinen Anhaltspunkt dafür, daß sie sich auf den Plains unglücklich fühlte. Doch das Wissen, daß sie die Squaw eines Comanchen war, nährte untergründig dunklen Rassenhaß und sexuelle Empörung entlang der texanischen Grenze.

Mit dem Überfall auf Parkers Fort begann 1836 der längste und blutigste aller Kriege zwischen den Angloamerikanern und einem einzelnen Indianervolk. Immer neue Wellen von Comanchenüberfällen fegten über Westtexas hinweg und brachten Mord, Folter, Entführung und Gefangennahme in jenes Grenzgebiet ohne militärische Forts oder Städte, ohne Händler und Trapper. Gleichzeitig drängten Tausende schutzloser Farmerfamilien gen Westen, die sich eine Existenz aufbauen wollten. In den dreißiger Jahren des neunzehnten Jahrhunderts verwandelte sich Westtexas in ein blutgetränktes Land, in dem Pionierfamilien die verstümmelten Leichen ermordeter Väter, Söhne, Mütter und Töchter begruben und junge Frauen mit wahnsinnigem Blick heimgeholt wurden. Innerhalb weniger Monate mußte das texanische Volk Schläge und Beleidigungen hinnehmen, die es weder verzeihen noch vergessen konnte.

Doch die Ironie der Geschichte wollte es, daß gerade die seßhaften Indianerstämme in Osttexas Opfer des an der Westgrenze ausbrechenden Krieges werden sollten. Im Dezember 1836 schrie der texanische Kongreß Präsident Sam Houstons Vorschlag nieder, den »halbzivilisierten«, zugewanderten Cherokesen statt einfacher Vertragsrechte den vollen Rechtstitel auf ihr Land zuzusichern und damit den Schutz dieser Indianer durch das angloamerikanische Gesetz zu gewährleisten. Im Kongreß herrschte Kriegsstimmung: Er beschloß den Aufbau eines Bataillons von sechshundert berittenen Schützen zur Grenzverteidigung und die Errichtung einer Kette von Forts im Indianergebiet.

Sam Houston, der in Tennessee unter Cherokesen gelebt hatte, war ein echter Freund der indianischen Rasse. Unter den hohen amerikanischen Beamten der damaligen Zeit war er eine Ausnahme: Er versuchte sich gegen die öffentliche Meinung für die Indianer einzusetzen.

Obwohl Houston sich weigerte, die Beschlüsse des Kongresses auszuführen und die Mittel der Republik weder für Forts noch für Truppen ausgab, konnte auch er einen Krieg, der bereits ausgebrochen war, nicht mehr verhindern. Nur wenige Leute unterschieden zwischen einzelnen Indianerstämmen; für die meisten Texaner waren die Indianer durchweg »Rote Nigger«, die so schnell wie möglich von »texanischem« Boden verschwinden mußten. Houstons Politik und seine Bemühungen um einen Frieden mit allen Indianern führten nicht zu einem Frieden mit den Comanchen;

sie schoben nur den totalen Krieg mit den seßhaften Stämmen durch Versprechen hinaus, die Houston nicht einhalten konnte.

Auch die Comanchen, die am Brazos und Colorado reichlich Gelegenheit zu Überfällen fanden, verstanden ihrerseits die Texas-Amerikaner nicht. Es entging ihnen, daß dieses Volk sich von den anderen Europäern, die sie kannten, unterschied. Die texanischen Bauern schienen sich auf die Plains verirrt zu haben – ein elendes, arbeitswütiges Völkchen, dessen Haltung im Sattel die Comanchenkrieger zum Lachen brachte; das den Krieg fürchtete und die Kriegskunst nicht beherrschte; das Frauen und Kinder rücksichtslos der Gefahr aussetzte.

Die Nemene erkannten nicht die eingefleischte Angriffslust der Texas-Amerikaner gegenüber jedem, der sich ihnen entgegenstellte, sie verletzte oder Haß und Verachtung in ihnen weckte. Zwar fehlten den Texanern die Grausamkeit und die Schlauheit der Spanier und Franzosen. Sie besaßen dafür eine zielstrebige Entschlossenheit, die bis zur Brutalität ging.

Der geschlagene Parker-Clan verließ die ferne Grenze nicht; er kehrte zurück nach Parkers Fort, bestellte die Felder und erntete das reife Korn. Die Männer waren wachsam und gingen jetzt bewaffnet, voller Mißtrauen und tiefer Verachtung gegen die Indianer. Die Siedlung gedieh, und als Hunderte andere ihnen in dieses Land folgten, wuchs auch das Ansehen der Familie.

Doch mit Parkers Fort hatte ein ethnisch-rassischer Krieg begonnen, der weder moralische noch territoriale Grenzen zwischen den so verschiedenen Menschen der texanischen Prärien kannte. Die überfallenen Grenzbewohner, die ihre Toten begruben und für die entführten Frauen und Kinder beteten, bestätigten bei jeder Gelegenheit die alte amerikanische Losung: Nur ein toter Indianer ist ein guter Indianer.

Texas Rangers mit Samuel Colts »Texas«

Im Jahre 1836 war die Republik Texas ein höchst sonderbares Staatsgebilde. Als Folge des militärischen Sieges über die Mexikaner erwartete und wünschte die Mehrzahl der Siedler den Anschluß an die Vereinigten Staaten. Aber die Angliederung wurde trotz der augenfälligen strategischen Bedeutung des Gebietes für die expandierende amerikanische Union verzögert.

Mexiko weigerte sich, Frieden zu schließen oder der *de facto* entstandenen Unabhängigkeit von Texas zuzustimmen, und der Regierung der Vereinigten Staaten waren durch das Grenzabkommen von 1819 und drohende Kriegsgefahr die Hände gebunden. Überdies wurde in den USA die Frage der Angliederung mit der Kontroverse um die Beibehaltung der Sklaverei im Zusammenhang gesehen: In Osttexas herrschte Sklaverei, und deren Gegner in der Union machten sich gegen den Beitritt von Texas stark. Schließlich setzte sich eine betont strategisch orientierte Auffassung durch; aber bis dahin lebten die Amerikaner in Texas – was den Punkt der politisch-territorialen Zugehörigkeit betrifft – zehn Jahre lang in einem Schwebezustand.

So gingen die Texaner weiter ihren Alltagsverrichtungen nach und organisierten ihre Lebensprobleme in Tausenden lokaler Initiativen. Die Amerikaner jener Zeit verspürten weniger Bedürfnis nach einer nationalen Regierung und waren in dieser Frage weniger bewußt als jedes andere Volk auf Erden. Ihre Sozialordnung war individuell ausgerichtet, und ihre Schicksale fanden ihren gemeinsamen Nenner in der Beseitigung der nordamerikanischen Wildnis.

Vierzigtausend texanische Kolonisten, denen sich bald neue hinzugesellten, die durch freigebige Landzuweisungen von jenseits des Sabine angelockt wurden, wehrten die Machtansprüche Mexikos ab und vertrieben die

Indianer. Ein paar Jahre noch, und sie hätten eine rivalisierende amerikanische Nation im Westen begründen können – diese Überlegung war ein gewichtiger Faktor bei der doch verwirklichten Angliederung.

Anfangs aber bestand Anglotexas – obwohl die Republik großmäulig den Rio Grande für sich beanspruchte und ihre Grenzen bis nach Neu-Mexiko und Colorado hinein zeichnete – aus einer Ansammlung von etwa 23 agrarischen Counties an der Golfküste. Selbst die ältesten texanischen Siedlungen waren nur primitive Landgemeinden.

Am unteren Brazos produzierten die sklavenhaltenden Pflanzer Baumwolle und exportierten sie unter miserablen Handelsbedingungen im Austausch gegen Fertigwaren. Die größeren Pflanzer brachten es langsam zu Wohlstand und begannen, pompöse Häuser zu errichten.

Die texanische Gesellschaft insgesamt aber war arm und unterentwickelt. Die größten Städte hatten nicht mehr als ein paar tausend Einwohner, es gab keine befestigten Straßen, kein Schulsystem, keine Banken, keine Industrie. Alle Güter mußten in Handarbeit hergestellt oder unter erheblichem Kostenaufwand aus den Vereinigten Staaten herbeigeschafft werden. Es gab kein Geld und keine Geldwirtschaft. Die große Masse der Bevölkerung bestand aus Farmern, die am Rande des Existenzminimums lebten und nebenbei ein bißchen Tauschhandel trieben. Kaufleute ließen sich in Naturalien bezahlen und bekamen etwa für Schießpulver Schweine oder Getreide. Texas war zwar potentiell reich; aber in den dreißiger Jahren des neunzehnten Jahrhunderts schlummerte dieser Reichtum noch im unentwickelten Boden.

In den westlichen Regionen an den Oberläufen der Flüsse, die erst kurze Zeit erschlossen waren, herrschten noch primitivere Zustände als an der Küste mit ihren Baumwollpflanzungen. Die Einwanderer, die sich dort ansiedelten, besaßen über das ihnen zugewiesene Land hinaus überhaupt kein Kapital. Außerdem lagen diese Parzellen, die nach texanischem Recht jedem Familienoberhaupt zustanden, vielfach im Indianergebiet. Die Pioniere, die dort ihre Hütten erbauten und dem Boden im zentralen Hügelland eine kärgliche Existenz abrangen, lebten erheblich schlechter als die seßhaften Wichita in ihrer Nachbarschaft. Nur ein de Tocqeville hätte in diesen Leuten die Vorhut einer eines Tages reichen und mächtigen Zivilisation des Westens zu sehen vermocht.

Die Regierung der Republik Texas mit ihren Präsidenten und Kongressen war der der Vereinigten Staaten nachgeschneidert. In Wirklichkeit aber bestand der Staatsapparat gewöhnlich aus lokal gewählten Sheriffs und Friedensrichtern. Aus dem Krieg gegen Mexiko ging Texas praktisch bankrott und, gemessen an seinen Staatseinkünften, tief verschuldet hervor. Die

Schatzwechsel der Republik waren wertlos, ihre Schuldscheine entwertet. Es war unmöglich, Vermögenssteuern einzutreiben. Mit dem Rinnsal der Einkünfte aus Zöllen konnte die Republik weder einen Regierungsapparat noch eine Armee unterhalten – und doch mußte sie sich von Anfang an zwei ererbten Grenzkriegen gewachsen erweisen.

Mit den nie endenden, schwelenden Feindseligkeiten zwischen Texas und Mexiko haben sich die Historiker ausführlich befaßt; die damals wesentlich akutere Bedrohung durch die Indianer jedoch haben sie weitgehend übersehen. Zwischen 1836 und 1845 töteten einige tausend berittene Indianer weit mehr Texaner als je die vielen Mexikaner jenseits des Rio Grande. Die mexikanischen Armeen waren von den rasch aufgestellten und ebenso rasch wieder aufgelösten Scharfschützenverbänden der Texaner bei Alamo und San Jacinto böse zugerichtet worden, und den gleichen Truppen fiel es auch nicht schwer, die östlichen Waldindianer zu vernichten oder zu vertreiben. Lamars Kampagnen in Osttexas stellten praktisch nur die Fortsetzung alter Kriege gegen Creek, Shawnee und Cherokesen dar, die schon längst geschlagen waren, ehe sie als Flüchtlinge nach Texas kamen.

Aber in der weiteren Umgebung von Parkers Fort zwischen dem Brazos und dem Trinity sowie an der Grenze des westlichen Texas, die immer noch entlang der Linie Austin–San Antonio verlief, stießen die Texaner plötzlich auf Bedingungen, bei denen ihre bisher bewährten, selbstentwickelten Taktiken und Organisationsformen nichts nützten.

Anglotexas war in jeder Hinsicht eine grobe Nachbildung der baumwollpflanzenden Südstaaten der USA, aus denen neunzig Prozent der Siedler gekommen waren. Die Küstensiedlungen wiesen die gleiche soziale Zusammensetzung auf, wie sie auch in den Südstaaten vorherrschte: Pflanzer, Händler, Arzt, Soldat und Negersklave, dazu an den Randzonen des Oberlandes die Grenzfarmer, Kleinbauern, die mit geschultertem Gewehr aufs Feld gingen und dem Boden eine karge Existenz abrangen. In den dichten Kiefernwäldern des Ostens und dem Gebiet vom Sabine bis zur Mündung des Nueces, von den Flußdeltas hinauf über die Pfahleichengürtel bis in die schwarzbödigen Prärien stießen die Amerikaner also auf keinerlei geographische Gegebenheiten oder Feinde, denen sie nicht früher schon einmal begegnet wären und die sie nicht gemeistert hätten. Ihre althergebrachten landwirtschaftlichen Verfahren und ihre soziale Organisation waren gut geeignet, diese eine Hälfte von Texas urbar zu machen, denn bei ihr handelte es sich, geographisch gesehen, um eine Fortsetzung der Ebenen des Südens.

Jenseits dieser Gebiete erstreckten sich die Great Plains, jener riesige, herbschöne Landstrich, der in seiner Entwicklung im Pleistozän stehengeblieben zu sein schien und in Mitteltexas etwa jenseits der Nord-Süd-Linie Sherman–Dallas–San Antonio begann. In diesem niederschlagsarmen Gebiet mit seinen weiten Chaparral- und Dornstrauch-Savannen, den hügeligen Kreideplateaus und dem endlosen, wogenden Grasmeer waren Wasser und Holz, die Grundlagen für die Besiedlung, knapp.

Den meisten europäischen und angloamerikanischen Reisenden raubte der Anblick der Great Plains den Atem. Es fiel ihnen schwer, ihre Eindrücke auch nur annähernd zu beschreiben: den blendendhellen Himmel, die fernen, flirrenden Horizonte, den endlos sich dehnenden, brusthohen Grasteppich mit seinem Lichterspiel, das ans windbewegte Meer erinnerte; dazu die verstreuten Baumgruppen und kleinen Erhebungen, die wie ferne Inseln aus der flachen Prärie ragten. Unablässig wehten Winde über das Land und unterbrachen mit ihren düsteren Klagelauten die Stille.

Auf manche europäischen Gemüter wirkte die Landschaft bedrückend, und von den frühen texanischen Kolonisten stieß keiner über den achtundneunzigsten Breitengrad hinaus in das Gebiet vor; doch im Laufe der Jahre sollten es Tausende und Abertausende werden, auf die dieses Land eine tiefe Faszination ausübte und die versuchten, sich dort eine Existenz aufzubauen.

Um auf den Plains leben zu können, mußten die Angloamerikaner ihre Lebensweise deren Bedingungen anpassen, denn Ackerbau lohnte sich nicht überall. Daher übernahmen die Grenztexaner eine für sie neue Agronomie, die schon die Spanisch-Mexikaner praktiziert hatten: Viehzucht in riesigen, uneingezäunten Gebieten, ein System, das sich grundlegend von allen nordeuropäischen Formen der Weidewirtschaft unterschied. Sie übernahmen die spanisch-mexikanische Rinderzuchtkultur fast gänzlich und mit ihr die zähen, halbwilden, afroiberischen Longhorns, die die Spanier eingeführt und in großen Herden gezüchtet hatten; dazu benötigten sie das Pferd, den *rancho*, die Brandzeichen, und mit der Zeit setzten sich neben dem Jargon der nordmexikanischen Viehzucht feudalistische Ausdrücke aus deren Sozialbeziehungen zwischen *hacendado* und *vaquero*, also zwischen Rancher und Cowboy durch.

Ausbreiten konnten sie ihre Viehzuchtkultur in großem Maßstab auf den Great Plains aber erst, nachdem sie die Barriere ausgeräumt hatten, an der alle früheren Kolonisierungsanstrengungen gescheitert waren. Solange die Comanchen auf den Büffelebenen umherzogen, ließ sich dort nicht einmal eine Rinderzuchtkultur durchsetzen, denn Comanchen und Kiowa waren entschlossen, die Plains mit Bogen, Schild und Speer zu verteidigen. Die Angloamerikaner mußten daher ihre Kriegführung an einen Typus von Indianern und Konflikten anpassen, mit denen sie noch nie konfrontiert gewesen waren. Da sie wesentlich flexibler waren als die Spanier oder Franzosen, gelang ihnen diese Anpassung rasch.

Gegen die ersten Überfälle der berittenen Comanchen waren die Texaner nicht im geringsten gewappnet. Immer mehr indianische Krieger ritten deshalb unter dem Sommermond von den Hochebenen herab und suchten die gesamte texanische Nordwestgrenze heim. Kleine Gruppen drangen in die besiedelten Gebiete vor und richteten in ein paar Stunden mehr Zerstörung und Verheerung an, als die Amerikaner je von kleinen Indianerbanden erlebt hatten. Diese Indianer waren unglaublich beweglich und unglaublich blutdürstig.

Die anfänglichen Bemühungen der Texaner, den Comanchen wirksam zu begegnen, fielen ebenso unfruchtbar aus, wie die der Mexikaner es gewesen waren. Wieder einmal wurde eine agrarische Kultur mit geringer Besiedlungsdichte von umherziehenden Nomadenbanden terrorisiert. Die kriegerischen indianischen Reiter waren ihren Gegnern kämpferisch in jeder Hinsicht überlegen. In drei Punkten trat die Unterlegenheit der Texaner besonders deutlich hervor: sie waren keine geübten Reiter; sie verfügten nicht über Verbände, mit denen sie schlagkräftig gegen die Comanchen hätten vorgehen können; die Waffen, die sie aus den Waldgebieten mitgebracht hatten, taugten nicht gegen berittene Indianer auf den offenen Plains. Das alte angloamerikanische System der Bürgerwehren konnte an der dünnbesiedelten Grenze nicht wirksam praktiziert werden. Da rasche Nachrichtenverbindungen fehlten, dauerte es viel zu lange, bis die Farmer sich schließlich mit ihren Musketen und Gewehren versammelt hatten – bis dahin waren die Comanchen mit ihrer Beute und den Gefangenen längst davongaloppiert. Sie feierten in völliger Sicherheit an ihren Lagerfeuern in der Prärie ihre Siege, während ihre fußlahmen Verfolger die Spur verloren oder nicht mehr aufholen konnten. Und zu Fuß wagten sich die Farmer auch nicht zu weit hinaus auf die weglosen, wasserarmen Plains. Die Comanchen genossen ihre Überlegenheit.

Zwar hatten die Angloamerikaner Pferde mit nach Texas gebracht; aber in ihren Qualitäten als Reiter konnten sie sich mit den Comanchen in keiner Weise messen. Zumeist handelte es sich bei ihren Tieren um Zugpferde, und die wenigen Reitpferde, die sie besaßen, waren nicht robust genug, um sie Meile über Meile durch rauhes Gelände zu reiten wie die Mustangs. Selbst wenn sie Pferde gleicher Güte gehabt hätten, wären die Weißen den Indianerkriegern noch hoffnungslos in den reiterischen Fähigkeiten unterlegen gewesen. Die Amerikaner arbeiteten zu Fuß und kämpften zu Fuß; im offenen Terrain waren sie den Horden der indianischen Bogenschützen, die angriffen wie ein Wespenschwarm, hilflos ausgeliefert.

Noch schlimmer für die Texaner wirkte sich aus, daß sich ihre Waffen weder für den Kampf zu Fuß noch für den Kampf zu Pferde eigneten. Das vielgerühmte Kentucky-Gewehr, das deutsche Einwanderer erst nach Pennsylvania und dann an die ferne Grenze gebracht hatten, war weder eine Kavallerie- noch überhaupt eine Militärwaffe. Es handelte sich dabei um ein langläufiges Gewehr mit kurzem, unhandlichem Schaft, das sich zwar durch überaus hohe Zielgenauigkeit auszeichnete, aber auf eine feste Unterlage aufgelegt werden mußte, wenn man treffsicher schießen wollte. Auch bereitete das Laden dieses mannslangen Gewehrs einige Umstände. Wirksam war diese Waffe nur, wenn man sie aus einer Deckung heraus verwenden konnte; im Sattel angewandt, verlor sie ihren Hauptvorzug, die Treffgenauigkeit. Überdies konnte ein berittener Comanche dreihundert Meter zurücklegen und etliche Pfeile in der Zeit verschießen, die ein Grenzer brauchte, um aus seinem Vorderlader zwei Schüsse abzufeuern. Und mit der Handaxt oder dem Tomahawk, der im Nahkampf sehr wirksam sein konnte, ließ sich gegen die fast fünf Meter lange, biegsame Plainslanze nichts ausrichten.

Die Texaner waren demzufolge immer dann im Nachteil, wenn sie nicht im Wald kämpfen oder hinter Felsbrocken oder Schutzwällen Deckung suchen konnten. Wurden sie angegriffen, mußten sie absitzen und Deckung nehmen, von wo aus sie sich dann die Comanchen mit ihren weittragenden, zielgenauen Gewehren vom Leibe halten konnten. Nur selten ließen sich die Indianer auf die verlustreichen Gefechte ein, die notwendig waren, um die Weißen aus solch einer sicheren Stellung zu vertreiben. Fanden die Texaner aber nicht rasch natürliche Deckung – und die gab es kaum auf den Plains –, gerieten sie in tödliche Gefahr. Wenn sie über das offene Land zu fliehen versuchten, bedeutete dies den sicheren Tod, denn kein weißer Reiter konnte den Comanchen auf kurze Entfernung entkommen.

Die schlimmsten Niederlagen erlitten die Texaner, wenn sie versuchten, sich Mexikanern oder Indianern auf offener Prärie zu stellen. Die wendigen Bogenschützen oder mexikanischen Lanzenträger fetzten sie kurzerhand in Stücke. Verständlicherweise verging den Texanern bald ebenso die Lust, ihre Feinde auf den Plains zu verfolgen, wie sie zuvor den spanischen Garnisonen vergangen war.

In den dreißiger Jahren wurde rasch deutlich, daß die Texaner mit ihrer mangelhaften Bewaffnung, Kampftechnik und reiterischen Befähigung auf den Plains die gleiche Niederlage gegen die berittenen Indianer erleiden würden wie vor ihnen die Spanisch-Mexikaner. Der wesentliche Unterschied jedoch bestand darin, daß die Mentalität der Angloamerikaner nicht festgefahrenen Kulturmustern verhaftet war; sie gehorchten fast instinktiv dem Kausalgesetz. Stießen sie auf ein Hindernis – sei es trockenes Land, Mexikaner oder Indianer –, paßten sie sich an, um es zu überwinden, denn die angloamerikanischen Grenzer besaßen alle Eigenschaften von Eroberern. In Texas hatten die Grenzer bereits die Notwendigkeit erkannt, gute Reiter zu werden. Die Entfernungen waren so groß, daß die texanischen Bauernjungen schon vor der Übernahme der Rinderzuchtkultur mexikanischer Prägung im Sattel aufwuchsen. Für Männer, die nicht reiten konnten, hatte man an der texanischen Grenze keine Verwendung; und immer wieder zog es Leute, die den Sattel liebten, auf die Plains.

Die jungen Texaner lernten rasch reiten, und wenn sie auch nicht so hervorragende Reiter wurden wie die Comanchen, so konnten sie sich zumindest mit den Mexikanern messen. Sie wurden sich auch bald der Unterlegenheit ihrer Pferderassen bewußt und züchteten Tiere, die den Gegebenheiten der Plains besser gewachsen waren. Die neuen Rassen wurden aus Kreuzungen spanischer Mustangs mit Kentucky- und Araberpferden gezüchtet; es waren größere und schwerere Tiere als die Ponys der Indianer, aber gleichermaßen ausdauernd; allerdings waren sie auf Getreidenahrung angewiesen.

Ebenso energisch und pragmatisch entwickelte die texanische Grenze neue Organisationsformen zur Indianerbekämpfung. Die Republik Texas konnte sich ein größeres stehendes Heer nicht leisten, und Farmermilizen waren an der Westgrenze nutzlos. Daher entschloß man sich zu einem praktischen Kompromiß zwischen beiden.

Im Jahre 1836 bewilligte die Regierung ein berittenes Grenzbataillon, und 1837 wurde erneut ein Gesetz verabschiedet, das dem Nordwesten sechshundert berittene Schützen zuwies. Nur stellte die Regierung weder die Männer noch die Pferde, noch die Gewehre. Wie ein Texaner jener Zeit schrieb, sorgte »die Regierung für . . . Schutz, so gut sie es mit den ihr zur Verfügung stehenden Mitteln vermochte, indem sie den Bürgern großzügig gestattete, sich durch den Aufbau von . . . ›ranging companies‹ selbst zu schützen«.

Diese »ranging companies« aus berittenen Schützen waren einzigartig. Der Begriff »Ranger« hatte in Amerika bereits eine lange, ehrenvolle Geschichte; gewöhnlich bezeichnete man damit Männer, die jenseits der Grenze die Indianer bekämpft hatten. Austin nannte die Kompanien, die er gegen die Karankawa aufstellte, »Rangers«, und dieser Name löste rasch die offizielle Bezeichnung »Schützen« ab. Anfangs stellten die »ranging companies» nur eine berittene Miliz dar, entwickelten sich aber rasch zu einer beachtlichen Schutztruppe, die sich aus der Grenzbevölkerung rekrutierte.

Anders als die spanisch-mexikanischen Regierungen gestattete die Republik die Bildung bewaffneter Gruppen, indem sie paramilitärische Verbände zur Grenzverteidigung genehmigte. Soweit sie konnte, unterstützte die Regierung diese Streitkräfte, überließ die Aushebung und den Unterhalt aber im wesentlichen der Grenzbevölkerung. Die Rangerkompanien bekamen keine Uniformen und Rangabzeichen, ja nicht einmal Pferde oder Waffen gestellt; für alle diese Dinge mußten die Angehörigen der Rangertruppen selbst aufkommen. Sie bekamen nur selten Sold, wurden aber von den Gemeinden unterhalten, die sie schützten. Die frühen Berichte sind voll von Klagen über Comanchenüberfälle – und enthalten allerdings auch viele Beschwerden über Rangers, die Hühner gestohlen oder Schweine geschlachtet hatten. In den Anfangsjahren wurden noch nicht einmal die Führer der Truppe von der Regierung eingesetzt; dadurch konnte sich eine Führung von Einheimischen herausbilden, die sich durch Sachverstand auszeichnete.

Die frühen Texas Rangers waren keine Bürgerwehr, reguläre Armee oder Polizeitruppe, sondern tatsächlich eher eine Art Partisanentruppe mit wechselnder Besetzung; sie ähnelten, wenn man überhaupt Analogien zu ziehen versucht, weit eher den indianischen Kriegerbanden, die sie bekämpften, als den Vertretern der Zivilisation, die sie verteidigten.

Die meisten männlichen Grenztexaner dienten irgendwann in ihrem Leben einmal in einer Rangertruppe; aber der harte Kern dieser Kompanien setzte sich aus Leuten zusammen, die aus einem anderen Holz geschnitzt waren als die typischen Farmer, Rancher oder Geschäftsleute. Die echten Rangers – und insbesondere diejenigen, die von ihren Gruppen zu Ranger Captains, Gruppenführern, ernannt wurden – waren geborene Grenzer; sie waren sehr jung, unverheiratet und nicht durch Besitz gebunden, und sie liebten die Weiten der Plains, die Lagerfeuer, das gefährliche Leben; die meisten berühmten Captains hatten ihre Karriere im Alter um dreißig Jahre abgeschlossen.

Der Dienst als Ranger ähnelte in nichts einem Laufbahndienst. Er war vielmehr eine Form des Abenteurertums. Die Rangers waren Freiwillige, durchweg mutige Leute, die die Grenze geprägt hatte, und um so mehr noch zeichneten sich diejenigen von ihnen, die sie als ihre Führer wählten und anerkannten, durch besondere Eigenschaften aus – sie waren nicht nur Männer ohne jede Furcht, sondern umsichtige Taktiker mit einem natürlichen Führungstalent im Kampf. Der frühe Ranger Captain wies die gleichen Eigenschaften wie der Kriegshäuptling der Comanchen auf – wenn man von den Visionen und der indianischen Medizin einmal absieht. Die Captains hatten keine Visionen; sie waren kühle, tüchtige Pragmatiker und zuweilen hervorragende Psychologen. Sie hatten die schwierigste von allen nur denkbaren Führungsaufgaben zu leisten – das Kommando über kleine Gruppen von Männern, mit denen sie in völliger Vertrautheit zusammenlebten und aus deren Mitte sie durch Gemeinschaftsbeschluß hervorgegangen waren; ihre Autorität stützte sich ganz auf ihre persönlichen Fähigkeiten.

An Zahl waren die Rangers ihren Feinden fast immer unterlegen. Sie machten dies durch eine ungestüme Angriffslust und die bald entstehende Legende ihrer Unschlagbarkeit wett. Der Ranger Captain, der gerufen wurde, um die Grenze gegen Mexikaner und Indianer zu verteidigen, sah die beste Verteidigung im Angreifen, Töten und Verbreiten von Furcht. Wenige Texas Rangers haben diesen Kodex in Worte gefaßt, aber sie alle haben ihn gelebt. Und da sie in beständiger Gefahr lebten, herrschte in den Rangergruppen – im Gegensatz zu den Bürgerwehren – eine eiserne Disziplin. Befehle wurden unbedingt befolgt, denn kein Captain forderte seine Leute auf, etwas zu tun, das er nicht selbst tun könnte oder tun würde.

Die unterschiedlichsten Männer dienten in diesen kurzlebigen, halb barbarischen Kampfverbänden. Die meisten waren ungebildete Bauernjungen aus Texas und anderen Staaten, aber es gab unter den Rangern auch echte Gentlemen mit klassischer Bildung.

Gegen ihre Feinde gingen die Rangers mit einer ungeheuren Aggressivität vor. Sie lieferten erbitterte Gefechte, in denen es kaum anerkannte Regeln und keine Aussicht auf ehrenhafte Kapitulation einer der beiden Seiten gab. Die Texaner übernahmen auch den Kampfstil ihrer indianischen Widersacher. Sie unternahmen Überfälle auch aus dem Hinterhalt; sie nützten die Schwächen ihres Feindes aus; sie machten kaum Gefangene. Und sie hüteten sich, in einem Krieg dieser Art den möglicherweise tödlichen Fehler zu begehen, in ihren Feinden Menschen wie sich selbst zu sehen.

Die Rangers standen nicht nur unter ständiger Alarmbereitschaft, sondern gingen bald dazu über, riesige Gebiete offensiv zu durchkämmen. Sie suchten nach Spuren von Räuberbanden und verfolgten sie. Wenn die texanische Republik mehr von ihnen bereitgestellt und angemessen ausgestattet hätte, wäre es durchaus denkbar gewesen, daß sie die indianische Gefahr binnen kurzem beseitigt hätten. Wie die Dinge aber nun einmal standen, konnten sie immerhin die Vernichtung der vorrückenden Grenze verhindern.

Ohne einen letztlich entscheidenden Faktor hätten die Rangers jedoch auch diese Aufgabe nicht erfüllen können. Die Weißen an der Grenze stellten zwar keinen unmittelbaren Bestandteil der weit in ihrem eigenen Bereich sich entfaltenden industriellen Zivilisation dar, konnten aber auf deren

Mittel und Erfindungen zurückgreifen. Wie gut die Rangers auch reiten und auf Guerillataktik eingespielt sein mochten, sie konnten den berittenen Bogenschützen erst unter gleichen Bedingungen entgegentreten, als sie ein besseres Waffensystem besaßen als die Indianer. Das Werkzeug ihrer militärischen Überlegenheit fanden sie in den Revolverpistolen, die Samuel Colt seit 1838 in New Jersey herstellte.

Die Anfangsjahre von Colts Unternehmen waren von Fehlschlägen gekennzeichnet. Zivilen Bedarf gab es für solche Waffen im Amerika jener Jahre nicht, und die Armee der Vereinigten Staaten sollte erst eine Kavallerie aufbauen, nachdem Amerikaner auf die Plains vorgedrungen waren; die Regierung lehnte es daher ab, Colts Erfindung zu subventionieren. Während Colts Firma im Osten in den Bankrott steuerte, begriffen die texanischen Grenzer auf Anhieb, welch eminente Bedeutung eine Handfeuerwaffe haben konnte, die sich vom Pferderücken aus einsetzen ließ und einem einzigen Mann die Feuerkraft von sechs gab. Colt nannte daher sein erstes funktionierendes Modell »Texas«.

Bald trat Colts Pistole als typische amerikanische Waffe an die Stelle des Kentucky-Gewehrs. Die Rangers verhalfen dem sechsschüssigen Revolver rasch zu Ruhm und machten aus ihm einen Mythos. Er wurde zum Symbol von Mut und Eroberung, kurz, von amerikanischer Überlegenheit.

Die Anglotexaner, die neue Techniken rasch aufgriffen, gingen nun dazu über, die letzte unbesiegte nordamerikanische Wildnis zu erobern. Der Preis dieser Eroberung war hoch, für die Weißen ebenso wie für die Indianer. Schritt um Schritt drangen die Rancher und Farmer in das Indianerland vor, und in einem Land mit einer Bevölkerungsdichte von einer Person auf 250 Quadratkilometer kostete jeder Kilometer, den die Grenze vorangetrieben wurde, das Leben von zehn Weißen. Anders als die ackerbauenden Indianer ließen sich die Plainsbanden nicht einfach einschüchtern.

Die meisten Gebiete Nordamerikas hatten sich in kurzen Kampagnen befrieden lassen. Selbst Kentucky war nur ein Jahrzehnt lang für Weiße gefährlich gewesen. Die Comanchen aber verhinderten die Eroberung ihrer Jagdgründe durch die Amerikaner volle vier Jahrzehnte lang.

Hier lag die letzte echte amerikanische Grenze. Hier begann die Region, die die Amerikaner den Westen nannten. Die Eroberung des Westens durch eine Handvoll Leute in einem zähen Grenzkrieg sollte das Bewußtsein und die Mentalität der amerikanischen Nation stärker prägen als irgendein Ereignis zuvor.

Der blutrote Rat von San Antonio

Der Konflikt zwischen Texanern und Comanchen verschärfte sich nach dem Frühjahr 1836 unter dem Druck einer neuen Einwanderungswelle aus den Vereinigten Staaten, die sich hauptsächlich in die Flußgebiete von Brazos, Colorado und Guadalupe, also Territorium der Penateka, ergoß. Trotz Präsident Houstons Veto gab der Kongreß das gesamte »Indianerland« zur Besiedlung frei – als ob die Indianer überhaupt nicht existierten. Landmesser und Landraffer machten sich bald weit jenseits der eigentlichen Grenze zu schaffen. Bewaffnet zogen sie in das Indianergebiet und hinterließen dabei unter den Wichita und anderen seßhaften Stämmen ihre blutigen Spuren.

Während der dreißiger Jahre verlief die Besiedlungsgrenze östlich einer Süd-Nord-Linie von San Antonio über Austin, das damals noch nicht existierte, durch die Waco-Niederlassung am Brazos, nördlich zum noch nicht geplanten Dallas an der Gabelung des Trinity. Im Norden trennte noch eine breite Pufferzone die Siedlungen vom Büffelgebiet der Comanchen, doch im Süden, wo die Penateka mit Vorliebe ihre Camps in den Canyons des zentralen Hügellandes, nördlich des Balcones Escarpment, errichteten, stießen die beiden Völker allmählich aufeinander. Entschlossene Pioniere bauten am Rande des großen Stufenlandes Hunderte abgelegener Farmen und Dutzende kleinerer Siedlungen auf.

Houston versuchte mit allen Mitteln, einen Krieg zwischen Comanchen und Texanern zu verhindern; er schickte rote und weiße Unterhändler zu den Penateka, mißachtete Kongreßbeschlüsse über Truppenaushebungen und den Bau von Grenzforts und wahrte einen unsicheren Frieden mit den ackerbautreibenden Stämmen des Ostens, der einzig durch den erfolglosen und rasch niedergeschlagenen Aufstand der Kickapoo 1838 gebrochen wurde. Eine wirksame Übereinkunft mit den Penateka, die wachsende

Unruhe zeigten, kam jedoch nicht zustande. Wie sein Agent Smithwick 1837 berichtete, blieb die Mindestforderung der Penateka-Häuptlinge für einen Friedensvertrag die unverbrüchliche Garantie der bestehenden Grenze. Doch dies konnte ihnen Houston nicht zusichern; der von ihm unterzeichnete Vertrag mit den Comanchen, der ähnliche Garantien enthielt, wurde von der texanischen Legislative nicht gebilligt.

Die Weißen verunsicherten allmählich die Jagdgründe der Penateka und ließen sich in ihrer Reichweite nieder. Houstons Bemühungen konnten zwar Feindseligkeiten zwischen Weißen und agrarischen Stämmen hinauszögern, doch nicht den gerade ausbrechenden Konflikt mit den Penateka verhindern.

Zwar findet man in den frühen texanischen Berichten eine Unzahl Hinweise auf »Indianerkriege«, doch wie es zu dem Konflikt kam, ist im einzelnen kaum ausgeführt, da die Weißen, die es an die Grenze zog, ihr Leben unablässiger Arbeit widmeten und zum Nachdenken oder zur Geschichtsschreibung keine Zeit fanden. Bezeichnenderweise sah sich keiner der über tausend Texaner, die an der Schlacht bei San Jacinto teilnahmen, in der Lage, die Ereignisse sogleich niederzuschreiben, so daß später unterschiedliche Darstellungen und politische Kontroversen die Wahrheit verfälschten. Berühmte Truppenführer wie Hays dachten nicht daran, die Kämpfe oder ihre eigenen Leistungen zu glorifizieren, wie sie sich ja auch nicht die Mühe machten, die Vernichtung gefährlicher Tiere schriftlich festzuhalten. In den offiziellen Berichten fanden daher die Hunderte von blutigen Kampfaktionen kaum einen Niederschlag.

Die Rangerkompanien waren damals formlose, noch unerprobte Organisationen, die jedoch erstaunlich schnell aus Erfahrungen lernten. Schon im Herbst 1836 patrouillierten mehrere solcher »ranging companies« zwischen den Siedlungen der Weißen und den Comanchen auf den höheren, noch unerforschten Plateaus, errichteten »kalte Camps« – ohne verräterisches Lagerfeuer – und suchten nach Spuren von Indianern. Während der ersten Monate und Jahre hatten die Kämpfe überwiegend Zufallscharakter.

Noah Smithwick, der im Herbst 1836 in Tumlinsons »ranging company« am unteren Colorado diente, berichtet, wie eines Nachts eine junge weiße Frau nackt, erschöpft und stark blutend in ihr Lager am Fluß stolperte. Auf dem Heimweg zum Guadalupe waren sie, ihr Mann, ihr Bruder und ihre zwei kleinen Kinder in einen Hinterhalt der Comanchen geraten. Die Männer waren umgebracht, und eines der Kinder, das während des Angriffs laut schrie, war von einem Comanchenkrieger mit dem Kopf gegen einen Baumstamm geschleudert worden; die Frau und ihren anderen

Sohn hatten die Indianer entführt. Da die Nacht kalt gewesen war, waren die Comanchen nicht auf die Plains zurückgeritten, sondern hatten in einem Zederngesträuch Schutz gesucht. Die Indianer hatten es für ausgeschlossen gehalten, daß die Frau versuchen könnte, in dem schlechten Wetter und rauhen, ihr unbekannten Gebiet zu entkommen. Sie hatten sie daher nicht gefesselt.

Um dem üblichen Schicksal weißer Gefangener zu entgehen, floh die Frau, mußte dabei aber ihren kleinen Sohn zurücklassen. Die Ranger brachen sofort auf und retteten das Kind aus dem Lager der schlafenden Krieger, ehe es die bestürzten Comanchen töten konnten. Ein Krieger wurde niedergeschossen, die anderen entkamen in der Dunkelheit.

Die »Boys« wollten Smithwick den Skalp des Kriegers zusprechen, da sein Schuß ihn angeblich getötet hatte. Doch Smithwick verspürte kein Verlangen nach dieser blutigen Trophäe und schlug vor, sie einem anderen Ranger, Conrad Rohrer, zu überlassen. Rohrer dagegen bestand darauf, daß »nach den Jagdregeln immer dem Mann der Pelz zusteht, der das Wild erlegt hat«, skalpierte den Indianer und befestigte das grausige Andenken am Sattel der Frau in der Hoffnung, es möge ihr ein wenig Genugtuung für ihren eigenen Verlust verschaffen.

Dieser lakonische Bericht wirft mehr Licht auf die Art der Kriegführung, wie sie sich entlang der texanischen Grenze entwickelte, als jede umfangreiche Studie.

Doch der Erfolg solcher gefährlicher Aktionen hing sehr vom Zufall ab. Die zahlenmäßig schwachen Rangertrupps konnten das weite Grenzgebiet nicht sichern und wurden vielfach selbst von den größeren Kriegerscharen der Comanchen gejagt. Trotz der Bemühungen der Rangers gingen Raub und Plünderung weiter. Während der Amtszeit Houstons wurden wenigstens hundert Weiße von Indianern entführt.

Im Sommer 1838 schien die Situation den westlichen Siedlern nicht mehr tragbar; ihr Unmut zeigte sich deutlich bei der Präsidentschaftswahl um die Nachfolge Houstons, der nach der texanischen Verfassung nicht für eine Wiederwahl kandidieren durfte.

Wie alle amerikanischen Staaten westlich der Appalachen war Texas damals eine grob gezimmerte Männerdemokratie. Kein bürokratischer Apparat stand zwischen dem Volk und den höchsten Regierungsämtern, und die Wähler konnten direkten Druck auf die Beamten ausüben. Die Grenze bildete eine hitzige Pressure Group, die lautstark wirksame Maßnahmen gegen die Überfälle der Comanchen forderte. Die meisten Männer der Politik witterten die Macht dieser Gruppe, stellten sich auf ihre Seite und wetterten gegen Sam Houstons »Indianerschmus«.

Die Mehrheit der Baumwollpflanzer an der Küste und im östlichen Texas, deren Hauptanliegen Sparsamkeit des Staatsapparats und der Anschluß an die Vereinigten Staaten waren, unterstützten alle anderweitigen Ziele Houstons, doch nur wenige teilten seine Indianer-Schutzpolitik. Selbst die Bevölkerung von Osttexas verlangte, die zugewanderten agrarischen Stämme, die auf bestem, fruchtbarstem Land saßen, über die Grenze abzuschieben. Außerdem gelang es Houston nicht, einen geeigneten Nachfolger für seine Politik zu finden. Sein bevorzugter Kandidat beging während des Wahlkampfes Selbstmord, und so wurde 1838 Mirabeau Buonaparte Lamar, ein Held von San Jacinto, fast einstimmig zum Präsidenten gewählt.

Lamar leitete eine Politik ein, die der von Houston diametral entgegengesetzt war. Dieser »Eisenfresser« glaubte, Texas müsse ein eigenes Imperium im Westen aufbauen, ohne die zukünftigen Interessen der Vereinigten Staaten zu berücksichtigen. Er meinte, daß man alle Indianer vertreiben müsse und daß es zu einem erneuten Krieg mit Mexiko kommen werde, sofern es Texas nicht völlige Unabhängigkeit zugestand.

In seiner Antrittsrede erklärte er den Rothäuten den Krieg und forderte die Texaner auf, die »Ehre« über kleinliche Kostenerwägungen zu stellen und alle für die völlige Sicherheit erforderlichen Maßnahmen zu ergreifen. Er schlug vor, das Indianerproblem mit Waffengewalt schnell, brutal und endgültig zu lösen. Daher unterband er die weitere Entsendung von Friedensagenten und hob statt dessen ein Heer von tausend Zeitsoldaten aus. Sein Programm entsprach dem Geist der Zeit: Der Kongreß bewilligte eine Million Dollar als Kriegszuweisung.

Rückblickend betrachtet, haben die Historiker weniger auf Lamars Maßnahmen selbst als auf seine völlige und brutale Offenheit mit Abscheu reagiert. Denn im Grunde schlug er nichts Neues vor und unternahm er keine Aktion, die in der angloamerikanischen Politik nicht schon ihren Vorläufer gehabt hätte. Das Volk und die Gerichtshöfe hatten beschlossen, daß es keinen Frieden zwischen Weißen und Rothäuten geben konnte. Von anderen hob Lamar sich einzig dadurch ab, daß er seine Politik der nackten Gewalt ohne jede zivilisierte Zurückhaltung und ohne das geringste Bedauern betrieb. Er zeigte sogar lebhafte Befriedigung über die Vernichtung des Roten Mannes. Dabei war er nicht ein absoluter Verfechter des Ausrottungskrieges: Die Indianer konnten ihren Frieden haben, wenn sie nur die Bedingungen der weißen Eroberung akzeptierten und nie die Hand gegen einen Texaner erhoben. Andernfalls mußte man sie so hart strafen, bis sie texanischen Boden verließen oder einsahen, daß sie nur Geduldete waren, auf Land, das der Weiße Mann ihnen zuteilte.

In mancher Hinsicht war diese klare, wenig heuchlerische Politik den Indianern sogar verständlicher als die langsame, schrittweise Zerstörung, mit der unentschlossene Beamte beide Völker quälten.

Die Indianer erfuhren endlich, was sie von der vordringenden Zivilisation zu erwarten hatten.

Viele Texaner bedrückte es, daß die Indianer so zielstrebig und nicht etwa, wie beim Vordringen der Franzosen, durch einen unglücklichen Zufall der Geschichte oder von sonst gutmütigen Weißen gleichsam in einem Anfall geistiger Umnachtung ausgerottet wurden. Die Masse der Bevölkerung und der gesamte Beamtenapparat standen jedoch hinter Lamars Politik. Der Kongreß nahm Anleihen auf, um seinen Krieg zu unterstützen, und im Jahre 1839 meldeten sich über zweitausend Texaner, um als Freiwillige gegen die Indianer zu kämpfen.

Lamar konnte sich außerdem auf sachverständige Beamte stützen; der texanische Kriegsminister Albert Sidney Johnston, selbst ein hervorragender Soldat, verfolgte die Strategie, unter den Tonkawa und Lipan Apachen, alten Feinden der Comanchen, Verbündete zu rekrutieren und sie als »Späher« oder »Spione« einzusetzen – mit Erfolg. Da beide Völker ein Jahrhundert lang unter den berittenen Indianern gelitten hatten – die sie mehr haßten als die Weißen, von deren künftigen Großmut ihre Überlebenschancen abhingen –, dienten sie den Texanern selbst dann noch, als sie begriffen hatten, wie die Dankbarkeit der Weißen aussah. Die Vernichtung ihrer uralten Feinde bereitete ihnen tiefe Genugtuung. Obgleich weder Lipan noch Tonkawa entscheidend bei den Schlachten mitwirkten – beide Völker waren bereits zu sehr dezimiert –, blieben ihre Späherdienste bis zum Ende des Konfliktes unersetzlich.

Wie schwierig es trotz der Dutzende von Rangerkompanien, die rasch im Westen angemustert wurden, dennoch war, den an Kriegskunst und Waffen weit überlegenen Comanchen beizukommen, zeigen zwei Ereignisse. Im Januar 1839 stellte Oberst John H. Moore in den Siedlungen am unteren Colorado eine Reitertruppe zusammen. Mit sechsundsechzig Rangern und sechzehn Lipan unter ihrem Häuptling Castro ritt er nach Westen, den Colorado hinauf, an der Einmündung des Llano vorbei in das San Saba-Gebiet, in das sich noch kein Anglotexaner gewagt hatte. Seine indianischen Späher entdeckten nahe einem klaren Flüßchen ein riesiges Comanchenlager, zu dem Moore seine Reiter führte.

Die Penateka-Comanchen wähnten sich in ihrem angestammten Gebiet völlig sicher – eine fatale Schwäche, die sie bis zum Schluß nicht ablegen sollten. Sie konnten sich nicht vorstellen, daß jemals Weiße zu ihren fernen Lagerplätzen vordringen würden. So schafften es Moores Männer, sich unbemerkt zu nähern. Doch Oberst Moore und seine Rangers mußten noch viel über Comanchentaktik lernen.

Moore befahl seinen Leuten abzusitzen. Sie gingen zu Fuß auf das Camp zu, griffen in Kampflinie an und schossen einige Krieger nieder, die völlig überrascht aus ihren Tipis stürzten. Statt den Kampf standhaft zu erwidern, wie es die Texaner erwarteten, zerstreuten sich die Comanchen und flüchteten zu ihren Pferden, die die Texaner völlig außer acht gelassen hatten. Während die Rangers vergebens das verlassene Dorf durchsuchten, trieben die Comanchen die unbewachten Pferde der Texaner fort. Zwei Drittel von Moores Rangern waren damit unberitten.

Moore gab den Befehl zum Rückzug, ohne die Behausungen der Comanchen zu zerstören oder die flüchtenden Frauen und Kinder zu verfolgen. Über den Rückzug und die Unfähigkeit der Weißen erzürnt, desertierte Häuptling Castro mit allen seinen Lipankriegern. Obwohl Moore nur einen Mann verloren hatte, verkehrte sich sein Sieg nun fast in eine Katastrophe. Die Texaner, die sich die aufgebrachten Comanchen nur aufgrund ihrer weittragenden, zielgenauen Waffen weit genug vom Leibe halten konnten, sahen sich gezwungen, den erniedrigenden Rückmarsch den Colorado entlang zu Fuß zurückzulegen.

Nur wenig später errangen die Texaner einen noch zweifelhafteren »Sieg«. Captain John Bird ritt mit fünfzig Rangern den Little River hinauf. Als sie auf zwanzig Comanchenkrieger stießen, die gerade Büffel jagten, griff er sogleich an. Die Comanchen flüchteten und ließen ihre Verfolger bald hinter sich. Bird jagte den Comanchen etliche Meilen über die offene Prärie nach, bevor er bemerkte, daß sie immer zahlreicher wurden. Er brach die Verfolgung ab und schickte sich zum Rückzug an, um – zu spät allerdings – festellen zu müssen, daß er damit den schlimmsten Fehler begangen hatte, den man im Kampf gegen die Comanchen machen konnte.

Sobald die Texaner kehrtmachten, setzten ihnen die Comanchen, inzwischen über zweihundert, nach. Birds Kommando überlebte nur, weil die Rangers in eine nahe gelegene Schlucht gerieten, wo sie absitzen und aus der Deckung feuern konnten. Sie hielten die berittenen Bogenschützen mit gutgezielten Schüssen auf Entfernung, sorgsam darauf bedacht, immer einige der umständlichen Vorderlader geladen bei der Hand zu haben, um einen möglichen Angriff abwehren zu können.

Mit Leichtigkeit hätten die Comanchen die ganze Kompanie auslöschen können, doch nur zu einem blutigen Preis, den kein Comanchenhäuptling akzeptiert hätte. Nach vergeblicher Belagerung kehrten sie zur Jagd zurück. So konnten die Rangers den Sieg für sich beanspruchen. Mit sieben Toten, darunter Captain Bird, zogen sie sich nach Osten zurück, während die aufgebrachten Comanchen Feuer und Tod in das weite Grenzgebiet trugen.

Nicht nur gegen die Comanchen, sondern gegen alle Indianer im Grenzgebiet gingen die Rangertrupps vor. Im Mai 1839 gelang einer Kompanie am San Gabriel River, etwa vierzig Kilometer vom heutigen Austin entfernt, ein erfolgreicher Schlag gegen eine durchziehende Horde »zugewanderter« Indianer. Ihnen fielen über hundert Pferde, schwer mit Pulver und Blei beladen, in die Hände; doch weitaus bedeutsamer war die Leiche eines mexikanischen Agenten, Manuel Flores, bei dem sie detaillierte Pläne für einen Indianeraufstand fanden, den die mexikanische Regierung materiell tragen und lenken wollte.

Nachdem die Politik der Mexikaner, eine angelsächsische Pufferzone zwischen Mexiko und die berittenen Indianer einzuschieben, so katastrophale Folgen zeigte, hofften sie die »eingewanderten« Stämme zu einer neuen Nation vereinen zu können, die die Angloamerikaner aus Texas vertreiben und entlang dem Sabine River eine Pufferzone gegen die Macht der Vereinigten Staaten bilden würde. Zu diesem Zweck nahmen mexikanische Agenten Kontakt zu den Cherokesen und anderen Stämmen auf und versorgten sie mit Rat und Waffen. Auf die Umtriebe solcher Agenten ging bereits der rasch niedergeschlagene Aufstand der Kickapoo 1838 zurück. Derartige Strategien waren keineswegs ungewöhnlich; jahrhundertelang hatten sie die Eckpfeiler französischer und spanischer Politik gebildet, und selbst die Briten förderten im achtzehnten und frühen neunzehnten Jahrhundert Indianerkriege entlang der amerikanischen Grenze. Nichts konnte die Wut und Empörung der westlichen Siedler stärker anstacheln als derartige Verschwörungen, und so kam es, daß die Machenschaften der Mexikaner grausam gegen die Cherokesen und andere seßhafte Stämme zurückschlugen.

Bei den gefundenen Papieren, denen zufolge die Cherokesen den Mexikanern Kriegshilfe zugesagt hatten, dürfte es sich jedoch tatsächlich um Falschbehauptungen des mexikanischen Agenten gegenüber seinen Vorgesetzten gehandelt haben. Zwar waren Cherokesen und Mexikaner zusammengekommen, doch hatten die Indianer jeglicher Provokation widerstanden, zu den Waffen zu greifen; die Häuptlinge der Cherokesen wußten genau, daß sie solch einen Krieg nicht gewinnen konnten. Seit zwanzig Jahren lebten die Cherokesen bereits in Frieden mit den Anglotexanern, und die Siedlungen der vorwärtsdrängenden Amerikaner umschlossen ihre Ländereien vollständig. Die Cherokesen nahmen allmählich die Zivilisation an und gestalteten ihr Leben wie Weiße; sie waren das in der Assimilation am weitesten fortgeschrittene Indianervolk. Ihr »Verbrechen« bestand einzig darin, daß sie auf reichen Ländereien saßen, die die Weißen begehrten – und daß sie Indianer waren. Die Aufdeckung der mexikanischen Verschwörung lieferte Präsident Lamar, Kriegsminister Johnston und dem texanischen Indianerbeauftragten Bonnet den notwendigen Vorwand für die Vertreibung der Cherokesen.

Die Veröffentlichung der mexikanischen Korrespondenz versetzte die Masse der texanischen Bevölkerung in Empörung, da die mexikanischen Agenten den Indianern ab Kriegsbeginn völlig freie Hand zusicherten, die Anglotexaner zu massakrieren und sich ihren Besitz anzueignen. Gestützt auf die öffentliche Meinung, zogen Lamar und Johnston Truppen im Gebiet der Cherokesen zusammen, während Abgesandte mit dem Häuptling und dem Stammesrat zusammenkamen und ihren »freiwilligen« Auszug forderten. Die texanische Regierung erbot sich, für die geleistete Erschließung des Bodens Entschädigung zu zahlen, doch nicht für das Land selbst, das nach dem Gesetz ohnehin bereits der Republik gehörte.

Die Cherokesen bewiesen erhabene und tragische Würde. Ihrem Häuptling Bowles war klar, daß sein Volk einen Krieg nicht gewinnen konnte. Doch als seine Bitte, die Einbringung der Ernte abzuwarten, abgelehnt wurde, versicherte er, daß die Cherokesen selbst gegen seinen Rat kämpfen würden.

Der Stamm, der sich bemüht hatte, wie die Weißen und mit den Weißen zu leben, versuchte nun auch wie die Weißen zu kämpfen. Die Cherokesen stellten ein Heer auf und begegneten der texanischen Armee im offenen Kampf, ohne die blutigen Überfälle und das Gemetzel echter »Indianerkriege«. Sie wurden nach zweitägigen blutigen Kämpfen von der Übermacht der Texaner niedergemetzelt oder in die Wälder verstreut. Ihre Hütten und Felder gingen in Flammen auf.

Der Befehlshaber der texanischen Streitkräfte empfahl der Regierung, doch reinen Tisch zu machen und, da die Truppen nun einmal aufgeboten waren, das »Rattennest« in Osttexas endgültig zu säubern. Die Regierung stimmte zu. Am 25. Juli 1839 wurden die Kornfelder und Siedlungen aller Cherokesen, Delaware, Shawnee, Caddo, Kickapoo, Creek, Muskogee, Seminole und der anderen Stammesreste aus dem Osten, die in Texas Zuflucht gesucht hatten, ausgeräuchert. Einige Angehörige verbündeter Stämme versuchten nach Mexiko zu fliehen, wurden aber am Colorado eingeholt, die Männer getötet und die Frauen mitsamt der Habe zurückgebracht. Ein paar Kickapoo zogen auf die Plains. Die meisten enteigneten Völker überquerten den Red River und begaben sich in das Indianerterritorium. Nur zwei kleinere Stämme, die Alabama und die Koasati, durften bleiben, mußten jedoch mit weniger fruchtbarem Land vorliebnehmen.

Die Sommerkampagne von 1839 beseitigte oder vertrieb die gesamte Indianerbevölkerung von Osttexas und stellte so Tausende von Quadratkilometern zur sofortigen Nutzung bereit. Der Konflikt an der Westgrenze, von San Antonio im Süden bis zum Little River nordöstlich davon, schwelte derweil weiter. Das Grenzgebiet wimmelte von Rangern und Comanchen, doch weder den Indianern noch den Texanern gelang es, den Gegner entscheidend zu schlagen. Die Comanchen blieben eine unüberwindbare Barriere. Die Grenze ließ sich nicht vorantreiben, und das Land südlich des Balcones Escarpment blieb weiterhin von den gefährlichen Penateka bedroht.

Lamar, dessen Vision über die bloße Ausrottung der Indianer hinausging, verlegte die Hauptstadt der Republik an die Grenze, nach Austin am oberen Colorado. Zwar stellten texanische Karten Austin als geographisches Zentrum dar, doch in Wirklichkeit lag die neue Hauptstadt weit westlich der wahren Siedlungsgrenze, da Lamar und andere strebsame Texaner am Brazos von einer texanischen Nation träumten, die eines Tages bis an den fernen Pazifik reichen würde.

Dies war ein amerikanischer Traum, und da die Vereinigten Staaten ihn nicht verwirklichten, fiel die Pflicht, es zu tun, und der Ruhm den Texanern zu. Während Landvermesser und Ingenieure die Straßenzüge des zukünftigen Austin planten, beobachteten neugierige Penateka von den Kreidefelsen herab das seltsame Treiben.

Sie griffen die Stadt nicht an, sondern ritten regelmäßig daran vorbei und verbreiteten in den Gebieten weiter südlich Angst und Schrecken. Die Rangertrupps verfolgten die Plünderer und drängten sie gelegentlich bis auf das Edwards Plateau zurück. Doch war es den wenigen Rangern unmöglich, die lange, unregelmäßige Grenze zu bewachen. Schlimmer noch: im offenen Gelände konnten sich die weißen Soldaten mit den Indianern keineswegs messen. Das Schicksal Birds am Little River gemahnte die Ranger Captains zur Vorsicht, obwohl die erfahrensten unter ihnen bereits erkannt hatten, daß der Comanchengefahr nur durch entschlossene Verfolgung und Zerstörung der Lager ein Ende gesetzt werden konnte – durch einen Ausrottungskrieg.

Die Rangerführer bemerkten bald, daß die Comanchen bei aller ihrer kriegerischen Begabung und Fertigkeit im Umgang mit Waffen und Pferden eine Schwäche hatten, die die Rangers sich zunutze machen konnten: Sie waren zutiefst ihrem Brauchtum verhaftet und machten sich unablässig Sorgen um ihre Magie oder Medizin. Im Gegensatz zu den Weißen änderten die Comanchen nie die Art ihres Vorgehens; sie konnten nur solche Europäer überraschen, die ihre Gewohnheiten nicht kannten.

Die Texaner sahen, daß praktisch alle Comanchen auf eine gegebene Situation in genau der gleichen Weise reagierten. Dies ermöglichte aufmerksam beobachtenden Rangern, das Verhalten der Comanchen vorauszusehen und den Feind zu verwirren, ja sogar zu demoralisieren, indem sie etwas völlig Unerwartetes oder scheinbar Unvernünftiges taten. Die Rangerführer studierten die Gewohnheiten der Comanchen im Krieg und bei Überfällen, und dies erschwerte den Penateka ihre Raubzüge erheblich. Aber anfangs waren die texanischen Schützen den Comanchen waffentechnisch unterlegen, und es sollte einige Jahre dauern, bis sich ihnen ein Waffensystem bot, das den weißen Männern Nahkämpfe gegen die berittenen Bogenschützen gestattete.

Die Lösung dieses Problems bestand in jener Erfindung, die Samuel Colt 1838 in der aufstrebenden industriellen Zivilisation des Ostens machte – in der Revolverpistole. Dabei war Colts erstes Serienmodell, der »Texas«, alles andere als eine typische Militärwaffe. Er war ein 34er Kaliber, zu klein, leicht, kompliziert und noch nicht einmal gut ausgewogen; er war mit einem versenkbaren Abzug ausgestattet, der häufig klemmte, und zum Nachladen mußte er in drei Einzelteile zerlegt werden, was es praktisch unmöglich machte, ihn im Reiten neu zu laden. Trotzdem war der Texas-Revolver keineswegs ein Spielzeug. Man konnte mit ihm sechs Kugeln hintereinander abschießen, was es den Rangern gestattete, die Pfeile der Comanchen Geschoß um Geschoß zu erwidern.

Ein Ranger Captain namens Jack Hays machte den sechsschüssigen »Texas« berühmt. John Coffee Hays stammte aus Tennessee, dem Staat, aus dem auch Andrew Jackson und Sam Houston kamen; sein Großvater hatte Jackson die Besitzung Hermitage verkauft.

Hays war der geborene Abenteurer. Er ging als Landmesser in den Westen nach Texas, ließ sich von einer Rangerkompanie anwerben und entdeckte dort sein eigentliches Metier. Als ausgesprochene Kämpfernatur avancierte er bald zum Captain seiner Gruppe, und im Alter von 23 Jahren leitete er bereits die Station San Antonio, den gefährlichsten und wichtigsten Rangerposten im texanischen Westen.

Jack Hays war der Prototyp eines neuen Schlages amerikanischer Helden. Dabei wirkte er keineswegs wie ein Grenzkämpfer; er war von schlanker, fast schwächlicher Statur und hatte eine klare, relativ hohe Stimme. Er pflegte liebenswürdige Umgangsformen und galt den Schönen San Antonios als perfekter Gentleman. Er war überaus furchtlos, aber niemals draufgängerisch. Er redete nicht viel, war nicht einmal ein guter Schütze, aber der geborene Stoßtruppführer.

Hays war ein ruhiger, stiller, durch und durch selbstbeherrschter Mann, dem nichts entging, was um ihn herum passierte. Er war zudem ein ausgezeichneter Psychologe, der die Menschen in seiner Umgebung klug zu führen verstand. Seine Handlungen kamen anderen, die nicht über ein derart ausgeprägtes Einschätzungs- und Urteilsvermögen verfügten wie er, unglaublich wagemutig vor. Die meisten anderen Rangerführer und Hunderte spätere bemühten sich, zu sein »wie Jack Hays« – tatkräftig, stark, schweigsam, nüchtern, explosiv nur in der Aktion. Er prägte jener Truppe, die bald unter dem Namen Texas Rangers fest institutionalisiert werden sollte, einen unauslöschlichen Stempel auf.

Hays bildete persönlich die großen Captains Ben McCulloch und Sam Walker aus, und Leute wie McNelly, Jones und Rogers wurden tief von ihm beeinflußt. Sein Beispiel ließ einzelne Ranger zu Ein-Mann-Armeen werden.

Jack Hays war der erste Captain in Texas, der die Möglichkeiten von Colts neumodischen Revolvern erkannte. Mit dieser Waffe gelang es ihm Anfang 1840, zum erstenmal eine berittene Aktion gegen die Penateka-Comanchen zum Erfolg zu bringen.

Am Pedernales River nordwestlich San Antonios geriet er mit nur 14 Mann in den Hinterhalt einer Horde von über siebzig Comanchen. In solchen Fällen war es die Taktik der Texaner, möglichst schnell in Deckung zu gehen und die Reiter mit den langen Gewehren abzuwehren – bis dahin die einzige Überlebenschance. Hays dagegen riß die Zügel herum und führte seine Männer in einen Blitzangriff gegen die schreiend heranstürmenden Indianer. Die 14 Rangers ritten durch einen Pfeilhagel und nahmen die Comanchen in vollem Galopp aus nächster Nähe mit ihren Revolvern unter Beschuß. Hays verlor mehrere Leute, aber allein mit seinen beiden Pistolen holte er ein Dutzend Krieger vom Pferd.

Völlig verwirrt darüber, daß Weiße Männer auch angreifen konnten, und erschreckt über ihre schweren Verluste, ergriff die Kriegerschar die Flucht. Die Rangers töteten mit ihren Pistolen, die den Indianern unerschöpflich erscheinen mußten, dreißig Comanchen. Hays erkannte, daß ihm die Revolver, kombiniert mit dem Überraschungsfaktor, eine erhebliche Überlegenheit über die Indianer gaben. Er entschloß sich, offensiv zu patrouillieren und dem Feind bei jeder sich bietenden Gelegenheit zu Pferde entgegenzutreten.

Nur wenige Tage darauf stieß Hays mit seinem Trupp im Nueces Canyon westlich von San Antonio auf eine weit überlegene Penateka-Streitmacht. Er ließ es zu, daß die Krieger um die Rangers herumschwirrten und sie völlig einkreisten, während sein Trupp absaß. Dann gab er Befehl, die Gewehre abzuschießen, was die Indianer etliche Opfer kostete. Als nun der Feind in der sicheren Gewißheit, die Weißen Männer seien ihm hilflos ausgeliefert, zum tödlichen Schlag heranstob, ließ Hays aufsitzen und unternahm einen direkten Angriff. Jeder Ranger wählte einen Comanchenkrieger aus und ritt auf ihn zu. Diese Taktik wirkte derart überraschend, daß die Rangers schon sehr nahe herangekommen waren, ehe die Comanchen überhaupt reagierten.

Hays Reiter brachen durch den Ring der Comanchen und schossen links und rechts Krieger vom Pferd. Aufs äußerste gereizt, schwärmten die Comanchen hinter den Rangern her, von denen sie annahmen, sie flüchteten mit leergeschossenen Waffen. Hays wirbelte herum und fegte noch einmal zwischen ihnen hindurch und erschoß weitere Krieger, ehe diese noch ihre Pfeile auf die Bogensehnen bringen konnten. Unter den Comanchen brach tiefe Verwirrung aus. Wieder wählten die Rangers einzelne Krieger aus, ritten hinter ihnen her, bis sie unmittelbar neben ihnen waren, und holten sie in Kernschußweite aus dem Sattel.

Nun stellte sich jenes Phänomen ein, das die Weißen in den folgenden Jahren immer wieder beobachten und das die gewitzten Ranger Captains zu ihrem Vorteil nutzen sollten. Wenn etwas eintrat, das sie nicht voll begreifen konnten – plötzliche schlechte Medizin –, brach die Kampfmoral auch der tapfersten Krieger sofort zusammen. Als immer mehr Indianer mit jenen Waffen, die nie leer wurden, vom Pferd geholt wurden, erfaßte Panik die Comanchen. Sie schrien und flüchteten, als wären die Furien hinter ihnen her. Große Krieger warfen nutzlose Schilde und Lanzen weg und stoben heulend davon. Infolge ihrer Flucht erlitten die Comanchen weit höhere Verluste, als sie hätten hinnehmen müssen, wenn sie sich dem Kampf gestellt hätten. Hays verfolgte sie gnadenlos und tötete alle Krieger, die er einholen konnte. Als die Rangers die Jagd schließlich erschöpft aufgaben, hatten sie die Horde um die Hälfte dezimiert, und unter den Überlebenden herrschte abergläubischer Schrecken.

Hays maß das ganze Verdienst an diesen Erfolgen Colts Revolver zu. Das war selbstverständlich zu bescheiden, aber es steht außer Zweifel, daß es die sechsschüssige Revolverpistole den weißen Grenzern ermöglichte, den Plainsindianern mit ihrer eigenen Taktik berittener Kriegführung entgegenzutreten. Hays und seine Truppe repräsentierten den neuen Typus angloamerikanischer Kämpfer, den der Westen hervorgebracht hatte; diese wagemutigen und nüchtern abwägenden Männer waren bereit, jeden taktischen und technischen Vorteil bis zum Letzten zu nutzen. Hays' Beispiel machte Schule an der Grenze.

Hays ging jetzt in die Offensive und ritt voll Selbstvertrauen auf die Plains hinaus. Er kommandierte nie mehr als fünfzig Reiter, aber er hatte fast alles gelernt, was man über die Kriegführung der Comanchen lernen konnte. Vieles lernte er von seinen Lipan-Scouts. Auf der Suche nach Indianerlagern verzichtete er auf Lagerfeuer und ritt, wie Indianer auf dem Kriegspfad, leise unter dem Mondlicht. Er wußte, wie er seine Feinde ausfindig machen mußte, und selbst in den unzugänglichsten Canyons waren ihre Lager nun nicht mehr sicher; kreisende Geier, die den Comanchen folgten, und Bussarde, die sich von den blutigen Abfällen der Indianer nährten, verrieten ihre Camps.

Hays' Trupp ritt wie Comanchen und griff an wie Comanchen – mit einer Ausnahme: Er und seine Männer waren diszipliniert, sie gingen ebenso zweckbestimmt wie tödlich vor. Sie verschwendeten keine Kraft auf Siegestaumel und -tänze und keine Zeit auf rituelle Quälereien von Gefangenen. Und Gefangene konnten ihnen nicht zur Last fallen, weil sie gar nicht erst welche machten. Jetzt waren die Indianer Gejagte.

Sofern es sich einrichten ließ, fiel Hays in Überraschungsangriffen über die Indianer her, wenn sie sich sicher wähnten und ausruhten, oder er überfiel Lager und jagte die Krieger, die dann nicht so schnell zu ihren Pferden gelangen konnten, zu Fuß ins Gebüsch, wo sie mit ihren Bogen und Lanzen erheblich unterlegen waren.

Hays' Leute machten die Penateka nieder, wo immer sie ihrer habhaft wurden, vom Nueces bis zum Llano töteten sie Indianer aller Altersgruppen und beiderlei Geschlechts. In ihren Augen war das nicht Krieg, sondern sie rotteten zum Schutz der blutenden, heimgesuchten Grenze gefährliche Bestien aus; niemand in Texas hätte ihr Vorgehen anders eingeschätzt.

Der Häuptling der Lipan, Flacco, hegte Ehrfurcht gegenüber Hays und meinte, der Ranger würde sich nicht einmal scheuen, in die Hölle zu reiten.

Aus Lamars Aufzeichnungen geht hervor, daß Hays' Trupp 1840 wesentlich dazu beitrug, den Comanchenüberfällen an der Südwestgrenze Einhalt zu gebieten.

Und selbst Sam Houston, der die Kriege gegen den Roten Mann bedauerte und der die rauhen Grenzer verabscheute, schrieb: »Auf den galanten Hays und seine Kameraden können Sie sich verlassen.«

Hays' blutige Überfälle jenseits der Grenze dürften die Comanchen wesentlich bei ihrem Entschluß beeinflußt haben, einen Waffenstillstand anzustreben. Andere Rangergruppen waren inzwischen dem Beispiel von Hays gefolgt. Die Penateka waren keineswegs erschöpft oder besiegt, aber der Krieg mit den Texanern nahm für sie bedrohliche Formen an. Manchmal machten die Rangers Lager dem Erdboden gleich, deren Krieger sich gerade auf Plünderzügen im fernen Mexiko befanden. Auch überwanden die Comanchen rasch ihre anfängliche abergläubische Furcht vor den Revolverpistolen; sie erkannten, daß es sich dabei schlicht um neue, bessere Waffen handelte. Sie bemühten sich um einen Waffenstillstand, damit sie auch solche Waffen eintauschen konnten.

Ironischerweise hätten die Penateka in jenen Jahren von weißen Händlern Revolver bekommen können, wenn sie ihnen nur gestattet hätten, in ihr Gebiet zu kommen. Die wenigen voreiligen Händler aus Texas, die Handel mit den Comanchen versucht hatten, waren umgebracht worden, weil die Banden offenbar den Zusammenhang zwischen den weißen Händlern und den Pockenepidemien erkannt hatten. Die wenigen jedoch, die noch mit den Nemene Handel trieben – etwa Bent und St. Vrain im Norden – verkauften keine Colts.

Inzwischen arbeitete Samuel Colt an der Verbesserung seiner noch keineswegs perfekten Waffe. Hierbei half ihm der Ranger Sam Walker mit seiner praktischen Erfahrung im Feld. Aus dieser fruchtbaren Zusammenarbeit ging die tödlichste militärische Handfeuerwaffe jener Zeit hervor: der langläufige, großkalibrige, leicht zu ladende und unverwüstlich gebaute sechsschüssige 44er Colt, der unlösbar mit der Geschichte des amerikanischen Westens verknüpft ist.

Um 1840 war die texanische Regierung durchaus bereit, mit den Comanchen Frieden zu schließen, denn die Verhältnisse an der Grenze waren chaotisch. Zu jener Zeit stellte die Republik keine anderen Bedingungen, als daß die Comanchen die texanische Souveränität anzuerkennen, sich den Siedlungen fernzuhalten und den Weißen Landnahme bis dicht an die, aber nicht auf den Büffelebenen zu gestatten hätten. Einen Frieden unter diesen Bedingungen hielt man für möglich. Aber noch etwas wollte die Regierung erreichen: Die Comanchen sollten die etwa zweihundert Gefangenen herausgeben, die sie seit 1836 verschleppt hatten; dies war der eigentliche Grund, der die Texaner verhandlungsbereit machte.

Als 1840 drei Häuptlinge der Penateka nach San Antonio kamen und um Gehör baten, traf sich Oberst Henry Karnes, der Kommandeur der südlichen Grenzregion, mit ihnen und erklärte sich zu Verhandlungen bereit, sofern die Indianer zuvor alle weißen Gefangenen zurückführten. Die drei Häuptlinge akzeptierten diese Bedingung; zumindest erhoben sie keine Einwände. Sie versprachen, innerhalb von zwanzig Tagen mit allen bedeutenden Häuptlingen der Penateka-Comanchen zurückzukehren.

Diese unerwartete Absprache sollte eine der schicksalsträchtigsten von allen Ratsversammlungen zwischen Angloamerikanern und Indianern überhaupt sein. Noch nie zuvor hatte eine relevante Gruppe von Comanchen sich bereitgefunden, mit Texanern zu verhandeln, obwohl Sam Houston sich 1837 um solche Konferenzen bemüht hatte. Nun hatten beide Völker gute Gründe, einen Waffenstillstand anzustreben.

Für die Texaner bot er Vorteile, weil sie dann in Ruhe ihre Grenzsiedlungen hätten aufbauen können. Die Comanchen hätten nur auf ihre Überfälle auf Texas zu verzichten, die texanische Souveränität anzuerkennen – die nicht weniger fiktiv gewesen wäre als ehedem die spanische – und ein paar texanische Gefangene zurückzugeben brauchen. Auf dieser Grundlage wäre Handel in beiderseitigem Interesse und eine Situation ähnlich der möglich geworden, wie sie in Neu-Mexiko mit den Comancheros bestand, denn Texas befand sich mit Mexiko im Krieg und hätte sich nicht darum gekümmert, wenn die Comanchen dort weiter geplündert hätten.

Aber auch im Falle dieser zarten Friedenshoffnung begegneten sich zwei gewalttätige, herrschende und überaus selbstbewußte Völker, von denen keines die Bräuche, Gewohnheiten und Rechtsauffassungen des anderen ganz begriff.

Indem die Republik Texas die Souveränität über die alte spanisch-mexikanische Provinz forderte, beanspruchte sie damit auch die Herrschaft über alle innerhalb ihrer Grenzen lebenden Völker. Die Texaner erkannten die Indianer nicht als eigenständige Völker an, sondern begriffen sie nach dem territorial ausgerichteten europäischen Konzept als Subjekte texanischen Rechts und damit als jederzeit kündbare Pächter auf Hoheitsgebiet der Republik Texas. Somit fielen plündernde Indianer auch unter texanisches Strafrecht; daß Comanchen weiße Gefangene adoptieren und damit unter Comanchenrecht bringen konnten, wollte ihnen nicht in den Kopf, wie sie überhaupt unter den genannten Rechtsauffassungen ein eigenständiges Recht der Indianer nicht akzeptieren konnten.

Überdies hatten die beiden Völker höchst unterschiedliche Ehrbegriffe. Die Comanchen begriffen sich als ehrenwerte Krieger, die Texaner dagegen sahen in ihnen verbrecherische Wilde. Wie alle Plainsindianer lebten die Comanchen nach Bräuchen und Rechtsauffassungen, die zwar grausame Ausrottungskriege gegeneinander gestatteten, aber die strikte Einhaltung geschlossener Waffenstillstandsvereinbarungen forderten. Die Weißen hatten ähnliche Gesetze, aber die Texaner waren im Grunde gar nicht bereit, auf gleicher Ebene mit einem Volk zu verhandeln, in dem sie entweder wilde Tiere oder geriebene Verbrecher sahen.

Die Haltung der texanischen Offiziere zeigt sich eindeutig an dem Bericht, den Henry Karnes an seinen Vorgesetzten, Albert Sidney Johnston, den Kriegsminister von Texas, sandte. Oberst Karnes schrieb, er traue diesen Indianern nicht, und er habe die drei Comanchenhäuptlinge allein deshalb nicht auf der Stelle in Haft genommen, weil sie »zu wenige« seien, um »die

Zukunft sicherzustellen« – mit anderen Worten, die große Mehrzahl der indianischen Mörder sei noch auf freiem Fuß, und drei Häuptlinge seien als Geiseln nicht ausreichend, um das Wohlverhalten des Stamms zu garantieren.

Trotz seines Widerwillens gegen die »Wilden« sah der Oberst die Notwendigkeit von Verhandlungen ein und empfahl die Ernennung von Bevollmächtigten; die Regierung solle diese Unterhändler jedoch zu entschiedenem Handeln ohne jede Leisetreterei ermächtigen, und ferner solle sie reguläre Truppen abstellen, um über die Ratsversammlung zu wachen. Karnes drängte darauf, man solle, sofern die Comanchen die weißen Gefangenen nicht übergaben, alle am Rat teilnehmenden Indianer als Geiseln festnehmen und festhalten, bis die Gefangenen freigelassen seien.

Johnston, der wenig Einblick in die Mentalität der Indianer und noch weniger Sympathie für sie hatte, stimmte völlig mit Karnes überein. Auf seine Empfehlungen hin sandte Präsident Lamar den Stellvertretenden Kriegsminister, Oberst William G. Cooke, den Generaladjutanten von Texas, Oberst Hugh McLeod, und Oberstleutnant William S. Fisher vom First Texas Regiment als Indianerunterhändler, sowie drei Regimenter reguläre Truppen unter Fishers Kommando nach San Antonio.

Diese rein militärische Abordnung spiegelte klar die Haltung Lamars und Johnstons gegenüber den Indianern. Die Parlamentäre bekamen genaue Anweisungen mit auf den Weg: Sofern die Comanchen alle Gefangenen mitbrachten, könnten die Bevollmächtigten den Indianern die oben bereits genannten Bedingungen unterbreiten. Ferner sei von dem Brauch abzusehen, den Comanchen Geschenke zu machen. Es dürfe keine Lösegeldverhandlungen um die Gefangenen geben, und wenn die Indianer sie nicht freiwillig hergäben, sollte Fisher mit seinen Soldaten die Häuptlinge so lange gefangensetzen, bis die Gefangenen freigelassen seien.

Der Arroganz dieser fast schon ultimativen Bedingungen standen die Comanchen in ihrer Haltung gegenüber den Anglotexanern in nichts nach. Sie meinten, den Texanern sei wie den Mexikanern alles daran gelegen, Frieden zu erkaufen, und sie waren überzeugt, den Weißen Männern einen hohen Preis für die Gefangenen abhandeln zu können. Mukwara, ein großer Friedenshäuptling, überredete die einzelnen Häuptlinge dazu, man solle unter hartem Verhandeln die Gefangenen einzeln, einen nach dem anderen, anbieten. Die Comanchen hatten schon viele Räte mit Europäern wie mit Indianern abgehalten, und mit Gewalttätigkeit oder gar Verrat hätten sie nie gerechnet, denn eine erklärte Ratsversammlung galt als unantastbar. Daher kamen die zwölf Kriegshäuptlinge, die ihren Sprecher Mukwara am 19. März 1840 nach San Antonio begleiteten, mit ihren

Frauen und Familien, da sich solche Verhandlungen normalerweise lange hinzogen.

Gemäß ihrer Strategie brachten sie nur zwei Gefangene mit. Der eine, ein mexikanischer Junge, interessierte die Texaner überhaupt nicht, und bei dem anderen handelte es sich um ein sechzehn Jahre altes Mädchen, Matilda Lockhart, das 1838 mit seiner dreijährigen Schwester verschleppt worden war. Die Übergabe des Lockhart-Mädchens an die texanischen Behörden erwies sich als schwerwiegender Fehler. Besser hätten die Comanchen gar keine Gefangenen mitgebracht, denn Matilda Lockhart war grauenhaft mißhandelt und entstellt worden. Die Frauen im Lager hatten sie mit brennenden Holzscheiten gepeinigt, und ihr ausgemergelter Körper war mit Beulen und Narben übersät; ihre Nase war bis auf die Knochen weggebrannt worden, und sie hatte ungeheure Erniedrigungen hinnehmen müssen. Der Zustand des Mädchens empörte die Texaner aufs äußerste. Da Matilda im Laufe der Zeit die Comanchensprache erlernt hatte, war ihr nicht entgangen, auf welche Strategie die Häuptlinge sich geeinigt hatten. Diese beiden Momente sollten die Ausgangslage für die Verhandlungen erheblich verschlechtern.

Als in dem kleinen, eingeschossigen Gerichtsgebäude von San Antonio, das seither als »Council House« bekannt ist, die Gespräche eröffnet wurden, herrschte vordergründig eine ruhige, friedliche Atmosphäre. Die zwölf Kriegshäuptlinge unter der Leitung von Mukwara kamen in ihrem feinsten Putz und ließen sich gegenüber den texanischen Unterhändlern und lokalen Beamten auf dem Boden nieder. Draußen saßen, ebenfalls festlich gekleidet, geduldig die Comanchenfrauen. Die Indianerjungen spielten Kriegerspiele auf der staubigen Straße. Eine große Schar Neugieriger hatte sich versammelt, um die Vorgänge zu verfolgen. Männer warfen Münzen in die Luft, nach denen die Jungen mit ihren Spielzeugpfeilen schossen. Jeder wollte die fremdartigen, gefürchteten Indianer sehen; aber die Stimmung war keineswegs feindselig.

Drinnen im Council House jedoch konnten die texanischen Parlamentäre ihren Zorn kaum beherrschen. Sie hatten zwar schon Gefangene gesehen, die von Indianern mißhandelt und gefoltert worden waren. Doch was die Comanchen dem Lockhart-Mädchen angetan hatten, übertraf an Grausamkeit alles, was sie von den anderen texanischen Indianerstämmen und den östlichen Völkern her kannten. Da die Behandlung, die Matilda Lockhart erfahren hatte, für die Penateka nichts Außergewöhnliches darstellte, bemerkten sie nicht, welche Empörung die Rückgabe einer derart verstümmelten Gefangenen bei ihren Verhandlungspartnern ausgelöst hatte. Nach einleitenden Begrüßungsformeln fragten die Texaner über ihren Dolmetscher sofort, weshalb nicht mehr Gefangene zurückgegeben worden seien.

Mukwara antwortete beredt und ausweichend: Es gäbe noch mehr Gefangene, jedoch lebten sie in Lagern, über die er keine Macht habe. Dann erklärte Mukwara, seiner Ansicht nach könnten alle Gefangenen freigekauft werden. Er machte Andeutungen über einen möglichen Preis – eine große Menge Waren, Munition, Decken und roten Farbstoff. Mukwara war fest überzeugt, seine Argumente seien unerschütterlich, denn was hatten die Texaner denn schon für ein Recht, Kriegsbeute der Comanchen zurückzufordern? Seinen Vortrag beendete er mit der ruhig geäußerten Frage: »Wie gefällt Euch diese Antwort?«

Wie sie den Texanern gefiel, zeigte Oberst Fisher, indem er Soldaten ins Council House beorderte, die an Wänden und Tür Stellung bezogen. Dann wies Oberst Cooke den Dolmetscher an, Mukwara und seinen Leuten zu sagen, sie würden zu Gefangenen gemacht und so lange festgehalten werden, bis alle weißen Gefangenen der Comanchen zurückgekehrt seien. Erst dann sei es an der Zeit, über Geschenke zu reden; die Texaner seien nicht bereit, auf Lösegeldverhandlungen einzugehen.

Der Dolmetscher, ein ehemaliger Gefangener der Comanchen, erbleichte vor Schreck und weigerte sich, eine derartige Auskunft zu übermitteln. Er sagte, die Häuptlinge würden eher bis zum letzten Blutstropfen kämpfen, als sich gefangennehmen zu lassen. Cooke blieb unnachgiebig. Schließlich übersetzte der Mann die texanische Antwort und rannte aus dem Raum, ehe ihn noch jemand hindern konnte.

Die dreizehn Comanchenführer brachen in Kriegsgeschrei aus und sprangen erzürnt auf. Einer von ihnen eilte zum Eingang und stach den Wärter nieder. Jemand schrie, die Soldaten sollten schießen. Gewehrfeuer erfüllte den Raum mit Getöse, Rauch und abprallenden Kugeln. Der alte Mukwara rammte einem Ranger Captain sein Messer in die Seite, ehe eine Kugel ihn tödlich traf. Ein anderer Ranger, der unbewaffnet als Zuschauer gekommen war, wurde von einem Querschläger ins Bein getroffen; trotzdem gelang es ihm, einem der Häuptlinge seine Muskete zu entreißen, ihn damit zu erschießen und noch einem weiteren Comanchen mit dem Gewehrkolben den Schädel zu zertrümmern.

In dem unüberschaubaren Tumult unternahmen einige der Häuptlinge den Versuch, sich zur Tür durchzukämpfen. Ihre Warnrufe ließen die Comanchenfrauen draußen im Vorhof des Gerichts zu den Waffen greifen und auf die Zuschauer losgehen, die noch gar nicht begriffen hatten, was eigentlich vorging. Ein Kind schoß einen zufällig anwesenden Bezirksrichter mit einem Spielzeugpfeil mitten ins Herz; der Mann war auf der Stelle tot. Die

Soldaten, die das Gelände umstellt, sich aber im Hintergrund gehalten hatten, eröffneten jetzt das Feuer auf die Indianer, wobei von den Salven auch einige fliehende Zivilisten getroffen wurden.

Die an Zahl hoffnungslos unterlegenen Comanchen ergriffen die Flucht. Die Soldaten, Rangers und Einwohner nahmen die Verfolgung auf. Einige Krieger wurden getroffen, als sie den Rückzug zu decken oder sich in Häuser zu retten versuchten. Die Weißen töteten unterschiedslos Krieger, Frauen und Kinder, denn – darüber waren sich später alle Zeugen einig – die Frauen und Kinder kämpften mit allen zu Gebote stehenden Mitteln und waren nicht weniger gefährlich als die Krieger selbst.

In der Endphase geriet der Kampf zur regelrechten Jagd. Zwei Krieger, die sich in einem Küchenhäuschen verbarrikadiert hatten, wurden kurzerhand ausgeräuchert. Als die Flammen sie schließlich heraustrieben, wurde dem einen mit einer Axt der Kopf gespalten, den anderen traf eine Kugel. Kein Comanche entkam den Soldaten und der aufgebrachten Bevölkerung.

Bei diesem ungleichen Kampf starben 33 Häuptlinge, Frauen und Kinder. Die restlichen 32 Indianer der Gruppe – durchweg Frauen und Kinder, von denen viele verwundet waren – wurden gefangengenommen. Sieben Weiße waren umgekommen, darunter ein Offizier der Armee und der Sheriff von San Antonio. Zehn weitere Personen hatten schwerere, viele weitere leichtere Verletzungen davongetragen. Der einzige Arzt in San Antonio hatte die ganze Nacht hindurch damit zu tun, die verwundeten Weißen zu versorgen.

Am folgenden Morgen holten die Regierungsbevollmächtigten die Witwe eines der größten Häuptlinge aus dem Gefängnis und setzten sie auf ein Pferd. Man gab ihr Proviant und die Anweisung, die Lager der Comanchen aufzusuchen und dort zu berichten, daß die Überlebenden des »Council House Fight« getötet werden würden, wenn die Comanchen nicht die von dem Lockhart-Mädchen beschriebenen Gefangenen freigäben; sie habe genau zwölf Tage Zeit, dem Comanchenvolk diese Nachricht zu überbringen.

Die Frau hörte apathisch zu und ritt los. Damit war ein Sachverhalt eingetreten, den kein Texaner begriff: Von jenem Zeitpunkt an sollte es nie wieder echten Frieden zwischen den *tejanos* und den Nemene auf den Plains geben.

Der Council House Fight sollte von allen Comanchen als der niederträchtigste nur mögliche Verrat begriffen werden – als Bruch eines feierlichen Waffenstillstandes, und das war ein Verbrechen, das das Fassungsvermögen amerikanischer Indianer überstieg.

Die Häuptlingswitwe kam jammernd und wehklagend in dem viele Meilen von San Antonio entfernten Großlager der Comanchen an. Sie hatte bereits mit ihren Trauerriten begonnen, war aber noch gefaßt genug, um alle ihre Stammesgenossen im Lager über das Schicksal der Friedensabordnung zu unterrichten. Unter den Nemene machte sich tiefste Fassungslosigkeit und Verwirrung breit. Die Verluste – das Lager zählte auch die in San Antonio gefangengehaltenen Leute dazu – waren nach Comanchenmaßstäben horrend. Bis auf einen waren alle großen Häuptlinge der Penateka-Horde tot – ein Verlust, von dem sich die südlichen Comanchen nie erholten.

Tiefste Trauer, die sich in grausam selbstzerstörerischen Riten ausdrückten, befiel das Lager. Die Frauen, Töchter und Mütter rissen sich die Gesichter und Brüste blutig auf, trennten sich einzelne Finger ab und trauerten laut schreiend ganze Nächte hindurch. Die Männer schoren sich das geheiligte Haupthaar. Wie tief das Massaker von San Antonio die Penateka schockierte, zeigt sich daran, daß die Indianer die Pferdeherden der toten Häuptlinge schlachteten; solche destruktiven Riten waren seit langem aus dem Brauchtum des Volkes verschwunden, wurden aber jetzt im unermeßlichen Gram neu belebt.

Die Trauer schlug bald in rasenden Zorn gegen die Texaner um. Die Rache traf zuerst die unseligen Gefangenen im Lager. Einer weißen Frau, einer Mrs. Webster, gelang es, ein Pferd zu stehlen und damit nach San Antonio zu fliehen, wo sie am 26. März eintraf. Ihr Baby – sie war erst ein Jahr zuvor samt Säugling und kleinem Sohn von den Comanchen verschleppt worden – konnte sie retten, mußte aber ihren Sohn Booker zurücklassen. Allerdings war der Junge von einer Comanchenfamilie adoptiert worden, was ihm und einem ebenfalls adoptierten kleinen Mädchen das Leben rettete. Er berichtete später, wie es den anderen Weißen im Lager erging.

Sie wurden zu Tode gefoltert. Nacheinander pflöckten die Peiniger die Kinder und jungen Frauen nackt neben dem Lagerfeuer an den Boden. Sie wurden abgehäutet, stückweise ihrer Glieder beraubt und entsetzlich verstümmelt, und schließlich wurden sie von rachedurstigen Frauen, die entschlossen waren, den gemarterten Körpern auch noch den letzten Schmerzensschrei abzuringen, lebendigen Leibes verbrannt. Als der Mond schließlich über den verkohlten Leichen niederging, konnte es keinen Frieden mehr zwischen den Nemene und den Texanern geben, solange es noch Comanchen auf texanischem Boden gab.

Die Blutriten überließen die Indianer ihren Frauen. Unterdessen ritten die Penateka-Krieger nach San Antonio. Die massierte Kriegerschar der südlichen Comanchen hätte fürchterliche Rache an der alten spanischen Stadt, ja sogar der gesamten Grenze üben können, aber es mangelte ihnen an guter Führung, als sie die Hügel nördlich San Antonios durchschwärmten.

Trotz ihres wütenden Zorns waren die Krieger verwirrt und unsicher; ihre großen Männer waren tot, ihr Vorgehen war unsicher: Keiner der Krieger besaß genügend Prestige, um die übrigen seinem Willen oder seinen Plänen unterzuordnen. Und der Gegenstand ihres Hasses verbarg sich hinter den hohen Kalksteinmauern San Antonios. Hunderte aufgebrachte Krieger ritten unentschlossen und tief demoralisiert in den Plains umher.

Mit nur einem einzigen Gefährten ritt ein Krieger todesmutig in die Stadt hinein. Er trug Kriegsbemalung und stieß bis auf den Hauptplatz vor, wo er wilde Herausforderungen und Beleidigungen herausschrie. Die verwunderten Stadtbewohner hielten, vielleicht verwirrt über seine schrillen Aufforderungen zum Einzelkampf, mit dem Schießen zurück. Schließlich riefen einige Leute den beiden Comanchen aus einem Saloon auf spanisch zu, sie sollten zur Mission San José reiten, wohin sich die texanischen Soldaten mit ihren indianischen Gefangenen zurückgezogen hatten.

Über dreihundert Krieger stürmten daraufhin zu den Mauern der alten Mission und forderten lautstark die *tejano*-Soldaten auf, herauszukommen und zu kämpfen. Captain Red, der statt des erkrankten Fisher die Garnison kommandierte, hatte Befehl, während der zugestandenen zwölftägigen Frist nichts gegen die Comanchen zu unternehmen; er wußte auch nicht, daß diese inzwischen ihre weißen Gefangenen massakriert hatten.

Drei Tage waren es noch bis zum Ablauf des Waffenstillstands. Red hielt seine Truppen zurück und forderte die Indianer auf, diese drei Tage abzuwarten; dann wolle er sich ihnen in einer Schlacht stellen. Derweil ritten die Krieger um die Mission und schleuderten den Soldaten ihre Verwünschungen und Herausforderungen entgegen; sie wagten es aber auch nicht, Gewehrschützen anzugreifen, die hinter hohen Mauern verborgen lagen. Der Befehl, mit dem Feuern zurückzuhalten, ließ die Soldaten derart aufsässig werden, daß der Captain die meisten von ihnen in die Missionskapelle beordern mußte. Die Comanchen ritten schließlich erbittert von dannen, da sie die Frist nicht abwarten wollten.

Nicht nur Mangel an Führung, ungewisse Medizin und hohe Steinmauern schreckten die Comanchen ab. Es verwirrte sie, daß die Soldaten immer noch die 31 Frauen und Kinder gefangenhielten, die sie schon tot geglaubt hatten; immerhin ging es dabei um die Frauen und Kinder geachteter Häuptlinge. Die Soldaten hatten klargemacht, daß diese Gefangenen ausgetauscht werden konnten – nur besaß das Penateka-Lager keine Gefangenen mehr. Diese gefangenen Comanchen gediehen beiden Seiten zum Ärgernis. Den texanischen Behörden war es unmöglich, sie kaltblütig umzubringen, und die Comanchen wußten nicht, wie sie sie hätten freikaufen sollen.

Bis Anfang April blieb die Situation festgefahren. Dann kam ein anderer einzelner Krieger, der nur von einer Frau begleitet wurde, nach San Antonio. Diesen gering angesehenen Häuptling, den die Texaner unter dem Namen Piava kannten, hatten die Comanchen als Sprecher gesandt, um eine List zu versuchen. In texanischen Berichten wird er als verschlagen und hinterhältig beschrieben; so verwundert es nicht, daß er während seiner Unterredungen die Wahrheit geschickt zu verdrehen und zu umgehen suchte.

Piava sagte, die Penateka besäßen »viele Gefangene«, die sie austauschen wollten. Die Texaner stimmten einem solchen Austausch zu und gaben ihm Brot, Fleisch und Zucker für den Rückweg. Inzwischen spähten einige wagemutige Ranger das Comanchenlager aus und berichteten, daß dort – wenn überhaupt – nur wenige Weiße auszumachen seien. Trotzdem hielt der Waffenstillstand.

Am 4. April kehrte Piava mit zwei Gefangenen zurück – einem Mexikaner und einem kleinen texanischen Mädchen, das bei dem Massaker verschont worden war, weil eine Comanchenfamilie es adoptiert hatte. Vor der Adoption war dies Kind allerdings ebenso übel mißhandelt worden wie Matilda Lockhart. Es trug schreckliche Narben im Gesicht. Es sprach kein Wort Englisch und jammerte erbärmlich nach seiner Comanchenmutter. Trotz drängender Fragen weigerte sich Piava, über das Schicksal der übrigen Gefangenen irgendwelche Auskünfte zu geben, erklärte aber schließlich wahrheitsgetreu, daß er nur noch einen weiteren weißen Jungen habe, den er austauschen könne. Die Texaner gaben ihm zwei Gefangene und gestanden ihm zu, unter den übrigen für den Jungen, der noch zurückgebracht werden mußte, einen weiteren auszuwählen.

Daraufhin brachte Piava einen weiteren Mexikaner und Booker Webster, der die schaudererregende Geschichte vom Schicksal der anderen weißen Gefangenen erzählte. Über das Blutvergießen schockiert, hielten die Offiziere am harten Verhandlungsstil fest. Sie gestanden Piava zu, eine Frau auszuwählen und ungehindert abzuziehen. Er wählte eine Frau mit einem gebrochenen Arm, von der er sagte, ihre Familie besitze viele Maultiere. Diese Frau jedoch wies sein Anerbieten verächtlich zurück, und die Texaner respektierten ihren Entschluß trotz seines Zorns. Wutschnaubend suchte Piava eine andere Frau aus; die Texaner gaben ihm noch ein Kind und einen alten, blinden Krieger obendrein, die sie gern loswerden wollten.

Diese Austauschaktionen verliefen keineswegs in freundlicher Atmosphäre. Mehrfach stand die Situation auf Messers Schneide, da die beiden Parteien sich gegenseitig zutiefst haßten und mißtrauten. Die Soldaten und

Rangers hielten ihre Gewehre auf die Krieger angelegt, und die Comanchen saßen mit gespannten Bogen auf ihren Ponys.

Das kleine Mädchen wurde wieder bei seinen Verwandten aufgenommen. Einer der beiden mexikanischen Jungen lief sofort davon, heim zu den Indianern. Die Soldaten hatten inzwischen keine Verwendung mehr für die verbliebenen Gefangenen. Einige ließen sie durch unachtsame Bewachung entkommen, die übrigen gaben sie an Bewohner von San Antonio, wo sie zu Dienern gemacht werden sollten; dies war eine alte spanische Sitte, die Texaner selbst hielten sich Negersklaven. Nur war es unmöglich, Comanchen – auch Frauen und Kinder – zu versklaven, und es dauerte nur wenige Wochen, bis sie alle auf die Plains geflüchtet waren.

Der schreckliche Ausgang des großen Rates 1840 in San Antonio vergiftete die Beziehungen der beiden Völker auf ewig. Und was für die Grenze noch schwerer wog: Die Penateka betrieben ihre Raubzüge nun mit bis dahin nicht gekannter Erbitterung und Nachdruck. Die Rangers konnten die weitverstreuten Plünder- und Mordaktionen unmöglich eindämmen.

Um seine überforderte Truppe zu entlasten, organisierte Jack Hays in San Antonio eine Kompanie sogenannter »Minute Men«. Es handelte sich dabei um eine Gruppe städtischer Freiwilliger, die sich mit Pferden, Waffen und Proviant ständig einsatzbereit hielten; zusammengetrommelt wurden sie durch eine Fahne auf dem Gerichtsgebäude und das Läuten der Glocken von San Fernando. Auch in den umliegenden Gemeinden stellte man ähnliche Bürgerwehren auf.

Diese Kompanie sollte kaum einmal zur Ruhe kommen. Sie war eine reaktive Truppe, die plündernde Comanchen verfolgte – allerdings nicht allzuweit hinaus in die *Comanchería* – und bei ihren begrenzten Operationen die Toten begrub, die sie fand. Einhalt konnte sie den Raubzügen nicht gebieten.

Die reguläre Armee richtete noch weniger aus. Die texanische Infanterie, die sich gegen andere Infanterie gut ausmachte und im Schutz von Steinmauern unbesiegbar war, stand den Comanchen ebenso hilflos gegenüber wie ehedem die spanischen Garnisonen. Die wachsamen Comanchen gingen massierten Verbänden aus dem Weg, und Fußtruppen war es unmöglich, berittene Indianer zu verfolgen, aufzuspüren oder in Schach zu halten. Nur die Rangerkompanien wie die des Captain Hays waren in der Lage, gegen die Comanchen wirksam vorzugehen. Aber Hays wurde durch die neue Entwicklung in die Defensive gedrängt. Seine Späher berichteten, daß die Penateka ihre Lager aus Mitteltexas abgezogen hatten. Im Frühsommer schien es so, als wären die südlichen Comanchen weit nach Nordwesten auf die höheren Teile der Büffelebenen abgewandert.

Gleichfalls im Frühsommer ließen die Überfälle plötzlich nach. Selbst die erfahrensten Soldaten hofften, der unstete Feind habe nun die Lust zu weiteren Kriegen verloren und sei nach Westen zur Jagd geritten. Die meisten Grenzer redeten sich fest ein, dies sei der Abschluß des schweren Fiaskos von San Antonio.

Sie konnten nicht wissen, daß die Penateka nur auf die Suche nach der Medizin für den größten Krieg ihrer Geschichte gegangen waren.

Vergeltung am Plum Creek

Trotz ihres losen Sozialgefüges hielten die Nemene untereinander engen Kontakt. Boten der Penateka ritten zu den verstreuten Camps und Behausungen der südlichen Plains, schrien den Verrat der *tejanos* hinaus, bejammerten die Verluste und den verletzten Stolz und drängten zum Krieg gegen die Weißen. Die Ratsfeuer brannten, die Medizintrommeln dröhnten in den heißen Nächten. Die Krieger der Penateka trafen mit Vertretern der östlichen und nördlichen Banden zusammen, besprachen ihre Strategie und hielten gemeinsam nach Vorzeichen Ausschau. Da die Aussichten gut zu sein schienen, steigerten sich die Penateka in wilde Kriegsbegeisterung. Den großen Kriegshäuptling, Buffalo Hump, hatten die Omen wissen lassen, daß er die *tejanos* und ihre Saat im Krieg zerstören und einen solchen Schrecken über die Texaner bringen werde, daß diese, ähnlich Apachen und Mexikanern, hernach schon beim Anblick der Nemene die Flucht ergreifen würden.

Während die Krieger tanzten, befaßten sich die Frauen und alten Männer mit weltlicheren Kriegsvorbereitungen: Sie trockneten und verpackten Büffelfleisch und setzten die Waffen instand.

Aber Medizingesänge, Buschflöten und Trommeln vermochten nicht alle Nemene vom Balcones Escarpment bis zum Arkansas zusammenzurufen. Die zurückgezogen lebende Antelope-Bande des Llano Estacado hielt sich den Stammesangelegenheiten fern. Die großen Banden im Norden, die Yamparika und Kotsoteka, waren gerade damit beschäftigt, bei Bents Fort am Arkansas mit Cheyenne und Arapaho Frieden zu schließen und mit ihren neuen Freunden Pferde zu handeln. Bent, der sich so sehr für den Great Peace eingesetzt hatte, nutzte seinen Einfluß, um gegen einen Krieg im Süden zu wirken. Dutzende kleinerer Banden lebten verstreut, befanden sich auf Jagd oder auf Raubzügen in Mexiko. Alle Comanchen sympathisierten zwar mit den Penateka, die meisten aber glaubten, sie hätten wichtigere Dinge zu tun, als mit den südlichen Stammesgenossen in den Krieg zu ziehen. Nur einige heißblütige junge Krieger und etliche Kiowa ritten gen Texas.

Bei der Mobilisierung anderer Banden machte es sich nun als Nachteil bemerkbar, daß die Penateka keine berühmten Häuptlinge mehr vorzuweisen hatten, deren erfolgreiche Medizin oder deren Ansehen die Krieger scharenweise anlockte. Sie waren in San Antonio gestorben. Nur ein berühmter Häuptling blieb den Penateka, der nicht unter seinem eigentlichen Namen, Pochanakwoheep, sondern der amerikanischen Version, eben als Buffalo Hump, in die Geschichte einging.

Wie viele indianische Namen besaß der von Buffalo Hump (Büffelhöcker) skatologische Bedeutung. Die Comanchen wählten Namen unabhängig vom Geschlecht und kannten keine Familiennamen. Namen konnten aus vielerlei Quellen stammen, gingen aber zumeist auf Eigenarten der Medizin, besondere Taten oder körperliche Charakteristika ihres Trägers zurück; gerade letztere spielen bei primitiven Völkern eine bedeutende Rolle.

Da die Europäer schoschonische Namen oft nicht genau verstanden und auch die Aussprache ihnen Schwierigkeiten bereitete, griffen sie auf Namen zurück, die die Mexikaner den Indianern gegeben hatten, oder sie erfanden ähnlich klingende englische Namen. Die Berichterstatter des neunzehnten Jahrhunderts standen vor dem peinlichen Problem, Indianernamen wie Bullenrute, Wolfshintern und Coyotendreck übersetzen zu müssen. Nicht selten weigerten sie sich, derartige Namen zu übertragen, so daß in den Berichten englische und indianische Ausdrücke bunt aufeinanderfolgten, oder sie verniedlichten Bezeichnungen, die sie für skandalös oder würdelos hielten.

Was immer sein Name bedeutete, Buffalo Hump hatte Erfolg. Auf dem Edwards Plateau sammelte er eine große Streitmacht, deren Stärke nicht genau bekannt ist, da die Comanchen keine Stammrollen führten – doch müssen es mindestens vierhundert Krieger gewesen sein, so daß seine Armee mit Frauen und Jungen an die tausend zählte. In seinem Gefolge befanden sich Comanchen jeden Alters und beiderlei Geschlechts, da Buffalo Hump den Krieg gegen die *tejanos* als umfassende Kampagne ähnlich dem Penateka-Krieg gegen die Mexikaner plante, bei der er weder logistische Unterstützung noch die Bequemlichkeiten des Tipis missen wollte.

Am 1. August 1840 begann Buffalo Humps Streitmacht, gestärkt durch Tanz und mit reichlichen Vorräten versehen, ihren Zug aus dem hohen Stufenland in die flachen Ebenen, die zum Golf von Mexiko abfielen. Sorgsam umgingen die Indianer San Antonio mit seinen vielen Ranger- und Soldatenlagern, seinen gefährlichen Mauern und Gassen. Die alte Stadt galt jetzt als schlechte Medizin, ein Ort, den man möglichst mied. Doch südlich von San Antonio lagen verstreut ungeschützte kleine Städte, Siedlungen, Farmen und Ranchen, die die Texaner zwischen dem Colorado und dem Guadalupe errichtet hatten.

In der Nacht zum 4. August ritt das Heer der Indianer im Osten zwischen San Antonio und Gonzales durchs Land. Buffalo Humps Taktik war wohldurchdacht. Mit tausend Comanchen durchquerte er texanische Randgebiete und drang tief in die Ebene ein, bevor seine Spur entdeckt wurde. Die Entdeckung dieses breiten Pfades, den Tausende unbeschlagener Pferde ausgetreten hatten, versetzte die Stadt Gonzales, nahezu hundert Kilometer östlich von San Antonio, sofort in höchsten Alarm. Der erfahrene Ranger Captain Ben McCulloch deutete die Zeichen völlig richtig. Er sandte in alle Richtungen Reiter aus, die Alarm schlagen und die Bürgerwehren zusammentrommeln sollten.

Um die Geschehnisse der nächsten Tage, die die Texaner später den »Großen Überfall auf Linnville« nannten, vollauf verstehen zu können, muß man sich dieses Grenzgebiet genau vorstellen – diese heißen, trockenen, rauhen Küstenebenen mit den fruchtbaren Flußtälern, die weiten offenen Flächen mit den wenigen verstreuten Farmen, Kleinstädten und Siedlungen. Dieser riesige Küstenhalbmond südlich und östlich San Antonios war noch immer unkultiviertes Grenzland, wie der größte Teil von Texas. Seine Bewohner waren vorwiegend junge, widerstandsfähige Grenzer, Männer und Frauen, die mit Familien und oftmals ganzen Clans westwärts gezogen waren, um freies Land zu erwerben. Die hartgesottenen Leute waren sich stets bewußt, daß sie in greifbarer Nähe der indianisch-mexikanischen Grenze lebten. Die Farmer und Kleinstädter hatten nur wenig mit einer europäischen Agrarbevölkerung oder den Bewohnern mexikanischer Bauerndörfer gemein. Die Männer gingen stets bewaffnet; mit sechs oder sieben Jahren erhielten die Jungen ihr erstes Gewehr und lernten schießen. Die meisten Siedler waren außerdem geübte Reiter. Die kleinen Kompanien von Minute Men und Rangern bestanden durchaus nicht aus verweichlichten Beamten oder unterwürfigen Ackerknechten, sondern aus Grenzern, die zeitlebens in einem Klima der Gewalttätigkeit gelebt hatten. Ihre Führer waren selten reich, begütert oder gebildet; sie zählten eher zu der kühlen, grimmigen, pistolenschweren Sorte der Grenzreiter, die am Rande des Indianerlandes aufgewachsen waren und bei Überfällen der Kriegerhorden ruhig und zielgerichtet reagierten.

Ben McCulloch erkannte, daß er zwei Tage nach Buffalo Humps Durchzug gen Osten auf die Spur der Comanchen gestoßen war. Am 6. August begann er, bewaffnete Männer um sich zu sammeln und mit allem Nachdruck die Verfolgung aufzunehmen.

In der Zwischenzeit waren die Comanchen weiter vorgestoßen und hatten die Stadt Victoria umzingelt. Völlig unerwartet tauchten schreiende Krieger auf, schlugen am Stadtrand unglückliche Bewohner nieder und töteten etliche schwarze Sklaven, die auf den Feldern arbeiteten. Wären sie direkt in die Stadt geritten und bereit gewesen, die Weißen zu Fuß zu verfolgen, hätten sie die gesamte Bevölkerung niedermachen können; dies entsprach jedoch nicht den Kriegsbräuchen der Comanchen. Buffalo Humps Krieger kreisten die Stadt ein wie eine Büffelherde und nahmen Pferde, Rinder und ein kleines Negermädchen mit. Doch wie immer konnten solche magischen Medizinen gegen die festen Häuser nichts ausrichten. Die Mauern standen unerschüttert, und das aufgeschreckte Stadtvolk hatte Zeit, Häuser und Straßen zu verbarrikadieren.

Solange die Comanchen triumphierend um die Randbezirke ritten, Leichen verstümmelten und Rinder niederstachen, ließ sich die verängstigte Stadtbevölkerung nicht blicken. Doch als Buffalo Hump am 7. August einige seiner Krieger losschickte, die Stadt anzugreifen, in die Straßen zu reiten und die Häuser anzuzünden, antworteten die Bürger mit heftigem Feuer von den Dächern und aus den Fenstern. Rasch verloren die Indianer insgesamt den Mut und zogen sich mit ihren nun zweitausend Maultieren und Pferden zurück. Eine Gruppe mexikanischer Händler verlor bei diesem Überfall fünfhundert Last- und Reittiere, und fünfzehn Bewohner von Victoria fanden den Tod.

Nachdem sie von der Stadt abgelassen hatten, überquerten die Comanchen den Guadalupe River und verwüsteten Peach Creek. Dann, am 7. August, fächerte Buffalo Hump seine Heersäule zu einem weiten, vorrückenden Halbkreis mit Öffnung zum Golf hin auf. Die dünne, endlos scheinende Kette von Kriegern brachte Tod und Verheerung bis zur Küste hinunter, umzingelte Anwesen, tötete überraschte Siedler, brannte Häuser und Schuppen nieder. Kein lebender Texaner hatte je einen derart machtvollen Indianerüberfall wie diesen erlebt, der ähnlich Santa Annas Marsch vier Jahre zuvor ungeheure Verwüstungen anrichtete.

McCullochs Männer und andere Boten ritten kreuz und quer durch das Land, warnten die verstreuten Siedlungen und riefen die Männer zu den Waffen. Angehörige der Bürgermilizen sammelten sich unter Rangerführern in den an Wegekreuzungen gelegenen Siedlungen. Diese erfahrenen Indianerkämpfer ersahen aus den Spuren, daß Buffalo Humps Kriegerschar für Einzelangriffe zu mächtig war. Die wachsamen Minute Men, die den Indianern nachritten, waren gehalten, sich keinesfalls in Kampfaktionen verwickeln zu lassen.

Am 6. August, als McCulloch auf die Spur der Indianer stieß, befehligte er nur zwei Dutzend Rangers. Es blieb ihm keine andere Wahl, als die Verfolgung der Comanchen langsam und überaus behutsam voranzutreiben. Er begrub die Toten und suchte den Plan der Comanchen zu entschlüsseln, während er Stunde um Stunde neue Reiter um sich sammelte. Weitere Rangerkompanien taten dasselbe entlang den Flanken des Indianerheeres, bislang jedoch noch unkoordiniert und ohne direkte Verbindung. Auch Captain Adam Zumwalts Trupp, der dem großen Halbmond auf den Fersen folgte, fand Tote, darunter die Leiche eines weißen Mannes, dem seine Peiniger die Fußsohlen abgetrennt hatten; seine verstümmelten Füße zeigten deutlich, daß man ihn gezwungen hatte, kilometerweit auf rohem Fleisch hinter einem Pferd herzulaufen, bis er erschöpft zusammenbrach und die Comanchen ihn töteten und skalpierten.

Die Comanchen näherten sich rasch der Lavaca Bay am Golf. Am 8. August stieß Buffalo Hump auf die kleine Siedlung Linnville, die als Hafen für San Antonio und die Umgebung diente. Bei Nine Mile Point überfielen seine Reiter eine Frau und ein Kind. Das kleine Kind töteten sie sofort, doch die Frau, eine Enkelin von Daniel Boone, dem berühmten Grenzer aus Kentucky, warfen sie auf ein Pferd und nahmen sie für spätere, genüßlichere Zerstreuung mit.

Linnville war nur ein kleiner Hafen. Seine wenigen Gebäude boten ungenügenden Schutz. Drei Weiße und zwei Neger wurden von der Vorhut der Comanchen sofort getötet, darunter der Zolleintreiber, Major Watts. Indianer brachen in das Zollgebäude ein und packten Watts blonde, sehr hübsche Frau. Auf der Stelle versuchten die Krieger, sie zu entkleiden, doch ihr starres Fischbeinkorsett widerstand allen Bemühungen. Enttäuscht banden die Indianer sie schließlich in ihren Unterkleidern auf ein Pferd. Diese Ablenkung ermöglichte es den übrigen Bewohnern von Linnville, sich an den Strand zu flüchten und in Booten zu entkommen.

Einer der Bürger, Richter Hays, war durch den Anblick der indianischen Krieger, die am Strand ihre Reiterkunststücke vollführten, so aufgebracht, daß er aus dem Boot sprang und zurückwatete. Er schwenkte sein ungeladenes Gewehr und schrie den verblüfften Comanchen Flüche zu. Sie töteten ihn nicht, sondern ritten um den Richter herum und taten so, als bemerkten sie ihn nicht. Entweder hielten sie ihn für äußerst mutig oder für einen Verrückten. Auf jeden Fall glaubten sie, er besitze eine mächtige Medizin. Als Hays plötzlich zu Bewußtsein kam, was er tat, kehrte er um und konnte von einem der Boote gerade noch gerettet werden.

Die Comanchen machten in Linnville nur wenige Gefangene. Doch sie fanden andere Beute: Das Lagerhaus war vollgestopft mit Waren, die auf ihren Transport nach San Antonio warteten. Da gab es Ballen roten Tuchs, Schachteln mit modischen Zylinderhüten, Schirme und alle möglichen Damenartikel. Die Krieger und ihre Frauen, die in geringem Abstand folgten, plünderten das Lager unter freudigem Gejohle. Die Männer setzten sich Zylinder auf den Kopf und galoppierten, aufgerollte Tuchballen im Schlepptau, umher. Andere vergnügten sich mit den Schirmen. Die meisten Waren wurden einfach zerstört, doch packten die Frauen auch riesige Mengen auf die gestohlenen Packesel.

Einen ganzen Tag lang plünderte die Horde Linnville, dann setzten die Indianer die kleine Hafenstadt in Brand; die unglücklichen Bewohner weit draußen in der Bucht konnten nur untätig zusehen, wie ihre Habe in Flammen aufging. Besonders erschüttert waren sie, daß die Comanchen Kühe und andere Tiere, die sie nicht forttreiben konnten, unter wildem Gelächter mit ihren Lanzen niederstachen.

Buffalo Hump verlor allmählich die Kontrolle über seine Streitmacht. Die Comanchen waren auf Blutrache ausgeritten, doch das unerwartete Beuteglück machte die Strategie des Häuptlings zunichte. Die Comanchen hatten Tausende von Pferden und Maultieren und wundervolle Schätze aller Art geraubt. Neben dem Putz, mit dem die Krieger und ihre Frauen sich behängten, besaßen sie jetzt auch viele praktische Dinge: Töpfe und Pfannen, Munition und eine Ladung Bandeisen, das sich bestens für die Herstellung von Pfeilspitzen eignete. Die Comanchen ließen auch einen Packen Gesetzbücher mitgehen, aus deren Blättern sie sich Zigaretten drehten.

Theoretisch gehörte die gesamte Beute Buffalo Hump; er konnte völlig frei darüber verfügen. Kein Häuptling hätte es jedoch gewagt, die Aufgabe der Beute zu befehlen. Die Streitmacht hatte viele Feinde getötet, ohne selbst Verluste zu erleiden. Buffalo Hump betrachtete daher die Rechnung mit den *tejanos* als beglichen. Die Krieger und ihre Frauen drängten zum Rückmarsch auf die Plains. Buffalo Hump, der bis dahin erfolgreichste Kriegshäuptling in der Geschichte der Penateka, gab widerwillig den Befehl zur Umkehr.

Normalerweise hätten sich die Indianer in stundenlangem, hartem Ritt durch möglichst wenig bevölkerte Landstriche in Sicherheit gebracht und erst haltgemacht, nachdem alle möglichen Verfolger längst abgeschüttelt waren. Normalerweise hätte sich auch die Kriegerschar in viele kleine Gruppen aufgeteilt, die jede einen anderen Weg wählte, um ihre Verfolger zu verwirren. Buffalo Hump jedoch mußte seine Taktik ändern – es sei denn, er gab seine schwere Beute auf, die die Packesel mühsam schleppten, und ließ die riesige Herde gestohlener Pferde, mindestens dreitausend Stück, zurück. Die schwerfälligen Packesel und die Pferdeherde ließen sich nur langsam vorantreiben.

Buffalo Hump beschloß daher, daß die geraubten Tiere von allen Kriegern bewacht werden müßten. Hätte er sich nach Süden gewandt und seinen Rückweg südlich von San Antonio gewählt, wäre er mit ziemlicher Sicherheit einer Verfolgung entgangen, da die meisten Siedlungen in dieser Region nördlich des Guadalupe lagen. Doch Buffalo Hump, dem möglicherweise der Sieg zu Kopf gestiegen war, wandte sich nördlich und marschierte in langer Reihe schwerfällig auf direktem Weg heimwärts am Colorado River entlang.

Am 8. August, dem Tag, an dem die Comanchen Linnville plünderten und niederbrannten, erreichten McCulloch und seine Rangers Victoria. Bewohner der Stadt schlossen sich ihm an und vergrößerten seine Truppe auf über hundert Mann. Bis spät in die Nacht ritten sie in Richtung Küste. Als sie am Morgen des 9. August früh aufbrachen, stießen sie auf Buffalo Humps Spähernachhut. In einem kurzen Geplänkel wurde einer der Rangers getötet. McCulloch brach den Kampf ab. Tagelang waren die Rangers geritten, und da sie keine Pferde zum Wechseln mitführten, machte sich bei Reitern und Pferden Erschöpfung bemerkbar. McCulloch hielt daher genügend Abstand, um Menschen und Tiere zu schonen.

Am 10. August wurde McCulloch klar, daß auch die Comanchen Zusammenstöße mieden, abgesehen von kleineren Gefechten an den Flanken und am Ende. Offensichtlich lag ihnen daran, größere Verbände zu decken; hätten sie es auf Krieg abgesehen, wäre es ihnen nicht schwergefallen, seine kleine Truppe vernichtend zu schlagen. Außerdem zogen sie nach Nordwesten, in Richtung Plains, und McCulloch benötigte keine Karte, um sich ihre Route auszumalen. Er kannte das Gebiet und wußte instinktiv, welchen Weg Buffalo Hump einschlagen mußte: Die Indianer würden Big Prairie nahe dem Plum Creek, einem kleinen Nebenfluß des San Marcos River, durchqueren müssen.

McCulloch befahl seinen erschöpftesten Reitern, den Comanchen weiterhin zu folgen und, wenn möglich, sie unter Druck zu setzen. Er selbst ritt mit den übrigen Leuten auf einer Abkürzung zu den Siedlungen weiter oben am Colorado und alarmierte alle verfügbaren Männer. Am 10. August bei Anbruch der Nacht hatten sich alle Texaner, die alt genug waren, ein Pferd zu reiten und eine Waffe zu handhaben, von Gonzales, Victoria, Lavaca, Cuero und einer Reihe kleinerer Siedlungen aufgemacht.

Am 11. August trafen die kleinen Gruppen nach und nach am Plum Creek ein. Ihre Führer waren hartgesottene Captains wie Tumlinson, Matthew

Caldwell (der sich von seiner Beinverletzung im Council House erholt hatte), John Moore, Edward Burleson, Hardeman und Big Foot Wallace – alles Männer, die im Kampf gegen Comanchen erfahren waren. Immer mehr Männer kamen herbei und errichteten ein primitives Lager. Die Bürgerwehr von Bastrop, das größte Kontingent, erreichte Plum Creek erst am Morgen des 12. August. In der vorhergehenden Nacht hatte der Brigadegeneral Felix Huston von der texanischen Armee sein Hauptquartier aufgeschlagen und als ranghöchster regulärer Offizier das Kommando über alle Rangers, Bürgerwehren und Freiwilligen übernommen.

Diese heterogene Armee fand sich keine Minute zu früh zusammen. Leutnant Owens Truppen zusammen mit McCullochs ursprünglicher Rangergruppe folgten Buffalo Humps Heersäule bedenklich nahe auf den Fersen. Kilometer um Kilometer trieb Owens seine Leute voran und hielt die Comanchen unter pausenlosem Beschuß. Doch obwohl die Pferde der Texaner eins nach dem anderen schlappmachten, bedrängten sie die Comanchen so hart, daß die schwerbeladenen Maultiere erheblich lahmten.

Owens kam immer häufiger an Tieren vorbei, die wütende Krieger unterwegs erschossen hatten. Der Weg der Indianer war bald mit aufgegebenen Beutestücken übersät.

Doch die Comanchen gaben den Hauptteil der Beute und die Pferdeherde inmitten ihrer Heersäule nicht auf. Am Morgen des 12. August näherten sie sich langsam, in einer Wolke von Staub, Big Prairie.

Zur selben Zeit kamen vierzehn Tonkawa unter ihrem Häuptling Placido in Felix Hustons Hauptquartier an. Sie atmeten schwer, denn sie hatten fast fünfzig Kilometer zu Fuß zurückgelegt, um sich den Texanern anzuschließen und gegen die verhaßten Comanchen zu kämpfen. Pferde besaßen sie nicht, doch Huston erkannte, daß die »Tonks«, wie die Texaner sie nannten, sich ausgezeichnet als Spähertrupp eigneten. Er befahl ihnen, Stoffetzen an ihre Waffen zu binden, um sich den Texanern als Verbündete kenntlich zu machen, und gab ihnen die härteste und gefährlichste Aufgabe des Tages – die Heersäule der Comanchen zu Fuß auszuspähen und ihn über deren Lage ständig auf dem laufenden zu halten.

So marschierte unter der Führung hartgesottener Indianerkämpfer am Plum Creek eine texanische Bürgerarmee auf, um eine große Comanchenhorde zu empfangen, die auf schwere Kämpfe erstaunlich schlecht vorbereitet war. Die Kriegerschar der Comanchen hatte sich über den gesamten Haupttrupp verteilt, um die störrische Pferde- und Maultierherde zu bewachen und anzutreiben. Nur eine Handvoll Krieger ritt als Begleiter an den Flanken.

Während der vier kurzen Jahre hatten die Ranger Captains sich zu Experten entwickelt. Sie konnten inzwischen jeden Schritt der Comanchen voraussehen und bereiteten sich nun fast unbekümmert auf die entscheidende Schlacht vor. Weder McCulloch noch irgendeinem anderen Grenzer wäre es in den Sinn gekommen, diese Kraftprobe zu umgehen. Alle Maßnahmen waren darauf ausgerichtet, den Kampf zu erzwingen.

Die Captains ließen ihre Leute, von denen viele nie eine harte Schlacht mitgemacht hatten, absitzen und sich ausruhen, während die Comanchen langsam näher rückten. Sie inspizierten Männer und Waffen und rieten den Freiwilligen, unnützes Gepäck abzulegen. Nach genauen Berichten ihrer unermüdlichen Tonkawaspäher über Stärke und Verteidigung des Feindes befahlen sie den Männern aufzusitzen und führten sie nach Big Prairie. Sie formierten sich zu zwei parallelen Reihen, die die nahenden Comanchen umschlossen.

Nominell führte General Huston das Kommando, in Wirklichkeit kommandierten Burleson, Caldwell und jene Rangeroffiziere, die an der Spitze ihrer Trupps ritten.

Ein Freiwilliger aus Bastrop, John Holland Jenkins, zählte zu jenen seltenen schreibbegabten Grenzern, die nur den Erfordernissen folgend an solchen Kämpfen teilnahmen. Von Natur aus sanftmütig, zog er nun mit geschärften Sinnen in das blutige Gefecht. Die Dramatik der Szenerie – die schweigenden Linien der aufeinander zustrebenden weißen Reiter, die barbarische Pracht der wilden Feinde – nahm ihn gefangen. Die Außenreiter des Comanchenheeres wirbelten und tänzelten umher wie wahre Akrobaten, schrien ihren Stolz und ihre mächtige Medizin heraus und vollführten Reiterkunststücke, wie sie nur Menschen vollbringen konnten, die auf dem Pferderücken aufgewachsen waren.

Jenkins war voller Bewunderung: hingerissen betrachtete er das groteske Bild, die Aufmachung der Indianer und ihr Verhalten. Lange rote Bänder blitzten in den Schweifen ihrer Pferde; einige Krieger ritten unter geöffneten Regenschirmen, die in seltsam lächerlichem Gegensatz zu ihrem gehörnten Kopfputz standen.

Die Captains ließen sich durch solchen Aufputz nicht beirren. Sie versuchten, Verfassung und Taktik der Indianer einzuschätzen. Matt Caldwell, der wegen seines grauen Bartes und seines scheckigen Gesichts »Old Paint« genannt wurde, bemerkte, daß der Feind das ganze Theater absichtlich vorführte, um den Kampf hinauszuzögern, bis die Maultiere und Pferde vorbeigezogen waren. Die tänzelnden Indianer konnten niemals den Angriff der Texaner abwehren. Caldwell, Burleson und McCulloch wußten, daß dies der Moment war, um zuzuschlagen; Huston jedoch zögerte.

Ein hünenhafter Krieger mit Federkopfschmuck ritt aus der Comanchen-
menge heraus und rief den Weißen Beleidigungen zu, um sie zum Einzelkampf zu reizen. Möglicherweise gehörte er den Kiowa oder einer der
nördlichen Comanchengruppen an, die diese Praktiken von den Cheyenne
übernommen hatten. Caldwell ließ sich von diesem wilden Reiter nicht beeindrucken und befahl einem seiner Männer, ihn niederzuschießen. Ein
Gewehrschuß streckte den Herausforderer in den Staub. Ein kehliger Kla-
gelaut drang von den vorbeiziehenden Comanchen herüber: dies war
schlechte Medizin.

»Jetzt, General«, dröhnte Caldwell. »Greifen Sie an!«

Huston gab Befehl zum Angriff. Die texanischen Reiter schossen auf die
Comanchen und stoben, selbst wie Indianer schreiend, auf die Flanken der
langen Heersäule los. Sie streckten die Indianerkrieger an den Flanken nieder und stürzten sich auf den Haupttrupp. Die riesige Pferdeherde geriet
unter ihrem Geschrei und ihren Schüssen in Panik.

Pferde und schwerbeladene Esel ließen sich nicht mehr bändigen und
stürmten in alle Richtungen. Die Maultierherde verrannte sich in sumpfiges
Gelände; überladen und völlig erschöpft brachen die Tiere haufenweise
zusammen, und die riesige, enggedrängte Pferdeherde lief auf sie zu. In
Augenblicken verwandelte sich die indianische Heersäule in eine wim-
melnde Masse verängstigter Tiere, in der die sie bewachenden Comanchen
hilflos gefangen waren.

Die Krieger konnten ihre Pferde nicht aus dem Gewühl herausmanövrie-
ren. Etliche stürzten und wurden totgetrampelt, andere wurden im Sattel
erschossen, als sie sich zu befreien suchten. Dutzende Comanchen starben
in dem Getümmel, denn die Texaner schossen unaufhörlich von den Flanken. Nur wenige Krieger entkamen, indem sie über die Rücken der einge-
keilten Pferde sprangen und sich ins Gesträuch des nahen Bachgrundes retteten. Selbst diese Männer verfolgte Burleson mit seinen Leuten und tötete
einen nach dem anderen.

Der Kampf endete in wilder Flucht. Die Nachhut und die Comanchen, die
sich aus der Menge befreien konnten, verstreuten sich und flüchteten. Zwar
kämpften einige Krieger verbissen weiter, doch schien der Mut sie plötzlich
verlassen zu haben. Hardemans Pferd wurde von einem Pfeil getroffen,
und einige Ranger erlitten schwere Verletzungen, doch als der Kampf in
eine Verfolgungsjagd überging, waren es ausschließlich die Indianer, die
Verluste hinnehmen mußten.

Nachdem sie die Beute, die ihr Schicksal besiegelte, aufgegeben hatten,
kümmerten sie sich, so gut es ging, um Tote und Verletzte – denn selbst
in Situationen der Panik versuchten die Comanchen noch, ihre Toten und

Verwundeten zu »retten« – und flohen um ihr Leben. Die Jagd zog sich über zwanzig Kilometer hin; einzelne Indianergruppen wurden sogar bis Austin verfolgt.

Bei der Flucht und Verfolgung kam es zu vielen Szenen blutigen Schrekkens. Die Comanchen begannen die Gefangenen zu töten, die sie auf Pferde gebunden hatten. Einige von ihnen fesselten sie an Bäume und durchlöcherten sie mit ihren Pfeilen – entweder zum Zeichen ihrer Verachtung oder in der Hoffnung, die Verfolger aufhalten zu können. Auf diese Weise starb auch die Enkelin Daniel Boones.

Eine einzige weiße Gefangene, die junge Witwe des Majors Watts aus Linnville, überlebte. Ihre Häscher banden sie an einen Baum und schossen ihr einen Pfeil in die Brust. Eben jenes Fischbeinkorsett, das sie schon vor der Vergewaltigung geschützt hatte, nahm dem Pfeil die Wucht und rettete ihr das Leben. Sie war unverletzt, als man sie losschnitt, und hatte sich nur an den entblößten Armen und Beinen einen Sonnenbrand geholt.

Beide Seiten überkam unstillbarer Blutdurst. Jenkins erlebte angewidert einen Akt von unmenschlicher Grausamkeit. Ein Ranger stieß auf eine verwundete Comanchenfrau. Er stieg vom Pferd, trat auf die sterbende Frau und nagelte sie dann mit einer liegengebliebenen Indianerlanze auf den Boden. Jenkins schrieb später, er sei froh gewesen, daß es kein »Mann aus Bastrop« gewesen sei. Es kam jedoch nicht zu einem allgemeinen Massaker an den gefangenen Indianern. Viele Frauen und Kinder aus Buffalo Humps Troß gerieten in Gefangenschaft, wurden aber nicht getötet.

Später zählten die Texaner mehr als achtzig tote indianische Krieger; sie fanden auch die Leiche eines Texaners, den zu skalpieren ein Comanchenkrieger wunderlicherweise die Zeit gefunden hatte. Buffalo Humps Heer hatte seine gesamte Beute und etwa ein Viertel seiner Kämpfer verloren.

Die Sieger teilten die wiedererlangte Beute auf. Viele der ursprünglichen Besitzer waren tot, und es wurde auch kein Versuch unternommen, sie ausfindig zu machen. Die Soldaten brachten Säcke mit Tafelsilber und Stoffballen heim; einige Männer entdeckten sogar Fässer mit Likör und Branntwein sowie Tabakbestände, die alle aus Linnville stammten. Auch die verbliebenen Pferde und Maultiere, die für die Weißen ebenso wertvoll waren wie für Indianer, wurden verteilt. Selbst die Tonkawa bekamen ihren Teil, denn nach der Schlacht ritt jeder Krieger ein prächtiges Pferd. Die Pferde dürften sie weitaus mehr geschätzt haben als die ehrenvollen Erwähnungen, die General Huston ihnen zur Anerkennung schrieb.

Niemand wußte, was man mit den gefangenen Comanchen anfangen sollte. Schließlich wurden auch sie aufgeteilt, weil man versuchen wollte, sie als »Diener« anzulernen. Einen der Jungen schenkte man dem Comte de Saligny, dem französischen Gesandten in Texas; der Diplomat wies ihn als Stalljungen ein, aber bald entfloh der junge Indianer samt Pferd.

Nach der Schlacht am Plum Creek ging die Streitmacht der Texaner wieder auseinander. Nur die verbündeten Tonkawa hielten eine Siegesfeier ab. Als der Mond aufging über Big Prairie, tanzten sie um ihr Feuer und rühmten sich ihrer Taten.

Die tödliche Kette von Ursache und Wirkung fand aber noch kein Ende. Die Berichte von Plum Creek befriedigten Präsident Lamar und seinen Kriegsminister nicht völlig; sie befanden, man müsse den Comanchen eine weitere blutige Lektion erteilen. Lamar entsandte eine Strafexpedition unter Oberst John H. Moore in die *Comanchería*.

Im September 1840 verließ Moore das Fayette County mit zwölf Lipan-Apachen als Spähern und neunzig Reitern. Er ritt nach Westen den Colorado hinauf und begab sich auf die Suche nach Indianern. Wochenlang konnte der Zug nichts als herrliche, offene Ebenen entdecken, doch Moore gab nicht auf. Die Packesel schleppten Vorräte für eine ausgedehnte Kampagne.

Ende Oktober hatte sich Moore weiter nach Westen vorgewagt als je ein Anglotexaner zuvor. Er überquerte den Concho und den Red Fork des Colorado; nach seiner eigenen Schätzung befand er sich auf halbem Wege nach Santa Fé. Das Wetter wurde auf den hohen Grasebenen langsam kühl, als die Lipan endlich ein riesiges Lager der Penateka-Comanchen ausfindig machten.

Das Camp lag verstreut an der Biegung eines kleinen Flusses. Castro, der Lipanhäuptling, zählte sechzig Tipis und rechnete mit etwa einhundert Kriegern. Deren Sicherheitsvorkehrungen schienen sehr nachlässig zu sein – eine Schwäche der Comanchen, wenn sie sich auf eigenem Terrain sicher wähnten. Ohne Zaudern beschloß Moore, das Dorf anzugreifen. Sein Befehl war klar: Die Comanchen sollten gejagt und getötet werden.

Diesmal fanden selbst die Lipan-Apachen an Moores Vorgehen nichts mehr zu bemängeln. Er wartete bis Mitternacht, bevor er sich dem Lager näherte. Dann schickte er einige Schützen unter Leutnant Owens auf die andere Seite der Flußbiegung, als Hinterhalt auf dem wahrscheinlichsten Fluchtweg der Comanchen. Die Packtiere ließ er unter ausreichender Bewachung weit zurück. Bei Anbruch des Tages, im ersten Morgengrauen, schlich er sich hinter den Apachen zum Dorf. Die Rangers waren keine zweihundert Meter mehr entfernt, als sie entdeckt wurden.

Moores Leute griffen zu Pferde an. Sie trieben die Pferdeherde der Indianer auseinander, ritten durch die Reihen der Tipis und erschossen beiderseits die überraschten Comanchen. Wie Moore vorausgesehen hatte, versuchten die meisten Indianer über den Fluß zu entkommen. Die Texaner verfolgten sie; am Flußufer saßen sie ab, um genauer auf die flüchtenden Indianer zielen zu können. Als sich die schreienden, von Panik ergriffenen Comanchen sich in den Fluß stürzten, eröffneten Owens' Scharfschützen das Feuer aus Kernschußweite. Nur wenige Minuten dauerte das gnadenlose Gemetzel. Moore schonte weder Frauen noch Kinder und wollte sich auch nicht mit Gefangenen belasten. Er hatte eindeutige Order: Er hatte eine Strafexpedition durchzuführen, die die Comanchen an Linnville, Victoria und an Dutzende verkohlter Opfer gemahnen sollte. Die Gewehre verstummten erst, als der letzte Comanche getötet oder unbemerkt davongekrochen war.

Moore ritt mit fünfhundert erbeuteten Pferden heimwärts, den Colorado hinunter. Anfang November sandte er seinen Bericht an die Regierung in Austin. Knapp hieß es darin: ». . . Männer, Frauen und Kinder lagen zu beiden Seiten, verwundet, sterbend oder tot.« Fünfzig Comanchen waren im Camp, über achtzig im Fluß umgekommen, und nur ein einziger Texaner hatte eine tödliche Verletzung erlitten.

Mit dem Erfolg gaben sich auch Präsident Lamar und sein Kriegsminister zufrieden. Wie auch immer die Historiker über diese Männer und ihre Methoden urteilen mögen, das Ergebnis war entscheidend: In jenem Jahr wagten die Penateka keinerlei Überfälle auf texanisches Grenzgebiet mehr.

Lone Star und Sternenbanner

In der Ära Lamar wurde die Macht der Penateka gebrochen. Hays und andere Rangers hatten etliche große Kriegerscharen der südlichen Comanchen übel zugerichtet und zahlreiche ihrer Lager vernichtet. Bei dem Gemetzel im Council House war die größte aller Comanchengruppen ihrer Führungselite beraubt und damit tief demoralisiert worden. Buffalo Humps Desaster am Plum Creek und Moores Massaker am oberen Colorado hatten die Penateka erheblich dezimiert, und so zahlreich, wie die Weißen immer annahmen, ist die Gruppe nie gewesen. Allein in den Jahren zwischen 1836 und 1840 kam aller Wahrscheinlichkeit nach ein Viertel aller Penateka-Krieger um.

Um sich von den hohen Verlusten erholen zu können, brauchte die strukturell anfällige Indianergesellschaft Zeit und Ruhe; beides war in den angestammten Gebieten der südlichen Comanchen nicht mehr gegeben. Daher verließen die Penateka im Herbst 1840 die Hügel und Schluchten der südlichen *Comanchería*, in denen sie fast ein Jahrhundert lang heimisch gewesen waren, und zogen sich größtenteils in die Gebiete nördlich des Red River zurück.

Lange hatten die Penateka eine tödliche Barriere dargestellt, hatten sie eine tiefe Besiedlungszone unterhalb des Balcones Escarpment mit Tod und Schrecken überzogen. Bezeichnenderweise war die Besiedlung, solange die Kriege andauerten, nie ins eigentliche Comanchengebiet vorgedrungen. Der Konflikt war ausgebrochen, weil die Comanchen ihre Raubzüge über riesige Entfernungen hinweg durchführten. Nun eröffnete die Abwanderung der südlichen Gruppe, ausgelöst durch ihre Niederlagen und Demoralisierung, Tausende Quadratkilometer reichen Landes der sofortigen Erschließung durch Farmer und Rancher, die zu Tausenden aus dem Osten in die Randzonen der Great Plains drängten.

Lamars aggressive Politik gegenüber den Indianern hatte viele Menschenleben gekostet und die Republik um den Kredit gebracht; schon derart begrenzte Operationen stürzten die Regierung in katastrophale Schulden. Allerdings wurde dieser Saldo durch die unleugbare Öffnung riesiger Gebiete im Westen ausgeglichen.

Es war kaum ein Zufall, daß die europäischen Mächte Lamars Texas die Anerkennung zu zollen begannen, die sie dem Staat Houstons verwehrt hatten: Nun sandten sie ihre Vertreter in die grobgezimmerte Hauptstadt am Colorado. Auch die Gegner des Anschlusses von Texas in den Vereinigten Staaten verloren an Boden, je mehr das eigenständige Texas sich zu einem mächtigen Staat entwickelte. Die Briten und Franzosen, die sich mit der Vorherrschaft der Vereinigten Staaten in Nordamerika noch nicht abgefunden hatten, hofften auf eine dauernde Teilung des Kontinents in zwei rivalisierende Republiken, die auf ewig die Macht der Nordamerikaner geschwächt hätte.

Ironischerweise, aber nach Lage der Dinge völlig logisch, stärkte diese Entwicklung die Position Sam Houstons. Ihm hatte immer eine geeinte amerikanische Nation vorgeschwebt, und mit Nachdruck arbeitete er auf sein großes Ziel hin, Texas in die Union einzubringen. In den USA steigerten Lamars Erfolge die Besorgnis über ein erstarkendes Texas, das zum Rivalen werden konnte. Die Erfolge stärkten zugleich das Lager derer, die trotz der Sklavenfrage den Anschluß des Nachbarstaates anstrebten.

In den texanischen Bevölkerungszentren indes wuchs die Opposition gegen Lamars teure Kriege, denn die finanzielle Last hatten hauptsächlich die Pflanzer und Geschäftsleute des texanischen Ostens zu tragen; die führenden Leute der immer noch äußerst unentwickelten Wirtschaft waren nicht bereit, ihr Geld dafür herzugeben, daß die texanische Grenze weiter nach Westen vorgetrieben wurde. Auch hatten die besitzenden Schichten kein festes Vertrauen in die Republik; ihre überwiegende Mehrheit zog die wirtschaftlichen Vorteile des Anschlusses der texanischen Eigenstaatlichkeit vor.

Eine mächtige Reaktion im Osten brachte 1841 Houston erneut an die Macht. Mit ihm kehrte eine konservative, von Pflanzern beherrschte Legislative zurück. Im Zuge der neuen, proamerikanischen Politik ließ auch der enorme Druck gegen die Comanchen nach. Lamars Feldzüge hatten zeitweilig mehr Gebiet eröffnet, als momentan durch die Einwanderer besiedelt werden konnte. Die berittenen Indianer hatten dem Anschein nach ihre Raubzüge aufgegeben – dem Anschein nach, denn die nördlichen und östlichen Comanchengruppen waren zu jener Zeit noch nicht in unmittelbare Nähe der langsamer vorrückenden Nordwestgrenze geraten, die von den Jagdgründen der Nemene immer noch durch eine Pufferzone aus Wichitagebieten getrennt war. Es kann jedoch kaum ein Zweifel daran bestehen, daß die Grenze sich in der Politik lautstärker und nachdrücklicher bemerkbar gemacht hätte, wenn die Penateka nicht das Feld geräumt, sondern weiterhin den Südwesten bedrängt hätten.

Praktisch alle Weißen an der Grenze waren inzwischen einhellig der Meinung, daß das Konzept Lamars und der Rangers die einzig gangbare Lösung des Indianerproblems darstellte. Da aber um 1841 die Grenze befriedet schien und es an Siedlungsraum nicht mangelte, wandte sich das Interesse der Texaner von Indianerkriegen ab.

Houston, der sofort seine tatsächliche Zielsetzung offenbarte, indem er den Regierungssitz von Austin in die nach ihm benannte Stadt nahe dem Golf zurückverlegte, nahm in allen Punkten seine alte Politik wieder auf. Er drängte auf Sparsamkeit des Staatsapparats, Frieden mit den Indianerstämmen und die Verzögerung aller endgültigen Lösungen, die er der größeren Nation für die Zeit nach dem Anschluß überlassen wollte. Lamar hatte Kriege gegen Mexiko begonnen; Houston bemühte sich nun, sie wieder abzuwiegeln, obwohl Mexiko in Reaktion auf feindselige Schritte zweimal in Texas einmarschierte und 1842 kurzfristig San Antonio besetzte.

Historisch gesehen war Houstons Politik bis auf einen Punkt stichhaltig: Seine Indianerpolitik muß man eher als Bekundung guten Willens gegenüber der indianischen Rasse und als Wunschdenken einstufen denn als praktisch-analytisch begründetes Vorgehen, zu dem der Staatsmann Houston ansonsten durchaus fähig war. Aus historischer Sicht, die nur Ergebnisse betrachtet, war diese Politik schlichtweg falsch, ja sogar tragisch. Sie trug in keiner Weise dazu bei, die Indianer langfristig zu retten, sondern führte zu einem Wiederaufflammen des Blutvergießens.

Kaum im Amt, schlug Houston eine Änderung der Grenzpolitik vor, die der Kongreß billigte. Wie die spanische Administration ehedem war auch die Regierung der Republik Texas um so stärker geneigt, die Grenzprobleme unter Kostengesichtspunkten zu behandeln, je weiter der Sitz der Macht von der Indianergrenze entfernt lag. Houston unterbreitete einen einfachen Plan, die Kosten der Grenzverteidigung um drei Viertel zu senken. Die Rangerverbände sollten aufgelöst werden. Sie sollten durch Handelsposten an strategischen Punkten der Grenze ersetzt werden, die durch Kompanien von nicht mehr als 25 Soldaten geschützt werden sollten. Es sollten ferner keinerlei feindselige Aktionen gegen die Indianer unternommen werden. Die Handelsposten sollten die Stämme mit allem versorgen, was sie brauchten; dann bestünde für die Indianer keine Notwendigkeit mehr, die Weißen zu überfallen. Inzwischen würden die Texaner mit zunehmenden Kontakten Freundschaft und guten Willen predigen, und wenn die Indianerstämme erst einmal von der Ernsthaftigkeit der texanischen Absichten überzeugt seien, würden sie auch in Friedensverträge einwilligen.

Damit aber kam Houston zu einer völligen Fehleinschätzung der Lage der Comanchen, ihres Gesellschaftsgefüges und ihrer Ethik. Wie viele Amerikaner seiner Zeit glaubte er, die Kriege der Comanchen seien zumindest in gewissem Grade durch ökonomische Ursachen bedingt. Diese Amerikaner begriffen, daß die Comanchen wie alle Indianer seit Jahrhunderten von europäischen Siedlungen abhängig waren, was ihre Versorgung mit Eisen, Feuerwaffen und Pferden betraf. Aber sie neigten dazu, die Comanchen und andere Plainsindianer mit den halbzivilisierten Choctaw und Cherokesen gleichzusetzen und sie durch die Brille ihrer europäisch geprägten Auffassung von Barbaren zu sehen. Houston bewunderte, ja liebte die wilden Indianer in gewissem Maße, ohne sie je zu verstehen. Er und diejenigen, die seine Ansichten teilten, erkannten nie, daß die Symbiose der Comanchen mit den europäischen Siedlungen weit weniger auf wirtschaftlichen Notwendigkeiten basierte als auf mörderischen sozialen Imperativen.

Houstons Ansatz hatte noch einen anderen grundlegenden Fehler. Er hätte begreifen müssen – die Penateka hatten gerade dies seit den ersten diplomatischen Kontakten 1837 klargestellt –, daß die Comanchen nie einer Besiedlung zustimmen würden, die ihnen nicht Gebietsgarantien zusicherte. Darin lag ein unüberwindlicher Interessenkonflikt.

Bei allen ihren Verhandlungen mit den Stämmen hatten die Texaner nicht nur gefordert, die Indianer sollten die Weißen Männer in Frieden lassen, sondern auch, daß sie nie etwas gegen das Vordringen der Weißen und ihre Siedlungen unternehmen sollten. Zu den Gegenvorschlägen der Comanchen hatte immer die Forderung gehört, die *tejanos* sollten aufhören, die althergebrachten Wanderungsgebiete der Nemene zu bedrängen. Dem Präsidenten von Texas aber war es von Gesetzes wegen verboten, den Indianern irgendwelche Grenzen zu garantieren, und nach dem gleichen Gesetz durfte kein Regierungsbeamter die Landnahmen oder das Vordringen Weißer unterbinden.

Infolgedessen war eine echte Einigung zwischen Texanern und Comanchen schlichtweg unmöglich. Die zwischen ihnen bestehenden Streitpunkte und die Wesensarten der beiden Völker machten einen Frieden von Dauer ziemlich unwahrscheinlich; solche Meinungsverschiedenheiten ließen sich nur auf der Grundlage von Gewalt lösen.

Houston ging sofort daran, die weiße Macht an der gesamten befriedeten

Grenze abzubauen. Die Rangertruppen wurde kurzerhand dadurch aufge-
löst, daß man ihnen jedwede behördliche Unterstützung entzog. Die
Regierung stellte keine Pferde und kein Futter, keine Munition und keinen
Proviant mehr. Die Rangers hatten ohnehin kaum einmal Sold erhalten.
Nun aber mußten sie, um ihre Arbeit fortsetzen zu können, voll auf eigene
Mittel oder die ihrer Captains zurückgreifen. Den kleinen Grenzsiedlungen, die sie schützten, fehlten die Mittel, sie als ständige Truppe zu unterhalten.
Um 1842 waren die meisten der einsatzfreudigen jungen Rangersoldaten
bei Farmern und Ranchern der Grenze untergeschlüpft, von wo sie bei
Bedarf abgerufen werden konnten. Selbst der große Captain Hays wurde
aus dem Dienst entlassen. Houston gestattete ihm großzügig, eine Truppe
von 150 Reitern zu befehligen, vergaß aber, das Geld für deren Unterhalt
bereitzustellen. Die Rangertrupps verschwanden von der Bildfläche. Im
Hinblick auf die Gefährdung der Texaner an der weitgestreckten Grenze
war die Auflösung der Rangerverbände jedoch ein schwerwiegender Fehler.
Ab 1842 wurden die neuen Handelsposten eingerichtet. Einer von ihnen,
der in Nacogdoches, sollte die Stämme versorgen, die in Osttexas im
Grenzgebiet des Red River verstreut lebten. Dieser Posten entsprach allerdings eher einem Wirtschaftsunternehmen als einem Instrument neuer
Friedenspolitik. Ein zweiter Posten, das berühmte Torreys Trading
House, lag etwa zwölf Kilometer südlich des Waco-Dorfes am Tehuacana
Creek, einem Nebenfluß des Brazos. Dieser Posten, der von den Gebrü-
dern Torrey aus Connecticut betrieben wurde, eröffnete einen ausgedehn-
ten Handel mit den Waco, Ioni, Anadarko und anderen Stammesresten von
Wichita und Caddo in jener Region. Sam Houston war selbst finanziell an
dem Unternehmen beteiligt.
Weitere Posten, die für die Comanchen vorgesehen waren, wurden
schließlich bei Birds Fort nahe dem heutigen Fort Worth, bei der alten spanischen Mission im Tal des San Saba River und westlich des Brazos am
Comanche Peak errichtet. An diesen Handelsposten durften von der
Regierung lizenzierte Händler den Stämmen praktisch alles verkaufen, was
sie begehrten. Die meisten von ihnen machten gewinnträchtige Geschäfte
mit Häuten und Fellen.
Inzwischen leitete die Regierung Houston eine Verständigungspolitik ein,
indem sie Abgesandte zu den Indianern schickte. Diese Politik zielte darauf
ab, alle Stämme zu einem großen Rat zu versammeln, bei dem ein dauer-
hafter Friede ausgehandelt werden sollte. Es fiel nicht schwer, die
Wichita, Caddo und verwandte Stämme zu solchen Räten zu bewegen; sie

waren zwischen den vordringenden Texanern und den wilden Plainsindianern sozusagen eingeklemmt und daher um so mehr bemüht, mit den Weißen Männern Frieden zu schließen.

Um 1843 hatten Houstons Indianerbeauftragte schließlich Vertreter aller kleineren, halbseßhaften Völker in Birds Fort versammelt, wo sie alle einwilligten, nordwestlich einer Linie von San Antonio im Süden über Austin zum Brazos und Trinity River im Norden zu bleiben. Bedenklich war allerdings, daß kein Comanche zu diesem Rat erschien.

Die texanischen Unterhändler hatten große Schwierigkeiten, die Penateka überhaupt aufzuspüren. Allein dieser Umstand schon hätte die Regierung warnen müssen. Aber Houston schickte seine Emissäre weit den Brazos hinauf, um Gerüchten über Penateka-Lager in Westtexas nachzugehen, und schließlich beorderte er sie nach Norden jenseits des Red River in Gebiete außerhalb von Texas. Hier entdeckten drei texanische Abgesandte, die mit Führern aus friedlichen Stämmen unter der weißen Fahne reisten, schließlich am Canadian River im Indian Territory, dem Indianerterritorium der USA, eines der großen Penateka-Lager.

Trotz ihrer Waffenstillstandsfahne entgingen die Beauftragten nur knapp dem Tode. Als sie erschienen und um eine Beratung baten, waren die Krieger darauf und daran, sie grausam umzubringen. Die südlichen Comanchen begegneten mittlerweile allen *tejanos* mit erbitterter Feindschaft: Seit dem Massaker im Council House mißtrauten sie Beratungen mit Texanern.

Während die Abgesandten unter Bewachung gehalten wurden, berieten sich die Penateka einen ganzen Tag lang. Anfangs argumentierte nur ein Häuptling dagegen, sie zu töten. Zum Glück für die Texaner handelte es sich dabei um den klugen und hochangesehenen alten Friedenshäuptling Pahayuca, der an der hergebrachten Verfahrensordnung festhielt und nach und nach eine hauchdünne Mehrheit – eine Mehrheit von nur einem Ratsteilnehmer – herbeiführte, die sich gegen den Bruch des Brauchtums erklärte. Bei der abschließenden Abstimmung behauptete sich die Demokratie der Comanchen gegen den Zorn vieler Häuptlinge, und man ließ die Texaner am Leben.

Die Vorschläge, die die Weißen brachten, wurden jedoch abgelehnt. Pahayuca selbst zeigte Bereitschaft, mit Sam Houston zu sprechen, aber auch er konnte sein tiefes Mißtrauen gegen die *tejanos* nicht überwinden. Er vertröstete die Abgesandten, indem er sagte, nach und nach werde er einige der Penateka schon zu den Räten herbeibringen, vorausgesetzt, es gebe Geschenke. Die Texaner neigten dazu, die Autorität – und vielleicht auch das Wohlwollen – dieses Friedenshäuptlings zu überschätzen; er war zwar bei mehreren Banden wegen seiner Klugheit gut bekannt und hoch angesehen, besaß aber keine wirkliche Macht über die kriegerischen Männer. Pahayuca war ein großer, schwergewichtiger Mann mit mehreren Frauen, der persönlich an Krieg kein Interesse hatte, aber er besaß keinerlei Machtvollkommenheit, für alle Penateka Frieden zu schließen, von den nördlichen Stammesgruppen einmal ganz abgesehen.

Dennoch erschien er schließlich bei Torreys Station, um die Lage zu besprechen. Die Verhandlungen standen auf Messers Schneide. Sam Houston kam selbst zu der ersten vereinbarten Ratssitzung, um seinen guten Willen zu bekunden, aber die Comanchen trafen zu spät ein, und Houston mußte bald darauf abreisen. Es gab keine echten Fortschritte, als Pahayuca und er sich schließlich zusammensetzten.

Pahayuca war kein Narr, was immer seine Motive oder seine Auffassungen über die Situation zwischen Texanern und Comanchen gewesen sein mochten. Wahrscheinlich kam er vornehmlich der versprochenen Geschenke wegen – Handelsgüter und Schnaps –, aber er war auch einer geschickten Diplomatie fähig. Wie Mukwara vor ihm war ihm klar, daß dem Vordringen der Weißen nach Westen Einhalt geboten werden mußte, wenn es Frieden geben sollte. Zu jener Zeit wußten die meisten Comanchen ebenso wie andere Plainsindianer, wie es den vertriebenen östlichen Stämmen erging; im Indian Territory sowie in Kansas und Texas fochten die Nemene blutige Auseinandersetzungen mit diesen Völkern aus. Um nicht Opfer ähnlicher Vertreibungen zu werden, bestand Pahayuca darauf, daß Houston als ersten Schritt eine feste Grenze zwischen seinem Volk und den Nemene benennen solle. Wenn die Weißen von den Comanchen verlangten, westlich einer Linie auf der Landkarte zu bleiben, müßten den Indianern umgekehrt ebensolche Garantien gegeben werden.

Houston dagegen war vom texanischen Gesetz noch nicht einmal bevollmächtigt, diese Frage auch nur zu diskutieren. Es war schwer, den Comanchen den europäischen Begriff von Landeshoheit zu erklären, der den Texanern Ansprüche auf Gebiete gestattete, die sie überhaupt nicht bewohnten und in die tatsächlich noch keiner von ihnen seinen Fuß gesetzt hatte. Noch schwieriger ließ es sich erklären, warum die Gerichte der Amerikaner indianische Jagdgründe als »vakantes« Land betrachteten und weshalb große weiße Häuptlinge wie Houston dagegen nichts unternehmen konnten; da half es wenig, daß Houston Verständnis für die Rechtsauffassung der Comanchen zeigte. Er war kein Heuchler, der die Penateka belog, wenn er eine gewisse Erbitterung über den unersättlichen Landhunger seines eigenen Volkes bekundete. Keine der Beratungen erbrachte ein Ergebnis, und man kam über bloße Gespräche nicht hinaus.

Augenscheinlich waren sich die Comanchen der Vergeblichkeit solcher Beratungen stärker bewußt als Houston, denn es kamen überhaupt nur sehr wenige Krieger zu den Gesprächen. Damit stellte sich erneut das alte Problem, wie man mit den Nemene zu verbindlichen Verträgen kommen konnte. Was immer Pahayuca oder ein anderer Häuptling vereinbaren mochte, war nur für seine Gruppe bindend, und dies auch nur dann, wenn jeder erwachsene Mann den Vertrag anerkannte. Jeder Penateka, der Pahayucas Vereinbarungen nicht akzeptieren wollte, konnte den Bereich seiner Rechtssprechung zu jeder beliebigen Zeit verlassen, entweder indem er sich allein durchschlug, oder indem er sich einer anderen Horde anschloß.

Wie schon ein Jahrhundert zuvor den Spaniern, haben die Comanchen auch den Amerikanern diesen Sachverhalt immer wieder zu erklären versucht; aber auch diese verschlossen vor dem für sie ungünstigen Faktum die Augen. Sie beharrten darauf, Verträge abzuschließen, die *de facto* keineswegs für eine nennenswerte Zahl von Comanchen verbindlich sein konnten.

Houston seinerseits konnte Pahayuca bei ihrem abschließenden Treffen 1844 nur seiner Freundschaft versichern und sich verpflichten, amtliche Handelsstationen für die Penateka einzurichten und ihnen Indianeragenten zu senden. Pahayuca willigte ein, die Überfälle zu unterbinden, alle weißen Gefangenen zurückzugeben, die von Penateka-Kriegern gemacht worden waren, und jährlich zu Ratssitzungen zurückzukehren. Daraufhin verteilte die texanische Regierung ihre Geschenke. Aus den abgegebenen Erklärungen geht eindeutig hervor, daß die Comanchen sich selbst nicht völlig an ihre Zusagen gebunden glaubten, da das zentrale Problem, die Grenzfrage, nie gelöst wurde. Die überwiegende Mehrheit der Comanchen, und unter ihnen auch die meisten südlichen Comanchen, die nie zu den Gesprächen am Tehuacana Creek kamen, ignorierten die Verträge völlig.

Obwohl Konzessionäre der Regierung kurz darauf Handelsposten errichteten und einen schwunghaften Pelzhandel mit den Comanchen aufnahmen, war die texanische Südwestgrenze bald wieder ständiger Bedrohung ausgesetzt: Darin bestand die Tragik von Houstons Politik. Lamar war offensiv gegen die Indianer der angrenzenden Gebiete vorgegangen und hatte dadurch Frieden herbeigeführt; Houston erklärte den Frieden und ermutigte dadurch unabsichtlich die Penateka, nach Südmitteltexas zurückzukehren. Wohin dies führen mußte, lag klar auf der Hand.

Penateka und *tejanos* konnten in unmittelbarer Nachbarschaft nicht mehr als unabhängige Völker leben. Fast jede Penateka-Familie hatte ihre Blutfehde mit den Texanern, und die weiße Grenze focht ihre kollektive Blutfehde mit allen Indianervölkern aus. Beide Völker haßten einander zutiefst und brachten Angehörige des anderen um, wo immer sie auf sie stießen. Jede Seite schätzte die andere als verräterische Mörderbande ein, und solange es in Texas selbständige Penateka gab, mußte es Konflikte geben; daß es gar nicht anders sein konnte, war bereits vor den unfruchtbaren Ratsversammlungen erkennbar.

Obwohl die Penateka in das Gebiet nördlich des Red River abgewandert waren, fuhren sie fort, in Nordmexiko einzufallen – anderthalbtausend Kilometer weiter südlich; die frühen vierziger Jahre zählen zu den schlimmsten, die die nordmexikanische Grenze südlich Laredos und des Eagle Pass erlebte. Der anhaltende Friede mit Neu-Mexiko und der neu geschlossene Great Peace mit den Arapaho und Cheyenne ermöglichte den Comanchen einen verstärkten Plünderkrieg im Süden.

Kein Häuptling, auch keine Gruppe von Häuptlingen, hätte sich mit andersgearteten Vorstellungen gegen die Kulturmuster der Comanchen durchsetzen können. Die jungen Männer mußten in den Krieg reiten, Pferde erbeuten und Ruhm erwerben. Aus Lamars Kriegen hatten die Penateka einzig gelernt, daß die texanische Grenze gefährlich war und daß man sie besser mied; aber an irgendeiner Grenze mußten die Überlebenden dieser Kriege schließlich Krieg führen. Die letzten Monate der Regierung Lamar verliefen friedlich, aber bald fielen die Penateka erneut über die exponierten Siedlungen her. Diese Auseinandersetzungen wurden von den Kriegerbanden geführt, die in nördlicher und südlicher Richtung den Comanche Trace passierten, der westlich von San Antonio nach Mexiko verlief. Die durchziehenden Penateka-Gruppen konnten unterwegs kaum der Versuchung widerstehen, den texanischen Feinden nebenbei eins auszuwischen.

Diese Überfälle waren die Fortsetzung des alten Krieges mit neuen Mitteln. Nach ihren vielfältigen Niederlagen ritten die Krieger nicht mehr offen und kühn nach Anglotexas hinein. Kleinere Gruppen, kaum stärker als ein Dutzend, drangen bei Nacht entlang der Flüsse vor, verbargen sich bei Tage und schlugen normalerweise gerade bei Sonnenuntergang zu, um dann Hunderte Kilometer tief in die Prärie zurückzureiten. Sie errichteten in der Nähe von Siedlungen keine Basislager mehr und brachten auch ihre Frauen und Kinder nicht mehr mit auf den Kriegspfad.

Diese Kriegergruppen nahmen sich weniger Zeit, Beute zu ergattern, und auf Siegesfeiern und Folterungen verzichteten sie völlig, solange sie sich in der Nähe texanischer Siedlungen befanden. Sie verwandten viel mehr Sorgfalt darauf, sich zu verbergen und ihre Spuren zu verwischen, und auf

dem Heimweg ritten sie mindestens 150 Kilometer, ehe sie eine Pause ein-
legten.

In gewissem Sinne waren diese völlig überraschenden Angriffe schlimmer
als alles, was die Texaner bis dahin erlebt hatten: Ohne Unterschied töteten
die Räuber und brannten nieder, was sie erreichen konnten. Oft schlachteten sie Viehbestände, die sie nicht mitnehmen konnten. Die Texaner nannten diese Angriffe »Mörderüberfälle«, und dazu hatten sie allen Grund.
Allerdings konnten diese Überfälle die festverwurzelte weiße Besiedlung
nicht zurückdrängen. Historisch gesehen, stellten sie eher ein lästiges
Ärgernis dar und hatten auf den weiteren Verlauf der Grenzgeschichte keinen entscheidenden Einfluß. Jedoch verloren in einem weiten Gebiet Dutzende Grenzer ihr Vieh oder sogar ihr Leben. Um 1842 läuteten die Kir-
chenglocken von San Antonio häufig, um die Minute Men zusammenzurufen, aber ausrichten konnten die Verbände nichts.

Diese wespenstichartigen Überfälle zeigen deutlich die eigentlichen
Beweggründe der Comanchen-Kriegführung, die von den meisten Historikern nicht richtig erkannt worden sind. Sie waren keineswegs durch
wirtschaftliche Not der Indianer bedingt, und nicht einmal die einfluß-
reichsten Häuptlinge hätten sie verhindern können. In gewissem Grade
waren sie von Rachedurst getragen, doch die Erfahrungen des voraufgegangenen Jahrhunderts belegen eindeutig, daß ihr Hauptmotiv im Kriegsethos der Comanchen zu sehen ist.

Der Krieg gegen Nordmexiko erreichte seinen Höhepunkt gerade zu der
Zeit, als die Spanisch-Mexikaner aufhörten, für die *Comanchería* eine
Bedrohung darzustellen, und als sie sich verzweifelt bemühten, die Krieger
durch Tribute gnädig zu stimmen. Daraus geht klar hervor, daß sich die
gleiche Schwierigkeit mit den berittenen Indianern für die Texaner ergeben
hätte, wenn ihre Grenze starr gewesen wäre und ihr Vorrücken den
Lebensraum der Comanchen nicht bedroht hätte. Die Nemene hätten ihre
Kriege nicht unterlassen können, es sei denn, sie hätten ihre Weltsicht und
ihre Gesellschaft völlig umgeformt; dies zeigte sich im neunzehnten Jahrhundert mit zunehmender Deutlichkeit.

In der Mehrzahl argumentieren die Historiker, die sich mit diesem Problem befaßt haben, für eine friedliche Lösung, wie sie Houston vorschwebte, und meinen, seine Bemühungen um einen Friedensschluß hätten
zumindest einige positive Ergebnisse gehabt. Die gesamte Grenzbevölkerung war entgegengesetzter Auffassung, und dafür hatte sie ihre guten
Gründe. Zwar nahmen die Indianer ihre Raubzüge schon bald nach den
großen Schlachten des Jahres 1840 in begrenztem Umfang wieder auf, doch
zu schweren Übergriffen auf die weißen Siedlungen kam es erst, nachdem

die Rangertrupps aufgelöst worden waren und die Penateka, die aus dem Indian Territory nach Mexiko einfielen, bemerkt hatten, daß sie wieder ungestraft durch Mitteltexas reiten konnten.

Die Kunde von den Friedensräten in Torreys Trading House verbreitete sich rasch in den Lagern der Comanchen. Diese Beratungen und der Umstand, daß die von der Regierung unterstützten Handelsposten augenscheinlich an Geschäften mit den Comanchen in Texas erhebliches Interesse hatten, wurden von den Indianern als Zeichen der Schwäche ausgedeutet. Um 1844 begannen die Penateka zu meinen, sie könnten ungefährdet nach Texas zurückkehren. Sie zogen ihre althergebrachten Jagdgründe den Ebenen des Indian Territory bei weitem vor, und nach und nach zogen Penateka-Gruppen zurück an die Südränder des Edwards Plateau. Außerdem wanderten 1844 die großen Büffelherden über den Red River nach Süden und ballten sich am dichtesten in den üppigen Weidegründen nahe der weißen Grenze. Viele – wenn auch keineswegs alle – Penateka folgten ihnen.

Houston hatte Frieden herbeiführen wollen, aber er hatte damit praktisch die Voraussetzungen für Krieg wiederhergestellt: Ende 1844 herrschten an der Grenze wieder die alten Zustände. Woche um Woche wurden irgendwo in Westtexas Weiße umgebracht, Viehbestände vernichtet und Anwesen zerstört. Dementsprechend steigerte sich der Haß der Grenzer.

Die Friedenspolitik bildete den zentralen Streitpunkt des Präsidentschaftswahlkampfes von 1844. Dr. Anson Jones, Houstons bevorzugter Kandidat für das Amt, trat für die Fortsetzung der bisherigen Politik ein und hatte dabei die volle Unterstützung des scheidenden Präsidenten. Houston hatte die Staatsausgaben niedrig gehalten, einen größeren Konflikt mit Mexiko vermieden und die Vereinigten Staaten einem Anschluß von Texas geneigt gemacht – unleugbare Erfolge, die seiner Politik viele Sympathien eintrugen. Aber seine »Verhätschelung« der Indianer hatte die westlichen Landesteile gegen ihn aufgebracht. In einem erbitterten Wahlkampf trat Edward Burleson gegen Anson Jones an und forderte, Texas müsse die Indianer außer Landes treiben.

Das Wahlergebnis spiegelte deutlich, wie geteilt die Auffassungen der Texaner in diesem Punkt waren. Jones, der seinen Rückhalt in den bevölkerungsreicheren östlichen Counties zwischen dem Trinity und dem Sabine hatte, für die die Indianer keine Bedrohung darstellten, gewann mit nur 7037 gegen 5668 Stimmen. Burleson erzielte in sämtlichen der dünnbesiedelten westlichen Counties die überwiegende Mehrheit der Stimmen: Die Menschen in den Grenzgebieten waren überzeugt, daß es nur *eine* Lösung für das Indianerproblem geben könne.

Kaum hatte er sein Amt angetreten, mußte Anson Jones erleben, daß die Indianer ihn vor neue Probleme stellten. Die Comanchen verstanden nichts von der Politik der *tejanos*, aber deren Schwächen erkannten sie durchaus, und je stärker sie diese Schwächen witterten, desto anmaßender und wagemutiger traten sie auf. Im Jahre 1845 griff eine Gruppe wandernder Delaware im Westen ein Comanchenlager an und massakrierte die Einwohner. Da die Delaware die Weißen nicht mehr bekämpften und ihnen häufig als Späher dienten, nahmen die Comanchen an, die Delaware seien jetzt mit den Texanern verbündet; sie richteten daher ihren Zorn gegen die Texaner und fielen in einer Reihe blutiger Raubzüge über die Grenze her.

Nur eine Handvoll Penateka machte sich 1845 die Mühe, zu der vereinbarten jährlichen Beratung zu erscheinen. Die Lage hatte sich stark verschlechtert, und die meisten Texaner waren sich einig, daß man die Feldzüge des Jahres 1840 wiederholen müßte. Inzwischen aber trat eine Veränderung der Lage ein, die auch die Probleme der Grenze in einem völlig neuen Licht erscheinen ließ: Nach einem erheblichen Meinungsumschwung in der Bevölkerung und der Regierung boten die Vereinigten Staaten Texas 1845 einen Anschlußvertrag mit äußerst vorteilhaften Bedingungen an.

Houston hatte diese Stimmung gefördert, so gut er konnte, so daß Washington Texas geradezu bat, der Union beizutreten. Überdies hatten die zehn Jahre Eigenständigkeit als kleine, isolierte, unterentwickelte Nation die überwiegende Mehrheit der Texaner überzeugt, daß es geraten sei, sich der größeren Nachbarrepublik anzuschließen. Eine ganze Reihe von Gründen, von gemeinsamer Geschichte bis zu wirtschaftlichen Vorteilen, sprach für diese Lösung, doch der alle Bevölkerungsgruppen einende Beweggrund für den Anschluß bestand darin, daß nach der Angliederung verfassungsgemäß die Bundesregierung die Lasten der Grenzverteidigung zu tragen hatte. Nach dem Anschluß hatte die US-Armee den Rio Grande zu bewachen, und sie würde auch – darin waren sich viele Texaner einig – rasch die verbliebenen feindlichen Indianer befrieden oder aus dem Staat vertreiben. In dieser Überzeugung stimmten die westlichen Counties im Referendum von 1845 ebenso für den Beitritt zur Union wie die östlichen. Der Volksentscheid erbrachte viertausend Stimmen für den Anschluß und zweihundert dagegen. Damit hatte sich Houston mit seinem großen Plan letztlich durchgesetzt.

Anfang 1846 wurde der texanische Lone Star eingeholt und in Freudenfeiern durch das Sternenbanner der Vereinigten Staaten ersetzt. Niemand ahnte damals, daß die blutigen Auseinandersetzungen mit den Comanchen noch volle drei Jahrzehnte weitergehen sollten.

Nemene und die Amerikaner

Die Vernichtung der Indianer war nur ein Nebenaspekt, eigentlich nur eine Fußnote der Weltgeschichte im 19. Jahrhundert bei der Entwicklung einer neuen und überaus mächtigen Nation.

W. W. Newcomb jr., Anthropologe
an der Universität von Texas

Der angepaßte Amerikaner wird immer versuchen, seine spirituellen Wünsche dadurch zu befriedigen, daß er materiellen Wohlstand erwirbt. Für einen Indianer bedeuten materielle Güter wenig. Natürlich weiß er auch Dinge zu schätzen, die das Leben leichter machen. Ich meine aber, daß sein höchstes Gut darin besteht, in Übereinstimmung mit der spirituellen Welt, mit dem Wesen der natürlichen Dinge zu leben.

Ein amerikanischer Student
indianischer Herkunft

Ich will die Probleme der amerikanischen Neger nicht herabsetzen oder von ihnen ablenken. Aber auf ihr Schicksal sieht mittlerweile die ganze Welt. Sie sind der große Rauch in diesem Land. Aber es darf nicht dahin kommen, daß das himmelschreiende Elend und Unglück der Indianer darüber in Vergessenheit gerät.

Josefine Baker (†) in einem Interview

Jetzt ist es zu spät. Wir wollen nur noch über die Prärie ziehen, bis wir sterben.

Parra-wa-samen (Ten Bears) bei den
Friedensverhandlungen von Medicine Lodge 1867

»Sir, wir alle sind Amerikaner«

Im neunzehnten Jahrhundert näherte sich die Indianerpolitik der Vereinigten Staaten augenfällig den Praktiken Spaniens und anderer europäischer Kolonialreiche an. Diese Entwicklung war in der Haltung der westlichen Zivilisation gegenüber den Naturvölkern bereits angelegt. Die Europäer hielten aus ihrer eigenen Entwicklung und aus den historischen Faktoren, die ihr geschichtliches Bewußtsein geformt hatten, die Indianer in Kultur, Ethik und sozialer Organisation für minderwertig. Ihre Ideologie gestand den Naturmenschen keinerlei Recht auf angestammte Gebiete und nicht einmal auf eigenständigen Lebensstil zu. Diese Haltung der Alten Welt war nicht nur imperialistisch, sondern paternalistisch und in erdrückender Weise bevormundend. Aber ein Dasein wie das der Indianer, das sich nicht auf den Erwerb von Wohlstand und Macht ausrichtete, sondern vielmehr danach ging, mit einer den Europäern unbekannten spirituellen Welt übereinzustimmen, war den Weißen fremd, unverständlich und mitunter unheimlich.

Den Indianern mit ihrer Stammesorganisation sagten die Hierarchiebegriffe der Weißen nichts. Ihnen gegenüber wurde der amerikanische Präsident deklariert als »Großer Vater«, als rechtmäßiger Herrscher über beide Rassen, dem das Verhalten seiner Kinder Schmerz oder Freude bereite. Wie die Spanier erkannten auch die Amerikaner, daß sich die Christianisierung vorzüglich dazu eignete, Normen und Lebensweisen der Wilden zu zerstören; daher ließ man scharenweise Missionare zu ihnen gehen. Allerdings schloß die Trennung von Staat und Kirche in den USA – im Gegensatz zum spanischen Staatskirchensystem, dessen Grenzforts in der Neuen Welt zumeist auch Missionsklöster waren – eine zugleich politische und religiöse Unterwerfung aus. An der amerikanischen Grenze behinderten sich überdies die zahlreichen religiösen Gruppen gegenseitig durch Zersplitterung und Eifersüchteleien. Und erst gegen Ende des neunzehnten Jahrhunderts lieferte der Kongreß die fehlenden rechtlichen Grundlagen für die Missionsarbeit nach. Trotzdem hatten religiöse Institutionen schon früh bei verschiedenen Indianerstämmen Schulen eingerichtet. Den Amerikanern stellte sich allerdings ein Problem, das die Spanier nicht gekannt hatten: Inoffiziell suchte man die Indianer mittels der englischen Sprache und der christlichen Kultur zu assimilieren, offiziell gab es jedoch in der amerikanischen Republik keinen Platz für assimilierte Indianer.

Die angloamerikanische Gesellschaft besaß nicht die kastengleiche Klassenstruktur der hispano-amerikanischen Welt; nordamerikanische Indianer ließen sich nicht wie Afrikaner zu Sklaven machen, auch nicht vor Abschaffung der Sklaverei, und so gab es keinen sozialen Ort für sie. Die Tatsache, daß sich in den demokratischen USA Indianer de jure zu Vollbürgern assimilieren konnten – ein ohnehin komplizierter Vorgang, der den meisten weißen Bürgern nicht paßte –, erschwerte jedwede Assimilation. Die ungefügte, hemdsärmelige und wandelbare amerikanische Gesellschaft, die sich naturwüchsig herausbildete und auf Bundes- und Verfassungsebene kaum kontrollieren ließ, gewährte selbst gebildeten Indianern bald kaum noch eine Nische.

Ely Samuel Parker, ein Seneka-Indianer mit Eliteausbildung, ist das Paradebeispiel eines restlos assimilierten Indianers des neunzehnten Jahrhunderts. Er wollte Rechtsanwalt werden, jedoch wurde ihm die Zulassung bei Gericht verwehrt, eine Entscheidung, an der das Oberste Bundesgericht mit der Begründung festhielt, daß Indianer keine Bürger seien. Er wurde dann Ingenieur und diente während des Bürgerkriegs im Range eines Oberstleutnants im Stab des späteren Präsidenten Grant (1869–1877), mit dem er befreundet war. Parker war dabei, als General Lee bei Appomattox kapitulierte; der Südstaatler schüttelte ihm die Hand und sagte: »Ich bin froh, hier wenigstens einen richtigen Amerikaner zu sehen.« Parker, der im Auftrage Grants die Kapitulationsbedingungen abgefaßt hatte, entgegnete: »Sir, wir alle sind Amerikaner.«

Parkers guter Glaube fand ebenso wie seine guten Absichten in der amerikanischen Gesellschaft keine Basis. Sicherlich spielte dabei die Unfähigkeit der Indianer eine Rolle, mit den neuen Realitäten fertig zu werden. Tatsache bleibt, daß die weiße Assimilationspolitik mit einem Fiasko endete: Die Mehrzahl der überlebenden Stammesangehörigen lag der Bundesregierung für unabsehbare Zeit als Almosenempfänger auf der Tasche.

Wie schon zuvor die anderen europäischen Kolonialmächte schickte die Regierung der Vereinigten Staaten politische Beamte, die Indianeragenten, zu den Stämmen. Gegen 1780 wurden die Grundlagen für die Indianerpolitik gelegt. Das Ganze wuchs sich dann rasch zu einem bürokratischen System aus: dem »Office of Indian Affairs« (Amt für indianische Angelegenheiten). Den Agenten oblag es, sich um die Stammesmündel zu kümmern und mit ihnen im Namen der Regierung zu verhandeln. Bei den noch wilden Stämmen sollten sie darauf achten, daß diese Ruhe anhielt. Waren die Stämme schon befriedet, galt es, die Hilfsleistungen, sogenannte Jahresrenten, zu überwachen. Sie wurden den besiegten Indianern in Form von Nahrungsmitteln und Verbrauchsgütern gewährt, damit sie überleben konnten. Die Kontrollfunktion verschaffte den Agenten eine ungeheure Macht über ihre Mündel und eröffnete ihnen Gelegenheiten zu ausufernder Korruption. Manchmal war es ein abgekartetes Spiel, wenn der Kongreß jährliche Zuweisungen beschloß; sie sollten hauptsächlich in die Taschen der weißen Geldschneider fließen. Soweit Mittel übrigblieben, lieferte man den Indianern dafür ungenießbare oder wertlose Waren. Die Bundesregierung hatte insbesondere in der Zeit vor dem »Civil Service Law« (Gesetz über die Beschäftigung im Staatsdienst) zu wenig Macht, um aus dem Amt für indianische Angelegenheiten eine taugliche Behörde zu machen. Die Stellen wurden an Träger politischer Funktionen vergeben, von denen die wenigsten qualifiziert waren. Viele ließen sich nur ernennen, um die Indianer besser ausrauben zu können. Die indianischen Mündel waren ihren Vormundschaftsträgern völlig ausgeliefert und besaßen noch nicht einmal das Beschwerde-, geschweige denn Bürgerrecht. Keine Regierungsstelle der USA stand in einem schlechteren Ruf und galt als korrupter als das Amt für indianische Angelegenheiten.

Im Umgang mit den noch selbständigen Stämmen wiederholte das Indianeramt die erprobten Maskeraden der Spanier. Häuptlinge dekorierte man mit Medaillen und Diplomen, und kooperative Stammesführer überhäufte man mit nichtssagenden Titeln und Auszeichnungen. Die erste amerikanische Friedensmedaille hatte George Washington selbst verliehen, im Jahre 1792; als die Amerikaner die Plains erreichten, waren Ehrung und Auszeichnung schon Brauch geworden. Wie schon die Spanier konnten die Indianerkommissare in den nicht hierarchischen Kriegergesellschaften der Plains mit solchen Taktiken kaum Anklang finden.

Weiße Abgesandte bestanden darauf, daß die Indianer Führer stellten, mit denen verbindlich verhandelt werden könne, obwohl die Indianer ihnen das Prinzip der Krieger-Männer-Demokratie der Plainsstämme erklärten, denen ein solches Führertum unbekannt war. Die Kommissare der Vereinigten Staaten gingen schließlich dazu über, solche Vertreter willkürlich zu bestimmen, wenn die Stämme sich nicht auf einen obersten Häuptling einigen konnten. Die horizontal gefächerte Demokratie der Indianer machte die Bundesbeamten unruhig. Hatten sie selbst solche Führer bestimmt, konnten sie sie jedoch mit keinerlei Machtbefugnissen ausstatten. Eingesetzte Vertreter wurden von den Weißen bevormundet und von ihren Stammesgenossen verhöhnt und geschmäht. Einigen dieser Führer war bewußt, daß sie tragische Gestalten waren; andere waren nur verwirrt. Viele wurden von den Weißen oder ihren eigenen Stammesgenossen getötet. Die ernannten Indianerhäuptlinge staffierte man mit Medaillen, Marschallstäben und Uniformen aus, und gelegentlich geleitete man sie im Paradezug zu Audienzen beim Großen Vater nach Washington. Ein Sioux-Indianer wurde zum Brigadegeneral ernannt und mit Marschmusik empfangen; auch er fand ein tragisches Ende.

Die Vereinigten Staaten griffen bald auf den alten spanischen Trick zurück, Krieger mit Geschenken zu Verhandlungen herbeizuködern und sich für geringen Gegenwert Frieden zu erkaufen. Dies war noch paternalistischer als das Verteilen der Ehren, weil es sich bei den Liebesgaben um gigantischen Schund handelte. Die amerikanischen Regierungsbeamten mißachteten den indianischen Brauch, Geschenke nur aus echter Gastfreundschaft zu machen. Nahmen die Indianer die Geschenke aber an, weil ihnen gefielen, hatten sie sich damit in den Augen der Weißen ein weiteres Mal selbst erniedrigt.

Das größte aller Täuschungsmanöver bestand jedoch darin, unablässig mit den verschiedenen Stämmen Verträge abzuschließen und sie dann nicht einzuhalten. Einen legalistischen Eröffnungsschachzug waren sich die Angloamerikaner immerhin schuldig, gehörten sie doch einer Zivilisation an, die die Gesetzesherrschaft proklamiert hatte und von einer Juristenzunft verwaltet wurde.

Für die notorische Vertragsbrüchigkeit gab es außer bewußtem Vorsatz noch andere Gründe: Nach angloamerikanischem Demokratieverständnis waren die Regierungsvertreter befugt, Verträge abzuschließen, jedoch hatte die amerikanische Exekutive, insbesondere der Bundesapparat, zu wenig Macht und Autorität, um die Einhaltung der Verträge seitens der Bürger zu erzwingen. Wollte man die Einhaltung unliebsamer Verträge durchsetzen, mußte dies politische Rückwirkungen haben, was den Regierungsapparat zum Spielball der öffentlichen Meinung und mächtiger Pressure Groups machte. So wurden über kurz oder lang Verträge, die für irgendwelche indianischen Almosenempfänger Vorteile boten, von den Weißen unterlaufen.

Vertragseinhaltung war weniger ein ethisches Problem als eine Frage politischen Willens. Die Briten in Kanada beispielsweise gingen anders vor. Sie arrangierten sich mit den Stämmen in pragmatischer Weise und räumten ihnen bestimmte Rechte ein, denen sie dann konsequent Geltung verschafften. Wenn auch das Endergebnis, nämlich der Untergang der Indianer, dasselbe war, so wurde doch die Eroberung Kanadas mit größtmöglicher Gerechtigkeit, Redlichkeit und Rationalität vollzogen. Blutvergießen gab es kaum, und die indianische Ethnopsyche blieb unversehrt.

Schon vor Gründung der Vereinigten Staaten hatte es Fälle gegeben, in denen die Zentralmacht – damals die britische – unfähig war, die Bürger an den fernen Westgrenzen zur Vertragstreue zu zwingen. 1768, im Gefolge der großen Indianeraufstände am Pontiac, handelten die britischen Kommissare für Nordamerika Verträge mit den Stämmen westlich der Appalachen aus, wobei es das erklärte Ziel der Briten war, den Indianern ihre alten Jagdgründe zu garantieren. Die Appalachen und Alleghenies waren die Demarkationslinie. Aber die Tinte unter den Verträgen war noch nicht trocken, als bereits weiße Siedler zu Tausenden quer durch die Cumberlands in die Wildnis des Ohio-Tales vordrangen. Die Behörden der Krone waren nicht fähig oder nicht willens, weder roten noch weißen Untertanen Schutz angedeihen zu lassen. Die weißen und indianischen Bürger der britischen Regierung durften sich deshalb im Kampf einigen. Dieses Versagen setzte sich so lange in der amerikanischen Politik fort, bis schließlich der Pazifik erreicht war.

Dem Vertragsabschluß von 1768 lag eine fundamentale Fehleinschätzung zugrunde. Die Behörden hatten das explosive Wachstum und den rastlosen Pioniergeist der angloamerikanischen Bevölkerung gründlich unterschätzt. Diesen Fehler wiederholten dann die US-amerikanischen Regierungen noch ein Jahrhundert lang, indem sie ihren Indianern ein Reservat nach dem anderen zuwiesen und sich dann weigerten, ihren Wählern die Einhaltung dieser Gebietsverträge abzuverlangen. Zu diesen ständigen »Irrtümern« gesellte sich als treibende Kraft die Heuchelei in ihrer reinsten Form. Lord Shelburne ging 1768 davon aus, daß die angloamerikanische Besiedlung im Interesse des britischen Handels rasch den Mississippi erreichen würde. Er erhoffte sich von Friedensverträgen einen Zeitgewinn für die Weißen. Dies war nicht der letzte Vertrag, der in unredlicher Absicht angeboten wurde. Die Indianer sollten zum Stillhalten veranlaßt werden, damit man zunächst von Kriegszügen absehen konnte, zu denen es bei unverblümten Erklärungen der Weißen sofort hätte kommen müssen.

Weiße Unterhändler rechtfertigten solche Verträge mit der Begründung, daß ein kurzer Friede, der sich auf Täuschung gründe, einem aufrichtigen Krieg vorzuziehen sei. Der Frieden begünstigte zwangsläufig die Weißen. Jahr für Jahr wurden sie an ihrer Grenze stärker, während zugleich die Indianer auf tausenderlei unmartialische Weisen zugrunde gingen. Laut

Benjamin Franklin hatte die Vorsehung offenbar den Whisky zu ihrem wichtigsten Instrument erwählt, um den Kontinent für Ackerbau und Zivilisation vorzubereiten. Außerdem war die Physis des Indianers gegen europäische Krankheiten ebenso anfällig wie sein Stoffwechsel gegen Alkohol.

Entsprechend ihrer Weltsicht verlangten die Stämme Verträge, die so lange gültig sein sollten, wie die Berge ständen und das Gras grünte. Jedem Indianeragenten mit einem Quentchen historischer Denkfähigkeit hätte es klar sein müssen, daß keine amerikanische Regierung derartige Verträge in lauterer Absicht unterzeichnen konnte; dennoch wurden solche Verträge bis in die zweite Hälfte des neunzehnten Jahrhunderts abgeschlossen.

Als die Vereinigten Staaten in die Great Plains vordrangen, waren die Stillhalteabkommen mit den unabhängigen Stämmen gespickt mit Finten und heuchlerischen Passagen. Mit dem Louisiana-Tauschhandel war nach amerikanischem Recht die Region der Ebenen nördlich des Red River zum Territorium der USA geworden. Die dort seßhaften Stämme wurden deshalb von der Regierung nicht als souverän angesehen; de jure wurden sie als autonome und selbständige »Nationen« behandelt. Verträge mit Indianern wurden vom Senat wie Abkommen mit ausländischen Staaten ratifiziert. Diese Fiktion wurde zur beträchtlichen Verwunderung vieler intelligenter Indianer mit peinlicher Sorgfalt aufrechterhalten, die ostentativ als ebenbürtig zu Verhandlungen eingeladen wurden, um sich dann als Vertreter freier Völker die Pistole sofort fälliger Ultimaten auf die Brust setzen lassen zu müssen.

Während der Unterredungen durfte endlos debattiert werden – mit dem Ziel, die Indianer zu zermürben. Die mit den Plainsstämmen ausgehandelten Verträge waren aus zahlreichen Gründen von vornherein nichtig, wogegen sich die amerikanischen Kommissare jedoch blind stellten. Da fast alle Plains-Stämme die gleiche soziale und politische Organisation wie die Comanchen hatten, mußte jeder schreibunkundige Krieger den Federkiel berühren, wenn ein Weißer für ihn die Unterschrift leistete, um den Pakt für die Gesamtheit einer Bande oder eines Stammes verbindlich werden zu lassen. Von den Indianern konnten auch nur die wenigsten die englischen Originaltexte lesen; sie mußten daher mangelhaft übersetzten Fassungen zustimmen. Die territorialen Angaben blieben oft beiden Parteien unverständlich, da die amerikanischen Kommissare gern Grenzen festlegten, die niemals vermessen worden waren. Dadurch war eine regeltreue Diplomatie mit den Kriegerstämmen so gut wie unmöglich.

Für die amerikanischen Indianerbehörden wurde das Abschließen von Verträgen zum Selbstzweck, dessen Qualität man nach der Zahl der erzielten Abkommen bewertete. Die Folgen einer solchen Vertragspolitik bedachte man nicht. Erfahrene weiße Berater wiesen oft genug darauf hin, daß manche Klauseln von den Indianern unmöglich erfüllt werden konnten. So wurde in die frühen Verträge mit den Plainsindianern auf Betreiben der Weißen stets ein Absatz aufgenommen, in dem die Stämme zusagten, sich untereinander nicht mehr zu bekriegen – eine für Plainsindianer unerfüllbare Forderung. Für sie war jener Begriff der Brüderlichkeit der Menschen, die die Weißen unentwegt mit Füßen traten, ohnehin nur eine bedeutungslose Worthülse ohne jeden Bezug zu ihrer makrosozialen Realität.

Außerdem lieferten die Weißen längst nicht immer die Geschenke, die sie versprachen, um die Indianer zu Verhandlungen zu locken. Für indianische Vorstellungen war dies eine Unredlichkeit, die alle übrigen Abkommen ungültig machte. Ausreden, daß die erforderlichen Ausgaben vom Parlament nicht bewilligt worden seien oder daß es Beschaffungs- und Lieferschwierigkeiten gebe, verstanden die Indianer nicht und akzeptierten sie auch nicht. Als die Indianer ähnliche Erfahrungen schon im achtzehnten Jahrhundert mit den Franzosen gemacht hatten, war dies für sie nicht nur Grund genug gewesen, die Abmachungen als nichtig anzusehen, sie waren sogar gelegentlich zu Feindseligkeiten übergegangen.

Manchmal wurde ein unter großen Mühen erzielter Vertrag aus rein verfahrenstechnischen Gründen vom Senat nicht ratifiziert, oder es wurden bewilligte Mittel aus verwaltungstechnischen Gründen, die mit der Sache nichts zu tun hatten, storniert. Solche Amtsschimmeleien verbitterten die Indianer, und manch eine indianisch-weiße Beratung tat den Beziehungen mehr Abbruch, als eine brutale Konfrontation es vermocht hätte.

Viele Aspekte der weißen Diplomatie verwirrten und beunruhigten die an den Verhandlungen teilnehmenden Indianer. Aus allen Berichten und Legenden der Comanchen, die diese Beratungen zum Inhalt hatten, sprach ein Gefühl des Unbehagens und der Zwiespältigkeit. Solche Erinnerungen wurden bis weit ins zwanzigste Jahrhundert überliefert. Gern forderte man die indianischen Häuptlinge auf, klar ihre Ansichten zu äußern. Dann stellten die Weißen kaltweg Forderungen, als ob die Indianer nie geredet hätten. Die Comanchen nahmen an den Sitzungen nur äußerst ungern teil. Mindestens einer entscheidenden Unterredung auf den Plains blieben sie mit der Begründung fern, daß ihre Feinde ebenfalls eingeladen worden seien. Die Amerikaner begriffen überhaupt nicht, weshalb es für Comanchen und Apachen undenkbar war, sich zusammenzusetzen.

In den Räumen des Indianeramts stapelten sich Hunderte von Verträgen, die großenteils schon ungültig geschlossen worden waren, da die Indianer die Feder nur unter Vorbehalten berührt hatten. Indianeramt und Regierung aber legten großen Wert auf solch billige Stillhalteabkommen. Vertragspapiere wurden im Triumphzug nach Washington geschafft, wo erfolgreiche Unterhändler auf ihre Beförderung warteten. Aber selten ließ sich der Frieden billig erkaufen; denn wie die Verträge auch ausfielen, letztlich mußte der endgültige Friede entlang der gesamten Westgrenze mit einem hohen Blutzoll teuer bezahlt werden.

Historisch betrachtet, war die amerikanische Diplomatie noch schändlicher als die den Indianern zugefügten Grausamkeiten. Ein Massaker wurde durch das nächste vergolten, Folterungen wurden mit Vertreibung und Ausrottung heimgezahlt. Schon im späten achtzehnten Jahrhundert war den meisten gebildeten Europäern klar, daß mit der Landung der Weißen in Amerika das kulturelle Todesurteil über die Urbevölkerung gesprochen war. Für die USA stellte sich bei der Landnahme nie die Frage, *ob* die Ureinwohner als Hindernis für ihre eigene Zivilisation zu beseitigen seien, sondern nur, *wann und wie* dies zu geschehen habe. Dennoch wurde dieses Problem stets mit aalglatter Heuchelei angegangen.

Ein unmittelbarer Konfliktkurs hätte der Weltauffassung und dem Ethos der Plainsindianer wohl eher entsprochen. Die Azteken begriffen Cortés, als er ihnen erklärte, daß er gekommen sei, um ihr Land zu nehmen und ihnen anderes zu geben; sie selbst waren in Mexiko eingedrungen. Die nordamerikanischen Kriegergesellschaften hätten gekämpft bis zum Tod, nicht mehr und nicht weniger getötet. Die Tragödie der Indianer wäre nicht furchtbarer, ihr Kummer nicht größer gewesen. Vielleicht hätten Sieger und Besiegte aber zu einem Frieden gelangen können, wie er beidseitig anerkannt aus dem Krieg zwischen Union und Konföderation erwuchs.

Die Plainsvölker haben die Weißen nie um Frieden oder Gnade gebeten. Allein die Weißen salbaderten von einer Humanität, die sie nicht praktizieren wollten. Sie wußten, daß ihre Regierung nicht um ein Jota von ihrer Politik und Praxis abweichen würde; dennoch sagten sie den Indianern die Wahrheit nur dann, wenn es nicht ihr eigener Nachteil war.

Der geachtetste weiße Häuptling auf den Plains vor dem Ausbruch des Bürgerkriegs war General Harney. Was Harney sagte, stimmte. Wenn er Krieg prophezeite, gab es Krieg; und wenn er sagte, daß die Weißen indianisches Land rauben würden, geschah es auch. Als der große Häuptling der aufrechten Rede ging Harney in die Legende der Dakota, Cheyenne und Comanchen ein. Im Westen gab es nur wenige Amerikaner, die mit den lästigen Ureinwohnern offen umgingen. Bezeichnenderweise wurden Männer wie Harney und Lamar, der frühere Präsident von Texas, von den Weißen verachtet, von den Stämmen aber verstanden und respektiert.

Das amerikanische Freiheitsexperiment, wie die Gründerväter es nannten, ließ sich aus zahllosen kulturellen Gründen nicht auf die Indianer anwenden. Nichtsdestoweniger hätten diese Besseres verdient gehabt als Heuchelei, Verrat und hohles Humanitätspathos. Vielleicht mußte sich ein Volk in die Tasche lügen, das sich einredete, in der Neuen Welt einen Neubeginn zu setzen, tatsächlich aber nur die primitivste Eroberung betrieb.

Zu ersten Kontakten zwischen Amerikanern, die nicht aus dem unabhängigen Texas stammten, und den Nemene kam es um 1830 auf Indianergebiet im heutigen Westen Oklahomas. Schon waren amerikanische Händler wie William Bent auf dem Santa Fé Trail zu ihnen vorgestoßen. Diese frühen Kontakte, die zumeist diplomatischer Natur waren, gestalteten sich freundschaftlich. Berittene Soldaten eskortierten die Delegationen, die auf dem Verhandlungswege in den Plains neue Wohngebiete für die vertriebenen östlichen Stämme finden sollten. Die Comanchen und die verbündeten Kiowa nahmen die amerikanischen Agenten und Soldaten mit erwählter Gastfreundschaft auf.

Die amerikanischen Reitersoldaten in ihren schweren, farbenprächtigen und fast operettenhaft anmutenden Uniformen beeindruckten die Indianer mächtig. Expeditionskorps, wie die zum späteren Fort Arbuckle, verbrachten ganze Wochen in oder neben Lagern der Comanchen und der Kiowa. Wie Captain Randolph Marcy, Colonel Richard Irving Dodge und der Künstler Catlin berichteten, waren die Comanchen im Gegensatz zu den Indianern der nördlichen Plains im allgemeinen unvoreingenommen. Feindseligkeiten oder Zusammenstöße gab es nicht. Die Soldaten kamen als Besucher; man dachte damals nicht daran, so weit im Westen ständige Garnisonen zu errichten. Für die Indianer hatten die Weißen vorübergehend den Reiz des Neuartigen. Die Diplomatie, die den vertriebenen Stämmen neue Heimstätten verschaffen sollte, blieb meistens erfolglos. Die Stämme nahmen an gemeinsamen Sitzungen teil, ließen sich Geschenke machen, und kaum waren die Weißen abgezogen, fanden sie wieder zu ihrer räuberischen Lebensweise zurück.

Zu dieser Zeit war Texas noch eine mexikanische Provinz. Die Abgesandten der USA machten den Kiowa und den Comanchen klar, daß Amerikaner und Texaner zwei völlig verschiedenen Nationen angehörten. Die Banden begriffen dies schnell. Die unheilvolle Feindschaft zwischen Texanern und Comanchen, die sich Ende der dreißiger Jahre entwickelte, wirkte sich auf die Beziehungen zwischen Comanchen und USA nicht aus.

Die Amerikaner nannten die Nemene nach der indianersprachlichen Eigenbezeichnung »Nerm« oder »Nimma«, aber das spanische »Comanche« verdrängte bald die anderen Namen. Umgekehrt bedienten sich die Comanchen gelegentlich des spanischen Wortes »americano«, während ihr allgemeiner Begriff für Amerikaner – nach amerikanischer Lautung – »tahbay-boh«, »tabby-boo« oder »tavahoe« (Weißer Mann) war. Die texanischen Amerikaner wurden von den Comanchen stets »tejanos« genannt. Die Comanchen aller Banden lernten von Anfang an, zwischen den «tahbay-boh« und den »tejanos« zu unterscheiden. Die Vertreter der Weißen präsentierten sich ihnen völlig verschieden: Die einen trugen stets prunkhafte blaue Uniformen, während die Texaner, sofern sie überhaupt formelle Kleidung besaßen, hellgraue Waffenröcke trugen. Vor allem aber nahmen die zwei Arten von Weißen, die oberhalb und die unterhalb des Red River, völlig verschiedene Haltungen zu den Indianern ein. Amerikaner galten als Freunde, Texaner als Todfeinde; dieser frühe Eindruck ist im Bewußtsein der Comanchen nie völlig gelöscht worden.

In den vierziger Jahren unterhielt die US-Armee während ihrer gelegentlichen Biwaks entlang des Santa Fé Trail gute Beziehungen zu den verstreuten Comanchen-Banden. Allmählich nahm eine Indianerpolitik Gestalt an, die die Konflikte insbesondere zwischen den Osage und den Kiowa und ganz allgemein zwischen den vertriebenen östlichen Stämmen und den berittenen Kriegervölkern der Plains zu mildern trachtete. Aus den inneren Angelegenheiten der Comanchen hielten die amerikanischen Offiziere sich sorgsam heraus. Oft sahen die Soldaten gefangene Texaner bei den Banden, darunter die legendäre Cynthia Ann Parker. Rettungsversuche unternahm man nicht, und auch Bemühungen, Gefangene freizukaufen, wurden nur halbherzig betrieben, als man erkannte, daß mit den Comanchen nicht gut Kirschen essen war. Auf Stillhaltebefehle von oben reagierten viele amerikanische Offiziere mit Wut; der bloße Anblick weißer Frauen – ob nun Texaner oder nicht – in Händen der Comanchen genügte, um tiefe Haßgefühle zu erzeugen. Der Frieden auf den Plains war jedoch wichtiger als das Schicksal einiger Gefangener.

Erfolgreiche Lösegeldaktionen indes zeitigten unliebsame Folgen. Die nördlichen Banden machten in Texas noch mehr Gefangene, weil sie dafür oberhalb der Red River-Grenze stets einen guten Preis erzielen konnten. Die Comanchen trieben auch allerlei Mißbrauch mit ihrer menschlichen Beute, denn je verwahrloster eine weiße Gefangene war, desto sicherer wurde sie freigekauft. Diese etwas schwierigen, im Grunde aber friedlichen Beziehungen waren das Ergebnis einer Indianerpolitik der USA, die nun einheitlich im Westen angewandt wurde. Innerhalb der organisierten amerikanischen Staaten waren alle mächtigen oder kriegerischen Indianervölker befriedet, vertrieben oder in abgelegene Enklaven deportiert worden.

An den US-Grenzen gab es wenige gefährliche Indianer, denn die weiße Siedlungslinie lag noch weit östlich von den eigentlichen Great Plains. Die Angloamerikaner waren vollauf damit beschäftigt, die riesigen neu erschlossenen Gebiete der Prärien im mittleren Westen wirtschaftlich zu entwickeln. Mit den wenigen Indianerunruhen wurden Bürgerwehren im Handumdrehen fertig. Die ackerbauenden Sioux-Indianer der Prärien ließen sich ohne große Kriege und ohne nennenswerten Widerstand ausrotten oder vertreiben.

Die Randregion der eigentlichen Plains bildete eine Art Pufferzone zwischen der amerikanischen Zivilisation und den verbliebenen Indianerkulturen. Dieses Gebiet und der Großteil des Westens wurde auf den Landkarten als »Great American Desert« bezeichnet. Überwiegend eignete es sich nicht für den Ackerbau, wie er im neunzehnten Jahrhundert in Amerika betrieben wurde, und die spanisch-mexikanische Viehzuchtkultur war über den Norden von Texas noch nicht hinausgelangt. Außer Fallenstellern und Händlern versprachen sich nur wenige Amerikaner von der Plains-Region Profit- oder Entwicklungsmöglichkeiten. Die Angloamerikaner verhielten sich deshalb in den Plains ähnlich wie zuvor die Franzosen. Man versuchte eine lose Oberhoheit über das Gebiet herzustellen, um die möglichen europäischen Rivalen zu beeindrucken, und wegen des einträglichen Pelzhandels gute Beziehungen zu den autonomen Stämmen zu pflegen. Hier wiederholten die Amerikaner den Fehler der Briten um 1760, als diese glaubten, daß die angloamerikanische Expansion auf längere Sicht an der Appalachen-Allegheny-Kette zum Stehen kommen könnte. Die US-Regierung unterschätzte sowohl das explosive Bevölkerungswachstum, das um 1830 das höchste der Welt war, als auch die der beginnenden industriellen Revolution innewohnende Dynamik. Washington und die Ostküstenbewohner saßen erneut dem klassischen Irrglauben auf, daß sich ein neues Gleichgewicht zwischen den Rassen einpendeln und ein großer Teil des Westens als Indianerterritorium reserviert werden könne.

Die USA leisteten sich nur eine winzige Armee: 1846 ganze achttausend Mann. Washington war an militärischen Operationen im Indianerland des Westens nichts gelegen. Man stieß dorthin nur zum Erkunden und Kartieren vor. Niemand wollte die Indianer unterwerfen, denn dann hätte man sie versorgen müssen, und neue Querelen wären unvermeidlich gewesen. So bot es sich an, aus dem Westen eine Indianerreservation zu machen.

Dieser praktische Denkansatz war nicht frei von Sentimentalität. Die rücksichtslose Vertreibung der südlichen Stämme hatte lautstarke, aber wirkungslose Proteste bei vielen Weißen ausgelöst und rief vornehmlich bei gebildeten Ostküstlern den Wunsch wach, die »Ureinwohner« zu retten.

Es gab weitverbreitete, wenn auch oberflächlich Sympathien für den »untergehenden roten Mann«, die sich hauptsächlich in der Literatur widerspiegelten. Die östlichen Amerikaner, die die Lebensweise der Plainsindianer nicht kannten, idealisierten sie gern zu »edlen Wilden«. Auch auf die offizielle Politik blieben solche Gefühlsreaktionen weiter Kreise der Elite nicht ohne Rückwirkung.

Die Weißen beurteilten die Indianer desto unsentimentaler, je näher der Westgrenze sie lebten. Grenzer und Einwanderer sahen in den Rothäuten nur Hindernisse für den Fortschritt, und in umkämpften Gebieten wie Texas herrschte eingefleischter Haß gegenüber allen Indianern vor. Um 1830 hatte sich zwischen Osten und Westen eine Polarisierung in der Indianerfrage ergeben, die die Indianerpolitik in den kommenden Jahren gefährlich lähmen sollte – mit tragischem Ausgang insbesondere in Texas.

Bis zum Anschluß von Texas 1845 war die Indianerpolitik im Westen von Red River bis zur Grenze Kanadas ziemlich einheitlich geworden. Die Rechtsprechung im Indianerterritorium und über die wilden Stämme oblag der Armee. Sie errichtete wahllos Forts entlang der Grenze, ohne sich mit den Indianern anzulegen. Armee wie Regierung waren über die Scharmützel verwirrt, die zwischen den zwangsweise umgesiedelten und den ansässigen Stämmen am Rande der Plains ausbrachen; die offizielle Politik suchte den Frieden aber weiter mit diplomatischen Mitteln zu bewahren.

Die Armee bot den umgesiedelten Völkern kaum Schutz – weder vor den Plains-Stämmen noch vor den vorrückenden Weißen. Gegen das wahllose Abschlachten von Wild sollte eingeschritten werden, damit die Indianer nicht Nahrungsmangel litten, aber auch diese Vorschrift wurde nur sporadisch verwirklicht.

Der Anschluß von Texas, wo die Verhältnisse an der Grenze ganz anders lagen, stellte die Union vor neue, schwerwiegende Probleme. Noch 1845 hatten die Texaner zuversichtlich von der Bundesregierung erwartet, daß sie den neuen Staat durch die Armee rasch von seinen gefährlichen Indianern befreien werde. Die Washingtoner Politik der Nach-Jackson-Ära, die die Plains den Indianern vorbehielt, fand daher in Texas kein Verständnis. Umgekehrt konnte sich die Bundesregierung weder einen Begriff von der texanischen Situation noch von den südwestlichen Reiterstämmen machen, deren Mobilität und Aggressivität alles in den Schatten stellte, was man in den USA bislang von Indianern gewohnt war.

Schon vor der offiziellen Aufnahme von Texas in die Union entsandte Washington Indianerkommissare dorthin. Sie hatten den Auftrag, die texanischen Stämme aufzusuchen und mit ihnen Friedensverträge zu schließen. Die Kommissare Pierce Butler und M. G. Lewis, ein jüngerer Bruder des Forschers Meriwether Lewis, versammelten mit Unterstützung des früheren Indianeragenten der Republik Texas, Major Robert S. Neighbors, um den April 1866 herum 63 prominente Häuptlinge zu einer Unterredung am Comanche Peak im heutigen Hood County. Die Beratungen mit den Wichita, Caddo, Kichai, Tonkawa und anderen Restgruppen waren eine Fortsetzung früherer Verhandlungen dieser Stämme mit dem Staat Texas. Auch die Penateka-Comanchen erschienen unerwartet zahlreich am Comanche Peak, um die Worte des neuen Großen Vaters der weißen Männer zu hören.

Der Vertrag, der von Butler und Lewis angeboten wurde, war ganz im Sinne der damaligen Indianerpolitik gehalten. Die Comanchen sollten westlich der weißen Siedlungslinie bleiben, die Souveränität der Vereinigten Staaten anerkennen, jeden gesuchten Mann auf Verlangen an die amerikanischen Behörden ausliefern, weiße Gefangene zurückgeben, sämtliche fürderhin gestohlenen Pferde abliefern und den Amerikanern bei der Bekämpfung des gesetzwidrigen Waffen- und Alkoholhandels helfen, indem sie nur bei lizenzierten Händlern kauften. Die Vertreter der Comanchen wiesen darauf hin, daß sich die Einhaltung dieser Klauseln bei den Kriegern des Volkes nur schwer durchsetzen lasse – wie schwer, konnten die Amerikaner nicht ahnen –, daß sie aber die Bedingungen akzeptierten, falls die weißen Männer den Penateka gäben, was die *tejanos* ihnen vorenthielten: eine feste Grenze, die kein Weißer oder Texaner ohne die Erlaubnis des Stammes überschreiten dürfe. Die Penateka hatten Butler und Lewis in eine äußerst heikle Situation gebracht. Die Grenzgarantie war Grundlage eines jeden dauerhaften Friedens. Die US-Kommissare besaßen indes keinerlei Befugnis, den Indianern eine Demarkationslinie innerhalb der Grenzen des Staates Texas zuzusichern.

Texas besaß völlig souveränen Status, als es der amerikanischen Föderation beitrat. Auf keinen Teil texanischen Territoriums hatten die Vereinigten Staaten zuvor Anspruch erhoben. Im Gegensatz dazu hatten alle Staaten außer den ursprünglich dreizehn unter dem Aspekt territorialer Zugehörigkeit den Beitritt in die Union angestrebt, weshalb in diesen früher bundesstaatlichen Gebieten der Rechtstitel auf unvergebenes Land automatisch bei der Bundesregierung lag. Da aber laut Anschlußvertrag die Verfügung über alles herrenlose Land beim Staat Texas blieb, gab es innerhalb seiner Grenzen keinen Morgen bundeseigenen Bodens. Somit waren nach einzelstaatlichem und Bundesgesetz die Comanchen unbefugte Eindringlinge auf Gelände des Unionsstaates Texas.

Noch in einem weiteren Aspekt unterschied sich die texanische Situation. Früher war die Befriedung oder Verschleppung der Indianer beinahe eine

Vorbedingung für die Eigenstaatlichkeit gewesen. Aber Texas trat der Union bei, als noch die Hälfte seines Gebietes unbesiedelt war und von mächtigen, kriegerischen Banden durchstreift wurde. Die Rechte der Indianer wurden in den Abmachungen zwischen den USA und Texas ebensowenig beachtet wie bei den übrigen Territorialverträgen der Weißen untereinander; doch gerade im Fall Texas hätten die besonderen Aspekte bei der Vertragsformulierung genau bedacht werden müssen.

Diese neuartige Lage führte die gesamte Indianerpolitik der USA im Westen in die Zerreißprobe. Nach dem Gesetz waren die Indianer Mündel der Bundesregierung, der Einzelstaat trug keinerlei Verantwortung für sie. Der Verfassung nach mußte sie auch die Grenze verteidigen. Die texanische Regierung gab unmißverständlich zu verstehen, daß sie weder jetzt noch später bereit sei, die Hälfte ihres Gebietes als Reservation abzutreten. Tatsächlich vergab der Staat Texas schon eifrig Indianerland, um Einwanderung und wirtschaftliche Entwicklung zu fördern. Einhellig forderten der Einzelstaat, die weißen Grenzer und eine Meute von Bodenspekulanten die Bundesbehörden auf, ihrer Rechtspflicht nachzukommen und die Indianer zu entfernen.

Die Bundesregierung lehnte diese Forderung als unvernünftig ab. Washington dachte nicht an großangelegte militärische Operationen. Fast vom Tage des Anschlusses an erschwerten und vergifteten die widerstreitenden Interessen die Beziehungen zwischen dem Staat Texas und dem Bund.

Die Mehrheit der Texaner meinte, vor der Vertreibung der Indianer könne es keinen Frieden geben. Washington wollte aber entsprechende Maßnahmen nicht ergreifen. Um ihren Argumenten Nachdruck zu verleihen, stellten die Texaner die Comanchen als tierisch hin; dementgegen bestritt Washington deren Barbarei und machte für Überfälle, Vergewaltigungen und Brandstiftungen die weißen Grenzer verantwortlich. Am Kernproblem gingen alle diese Argumente vorbei.

Solange man den Comanchen nicht unverletzliche Territorien garantierte, war kein tragfähiger Frieden zu erzielen. Und hierzu war die Bundesregierung nicht in der Lage. Ebensowenig wollte sie angemessene Schutzmaßnahmen ergreifen, um das Blutvergießen an der texanischen Grenze zu beenden. So wiederholte sich in der amerikanischen Grenzgeschichte, was schon aus britischer Zeit geläufig war: Die Bundesregierung ließ sowohl ihre Grenzbürger als auch ihre indianischen Schutzbefohlenen im Stich. Eine furchtbare Verrohung des Grenzlebens und die schließliche Vernichtung der Indianer waren damit unausweichlich geworden.

Die Butler-Lewis-Kommission versuchte, sich an den grundsätzlichen Problemen vorbeizumogeln und sich den Erfordernissen einer gangbaren

Politik gar nicht erst zu stellen. Butler hätte den Comanchen ihre Jagdgründe im westlichen Texas zugesagt, wäre er dazu befugt gewesen; wurden doch in dieser Zeit der pauschalen Indianerverträge noch weitaus unglaublichere Zusagen von der US-Regierung ratifiziert. So trat man 1851 bei der großen Beratung in Laramie ganze spätere Staaten an eine Handvoll Reiterstämme ab. Der gesamte Westen von Kansas und der größte Teil Colorados wurden auf Ewigkeit den Cheyenne und den ihnen verbündeten Arapaho zugesprochen. Die Gegend um die Black Hills, altes indianisches Kampfgelände, wurde den Plainsdakota versprochen. Diese Zusagen wurden unterzeichnet, als die Idee des »manifest destiny«* schon Gemeingut geworden war und der Westen überquoll von Siedlern und Goldgräbern. Butler ging nicht so weit, den Penateka die texanische Büffelregion abzutreten; dafür ließ sich aber seine Kommission zu einem anderen leidigen Versprechen herbei. Feierlich gelobte sie, das Eindringen von Weißen in Gebiete der Penateka dadurch zu unterbinden, daß jeder weiße Zuwanderer einen vom Präsidenten unterzeichneten Paß erwerben müsse.

Dieses Versprechen war nicht völlig abwegig; die weißen Unterhändler hatten dabei wahrscheinlich im Auge, auf diesem Wege eine neue Rechtslage herbeiführen zu können. Sofern eine solche Klausel in einen Vertrag mit einer »fremden« Macht Eingang gefunden hätte, wäre sie zwangsläufig Bundesrecht geworden. Solche Spekulationen verkannten aber die Realität. Das Passierscheinsystem war nicht praktikabel. Keine Agentur, und bestimmt nicht die Armee, hätte es abzuwickeln vermocht. Wohl kaum hätten ein Wahlbeamter oder gar der Kongreß Gewalt gegen eigene Bürger anwenden können, um Rechte von Indianern ohne Bürgerrecht zu verteidigen. Der Druck der Öffentlichkeit ging entschieden in die andere Richtung. Zudem waren die Rechtsgrundlagen zweifelhaft. Kein amerikanisches Gericht war in der Lage, die Verfassungsmäßigkeit eines Erlasses festzustellen, der einem Bürger einen Passierschein des Präsidenten vorschrieb, um Eigentumsansprüche wahrzunehmen, die er rechtmäßig erworben hatte.

Die Häuptlinge der Penateka wurden unzufrieden, als sie merkten, daß die Vertragsbestimmungen umgangen werden sollten. Um den Abschluß von Verträgen sicherzustellen, hatten sich die Kommissare zusätzlich ver-

---

* »manifest destiny«: Es ist unser Schicksalsauftrag, den gesamten Kontinent zu überziehen und von ihm Besitz zu ergreifen; von einem Kontinent, den uns die Vorsehung gegeben hat für ... das große Experiment der Freiheit.

John L. O'Sullivan
New York Morning News, 1845

pflichtet, besondere Handelsposten einzurichten und den Comanchen Schmiede und Büchsenmacher bereitzustellen, die ihnen bei der Pflege ihrer Waffen helfen sollten. Außerdem versprachen sie, den Häuptlingen jährliche Geschenke im Werte von zehntausend Dollar zu übergeben. Die Penateka-Häuptlinge berührten den Federkiel schließlich unter Vorbehalt. Außer ihnen war keine andere Bande der Comanchen dabei vertreten. Die Butler-Lewis-Kommission aber wähnte den Frieden erreicht; sie brachte den Vertrag und eine Schar von Häuptlingen nach Washington, damit sie die obligate Parade vor Senat und Präsidenten ableisteten.

Als der Senat den Butler-Lewis-Vertrag ratifiziert und der Präsident ihn persönlich im Frühjahr 1847 unterschrieben hatte, war er schon verletzt worden. Die Armee war niemals an der texanischen Grenze erschienen, um ein Passierscheinsystem zu kontrollieren. Stattdessen marschierte sie zum Rio Grande, wo General Zachary Taylor auf Geheiß des Präsidenten die USA rasch in einen Krieg mit Mexiko verwickelte. Man bemühte sich nicht im geringsten, Amerikaner dem Vertragsgebiet fernzuhalten; vielmehr zogen nun Regierungstruppen über den Santa Fé Trail zur mexikanischen Grenze. Mit dem Anschluß von Texas waren Horden von Landnehmern über den Sabine River gekommen. Diese Einwanderer stießen bis zur Grenze vor und verschoben sie stetig westwärts. Erstmals rückte die nordwestliche Grenze am Brazos und Trinity River entlang in die Plains vor. In der zentralen Hügellandschaft nordwestlich von San Antonio siedelten deutsche Einwanderer, die sich um Sonderabkommen mit den südlichen Comanchen bemühten. Statt diese Besiedlung an der damaligen Grenze zwischen Texas und dem Indianergebiet zum Stehen zu bringen, tat der Staat Texas sein möglichstes, um durch großzügige Landvergabe die weitere Kolonisierung zu beschleunigen. Von Anfang an arbeiteten die texanische Staatsregierung und das Indianeramt des Bundes gegeneinander.

Auch die Penateka hielten sich nicht an die Verträge. Der Vertrag von 1846 erlegte den Comanchen wie alle nachfolgenden Verträge unerfüllbare Verpflichtungen auf. Erst sehr viel später erkannte man, daß man von den Comanchen nicht verlangen konnte, Überfälle einzustellen und alle Pferde und Gefangenen zurückzugeben; denn damit verlangte man von ihnen, daß sie sich selbst verleugneten. Als erwiesen gilt, daß jene Häuptlinge und Krieger, die die Verträge unterzeichneten, es ziemlich ehrlich meinten, aber sie konnten nur für sich selbst sprechen. Jedem Amerikaner mit etwas Einsicht in die Lebensweise der Nemene mußte klar sein, daß das Indianerproblem im Südwesten durch Verträge nicht zu bereinigen war. Man konnte nicht mit jedem jungen Krieger auf den texanischen Plains einen Separatfrieden abschließen, und ohne dies war kein Frieden tragfähig.

Zwischen 1846 und 1848, als die südlichen Comanchen keine ausgedehnten Beutezüge mehr ausführten, hielt sich überraschenderweise eine Art Friedenszustand. Für diesen labilen Frieden gab es zwei Gründe, die allerdings mit dem Abkommen vom Comanche Peak nichts zu tun hatten.

Zum einen wurde die texanische Grenze gut bewacht, was die Comanchen wußten. Texas hatte 1846 ein Ranger-Regiment aufgestellt, das Jack Hays unterstand. Dieses und ein weiteres Regiment wurden nach Ausbruch des Krieges zum Dienst bei der Armee in Mexiko abgestellt. Die Bundesregierung ermächtigte jedoch Texas, seine Grenze auf Kosten des Bundes zu verteidigen, und nach und nach wurden neun Ranger-Kompanien an der Grenze stationiert. Die Penateka fürchteten und respektierten diese Truppen; schon ihre bloße Anwesenheit wirkte abschreckend, denn die südlichen Comanchen machten sich über die Kriegsführung der Rangers keine Illusionen.

Zum andern war Anfang 1847 Major Robert S. Neighbors, der ehemalige Indianeragent von Texas, zum US-Agenten für indianische Angelegenheiten in Texas ernannt worden; dies war eine der klügsten Berufungen, die das Amt jemals vorgenommen hatte. Dank seines langen Dienstes für die Republik Texas verstand Neighbors die Comanchen. Überdies besaß er bemerkenswerte persönliche Qualitäten: Er war frei von Habgier und Ehrgeiz, haßte Arroganz und war weder ein politischer Günstling noch ein Rädchen in der Bundesbürokratie; zudem zeichnete er sich durch Geduld, Takt und Klugheit aus. Neighbors sah die Indianer illusionslos; er verhandelte mit ihnen als Gleichen und heuchelte nicht. Die Penateka achteten und schätzten ihn wie kaum einen anderen weißen Mann. Kraft seiner Persönlichkeit und seiner unbelasteten, guten Beziehungen zu den Friedenshäuptlingen der Penateka konnte Major Neighbors für etwa zwei Jahre eine Art Friedenszustand aufrechterhalten.

Die Comanchen hatten immer viele kluge und fähige Friedenshäuptlinge gehabt, wie zum Beispiel Mukwara und Pahayuca. Diese Männer besaßen zwar damals keineswegs uneingeschränkte Macht, und ihre Autorität gründete sich im wesentlichen auf ihre Persönlichkeit und das Brauchtum; nur auf Ersuchen konnten sie Rat erteilen, und ihre einzige Entscheidungsbefugnis bezog sich auf den Standort des Lagers. Allerdings war ihre Stellung durch den Niedergang fast aller großen Kriegshäuptlinge aufgewertet worden. Die natürliche Autorität der Lagerhäuptlinge wog mehr als die Arroganz und der Ehrgeiz der prestigehungrigen jüngeren Krieger. Da die Friedenshäuptlinge klüger als ihre Krieger waren und potentielle Kriegshäuptlinge instinktiv beargwöhnten, hatte sich eine Art Interessenbündnis mit Neighbors, dem Indianeragenten von Texas, ergeben.

Pahayuca und die anderen wandten sich gegen einen neuen Krieg mit den *tejanos* und empfahlen dem Stamm, dem weißen Mann Neighbors zu vertrauen. Zwar konnten sie die jungen Krieger nicht davon abhalten, Medizin herzustellen und den Kriegspfad zu beschreiten, dafür heckten sie aber eine fast machiavellistische List aus. Wenn die Jagderträge zurückgingen oder die Krieger von Unruhe erfüllt waren, schlugen Pahayuca und die anderen die Lager – vorgeblich auf der Suche nach Büffeln – möglichst weit von der weißen Grenze entfernt auf. Ihre nördlichen Nachbarn ließen sie wissen, Streifzüge durch das Gebiet der Penateka seien unerwünscht, ausgenommen es handle sich um Überfälle auf Mexiko, denen sich die ruhelosen Penateka dann oft anschlossen. So rettete Neighbors die texanische Grenze, indem er die Antriebe der Comanchen, die sich anders nicht absorbieren ließen, gegen Mexiko kanalisierte.

Doch zu viele Kräfte arbeiteten gegen diesen schwächlichen Frieden. Die zwanzigtausend Comanchen der Plains – Neighbors' Schätzungen von 1849 – beherrschten das gesamte Gebiet von Zentraltexas bis Neu-Mexiko, vom Arkansas River bis zum Rio Grande. Der Frieden hing von drei Faktoren ab: Respektierung der Territorialansprüche der nordamerikanischen Indianer seitens der Weißen; Zurückhaltung der Reiterstämme gegenüber der exponierten texanischen Grenze; und ein ständiges Ventil für die Aggressivität der Comanchen in Richtung Mexiko. Aber selbst wenn sich die Lage auf dieser Basis eingespielt hätte, wären damit weder der Frieden noch die Weiterexistenz der Nemene garantiert gewesen.

Noch schien die Zeit auf den Prärien Nordamerikas stillzustehen. Das Land hatte sich seit zehntausend Jahren nicht verändert. Die Büffelherden zogen wie eh und je zu Millionen umher. Die Plainsindianer hatten sich seit tausend Generationen kaum geändert. Für sie war dies nicht die hoffnungsvolle Mitte eines Jahrhunderts des Fortschritts, sie lebten im vierzigsten Jahrtausend einer statischen Existenz. Allein dieses Faktum machte die Mitte des neunzehnten christlichen Jahrhunderts für sie nicht zum Zenith, sondern zur rasch hereinbrechenden Abenddämmerung jener Existenz.

Das Vorpreschen der amerikanischen Zivilisation quer über den Kontinent war aber nur Teil einer weltweiten Bewegung, nur ein Ausdruck jener Explosion europäischer Macht, Bevölkerung und Technologie, die die ganze Erde erfaßte. Die Naturvölker überall auf der Welt waren im neunzehnten Jahrhundert durch Soldaten, Kaufleute oder Missionare vom Niedergang bedroht, von den Zentralplateaus Asiens bis zur nordafrikanischen Sahara, von den Savannen Argentiniens bis zu den Wäldern des Kongo. Während der Jahrzehnte, in denen die Amerikaner in die Great

Plains und die Rocky Mountains vorstießen, unterwarfen russische und chinesische Armeen die Barbaren der asiatischen Steppe, die die eurasischen Kulturen seit Jahrtausenden bedroht hatten. Moderne Waffen, Technologien und Organisationsformen erzwangen den Zugang zu allen »dunklen« Orten dieser Welt. Die Argentinier rotteten die Pampas-Indios mit militärischen Mitteln aus; Europäer vernichteten Eingeborenenstämme unterhalb des Sambesi; mexikanische Artillerie, die auf dem Schienenweg transportiert wurde, zerfetzte die letzten Stellungen der Yaquistämme, die den Spaniern getrotzt hatten. Weniger handgreifliche, aber um so zerstörerischere Mittel wurden gegen die Eingeborenen der pazifischen Inseln eingesetzt. Das neunzehnte Jahrhundert war eine Zeit der Tragödie und des Schreckens für primitive Kulturen überall auf der Welt.

Goldrausch, Cholera und Pocken

Der Niedergang der Comanchen bahnte sich an, als die Angloamerikaner auf den Great Plains erschienen. Anders als die Spanier verkörperten die Amerikaner eine Kultur, die ihre Energien noch nicht erschöpft hatte; und im Gegensatz zu den Franzosen konnte keine ferne politische Umwälzung sie zur Heimkehr bewegen. Die Angloamerikaner waren bereits zahlreich und mächtig, eine Tatsache, die schon 1846 einige Häuptlinge der Nemene erkannten. Die ersten Kontakte zwischen Weißen und Rothäuten im Indianerterritorium nördlich des Red River gestalteten sich friedlich. Nachdem zu Anfang verständige Händler wie William Bent zu ihnen vorgestoßen waren, beobachteten die Comanchen-Krieger mit leichtem Unbehagen, doch friedfertig, als in den dreißiger Jahren weiße Soldaten über den Santa Fé Trail kamen. Diese Vertreter der Vereinigten Staaten genossen weder ihr Vertrauen noch ihre Wertschätzung, aber die Nemene unterschieden sehr genau zwischen dem »Stamm« der *tahbay-boh*, der weißen Männer, und dem der Texaner, mit dem bald blutige Fehden ausbrachen. Obwohl die Weißen Tausende Ostküstenindianer in das Gebiet der Comanchen trieben, lasteten die Nemene diese Tatsache nicht den Weißen an, sondern den eindringenden Flüchtlingen.
In jener kritischen Phase hätte es vordringlich darum gehen müssen, rasch klare Machtverhältnisse herzustellen und sie den Indianern einsichtig zu machen; und in diesem Punkt versagten die Vereinigten Staaten völlig. Die texanischen Kriege hatten gezeigt, daß die Comanchen zwar zu rachsüchtiger Feindseligkeit fähig, sie jedoch keine Selbstmörder waren. Die Texaner hatten 1846 die Penateka-Bande schwer angeschlagen und aus ihrem Gebiet vertrieben; trotz glühenden Hasses ritten auch die tapfersten Krieger nicht zurück, um in ruhmvoller Rache vor texanischen Läufen zu fallen. Erst durch eine Serie politischer Fehler sowohl der damals unabhängigen

Texaner wie der US-Amerikaner wurden die Penateka später nach Texas zurückgelockt.

Anfangs glaubten die Vereinigten Staaten, die Nemene durch Verträge kontrollieren und ihnen ihre Unabhängigkeit nehmen zu können, indem man ihnen einfach die Gesetze des weißen Mannes eintrichterte.

Aber auch diese verfahrene Politik der Weißen, die zu Kriegen führte, war für die Comanchen noch nicht die schlimmste Katastrophe. Selbst nach erbitterten Kämpfen und Niederlagen gegen die Vereinigten Staaten hätten sie – eingeschüchtert zwar – ähnlich den Navajo vielleicht als Volk mehr oder minder unbeschadet überleben können. Es sollte anders kommen. Im zwanzigsten Jahrhundert waren die Navajo zum größten aller überlebenden Indianerstämme Nordamerikas geworden, während die Nemene fast untergegangen waren.

Das Unheil, das die Comanchen befiel, traf sie nicht in Form von Soldaten, Siedlern oder *tejanos*. Es war der unsichtbare Feind, der die Banden in ihrer Substanz zerstörte. Verschont blieb nur die kleinste Bande, nämlich die Antilopen des Llano Estacado. Die große Epidemie, die im Sommer 1849 auf den südlichen Plains wütete, tötete die Hälfte der verbliebenen Penateka und dezimierte die anderen Banden beträchtlich. Mit dieser Epidemie hatten die Weißen den Nemene den schlimmsten Schlag versetzt, von dem sie sich niemals wieder erholen sollten. Die Weißen begriffen die Tragweite dieser Ereignisse nicht, obwohl sie sahen, daß der Rote Mann von der Bildfläche verschwand.

Die völlige Absurdität ihrer Indianerpolitik im Westen hätte den Verantwortlichen schon im Frühjahr 1849 klar werden müssen. Man zielte darauf ab, Kriege zu vermeiden und die verbliebenen Völker auf ihren riesigen, aber »nutzlosen« Prärien zu halten. Diese durch zahllose Verträge mit den Stämmen untermauerte Politik mußte an der Entwicklung der Wirklichkeit notwendig scheitern.

Die amerikanische Nation – und keineswegs nur ihre Grenzpioniere – drängte klar auf Expansion. Durch den mexikanischen Krieg bauten die USA nicht nur ihre strategische Position auf dem Kontinent aus, sondern vereinnahmten auch einen breiten Gürtel südwestlicher Territorien: die späteren Staaten Colorado, Neu-Mexiko, Arizona, Utah, Nevada und Kalifornien. Im selben Jahr, 1848, kam noch Oregon hinzu, womit die amerikanische Herrschaft über den Kontinent vervollständigt wurde. Damit hatte die Republik sich ein Gebiet einverleibt, das zum Teil jenseits der zugesicherten Indianerterritorien lag, zum Teil sich mit ihnen überschnitt, und zu dem die Verbindungswege über Indianerland führten. Die

Entwicklung beschleunigte sich noch, als in Kalifornien Gold gefunden wurde und Glücksritter und landhungrige Siedler zu Tausenden durch die Great American Desert nach Westen strebten. Weder hätte die US-Regierung diese Völkerwanderung unterbinden wollen, noch hätte sie es gekonnt. Nun ging es vielmehr darum, das neue Land im Westen zu besiedeln und zu sichern. Die Zeit des »manifest destiny«, des »Schicksalsauftrags der amerikanischen Nation«, war angebrochen.

Die Entwicklung der Jahre 1846 bis 1849 machte jede Hoffnung auf stabile Verhältnisse an der Plains-Grenze zunichte. Jedes Gebietsabkommen westlich des Missouri wurde sofort verletzt. Horden von Forty-Ninern zogen, selbstverständlich ohne Erlaubnis des Präsidenten, über den Santa Fé Trail nach Süden. Über neue Trails stießen Tausende Pioniere von San Antonio zum entlegenen Vorposten El Paso und bis zum Pazifik vor. Sie bildeten wehrhafte Planwagenkolonnen, gegen die die Indianer kaum etwas ausrichten konnten; entgegen landläufigen Auffassungen wurden die Konvois in dieser Periode selten angegriffen. Früher hatten die Europäer dieses Gebiet kaum zu durchqueren gewagt; jetzt kamen die Amerikaner – zu Tausenden und bis an die Zähne bewaffnet. 1849 bahnten dreitausend Einwanderer am Canadian River entlang einen neuen Verbindungsweg nach Neu-Mexiko und Kalifornien – mitten durch das Kernstück der Comanchen-Büffeljagdgründe.

Der Goldrausch hatte einen neuen Typ von Einwanderern angelockt. Die Männer und Frauen kamen jetzt aus aller Herren Länder – Verelendete aus den Slums und Glücksritter aus den Farmgebieten der amerikanischen Grenze. Um sich zu schützen, reisten sie in eng bepackten Planwagen. Hygiene kannten sie kaum, und sie brachten alle Krankheiten der Alten Welt mit. Sie hinterließen am Wege verseuchte Wasserstellen, verdreckte Kleidungsstücke und frische Gräber, die die Indianer gelegentlich fledderten. In den gesamten südlichen Plains wütete danach eine virulente Choleraepidemie, und um die Sommermitte 1849 hatten Cholera und Pocken auch die Lager der Comanchen erfaßt.

Bis dahin hatten die Nemene nie eine Seuchenepidemie erlebt. 1816 und 1839 war es zu vereinzelten Ausbrüchen von Pocken gekommen, die die Comanchen neben der Syphilis von Streifzügen nach Mexiko mitgebracht hatten. Ansonsten waren die Banden von europäischen Krankheiten verschont geblieben, weil sie zurückgezogen lebten und Handelsmissionen und feste Siedlungen mieden. Die Nemene ließen Comancheros und andere Weiße lieber zu sich kommen und gestatteten ihnen kaum, ihre Zelte zu betreten. Die stärksten Comanchenkrieger waren gegen Infektionskrankheiten weniger gefeit als die kränklichsten Slumkinder der Alten

Welt. Zwar besaßen die Nemene in der Behandlung von Wunden und Brüchen einige Erfahrung, aber gegen die unsichtbaren Mörder kannten sie kein wirksames Mittel. Masern, Cholera und ähnliche Infektionskrankheiten gingen sie mit Gebeten, Beschwörungen und magischen Bemalungen sowie Reinigungsriten an, die für sich genommen den Kranken schon fast töteten. Bei Pocken galt das Schwitzbad mit anschließendem Sprung ins kalte Wasser als probate Kur. Solche Heilverfahren schwächten die Kranken nur. Da die Plains-Stämme Krankheiten als das Werk böser Geister erachteten, begegneten die Schwerkranken mit abergläubischem Schrekken; zu allem Überfluß erwies sich solches »Unglück« noch als ansteckend.

Die Nemene waren technologisch, sozial und psychisch auf eine derartige Krise nicht vorbereitet. Als die Cholera ganze Lager erfaßte, konnte man sich um die Sterbenden nicht mehr kümmern und die Toten nicht mehr angemessen betrauern und beisetzen. Das Volk reagierte auf die unerklärlichen Vorgänge mit hysterischer Panik; ganze Familien irrten verstört über die Plains. In der äußersten Not setzte man die Kranken auf den stürmischen Prärien aus. Banden und Familien lösten sich auf. Da die Comanchen ein geselliges Volk waren, flohen sie aus einem vom Unheil betroffenen Lager, um Schutz und Sicherheit im nächsten zu suchen; so verbreiteten sich die Epidemien wie ein Steppenbrand in der dünn besiedelten *Comanchería*. Je mehr Stammesangehörige von Fieber und häßlichen Pusteln befallen wurden, die oft mit Erblindung einhergingen, um so mehr Gesunde flüchteten in die Wildnis hinaus. Vielleicht bewahrte gerade dies die Banden vor dem völligen Untergang, denn kein Comanche kehrte je an einen befallenen Lagerplatz zurück. Nur so konnte die Epidemie abklingen. Wie viele tausend Nemene im Gefolge der Epidemien starben, weiß man nicht. Anthropologen, die später die alten Legenden erforschten, glauben, daß die Hälfte der Penateka-Bande zugrunde ging, und die anderen Banden, mit Ausnahme der Kwahari, nicht weniger litten. In jedem Seuchenjahr starben etwa ebenso viele Comanchen, wie durch Bevölkerungszuwachs unter den günstigen Bedingungen auf den fleischreichen Plains in einem ganzen Jahrhundert hinzugekommen wären. Nicht nur psychischen Schrecken löste die Plage aus, schlimmer noch, sie schlug tiefe, unheilbare Wunden in die Sozialstruktur, für deren Erhalt vom Kind bis zum Krieger jeder Stammesangehörige gebraucht wurde. Es ist bekannt, daß die Seuche 1849 alle bedeutenden Friedenshäuptlinge dahinraffte und das Volk damit seine Führungselite verlor. Das Sozialgefüge der südlichen Comanchen brach zusammen, und die überlebenden östlichen und nördlichen Banden zerfielen in der Folgezeit in desorientierte, desolate Grüppchen.

Dieser soziale Zerfall beschränkte sich nicht nur auf die Nemene. Auch die Cheyenne und andere Plainsstämme wurden allein schon durch die im Gefolge der Planwagentrecks ausbrechenden Epidemien dezimiert, ehe sich noch engere Kontakte und Auseinandersetzungen mit den Amerikanern ergaben. Den Weißen kamen diese Vorgänge und das Ausmaß des Sterbens auf den Great Plains gar nicht richtig zu Bewußtsein; selbst die Indianeragenten stützten sich weiterhin in ihren Berichten auf Neighbors veraltete, zu hoch gegriffene Zahlenangaben. Durch den ungreifbaren Schrecken der Weißen-Krankheiten starben mehr Indianer als später durch die Kugeln amerikanischer Siedler und Soldaten. Ohnehin war die Zahlenstärke der Comanchen aufgrund ihrer Mobilität gemeinhin überschätzt worden. Nun aber gingen die Plains-Stämme zu einer noch unsteteren Lebensweise über – und ihre Feindseligkeit wuchs.

Wie die Cheyenne verfielen auch die Comanchen nicht in jene schicksalsergebene Apathie, die die Reaktion vieler halbagrarisch lebender Stämme auf ausbrechendes Unheil kennzeichnete. Einen Zusammenhang zwischen dem Vordringen der Weißen und dem Ausbruch der Epidemie müssen die Stämme zumindest vage erkannt haben. Die Comanchen in Texas hatten gesehen, daß im Gefolge von Kontakten mit Weißen Krankheit auftrat; sie hatten erlebt, wie die Tonkawa in der engen Nachbarschaft der Spanier zugrunde gingen, und sie hatten die Handelsposten der »tejanos« gemieden. Manche Stämme sahen in der Katastrophe auch einen Angriff der Schutzgeister der Weißen, die über die eigenen unsichtbaren Schutzgeister herfielen. Auf jeden Fall veranlaßte die tödliche Epidemie viele Comanchen zu einer Reaktion ganz im Sinne ihres kulturellen Erbes: Sie gingen haßerfüllt auf den Kriegspfad. Ab 1849 griffen die nördlichen Banden immer wieder entlang der texanischen Grenze an. Die Penateka dagegen waren entsetzlich geschwächt und hielten sich nur noch mit Mühe am Leben. Aber an ihre Stelle traten Krieger aus dem Norden, die von oberhalb des Red River eingeritten kamen. Die Texaner bemerkten diesen Rollenwechsel lange Jahre nicht.

Im Jahre 1849 liefen die Banden Amok, und der wacklige Frieden zerbrach. Gewiß unvollständigen Berichten zufolge wurden in jenem Jahr allein im Nordwesten von Texas 149 weiße Männer, Frauen und Kinder umgebracht. Auch die Südwestregionen wurden schlimmer noch heimgesucht als selbst während der späten dreißiger Jahre, aber ganz besonders war das Gebiet an den Oberläufen des Brazos und des Trinity River von den grausamen Überfällen der Comanchen betroffen. Von dieser Zeit an fielen den Indianern an der Grenze jährlich selten weniger als hundert Weiße zum Opfer.

So wenig die Indianer den eigentlichen Charakter der Vorgänge auch durchschauten, von der US-Regierung und dem Indianeramt wurden sie anscheinend gar nicht zur Kenntnis genommen. Man verkannte die Bedeutung der neuerlichen Aufstände im Nordwesten von Texas oder ignorierte sie schlicht, weil sie der erklärten Politik zuwiderliefen. Das Indianeramt begriff nicht, daß das gesamte politische Gefüge auf den Plains – die Demarkationszonen und die geplanten Indianerterritorien und Reservationsplanungen – in sich zusammengebrochen war, als die Forty-Niner durch den Mittelteil des Kontinents vorstießen. Texas war das einzige Gebiet, in dem weiße Siedlungen im Aktionsradius eines berittenen Stammes lagen, und man hielt die texanische für eine einzigartige, besondere Situation; man lastete überdies die Schuld an dieser Lage den Texanern selbst an, weil sie sich nicht aus indianischen Territorien heraushielten. Wieder einmal siegte Ideologie über Augenschein, und man hielt unverändert an der Gebietsvertragspolitik fest und baute sie aus.

1849 wurde das »Office of Indian Affairs«, das spätere »Bureau of Indian Affairs«, aus der Weisungsbefugnis der Armee ausgegliedert und dem »Home Department« (später: »Department of the Interior«, Innenministerium) unterstellt. Dieser Schritt war insofern logisch, als die Armee kaum in der Lage war, selbständige Stämme zu verwalten oder im Namen Washingtons mit ihnen Verträge auszuhandeln. Die Unlogik der Entscheidung aber bestand darin, daß die Stämme noch längst nicht besiegt oder befriedet waren, und die bloße Proklamation amerikanischer Herrschaft über indianisches Land setzte keinerlei handfestes Faktum. Viele Amerikaner schienen geglaubt zu haben, daß sich die Indianer nach einer bloßen Belehrung über das Recht der Weißen gefügig zeigen würden, zumal, wenn mit den Erklärungen Geschenke und Versprechungen einhergingen. Eine weitere Unlogik lag im amerikanischen Denken begründet. Alle Erfahrung der Vergangenheit sprach dafür, daß sich die uneingestandenen Inhalte der amerikanischen Politik nicht ohne bewaffnete Auseinandersetzungen realisieren ließen. Aber Indianeramt und Regierung zielten jetzt und in den vielen folgenden Jahren darauf ab, ernste Indianerkriege im Westen zu vermeiden. Ferner waren die amerikanische Mentalität und die amerikanische Politik betont unmilitärisch, ja sogar antimilitärisch eingestellt. Das Militär stand in keinem guten Ruf und hatte keinen Rückhalt bei den Wählern. Im Kongreß und in der Exekutive besaß es weit weniger Einfluß als jedwede nachgeordnete zivile Behörde. Und in den vierziger Jahren war die Armee wegen ihrer Behandlung der Indianerprobleme im Westen unter harten Beschuß geraten.

Während immer mehr Amerikaner in den Westen wanderten, focht die

Armee viele lokale Auseinandersetzungen mit den Indianern aus. Sterling Price verwüstete einige Pueblos in Neu-Mexiko; im hohen Nordwesten kam es zu blutigen Kämpfen. Sobald in großer Zahl Weiße in ein Gebiet eingedrungen waren, blieb von aller Vertrags- und Friedenspolitik nur ein Blutbad übrig. Dann mußte die Armee eingreifen – indem sie notgedrungen gegen die verbliebenen Eingeborenen vorging und sie aufrieb. Krieg war ihr Geschäft, und nur wenige Kommandeure übten es mit Zurückhaltung.

Damals wie auch später gab es unter den Kommandeuren der westlichen Garnisonen Ehrgeizlinge, Haudegen und reine Nichtskönner, die Unruhen provozierten oder nicht rechtzeitig abwiegelten. Aber die Armee wurde auch verleumdet, wie das Material fast aller Historiker belegt. Das Offizierskorps bestand zu dieser Zeit überwiegend aus Berufssoldaten, die die Indianer weder liebten noch haßten. Vielen von ihnen waren Mentalität und Haltung der weißen Grenzer zuwider, aber sie mußten nun einmal die Grenze schützen. Hinter jede rationale Politik hätten sie sich gern gestellt, doch die damalige Politik war irrational; oft brachten die Offiziere das Indianeramt zur Weißglut, indem sie öffentlich erklärten, daß die Politik der vertraglichen Zusagen absurd sei, weil die Regierung nicht die leiseste Absicht habe, die Versprechungen einzuhalten. Um die neuerworbenen Gebiete, die langen Verbindungswege durch indianisches Land und die durchziehenden weißen Horden zu schützen, mußte die Armee vielfach gegen Indianer kämpfen und sie vernichten. Und wenn die Armee diesen Pflichten wirksam nachkam, wurde sie des Blutrausches und vorsätzlicher Ausrottungspolitik beschuldigt.

Im Gegensatz zu den Militärs und den Grenzern glaubten die Zivilisten in Washington, daß man mit den Stämmen auf friedliche Weise fertig werden könne. Ab 1849 gewann dieser Standpunkt für etwa zwanzig Jahre in der Regierungspolitik die Oberhand und schuf auf den Plains eine katastrophale Situation.

Nachdem das Indianeramt nun dem Innenministerium unterstand, mußte die Armee, bei der weiterhin polizeiliche und Aufgaben der Friedenssicherung im Westen lagen, nach einer von Zivilisten konzipierten Politik verfahren. Zugleich konnte das Militär keiner direkten Kontrolle des Indianeramts unterstellt werden, so daß das »Indian Office« eine Politik diktierte, deren Durchführung es nicht überwachen konnte, während die Armee kein politisches Mitspracherecht besaß.

Das eifersüchtige Kompetenzgerangel zwischen den beiden verfeindeten Bundesbehörden fiel zeitlich mit einer Verschärfung der Indianerprobleme auf der ganzen Linie zusammen, und die gesamte Geschichte des amerikanischen Westens sollte von diesem Hader gekennzeichnet werden. Die Armee brandmarkte die Indianerpolitik als lächerlich und undurchführbar und beschuldigte die Agenturen der Unfähigkeit; die Agenten bezichtigten die Armee, kriegslüstern zu sein und ihrer Schutzverpflichtung den Indianern gegenüber nicht nachzukommen.

Das »Indian Office« war für die Regelung der indianischen Angelegenheiten ebenso schlecht gerüstet wie die Armee. Die Politiker an der Spitze des Amtes und sogar die Emissäre für den Westen waren in der Regel Ostküstenamerikaner, die von den Plains-Völkern keine Ahnung hatten. Als offizielle Lehrmeinung über die Kriegergesellschaften der Plains galt, daß sie kindliche Naturmenschen seien, die sich der moralischen Autorität des weißen Mannes beugen würden.

Die Korruption im Indianeramt wurde sprichwörtlich. Dieselben Agenten, die am lautesten über die militärische Bekämpfung der Indianer zeterten, machten sich nichts daraus, ihre Schutzbefohlenen auszurauben. Redliche Indianeragenten waren in dem Amt nicht gern gesehen. Neighbors zum Beispiel genoß großen Respekt, aber nur wenig Sympathie unter seinen weißen Kollegen, und in der Tat wurde er 1849 im Zuge der Neugliederung des Amtes entlassen.

Die Unredlichkeit der Indianeragenten verursachte wahrscheinlich mehr Blutvergießen als die Politik des Amtes verhinderte. Die Indianer ertrugen die Unaufrichtigkeit nur schwer. Unzählige Male setzten ausbleibende Jahreslieferungen Verträge außer Kraft oder führten zu Aufständen. Hunger löste wesentlich den Krieg mit den Santee 1862 in Minnesota aus. Ihr Agent hatte ihnen nahegelegt, Gras zu essen. Nach dem Aufstand mit seinen Tausenden von Toten fand man die Leiche des Agenten; sein Mund war mit Gras vollgestopft.

Das »Indian Office« versagte auf allen Ebenen; weder gelang es ihm, den Frieden zu bewahren, noch die Indianer zu schützen. Seine verfahrene Politik kostete viele Tausend von Menschenleben, was sich vielleicht hätte vermeiden lassen, wäre diese Politik in Zielsetzung und Durchfürung nicht so konfus gewesen. Um 1849 stand die amerikanische Nation erneut vor der Frage, wie man sich der verbliebenen Stämme entledigen solle, die sich dem Vorrücken der Weißen in den Weg stellten. Durch ihr stures Festhalten an überholten Praktiken und Zielen leisteten die Behörden einer langandauernden Zermürbung und Verelendung der Indianer Vorschub. Bis ins letzte Viertel des neunzehnten Jahrhunderts dauerte die erschreckende Verrohung längs der amerikanischen Westgrenze. Weißen und Indianern gruben sich unauslöschliche Erinnerungen ein, und die zunehmende Bestialität bestärkte die Eingeborenen in ihrem unbeirrbaren

Widerstand, während sich die Weißen in Texas infolge der inkonsequenten Indianerpolitik als entrechtete Opfer endlosen Terrors verstanden.

Spätere Generationen können sich die Gefährlichkeit und Brutalität der texanischen Grenze Mitte des neunzehnten Jahrhunderts kaum vorstellen. Die Schrecken ähnelten denen der Appalachen-Grenze im voraufgegangenen Jahrhundert, dauerten aber viele Jahre länger an. Die Weißen waren in ein abweisendes und fremdartiges Land gekommen. Als Holz und Wasser knapp wurden, konnten sie nur unter Schwierigkeiten ihr Getreide anbauen, ihre Häuser und Einzäunungen errichten. Die Familien im texanischen Westen lebten in einer weit größeren Isolation als die hart kämpfenden Pioniere von Kentucky; im texanischen Westen herrschte eine einzige Familie oft über hundert Quadratmeilen. Überdies waren die texanischen Reiterstämme noch gefährlicher als die Shawnee der östlichen Wälder, mit denen die Appalachen-Pioniere sich auseinandersetzen mußten.

Schon ohne die wachsende Bedrohung durch die Indianer war das Leben an dieser Grenze fast unerträglich. Die Landeroberer, die westwärts zogen, hatten nur wenig Geld; was sie brauchten, stellten sie – außer Feuerwaffen und Eisenwerkzeugen – selbst her. Beim Bau ihrer Hütten verzichteten sie auf die unerschwinglichen Nägel, deren Transport mehr als ihre Herstellung gekostet hätte. Tausende starben, Tausende gaben auf. Aber einige hielten durch und gelangten langsam zu Wohlstand. Wie der legendäre Parker-Clan steckten sie ihre Niederlagen ein, hielten aus und erwarben noch mehr Land. Als weitere Familien nachrückten, verkauften sie überschüssiges Land und erschlossen sich Märkte für ihr Getreide und ihr Rindfleisch. Nach und nach wuchsen in den Prärien zusammengewürfelte Städte.

Niemand hatte sie aufgefordert, in indianisches Land vorzudringen; sie kamen aus eigenem Antrieb. Sie kannten die Risiken, wollten sie aber, anders als die Mexikaner, nicht akzeptieren. Jede vorgeschobene Hütte war ein potentielles Fort. Wohnhäuser hatten schwere Fensterläden, Schießscharten und unbrennbare Dächer. Das Leben in der Nähe der Indianer war ein Leben in ständiger Gefahr. Jeder kannte Nachbarn, die von Indianern geplündert, gebrandschatzt, getötet oder verstümmelt worden waren.

Die texanischen Grenzer akzeptierten nur *eine* Indianerpolitik – die der sofortigen Beseitigung der Wilden. Diese Einstellung war nicht einmal spezifisch texanisch, sondern bei allen Weißen vorherrschend, die mit kriegerischen Indianern leben mußten; nur trat sie in Texas besonders deutlich hervor, weil hier die Grenze bis in die jüngste Geschichte hinein zwei Generationen lang umkämpft blieb. Die Siedler am Makato in Minnesota hegten um 1860 den gleichen Haß, und noch stärker – weit hysterischer als jemals in Texas – herrschte er im Denver von 1864 vor.

Walter Prescott Webb schrieb ein Jahrhundert später: »Die Texaner hatten sehr eindeutige Vorstellungen, wie man die Indianer anpacken sollte . . . die vielen bitteren Erfahrungen ihrer Vergangenheit hatten sie hart und unerbittlich gemacht. Ihre zehnjährige Unabhängigkeit hatte ihr Selbstvertrauen gestärkt und ihnen neue, den Umständen angepaßte Institutionen gebracht. Sie redeten sich ein, daß die Texas Rangers am besten wüßten, . . . wie man Indianer auszurotten habe, und ihre Ungeduld mit den schwerfälligen Methoden und der humanitären Politik der Vereinigten Staaten . . . war beträchtlich.«

Im September 1849 hieß es in einem Leitartikel der *Texas State Gazette*: »Wie ich sehe, setzen die Comanchen ihre Raubzüge über die texanische Grenze fort, wobei sie morden und wehrlose Grenzsiedler verschleppen, denen Schutz versprochen worden war. . . . Sie müssen verfolgt, gejagt, gehetzt und getötet werden – bis sie merken, daß wir es ernst meinen. . . . Wenn man Harney freie Hand ließe, riefe er Hays, McCulloch und die anderen Grenzer herbei und jagte die Comanchen bis an die Quellen des Brazos, des Colorado und in die Ausläufer der Rocky Mountains – sie müssen in allen ihren Schlupfwinkeln geschlagen werden, bis sie zur Besinnung kommen . . . und begreifen, über welche Stärke und Energien die Vereinigten Staaten verfügen.«

Unter den Grenzern war man sich einig: Solange die berittenen Stämme frei umherstreiften und bevorrechtete Gebiete besaßen, konnte es keinen Frieden geben. Im texanischen Westen kannte man nur eine Gegenmaßnahme zur klassischen Guerillataktik der Comanchen: brutale Strafkampagnen, bei denen man sie in ihren letzten Schlupfwinkeln aufspürte und vernichtete. Und eben diese Taktik sollte die US-Armee von Texas bis zur kanadischen Grenze anwenden – aber nicht in jenem und nicht in vielen folgenden Jahren. Harney, der Armee-Kommandeur, bekam nicht freie Hand, und weder das Indianeramt noch die Armee suchten den Rat der hartgesottenen, erbarmungslosen Rangers.

Wie schon zur Zeit der Spanier geriet eine falsche und falschverstandene Politik zur Ursache von Tod und Trauer und machte eine lange Grenze zum Schlachtfeld, während in der Ferne unbeteiligte Männer über Prioritäten und Verfahrensweisen debattierten. Die »humanitäre« Politik gegenüber den Indianern gewährte weder dem weißen noch dem roten Mann Gnade. Für die Plains-Stämme war sie nicht weniger katastrophal als die Epidemien.

Die neuen Forts in den Büffelebenen

Die Bundesbehörden waren stets gewillt, ihrer Verpflichtung zur Verteidigung der texanischen Grenze nachzukommen. Doch die Washingtoner Politiker überschauten das Problem weder seiner Art noch seinem Umfang nach. Hinzu kam, daß die amerikanische Gesellschaft jegliche militärischen Ausgaben scheute. Die Armee war schlecht ausgerüstet und im Umgang mit Comanchen unerfahren, so daß sie in den ersten Jahren nur Unheil anrichtete.

Unmittelbar nach Beendigung des mexikanischen Krieges wurden die Subventionen des Bundes für die Texas Rangers ausgesetzt, und der Staat Texas löste seine Grenztruppe auf. Dies war ein Fehler beider Seiten, denn die Infanteristen und die wenigen Reitersoldaten, die 1848 nachrückten, um zwischen Siedlern und Indianern einen Verteidigungskordon zu ziehen und die Indianer einzuschüchtern, versagten völlig. Die US-Armee operierte schon seit Jahren am Rande der Plains, aber die Spitzenbeamten im Kriegsministerium hatten immer noch nicht begriffen, daß zwischen dem Westen mit seinen Plainsindianern und den Stämmen und Gebieten, die man kannte, entscheidende Unterschiede bestanden. Die Armee verfügte über viele Soldaten mit Indianererfahrung, aber keiner von ihnen war bislang gegen die Reiterstämme angetreten. Man machte sich in Washington keine Vorstellung von den ungeheuren Entfernungen im Westen, vom Charakter der weitgestreckten, dünnbesiedelten Grenze und von der Kampftaktik der berittenen Barbaren. Zehn Jahre lang durfte die Armee nur defensiv und reaktiv handeln. Ihre Hauptaufgabe bestand darin, Grenzforts zu errichten. Indianer sollten nur dann behelligt werden, wenn sie in flagranti bei einer kriminellen Handlung ertappt wurden; es sah ganz so aus, als sollte die Armee sie vor weißen Siedlern schützen.

Die Armee hätte mit drastischeren Methoden auch gar nicht vorgehen können, weil sie noch keine Kavallerie besaß. Östlich der Plains hatte man keine Reitertruppe gebraucht, und obwohl Fußsoldaten gegen wendige Stammeskrieger offensichtlich nichts ausrichten konnten, stellte die Regierung wegen des hohen Aufwands keinen berittenen Truppenteil auf. Ein Infanterieregiment kostete in Friedenszeiten 300000 Dollar im Jahr, ein Kavallerieregiment das Doppelte. Im Felde hätten sich die Kosten gar auf die astronomische Summe von anderthalb Millionen Dollar jährlich belaufen. Deshalb sandte man in der Mehrzahl Fußsoldaten nach Texas, die manchmal auf Mauleseln ritten.

Die Elite der Armee waren die 1833 aufgestellten Dragoner, von denen einige Abteilungen nach Texas beordert wurden. Sie stellten jedoch keine echte Kavallerie dar, die ausreichend trainiert und ausgerüstet gewesen wäre, um die Blitzangriffe der indianischen »leichten Kavallerie« zu kontern. Es handelte sich bei ihnen eigentlich um berittene Infanterie nach europäischem Vorbild, die vom Pferd aus kämpfte. Die Dragoner operierten nach Art der schweren Kavallerie und hätten gegen eine reguläre Armee gut bestehen können. Gegen die Reiterstämme jedoch waren sie hilflos.

Comanchen und Dragoner waren sehr ungleiche Gegner. Die Comanchen, die leicht ausgerüstet waren, legten fünfzig Meilen in sieben Stunden zurück und konnten hundert Meilen ohne Pause reiten. Ihre Ponys wechselten sie häufig. Für die Dragoner war eine Tagesleistung von dreißig Meilen schon außergewöhnlich; sie führten pro Mann nur ein Pferd mit, das sie nicht überstrapazieren durften, und marschierten daher fast ebensoviel wie sie ritten.

Die Dragoner hätten keiner Indianertruppe habhaft werden können. Und wäre dieser Fall jemals eingetreten, es hätte ihnen kaum etwas genützt. Die amerikanischen Reitersoldaten waren nur mit einschüssigen Pistolen, dem Säbel und dem Springfield Arsenal Musketoon, Modell 1842, ausgerüstet, das, wie Philip St. George Cooke, der Kavalleriespezialist der Armee, schrieb, »auf jegliche Entfernung höchst unzuverlässig war«. Es fiel den Indianern leicht, sich aus der Reichweite dieser Muskete fernzuhalten. Der beliebte Säbel, an dem die Armeen des neunzehnten Jahrhunderts stur festhielten, nützte im Kampf gegen Plainsindianer nichts. Bezeichnenderweise setzten die britischen Dragoner in Indien zu dieser Zeit Wildschweinlanzen ein. In einem Kampf von Mann zu Mann waren die Comanchen überlegen: Zum einen konnten sie mit ihren Bogen in erheblich rascherer Folge schießen, zum anderen waren ihre biegsamen Lanzen tödlicher als Säbel. So mußte Colonel Richard Irving Dodge um 1850 leider feststellen, daß die amerikanischen Truppen den Plainskriegern in jeder bis auf eine Hinsicht unterlegen waren: ihre disziplinierte Beharrlichkeit. Ein

Texas Ranger drückte diese Tatsache unverblümter aus: Für die Indianer ging von den Dragonern keine Gefahr aus, es sei denn, sie hätten sich über ihre farbenprächtige Kostümierung oder ihre ungeschickten Reitkünste zu Tode gelacht.

Die anfängliche Selbstdarstellung des Militärs auf den Plains trug ihm die Verachtung der Indianer und der weißen Zivilisten ein, diese frühen Eindrücke blieben lange erhalten und fanden in Liedern und Anekdoten Ausdruck. Die Armee machte bittere Erfahrungen, wenngleich Bundesoffiziere wie Bonneville, Frémont, Dodge und Kearney nicht weniger auf der Hut waren als die hartgesottenen Rangers; außerdem versahen Dutzende intelligenter Unteroffiziere ihren Dienst auf den Prärien. Anders als die Rangers mußten die Offiziere der Bundesarmee ihre Reformvorstellungen gegen eine etablierte Tradition und eine verstaubte Bürokratie durchsetzen. Sie waren gezwungen, ihre altmodischen Waffen und ihre überholten taktischen Konzepte gegen ihren Willen beizubehalten. Und trotzdem lernte die Armee innerhalb eines Jahrzehnts ihre Lektion und wandelte sich noch vor dem Beginn des Bürgerkriegs. Sie mußte sich im Westen einer politisch, strategisch und taktisch verwirrenden Situation gewachsen zeigen, und britische Beobachter wurden, wie sie bewundernd schrieben, weniger durch die ständigen Irrtümer beeindruckt als durch die Leistungen, die der Armee dennoch gelangen.

Um den ursprünglichen Operationsplan auszuführen, legte die Armee eine Kette von Garnisonen in Zentraltexas an, die im allgemeinen in südwestlicher Richtung verlief und über die heutigen Städte Fort Worth, Waco und San Antonio bis zum Rio Grande führte. Sie lagen aber zu nahe an der weißen Siedlungslinie, so daß sie rasch von der weißen Kolonisationsbewegung eingeholt wurden. Keiner dieser frühen Posten – Duncan, Inge, Croghan, Gates oder Worth – war von militärischem Nutzen; sie beschleunigten nur die Besiedelung und die Städtegründung.

Schon wurde der gesamte Westen von Texas erkundet. Robert Neighbors und der Ranger Captain John S. Ford spähten Routen und Flußübergänge für die Armee aus; Captain Randolph B. Marcy von der 5. Infanterie schrieb einen Bericht über seine Abenteuer und Beobachtungen, der weite Verbreitung fand. Eine seiner Empfehlungen, die Linie der Außenposten ungefähr 150 Kilometer nach Westen an strategisch günstige Flußübergänge zu verlegen, wurde sofort in die Tat umgesetzt. Das Aufflackern von Comanchen-Aufständen im Jahre 1849 trug zu dieser Entscheidung bei. Ein weiterer Faktor war eine Bestimmung des Vertrages von Guadalupe Hidalgo, der den mexikanischen Krieg beendete und den Südwesten an die

Vereinigten Staaten übergehen ließ. Mexiko und die USA versprachen sich gegenseitig, indianische Einfälle an der neuen Grenze zu unterbinden, und die Vereinigten Staaten bemühten sich auch, diese Vertragsvorschrift zu erfüllen.

Wenn man die Nachschubprobleme, Entfernungen und Kommunikationsschwierigkeiten berücksichtigt, muß man sagen, daß die neue Grenzlinie sehr schnell aufgebaut wurde; schon 1852 war sie vollständig. Sie verlief von dem hochgelegenen Fort Belknap am Salt Fork, einem Quellfluß des Brazos, nach Phantom Hill, in der Nähe des heutigen Abilene, das am Clear Fork lag, einem anderen Quellfluß des Brazos; von dort nach Fort Chadbourne an einem Nebenfluß des Colorado; dann achtzig Kilometer südlich nach McKavett am San Saba und weiter nach Fort Terrett im Quellgebiet des Llano. Der Kordon führte weiter nach Süden und Osten, wo Fort Mason das Gebiet um Austin und San Antonio schützen sollte; der Schlußpunkt der Linie, Fort Clark, lag auf dem östlichen Comanche Trace, einem Pfad für Streifzüge, der einige Meilen südlich des heutigen Bracketville nach Coahuila ging. In den späten fünfziger Jahren wurden neue Forts gebaut, um die in ihrer Bedeutung wachsende Route von San Antonio über El Paso zur pazifischen Küste zu schützen: Fort Lancaster beim heutigen Ozona; Fort Davis im Schnittpunkt des Handelsweges und des südwestlichen Comanche Trace, der durch den Santa Elena Canyon nach Chihuahua führte; und schließlich Stockton in dem damals quellenreichen Gebiet von Comanche Springs, wo die Comanchen auf dem Wege nach Mexiko regelmäßig kampierten.

Die neuen Forts folgten im allgemeinen dem hundertsten Längengrad und lagen damit weit westlich der Farmgrenze im neunzehnten Jahrhundert. Die Posten lagen innerhalb der Büffelebenen, weit draußen in der Wildnis. Die Standorte waren strategisch gut gewählt, aber logistisch überaus problematisch. Anders als die Spanier pflegten die Amerikaner ihre Forts aus Holz zu bauen, das im Osten geschlagen und 150 Kilometer weit transportiert werden mußte. Die Armee hatte im Westen keine Nachschubeinheiten, und alle Arbeiten vom Transport bis zum Bau mußten die Truppen selbst durchführen. Die Außenposten wurden auf primitivste Weise aus rohem Holz zusammengezimmert; sie waren einfachste Pfahlbauten, noch armseliger als die an der Allegheny-Grenze. Die Aufenthaltsräume, Bäckereien und Krankenstuben innerhalb der Palisaden waren, wie ein Inspektionsbericht besagte, »als Wohnstatt für Menschen nicht geeignet«; im Sommer herrschte unerträgliche Hitze, klirrender Frost im Winter. Das vorgefundene Grundwasser war oft ungenießbar, und Vorräte mußten über viele Meilen herangeschafft werden.

Dies war die Wirklichkeit der in amerikanischer Geschichtsschreibung und Legende glorifizierten westlichen Armee-»Forts«, die im zwanzigsten Jahrhundert noch einmal im Leinwand-Glamour wiederauferstehen sollten. Für die Männer, die in den Forts leben mußten, waren sie ein einziger Höllenpfuhl. Nach einem Besuch von Fort Clark, dem späteren Schauplatz zahlloser Western, faßte der spätere General Sheridan seinen Eindruck in folgenden Worten zusammen: Wenn er neben der Hölle noch Texas besäße, würde er Texas verpachten und in der Hölle hausen. In der Anfangszeit konnten die Forts ihre Aufgabe nicht erfüllen. Sie lagen zu weit abseits und waren mit fußkranker Infanterie belegt, die schon zahlenmäßig für Gefechte oder Patrouillen nicht ausreichte. In den frühen Jahren blieben sie nur passive Symbole einer nutzlosen militärischen Präsenz. Wie die spanischen Presidios wirkten sie auf den Landkarten weitaus beeindruckender als in der Realität.

In jener Zeit meldeten sich nur Männer für die Armee, die auf der Flucht vor einer Frau, dem Henker oder sich selbst waren. Die Armee war der letzte Zufluchtsort für die Hungernden und die Verzweifelten. Die Gesellschaft und die eigenen Offiziere blickten auf die Mannschaftsdienstgrade als »Pöbel«, »Abschaum« oder »Ausgestoßene« herab. Es bestand daher eine tiefe soziale Kluft, wie sie in einer Bürgerarmee von Wehrpflichtigen nicht hätte entstehen können. Für das Berufssoldatentum im Mannschaftsgrad gab es in der englischen Sprache nicht einmal ein passendes Wort; in der amerikanischen Umgangssprache hatte »soldiering« die Bedeutung von »Faulenzen« und »Simulieren«. Von dieser negativen Einschätzung blieben auch Offiziere nicht ausgenommen, denn außer im Süden gab es kein aristokratisches Dienstethos.
Wie die britischen Streitkräfte und die französische Fremdenlegion stand auch diese Armee bei der Regierung und dem Volk, dem sie diente, in schlechtestem Ansehen. Innerhalb der Armee wurde die Hierarchie der Verachtung reproduziert. Die Offiziere teilten die Arbeitseinsätze vornehmlich nach nationaler Herkunft ein; Äxte gab man an gebürtige Amerikaner aus, Hacken und Schaufeln an die Iren (»Das einzige, wozu man sie gebrauchen kann, Sergeant«), und die Deutschen stellte man zum Unkrautjäten ab. Eigene Meinung war verpönt, Kadavergehorsam Trumpf. Die gemeinen Soldaten verpflichteten sich für fünf, später für zehn Jahre, und humanes Empfinden wurde ihnen so weit und so rasch wie möglich ausgetrieben. Die Lebensbedingungen in der Armee waren nicht schlechter als in anderen Streitkräften jener Zeit – und damit der Strafhaft vergleichbar. Die Truppen wurden schlecht entlohnt und er-

bärmlich versorgt. Gefreite erhielten fünf Dollar Sold im Monat, der noch
Abzügen unterlag; ein Sergeant bezog 13 und ein Leutnant 25 Dollar; ein
Oberst, der ein Regiment befehligte, erhielt achthundert Dollar im Jahr.
In einer Armee von nur wenigen tausend Soldaten, in der starr nach
Dienstalter entschieden wurde, erfolgte die Beförderung nur sehr langsam.
Irische Rekruten, die den Startvorteil englischer Sprachkenntnisse mit-
brachten, mußten sich mehrmals nacheinander verpflichten, um es zum
Sergeant zu bringen. Die Rotation in den Offiziersrängen war noch langsa-
mer. Wer zum Leutnant befördert wurde, hatte gewöhnlich schon das
vierzigste Lebensjahr überschritten, und Hauptleute über sechzig im akti-
ven Dienst waren keine Seltenheit.
Ihre Unterkünfte – schmutzige und primitive Baracken – mußten die
Truppen selbst bauen. Nur Uniformen und Bettwäsche wurden gestellt.
Die Verpflegung bestand aus Pökelfleisch oder Rindfleisch, das oft verdor-
ben war, Reis, Trockenerbsen, Bohnen, Brot oder Zwieback und Kaffee.
Zeitweilig gab es täglich eine kleine Ration Rum, die dann gestrichen
wurde, um Kosten zu sparen (über 22 000 Dollar jährlich) und die »Moral«
zu heben. Verpflegung, Unterkunft und Lebensbedingungen auf einem
militärischen Vorposten waren schlechter als die in jedem amerikanischen
Gefängnis der Folgezeit.
Der Mangel an sanitären Einrichtungen und Medikamenten trieb Krank-
meldungen und Todesfälle in die Höhe. Auf einem westlichen Posten starben innerhalb von zwei Jahren sechs Offiziere und 293 gemeine Soldaten
eines natürlichen Todes.
Offiziere konnten heiraten und Frauen und Töchter in die örtlichen
Unterkünfte mitbringen; zudem durften sie Alkohol besitzen. Die Mannschaften genossen solche Vorrechte nicht. Außer weiblichen Offiziersan-
gehörigen durften sich im Armeebereich sonst nur »Wäscherinnen« aufhalten. Sie hatten eigene Quartiere und erhielten Geld für ihre Arbeit – das
aus den Taschen der angeworbenen Soldaten stammte. Meistens handelte
es sich um Ehefrauen oder Töchter von Korporalen oder Sergeanten. Gelegentlich wurden andere Ehefrauen als Camp-Angehörige geduldet. Die
wenigen Frauen einfacher Soldaten, die bei ihren Männern im Lager lebten,
waren nicht notwendig Prostituierte, mußten aber als Lagerpersonal gemeldet sein und in den gemeinsamen Unterkünften wohnen. Verständlicherweise gab es wenig Ehefrauen in der Armee. Die Truppen verzichteten
jedoch keineswegs auf Alkohol oder Frauen. Man schmuggelte sie herein
oder verschaffte sie sich an geheimen »blind pigs« oder »hog ranches«, die
neben den Posten entstanden und Sex oder selbstgebrannten Whisky anboten.

Viele einfache Soldaten gingen mehr oder minder feste Beziehungen mit indianischen Frauen ein, insbesondere mit den Mädchen der hochentwickelten Stämme, die im Indianerterritorium festgesetzt worden waren. Die Cherokesen-Frauen wurden wegen ihrer Schönheit hochgeschätzt. Eine Indianerfrau ertrug die Unbilden eines solchen Lebens besser als eine Weiße, und ein weißer Krieger konnte bei einer Indianerin durchaus Achtung erlangen. Die Armee hatte wesentlichen Anteil an der Assimilation weiter Teile der »zivilisierten Stämme« im Indianerterritorium. Überdies demoralisierte die unaufhörliche Arbeit die Truppen. Arbeitseinsätze und Exerzierübungen überwogen die Patrouillen, die als willkommene Ablenkung galten. Im Gegensatz zur landläufigen Meinung war der Militärdienst an der Grenze Schwerarbeit; einige Einheiten hatten so viel Bau- und Instandsetzungsarbeiten zu verrichten, daß sie die militärischen Aufgaben vernachlässigten. Zu der Gefängnisatmosphäre kam Eintönigkeit hinzu, was viele disziplinarische Probleme schuf.

Wie in heutigen Landserarmeen wurden Disziplinverstöße unerbittlich bestraft. Die Armeechefs glaubten, daß der Menschenschlag, der die Truppe bildete, nur die Sprache der Brutalität verstand. Trunkenheit, Ungehorsam und Ungeschicklichkeit wurden mit Soldentzug, Wasser und Brot oder Strafmärschen geahndet. Militärgerichte konnten in schweren Fällen Strafen aussprechen wie Fesseln an Kette und Eisenkugel, Anlegen eines eisernen Halsbandes und Prügel. Flucht vor dem Feind, Feigheit oder Tätlichkeit gegen einen Offizier konnte den Tod bedeuten. Bei Desertion war dem Gesetz nach die Todesstrafe möglich, doch scheint ein solches Urteil nicht verhängt worden zu sein. Aufgegriffenen Deserteuren gab man fünfzig Peitschenhiebe – das gesetzliche Höchstmaß in der schon aufgeklärten Ära um die Jahrhundertmitte – und brandmarkte sie. Haftstrafen hielt man für Zeitverschwendung, und körperliche Züchtigungen erachtete man für wirksamer als Strafen gegen die – wie angenommen wurde – inexistente Psyche.

Die Offiziere konnten ohne Anklage oder Prozeß willkürliche Strafen verhängen, zu denen Auspeitschen, Aufhängen an den Handgelenken und zwangsweise Schwitzkuren gehörten. Stets verbüßten etwa zehn Prozent der gemeinen Soldaten gerade irgendwelche Strafen, und in manchen Posten und Jahren unternahm ein Drittel der Mannschaften geglückte oder nicht geglückte Desertionsversuche. Normalerweise trafen die Rekruten schon unter Bewachung an den Militärstationen ein.

Die Offiziere entsprachen in dieser Armee mehr Gefängniswärtern als Gentlemen. Sie lebten in derselben Umgebung wie die gemeinen Soldaten, jedoch dazu noch sozial fast völlig isoliert. Einsamkeit und Langeweile trieben sie oft zum Alkoholismus. Viele Offiziere waren während ihrer Einsätze im Westen von ihren Frauen getrennt; viele heirateten nie. Die wenigen Frauen, die zu den Außenposten gelangten, lösten unter den höheren Rängen oft Streit aus, die Unbilden und die Monotonie, die Frauen in diesen Gegenden erdulden mußten, setzten die Ehen erheblichen Belastungen aus. Scheidung galt unter Armee-Offizieren als unfein, und so wurde Ehebruch in vielen Posten zu einem bedrohlichen Problem; manchmal wurde er offen mit mehreren Partnern betrieben; Skandale waren an der Tagesordnung. Alkoholismus und Ehebruch setzten zusammengenommen mehr militärischen Karrieren ein Ende als indianische Pfeile.

Trotzdem sollte diese erbärmliche kleine Streitmacht eine erfahrene, zuverlässige und schlagkräftige Grenzarmee werden, die in der Fremde mehr galt as im eigenen Land. Technische, räumliche und personelle Probleme sowie konfuse Direktiven konnten nicht verhindern, daß die Armee ihren Auftrag mehr als angemessen erfüllte. Hierzu trugen wesentlich die gemeinen Soldaten bei, deren Beharrungsvermögen jede Situation und Härte meistern half. Wurden sie besiegt, war es meist der Fehler der Kommandeure; erinnert sei etwa an Custers Versagen am Little Big Horn.

Der zweite Grund für das erfolgreiche Abschneiden der Armee lag im Berufsethos der Offiziere. Die Hälfte des Offizierskorps hatte die Militärakademie von West Point absolviert. Die Ausbildung dort war einzigartig und erfüllte die Absolventen mit einem mystischen Geist des Berufenseins. Dieses Bewußtseinselement war stärker als jede soziale oder regionale Herkunft; die Mehrzahl der West-Point-Absolventen aus dem Süden verblieb auch während des Bürgerkriegs in der Nord-Armee. Die Ausnahme bildeten oft die Offiziere aus dem Süden, die trotz ihrer brillanten soldatischen Qualitäten nicht der amerikanischen Militärnorm entsprachen.

Die meisten Armee-Offiziere kamen aus den kleinstädtischen oder ländlichen angloamerikanischen Mittelklassen. Sie hielten während des ganzen Jahrhunderts an ihren britisch geprägten Normen und Traditionen fest. Sie entstammten denselben Kreisen, aus denen Kleinstadtbankiers, Händler und Freiberufler hervorgingen. Deren Fleiß und Sinn fürs Praktische brachten sie in die Armee ein; wie jene waren sie karrierebewußt und realistisch und teilten mit ihnen die Borniertheiten der amerikanischen Mittelklasse.

Trotz ihres »angelsächsischen« Bewußtseins standen sie sozial, geistig und der Bildung nach den Männern näher, die die militärisch-industrielle Maschine Preußens aufbauten, als jenen Gentlemen der britischen Armee, die sich Offizierspatente kauften und aus anderen Einkommen lebten. Gerade wegen seiner Armut bedeutete dem amerikanischen Offizier seine

Laufbahn so viel, gerade deshalb entwickelte er ein ausgeprägtes Berufsethos.

Der durchschnittliche Offizier empfand gegenüber seinen Leuten und den
indianischen Feinden rassischen und kulturellen Hochmut, der aber durch
sein Berufsethos gezügelt wurde und sogar wohlwollender Nachsicht Platz
machen konnte. Er wußte, daß er sich blinden Indianerhaß nicht leisten
durfte, wenn er klaren Kopfes seine Pflicht erfüllen und keine Fehler begehen wollte. Ebenso versuchten die Offiziere, in ihrer Praxis die Scheinheiligkeit der offiziellen Politik zu vermeiden. Innerhalb der Armee begegneten die Laufbahnoffiziere den Abenteurernaturen, die es selbstverständlich
auch gab, mit Mißtrauen. Wie Sherman feststellte, hatte die Armee im
Kampf gegen die Indianer nichts zu gewinnen und viel zu verlieren, eine
Einsicht, die wenige Offiziere vergaßen.

Militärhistoriker haben darauf hingewiesen, daß Kriege um so brutaler,
haßvoller und leidenschaftlicher geführt wurden, je mehr Zivilisten an ihnen beteiligt waren; der amerikanische Westen machte hier keine Ausnahme. Bezeichnenderweise wurden fast alle Massaker an Indianern von
Freiwilligen oder Bürgermilizen der weißen Grenze und nur wenige von
regulären Truppen begangen.

Die Kavallerie mit der Straußenfeder

Die Entwicklungen im Westen während der fünfziger Jahre des vergangenen Jahrhunderts haben – auch bei den Historikern – kaum Beachtung gefunden, da die Auseinandersetzung über Sklaverei und Sezession immer stärker in den Vordergrund des nationalen Interesses rückte. Erst um 1865, nach Appomattox, begann Amerika wieder, sich der Indianerfrage an der Grenze zuzuwenden. Aber zu jener Zeit waren die Schwierigkeiten längst bekannt, und man wußte weitgehend, welche Gegenmaßnahmen man zu ergreifen hatte. »Brutale Operationen« gegen die Plainsindianer, die die meisten Historiker auf einen späteren Zeitraum datiert haben, begannen tatsächlich bereits um die Mitte des neunzehnten Jahrhunderts, ohne daß die Nation es zur Kenntnis genommen hätte. Ausgelöst wurden diese Aktionen durch zwei Plainsvölker, die Kiowa und die Comanchen, die nicht aufhörten, den militärischen Grenzkordon zu durchbrechen und weiße Siedlungen zu überfallen.

Indem sie weiße Vergeltungsschläge provozierten, besiegelten die beiden räuberischen Stämme nicht nur ihr eigenes Schicksal, sondern auch das Tausender anderer Indianer, die nie über ihre angestammten Gebiete hinaus vorstießen. Zweimal, in den fünfziger und erneut in den siebziger Jahren, kam es infolge ihrer unerträglichen Übergriffe zu umfassenden Rachefeldzügen, durch die praktisch alle autonomen Plainsvölker an den Rand des kulturellen Untergangs gebracht wurden.

Die Phase zwischen 1846 und 1853 ist durch eine Eigentümlichkeit gekennzeichnet: Die angloamerikanische Expansion nach Westen verlief weitestgehend ungelenkt und unkontrolliert. Die Vereinigten Staaten, die vor einer inneren Zerreißprobe standen, waren so auf die auftretenden Probleme weder militärisch noch politisch vorbereitet. Wichtige Entwicklungen wurden dabei einfach ignoriert. Die Inbesitznahme der Pazifikküste und der Goldrausch von 1849 warfen die Friedenspolitik auf den Great Plains über den Haufen; die Vereinigten Staaten konnten unmöglich zulassen, daß die Indianer inmitten des Kontinents riesige Enklaven behielten, die sich wie Barrieren auswirkten. Andererseits konnten und wollten die Indianer den Weißen allein schon wegen der eingeschleppten Seuchen den Durchzug durch ihre Gebiete nicht gestatten. Es mußte zu einer Machtprobe kommen, und wie die Auseinandersetzungen verlaufen sollten, war durch die Kriegsbräuche der südwestlichen Völker vorgezeichnet.

Nach der Angliederung des riesigen Südwestgebietes und der Verschmelzung mit Texas hielten die Vereinigten Staaten nur eben noch ein Jahrzehnt an ihrer passiven Friedenspolitik fest und gingen dann sehr bald zu der Haltung über, die die Anglotexaner gegenüber den Plainsindianern praktiziert hatten. Bezeichnend für die fünfziger Jahre ist, mit welcher Geschwindigkeit die amerikanische Nation sich auf die neue Politik einstellte. Das gesamte Indianerproblem wäre im Verlauf eines weiteren Jahrzehnts erledigt gewesen, wenn nicht der Bürgerkrieg dazwischengekommen wäre, der den Druck auf die Indianer linderte.

Den im Südwesten stationierten Verbänden der US-Armee war von Anfang an klar, daß die passive amerikanische Grenzverteidigungspolitik scheitern mußte und daß die Armee sich nicht dazu eignete, den Indianern gegenüber Polizeifunktionen auszuüben. Nach 1849 konnte die Kette von Forts entlang dem hundertsten Längengrad weder Texas noch die mexikanische Grenze schützen. Das Militär hatte Befehl, nur dann gegen Indianer vorzugehen, wenn diese auf frischer Tat bei Überfällen gestellt werden konnten; die Amerikaner bemühten sich, ähnliche Beziehungen zu den texanischen Stämmen herzustellen, wie sie zu den Völkern im Indian Territory, dem Indianerterritorium in Oklahoma, bestanden. Dem standen jedoch der Haß der Penateka und anderer Comanchenhorden auf die Texaner und ihre traditionelle Kriegslust im Wege.

Die Comanchen und Kiowa bekriegten die Armee vorerst allerdings nicht; Truppen und Posten wurden von ihnen nicht angegriffen, als sie in Texas die Fortlinie aufbauten. Einige Jahre lang unterhielten die Indianer sogar mehr oder minder freundschaftliche Beziehungen zu den amerikanischen Soldaten. Indianergruppen kampierten nahe den Forts, hielten Räte und Pferdemärkte ab, und die Krieger und Soldaten veranstalteten gemeinsame Wettspiele und Pferderennen. Die Comanchen als leidenschaftliche Glücksspieler schätzten solche Wettbewerbe und gewannen schlau manchen Einsatz von den unkundigen weißen Männern, die bald erfahren mußten, daß auch ihre besten Kentucky-Pferde den Indianerponys auf kurzen Entfernungen unterlegen waren. Aber gleichzeitig zogen die india-

nischen Banden auch heimlich an den Forts vorbei, um die Texaner und
Mexikaner im Hinterland zu überfallen und zu plündern, zu brandschatzen und zu töten. Das konnten die Armeekommandeure selbstverständlich
nicht einfach hinnehmen.

Die Beziehungen verschlechterten sich also rasch. Eine Kriegergruppe stahl
– mehr fast zum Vergnügen als in böser Absicht – einer Garnison Pferde.
Bei einem anderen Posten versuchte ein Offizier eine Kriegerschar festzunehmen, von der er annahm, sie habe an der Grenze geplündert. Auf beiden Seiten floß Blut; das gegenseitige Vertrauen war zerstört, und die
Indianer gingen den Soldaten aus dem Wege. Umgekehrt begannen die
Militärs, die um die hinter ihrem Rücken fortgesetzten Raubzüge wußten,
alle Indianer auf den texanischen Plains als Feinde zu betrachten.

Auch blieb den Weißen ein Rätsel, wie die Comanchen Waffenstillstand
und Krieg gegeneinander abgrenzten. Die Offiziere der Armee hatten den
Eindruck, die Comanchen hielten die Politiker in Washington und sie
selbst zum Narren. So versuchten die Comanchen kaum Ausflüchte zu
machen, wenn man sie zur Rede stellte; dazu gingen sie erst über, als sie
die Schlagkraft der weißen Soldaten fürchten gelernt hatten.

Immer wieder stellten sie klar, daß sie – bislang noch – keine Konflikte mit
den weißen Männern in blauen Röcken hätten, aber daß sie mit den Texanern und Mexikanern einen althergebrachten Krieg austragen müßten, den
sie keinesfalls einstellen wollten. Es interessierte die Comanchen dabei
nicht, daß die Vereinigten Staaten Texas annektiert und mit Mexiko einen
Vertrag geschlossen hatten; an diesen Vereinbarungen waren sie als Vertragspartner schließlich nicht beteiligt. Doch Mexiko protestierte, die texanischen Grenzer sahen auf die nutzlosen militärischen Beschützer voller
Verachtung herab, und die meisten Offiziere kochten vor Wut über die
vermeintliche Arroganz der Indianer. Aber durch die damalige Politik, die
der Armee feindliche Aktionen jenseits der Grenze gegen die Stämme untersagte, waren den Militärs die Hände gebunden.

Ungelöst blieb weiterhin auch das Problem der Rechtsgewalt über die
Indianer, in die sich Armee und Indian Office teilten, ohne wechselseitig
Weisungsbefugnis zu besitzen. Kooperation hing von einzelnen persönlichen Entscheidungen oder örtlichen Vereinbarungen ab. Überdies hatten
militärische oder zivile Bundesbeamte innerhalb der Grenzen eines souveränen Staates keine Rechtsgewalt über weiße Zivilisten. Und die Beamten
der Einzelstaaten arbeiteten selten mit Bundesbeamten zusammen. Verlangte der Staat Texas die Umsiedlung der Indianer, so pochte das Indian
Office auf Friedensabschluß, wobei die Armee zwischen zwei Stühlen
saß.

Die Gesetze und Bestimmungen, die die Grundlage für Aktionen im Indianergebiet bildeten, besaßen innerhalb eines rechtmäßig konstituierten Staates keine Gültigkeit. Sowohl die Armee als auch die Indianeragenten in Texas waren an die einzelstaatlichen Gesetze gebunden. Welche Probleme sich daraus ergeben konnten, erhellt folgendes Beispiel: George Barnard, ein Amerikaner, wurde zum Unruhestifter am oberen Brazos, indem er Waffen und Alkohol an alle Indianer verkaufte; aber weder die Armee noch das Indian Office besaßen eine rechtliche Handhabe, um solche Geschäfte zu unterbinden – und der Staat Texas hatte versäumt, Gesetze gegen Handel dieser Art mit Indianern zu verabschieden, so daß Barnard einige Jahre in rechtlichem Niemandsland seinen gewinnbringenden und für viele Weiße tödlichen Geschäften nachgehen konnte.

Der gleiche Mangel an rechtlichen Regelungen hatte auch die sogenannten friedlichen Indianer in eine überaus schwierige Situation gebracht. Die Überlebenden aus den Wichita-, Caddo- und Tonkawastämmen und die wandernden östlichen Indianer galten offiziell als Untergebene der Bundesregierung; gleichwohl waren sie ausnahmslos Rechtsverletzer auf einzelstaatlichem wie auf privatem Gebiet. Die Agenten waren nicht befugt, ihnen Schutzgebiete in Texas zuzuweisen. Die Stämme, die das Indian Territory von Oklahoma verließen, wurden regelmäßig zusammengetrieben und zurückgeschickt. Als in den frühen fünfziger Jahren das Farmgebiet der Weißen seine natürlichen geographischen Grenzen entlang dem achtundneunzigsten Längengrad erreicht hatte, wurden die Überlebenden der Wichita und Caddo ihrer letzten sicheren Gebiete beraubt. Man enteignete sie ihres Landes, auf dem sie seit Generationen ohne Rechtstitel gesiedelt hatten, so daß sie sich in Gebiete jenseits der weißen Grenze zurückziehen mußten. Aber dort gab es nicht genügend Wild, und das Land war für Getreideanbau zu karg. So mußten sie verhungern, wenn sie nicht, wie einst die unkriegerischen Caddo, Raubzüge gegen weiße Farmen und Siedlungen unternahmen.

Der Staat Texas forderte, die Bundesregierung solle die seßhaften und die wandernden Stämme ins Indianerterritorium nach Oklahoma umsiedeln*. Aber der »Oklahoma Strip« war schon derart übervölkert, daß Tausende von Seminole, Shawnee, Delaware, Kickapoo und andere Indianer ständig nach Texas oder Kansas einfielen, um Wild zu jagen.

Die Wanderungen dieser Stämme sowie die erzwungene Westbewegung der überlebenden Wichita und Caddo lösten einen letzten mörderischen

---

* Oklahoma ist erst seit 1907 Bundesstaat der USA; es war vorher Indianerterritorium. Daraus ergibt sich die unterschiedliche Rechtslage.

Bruderkrieg der amerikanischen Indianerstämme untereinander aus. Die Plainsvölker – Comanchen, Kiowa, Cheyenne, Arapaho und andere – haßten diese Indianer mehr als irgendeinen Weißen, weil sie das Sakrileg begingen, in fremde Jagdgründe einzudringen. Diese Situation brachte es mit sich, daß westliche Stämme, die vormals Todfeinde waren, miteinander paktierten, um sich der Eindringlinge aus dem Osten zu erwehren: Kiowa und Osage verbündeten sich, und selbst die Comanchen und Ute begruben das Kriegsbeil, um die Kickapoo zu vertreiben. Zu Tausenden brachten sich Indianer östlicher Stämme und der Plainsvölker in diesem Zeitraum gegenseitig um.

Die indianischen Völker aus dem Osten waren den ungestümeren Pferdestämmen aber nicht mehr hilflos ausgeliefert. Auch sie besaßen jetzt Pferde, auch sie waren mit Feuerwaffen ausgerüstet und hatten eigene Kriegstaktiken entwickelt. Zu den denkwürdigsten Konfrontationen zwischen östlichen und westlichen Indianern zählt die Schlacht am Kansas River im Jahre 1853, in der sich einhundert Sauk- und Foxindianer mit Gewehrfeuer gegen eine verbündete Streitmacht von etwa fünfzehnhundert Comanchen, Kiowa, Cheyenne, Arapaho und Osage behaupten konnten. Aber keinem der östlichen Stämme, nicht einmal den kampfstarken Kickapoo, gelang es, auf den Plains Fuß zu fassen. Sie blieben nomadisierende Jammergestalten, die während der fünfziger Jahre die Plains von Texas bis Kansas in Aufruhr hielten, bis sich ihre Überreste schließlich in den engen »Oklahoma Strip« oder über den Rio Grande nach Mexiko zurückzogen.

Im Jahre 1849 wurde John H. Rollins Nachfolger von Neighbors im Amt des Indianeragenten. Auch er kämpfte einen aussichtslosen Kampf gegen Chaos und Hunger. Er wußte, daß er mit den selbständigen Comanchen nicht fertigwerden konnte. Einigen Penateka-Banden handelte er schließlich 1850 das Versprechen ab, nicht mehr in Gebiete südlich des Llano River einzufallen. Doch mit diesem Vertrag wurden die Verhältnisse nur noch schlimmer: Die Penateka-Gruppen und die nördlichen Comanchen, die sich an dem Vertrag nicht beteiligt hatten, gerieten in Zorn über das Verhalten ihrer Stammesbrüder, so daß nördliche Comanchen zum ersten Mal gegen südliche Comanchen Krieg führten. Die wenigen Nemene, die sich damit abgefunden hatten, ihren Frieden mit den *tejanos* zu machen, zogen sich dadurch den Haß ihres eigenen Volkes zu.

Rollins tat sein Bestes, um Blutvergießen zu verhindern, indem er zum Beispiel 1851 hohe jährliche Zuwendungen an die Penateka durchsetzte. Aber wenn auch die älteren Stammesangehörigen einlenkten, so konnten sie doch nicht die neue Generation prestigehungriger und beutegieriger Krieger daran hindern, den Kriegspfad zu beschreiten. Rollins trat für die

Indianer ein, so gut er konnte; aber auch eindringliche Beschreibungen von deren Not und Hunger machten auf seine fernen Vorgesetzten keinen Eindruck.

Das offizielle Washington hielt das gesamte Indianerproblem für maßlos übertrieben. Viele Ostküstenamerikaner gaben sogar den Weißen die Alleinschuld, da sie unbefugt in indianisches Gebiet eindrangen. Daß auch Comanchen oder Kiowa ohne Provokation durch Weiße nach Texas einfielen, konnten viele Beamte in Washington einfach nicht verstehen. Als übertrieben wurden auch die Angaben über Todesfälle und Gefangennahmen von Weißen eingestuft.

Ein typischer Widerspruch innerhalb der amerikanischen Ideologie bestand darin, daß die meisten Amerikaner instinktiv an den »Schicksalsauftrag«, das »manifest destiny«, des weißen Mannes glaubten und andererseits »Bodenspekulanten« in Indianergegenden verabscheuten. Die Präsidenten George Washington und Andrew Jackson, die jeder übertriebenen Sympathie für Indianer unverdächtig waren, teilten vorgeblich diesen Abscheu; doch George Washington selbst betrieb jenseits der Appalachengrenzen Bodenspekulationen.

Die Geringschätzung gegenüber den landgierigen Grenzern sowie die Weigerung, die Indianergebiete zu schützen, schufen eine Situation, wie sie verworrener nicht hätte sein können. Das Indian Office beschönigte die Verhältnisse nach Kräften und machte das Militär für die Lage verantwortlich, während das Militär die Lage in düstersten Farben malte und die Friedensstrategen in Washington Idioten oder Schlimmeres nannte. Tatsache ist, daß die Obrigkeit das wahre Ausmaß des Blutvergießens, abgesehen von einigen aufsehenerregenden Massakern, nicht zur Kenntnis nahm.

Nach dem Sommer 1849 hatten die Kiowa und Comanchen den Verkehr auf dem Santa Fé Trail erheblich gestört. Die Beamten in Washington erkannten diesmal, daß gehandelt werden mußte, da Verbindungswege durch die *Comanchería* unentbehrlich waren. Washington strebte allerdings eine Lösung mit diplomatischen Mitteln an, während Stimmen laut wurden, die nach einer militärischen Strafaktion riefen, um den Wilden beizubringen, daß sie Reisende aus Missouri nicht zu belästigen hatten.

Der Regierungsunterhändler Thomas Fitzpatrick wollte die Situation vertraglich regeln. Er berief im Sommer 1853 im Indian Territory eine Ratssitzung mit Vertretern der nördlichen Comanchen, der Kiowa und der Kiowa-Apachen ein und setzte ihnen gegenüber einen Vertrag durch, der der Regierung das Recht einräumte, Straßen und Forts im Gebiet der Comanchen anzulegen. Andererseits wurden die Stämme verpflichtet, ihre Überfälle einzustellen und alle Gefangenen auszuliefern. Als Gegenleistung dafür stellte Fitzpatrick jährliche Leistungen in Höhe von 18 000 Dollar in Aussicht, zunächst für fünf Jahre, mit Genehmigung des Präsidenten auch darüber hinaus.

Aber dieser Vertrag von 1853 war nichts weiter als Scharlatanerie. Keine der beiden Vertragsparteien hielt die Vertragsbestimmungen ein. Fitzpatrick hatte so die Möglichkeit, die Indianer als vertragsbrüchig hinstellen zu können, insbesondere, wenn sie weiter Krieg führten – ein für angelsächsische Mentalität sehr wichtiger Umstand.

Jefferson Davis, der 1853 Kriegsminister im Kabinett des Präsidenten Pierce wurde, war offenbar der erste Amerikaner in einem hohen Regierungsamt, der die militärisch und geographisch radikal andersgearteten Gegebenheiten westlich des Mississippi richtig einschätzte. Davis, ein Südstaatler, war entschlossen, gründliche politische und organisatorische Reformen durchzuführen, um die südwestliche Grenze so schnell wie möglich zum Pazifik voranzutreiben.

Davis war ein echter Imperialist des neunzehnten Jahrhunderts. Er hielt es für unbedingt rechtmäßig, daß die zivilisierten Nationen ihre Herrschaft über die Naturvölker ausdehnten. Er besaß einen instinktiven Glauben an das explosive Wachstum des amerikanischen Imperiums. Die Ureinwohner des Kontinents sah er nicht anders an als seine britischen Genossen die Stammesbewohner von Nordwestindien oder die Franzosen die Nomaden der Sahara: Hindernisse, die sich dem rechtmäßigen Fortschritt einer segensreichen Zivilisation in den Weg stellten. Eine Ausrottung der Naturvölker Amerikas beabsichtigte Davis zwar nicht, doch sollten sie auf keinen Fall die nationalen Interessen stören, die mit der Aneignung und Ausbeutung neuer Territorien zusammenhingen.

Während seiner Ministertätigkeit in den Jahren 1853 bis 1857 setzte Davis alles daran, den Westen zu erobern: Er baute die Armee aus und organisierte sie um; er änderte die Militärpolitik; er trainierte eine neue Generation von Soldaten für Kavallerieeinsätze auf den Great Plains. Mit Hilfe seiner Armee und seiner Politik, die gegen 1870 wieder aufgegriffen wurde, konnten die westlichen Indianer endgültig unterworfen werden.

Die inneren Auseinandersetzungen in den fünfziger Jahren ließen die Leistungen von Jefferson Davis im Westen zurücktreten, und seine späteren Dienste für die Konföderation der Südstaaten warfen auf seine Tätigkeit als Kabinettsmitglied abermals einen Schatten. Davis wurde beschuldigt, die Südstaaten zu begünstigen, indem er die Armee in Texas konzentriere und Südstaatler zu Offizieren mache. Davis' Aufzeichnungen aus jener Zeit widerlegen diese Anschuldigungen: Als Kriegsminister lag ihm jeder Gedanke an zwei amerikanische Nationen fern, und als West-Point-

Absolvent und früherer Armeeoffizier war er zweifellos davon überzeugt, mit abgesicherten Eroberungen im Westen einer großen nationalen Sache zu dienen.

In der Tat wollte er Texas und einen gestaffelten Kordon von Südstaaten zum Pazifik hin ausdehnen, um so dem wachsenden politischen und ökonomischen Druck des Nordostens in den Prärieestaaten auszuweichen. Im Grunde wollte er die südliche Region innerhalb des amerikanischen Staatenbundes nur angemessen vertreten sehen – eine zu keinem Zeitpunkt illoyale Absicht.

Davis besaß genug Talent und Energie, um sich eine einflußreiche Position im Kongreß und im Kabinett zu verschaffen, so daß er einschneidende Änderungen in der Westpolitik vornehmen konnte, ohne sie offiziell als solche deklarieren zu müssen.

Spätestens 1853 war es Jefferson Davis klar, daß man die westlichen Indianer nicht mehr in altbewährter Weise mit der Familienflinte und einer eilig im Vorgarten zusammengetrommelten Miliz bekämpfen konnte. Seit Jahren war es auch offensichtlich so, daß die Infanterie im Westen einen aussichtslosen Kampf gegen die Bedingungen des Geländes und ungeheure Entfernungen führte. Davis sah, daß die Texas Rangers die besten Methoden zur Bekämpfung von Indianern zu Pferde entwickelt hatten. Er verfügte, daß die bislang winzigen Garnisonen groß genug angelegt werden sollten, um genügend Truppen aufnehmen und jeder Bedrohung standhalten zu können. Ferner sollte die texanische Grenze von Kavallerie in kämpferischer Weise kontrolliert werden nach dem Prinzip: Grenzverletzer verfolgen und bestrafen. In dem Bemühen, die Streitkräfte so mobil und kampfstark wie möglich zu gestalten, ging Davis sogar so weit, Kamele anzuschaffen. Doch ließen sich die Erfahrungen der Franzosen in der Sahara nicht auf die Prärie übertragen.

Dem Argument, die Kavallerie sei zu teuer, trat Davis mit einer Kosten-Nutzen-Kalkulation entgegen. Er konnte den Kongreß davon überzeugen, daß die Kavallerie bei dreimal höheren Unterhaltskosten zehnmal effektiver als die Infanterie sein würde, so daß 1855 endlich ein Regiment zu Pferde bewilligt wurde.

Unterdessen beorderte Davis weitere Soldaten nach Texas und erhöhte die Stärke der Garnisonen 1853 auf mehr als dreitausend Mann. Den Kommandeuren gab er stillschweigend größere Befugnisse zur Bekämpfung der Angreifer. Infanterie und sogar Dragoner aber konnten ihren Kampfauftrag nur unzulänglich ausführen – bis endlich die Schlagkraft der Truppen durch Einführung eines neuen Gewehrtyps entscheidend verbessert wurde. Es handelte sich um Waffen des Kalibers 69 mit neuen Minié-

Geschossen, die eine treffsichere Reichweite von sechshundert Metern hatten. Diese Maßnahmen waren durchaus erfolgreich, wie der Rückgang der Comanchenüberfälle im Jahre 1853 bewies.

Davis kannte den Bericht von John Rollins über die erbärmliche Lage der friedlichen Stämme und sah die einzige Lösung darin, diesen Völkern Domänen zur Verfügung zu stellen. Das System der Reservate bestand seit den zwanziger Jahren; in Texas gab es genügend freies Land, doch hatten die Zwistigkeiten zwischen Einzelstaat und Bund die Einrichtung von Bundesreservaten verhindert. Dem Gouverneur von Texas schlug Davis energisch vor, er solle Gebiete für Reservate zur Verfügung stellen. Er versprach, die Indianer mit Hilfe der Armee dort festzusetzen. Nur seiner Amtsautorität und seinem persönlichen Einfluß war es zu verdanken, daß das Parlament von Texas dem Office of Indian Affairs schließlich etwa dreihundert Quadratkilometer unverteilten Landes für Reservate zur Verfügung stellte.

Captain Randolph Marcy und der inzwischen wieder ins Amt zurückgekehrte Robert S. Neighbors kundschafteten am Oberlauf des Brazos nahe Fort Belknap ein Gelände aus, das für ackerbautreibende Indianer gute Voraussetzungen bot. Es umfaßte etwa zweihundert Quadratkilometer und sollte die Waco, Ioni, Anadarko, Tawakoni und andere Stammesreste der Wichita und Caddo aufnehmen. Da Neighbors glaubte, auch noch die Penateka-Comanchen seßhaft machen zu können, wurde am Clear Fork, einem Quellfluß des Brazos, ein weiteres Areal von etwa achtzig Quadratkilometern zum Reservat bestimmt.

Neighbors fiel die undankbare Aufgabe zu, die Indianer in die Reservate zu führen. Trotz enormer Schwierigkeiten konnte er die Indianer für seine Pläne gewinnen. Aber oft machten seine Mitarbeiter und weiße Grenzer seine Erfolge wieder zunichte. So wurde zum Beispiel eine von ihm versammelte Gruppe von Tonkawa von Weißen beschossen. Und unter den Indianern selbst gab es Schwierigkeiten, da sich die Tonkawa als die Todfeinde aller anderen Stämme betrachteten. Der ungewöhnlich strenge Winter 1854/55 aber kam den Plänen von Neighbors zu Hilfe. Als es ihm schließlich gelungen war, die verschiedenen Stammesreste in die Reservate zu bringen, erkannten die texanischen Behörden und die Bundesbeamten seine Erfolge zähneknirschend an; die texanische Grenzbevölkerung dagegen, die die Reservatspolitik ablehnte, hätte lieber gesehen, wenn die Indianer völlig aus dem Staat vertrieben worden wären.

Unter dem Druck einer Hungersnot und mit Warnungen, die Armee würde sie jagen, wenn sie nicht kämen, konnte Neighbors sogar einige Penateka dazu bewegen, das Clear-Fork-Reservat zu beziehen. 431 südliche Comanchen siedelte er hier an, einen Rest von ungefähr fünfhundert ließ er über den Red River nach Norden ziehen.

Zu Beginn des neunzehnten Jahrhunderts hatte es in Texas insgesamt etwa dreißigtausend Indianer gegeben, und jetzt lebten noch etwa tausend Penateka. Ihr Zustand war erbärmlich, aber immer noch nicht so katastrophal wie der der agrarischen Völker. Neben den Penateka existierten nur noch etwa tausend weitere Indianer. Einige kleinere Banden von Indianern weigerten sich, in Reservate zu gehen. Und längs des Rio Grande verbargen sich immer noch die Lipan-Apachen.

Die Wichita und Caddo paßten sich dem Leben im Reservat schnell an. Mit viel Fleiß errichteten sie strohgedeckte Häuser und legten Getreidevorräte an. Mit den knapp fünfhundert Penateka im Clear-Fork-Reservat hingegen ergaben sich ernste Probleme. Trotz ihrer Friedensbereitschaft waren und blieben sie ausschließlich Jäger und Sammler, für die das Clear-Fork-Schutzgebiet keine ausreichenden Jagdgründe bot. So versuchte Neighbors, sie mit der Viehhaltung vertraut zu machen.

Die Gruppe der hartgesottenen Penateka aber, die nach Norden ins Indian Territory gezogen war, um sich den verbleibenden freien Stämmen anzuschließen, kochte vor Haß, weil sie erneut aus ihren angestammten Jagdgründen vertrieben worden war. Für sie gab es keinen Frieden mit den *tejanos*.

Zwischen Amerikanern und Comanchen entwickelten sich nun merkwürdige Beziehungen: Die Indianeragenten nördlich des Red River hießen die Penateka willkommen und ließen sie dann vollkommen unbehelligt, so daß das Gebiet nördlich des Flusses offiziell als befriedet galt, aber nichts auf der Welt konnte diese Penateka davon abbringen, Überfälle auf weiße Siedlungen am Brazos zu unternehmen, wodurch die anderen Banden und die Kiowa dazu ermutigt wurden, ebenfalls ihre Raubtätigkeit zu verstärken. Die Bundesbeamten, die den Kopf in den Sand steckten und taten, als bestehe Frieden zwischen Comanchen und Amerikanern, trugen durch ihre passive Haltung noch dazu bei, die Banden in ihrem Glauben zu stärken, es gebe tatsächlich zwei Nationen von Weißen.

Die althergebrachten Kriegsbräuche der Indianer änderten sich nur wenig. Die Kriegerbanden umfaßten jetzt nur noch fünf oder sechs Krieger; die Familien wurden selten mitgenommen. Die älteren Comanchen- und Kiowakrieger verließen ihre Lagerplätze entlang dem Arkansas River kaum, während die abenteuerlustigen jungen Männer auszogen und Verwüstungen zwischen dem Trinity und der Küstensiedlung bei Corpus Christi anrichteten. Die Raubzüge der Comanchen in den fünfziger Jahren standen denen der Apachen an Grausamkeit in nichts nach. Die nördlichen

Comanchen waren ihren Stammesbrüdern im Clear-Fork-Reservat jetzt äußerst feindlich gesonnen.

Die großen Hoffnungen, die man auf die beiden Reservate in Texas gesetzt hatte, waren sehr bald zerstört. Den »zahmen« Indianern aus den Reservationen lastete man mit Absicht weitaus mehr Schandtaten an, als sie begangen hatten, um damit glauben zu machen, daß Neighbors' »verhätschelte Lieblinge« die Reservate als Freistätten für Mord und Plünderung benutzten.

Unglücklicherweise mußten um 1854 viele der verstärkten Grenzgarnisonen in andere Gegenden verlegt werden, so daß sich gegen 1855 die Situation an der gesamten texanischen Grenze wieder verschlechterte. Indianische Kriegerbanden fielen nun gelegentlich zum Teil hundert Kilometer weit in vermeintlich sicheres Gebiet ein und verwüsteten ganze Landstriche. In den fünfziger Jahren wurde die Gegend um San Antonio erneut schwer heimgesucht und eine deutsche Siedlung in der Nähe grausam völlig zerstört; auch zogen wieder Plündererhorden über Buffalo Humps alte Fährte bis zum Golf.

Die fortwährenden blutigen Überfälle und Massaker erzeugten politische Unruhe in Texas: Die Forderungen nach Aufstellung neuer Rangerkompanien wurde laut. Sam Houston, der sich harten Maßnahmen gegen Indianer widersetzte, verlor über diesen Auseinandersetzungen seinen Sitz im US-Senat. Als sich dann Jefferson Davis entschlossen zeigte, gegen die Überfälle etwas zu unternehmen, schlug das Pendel in die andere Richtung aus.

Das erste Kavallerieregiment der USA, das aus unerforschlichen Gründen militärischer Logik offiziell »das Zweite« hieß, wurde im März 1855 aufgestellt. Dieses Regiment, »Jeff Davis' Own«, war das Lieblingskind des Kriegsministers Jefferson Davis, bei dem er sich um jedes Detail selbst kümmerte. Davis wählte sogar die Offiziere aus, wobei er sich über das bisherige Prinzip des Dienstalters hinwegsetzte. Er sah sich bei der Auswahl der Leute sogar außerhalb der regulären Truppen um und bot einigen erfahrenen Rangern Offiziersstellen durch Ernennungspatent an. Zum Kommandeur des Regiments wurde der ehemalige Kriegsminister von Texas ernannt, der Oberst Albert Sidney Johnston. Die ranghöheren Offiziere durften ihre Unteroffiziere aus der gesamten Armee zusammenholen. Die Mannschaften stammten, ebenso wie die Pferde, zumeist aus ländlichen Gebieten von Kentucky, Ohio und Indiana.

Bei der Ausrüstung des Kavallerieregiments wurden keine Kosten gescheut. Geschulte Aufkäufer erwarben nur die besten Tiere für die Truppe. Jede der zehn Kompanien ritt Tiere einer Farbe: Kompanie A Grauschimmel, die Kompanien B und E Rotfüchse, C, D, F und I Braune; die Kompanien G und H hatten kastanienbraune Tiere, und die Kompanie K Rotschimmel. Die Kavalleristen bekamen messingbeschlagene Sättel und Patronentaschen aus Guttapercha. Ihre Bewaffnung entsprach dem neuesten Stand der Technik: neue, von hinten zu ladende Springfield-Karabiner und 36er Colts Navy Model. Die Unteroffiziersränge wurden außerdem mit schweren Dragonersäbeln ausgerüstet, die allerdings mehr dem militärischen Gepränge dienten, als daß sie von Nutzen gewesen wären. Den Offizieren gestattete Jefferson Davis, Straußenfedern am Hut zu tragen. All dies verlieh dem Regiment ein farbenprächtiges, elegantes Aussehen, das über seine große Schlagkraft gelegentlich ein wenig hinwegtäuschen konnte. Es verfügte über Zwölfpfünder-Berghaubitzen, die für den Transport zerlegt werden konnten, und es war anderthalbmal so groß wie spätere Kavallerieeinheiten: 750 Offiziere und Mannschaften sowie achthundert Pferde. Dieses Regiment war in jeder Hinsicht einzigartig, von der Bewaffnung bis zu dem hohen Prozentsatz südstaatlicher Grundherren, die der Kriegsminister ins Offizierskorps berufen hatte. Es stellte die Elitetruppe der Armee dar, und selbst seine jüngeren Subalternoffiziere galten als glücksbegabte und vor allem als ansehnliche Männer.

Die über vierzig Offiziere, die im Zweiten Kavallerieregiment während der fünf Jahre seines Bestehens dienten, rechtfertigten die Erwartungen von Jefferson Davis durchaus. Kein anderes Regiment in der Geschichte Amerikas brachte so viele Offiziere im Generalsrang hervor. Albert Sidney Johnston, sein stellvertretender Kommandeur Robert E. Lee, Hauptmann Edmund Kirby-Smith und Leutnant John Bell Hood sollten in der Armee der Konföderierten Staaten zu Generälen aufsteigen. Major William Hardee erhielt drei Sterne, und Earl Van Dorn, Charles W. Field und Fitzhugh Lee avancierten unter demselben Banner zu Generalmajoren. Drei weitere Offiziere aus den Südstaaten wurden später zu Brigadegenerälen ernannt. Doch war das Zweite Kavallerieregiment keineswegs eine reine Südstaatlertruppe, denn George H. Thomas, Kenner Gerard, George Stoneman Jr. und Richard W. Johnson dienten später als Generalmajore in der Unionsarmee. Fast alle anderen Überlebenden wurden in einer der beiden Armeen zum Oberst befördert.

Der Ruf, eine Südstaatlertruppe zu sein, führte schließlich zur Auflösung des Regiments und verdüsterte seinen Glanz in den Militärannalen der Vereinigten Staaten. Die eleganten Offiziere mit den Straußenfedern am Hut und der schwarzen Dienerschaft stellten tatsächlich eine Anomalie unter den Berufssoldaten dar. Trotz ihrer großen Fähigkeiten entsprachen sie bald nicht mehr den Vorstellungen der Amerikaner von Militärs; aber gerade sie begründeten eine Tradition, die auch der Bürgerkrieg nicht auszulöschen vermochte. Das Regiment wurde zum Vorbild für eine neue Form berittenen Grenzschutzes, und die Erfahrungen, die es in fünfundzwanzig Kampagnen sammelte, bildeten die Grundlage für Strategie und Taktik aller späteren Kavallerieoperationen im Westen. Das Zweite Kavallerieregiment wurde zur Schule der Armee für Indianerkämpfe.

Im Herbst 1855 brach das Regiment von den Jefferson Barracks in Missouri zur texanischen Grenze auf. Es überquerte den Red River bei heulendem Nordwind; mehrere Pferde erfroren, und ein Berglöwe griff nachts die Feldwachen an. Der lange Marsch härtete die Kavalleristen schon ein wenig ab für das, was sie erwartete. Selbst in diesem Eliteregiment traten disziplinarische Probleme auf, wie Eliza Johnstons Tagebuch beweist. Die Frau des Obersten hatte eine Strafparade mit Auspeitschungen, Abreißen der Rangabzeichen und Verstoßung aus dem Dienst miterlebt und äußerte in ihrem Tagebuch die Hoffnung, die Armee möge zu einer weniger entwürdigenden Art finden, Männer zu behandeln.

Nachdem die Kavalleristen den Red River und damit die texanische Grenze überschritten hatten, teilte sich das Regiment, um die Grenze zu befestigen. Das Hauptquartier und sechs Kompanien wurden nach Fort Mason verlegt; der Rest zog unter dem rangältesten Major weiter, um am Clear Fork des Brazos, westlich des alten Fort Belknap, einen neuen Vorposten zu errichten. An beiden Orten mußte das Regiment Zelte aufschlagen, da Fort Mason, das seit langem verlassen war, einer Ruine glich. Doch im Januar 1856 waren alle Kompanien stationiert, und schon lange bevor sie die Quartiere hergerichtet hatten, trat das Regiment in Aktion.

Da die übrigen texanischen Garnisonen lediglich Infanterie beherbergten, fiel nahezu die gesamte Last der aktiven Verteidigung der Kavallerie zu. Colonel Johnston begrüßte diese Tatsache ebenso wie die Befehle des Kriegsministers – die Grenze entlang zu patrouillieren und alle wilden Indianer, die sich in Texas blicken ließen, zu verfolgen und zu bestrafen. Das Regiment wollte so sich selbst und anderen die größere Wirksamkeit berittener Soldaten beweisen.

Das Zweite Kavallerieregiment war der Schwierigkeit enthoben, zwischen »friedlichen« und »feindlichen« Indianern unterscheiden zu müssen: alle, die zwischen dem Red River und dem Rio Grande außerhalb der Reservate angetroffen wurden, galten als vogelfrei.

Die Zusammensetzung der Offiziersränge aus ehemaligen Rangern, Zivilisten und Absolventen von West Point brachte einige exzellente Taktiker hervor. Obgleich der ehemalige Ranger Captain Charles Edward Travis, ein Sohn des Helden von Alamo, wegen Verleumdung angeklagt, vom

Militärgericht verurteilt und wegen »unehrenhaften Verhaltens« – ein Urteil, das vielen als zu hart erschien – aus dem Dienst entlassen wurde, und obgleich Leutnant Charles Field bei Mrs. Johnston und anderen Offiziersfrauen Anstoß erregte, da er mit einer verheirateten Frau zusammenlebte – eine Tatsache, die offiziell übergangen wurde und seiner brillanten Karriere nicht schadete –, erfüllte das Offizierskorps insgesamt seine Aufgaben wie erwartet.

Erfahrene militärische Praktiker, darunter Robert E. Lee, fertigten rasch kartographische Skizzen des Operationsbereiches an und sicherten sich die Dienste einiger Delawarespäher aus dem Indian Territory. Sorgsam wurden Pläne für ausgedehnte Patrouillen, die wechselweise sämtliche Basiscamps einbezogen, für schnelle Kommunikation, häufige Kontakte, gegenseitige Unterstützung und ausreichende Reserven im Falle der Verfolgung sorgten, ausgearbeitet. Das Konzept bestand darin, das gesamte Grenzgebiet durch beständiges Absuchen aller Flußübergänge, der Ufer und Niederungen zu kontrollieren. Für die Patrouillen wurde ein genauer Zeitplan so geschickt aufgestellt, daß ihr Auftauchen dem Feind zufällig und planlos erscheinen mußte. Die Patrouillen sollten aggressiv vorgehen und auch jenseits der Grenze nach Indianerspuren suchen. Sobald eine Patrouille auf Abdrücke unbehufter Pferde stieß, sollte sie sofort die Verfolgung aufnehmen und die Indianer zum Kampf zwingen.

Johnston war entschlossen, so viele Patrouillen ins Feld zu schicken, wie Pferde und menschliche Ausdauer das erlaubten.

Schon bald floß Blut. Kleinere Scharen von Lipan-Apachen sowie einige Waco und Kickapoo, die die Reservationen mieden, unternahmen Raubzüge ins Grenzland. Diese Krieger wagten sich nicht allzu weit auf Comanchengebiet vor. Ihre Spuren konnten daher unverzüglich aufgenommen werden. Ende Februar folgte ein Kommando der Kompanie G sechs Tage lang einer Gruppe Waco, holte sie ein und trieb sie auseinander, nachdem die Soldaten etliche der Indianer getötet hatten. Zwei Kavalleristen wurden bei dieser Aktion verwundet. Wenige Tage später gelang es der Kompanie C, einige Lipan-Apachen, die von einer Plünderung südlich San Antonios zurückkehrten, aus dem Hinterhalt anzugreifen. Die Apachen verloren mehrere Krieger sowie sämtliche Pferde und Vorräte. Im April verfolgte Hauptmann Oakes von der Kompanie C eine Kriegerbande der Comanchen über nahezu fünfhundert Kilometer; am 1. Mai holte er sie ein und tötete weitere Indianer ohne eigene Verluste. Bei dieser Operation legte die Kompanie C etwa tausend Kilometer in 22 Tagen zurück. Dabei entdeckte man, daß die schweren Kavalleriepferde, deren Futter hauptsächlich aus Getreide bestand, die indianischen Pferde in strapaziösen

Verfolgungsjagden einzuholen vermochten, vor allem dann, wenn eine Patrouille die andere ablöste.

Im Juni leitete Oberstleutnant Lee eine breitangelegte Kampagne, bei der er mit zweihundert Kavalleristen sieben Wochen lang weite Gebiete durchstreifte, jedoch nirgends auf Indianer stieß.

Derartige Patrouillen waren für Mensch und Tier eine Schinderei, zehrten den Getreidebestand auf und verschlissen die Pferde – doch den Indianern fügten sie weit größeren Schaden zu. Sie störten die Raubzüge und Kriege der Comanchen im Keim, indem sie sie jenseits der Grenze angriffen und die Kriegerscharen zur Umkehr zwangen, meist ehe die ihre Überfälle überhaupt beginnen konnten. Vor allem aber machten diese Patrouillen den Indianern das Leben unerträglich, die nicht in die Reservate gegangen waren und nun zwischen den Comanchen und der Kavallerie aufgerieben wurden.

Nur wenige Aktionen konnten dabei als Schlacht bezeichnet werden, und nur wenige Operationen rechtfertigten die Bezeichnung Kampagne. Dennoch eignete sich diese Art militärischer Gegenschläge erstaunlich gut, den indianischen Guerillakrieg zu unterbinden. Mit der Zeit wurden die Patrouillen aggressiver und drangen auf ihrer Suche nach Indianern weiter in das Indianergebiet vor. Ende 1856 durchstreifte eine normale Patrouille durchschnittlich etwa tausend Kilometer und blieb dreißig Tage lang im Feld. Ausgangslager und Feldhauptquartiere wurden beständig verlegt; zeitweise blieb nur die Regimentsmusik in der Garnison Fort Mason.

Im November 1856 überraschte Leutnant Jennifer von der Kompanie B eine kleine Gruppe Comanchen am Llano River. Er griff sofort an, vertrieb die Krieger in die Wälder und erbeutete alle ihre Pferde und Ausrüstung. Hauptmann Bradfute stieß im selben Monat am Concho auf eine stärkere Bande. Er tötete vier Comanchen, verwundete einige weitere, nahm einen Krieger gefangen und erbeutete etliche Pferde. Daraufhin setzte er die Patrouille fort und legte fast achthundert Kilometer zurück, ehe er im Dezember ins Quartier zurückkehrte.

Die Kavallerie lernte rasch, und zwar ebenso aus den Erfolgen wie aus den Fehlschlägen. Allzugern gaben die jungen Offiziere das Trompetensignal und griffen mit dem Säbel an, wie Jennifer es am Llano getan hatte; solchen Taktiken entkamen aber viele Feinde, und man ging davon ab. Der beständige Krieg, den die Blauröcke im Sommer wie im Winter führten, demoralisierte die räuberischen Indianer rasch. Selbst bei schlechtestem Wetter wurden noch Patrouillen ausgeschickt, und wenn sie einmal eine Spur aufgenommen hatten, gaben sie die Verfolgung nur dann auf, wenn die Umstände es unbedingt erforderten.

Im Februar 1857 folgte Leutnant Wood mit seinem Delawarespäher und 15 Mann einer frischen Spur. Tagelang setzte er unnachgiebig die Verfolgung fort, bis er nahe dem North Concho schließlich fünf Comanchenkrieger einholte. Er tötete drei von ihnen durch Gewehrfeuer und nahm die beiden übrigen gefangen, obwohl er selbst beim berittenen Angriff auf die entsetzten Indianer verwundet worden war.

Im Juli dann focht Leutnant John Hood die blutigste Aktion aus, die die Zweite Kavallerie in Texas siegreich beendete. Hood, ein energischer Mann aus Kentucky, ging von Mason aus auf Comanchenjagd, wobei sein Scout weit vorn operierte, um Spuren auszuspähen und Hinterhalte rechtzeitig zu erkennen. Er ritt mit seinen 24 Soldaten zwölf Tage lang hart, ehe der Delawarespäher eine drei Tage alte Ponyfährte entdeckte. Die Spur führte zur Rio Grande-Grenze, über äußerst rauhes und ödes Gebiet, in dem die Wasserstellen vielfach siebzig und mehr Kilometer voneinander entfernt lagen und in einigen das brackige Wasser so faulig roch, daß Menschen es kaum trinken konnten. Ohne zu zögern, nahm Hood die Verfolgung auf; er hoffte, die etwa zwanzig Comanchen stellen zu können, bevor sie nach Mexiko überwechselten.

Vier Tage lang trieb der Leutnant seinen staubbedeckten Trupp nach Süden voran, bis schließlich einige der Pferde vor Erschöpfung zu lahmen begannen. Am 20. Juli stieß er auf einen frisch verlassenen Lagerplatz, an dem die Asche der Feuer noch warm war. Er hatte die Indianer eingeholt. Aber sein Späher berichtete, daß weitere Comanchen hinzugekommen waren und daß er nun mindestens fünfzig Krieger verfolgte. Hier, nahe den Quellen des Devils River, überlegte sich Hood, wie er weiter vorgehen sollte. Sein Trupp war nun an Zahl unterlegen, die Männer waren erschöpft und die Pferde abgehetzt. Aber im Süden zeichneten sich die Umrisse der Sierra Madre ab, und Hood entschloß sich, wenigstens bis zum Rio Grande zu reiten.

Schließlich entdeckten die Soldaten Indianer auf einem Felsufer über dem klaren Wasser des Devil's River. Offen zeigten sich die Krieger und schwenkten einen Gegenstand, der wie ein großes weißes Tuch aussah – ein Zeichen des Waffenstillstands. Hood vermutete einen Hinterhalt, führte aber seinen Trupp weiter in ein ausgedehntes dorniges Yuccagesträuch, um sich mit den Indianern zu treffen. Er befand sich weit vor seiner eigenen Linie, die die Karabiner mit gespannten Hähnen bereithielt, als die wartenden Indianer plötzlich ihre »Fahne« zu Boden warfen und ihn zu Fuß angriffen. Gleichzeitig ging das Dickicht vor den Kavalleristen in Flammen auf, und etwa dreißig bemalte Krieger zu Pferde stürmten auf die Flanken von Hoods Truppe los, während etliche andere aus dem Dorngebüsch heraus feuerten. Eine zehn Meter hohe Flammenwand loderte auf, die die Kavalleriepferde irritierte, als ihre Reiter sie herumrissen, um dem Angriff zu begegnen.

Zwei Krieger eilten auf Hood zu in der Hoffnung, ihn lebend vom Pferd reißen zu können. Aber der Leutnant hatte den Comanchen einen Kriegstrick abgeschaut: Er hatte eine kurze, doppelläufige Schrotflinte über den Sattelknauf gelegt, ähnlich den achtkalibrigen Waffen, die die berittenen Indianer bevorzugten. Damit fetzte er die beiden Angreifer aus nächster Nähe buchstäblich in Stücke, dann wirbelte er herum und ritt zurück zu seinen umzingelten Leuten.

Fünfzig Comanchen mit Lanzen und Büffelhautschilden waren bereits in die zusammenbrechende Linie der Kavalleristen eingedrungen und griffen zu Fuß und zu Pferd an. Aber auch diesem Tumult hielt die eiserne Disziplin der Zweiten Kavallerie stand, und die Colt-Revolver leisteten ihre tödlichen Dienste. Männer und Pferde gingen unter dem Anprall der stahlharten Schilde zu Boden, während Hood und sein Sergeant ihre Säbel schwangen; der Sergeant spaltete mit einem mächtigen Streich einem Krieger den Kopf bis zum Kinn.

Inzwischen hatten die Soldaten ihre Revolver leergeschossen, und im Sattel konnten sie nicht nachladen. Doch mit dem Mute der Verzweiflung kämpfte sich das gesamte Kommando den Weg aus dem Dickicht frei, saß ab und lud in aller Eile nach. Die Soldaten standen dabei ständig unter Beschuß, denn offenkundig lud eine Anzahl Comanchenfrauen die Musketen der Indianer dauernd nach und reichte sie den aus dem Hinterhalt feuernden Kriegern.

Ein Pfeil hatte Hoods linke Hand an das Sattelzeug genagelt. Fluchend brach er den Schaft ab, zog ihn heraus und umwickelte die verletzte Hand mit einem Taschentuch. Zu jenem Zeitpunkt, zu dem bereits etliche Männer und Pferde kampfunfähig waren und nur ein halbes Dutzend Soldaten über geladene Waffen verfügte, hätte ein entschlossener indianischer Angriff das gesamte Kommando vernichtend schlagen können. Doch der Trupp wurde – widersinnigerweise – von den Comanchenfrauen gerettet, die, als der Qualm des brennenden Dornbuschs sich lichtete und sie die toten Indianer sahen, ein gräßliches Geheul anstimmten. Hood mutmaßte später in seinem Bericht, seine Männer hätten acht oder neun Comanchen getötet und etwa doppelt so viele verwundet. Er hatte zwar in dem Getümmel keine Zeit, die Gefallenen des Feindes zu zählen, aber diese Schätzung war zu vorsichtig; Comanchen, die das Gemetzel überlebten, gaben später im Reservat an, es seien annähernd hundert Indianer daran beteiligt gewesen, und die Soldaten hätten 19 von ihnen getötet und weit mehr verletzt.

Nachdem sie einmal entmutigt waren, ließen die Comanchen davon ab, Hoods angeschlagenen Trupp zu vernichten. Sie bargen ihre Toten und Verwundeten und stahlen sich durch das Gestrüpp davon.

Hood ließ sie ziehen. Zwei seiner Leute waren tot, vier weitere und er selbst schwer verwundet. Die Pferde brachen vor Erschöpfung fast zusammen, und der Trupp hatte weder Proviant noch Wasser. Hood zog sich an den Fluß zurück und sandte einen Reiter ins Val Verde County, um ärztliche Hilfe zu holen. Am Tag darauf traf ein Entlastungstrupp von der Achten Infanterie aus Camp Hudson ein und brachte Hood ärztliche Versorgung und neuen Proviant für den Marsch nach Fort Clark.

Nach fünf Wochen im Feld kehrten Hood und seine Kavalleristen am 8. August nach Fort Mason zurück. Winfield Scott, der Oberkommandierende der US-Armee, zeichnete alle seine Soldaten für besondere Tapferkeit aus.

In Dutzenden von ähnlichen, wenn auch weniger dramatischen und blutigen Patrouillen wurde die texanische Grenze 1857 von feindlichen Indianern befreit. Die Comanchen zogen sich weiter zurück und ließen der Grenze einen größeren Spielraum. Gleichzeitig wurde es auch den nördlichen Kriegerbanden nahezu unmöglich gemacht, nach Mexiko einzufallen. Eine Kette von Forts und ständige unberechenbare Kavalleriepatrouillen kontrollierten die alten Zugangswege der Indianer ins Nachbarland; nun, nach einem Jahrhundert des Terrors, hörten die Überfälle der Comanchen auf die nordmexikanischen Grenzgebiete plötzlich auf. Die dort heimischen Farmer dankten Gott, begriffen aber wohl nie so recht, welchen hervorragenden Anteil die amerikanische Kavallerie an der Beseitigung dieser Gefahr hatte.

In jenen Jahren wurden auch die Reste der anderen Stämme vernichtet, die in Texas noch außerhalb der Reservationen zu überleben versuchten. Um 1857 wurden die Lipan-Apachen in Südwesttexas praktisch ausgerottet. Sie verließen ihre alten Wanderungsgebiete nördlich des Rio Grande und suchten in Coahuila Zuflucht, wo Reste der Kickapoo und anderer Völker sich ihnen anschlossen und mit ihnen verschmolzen. Die wenigen Lipan und Kickapoo fuhren allerdings fort, Texas zu überfallen und dort Vieh zu rauben, bis Mackenzies Strafexpedition sie in den siebziger Jahren in der mexikanischen Sierra versprengte.

1903 bekamen 19 Lipan – es waren alle, die in Mexiko noch überlebt hatten – Erlaubnis, über die Grenze zurückzukommen und sich im Mescalero-Reservat in Neu-Mexiko anzusiedeln. Außer ihnen gab es nur noch drei weitere Überlebende dieses Stammes; zwei hatten sich den Tonkawa angeschlossen, und einer lebte bei den Kiowa-Apachen im Indian Territory.

Damit waren die östlichen Apachen, der einstige Schrecken der spanischen Grenzgebiete, endgültig vernichtet.

Das Zweite Kavallerieregiment beschränkte sich darauf, im texanischen Grenzgebiet zu patrouillieren; es verfolgte die Indianer nicht über den Red River und auf das hohe, noch unerforschte Llano Estacado. Trotz seines offensiven Vorgehens blieben Aktionen und daher auch Wirksamkeit lokal begrenzt. Zwar konnte es die Überfälle der Indianer eindämmen. Doch es zerstörte noch nicht die Ausgangsstätten des indianischen Terrors an der Brazos-Grenze.

Dieser Sachverhalt hätte den Bundesbehörden damals klar vor Augen geführt werden müssen, als Davis 1857 das Kriegsministerium verließ und sein Nachfolger, Floyd, die texanischen Schwierigkeiten behoben glaubte und vorschnell den größten Teil des Zweiten Kavallerieregiments in das Gebiet von Utah abkommandierte. Zwar konnten die Comanchen die Politik der Weißen kaum begreifen, doch Veränderungen in den unmittelbaren Machtverhältnissen an der Grenze witterten sie sofort. Innerhalb weniger Wochen wußten alle Banden im Indianerterritorium von Oklahoma, daß die berittenen Soldaten abgezogen worden waren; erneut ritten Kriegerscharen plündernd und mordend durch das Grenzgebiet.

Dieser Schrecken nach Monaten des Friedens verursachte heftige politische Auseinandersetzungen und ließ massive Kritik an der Bundespolitik und die Forderung nach lokalen Maßnahmen laut werden. Wenn die ferne Bundesregierung und die indianerfreundlichen Agenten nichts unternahmen, mußte der Staat zur Selbsthilfe greifen und seine schlagkräftigen Mittel einsetzen: die Texas Rangers.

Auf den Wogen dieses allgemeinen Unmutes kam im Januar 1858 Hardin R. Runnels, ein hartgesottener, rauhbeiniger Politiker, ins Amt, der bereits die Sezession befürwortet hatte. Runnels glaubte, sofort einschneidende Maßnahmen einleiten zu müssen, um die bröckelnde Grenze zu schützen. Daher veranlaßte er die Legislative, Gelder für den Schutz der Grenze zu bewilligen, und ernannte John S. Ford zum Senior Captain und Oberbefehlshaber aller texanischen Streitkräfte. Ford hatte den Beinamen »Old Rip«, da er seine Verlustlisten gewöhnlich mit R. I. P. (requiescant in pace = Mögen sie in Frieden ruhen) zeichnete. Er war der damals erfahrenste Rangeroffizier im Dienst.

Old Rip hatte Vollmacht, einhundert berittene Rangers anzumustern und sie in einem Basiscamp an der indianischen Grenze zu stationieren. Die Texas Rangers waren immer noch keine stehende, ständig einsatzbereite Schutztruppe, aber ihren Ruhm hatten sie sich längst erworben. Der Staat setzte von Zeit zu Zeit Ranger Captains für besondere Zwecke ein und erlaubte ihnen, für begrenzte Zeit ihre eigenen Truppen aufzustellen. Ford dagegen erhielt 1858 außergewöhnliche Vollmachten; er konnte jeden Captain im Staatsdienst entlassen und durch eigene Offiziere ersetzen. Runnels gab Ford klare schriftliche und darüber hinaus eindeutige mündliche Befehle, »allen Spuren feindlicher und verdächtiger Indianer zu folgen« und »sie auf wirksamste Weise sofort zu bestrafen«, sobald er sie stellte. Ford sollte mit den Offizieren der Bundesarmee und den Indianeragenten zusammenarbeiten, sich in seinem Vorgehen jedoch von keiner Seite beeinflussen lassen. Weder diese Order noch der Plan waren neu; derartige Strafexpeditionen hatten Hays und John S. Moore bereits Jahre zuvor durchgeführt. Die texanische Regierung aber ließ Ford völlig freie Hand und drängte auf sofortige, drastische Maßnahmen, da nur begrenzte Geldmittel zur Verfügung standen.

Diese Aufgabe verlangte nicht nur nach einem erfahrenen Indianerkämpfer, sondern auch nach einem Offizier mit Einfühlungsvermögen und Urteilsfähigkeit: Fords Order besagte nichts weniger als Krieg gegen die Indianer, ungeachtet der Bundespolitik. Der Gouverneur ließ durchblicken – und Ford begriff –, daß ihrer beider Ruf vom Erfolg dieser Aktion abhing. Runnels sollte nicht enttäuscht werden, denn Ford erwies sich nicht nur als hervorragender Kämpfer, sondern auch als Mann, der die politischen Klippen dieses Vorgehens zu umsteuern wußte.

Mit diesem Auftrag begannen die beiden blutigsten Jahre in der Geschichte von Texas seit den Kriegsjahren 1835/36.

Ford stellte eine kleine Armee zäher Grenzreiter auf, von denen die meisten kampferprobt waren. Er begab sich in den Nordwesten und errichtete nahe der Brazos-Reservation sein Basislager, das er Camp Runnels nannte. Überdies – und darin zeigt sich Fords ausgeprägte taktische Schläue – verfolgte er den Plan, eine ebenso starke Truppe Reservatsindianer aufzubauen.

Wie immer waren die Tonkawa und andere alte Feinde der Comanchen gern bereit, die Texaner zu unterstützen, und Ford konnte bei diesem Vorhaben auf die Mitarbeit des Sohnes des Indianeragenten, L. S. Ross, rechnen. Ross, der keine amtliche Stellung innehatte, brachte eine Streitmacht von 113 Kriegern aus verschiedenen Stämmen zusammen und nahm den Auftrag an, diese Indianer unter Fords Kommando zu führen.

Die Reservatsindianer versorgten Ford rasch mit genauen Informationen. Späher ritten aus und berichteten, daß sich zwar keine Comanchen in Texas aufzuhalten schienen, sie aber große Camps nördlich der Grenze im Indian Territory gesichtet hätten. Das Gebiet nördlich des Red River lag eindeutig außerhalb von Fords Zuständigkeitsbereich als Offizier des Staates Texas, aber sein Befehl lautete, Indianer aufzuspüren, nicht, sich mit der Geographie zu befassen.

Fords Truppen – 102 Rangers mit Packzügen und über hundert indianische Verbündete – brachen am 22. April 1858 von Camp Runnels auf. Ford ritt auf direktem Wege zum Red River, den er am 29. April überquerte. Am 10. Mai konnte er bereits überall auf den Oklahoma-Plains Indianerspuren ausmachen, u. a. einen Büffelkadaver, in dem zwei Comanchenpfeile steckten. Am 11. Mai entdeckten seine Späher ein großes Comanchenlager; Ford traf sofort Angriffsvorbereitungen.

Die Indianer hatten die Rangers noch nicht bemerkt, da diese sich anders verhielten als amerikanische Soldaten sonst. Die Rangers ritten verbissen, begnügten sich mit Lagern ohne Feuer und gingen, anders als die Kavallerie mit ihren ständigen Hornsignalen, möglichst lautlos vor. Wie die meisten kampferfahrenen Rangers kämpfte Rip Ford in Indianermanier: den Feind überraschen und ihn, wenn möglich, an seinem Lagerplatz töten.

Sein Plan wäre jedoch beinahe von einigen Tonkawaverbündeten zunichte gemacht worden, die im Übereifer einen kleinen Vorposten aus fünf Tipis, der etwa fünf Kilometer vor dem Hauptlager der Comanchen lag, angriffen und zerstörten. Zwei Comanchen entkamen zu Pferde und schlugen Alarm.

In dieser Situation zögerte Ford keine Minute. Sein Trupp ritt in höchster Eile auf das Hauptcamp zu, das sich entlang dem flachen Canadian River erstreckte.

Obwohl sie vorgewarnt waren, zerstreuten sich die Comanchen nicht; über dreihundert Krieger befanden sich am Canadian River, und das Camp lag tief in ihrem eigenen Gebiet. Die Häuptlinge beschlossen, sich dem Kampf zu stellen, um den *tejanos* und diesen verhaßten Verbündeten eine blutige Lektion zu erteilen.

Hastig bemalten sie ihre Gesichter – schwarz, für Krieg und Tod. Die Krieger ritten in einer eindrucksvollen Schlachtaufstellung hinaus. Der Kopfschmuck aus Büffelhörnern und die eisernen Lanzenspitzen leuchteten und blitzten in der strahlenden Maisonne. Als Ford sich näherte, vollführten sie schreiend ihre Reiterkunststücke und wirbelten vor den nun langsamer vorrückenden Texanern umher. Hunderte umschwärmten die texanischen Flanken und riefen dem Feind Beleidigungen zu, um so ihre mächtige Medizin zu beschwören.

Die nun folgende Szene sollte sich in der indianischen Tragödie noch häufig wiederholen: Eine wilde Horde rückte in ihrem barbarischen Gepränge einer kleinen Gruppe schweißnasser, bärtiger Weißer entgegen, die sie in grimmiger Ruhe erwartete. Die Rangers inmitten ihrer gleichfalls schreienden und tänzelnden indianischen Verbündeten folgten gelassen ihren eigenen Riten; sie spannten die Gewehre und kontrollierten den Sitz der kupfernen Zündkapseln in den Trommeln der Colts. Obwohl sie keine Uniformen trugen, gingen sie mit der Disziplin alter Kriegsveteranen vor. Sie hielten Ford im Auge, der den Feind aufmerksam beobachtete und abwägte, wie sich die Medizin der Indianer am besten brechen ließ.

Und wie so oft spielte die prachtvoll aufgeputzte Horde ihren Widersachern in die Hände. Ein großer Häuptling der nördlichen Comanchen, den die Weißen als Iron Jacket kannten, ritt vor die indianische Front, schwang seine lange Plainslanze und forderte die Weißen zum Einzelkampf heraus. Iron Jacket trug einen polierten Panzer, den wohl ein spanischer Soldat samt seinen Knochen auf den Plains zurückgelassen hatte. Die überstehenden Eisenplatten hatten dem Häuptling im Krieg mit anderen Indianern den furchterregenden Ruf der Unverletzbarkeit eingebracht. Aber auch seine spanische Rüstung konnte eine Gewehrkugel vom Typ Sharp nicht abhalten. Einige Texaner legten auf ihn an und schossen. Iron Jacket und sein Pferd brachen im Staub zusammen.

Als der Häuptling ausgeschaltet war, gab Captain Ford augenblicklich Befehl zum Angriff. Die Rangers preschten in die quirlige Meute der Comanchen, die ihnen an Zahl mehrfach überlegen war; doch die Texaner kämpften entschlossen und grimmig, während die Indianer bereits halb demoralisiert waren.

Der Kampf, in dem die Comanchen den Texanern das Ende bereiten wollten, entwickelte sich rasch zu einem blutigen Gemetzel und einer Verfolgungsjagd, die sich zehn Kilometer hinzog. Bei einer solchen Kampftaktik konnten die Indianer mit ihren Pfeilen und Lanzen nicht gegen die treffsicheren Schützen mit den langläufigen Revolvern bestehen. Immer wieder wurden angreifende Krieger durch Revolverkugeln von den Pferden gerissen. Ford ließ nicht locker und gab den Comanchen keinerlei Chance, ihren tödlichen Zirkel zu bilden. Rasch brachen die Schlachtordnung und der Zusammenhalt der Krieger zusammen. Die Rangers verfolgten sie sieben Stunden lang, bis ihre Pferde völlig erschöpft waren. Gegen Ende des Nachmittags hatten Fords Rangers 76 Krieger getötet, dreihundert Pferde erbeutet und 18 Frauen und Kinder gefangengenommen, die die fliehenden Indianer zurückgelassen hatten.

Am 21. Mai traf Ford wieder am Brazos ein. Dort schrieb er einen Bericht an Runnels, in dem er die Tatsachen herausstrich, die er so blutig bewiesen hatte: daß die Comanchen überall im Westen von gut organisierten Expeditionen verfolgt, gestellt und geschlagen werden konnten.

Ford hatte mit hundert Rangern eine Streitmacht von dreihundert Kriegern des Volkes vernichtet, das die Armee derzeit als ihren ärgsten Feind auf den Plains betrachtete. Seine Kompanie war in Regionen vorgedrungen, die die Spanier ein Jahrhundert lang nicht zu betreten wagten und in die die amerikanische Armee nur äußerst ungern ausgedehnte Expeditionen unternahm. Ford bat um die Genehmigung, seine Kampagne den Sommer und Winter hindurch fortzusetzen, um die Comanchengefahr für immer zu bannen.

Sein Sieg wurde gefeiert, sein Antrag jedoch abgelehnt. Ford hatte sämtliche bewilligten Gelder während dieser einmonatigen Kampagne verbraucht, und der Gouverneur löste die kleine Armee auf.

Sein erfolgreicher Marsch durch das Indian Territory hatte Folgen, die weit über diesen vereinzelten Sieg hinauswirken sollten. Das Unternehmen der Rangers rüttelte die US-Armee auf, die den Triumph der Texaner als eine Art Erniedrigung empfand. Obgleich sich die Anstrengungen der Kavallerie insgesamt als äußerst wirksam erwiesen hatten, war den in Texas stationierten regulären Truppen niemals ein solch beachtlicher Sieg gelungen. Das stachelte den Stolz der Armee an, und Brigadegeneral David Twiggs, der im Militärbereich Texas das Kommando führte, wandte sich nun heftig gegen die Beschränkungen, die der Armee auferlegt waren. Gegen die Kompetenzüberschreitungen der Texaner und ihr Vordringen auf Bundesterritorium wurde nicht der geringste Protest laut; im Gegenteil, die Armee forderte jetzt ihrerseits die Genehmigung, Indianer auch jenseits der texanischen Grenze verfolgen zu dürfen, um die feindlichen Stämme, wo immer sie auf sie traf und ihre Spuren entdeckte, zu schlagen und zu vernichten.

Twiggs schrieb an seine Vorgesetzten, daß das Indianerproblem im texanischen Grenzgebiet nur durch eine drastische Revision der Militärpolitik zu lösen sei; ferner wandte er sich gegen die Vorstellung, es sei überhaupt Frieden möglich, solange die Plainsstämme ihre Autonomie und Handlungsfreiheit bewahrten. Er drängte die Behörden, ein ganzes Kavallerieregiment in das Comanchengebiet zu entsenden, um die Offensive zu ergreifen und die Indianer das ganze Jahr hindurch in ihren Jagdgründen derart unnachgiebig zu verfolgen, daß ihnen keine Atempause zu Überfällen auf die weiße Grenze blieb. »Solange in der Prärie noch wilde Indianer leben«, erklärte er, »wird Texas niemals vor Überfällen sicher sein.« Er schrieb auch an Runnels, den er seiner vollen Zustimmung und Unterstützung vericherte.

Twiggs begründete seine Argumentation mit dem kriegerischen Charakter der südlichen Plainsstämme und führte darüber hinaus die Tatsache an, daß die Armee zahlenmäßig zu schwach sei – und möglicherweise immer sein werde –, um die Grenze allein durch Bewachung vor Überfällen zu schützen.

Damit hatte er durchaus recht. Die Armee erfuhr unter schmerzlichen Rückschlägen, daß es nur eine wirksame Taktik gegen die Kampfpraktiken der berittenen Stämme gab. Selbst bei offensiven Patrouillen ließ sich ein Guerillakrieg nicht durch Grenzfestungen aufhalten; die Guerillas konnten nur unter Kontrolle gebracht werden, wenn man sie in ihren fernen Refugien auf den High Plains vernichtend besiegte.

Twiggs' Ausführungen, dazu starker politischer Druck seitens der texanischen Regierung und die Vericherung des Indianeragenten Neighbors, daß der Staat Texas offensichtlich seinen eigenen Krieg nördlich des Red River führen werde, wenn die Bundesbehörden dem Indianerproblem nicht beikamen, veranlaßte die zögernde Buchanan-Regierung zwar nicht zu einschneidenden Maßnahmen, doch ließ sie dem Militär freie Hand, im Westen eigene Lösungen zu suchen.

Das Problem reichte insgesamt ohnehin schon weit über Texas hinaus. Als die Weißen über die Rockies vorstießen, kam es in vielen Gebieten zu Indianeraufständen, und in Kansas reichte die Präriegrenze inzwischen in die Plünderzone der Kiowa und Cheyenne hinein; dort führten die Amerikaner bereits Krieg gegen diese Stämme.

Kriegsminister Floyd stimmte stillschweigend zu, daß die Übergriffe der Indianer auf die Grenze an ihrem Ausgangspunkt vereitelt werden und die Armee alle notwendigen Schritte zur Sicherung ihrer Kontrolle über das gesamte westliche Territorium einleiten solle.

Mit diesem Befehl und dem festen Entschluß, zu beweisen, daß die regulären Truppen den Rangern in nichts nachstanden, wenn man ihnen nur freie Hand ließ, kehrte das Zweite Kavallerieregiment nach Texas zurück. Major Earl van Dorn erhielt den Befehl, mit vier Kompanien des Zweiten Regiments und einer Kompanie Infanterie in das Indianerterritorium einzumarschieren, in den Wichita Mountains ein Ausgangslager zu errichten und das gesamte Gebiet zwischen Red River und Indian River nach feindlichen oder möglicherweise feindlichen Indianern zu durchkämmen.

In der Brazos-Reservation sicherte sich van Dorn die Dienste von Lawrence Ross und seinem Spähtrupp und überquerte im September 1858 den Red River. Die unermüdlichen indianischen Späher spürten auch diesmal ein Comanchenlager auf. Van Dorn ließ die Infanterie zurück und legte in 37 Stunden 150 Kilometer zurück; am 1. Oktober bezog er Stellung, um die Tipis von schätzungsweise fünfhundert Indianern anzugreifen.

Dieses Mal gab es keine Vorwarnung, keine dramatische Konfrontation. Die Kavallerie überfiel das schlafende Lager im Morgengrauen. Es folgte eher ein Massaker als ein Kampf. Doch trotz der genannten Vorteile zeigte sich, daß die Kavalleristen im Nahkampf weniger schlagkräftig waren als die Rangers. Die Soldaten töteten 56 Comanchen beiderlei Geschlechts und aller Altersgruppen, erbeuteten über dreihundert Pferde, brannten die Tipis nieder und vernichteten tonnenweise indianische Vorräte. Den Comanchen jedoch gelang es, vielen berittenen Soldaten im Tumult Verletzungen beizubringen, und die meisten Indianer konnten entkommen. Zwei Offiziere und eine Reihe Soldaten starben durch die Pfeile der Comanchen. Auch Ross und van Dorn wurden verwundet, der letztere so schwer, daß niemand erwartete, er würde je seinen Dienst wieder aufnehmen können. Trotz dieser Verluste schrieb General Twiggs in seinem Bericht: »Der Sieg war entscheidender und vollständiger als alle, die die Geschichte unserer Indianerkriege bislang verzeichnet.« Diese Übertreibung und die Methoden, mit denen die Armee den »Sieg« errang, zeigen deutlich, wie stark die regulären Truppen sich von Fords Heldentat hatten beeindrucken lassen.

Den Reservatsindianern – den Comanchen und sonstigen Stammesresten in den beiden Reservationen am Brazos und am Clear Fork – drohte inzwischen Vernichtung auf andere Weise.
Zwei Umstände verurteilten die texanischen Reservationen von Anfang an zum Scheitern. Der eine war der, daß es sie überhaupt gab, denn der fruchtbare Boden ringsum in den Flußtälern zog in den Jahren 1855 bis 1857 derart viele Weiße an, daß bereits 1858 beide Reservate völlig von ihren Farmen und Ranchen umschlossen waren. Der andere bestand darin, daß die Weißen der Brazos-Grenze nach Abzug des Zweiten Kavallerieregiments die erneuten Überfälle der nördlichen Comanchenbanden den Reservationsindianern anlasteten.
Neighbors, der fest von der Richtigkeit der Reservatsgründungen überzeugt war, sah ein, daß die Reservatspolitik nicht erfolgreich sein konnte, solange wilde Stämme frei neben den befriedeten lebten. Solange die Überfälle nicht endgültig unterbunden werden konnten, würden seine Reservationsindianer nie als friedliche Indianer akzeptiert. Daher legte er diese Situation deutlich dar und drängte die Bundesbehörden zu sofortigen Schritten, um alle westlichen Stämme auf festumgrenzten Territorien zusammenzufassen; des weiteren betonte er die Unschuld seiner Schutzbefohlenen und hob ihre Dienste für Staat und Armee hervor. Die Armee unternahm Anstrengungen in dieser Richtung, doch gelang es ihr nicht, die Comanchen nördlich des Red River rasch genug zu umschließen und das Problem zu lösen. Da die Überfälle kein Ende nahmen, stießen Neighbors

und seine befriedeten Indianer auf allen Seiten auf wachsende Ablehnung und Mißtrauen.

Insbesondere John R. Baylor, ein ehemaliger Indianeragent, den Neighbors wegen Verfehlungen entlassen hatte, schürte, um sich zu rächen, die Stimmung gegen Neighbors und seine »Lieblinge«. Bei den Siedlern der Umgebung, bei denen er als Indianerkenner galt, hetzte Baylor gegen die Reservatsstämme und versuchte ihnen alle Verbrechen unterzuschieben, die in Texas begangen wurden; über Neighbors behauptete er, er decke sie wissentlich. Baylor heizte die Ressentiments gegen die Indianer unter den Weißen der Umgebung dermaßen an, bis sie schließlich drohten, die Reservationen zu überfallen und alle dort lebenden Indianer zu massakrieren.

Ford, der mit einer Handvoll Rangers in Camp Runnels stationiert war, ging den Beschuldigungen nach; als er herausfand, daß sie nicht zutrafen, verlangte er von Baylor, er solle seine Vorwürfe schriftlich einreichen, um offiziell dagegen vorgehen zu können. Ärgerlich wies Ford auch den Vorschlag zurück, den Siedlern bei ihren Versuchen behilflich zu sein, die Reservationen durch manipulierte Beweise loszuwerden. Ford wußte allzu gut, daß die Plünderer von weit her kamen und daß die Reservationsindianer keine Schuld traf. Und obwohl er die Indianer nicht gerade in sein Herz geschlossen hatte, achtete er Neighbors wegen seines Muts und seiner Integrität.

Baylor jedoch setzte seine Verleumdungen auf Propagandaveranstaltungen fort und schürte entlang dem Brazos die Ressentiments. Neighbors selbst war kaum der geeignete Mann, dieser Hysterie ein Ende zu setzen. Wenn er auch ein äußerst religiöser Mensch war, der für seine Schützlinge grenzenlose Geduld aufbrachte, so kannte er den Vorurteilen der Weißen und ihrer Heuchelei gegenüber keinerlei Nachsicht. Bei der Verteidigung seiner indianischen Schutzbefohlenen gegen die lügenhaften Unterstellungen legte sich Neighbors mit allen Leuten der Umgebung an. Im Herbst 1858 mußte er jedoch einsehen, daß alles Argumentieren nichts nützte und daß seine Indianer sich in Lebensgefahr befanden, falls man sie in Texas beließ. Daher reiste er nach Washington und drängte das Amt für Indianerangelegenheiten, die Stämme zu ihrem eigenen Schutz in das Indianerterritorium umzusiedeln.

Seine Befürchtungen waren durchaus gerechtfertigt. Zwei Tage nach Weihnachten des Jahres 1858 fand man am Brazos sieben Indianer, die in ihren Decken erschossen worden waren. Dem Bericht eines Unteragenten zufolge hatten diese vier Männer und drei Frauen, die den Anadarko und Caddo angehörten, niemals Ärgernis erregt. Bei der Untersuchung stieß man bald auf sechs weiße Männer, die als Mörder in Frage kamen. Auf die Vorhaltungen Rip Fords erklärte einer dieser Männer, Dr. W. W. McNeil, schriftlich, die sechs seien einigen indianischen Pferdedieben gefolgt, hätten sie eingeholt und in einem verzweifelten Kampf getötet. Als dementgegen bewiesen wurde, daß die Indianer im Schlaf getötet worden waren, wies der Richter des neunzehnten Gerichtsbezirkes in Texas Ford an, die sechs Weißen festzunehmen.

Damit brachte er Ford in einen ernsthaften Konflikt mit sich selbst. Auch er war ein mutiger, aufrichtiger Mann, aber die unbedingte, unnachgiebige Prinzipientreue von Neighbors ging ihm ab. Er wußte, daß die Festnahmen in weiten Kreisen Unruhe stiften und möglicherweise weitere Morde an Indianern auslösen würden; außerdem war ihm klar, daß kein Gericht im texanischen Grenzgebiet weiße Männer verurteilen würde, nur weil sie Indianer getötet hatten. Da er die Festnahme McNeils und der anderen für ein gefährliches, unfruchtbares Unterfangen hielt, wies er den richterlichen Befehl mit der ziemlich fadenscheinigen Begründung zurück, er sei vornehmlich Offizier der texanischen Armee und besitze keine Machtbefugnis über zivile Verbrecher.

Mit scharfen Worten beschuldigte nun Neighbors Ford, er leiste den Vorurteilen der Grenzer gegen die Interessen eben jener Späher Vorschub, denen er seinen Sieg verdanke. Und Ford gab unumwunden zu, daß er es als Texaner problematisch fände, sich gegen sein eigenes Volk auf die Seite der Indianer zu stellen. Nichts, was Ford hätte tun können, wäre gutgegangen. Indem er überhaupt nichts tat, sicherte er sich die Wertschätzung seiner Rangers und der gesamten Grenzbevölkerung.

Im Frühjahr 1859 durchstöberten dauernd bewaffnete Weiße die Reservation und jagten Indianer wie wilde Tiere. Einzig der Umstand, daß eine Kompanie Scharfschützen der US-Armee am Brazos stationiert war, verhinderte größeres Blutvergießen; doch John R. Baylor warnte den befehlshabenden Offizier, er werde jeden Soldaten der Bundesarmee niederschießen, der sich ihm in den Weg stelle. Am 29. Mai 1859 ritten Weiße in die Reservation und feuerten auf Indianer. In dieser Wahnsinnssituation war jede Feldarbeit unmöglich: die tausend Indianer drängten sich schutzsuchend um Neighbors' Hauptquartier.

Am 11. Juni erhielt Neighbors schließlich Nachricht, daß Washington und Texas den Bedingungen der Reservatsverlegung zustimmten. Ranger Captain John Henry Brown kam den Scharfschützen bei der undankbaren Aufgabe zu Hilfe, die Indianer sicher an die Grenze zu geleiten. Doch Brown lehnte die Bitte der Indianer, ihre Viehherden, die im gesamten Reservationsgebiet grasten, zusammentreiben zu dürfen, mit der Begründung ab, einige Indianer könnten dabei fliehen. Nach einem erbitterten Streit mit Brown sah sich Neighbors gezwungen, den Reservatsbewohnern beizubringen, daß sie ihre Vieh zurücklassen mußten.

Die Reservatsindianer verließen ihre Hütten und grünenden Felder und wurden wie eine Herde nach Norden zum Red River getrieben. Es war ein langer, beschwerlicher Fußmarsch, eine Qual für die Truppen wie für die Indianer. Am 1. September führte Neighbors seine Schützlinge in das fremde Land Oklahoma und übergab sie den zuständigen Indianeragenten. Seine letzten Worte an die Comanchen, Wichita und Restbestände anderer Stämme, die ihm vertraut hatten, sind nicht überliefert. Aber in derselben Nacht schrieb er an seine Frau in Texas:

»Am heutigen Tage habe ich alle Indianer aus diesem heidnischen Texas hinübergeführt und befinde mich nun außerhalb des Lands der Philister. Wenn Du eine volle Beschreibung unseres Exodus wünschst, dann schlag die Bibel auf, an der Stelle, an der die Kinder Israels das Rote Meer durchqueren. Uns erging es ähnlich, nur daß uns unsere Feinde nicht folgten . . .«

Am nächsten Tag kehrte Neighbors nach Texas zurück, um von Fort Belknap einen abschließenden Bericht an das Amt für Indianische Angelegenheiten zu senden. Aus nie geklärtem Grund schoß ihm dort ein Mann namens Cornett in den Rücken.

Die ethischen Vorstellungen der Grenzer gestatteten zwar die Ermordung von Indianern, nicht aber, daß ein weißer Mann, auch wenn er ein Freund der Indianer war, hinterrücks erschossen wurde. Nach einigen hitzigen Debatten machte sich eine Gruppe Minute Men im folgenden Frühjahr auf, spürte Cornett auf und lynchte ihn kurzerhand.

Weder die Operationen der Rangers und der Armee im Indianerterritorium noch die Verlegung der Reservationen konnten es 1859 verhindern, daß die Comanchen und Kiowa ihre Überfälle fortsetzten. Die Aktivitäten der Rangers lösten im Gegenteil Vergeltungsaktionen aus: in kleinen Gruppen ritten Comanchen mit dem ausdrücklichen Ziel nach Texas, an den Weißen Männern tödliche Rache zu nehmen; die Bräuche der Comanchen verlangten, daß Männer, deren Brüder, Söhne oder Väter getötet worden waren, Rache übten. Diese Kriegerscharen führten jedoch kaum ausgedehnte Raubzüge durch. Sie ritten so lange, bis sie auf einen unglücklichen Reisenden oder eine isolierte Farmerfamilie stießen, metzelten die Weißen nieder und nahmen ihre Skalps wie als Trost mit. Verständlicherweise versetzten bereits wenige Überfälle die gesamte Grenze in Furcht und Aufruhr.

Während viele Texaner den Eindruck gewannen, nichts ändere sich, steigerte sich jedoch die Bedrängnis der fernen Indianer in diesen Jahren. Die Regierung hatte die jährlichen Zuwendungen an die Kiowa eingestellt und ließ dem Militär völlig freie Hand, die auf den Prärien verbliebenen Eingeborenen je nach Erfordernis zu befrieden, einzuschüchtern oder einfach zu vernichten. Auch unter der sonst erfolglosen Regierung erfüllte das Militär seine Aufgabe schnell und pflichtgetreu. Einstmals abgelegene Hochburgen der Plainsstämme wurden erforscht, vermessen und kartographisch erfaßt.

Unter den Kommandeuren Robert E. Lee und George H. Thomas setzte das Zweite Kavallerieregiment seine intensiven Patrouillen fort. Die Kavalleristen und ihre Offiziere mußten die ganze Härte und Brutalität eines Krieges gegen berittene Indianer erfahren. Wie Earl van Dorn erlitt auch Oberst Thomas schwere Verwundungen, und Fitzhugh Lee wäre fast an den Pfeilen gestorben, die ihn trafen.

Obgleich jeder gefallene Kavallerist feierlich begraben und betrauert wurde, maß die Kavallerie den Verlusten nur wenig Bedeutung bei. Die überfüllten Straßen und Elendsquartiere der fernen Städte lieferten genügend Rekrutennachwuchs. Die Krieger der südlichen Plains dagegen, die nur noch knapp an die tausend zählten, wurden immer stärker gelähmt und demoralisiert.

In Texas verfolgten Bund und Staat jetzt eine gleichgeartete Politik, was die Zusammenarbeit zwischen den Beamten sichtlich erleichterte. Im Jahre 1859 wurde Sam Houston zum Gouverneur von Texas gewählt, wobei es ihm zum Sieg verhalf, daß er sich nun als alter Indianerkämpfer präsentierte, der seine Wahlversprechen auf die Grenzverteidigung abstellte – eine Ironie, wenn man seine früheren Positionen bedenkt.

Houstons Pläne gingen noch weit darüber hinaus; es gibt Beweise, daß er glaubte, die zerfallende Union durch einen Krieg zwischen den Vereinigten Staaten und Mexiko retten zu können. Houston begann unverzüglich, Staatstruppen aufzustellen. Noch im Jahre 1859 hatte er bereits eine ständige Streitmacht von fünfhundert Rangern zusammen. In jedem Bezirk nahm er Minute Men unter Waffen und organisierte 1860 schließlich 23 Kompanien. Die Armee unterhielt in Texas eine Truppe von 2500 Soldaten – das waren zwei Drittel ihrer gesamten Streitkräfte. Insgesamt, Rangers und sonstige Verbände eingeschlossen, kämpften an der Westgrenze über 3000 Mann gegen die Indianer. Die Überfälle der Comanchen wurden schneller und gnadenloser geahndet als je zuvor.

Im Herbst 1860 führte der Kriegshäuptling Nokoni (in texanischen Berichten meist Peta Nacona genannt) seine kleine Gruppe östlicher Comanchen tief ins Parker County, dicht am alten Parker Fort vorbei. Doch die Grenze war hier längst ruhig; die Bewohner waren bewaffnet und vortrefflich organisiert. Nokoni zog sich schleunigst nach Westen in die High Plains zurück, denn er hatte ein Hornissennest rachedurstiger Texaner aufgescheucht.

Ranger Captain Sul Ross, ein erfahrener Führer, nahm die Verfolgung mit sechzig Reitern, etlichen Tonkawaspähern und siebzig Freiwilligen aus der Siedlerschaft auf. Eine Patrouille vom Zweiten Kavallerieregiment – ein Sergeant und zwanzig Kavalleristen – schloß sich ihm an und unterstellte sich seinem Kommando. Ross ritt weiter und weiter, entschlossen, die Marodeure zu fassen und ihnen eine texanische Lektion zu erteilen, die sie nicht vergessen würden. Er führte sein Kommando mitten im Winter hoch auf die Plains. Schließlich machten seine Späher das Comanchenlager am Pease River aus, nahe der späteren Kleinstadt Quanah.

Am 17. Dezember 1860 überfiel Ross das Comanchencamp im Getöse und Dunst eines heulenden Nordsturmes. Es war das Camp von Häuptling Nokoni. Doch nur Frauen, Kinder und ein mexikanischer Sklave waren anwesend. Der Häuptling, seine Söhne und Krieger befanden sich auf der Jagd; sie hätten es sich nie träumen lassen, daß Weiße Männer sie bis ins Herz der Bisonplains verfolgen würden.

Die Rangers, die Freiwilligen und die Soldaten sprengten durch das Camp. Es gab das übliche Gemetzel. Allerdings weichen die Berichte über die Vorgänge voneinander ab. Captain Ross, der als Held für diese Tat gefeiert wurde, behauptete – und glaubte womöglich aufrichtig daran –, er habe Peta Nacona gefaßt und getötet. Doch in dem Durcheinander verfolgte und erschoß er Nokonis mexikanischen Sklaven, der versuchte, die fliehenden Comanchenfrauen zu retten.

Die voranstürzenden Reiter feuerten auf jedes sich bewegende Wesen und töteten, laut Ross, »etliche« Frauen. Als der Ranger Charles Goodnight auf eine kleine, rennende Gestalt zielte, erfaßte der Wind deren Kopfbedeckung, schmutziges, doch unverkennbar blondes Haar wurde sichtbar. Goodnight schrie: »Schießt nicht auf sie! Sie ist eine Weiße!«

Die junge Frau wurde verschont und gefangengenommen. Ross versuchte, sie zu befragen. Sie schien die englische Sprache nicht zu verstehen. Doch ihre Augen waren blau, und ihre Haut und Gesichtszüge, obwohl von Wind und Wetter gegerbt, waren unverkennbar die einer Weißen. Sie trug ein kleines Mädchen, ein dunkles, 18 Monate altes Baby. Als die Rangers und Soldaten das brennende Camp mit den verstreut herumliegenden Leichen verließen, nahmen sie die Frau und das kleine Mädchen mit.

Die Frau löste eine Sensation aus, denn sie wurde eindeutig als Cynthia

Ann Parker identifiziert. Alter und Haarfarbe stimmten, und die Parker-Gesichtszüge waren deutlich sichtbar. Als sie ihren Namen hörte, brach sie in Tränen aus, obwohl sie sonst jegliches Englisch vergessen hatte.

Der Parker-Clan, der in diesem Teil von Texas berühmt geworden war, nahm Cynthia Ann freudig wieder auf und versuchte, ihr alle Liebe zu geben. Parker-Blut hatte Texas erobern geholfen, und die Famillie scherte sich nicht um die öffentliche Meinung. Der Staat übereignete Cynthia Ann sogar einige Quadratkilometer Land und garantierte ihr eine jährliche Pension von einhundert Dollar, um ihr die Wiedereingliederung in die Zivilisation zu erleichtern. Ihre Familie und ihr Volk taten, wie sie glaubten, alles für Cynthia Ann – und brachten sie damit um.

Denn diese blauäugige, blonde Überlebende eines fast vergessenen Massakers war keine Parker mehr und auch keine Texanerin. Sie war Naduah, Nem, eine Frau des Volkes, dem sie nun seit fünfundzwanzig Jahren angehörte. Ihr Gatte war Nokoni, der angesehene Häuptling, und ihre Söhne waren noch draußen auf der Prärie. Alle Berichte und Erinnerungen von Nemene stimmten überein, daß die indianische Familie äußerst glücklich zusammen gelebt hatte. Nokoni nahm, nachdem er zu seinem zerstörten, leichenübersäten Camp zurückgekehrt war, nie eine andere Frau. Die Parkers erfüllten der Frau Naduah gerade den einzigen Wunsch nicht, den sie von ihnen erflehte – sie zu ihrem Mann und zu ihren beiden Söhnen auf die High Plains zurückzubringen. Als sie zu fliehen versuchte, ließen die Parkers sie, traurig, aber unerbittlich, sogar ständig bewachen.

Es gab für die blonde Indianerin keine Hoffnung. Dies trug wahrscheinlich entscheidend zu ihrem Tod bei. Als ihr Baby, ihre kleine Tochter, starb, betrauerte Naduah diesen Verlust wie eine Indianerfrau. Zum Entsetzen ihrer Blutsverwandten verhielt sie sich auch weiter wie eine Nem-Frau: sie verstümmelte sich, schrie und heulte. Sie besaß nichts mehr, für das es sich zu leben lohnte; sie versank in tiefe Apathie, lehnte alle Kontakte ab und hungerte sich zu Tode.

Doch die Parker-Saga fand damit noch kein Ende. Das Grenzergeschlecht der Parker wurde weiter von Leid geprüft. Weit draußen im Westen starb der trauernde Nokoni an einer infizierten Wunde. Sein jüngerer Sohn Pecos oder Peanut wurde von einer Krankheit dahingerafft. Derartige Verluste waren für eine Comanchenfamilie in jenen Jahren nichts Ungewöhnliches.

Der ältere Sohn namens Quanah oder Sweet Odor (Süßer Duft) aber, der um 1847 geboren war, wuchs heran, wurde groß und stark. Bereits als Junge bewies er Intelligenz, Mut und Charakter. Mit wenig mehr als zwanzig Jahren sollte er zum Kriegshäuptling gewählt und, auf seine Art, zum größten Comanchenhäuptling aller Zeiten werden. Die Texaner sollten noch von ihm hören, ihn fürchten, ihn hassen und ihn schließlich ehren.

In den bösen Jahren unmittelbar vor Ausbruch des Bürgerkrieges wandte die amerikanische Nation ihre Aufmerksamkeit ausschließlich den Kämpfen im »blutenden Kansas« zu. Die beachtlichen militärischen Erfolge, die die winzige Armee in der Great American Desert errang, wurden dagegen buchstäblich ignoriert. In wenigen Jahren hatte die kleine Schar der Berufssoldaten – trotz der riesigen Entfernungen, der Nachschubprobleme, des unerforschten Terrains – den amerikanischen Machtbereich auf nahezu alle Regionen, auch die entferntesten und abgelegensten, zwischen der kanadischen Grenze und dem Rio Grande ausgedehnt.

Diese Leistung war kaum ruhmesträchtig; da die Amerikaner die Eroberung des Kontinents immer als Selbstverständlichkeit ansahen und Millionen von ihnen in gewissem Grade Sympathien für die Indianer hegten, läßt sich die wahre Größe dieser Leistung nur durch einen Vergleich mit dem Scheitern der Franzosen, Spanier und Mexikaner verdeutlichen. Gescheiterte Imperien verleiten in gewisser Weise zur Romantisierung, erfolgreiche dagegen erscheinen im nachhinein wie ein blutrünstiger Moloch.

Trotz unzähliger nüchterner Berichte, die sich auf den Schreibtischen von Militärs und Zivilbeamten stapelten, setzte eine Mythologisierung ein. Aber weder die »Cowboys« noch die Farmerpioniere eroberten den Westen – denn in jedem Gebiet, das berittene Indianer durchstreiften, mußten Soldaten ihre blutige Aufgabe erfüllen, lange bevor dort Cowboys oder Farmer ihre Aufbauarbeit leisten konnten. Weder die Cowboys noch die Siedler trieben die texanische Grenze voran. Die Tausende von Weißen, die von Kansas bis Texas an der Plainsgrenze starben, wurden zumeist nicht im Indianergebiet getötet, sondern von plündernden Comanchen und Kiowa an und oftmals weit hinter der Siedlungsgrenze.

Die Indianer dagegen starben im Indianergebiet, die meisten an eingeschleppten Krankheiten, viele durch militärische Operationen, durch Soldaten, Rangers und Patrouillen, die nur dem Namen nach Kavalleristen waren. Wie die Texaner schon rasch erfahren mußten, konnten weiße Farmer nicht ohne Schutz in unmittelbarer Nähe berittener Indianer leben. Und den einzig wirksamen Schutz gegen Plainsindianer gewährleistete eine Art indianischer Kriegführung: Gegenüberfälle, Strafexpeditionen genannt. Die verschiedenen europäischen Mächte, die auf die westlichen Plains vordrangen, konnten die dort ansässigen Indianer nur unter Kontrolle bringen, indem sie sie abschlachteten.

Sämtliche Streitkräfte, die im Südwesten operierten, kamen notgedrungen zu diesem Schluß, und jeder einzelne Soldat seit den Zeiten der Spanier hatte überdies noch gegen das Unbehagen oder den Widerstand ziviler oder religiöser Institutionen anzukämpfen. In Texas dagegen herrschten größere Einmütigkeit und eine klarere politische Strategie vor – aus einem Grund: in einem sehr realen Sinne gehörten alle Texaner zur Grenzbevölkerung.

In den Jahren kurz vor Ausbruch des Bürgerkrieges näherte sich die Armee der Vereinigten Staaten, psychologisch gesehen, den Grenzbewohnern an und entfernte sich spürbar von den Politikern in Washington, die, ähnlich den Spaniern, nicht bereit waren, einen großangelegten Krieg gegen die Indianer zu unterstützen.

Verfassung und Soldateneid verlangten von den Soldaten, jeden Bürger auf amerikanischem Boden vor Indianern zu schützen. Dabei sah sich das Militär jedoch vor ein unlösbares Problem gestellt, da die Zahl der Soldaten bei weitem nicht ausreichte, das Grenzgebiet hinlänglich zu bewachen. Sie konnten weder die Weißen daran hindern, in die Reichweite indianischer Überfälle vorzudringen, noch ihnen genügend Schutz bieten. Da sie als Polizei – wie es geplant war – die Überfälle nicht verhindern konnte, mußte die Armee zu Antiguerilla-Taktiken greifen, was bedeutete, die Plünderer bis in die entlegensten Winkel des Landes zu verfolgen und, wenn nötig, einzuschüchtern oder in ihren Refugien zu vernichten.

Nur wenige Berufssoldaten teilten den Haß der Grenzbevölkerung auf die gesamte rote Rasse, denn sie setzten ihre Familien, sofern sie welche hatten, nur selten den Gefahren indianischer Kriegführung aus. Dennoch gingen sie in den fünfziger Jahren zur Taktik der Strafexpeditionen und des Gegenterrors über, wie die Rangers sie praktizierten.

Die Vereinigten Staaten verfolgten nie offiziell die von Republik und Staat Texas gebilligte Politik der Ausrottung. Viele Kommandeure waren allerdings in ihren Feldbefehlen und in ihrer Praxis nicht mehr weit davon entfernt. Während der großen Säuberungsaktionen in den späten fünfziger Jahren wurde die Tötung aller männlichen Indianer ab zwölf Jahren und darüber zulässig; viele Überfälle auf Indianer – Harneys Operation 1855, van Dorns in den Wichita Mountains 1858 und Custers Vorgehen später am Washita River – unterschieden sich in nichts von Massakern.

Das lockere Sozialgefüge der Plainsindianer und die Unberechenbarkeit ihrer Kriegführung machten es der Armee nahezu unmöglich, die Instruktionen zu befolgen und zwischen »feindlichen« und »friedlichen« Indianern zu unterscheiden, insbesondere, was Comanchen, Kiowa und ähnliche Völker betraf. Nördlich des Red River führte der »Stamm« oder das »Volk« der Comanchen niemals Krieg gegen die Amerikaner. Entlang dem

Arkansas errichteten sie friedlich ihre Tipis; diese Indianer nahmen ohne jeden Hintergedanken von den Agenten die jährlichen Zuteilungen des Bundes an, während gleichzeitig Dutzende ihrer Kriegerscharen Überfälle nach Texas unternahmen.

In *jedem* Comanchenlager gab es Krieger, die auf Kriegspfad gingen, wenn Kriegslust sie überkam. Viele der indianischen Gruppen, die von weißen Grenzbewohnern oder Soldaten verfolgt und getötet wurden, verhielten sich zu jenem Zeitpunkt durchaus friedlich – doch wie die Black Kettles Cheyenne, die 1864 niedergemetzelt wurden, hatten sie mit Sicherheit erst kurz zuvor das Kriegsbeil geschwungen, und die Weißen befürchteten nicht ohne Grund, daß in naher Zukunft ihre Feindseligkeit erneut ausbrechen könnte. Daher forderte die Armee, man solle klar umgrenzte Reservationen einrichten. Außerdem machte Harney in den fünfziger Jahren den Vorschlag, man solle den Indianern gestatten, sich durch die Ernennung von eingeborenen Indianeragenten und -offizieren selbst zu beaufsichtigen, und das Militär solle die Ausgabe der Jahreszuwendungen überwachen, um Korruption zu unterbinden; doch seine Ideen stießen auf heftige Opposition unter den Politikern. Die Frage, was genau ein »feindseliger« Indianer war, konnte erst in den siebziger Jahren, nach der endgültigen Durchsetzung der Reservatspolitik und eben auf ihrer Grundlage, eindeutig geklärt werden.

Im Verlauf der Konfrontation wurde deutlich, daß die Kriegführung der Indianer die meisten Weißen, Soldaten wie Zivilisten, rasch brutalisierte. Die Natur des Landes und die Kämpfe machten die Weißen zu ebensolchen Barbaren, wie ihre Feinde es waren, da sie ihre anerzogene Zurückhaltung und Selbstbeherrschung aufgeben mußten, um ihr Ziel zu erreichen. Rekruten, die sich übergeben mußten, wenn sie zum erstenmal die Ergebnisse indianischer Greueltaten, die gefolterten, verkohlten, scheußlich verstümmelten Leichen sahen, gewöhnten sich rasch an diesen Anblick.

Wie die Wilden verschonten auch die Weißen die Frauen und Kinder nicht. Doch dafür gab es eine mehr oder minder hinlängliche Entschuldigung; wenn ein Indianerlager angegriffen wurde, hielten sich Frauen und Jungen selten dem Kampfgeschehen fern; in Bedrängnis geraten, waren sie fast ebenso gefährlich wie ausgewachsene Krieger. Im Kampfgetümmel fiel es außerdem schwer, Männer und Frauen zu unterscheiden, und Rangers und Soldaten machten sich auch bald nicht mehr die Mühe, es zu versuchen, denn jedes Zögern konnte tödlich sein. Auch das Wissen um die Rolle der Frauen bei der Folter Gefangener bestärkte das Mitgefühl der Weißen mit ihnen nicht gerade und ließ sie ihre Zurückhaltung vergessen.

Viele Weiße weigerten sich dennoch, auf Frauen zu schießen; jede Strafexpedition lieferte neue Beispiele dafür. Ein Ranger aus Moores Truppe entging nur knapp dem Tode, da er zögerte, eine angreifende Frau niederzuschießen; ihm passierte nur deshalb nichts, weil seine Kameraden die Indianerin töteten. Die meisten Weißen, die ein Indianercamp angriffen, verbannten dieses Problem aus ihren Gedanken, gingen kein Risiko ein und schwiegen hinterher über die Vorfälle.

Durch diese Maßnahmen hatten sie die Comanchen, die sich nicht nur in Texas, sondern im gesamten Indian Territory in der Defensive befanden, um 1860 eindeutig besiegt und demoralisiert. Die traditionellen Raubzüge nach Mexiko unterblieben, und die klügeren Häuptlinge waren zu dem Schluß gekommen, daß es keinen Sinn hatte, die *tejanos* durch Überfälle auf die Brazos-Grenze zu provozieren. Inzwischen ließ die Kavallerie der Vereinigten Staaten die Banden selbst im Herzen der *Comanchería* nicht mehr zur Ruhe kommen.

Die meisten amerikanischen Historiker, die sich mit den Indianerkriegen beschäftigen, nehmen an, daß die Befriedung der berittenen Stämme des Südwestens am Vorabend des Bürgerkrieges schon weit vorangeschritten war. Tausende bewaffneter Männer bereiteten sich in Texas darauf vor, die Kriegerbanden zu vernichten. Die Comanchen nördlich des Red River hätten Angriffen in der Art eines Ford oder van Dorn nicht wesentlich länger standhalten können. Die Penateka waren am Ende; auch andere Gruppen zeigten Spuren physischer und psychischer Erschöpfung.

Der Untergang der autonomen Plainskultur schien nicht mehr fern. Doch gerade jetzt sollte die angloamerikanische Zivilisation zeitweilig aufhören, den Ureinwohnern den Kontinent zu entreißen, um sich statt dessen einer blutigen inneren Fehde zu widmen. Die indianischen Stämme bekamen damit noch einen kurzen, wenn auch keineswegs gnadenvollen Aufschub ihrer Exekution gewährt.

Im brennenden Dornbusch am Devils River

Zu Beginn des Bürgerkriegs befanden sich die Stämme überall in der Defensive. Epidemien hatten sie dezimiert, und die Kavallerie verfolgte sie bis in ihre entlegenen Zufluchtsstätten und machte ihnen in ihren ureigenen Gebieten schwer zu schaffen. Die meisten Plainsvölker hatten bereits begriffen, daß ihre Autonomie zu Ende ging; einige weitere entscheidende Schläge hätten den letzten Widerstand gebrochen. Doch als der Bürgerkrieg die Fortführung des offensiven Vorgehens gegen die Plainsindianer unmöglich machte, kam es nicht etwa zum Frieden. Vielmehr bekamen die kriegerischen Stämme dadurch eine Atempause, einen Aufschub ihrer Vernichtung.

Die Comanchen, Cheyenne und Kiowa überwanden weitgehend die Demoralisierung, die sie in den Jahren zuvor erlebt hatten. Sie entdeckten bald, daß die weißen Soldaten von der Grenze abgezogen waren, und wenn sie die Hintergründe auch nicht durchschauten, reagierten sie doch rasch auf die veränderte Lage. In dieser Situation konnte das Machtgleichgewicht nicht stabil bleiben; die Stoßrichtung des Krieges kehrte sich um, und wieder überzog Terror die weiße Grenze.

Inzwischen erstreckten sich die Kriege weit über die texanischen Plains hinaus. In den fünfziger Jahren des neunzehnten Jahrhunderts waren in Minnesota, Kansas und an den Rändern der Great Plains große weiße Gemeinwesen gegründet worden; in den Rocky Mountains waren Goldsucherlager und kleine Siedlungen aus dem Boden geschossen; ein Netz von Verbindungswegen, Landstraßen und Postkutschenstationen hatte die Prärie überzogen. Die Grenze, die durch Indianerkriege bedroht war, umfaßte ein weit größeres Gebiet als je zuvor.

Um 1864 hatten die Indianer diese gesamte Grenzregion in ein Trümmerfeld verwandelt. Die Nachrichtenverbindungen waren abgeschnitten; viele

Siedlungen standen buchstäblich unter Belagerungszustand; in Texas wich die weiße Grenze sogar zurück. Angesichts der großen Schlachten im Osten fast unbemerkt, bildete der Westen eine Art zweiter Front, an der Indianer und Amerikaner einen schrecklichen Guerillakrieg ausfochten. Auf ihre Weise war diese zweite Front im Westen nicht weniger tragisch als es die Vernichtungsschlachten des Bürgerkriegs im Osten waren. Der Konflikt zwischen Weißen und Indianern gewann immer blutigere und grausamere Dimensionen; eine neue Generation von Grenzern wurde dabei brutalisiert. Weiße wie Indianer litten entsetzlich unter der langwierigen gegenseitigen Zermürbung.

Während auf dem Schlachtfeld zwischen Norden und Süden die Auseinandersetzung um die Form der Republik und die Gesellschaftsstruktur ausgefochten wurde, waren die Konföderation und die Vereinigten Staaten gezwungen, den Westen in seinem Grenzkrieg weitgehend sich selbst zu überlassen. Westlich des Mississippi standen nur wenige reguläre Truppen, und diese wenigen Verbände waren überdies von zweifelhafter Qualität. Es lag damals klar auf der Hand, daß viele der Männer, die den Dienst in den Bürgerwehren der verschiedenen Einzelstaaten und Gebiete im Westen vorzogen, dies bewußt aus dem Grunde taten, um nicht für oder gegen den Fortbestand der Union kämpfen zu müssen. Aber es war ebenso klar, daß viele westliche Freiwillige auch auf diese Weise den noch weit erheblicheren Gefahren der östlichen Schlachtfelder des Bürgerkriegs entgehen wollten. Obwohl sie die gleichen Uniformen trugen wie die regulären Truppen der Zeit vor 1861 und häufig irrigerweise mit ihnen verwechselt oder gleichgestellt wurden, waren die verschiedenen Territorialstreitkräfte von Minnesota, Neu-Mexiko, Colorado und anderen Gebieten weit weniger gut ausgebildet und erheblich undisziplinierter. Die Bürgerwehren der Konföderierten und des Staates Texas, die abgestellt wurden, um die Brazos-Grenze zu verteidigen, waren eine noch armseligere Truppe. Die besten regulären Offiziere und Mannschaften waren abgezogen und dienten im Mississippi-Tal und in Virginia unter Grant und Thomas, Hood, Johnston und Lee. Dieser Umstand sowie der zweite, daß es ohnehin nie genügend regionale Verteidigungsstreitkräfte gab, bedingten die außerordentliche Brutalität der Operationen im Westen.

Entlang der weißen Grenze von Colorado bis Texas stellten sich bald ähnliche Zustände ein, wie sie ein Jahrhundert zuvor an der Appalachen-Grenze geherrscht hatten. Gegen Ende des Bürgerkriegs entwickelte sich die Auseinandersetzung zwischen der weißen und der roten Rasse zu einer Folge von Metzeleien und Vergeltungsmassakern, zu einem ethnischen Vernichtungskrieg mit allen Mitteln, voller Haß und Vorurteile.

Was damals im Westen geschah, hätte eigentlich allen späteren »Cowboy-
und-Indianer«-Mythologien von vornherein den Boden entziehen müssen. Auf sich selbst gestellt, konnten die verschiedenen Pioniere des
Westens sich kaum gegen die berittenen Indianer behaupten. Obwohl sie
bewaffnet waren und eine tiefgreifende Brutalisierung durchlaufen hatten,
waren die Grenzer der Jahrhundertmitte dem Indianerproblem nicht gewachsen. Um 1864 lebten die Rancher, Goldsucher, Postkutscher und Farmer des Westens von Pikes Peak bis zu den Tälern des Brazos in ständiger
Angst. Die texanischen Rancher hatten sich in Forts verkrochen wie ihre
Vorgänger in Kentucky zur Zeit Daniel Boones. Es fuhren kaum noch
Frachtwagen und Postkutschen über die Plains von Kansas, und Mehl stieg
in der Siedlung Denver auf den Preis von 45 Dollar pro Sack. Die Grenze
war paralysiert, und schlimmer noch, sie verfiel immer mehr in hilflose
Hysterie.
Diesen Krieg konnten die Plainsstämme langfristig nicht gewinnen, das
stand fest. Doch die wenigen kampfesmutigen und mittlerweile überaus
feindseligen Völker der südwestlichen Plains begriffen nicht, weshalb die
Macht der Weißen plötzlich abgenommen hatte. Anfängliche Siege ließen
ihre Hoffnung und mit ihr auch einen Gutteil ihrer alten Arroganz wieder
aufleben. Am Gang der amerikanischen Geschichte gemessen, war der
Aufschub der Hinrichtung kurz, und der Krieg der Indianer erscheint im
Rückblick als kleines Geplänkel. Aber er machte zwanzig Jahre weißen
Vordringens und »Fortschritts« zunichte, säte neuen Haß und bedingte
enorme Verheerungen in den folgenden Jahren.

Neunzig Prozent der texanischen Siedler entstammten den Südstaaten und
ihrer Kultur. Daher ergab es sich zwangsläufig, daß Texas der Konföderation beitrat, als die Sezession begann. Am Secession Day, dem 16. März
1861, waren an den Grenzen von Texas 2700 Mann Bundestruppen stationiert. Diese Regimenter lösten sich sofort auf. Einige Bundessoldaten
konnten den Staat noch verlassen, andere wurden gefangengenommen;
eine große Zahl von ihnen, insbesondere Offiziere südlicher Herkunft,
quittierten den Dienst, um in die Armee der Konföderierten Staaten einzu-
treten. Dieser Zerfall der Verbände beendete auch die Geschichte der glor-
reichen Zweiten Kavallerie. Die Grenzforts wurden allesamt aufgegeben,
einige bei der Evakuierung sogar niedergebrannt.
Konföderierte Streitkräfte aus Texas drangen ins Indian Territory vor und
besetzten drei Militärposten; sie zwangen die US-Armee, sich über die
Grenze von Kansas zurückzuziehen.
Die Union und die Konföderation betrieben im wesentlichen die gleiche

Indianerpolitik; beide versuchten, die seßhaften oder »zivilisierten« Stämme für ihre Armeen zu rekrutieren und mit den noch selbständigen, kriegerischen Plainsvölkern Friedensverträge zu schließen. Anfangs erzielte der Indianerbeauftragte der Konföderierten, Albert Pike, bei beiden Gruppen beachtliche Erfolge.

Die fortgeschritteneren Stämme, die alle aus den Südstaaten stammten, waren Sklavenhalter. Sie hatten im Laufe der Jahre Hunderte entlaufener Neger gefangengenommen und erneut versklavt; aus diesem Grunde sagten sich die Stammesräte der Cherokesen, Choctaw, Chickasaw und Seminole von den Vereinigten Staaten los und erklärten sich für die Konföderation. Einige Stämme spalteten sich auch, so die Cherokesen, die sich in dieser Frage nicht einig werden konnten. Die Creek, Shawnee, Delaware und einige andere neigten dazu, sich zur Union zu bekennen.

Die Stämme des Indian Territory begannen daraufhin, ihren eigenen »Bürgerkrieg« auszukämpfen; aber damals wie auch später wurzelte dieser Konflikt weit tiefer im Haß und den Antipathien der Indianer untereinander als in der Frage der Sklaverei oder in anderen ideologischen Streitpunkten der Weißen. Im Jahre 1861 begingen die übrigen Stämme ein grauenhaftes Massaker an den Creek, töteten siebenhundert von ihnen und vertrieben die Überlebenden nach Kansas, wo diese Schutz bei den Streitkräften der Union suchten.

Der Indianerbeauftragte Pike bemühte sich um Friedensverträge mit den Comanchen, Kiowa und anderen wilden Stämmen. Es gelang ihm, sich die Unterstützung der »konföderierten« Indianer zu sichern. Ihm kam der Umstand zustatten, daß die Blauröcke zwei Jahre lang gegen die Comanchen und Kiowa Krieg geführt hatten. Im August 1861 hielt er bei der ehemaligen Bundesagentur für die Wichita im Indian Territory, die damals von den Konföderierten verwaltet wurde, eine Versammlung von Vertretern wilder Stämme und Agenturindianern ab; dabei wurden auch die Penateka als »Agenturindianer« angesehen und geführt, da die Überlebenden dieser Gruppe nun zum größten Teil bei der Agentur siedelten, der Robert Neighbors sie übergeben hatte.

Pikes versammelte mindestens ein Dutzend Häuptlinge von allen bedeutenden Banden bis auf eine: Vertreter der Nokoni, die sich jetzt Detsanayuka, »Diejenigen, die oft umherziehen«, nannten, der Kotsoteka oder »Fleischesser«, der Yamparika und selbst ein Überlebender der Tanima, der »Leberesser«, hatten sich eingefunden. Einzig die Kwahari, die »Antilopen« des Llano Estacado, waren nicht repräsentiert, denn sie wollten mit den Weißen Männern immer noch nichts zu schaffen haben.

Pike schrieb seinen Vertrag, den er »Treaty with the Comanches of the

Prairies and the Staked Plains« nannte, weitgehend aus alten Papieren ähnlicher Art zusammen. Beide Seiten sollten alle Gefangenen zurückgeben, die Comanchen für ihre Gefangenen aber bezahlt werden; die Regierung der Konföderierten Staaten sollte die Gruppen mit Nahrungsmitteln und Gütern versorgen, »bis sie sich selbst erhalten können«, und sie sollte ferner Vieh bereitstellen, damit die Indianer Herden aufbauen konnten. Als Gegenleistung, so lautete der Vertrag, »fordern die Konföderierten Staaten von den Nemene nichts, außer daß sie sich darauf vorbereiten, sich selbst zu erhalten und in Frieden und Friedfertigkeit zu leben«. Wie Wallace und Hoebel in ihrer Studie über das Volk schreiben, verlangte der Vertrag einzig, daß die Nemene aufhören sollten, als Comanchen zu leben, indem sie den Krieg aufgaben und sich als Viehzüchter niederließen.

Die Regierung der Konföderierten stellte Vorräte für über sechzigtausend Dollar bereit, um ihrerseits den Vertrag einzulösen. Außer den Penateka, die schon bei der Agentur lebten, kamen die Banden nur einmal, um Geschenke zu fordern, aber bei diesem einen Mal konnte der Agent Mathew Leeper sie für etwa ein Jahr versorgen. Während dieses Jahres unterblieben die Überfälle auf die texanische Grenze fast völlig. Der erste Grund hierfür dürfte der Vertrag gewesen sein; der zweite war der, daß die arg mitgenommenen Banden weit draußen auf der Prärie die wachsende Schwäche der weißen Grenze noch nicht erkannt hatten.

Die Lage im Indian Territory blieb weiterhin äußerst unbeständig. Unter den Agentur- oder Reservatsindianern kam es zu einer Reihe von Massakern und Vergeltungsschlägen. Die Reste der Tonkawa, die Neighbors nach Oklahoma geführt hatte, wurden fast ausgerottet. Vordergründig war der Kannibalismus dieser Indianer der Grund für die Metzeleien; aber es ist eher wahrscheinlich, daß die Dienste, die die Tonkawa den Texanern als Späher geleistet hatten, sie bei den anderen Stämmen verhaßt gemacht hatten.

Auch um 1862 sickerten nach und nach Bundesagenten ins Indianerterritorium ein. Einige Stämme wechselten die Seite: Die Cherokesen sagten sich voll von der Konföderation los und schlossen sich der Union an. Und im Oktober 1862 überfielen der Union anhängende Delaware und Shawnee die Wichita-Agentur der Konföderierten und zerstörten sie. Die Penateka-Comanchen wurden in den Wichita Mountains versprengt, wodurch das Bindeglied zwischen den Plainsgruppen und den Konföderierten zerbrach.

Nun versuchten die Bundesagenten, mit den Kiowa und Comanchen, die für die Nachrichtenwege der Union entlang dem Santa Fé Trail eine Gefahr darstellten, neue Beziehungen zu knüpfen. Die Bandenräte, mit denen die

Unionsvertreter wegen eines Waffenstillstands Verhandlungen aufnahmen, sahen keinen Grund, weshalb sie nicht von beiden Parteien der sich
bekriegenden Weißen Männer Geschenke annehmen sollten. Die Comanchen gingen dazu über, mit Hintergedanken Verträge auszuhandeln – sie
sollten den Angloamerikanern auf diesem Gebiet bald an Zynismus nicht
mehr nachstehen.

Eine Gruppe Häuptlinge der Comanchen und der Kiowa wurde nach
Washington gebracht, wo sie im April 1863 den alten Vertrag von 1853 be-
kräftigten. Die Stämme versprachen, den Santa Fé Trail nicht anzugreifen
und weiße Gefangene zurückzugeben; als Gegenleistung wollten die Vereinigten Staaten ihnen Warenzuwendungen in Höhe von 25 000 Dollar
jährlich aushändigen. Dieser Vertrag sollte eine der wirklichen Katastrophen der Weißen im Südwesten auslösen.

Der Senat ratifizierte den Vertrag nicht. Inzwischen zogen Tausende von
Comanchen, Kiowa und Kiowa-Apachen zum Arkansas, wo sie die Zutei-
lung der Güter erwarteten, denn die Kunde von den Vertragsbedingungen
hatte sich rasch verbreitet. Als im Herbst 1863 immer noch keine Güter
eingetroffen waren, wurden viele der Indianer wütend über die offenkun-
dige Perfidie. Erwiesenermaßen hielten aufgebrachte Comanchen und
Kiowa mit Cheyenne, Arapaho und Dakota Kriegsräte ab. Diese Vorgänge
führten unmittelbar zu den »Massenaufständen« 1864 auf den südlichen
Plains.

In Texas waren die Konflikte schon länger wieder ausgebrochen. Bald nach
der Zerstörung der Agentur der Konföderierten im Indianerterritorium
spähten Kriegerbanden die Brazos-Grenze aus. Sie entdeckten, daß die
Reitersoldaten und Rangers verschwunden waren und daß die Grenze zu
neuen Überfällen einlud.

Die Konföderierten in Texas hatten die Indianergrenze nie vernachlässigen
wollen. Über ihre diplomatischen Bemühungen im Indian Territory hinaus
stellten sie ein berittenes Regiment unter dem Kommando von Neighbors'
altem Widersacher John R. Baylor ab, das in den verlassenen Bundesforts
entlang dem hundertsten Längengrad Quartier beziehen sollte.

Doch Baylor schwebte inzwischen Größeres vor als lediglich Aufpasser an
der Grenze zu spielen. Er unternahm eine Invasion in die Gebiete Neu-
Mexikos und Arizonas, drang bis Tucson vor und etablierte dort eine pro-
visorische Konföderierten-Regierung, die ausschließlich aus Texanern bestand. Dieser Vorstoß lockte weitere texanische Streitkräfte nach Westen,
und im Februar 1862 nahm General H. H. Sibley mit drei Regimentern
Santa Fé ein. Die Bundestruppen jedoch erhielten erhebliche Verstärkung
aus Kalifornien: Die Colorado Territorrials unter Chivington schlugen die

Texaner entscheidend. Übel zugerichtet, wurde die Sibley-Baylor-Expedition über die Route El Paso–San Antonio zurückgetrieben; die drei texanischen Regimenter waren fast völlig aufgerieben.

Dieser Feldzug hatte für die Counties von Westtexas entsetzliche Folgen. Weder der Staat noch die Konföderation waren in der Lage, die zerschlagenen Regimenter zu ersetzen. Gegen Ende 1862 hatte Texas bereits über 62 000 junge Männer zur Südstaatenarmee abgestellt; im gesamten Staat gab es nur 27 000 Männer der Altersgruppe zwischen sechzehn und sechzig. Die besten Männer und Pferde, die die Grenze hätten schützen können, fielen auf den Schlachtfeldern eines Dutzend Staaten vom Mississippi bis Virginia. Die Männer, die noch für den Dienst an der Grenze hätten herangezogen werden können, waren schlecht ausgerüstet, undiszipliniert und kämpferisch nicht ausgebildet. Die lokalen Bürgerwehren – von denen einige sich eindrucksvolle militärische Namen zugelegt hatten – waren für den Krieg gegen die Indianer an der Plainsgrenze so gut wie untauglich. Unweigerlich hielt der alte Terror wieder Einkehr, als die Comanchen und Kiowa entdeckten, daß sie ungestraft zum Brazos reiten konnten. 1863 herrschte in vielen nordwestlichen Counties regelrechter Belagerungszustand: Clay, Cooke, Denton, Montague, Palo Pinto, Young und Wise litten fürchterlich unter »Mörderüberfällen« und dazu noch unter einem neuen Phänomen, dem Viehraub. Die marodierenden Indianer hatten herausgefunden, daß sie geraubte Viehherden in Neu-Mexiko und im Indian Territory an Aufkäufer der Bundesarmee verkaufen konnten. Auf diese Weise lösten die Agenten der Union an der Westgrenze der Konföderation eine neue Art der indianischen Kriegführung aus. In den Jahren 1863/64 trieben die Indianer zehntausend Stück Vieh ab.

Um 1864 brach die gesamte Grenze zusammen. Tausende verängstigter Frauen, Kinder und alter Männer packten ihre Habe und verließen Häuser und Felder. Innerhalb von zwei Jahren wurden weite Teile des in den fünfziger Jahren besiedelten Landes von der Bevölkerung aufgegeben. Die Grenze wich um zweihundert bis dreihundert Kilometer nach Osten zurück auf etwa den Stand, den sie Mitte der vierziger Jahre erreicht hatte. Um Fredericksburg und in der Umgebung Austins wimmelte es wieder von Comanchen.

Die wenigen Familien, die in den neuen Territorien ausharrten, scharten sich zum gegenseitigen Schutz eng zusammen. Sie errichteten quadratische Holzpalisaden als Zufluchtsorte in Gefahrenzeiten. Einige Forts, so das alte Fort Belknap am Brazos, wurden mit Rangern, die meisten jedoch, wie in früheren Jahrhunderten, nur mit bewaffneten Siedlern belegt. Die Bevölkerung von Young County, die sich kurz nach der Auflösung der nahen Reservate am Brazos und am Clear Fork am Elm Creek ansiedelte, erbaute Fort Murrah. Daneben gab es Blairs Fort in Eastland County und die nahe gelegenen Forts Hubbard und Owl Head. Die Weißen, die sich um diese Schutzstätten drängten, erlebten dauernd Überfälle und Viehraub.

Im Laufe des Jahres 1864 verringerte sich die Zahl der Überfälle, doch die Kriegerscharen der Comanchen wuchsen – ein sicheres Zeichen dafür, daß die Kühnheit der Indianer zunahm.

Die Brazos-Grenze war nicht das einzige betroffene Gebiet. Im Norden hatten die Cheyenne und ihre Verbündeten sowie die Kiowa und die Comanchen den Kriegspfad gegen die Siedlungen im Gebiet Colorado und Kansas beschritten. Der Santa Fé Trail war unterbrochen; die Stationen der Postkutschen wurden angegriffen und niedergebrannt und ganze Wagenzüge voller Weißer massakriert. Darunter litt die Kommunikation der Unionsarmee erheblich. Der Zuwandererstrom, der auch während des Bürgerkriegs niemals völlig versiegte, ließ nach, als Hunderte Weiße auf den Plains von Kansas und Colorado den Tod fanden und die Überlebenden sich in die nächsten militärischen Vorposten retteten.

Die Situation, der große Aufstand auf den südwestlichen Plains 1864, war unerträglich. Die verschiedenen territorialen Truppen und Armeestreitkräfte im betroffenen Gebiet unternahmen organisierte Kampagnen gegen alle Indianer und drängten damit viele Comanchen und Kiowa südlich nach Texas ab. Im Frühherbst 1864 lagerten einige Tausend Comanchen und Kiowa entlang dem Canadian River auf dem Llano Estacado und am Red River südlich der Wichita Mountains. Diese kriegslüsternen Scharen kamen unter den Einfluß eines ehrgeizigen Führers, der unter dem Namen Little Buffalo bekannt geworden ist.

Schon bei früheren Überfällen hatte Little Buffalo das Brazos-Gebiet sorgfältig erforscht. Er zog von Camp zu Camp, hielt Rat und teilte den Kiowa und Kiowa-Apachen mit, daß die berittenen Soldaten verschwunden und die *tejano*-Rangers zu wenige seien, um etwas ausrichten zu können. Er malte ihnen die Vision großer Siege mit unermeßlicher Beute aus und schwärmte von dem Prestige, das alle Krieger, die mit ihm ritten, sich erwerben konnten.

Im Oktober 1864 hatte Little Buffalo mindestens siebenhundert Krieger zusammengetrommelt; er überquerte den Red River und ritt mit annähernd tausend Verbündeten nach Texas. Von allen nördlichen Comanchenbanden schlossen sich scharenweise Krieger an; der berühmte Kriegshäuptling Aperian Crow führte ein großes Kontingent Kiowa. Die Indianer hatten viele Pferde mitgebracht, denn Little Buffalo erinnerte sich der bösen Lektion, die Buffalo Hump erteilt worden war; er wollte hart, aber blitzartig zuschlagen und auf dem schnellsten Wege vom Brazos zurückkehren.

Am 13. Oktober überquerte Little Buffalos Horde den Brazos fünfzehn Kilometer von Fort Belknap entfernt, wo der Elm Creek in den Fluß einmündet. Die Comanchen und Kiowa ritten das Flußtal hinauf, in dem etwa fünfzig bis sechzig hartgesottene weiße Grenzer lebten. Die Krieger fühlten sich aufgrund ihrer großen Zahl um so kühner; sie teilten sich und zogen am hellichten Tag an beiden Ufern entlang. Das Morden und Brandschatzen begann.

Die Comanchen stießen auf einen Siedler und seinen Sohn, die im Gebüsch nach verirrtem Vieh suchten. Sie töteten beide, rissen den Leichen die Kleider herunter und verstümmelten sie. Dann ritten sie am Creek entlang zur Fitzpatrick Ranch, wo sie drei Frauen und eine Anzahl Kinder vorfanden. Die Männer waren nicht daheim, sie holten Vorräte vom Handelsposten Weatherford. Als die Indianer heransprengten, griff die junge Susan Durgan zum Gewehr und eilte hinaus. Sie feuerte auf die Krieger, die sie jedoch erschlugen, entblößten und verstümmelten und die Leiche auf dem Hof zurückließen. Sie fesselten die übrigen beiden Frauen und die Kinder: Elizabeth Fitzpatrick, Mary Johnson – die Frau von Nigger Britt Johnson, einem Schwarzen, der nach dem Gesetz ein Sklave war, an dieser Grenze aber von seinem Besitzer, der ihn geerbt hatte, wie ein freier Mann behandelt wurde – und drei schwarze und drei weiße Kinder. Zwei Krieger gerieten in Streit, wem das älteste schwarze Kind zustehe; sie lösten das Problem, indem sie den Jungen töteten. Die Frauen, die beiden noch lebenden Negerkinder, der zwölfjährige Joe Carter, die dreijährige Lottie und die achtzehn Monate alte Millie Durgan wurden entführt.

Unterdessen stieg Rauch auf, und die Schüsse waren gehört worden. Die Hamby-Männer brachten eiligst ihre Frauen und Kinder in ein Höhlenversteck, bestiegen ihre Pferde und alarmierten das gesamte Tal. Sie ritten den Fluß entlang von Farm zu Farm, wobei sie immer wieder auf Comanchen feuern mußten, die sie verfolgten. Die Familie Williams verkroch sich im dichten Gebüsch; ein Fünfzehnjähriger mit einem Gewehr hielt Wache. Zwar ging ihr Haus in Flammen auf, aber die Familie von Richter Williams blieb unentdeckt.

Die beiden Hambys und Tom (Doc) Wilson ritten, so schnell sie konnten, zum Ranchhaus von George Bragg, einer kleinen, aber befestigten und mit Grasnarbe bepflanzten Hütte, die als Fort diente. Als die drei Männer auf der Ranch von ihren Pferden stiegen, wurde Doc Wilson von einem Pfeil ins Herz getroffen. Er wankte ins Haus, riß sich den Schaft aus der Brust und starb in einer Blutlache. George Bragg, fünf weiße Frauen, ein Neger-mädchen und eine ganze Schar Kinder befanden sich im Haus. Die Ranch war sofort von einer Horde lärmender Krieger umzingelt. Wie Thornton Hamby, ein verwundeter Soldat der Konföderierten auf Erholungsurlaub, später halb im Spaß gestand, hätte er sich am liebsten unter dem Bett ver-krochen – wenn nicht schon drei Familien von Schutzsuchenden diesen zweifelhaften Ort der Sicherheit mit Beschlag belegt gehabt hätten. Der junge Hamby bewahrte klaren Kopf und gab Anweisungen für die Vertei-digung; die Weißen bereiteten sich darauf vor, einer längeren Belagerung standzuhalten.

Die Frauen wurden angewiesen, sämtliche Gewehre und Pistolen nachzu-laden. Eine Frau ging Thornton Hamby zur Hand und leistete ihm gute Unterstützung. Als die Comanchen auf die Hütte zustürzten und versuch-ten, die Palisaden auszugraben, eröffnete er das Feuer durch eine der win-zigen Schießscharten, die so charakteristisch für die Ranchhäuser in West-texas waren. Der ältere Hamby tötete einen Indianer, hatte aber selbst schon vier Verwundungen erlitten, und der alte George Bragg war keine große Hilfe. Der junge Hamby rettete das Leben der Weißen, indem er Gewehr um Gewehr leerschoß, das die verzweifelten Frauen am Tisch nachluden und ihm in die Hand drückten. Den ganzen Nachmittag hielt er das Fort, während irgendein unsichtbarer Krieger einem erbeuteten Armeehorn traurige Töne entlockte. Hamby wurde erneut verwundet; aber durch einen Zufallstreffer erschoß er Little Buffalo, der den Angriff anführte. Nach einigen weiteren Schüssen und einem letzten Hornsignal zum Abschied zogen sich die Comanchen zurück.

In der Zwischenzeit hatten sich die Pevelers, Harmonsons und andere Clans der Umgebung in Fort Murrah versammelt. Die Krieger, von denen es nun überall am Elm Creek wimmelte, scheuten vor der kleinen Befesti-gungsanlage zurück und blieben außerhalb der Schußweite. France Peveler sah durch sein Fernglas, wie Krieger sich auf dem Mesquitfeld um zwei weiße Männer scharten. Er teilte seinen Kameraden mit, daß die Coman-chen »gerade den alten McCoy und seinen Sohn« umbrächten. Einer von ihnen forderte ihn auf zu schweigen; die McCoy-Frauen hätten sich ins Fort gerettet, und es würde ihnen großes Leid bereiten, wenn sie wüßten, daß ihre Männer sich in den Händen der Comanchen befanden, meinte er.

Am selben Nachmittag ritt Leutnant N. Carson von Bourland's Border Regiment, da er Unheil witterte, mit vierzehn Bürgerwehrmännern von Fort Belknap Richtung Elm Creek und traf auf über dreihundert Krieger. Fünf seiner Männer wurden sofort getötet und etliche verwundet; die üb-rigen ritten um ihr Leben. Ein Kampf wäre in jedem Falle sinnlos gewesen.

Die Männer der Bürgerwehr retteten auf ihrer wilden Flucht in die Sicherheit von Fort Murrah etliche Frauen. Sie ritten dort jeweils zu zweit auf einem Pferd ein; einige Tiere waren mit Comanchen- und Kiowapfeilen gespickt wie Nadelkissen.

In jener Nacht verließ der mutige Thornton Hamby die Bragg Ranch im Schutz der Dunkelheit und schlüpfte durch ein Netz von Kriegern, um zur Fitzpatrick Ranch zu reiten und die Toten zu begraben. Derweil bereiteten sich die Überlebenden von Fort Murrah auf den bevorstehenden Angriff im Morgengrauen vor. Im Norden loderte ein riesiges Feuer – ein Haus, das in Flammen aufging. Die Siedler waren sich einig, daß jemand ausreiten und Hilfe herbeiholen müsse.

Die Kavalleristen der Staatstruppe (Carson behauptete in seinem Bericht, sie hätten beispiellosen Mut bewiesen) weigerten sich hartnäckig, das Fort zu verlassen; daher erboten sich zwei Siedler, France Peveler und ein Mann namens Fields. Sie schlüpften an dem nervösen Außenposten, einem siebzehnjährigen Jungen, der diese gefährliche Aufgabe außerhalb der Mauern übernommen hatte, vorbei und ritten im Tal entlang, damit sich ihre Silhouetten nicht gegen den helleren Himmel abzeichneten und von den Indianern erspäht werden konnten. In der Dunkelheit kamen sie an einem nackten weißen Körper vorbei und an einem Pferd, das mit einer Lanze auf den Boden genagelt war und noch in Todeskämpfen zitterte. Doch sie wagten nicht, haltzumachen; als sie außer Sicht waren, legten sie die fast zehn Kilometer zum Fort Belknap in vollem Galopp zurück.

Die gesamte Bürgerwehr war ausgeflogen – auf Indianerjagd, wie es hieß. Doch unter den Leuten, die die Sicherheit des Forts aufgesucht hatten, erbot sich ein junger Mann, Chester Tackett, freiwillig, die 120 Kilometer nach Veal's Station zu reiten. Um ein Uhr früh brach Tackett auf, wechselte sein Pferd an jeder Hütte und erreichte Veal's Station, die nächste weiße Siedlung, um neun. Aber auch hier fand er keine Bürgerwehr vor.

Ein anderer Freiwilliger ritt weiter nach Decatur, nochmals fünfzig Kilometer. Dort erreichte bei Sonnenuntergang die Nachricht Major Quayle, den Kommandeur der örtlichen Bürgerwehr. Quayle trieb seine Männer über hundert Kilometer voran, ohne zu rasten, bis ihm etwa dreißig Kilometer vor Elm Creek ein Reiter entgegenkam, der berichtete, die Indianer hätten sich zurückgezogen. Er ritt den abziehenden Comanchen etwa 150 Kilometer nach, da sie weiße Frauen und Kinder entführt hatten, brach aber die Verfolgung schließlich ergebnislos ab.

Es handelt sich hier um ein klassisches Beispiel für die Überfälle der Comanchen im texanischen Grenzgebiet. Elf Siedler waren getötet worden, elf Häuser zerstört, sieben Frauen und Kinder verschleppt. Die

Grenzbewohner retteten sich – jeder, wie er konnte – durch Heldenmut und Flucht. Wie immer kam die Bürgerwehr zu spät. Die Comanchen und Kiowa hatten den Grenzern fast alles geraubt, und was sie nicht transportieren oder gebrauchen konnten, hatten sie zerstört. Mehlsäcke waren ausgeschüttet, der Inhalt mit Sand vermischt, das Vieh abgeschlachtet. Der folgende Winter war hart für Elm Creek.

Der Überfall auf Elm Creek hatte ein Nachspiel, wie jeder Übergriff der Comanchen. Als Britt Johnson zur Fitzpatrick Ranch zurückkehrte, mußte er feststellen, daß sein Sohn begraben, seine Frau und seine beiden Kinder entführt worden waren. Johnson setzte alles daran, seine Familie zu retten. Mit Hilfe der Hambys und anderer verschaffte er sich ein Packpferd, Vorräte, ein Gewehr und zwei sechsschüssige Revolver und brach nach Nordwesten auf, in die weite Wildnis, die jenseits der Brazos-Siedlungen lag.

Nachdem er über hundert Kilometer zurückgelegt hatte, erreichte der mutige schwarze Grenzer den Wichita River. Dort stieß er auf einen vereinzelten Comanchen, der eine Pferdeherde bewachte. Johnson sprach »Mexikanisch«, das die meisten Comanchen und Kiowa verstanden; er machte ein Zeichen des Friedens und näherte sich dem Indianer. Der Krieger und eine Gruppe Comanchen, die herbeiritten, reagierten eher neugierig als feindselig auf den schwarzen Mann. Einige der Comanchen gehörten zu den Penateka, die in der Clear-Fork-Reservation gelebt hatten; sie erinnerten sich an Johnson. Johnson verzichtete wohlweislich darauf, sie auf die Peveler- und Johnson-Brandzeichen anzusprechen, die er auf manchen Pferden der Comanchen sah. Er hatte einige der Räuber gefunden.

Die Penateka erzählten Johnson, daß sich eine einzige weiße Frau in ihrem Lager befinde, die Kiowa aber alle *negros* mitgenommen hätten. Sie erklärten sich einverstanden, ihn mit zum Lager reiten zu lassen. Dieses Zusammentreffen und der Umstand, daß die Indianer nicht feindselig auf Johnson reagiert hatten, waren ein unglaublicher Glücksfall. Von da an genoß er Gastfreundschaft, und die Comanchen zeigten sogar ein gewisses Interesse an seinem Vorhaben.

Im Lager, das irgendwo am Oberlauf des Canadian River lag, fand er Elizabeth Fitzpatrick. Von ihr erfuhr er, daß der Tod Little Buffalos und zwanzig anderer Krieger am Elm Creek die große Kriegerschar veranlaßt hatte, den Kampf abzubrechen und sich zurückzuziehen. Auf dem Rückweg hatten die Comanchen den kleinen Joe Carter, Mrs. Fitzpatricks Sohn aus früherer Ehe, getötet, weil der Junge plötzlich erkrankt war. Die beiden Durgan-Mädchen und Johnsons Familie hatten die Kiowa mitgenommen. Elizabeth Fitzpatrick flehte Britt Johnson an, sie möglichst alle freizukaufen; sie war für texanische Verhältnisse ziemlich reich und wollte jeden Preis zahlen.

Johnson unternahm darauf vier ans Unglaubliche grenzende Märsche ins Herz der *Comanchería*, wo er nach den Gefangenen suchte. Ohne die unschätzbaren Dienste der friedfertigen Penateka, die ihm nicht nur sagten, wie er mit den unberechenbaren Kiowa verhandeln müsse, sondern auch zwei Krieger als Begleiter mitschickten, hätte er scheitern müssen. Er kaufte Elizabeth Fitzpatrick frei und brachte sie heim. Er fand heraus, bei welcher Gruppe seine Frau gefangengehalten wurde, und löste sie für den Gegenwert von zweieinhalb Dollar aus. Auch seine Kinder und die kleine Lottie Durgan, Mrs. Fitzpatricks Enkelin, konnte er zurückkaufen. Nur Millie Durgan, die von der Familie des Kaitsenko Aperian Crow adoptiert worden war, wollten die Indianer nicht zurückgeben.

Elizabeth Fitzpatrick, die viel Land und viele Rinder besaß, erging es nach ihrer Rückkehr besser als den meisten heimgekehrten Gefangenen. Sie heiratete noch einmal. Johnsons unermüdliches Suchen bewies seine Gefühle für seine Frau, der er eine glückliche Rückkehr bereitete. Trauer herrschte um das Durgan-Mädchen, das nie wieder gesehen wurde. Allerdings scheint diese Trauer fehl am Platz gewesen zu sein; sechsundsechzig Jahre später wurde die alte Kiowafrau Saintohoodi Goombi in Lawton, Oklahoma, als Millie Durgan identifiziert. Ihr Leben war keineswegs unglücklich verlaufen. Bei den Kiowa war sie als Tochter eines großen Häuptlings aufgewachsen, hatte geheiratet und eine Familie großgezogen. Sie hatte keine Erinnerungen an ihre einstige Herkunft, und ehe sie 1934 starb, ließ sie keinen Zweifel daran, daß sie von ihrem früheren Volk nicht das geringste erwartete.

Der Neger Britt hatte den Respekt der gesamten weißen Grenzbevölkerung gewonnen. Nach dem Krieg eröffnete er in Texas, das eine bittere Phase der politischen Neuordnung erlebte, mit drei anderen ehemaligen Sklaven ein Fuhrunternehmen. Er beförderte Vorräte zwischen Weatherford und den Armeeforts, die schließlich wieder aufgebaut wurden. An dieser von Comanchen heimgesuchten Grenze war dies ein recht gefährliches Unterfangen, doch Britt Johnson war, wie man im Brazos-Gebiet einhellig bekundete, ein außerordentlich mutiger Mann.

Der amerikanische Bürgerkrieg zeitigte nicht nur für Texas, sondern für den gesamten Westen schlimme Folgen. Zu Beginn des Krieges befanden sich die Plainsstämme in einer verzweifelten Lage; auch gegen Kriegsende waren sie noch voller Zorn, verzweifelt und zersplittert – aber sie hatten ihr Selbstbewußtsein wiedergewonnen. Um 1864 überzog ein grauenvoller Krieg die gesamte Westgrenze.

Der Aufstand der Santee-Sioux 1862 in Minnesota zeichnete vor, wie diese Auseinandersetzung verlaufen mußte. Wenige unter den Tausenden von weißen Siedlern, die sich in den fünfziger Jahren am Mankato niederließen, waren echte Grenzer. Bei den meisten handelte es sich um Farmer aus dem Osten, und viele kamen geradewegs aus Europa. Kaum einer von ihnen hatte Erfahrungen mit Indianern. Ihr einziges Verbrechen an den Indianern bestand darin, daß sie einer zerstörerischen Zivilisation angehörten. Die blutige Rebellion der Santee, in der Hunderte von Weißen niedergemetzelt wurden und vierzigtausend Grenzer Haus und Hof aufgaben, löste erst Schock und Schrecken aus und dann Vergeltungsschläge. Bei dem Aufstand der Sioux kam es zu Vorkommnissen, wie sie nördlichen Pionieren noch fremd waren – zur geplanten, nicht mehr zufällig sich ergebenden Vergewaltigung gefangener weißer Frauen durch die Indianer. Eine Gruppe Santee, die selbst umzingelt und von Vernichtung bedroht war, veranstaltete eine Orgie der Folter und Erniedrigung an ihren weiblichen Gefangenen.

Die Reaktion der nördlichen Grenzer von Minnesota bis Colorado fiel bei weitem hysterischer aus als die der Nachfahren texanischer Pioniere. Die Texaner kamen in den Westen in dem Bewußtsein, die Indianer seien ohnehin Unmenschen; sie erwarteten von ihnen nur Schwierigkeiten und glaubten fest, daß sie im Namen von Frieden und Fortschritt ausgerottet werden müßten. Die Frage, ob die kühle Brutalität der Texaner angesichts der Kränkungen grausamer war als die heftige, fast hysterische Reaktion der Einwanderer aus dem Osten und Europa, bleibt dem persönlichen Urteil überlassen. Die Texaner verließen sich auf die Rangers und die Kavallerie. In Minnesota schrie der Mob, nachdem die Regimenter blauröckiger Freiwilliger den Widerstand der Santee in den Wäldern gebrochen hatten, nach der Exekution Hunderter indianischer Gefangener in aller Öffentlichkeit.

Nur der Intervention Präsident Lincolns, der von den Kommandeuren der Armee äußerste Zurückhaltung forderte, verdanken es Hunderte Indianer, daß sie nicht hängen mußten. Lincoln weigerte sich, die Exekution von Gefangenen zu genehmigen, es sei denn, ihre »Schuld« sei bewiesen. Schließlich wurden 38 Gefangene gehenkt; die meisten Historiker stimmen darin überein, daß sich darunter viele Unschuldige befanden, die an dem Aufstand gar nicht teilgenommen hatten.

Die kriegerischen Stammesangehörigen hatten sich in die Plains von Dakota geflüchtet, doch auch dort waren sie nicht sicher, solange die Truppen sie verfolgten. Der General der Unionsarmee, Sibley, berichtet ohne nähere Angaben, er habe bei einer einzigen Strafexpedition fünfhundert

Indianer getötet. Sibley führte das Kommando über Freiwillige aus der Umgebung, die jenem Mob entstammten, der die Gefangenen in ihren Zellen mit Lynchen bedroht und bei einer Gelegenheit sogar die Zellen aufgebrochen und etliche indianische Krieger kastriert hatte.

Als über weite Gebiete von Kansas, Colorado und Neu-Mexiko der gleiche Schrecken hereinbrach wie an der texanischen Grenze, ergriff die weißen Neuankömmlinge dort eine ähnliche Hysterie wie im Falle des Santee-Aufstandes. Zwischen 1863 und 1865 wurden Tausende von Unionssoldaten für die verschiedenen territorialen Regimenter rekrutiert, von denen jedoch keines gegen Konföderierte kämpfte: Nach 1862 gab es im Westen keine »konföderierte« Gefahr mehr; das Indianerproblem war vorrangig.

Für viele Freiwillige aus diesen Gebieten wurde der Indianerkrieg zu einer persönlichen Rachefehde. Die alten Kämpfer wie Jim Bridger, der Berater und Pfadfinder der Armee, und Kit Carson, der die Bürgerwehr Neu-Mexikos kommandierte, hatten unter den Stämmen gelebt und reagierten daher auf die Übergriffe der Indianer nüchtern und unemotional. Sie begriffen die Indianer trotz ihres Barbarentums als Menschen. Doch diese Männer waren seltene Ausnahmen; das Gros der Grenzer verkörperte ein anderer Typus.

So etwa Carsons grimmiger Untergebener Captain Pfeiffer von einem neumexikanischen Territorialregiment, dessen Frau von Indianern zu Tode gefoltert worden war. Pfeiffer wurde bereits zu seinen Lebzeiten nicht nur bei den schockierten Weißen, sondern auch bei den Indianern zur Legende. Sie behaupteten, wann immer er ausreite, kämen die Wölfe von den Bergen und warteten hinter seinem Heerzug, in der Gewißheit, tote Indianer zu finden. Es war Pfeiffer, die rechte Hand Carsons, der 1864 die Navajo im Canyon de Chelly in die Falle lockte und dermaßen zurichtete, daß sie nie wieder das Kriegsbeil gegen die Weißen erhoben. Trotz der Forderung der professionellen Militärs nach Großmut und Rehabilitierung der viehzüchtenden Navajo wurden die Überlebenden in ein trockenes Gebiet getrieben und von den territorialen Streitkräften dem Hungertod preisgegeben. Eben diese Navajo rettete Carleton, der Unionskommandeur in Neu-Mexiko, indem er seine Soldaten auf halbe Ration setzte und die Indianer durch den Winter fütterte.

Das im Sommer 1864 zum Kampf gegen die Indianer in Denver rekrutierte Regiment wurde in einer Atmosphäre des Hasses und der Hysterie zusammengestellt. In diesem Sommer liefen die Cheyenne, die Comanchen und ihre Verbündeten Amok. Sie schnitten die Verbindungswege ab und überfielen Hunderte unglücklicher Reisender. Völlig abgeschnitten waren die Bergwerkscamps in Colorado, deren Bewohner fast verhungerten.

J. M. Chivington, der frühere Methodistenprediger, der jetzt als Brigade-general in der Armee der Unionsstaaten diente und der Neu-Mexiko der Union erhalten hatte, stellte seine territoriale Freiwilligentruppe unverhohlen nur zu einem Zweck auf – Indianer zu vernichten. Um zur Anmusterung anzuspornen, wurden im Zentrum von Denver die verstümmelten Leichen eines weißen Einwanderers, seiner Frau und seiner zwei Kinder neben dem Anwerbetisch und der Trommel öffentlich zur Schau gestellt. Die Order, die Chivington seinem Regiment erteilte, lautete: »Tötet und skalpiert alle, ob klein oder groß; aus Nissen werden Läuse.«

Die Territorialstreitkräfte Colorados griffen bei Sand Creek ein großes Lager der Cheyenne an. Es handelte sich um das Dorf von Black Kettle, der zwar Krieg gegen die Weißen geführt hatte, doch erst kurz zuvor einen Waffenstillstand eingegangen war und nach Darstellungen mehrerer Soldaten über seinem Tipi die amerikanische Flagge flattern ließ. Trotzdem fielen die Freiwilligen über das Camp her. Sie beschossen die Tipis mit Haubitzen, sprengten dann zwischen den Zelten hindurch und metzelten alle Indianer nieder, die sie erwischen konnten. Als das Geschrei verebbte und der Blutdurst gestillt war, lagen dreihundert tote Cheyenne am Sand Creek verstreut, 26 von ihnen Krieger, der Rest Frauen und Kinder. Im gesamten Gebiet wurde Chivingtons Coup als großer Sieg gefeiert.

Der einzige Unterschied zwischen dem Chivington-Massaker und mindestens einem Dutzend ähnlicher Operationen lag darin, daß Chivington, der sich selbst als großen Helden sah, mehr Aufsehen erregte. Viele seiner Freiwilligen erschossen Squaws und erstachen Cheyennekinder genüßlich mit dem Bajonett; aber im heterogenen Territorialheer Colorados gab es auch etliche Männer, denen diese Grausamkeiten den Magen umdrehten. Als detaillierte Darstellungen – im Westen eine Seltenheit – in den Zeitungen veröffentlicht wurden, reagierte der ferne Osten Amerikas mit Ekel und Entsetzen. Doch bezeichnenderweise blieb die Entrüstung auf den Osten und die regulären Truppen beschränkt.

Die Armee hatte ihre besonderen Gründe, diese Operation zu verurteilen; nicht zuletzt auch Neid und der Wunsch, sich von jedem Tadel wegen ähnlicher Aktionen reinzuwaschen, spielten dabei eine Rolle. Denn im Westen operierten inzwischen alle Kommandeure unter dem Befehl »Verfolgen und bestrafen«.

Kurz nach dem Chivington-Massaker gab General P. E. Connor in Fort Laramie im Gebiet Wyoming schriftliche Instruktionen heraus, »alle männlichen Indianer über zwölf Jahren zu töten«. Sibley hatte nach gleichem Muster im Dakotagebiet weitere Sioux umgebracht. Die Leute im Westen begriffen auch nicht so recht, was denn gegen die Tötung indianischer Frauen einzuwenden sei, und noch weniger verstanden sie, weshalb die Militärs sich darüber ereiferten, daß Berghaubitzen gegen das Dorf eingesetzt worden waren; schließlich hatten die Berghaubitzen sich als eine der wirksamsten Waffen bei allen Indianeroperationen des Militärs bewährt. Was die Armee an dem Massaker kritisierte, war das undisziplinierte, jedem Militärkodex zuwiderlaufende Barbarentum, das Chivingtons Männer an den Tag gelegt hatten; sie waren Amok gelaufen, hatten Leichen skalpiert und verstümmelt, kurz, sie hatten der wilden Grausamkeit der Cheyenne und Comanchen in nichts nachgestanden.

William Bent, Kit Carson und etliche andere alte Kämpfer gerieten in helle Empörung; aber nicht über die bestialischen Einzelheiten dieses Massakers, denn sie hatten selbst viele von den Indianern begangene Grausamkeiten mitansehen müssen. Was sie erboste, war schlicht der Umstand, daß Chivington den Kodex gebrochen hatte, indem er seinen Männern gestattete, ein Indianerdorf im Waffenstillstand anzugreifen.

Was sich wirklich im Westen abspielte, wurde dadurch, daß man Chivington und seine Colorado Territorials zu Sündenböcken abstempelte, allerdings eher verschleiert als aufgedeckt. Denn wie General Sherman in seiner Verteidigung der Armeeoperationen schrieb, war dieser Krieg bestenfalls »ruhmlos«. Die Kampagnen gegen die Wilden machten den undankbaren, unerfreulichen Teil des Militärdienstes aus. Die Soldaten mußten ihre Feinde jagen und stellen oder auch sich heimlich ohne Flaggenwehen und Hörnerklang und das ganze Gepränge des militärischen Mythos wie Diebe anschleichen.

Die Trennlinie zwischen Schlacht und Massaker in diesen Guerillakriegen war äußerst dünn. Sherman belehrte seine Offiziere in einer Sonderinstruktion ferner, daß, sollte der Krieg mit den Weißen auch zur Vernichtung der Indianer führen – diese ja schließlich gewarnt worden seien. Man dürfe ihnen nicht länger gestatten, Weiße zu töten und so den Fortschritt der Nation zu hemmen. Er versicherte seinen Offizieren, er werde nicht zulassen, daß der Vorwurf der Grausamkeit den Soldaten die Hände binde. Die Soldaten waren gehalten, »alle Mittel einzusetzen, damit diese Indianer, die Feinde unserer Rasse und Zivilisation, ihren barbarischen Krieg nicht von neuem beginnen und weiterführen können . . .«

Mit dem, was Sherman schrieb, schielte er auf die östlichen Zeitungen, die Chivington verurteilt hatten, und vergaß dabei keinen Moment die geschichtlichen Erfahrungen, die der Westen gemacht hatte. Seine Befehle an die Armee aber waren im Grunde nur eine literarisch verbrämte und maßvollere Variante dessen, was der Prediger Chivington seinen Freiwilligen unverhohlen aufgetragen hatte.

Der große Friedensvertrag
von Medicine Lodge

Die Atempause, die der Bürgerkrieg den Plainsstämmen verschaffte, reichte für ihre zahlenmäßige Regeneration nicht aus. In der Endphase des Konfliktes zwischen Nord und Süd bemühten sich die militärischen Kommandos der Vereinigten Staaten im Westen eiligst, an der Indianergrenze wieder Herr der Lage zu werden und blutige Vergeltung zu üben. Die Bürgerwehr von Colorado machte indianische Dörfer ohne Rücksicht auf Schuld oder Unschuld ihrer Bewohner dem Erdboden gleich. Oberst Kit Carson rieb mit den New Mexico Territorials die Navajo weitgehend auf. Im Herbst 1864 bereitete sich Carsons Vorgesetzter, der Bezirkskommandeur General James H. Carleton, darauf vor, mit der Armee gegen die Comanchen und Kiowa vorzugehen, die das ganze Jahr hindurch entlang dem Santa Fé Trail Unruhe gestiftet hatten.

Aufgebrachte Banden südlicher Krieger drohten, diesen Verkehrsweg nach Missouri und dem Osten völlig lahmzulegen. Während des Jahres 1864 wurde so gut wie jede Wagenkolonne überfallen, die den Canadian River entlang nach Texas zog. Selbst große Trecks verloren Pferde und Ochsen an die plündernden Indianer. Kleinere Gruppen, ob Militär- oder Zivilpersonen, wurden massakriert. Im Oktober erhielt Carlton daher den Befehl, die Route freizukämpfen und die Wilden, die für die dauernden Störungen verantwortlich waren, zu bestrafen. Er schickte Oberst Carson, der mit einer schlagkräftigen Streitmacht neumexikanischer und kalifornischer Territorialsoldaten das Tal des Canadian River gründlich zu durchkämmen hatte.

Es war bekannt, daß eine große Anzahl Comanchen und Kiowa auf den büffelreichen Plains des Texas Panhandle überwinterte, und man nahm an, diese Indianer seien auf einen Winterfeldzug nicht vorbereitet.

Anfang November verließ Carson den Ort Cimarron in Neu-Mexiko mit über dreihundert Mann und zweiundsiebzig Ute und Jicarilla-Apachen als Kundschafter und Hilfstruppen. Er versprach den Ute viele Skalps und reiche Beute; einige Krieger brachten sogar ihre Frauen mit. Carson war gut ausgerüstet; er verfügte über einen wohlbepackten Versorgungszug von siebenundzwanzig Wagen, sechstausend Schuß Munition; außerdem nahm er zwei hervorragende kleine Zwölfpfünder-Berghaubitzen mit, die auf spezielle Wagen montiert waren.

Das Heer folgte dem Ute Creek bis zu der Stelle, wo er in den Canadian River einmündet, und ritt dann nach Osten die weiten, flachen Flußtäler entlang auf die hohen texanischen Plains. Die Späher operierten weit voraus. Nachts schlug Carson sein Lager unter den hohen Baumwollsträuchern der Schluchten oder *cañadas* auf.

Das Wetter wurde bereits bitter kalt. Erster Schnee fiel. Tagelang ließ sich kein Indianer blicken. Doch am 24. November, bei Sonnenuntergang, meldeten die Kundschafter ein Camp von Kiowa-Apachen etwa einen Tagesritt in östlicher Richtung entfernt, nahe den alten, verlassenen Handelsposten Bents und St. Vrains an einem kleinen Zufluß des Canadian River. Dieser Ort war als Adobe Walls bekannt, da die sonnengetrockneten Gebäudemauern aus Adobeziegeln noch standen. Carson marschierte sofort auf die Indianer zu; er hetzte seine Truppen fast fünfundzwanzig Kilometer durch die frostige Nacht und gestattete während der Verschnaufpausen weder Feuer noch Rauchen.

Bei Tagesanbruch befand er sich in Sichtweite des Indianerlagers. Leutnant George Pettis von der kalifornischen Freiwilligenwehr, der mit der Geschützbatterie betraut war, glaubte, in der Ferne grauweiße Sibley-Zelte zu erkennen. Carson belehrte ihn, daß es sich um die sonnengebleichten Tipis von Plainsindianern handele. Die Ute meldeten, das Dorf bestehe aus 176 Zelten. Ohne das Flußtal weiter zu erforschen, ließ Carson seine Gepäckkolonne mit fünfundsiebzig Mann Bewachung zurück und ritt mit einer Schwadron von über zweihundertfünfzig Kavalleristen durch das offene Tal seine Attacke gegen das Indianerdorf.

Die verbündeten Ute und Jicarilla scherten aus der Heersäule aus und versuchten, die Pferde der Kiowa einzufangen. Das Lager der Apachen war jedoch alarmiert, bevor die Kavallerie es erreicht hatte. Die Krieger bildeten eine Art Gefechtslinie und versuchten, die Flucht ihrer Frauen und Kinder zu decken, die auf die Hügel unten am Fluß zurannten.

An jenem Tage befand sich einer der großen Kriegshäuptlinge der Kiowa, Dohasan, der von den Weißen Little Mountain oder Sierrito genannt wurde, besuchsweise im Lager der Kiowa-Apachen. Dohasan organisierte die Verteidigung und schickte Boten mit der Bitte um Hilfe zu den

Comanchen- und Kiowatipis weiter flußabwärts. Er sammelte seine Krieger, und die wirbelnden, schießenden Indianer verlangsamten den Angriff der Weißen und sicherten das Entrinnen der Frauen. Carsons Kavalleristen töteten einen Krieger, der einen Postrock trug. Als sie die Tipis erreichten, fanden sie sie bereits verlassen vor.

Dohasan bewies große Tapferkeit. Sein Pferd wurde unter ihm weggeschossen, doch er konnte sich retten und sammelte seine Krieger erneut zum Gegenangriff. Die Kavallerie setzte die Indianer stark unter Druck und drängte sie etwa sieben Kilometer bis nach Adobe Walls zurück. Dort aber tauchten immer mehr Indianer auf; die Weißen saßen ab, stellten ihre Pferde im Schutz der Mauern ab und setzten den Kampf zu Fuß fort. Carson rückte mit der Geschützbatterie nach Adobe Walls vor, und jetzt entdeckten beide, der alte Gebirgsfuchs und der junge Leutnant Pettis, am Fluß in etwa anderthalb Kilometer Entfernung ein weiteres Lager mit ungefähr fünfhundert Tipis.

Diesmal handelte es sich um ein Comanchenlager, aus dem Hunderte von Kriegern auf die Prärie schwärmten. Pettis zählte, wie er später berichtete, zwölf- oder vierzehnhundert. Die Indianer bildeten eine lange Linie über die Hügel; während ihre Kriegshäuptlinge sie anfeuerten, bemalten sie noch ihre Gesichter mit den Kriegsfarben. Die Kiowa, die nun ebenfalls in großer Zahl hinzukamen, sangen die Kampflieder ihrer Stämme. Pettis befürchtete, die Gruppe würde die weiße Schwadron jeden Augenblick angreifen.

Carson befahl ihm, einige Granaten in die Indianermenge zu schießen. Die Haubitzen wurden abgeprotzt, eingerichtet und in schneller Folge abgefeuert. Die Granaten, die über die Köpfe der Krieger hinwegheulten und neben ihnen explodierten, blieben nicht ohne Wirkung auf den Kampfesmut der Indianer. Unter gellenden Schreien zog sich das Heer eiligst aus der Schußweite zurück.

Carson informierte seine Truppen, daß die Schlacht vorbei sei. Er befahl, die Pferde am Bents's Creek zu tränken. Der Arzt versorgte einige Verwundete, während die Soldaten ihre kalten Rationen verzehrten. Doch in der Ferne wimmelte es im hohen Gras von Comanchen und Kiowa. Innerhalb einer Stunde umzingelten tausend Krieger den Handelsposten, umkreisten ihn und schossen im Reiten unter ihren Pferden hindurch. Überraschenderweise schienen die meisten Krieger über gute Feuerwaffen zu verfügen. Das Doppelgeschütz jedoch bereitete ihren Attacken erneut ein Ende, denn die explodierenden Granaten rissen auch noch auf erhebliche Entfernung Männer samt Pferden zu Boden.

Der Feind schwärmte stundenlang um den alten Handelsposten herum, wagte sich aber nicht zu nah heran. Doch Carson begann unruhig zu werden. Er hatte noch nie so viele Indianer gesehen. Pettis war sicher, daß es nun mindestens dreitausend waren, und immer noch kamen kleinere Gruppen hinzu. Die Expedition war unversehens in ein riesiges Wintercamp der Stämme der südlichen Bisonplains geraten. Carson mit seinem geteilten Kommando machte sich Sorgen um die Packwagen. Da die Versorgungsnachhut keine Geschütze besaß, konnte sie leicht überwältigt werden, wenn die Indianer sie entdeckten. Er traf daher eine vorsichtige, doch sehr vernünftige Entscheidung: Er ließ seine Truppen aus Adobe Walls ausbrechen und sich mit der Versorgungseinheit, die die Vorräte und Munition bewachte, wieder zusammenschließen.

Die Kavallerie saß auf und zog sich im Feuerschutz der Geschütze zurück. Die Indianer zündeten das Gras an, aber dadurch halfen sie Carson nur, denn der Rauch verhüllte seinen Rückzug. Bei Sonnenuntergang kamen die Weißen an dem verlassenen Lager der Kiowa-Apachen vorbei, wo Pettis feststellte, daß die Frauen der Ute die Leichen etlicher Indianer verstümmelt hatten. Carson befahl, die Zelte niederzubrennen; dann, im Schutz der Dunkelheit, eilte er gen Westen. Der Feind griff nicht mehr an. Drei Stunden später erreichte Carsons Truppe die Packwagen.

Am nächsten Morgen hielten die Indianer sich noch immer zurück. Einige Offiziere der Territorialtruppen drängten zum Angriff, doch Carson befahl den weiteren Rückzug. Die Ungewißheit war zu groß; Carson, der später schrieb, er habe Indianer nie zuvor mit solchem Mut und solcher Tapferkeit kämpfen sehen, beging nicht den Fehler, die berittenen Indianer zu unterschätzen. Bisher hatte er erst wenige Männer verloren, und nur einige wenige waren verwundet, während seine Geschütze den Indianern große Verluste beigebracht hatten; etwa zweihundert Krieger waren gefallen oder verwundet. Er konnte es einen Sieg nennen, und das tat er auch, als er mit seinen Truppen in Neu-Mexiko ankam. In seinem offiziellen Bericht schrieb Carson, er habe »diesen Indianern eine strenge Lektion erteilt, besser auf der Hut zu sein und sich zu überlegen, wie sie zivilisierten Truppen begegnen«.

Er selbst war froh, daß es ihm gelungen war, sein Kommando mit heiler Haut aus der Klemme zu manövrieren. Tatsächlich hatten ihn die Haubitzen und seine Vorsicht wahrscheinlich vor dem Schicksal Custers am Little Big Horn bewahrt. Die Kiowa und Comanchen berichteten einigen Comancheros, die sich damals gerade in ihren Lagern aufhielten, daß sie jeden Weißen Mann im Tal des Canadian River getötet hätten, wenn nicht die »Gewehre, die zweimal schießen«, dagewesen wären. Carson selbst äußerte sich in ähnlicher Weise gegenüber Leutnant Pettis.

Carson war empört über die Anwesenheit der Comancheros in den Lagern der Comanchen und Kiowa, denn durch sie erklärte sich die Herkunft der Gewehre und Munition in der Hand der Indianer. Er hege keine Zweifel, beteuerte er, »daß eben jene Kugeln, die meine Männer töteten und verwundeten, von diesen Mexikanern keine zehn Tage vorher verkauft worden waren«. Er verlangte, die Neumexikaner vom Handel mit den wilden Stämmen auszuschließen, solange die Armee Krieg gegen sie führte. In diesen Interessengegensätzen lag der eigentliche Grund des späteren Hasses zwischen Soldaten und Comancheros.

Insgesamt gesehen war jedoch die Expedition alles andere als ein voller Erfolg, denn der Rückzug der Weißen beließ den Indianern die uneingeschränkte Kontrolle über das Gebiet. Carson drängte darauf, die Kampagne mit mindestens tausend Soldaten fortzusetzen, die, so glaubte er, die riesigen Winterlager der Indianer vernichten könnten. Die Militärbehörden planten eine ausgedehnte, entscheidende Operation von Kansas bis Neu-Mexiko, als der plötzliche Zusammenbruch der Konföderation die Lage völlig veränderte. Den Comanchen und anderen Plainsstämmen sollte dadurch innerhalb eines Jahrzehnts ein zweiter Aufschub ihrer Vernichtung gewährt werden.

Nach dem Zusammenbruch der Konföderation bei Appomattox wurden die weiträumigen Operationen gegen die feindlichen Stämme im Westen aus mehreren Gründen eingestellt. Die alte reguläre Armee gab es seit dem Bürgerkrieg nicht mehr. Die Regierung hatte zu dessen Beginn beschlossen, die ständigen Truppen nicht zu erweitern, sondern den Indianerkrieg mit Freiwilligenregimentern, die später durch Wehrdienstpflichtige verstärkt wurden, zu gewinnen.

Berufssoldaten führten das Kommando über diese Streitkräfte der Staaten und Territorien. Die meisten Berufsoffiziere stiegen zu verwirrend hohen Rängen auf, oft vom Leutnant zum Sternegeneral; doch im Verlauf dieses Prozesses verschwand die alte reguläre Armee. Zu Ende des Krieges kommandierten die Armeespitzen der Professionellen Horden ziviler Soldaten, die nun schnell aufgelöst werden mußten. Im Westen waren die verschiedenen Staatstruppen und Bürgerwehren unter den nationalen Notstandsbehörden aufgestellt worden. Diese Freiwilligen sollten nun entlassen werden; nur wenige entschieden sich für den Soldatenberuf.

Im Nachspiel des Sieges blieb so von der Armee der Vereinigten Staaten nur die imposante Fassade erfahrener Generäle und Offiziere ohne untere Ränge und Mannschaften übrig. Die Armee konnte daher in ihrem damaligen Zustand nicht gegen die Indianer antreten; eine umfassende und zeitraubende Reorganisation war unumgänglich.

Nachdem diese Neuorganisation vollzogen war und 1866 endlich eine Armee mit 75 000 Mann stand, verhinderten andere Umstände die Wiederaufnahme des Krieges gegen den Roten Mann. Der Regierungswechsel hatte einen völligen Umschlag in der Westpolitik zur Folge. Nach der Ermordung Präsident Lincolns entwickelte sich der Kongreß zur mächtigsten Instanz des Staates und beherrschte während der ruhmlosen Präsidentschaft Andrew Johnsons den Regierungsapparat des Bundes. Diese veränderte Situation hatte Auswirkungen sowohl auf den Westen als auch auf den Süden, wo der Kongreß die Neuordnung der politischen Verhältnisse, die sogenannte Rekonstruktion, rasch durch militärische Besetzung einleitete.

Wie immer man die amerikanische Aneignung der westlichen Territorien bezeichnen mag, sie war im Grunde ein imperialistisches Unternehmen; als solches wurde sie im wesentlichen von der Exekutive, weniger von der Legislative gefördert und durchgeführt. Denn der Kongreß spiegelte unweigerlich die Ansichten und Forderungen seiner Hauptträger, der alten, längst besiedelten und befriedeten bevölkerungsreicheren Ostregionen, getreu wider. Obgleich die Amerikaner zu Tausenden westwärts drängten, blieb der größte Teil der Bevölkerung von der Parole, es gelte den Westen zu erobern, unbeeindruckt, bis sich lange nach dem Bürgerkrieg eine romantische Verklärung breitmachte. Die Eroberung des Westens wurde von Washington über Jefferson bis Polk von den Präsidenten eingeleitet und vorangetrieben, von Politikern also, die normalerweise durch solche Schritte und Maßnahmen die Grenzen ihrer Machtbefugnis überschritten. Die militärischen Operationen gegen die Indianer des Westens – sie verdienten kaum die Bezeichnung »Kriege« – waren nicht vom Kongreß, sondern vom Präsidenten und seinem Kabinett beschlossen, »erklärt« und durchgeführt worden. Die Legislative hatte der Kavallerie von Jefferson Davis wenig Aufmerksamkeit geschenkt, außer, daß sie widerstrebend ihre Aufstellung bewilligte.

Zwischen 1865 und 1869 gelang es dem neuen Präsidenten nicht, die Bundesbehörden und die Armee gegen die Macht des Kongresses zu führen. Der Kongreß war verständlicherweise weitaus mehr daran interessiert, die rebellierenden Südstaaten zu den Bedingungen der republikanischen Mehrheit in die Union zurückzuführen, als eine Handvoll aufsässiger Wilder, die keine Gefahr für den Bestand der amerikanischen Nation darstellten, zu befrieden. Die wenigen Weißen der westlichen Territorien waren als Wählerkreis zu klein, um ihre Forderungen geltend zu machen. Und die Texaner, die am meisten unter den Indianern litten, zählten überdies damals nicht einmal zur Wählerschaft des Kongresses. Texas wurde, trotz des Grundsatzes, daß sich ein Staat rechtmäßig nicht aus dem Staatenverband der USA lösen konnte und die konföderierten Staaten daher selbst während der Rebellion die Union nicht verlassen hatten, wie eine besetzte Provinz behandelt. 1865 wurden Tausende von Bundessoldaten nach Texas beordert, jedoch in den östlichen Bevölkerungszentren stationiert, um die ehemaligen Rebellen zu überwachen, oder an den Rio Grande entsandt, um sich einer französischen Intervention in Mexiko entgegenzustellen. Keines der alten Grenzforts wurde neu belegt.

Die Nation war verständlicherweise der Kriege und militärischen Operationen überdrüssig. Der Kongreß mußte eine enorme Kriegsverschuldung tilgen und war nicht bereit, weitere Millionen von Dollars an den Indianergrenzen zu vergeuden. Die Chivington-Operation und das Entsetzen, das dieses einzelne Massaker im Osten auslöste, machte weitere Strafexpeditionen unpopulär.

Die Behörden suchten nach friedlichen Lösungen; diese Situation ermöglichte es, daß das Amt für indianische Angelegenheiten, das in den fünfziger Jahren zur Bedeutungslosigkeit verkommen war, in der politischen Arena auf dem Capitol Hill erneut von sich hören machte. Anfang des Jahres 1865 überzeugte J. H. Leavenworth, der Indianeragent für die Kiowa und Comanchen, die Beamten in Washington, daß er mehr mit Freundlichkeit und Verständnis bei diesen Indianern ausrichten könne als durch weiteres Morden; die militärischen Maßnahmen wurden eingestellt, solange Leavenworth einen neuen Friedensvertrag mit den Indianern abzuschließen suchte. Alle diese Umstände führten eine Rückkehr zur alten »Friedenspolitik« herbei: Diese neue-alte Politik erschien den Männern in der Regierung, die durch andere Dinge in Anspruch genommen waren und kein tieferes Verständnis der Verhältnisse im Westen besaßen, praktikabel und durchaus menschlich. Doch sie war nichts dergleichen, denn sie ließ die Geschichte und die Umstände außer acht und war daher zum Scheitern verurteilt. Die einzige Freundlichkeit, die die Amerikaner den südlichen Plainsstämmen hätten erweisen können – außer der, vom Kontinent zu verschwinden –, hätte darin bestanden, ihnen endgültig ein festumgrenztes, unverletzbares Territorium zuzuerkennen, alle weißen Vorstöße in dieses Gebiet zu unterbinden und auf Verkehrsverbindungen durch dieses Gebiet zu verzichten. Doch das alles war unmöglich. Nicht einmal die ehrlichsten Humanisten, die die Ausrottung der Stämme bedrückte, dachten daran, den Santa Fé Trail aufzugeben oder den Bau der Eisenbahnen über die Great Plains zu verhindern. Die Stämme mußten eben einfach lernen, mit solchen Übergriffen zu leben. Außerdem war es rechtlich noch immer nicht möglich, den Comanchen irgendeinen Teil texanischen Bodens zu garantieren, da die rechtliche Fiktion, die aufrechterhalten wurde – daß die rebellierenden Staaten die Union niemals verlassen hatten –, dem Anschlußvertrag von 1845 weiterhin seine Gültigkeit bewahrte. Die Staked Plains (Llano Estacado) und das weite Panhandle-Gebiet, der reichste Teil der schrumpfenden Bisonplains, blieben Staatseigentum, und keine texanische Regierung, wie sie sich auch immer zusammensetzte, hätte den Indianern diese Gebiete überlassen.

Die Tatsache, daß die Bundesregierung den Durchzug der Weißen durch die *Comanchería* weder unterbinden konnte noch wollte, andererseits aber nicht in der Lage war, den Indianern ein geeignetes Jagdgebiet zu gewährleisten, machte einen Frieden durch diplomatische Verhandlungen unmöglich, sofern nicht die Stämme vorher mit Waffengewalt eingeschüchtert und besiegt wären. Die Comanchen und Kiowa, die sich gerade jetzt äußerst feindselig verhielten und sogar die Offensive ergriffen, hätten sich Diktaten, die ihnen ihre alten Territorien nahmen und ihre gesamte Lebensweise bedrohten, niemals kampflos unterworfen.

Die Gesellschaftsstruktur der Comanchen, ihre organisatorische Zersplitterung und ihr Kriegsethos verurteilten jede sinnvolle Diplomatie von vornherein zum Scheitern. Selbst wenn die Weißen die südlichen Plainsstämme nicht mehr verfolgt hätten, hätte die Plainskultur nie mit einer anderen Zivilisation, die sich mit ihrer Plünderzone überlappte, friedlich zusammenleben können, solange die Zivilisationsgrenze nicht unverwundbar war. Frieden war nur möglich, wenn sich die weiße Grenze den aufsässigen Kriegern als überwältigende Übermacht darstellte.

Vielen Amerikanern fiel es äußerst schwer, diese Tatsache zu begreifen. Für diejenigen Amerikaner, die auf eine friedliche Lösung setzten, war es ein Glaubensartikel, daß die Indianer durch die Vergehen der Weißen oder durch Armut in den Krieg getrieben wurden und die Indianerkriege daher den Weißen anzulasten seien. Außer einigen Texanern und ein paar erfahrenen Militärs kannte kaum ein Amerikaner die Geschichte und die Art der Überfälle von Kiowa und Comanchen auf Nordmexiko.

Auch ließ sich eine Diplomatie europäischer Prägung kaum sinnvoll bei den Plainsvölkern anwenden. Nach den vierziger Jahren gab es nie wieder höherstehende Häuptlinge, die mehr als ein paar Krieger beeinflussen konnten. Um einen allgemeingültigen Vertrag abzuschließen, hätten die Weißen praktisch jeden einzelnen Comanchenkrieger zur Teilnahme an ihrem Rat bewegen und seine feierliche Zustimmung zu den Vertragsbedingungen erlangen müssen. Außerdem hatten die Comanchen eine verständliche Verbitterung gegenüber Besprechungen und Verträgen entwickelt, denn nie hatte sich dadurch für sie etwas geändert. Die meisten

Krieger fühlten sich nicht an die von den Weißen diktierten »Übereinkünfte« gebunden.

Die Friedenspolitik der Zeit nach dem Bürgerkrieg setzte an die Stelle von Erfahrung berechnendes Wunschdenken. Sie machte damit den Weg frei, auf dem Amerikaner und Comanchen ihre alten tragischen Erfahrungen wiederholen sollten. Sie führte zum Tod Tausender Weißer, der durch eine demonstrative Machtpolitik der Regierung hätte verhindert werden können. Die schrittweise Vernichtung der Indianer wurde gerade durch die Friedenspolitik unabwendbar gemacht.

Nach einigen informellen Zusammenkünften im Oktober 1865 trafen Indianeragent Leavenworth und die Unterhändler der Vereinigten Staaten mit Abgesandten der Comanchen, Kiowa und Kiowa-Apachen am Little Arkansas River nahe dem heutigen Wichita, Kansas, zusammen. Nur sechs der neuen Banden, die zum Stamm der Comanchen zählten, nahmen teil. Die Kotsoteka waren zu sehr mit der Büffeljagd beschäftigt; die zurückgezogen lebenden Kwahari blieben unnahbar auf dem Llano Estacado. Doch dies hielt die amerikanischen Kommissäre nicht davon ab, einen neuen Vertrag »auszuhandeln«.

In ihren Bedingungen forderten die Amerikaner von den Stämmen, Überfälle künftig zu unterlassen, sämtliche Gefangenen zurückzugeben und sich auf ein kleineres als das bisher zugestandene Gebiet zu beschränken. Das neue Reservat umfaßte, grob beschrieben, das westliche Indianerterritorium und den äußersten Westen von Texas nahe der neumexikanischen Grenze, über den – das muß klar gesagt werden – die Bundesunterhändler der Rechtslage nach keine Verfügungsgewalt besaßen.

Keine der Parteien hielt sich an die Vereinbarungen. Eine Untersuchungskommission, die 1866 ausgesandt wurde, um zu ermitteln, weshalb es keinen Frieden gab, berichtete, alle Stämme umgingen die Vertragsbedingungen in schändlicher Weise. Sie ritten, wohin sie wollten, plünderten und machten weiterhin Gefangene. Die Prüfer bemängelten außerdem, daß die Jahreszuwendungen an Waren, die die Regierung lieferte, so schäbig seien, daß die Decken kaum noch unter den Sätteln der Comanchen zu gebrauchen seien, und daß viele Indianer sich daher nicht einmal die Mühe machten, die Zuteilungen an den Verteilungsstellen abzuholen. Die im Indianerterritorium stationierten Offiziere der Armee seien völlig unwissend, was den indianischen Charakter und die angebrachte Art, sie zu behandeln, betraf, hieß es in dem Bericht der Kommission. Die Prüfer sagten einen erheblich verschärften Krieg für das nächste Frühjahr voraus, sofern nichts unternommen würde.

Der Bericht hatte die Ernennung einer neuen Indian Peace Commission durch den Kongreß im Sommer 1867 zur Folge. Die Kommission erhielt den Auftrag, die Mängel zu beheben und einen dauerhaften Frieden mit allen südlichen Plainsstämmen herzustellen. Das bedeutete eine neue Ratsversammlung und noch einen weiteren Vertrag und führte zu der letzten traurigen Scharade, die sich im Westen zwischen den Amerikanern und den südlichen Plainsindianern abspielte.

Im Oktober 1867 wurde am Medicine Lodge Creek im heutigen Barbour County in Kansas ein großer Rat einberufen. Comanchen, Kiowa, Kiowa-Apachen, Cheyenne und Arapaho nahmen teil, doch die Kwahari und Kotsoteka erschienen wiederum nicht. Einige Krieger blieben den Verhandlungen aus Gleichgültigkeit fern, andere aus Angst, und einige einfach, weil sie nicht wußten, wie sie den Weißen Männern begegnen sollten. Dennoch war Medicine Lodge die repräsentativste Versammlung, die je auf den Plains stattfand.

Dieser letzte große Rat verlief nach einem Muster, das schon nahezu zum Ritual geworden war. Beide Seiten gaben sich bewußt Mühe, den Gegner zu beeindrucken. Die amerikanischen Unterhändler kamen von einer großen Soldateneskorte in Paradeuniformen begleitet. Die Häuptlinge erschienen mit voller Kriegsbewaffnung, unterstützt von Kriegern in bunter Ratsbemalung, die aufzutragen sie Stunden gekostet hatte. Die Armee errichtete Feldküchen, die Kaffee und Essen austeilten, damit die wichtigen Verhandlungen nicht unterbrochen werden mußten. Geschenke wurden ausgetauscht; einige Comanchen kamen besonders früh, um die wertvollsten Geschenke zu ergattern. Schließlich ließen sich die Häuptlinge, Regierungsunterhändler und Offiziere in einem Kreis nieder, Gefolge und Dolmetscher hielten sich im Hintergrund. Die Friedenspfeife machte unter den schweigenden Teilnehmern die Runde. Die Plainskrieger traten bei solchen Zeremonien ernst und würdevoll auf, und die Weißen gaben sich redlich Mühe, es ihnen gleichzutun. Nachdem jeder Teilnehmer einen Zug aus der Messingpfeife genommen hatte, eröffneten die amerikanischen Unterhändler die Verhandlungen.

Die Weißen erläuterten den Zweck des Rates entsprechend den Wünschen des Großen Weißen Vaters. Die Stämme sollten Gebiete weitab von den Siedlungen der Weißen und den Reiserouten erhalten, so daß es zwischen den Völkern keinen Krieg mehr gäbe. Außerdem würde man sie mit Nahrung und Saatgut versorgen und sie den Ackerbau lehren. Man würde ihnen Werkzeuge schicken und Zimmerleute, die ihnen zeigen sollten, wie man Häuser baut. Der Große Weiße Vater sei obendrein bereit, Schulen für sie zu errichten und einen Arzt für ihre Kinder zu senden. Jahreszuwendungen – Kleidung und andere Dinge, die ihrer Lage angemessen schienen, im Wert von 25 000 Dollar – würden dreißig Jahre lang an sie ausgehändigt. Als Gegenleistung müßten die Stämme alle Kriege gegen die Weißen beenden und dürften den Bau von Straßen, Schienensträngen und Forts nicht weiter behindern.

Die Unterhändler erinnerten voller Überheblichkeit die Stämme an die unermeßliche Macht des Großen Weißen Vaters. Sie warfen den anwesenden Häuptlingen vor, die Indianer hätten sich bösartig verhalten. In Kansas und Texas hätten ihre Krieger nach wie vor Raubzüge unternommen. Nun seien die Weißen großzügig bereit, die indianische Seite anzuhören: Wenn die Weißen ihnen Unrecht getan hätten, sollten sie es sagen, doch wenn sie den Weißen Schaden zugefügt hätten, müßten sie es eingestehen.

Der betagte Kaitsenko Set-tainte oder White Bear von den Kiowa, den die Weißen Satanta nannten, sprach als erster für die Indianer. Er hielt eine Rede voller Verachtung, die schon fast streitsüchtig war. Er erklärte ohne Umschweife, daß die Kiowa weder Schulen noch »Medizinhäuser« wünschten und daß sich die Kiowakrieger niemals dazu herablassen würden, die harte Arbeit des Ackerbaus zu verrichten. Für Satanta war damit alles gesagt.

Parra-wa-samen oder Ten Bears, ein Häuptling der Yamparika, sprach dann für die Comanchen. Ten Bears erwies sich dabei als ein sehr geschickter, sprachgewandter Redner und verblüffte die weißen Unterhändler durch seine Ausdruckskraft. Seine Worte wurden niedergeschrieben und im Protokoll abgedruckt; noch heute gelten sie als eines der besten Beispiele indianischer Redekunst. Seine Ansprache verlieh den Ansichten des Volkes in faszinierender Weise Ausdruck – einfach, doch intelligent, logisch und zugleich poetisch unlogisch, aufrichtig und eigennützig, mit einer echten, aber begrenzten Perspektive, stark personalisiert und letztendlich verzweifelt:

»Mein Herz füllt sich mit Freude, wenn ich euch hier sehe, wie sich der Bach mit Wasser füllt, wenn im Frühjahr der Schnee schmilzt; ich bin glücklich wie die Pferde, wenn zu Beginn des Jahres frisches Gras sprießt. Meine Leute haben nie zuerst den Bogen gespannt oder ein Gewehr auf die Weißen abgefeuert. Es hat Streit zwischen uns gegeben . . . meine jungen Männer haben den Kriegstanz getanzt. Aber wir haben den Krieg nicht begonnen. Ihr habt den ersten Soldaten ausgesandt . . .

Vor zwei Jahren stieß ich auf diese Straße, als ich den Büffeln folgte, damit meine Frauen und Kinder volle Wangen haben und ihnen warm ist. Doch die Soldaten feuerten auf uns . . . So war es am Canadian River. Die blauberockten Soldaten und die Ute kamen aus der Nacht . . . und machten

Lagerfeuer aus unseren Tipis. Statt Wild zu jagen, töteten sie meine Tapfersten, und die Krieger des Stammes schnitten der Toten wegen ihr Haar kurz.

Und so war es in Texas. Die Weißen brachten die Sorge in unsere Camps, und wir zogen aus wie Büffelbullen, wenn deren Kühe angegriffen werden. Wenn wir die Weißen fanden, töteten wir sie; ihre Skalps hängen in unseren Tipis. Die Comanchen sind nicht schwach und blind wie ... junge Hunde ... mit sieben Tagen. Sie sind stark und weitsichtig wie erwachsene Pferde. Wir schlugen ihren Weg ein und sind ihn weitergegangen. Die weißen Frauen weinten, und unsere Frauen lachten.

Doch ihr habt Dinge gesagt, die mir mißfallen. Sie sind nicht süß wie Zukker, sondern bitter wie Kürbis. Ihr habt gesagt, daß ihr uns in ein Reservat bringen und uns Häuser und uns Medizinhütten bauen wollt. Ich will sie nicht. Ich bin auf der Prärie geboren, wo der Wind frei weht und nichts das Licht der Sonne verdunkelt. Wo ich geboren bin, gab es keine Zäune, und alles konnte frei atmen. Dort möchte ich auch sterben, und nicht zwischen Mauern. Ich kenne jeden Fluß und jeden Wald zwischen dem Rio Grande und dem Arkansas. Ich habe überall in diesem Land gejagt und gelebt. Ich habe gelebt wie vor mir meine Väter, und wie sie habe ich glücklich gelebt.

Als ich in Washington war, sagte mir der Große Weiße Vater, daß alles Comanchenland uns gehört und daß niemand uns verwehren wird, dort zu leben. Warum also verlangt ihr, daß wir die Flüsse und die Sonne und den Wind verlassen und in Häusern leben? Fordert nicht, daß wir die Büffel für die Schafe aufgeben sollen. Die jungen Männer haben davon gehört, und es hat sie traurig gemacht und erzürnt. Sprecht nicht mehr davon. Ich will gerne die Worte, die der Große Weiße Vater zu mir sprach, zu meinem Volk tragen. Wann immer ich Waren und Geschenke erhalte, bin ich glücklich und mein Volk mit mir, denn es ist ein Zeichen, daß sein Auge auf uns ruht.

Wenn die Texaner nicht in mein Land gekommen wären, hätten wir in Frieden leben können. Doch das, in dem wir jetzt leben sollen, ist zu klein. Die Texaner haben uns die Orte genommen, wo das Gras am üppigsten wuchs und das Holz am besten war. Hätten wir sie behalten, so hätten wir vielleicht getan, was ihr wollt. Aber jetzt ist es zu spät. Der Weiße Mann hat das Land, das wir lieben, und wir wollen nur noch über die Prärie ziehen, bis wir sterben ...«

Andere Redner trugen im wesentlichen die gleichen Standpunkte vor. Wie Ten Bears sagten sie, sie seien Männer des Friedens, die nicht gegen die Weißen kämpfen wollten. Doch ebensowenig seien sie gewillt, weitere

Übergriffe auf ihr Gebiet zu dulden, weder von Weißen noch von Rothäuten. Ohne die texanischen Gebiete sei die *Comanchería* zu klein. Sie wollten nicht, daß die Soldaten Häuser in ihr Land setzten. Solange es Büffel gebe, hätten es die Völker nicht nötig, Ackerbau zu treiben, und es würde immer Büffel im Übermaß geben, wenn die Weißen aufhörten, sie zu jagen. Sie trauten den Versprechungen der Indianeragenten nicht. Sie kannten die »weißen« Indianer, die sich unterworfen hatten und bei den Agenturen lebten. Diese Völker, einst stolz und mächtig, seien jetzt schwach und arm und könnten ihre Angelegenheiten nicht mehr regeln, ohne zum Weißen Mann zu laufen. Die freien Stämme verachteten sie; freiwillig würden sie das Leben ihrer Väter niemals aufgeben und Reservatsindianer werden.

Die Unterhändler und Soldaten hörten sich alles geduldig an. Die Kraft und Schönheit solcher Reden aber änderte nichts: Die Peace Commission hatte alle Entscheidungen schon vor Eröffnung des Rates getroffen. Zwar wollten die Weißen Frieden, aber echte Verhandlungen konnte es nicht geben. Die Bedingungen waren ein Ultimatum: Stimmten die Häuptlinge zu, so würden sie Geschenke und jährliche Zuwendungen erhalten; taten sie es nicht, so kündigte sich die schreckliche Gefahr eines erneuten Krieges an, der die Stämme vernichten würde.

General William T. Sherman, der die Armee vertrat, sagte dies frei heraus. Er machte den Häuptlingen klar, daß sie ihre Lebensweise aufgeben und dem Beispiel des Weißen Mannes folgen müßten, egal, ob sie es wollten oder nicht. Sie könnten die Straßen und Eisenbahnen nicht aufhalten. Sie müßten lernen, wie die Siedler von Ackerbau und Viehzucht zu leben. Sherman – wie übrigens viele der anwesenden amerikanischen Offiziere und Beamten – mißbilligte im Grunde diese unverhohlene Machtpolitik, die seinen Moralvorstellungen widersprach, und er sagte dies auch. Doch Moral konnte seiner Ansicht nach bei dem, was geschehen sollte, keine Rolle spielen. Die Rechte des Barbarentums mußten den Rechten der Zivilisation weichen. Häuptling Ten Bears, der in Washington gewesen war, sah dies ein, und er wußte auch, daß, ebenso wie die alten Comanchenhäuptlinge die jungen Krieger nicht mehr kontrollieren konnten, der Große Vater der Weißen offensichtlich die Kontrolle über die Handlungen seines eigenen Stammes verloren hatte. Doch Ten Bears und die anderen baten die Weißen weiterhin inständig, die Sonne in ihrem Himmelslauf nicht anzuhalten und den Indianern ihre Freiheit zu lassen.

Schließlich setzten zehn Häuptlinge ihre Zeichen unter das Dokument, das ihnen vorgelegt wurde. Sie waren nicht einverstanden mit dem Vertrag; sie unterzeichneten ihn lediglich aus Resignation und der Hoffnung, die Geschenke zu erhalten. Als Kontrakt hätte der Vertrag der scharfen Prüfung durch angloamerikanische Gerichtshöfe nicht standgehalten. Die Kwahari, deren Namen als unterzeichnende Partei auf dem Vertrag aufgeführt waren, waren am Medicine Lodge nicht zugegen, ebenso viele der Kotsoteka-Krieger; etwa ein Drittel der Nemene waren im Rat nicht vertreten, und doch sollte der Vertrag für den ganzen Stamm bindend sein. Die Regierung verfolgte neben der Hoffnung auf Frieden ein anderes Ziel; daher lag ihr so viel an der »Unterzeichnung« des Vertrages. Mit Annahme der Bedingungen von Medicine Lodge »erstatteten« die Plainsstämme der Regierung fast alle Gebiete zurück, die ihnen in früheren Verträgen, deren Bedingungen jetzt Verwirrung und Mißstimmung stifteten, zugestanden worden waren.

Der neue Vertrag, der im August 1868 ratifiziert wurde, wies den Kiowa, Comanchen und Kiowa-Apachen ein wesentlich kleineres Territorium zu – viel kleiner als das Gebiet, das sie damals tatsächlich durch Waffengewalt kontrollierten. Die neue Reservation lag innerhalb des Indianerterritoriums, westlich des achtundneunzigsten Längengrads, im Norden vom Washita River, im Westen von der nördlichen Gabelung des Red River und im Süden vom Red River begrenzt.

Das neue Reservat, das den Comanchen und ihren Verbündeten zugewiesen wurde, hatte die Regierung früher den Choctaw- und Chickasawstämmen überschrieben, doch 1866 zurückgenommen. Es war gutes, reiches Land, insgesamt über zwölftausend Quadratkilometer gewellter Ebenen, Hügel und Täler, die sich von den Granithängen der Wichita Mountains bis zu den Auwäldern der texanischen Grenze erstreckten. Das Klima war milde, harter Frost trat nur von November bis April auf.

Dieses Territorium gehörte zur ursprünglichen *Comanchería*, begriff aber die reichsten Jagdgründe, die texanischen Bisonplains, nicht mit ein. Die Comanchen dagegen betrachteten das ganze Land zwischen dem Arkansas River und dem Rio Grande als ihr angestammtes Gebiet. Die Peace Commission suchte ihre Bedenken zu zerstreuen und sagte zu, die Büffeljagd der Amerikaner südlich des Arkansas River zu unterbinden. Die restlichen Klauseln waren durch und durch paternalistisch; die Unterhändler hielten sie nichtsdestoweniger für menschenfreundlich. In den festgelegten Territorien würden die Stämme vor den Angriffen und dem Landhunger der Weißen sicher sein, und der Ackerbau würde sie von der Notwendigkeit der Jagd und den Zwängen ihrer primitiven Lebensumstände befreien. Die Einwendungen der Comanchen, daß sie bei Vertragsunterzeichnung anderen, größeren Zwängen ausgesetzt würden, blieben unberücksichtigt.

Der Gewissenskonflikt
des Quäkers Lawrie Tatum

Die Anfänge der Reservation und der Agentur für die Kiowa und Comanchen waren keineswegs verheißungsvoll. Die unglücklichen Vorzeichen weckten bei dem ohnehin schon verstörten und widerspenstigen Volk schwelenden Zorn. Die Agentur wurde zunächst im Norden, am Arkansas River, errichtet. Anfang 1868 versammelte sich dort eine große Zahl Comanchen und Kiowa, die sofortige Nahrungs- und Güterzuteilungen erwarteten. Der Senat ratifizierte den Vertrag jedoch erst Monate später, so daß die erste Ausgabe bis Dezember auf sich warten ließ. Unterdessen wuchsen Ungeduld und Zorn der wartenden Indianer.

In der näheren Umgebung hatten sich viele friedfertige Reservatsindianer niedergelassen. Die kriegerischen Banden begannen, sie zu überfallen, ihnen Pferde, Rinder und Maultiere zu stehlen. Um den Plainsstämmen zu beweisen, daß die Regierung Frieden wollte, hatte das Indian Office die Stationierung von Truppen bei der Agentur untersagt. Die seßhaften Indianer konnten daher ungestraft terrorisiert werden; der örtliche Agent hatte dagegen keinerlei Handhabe und gab schließlich angewidert und eingeschüchtert sein Amt auf. Danach wanderten viele Comanchen und Kiowa wieder ab; die meisten kehrten auf die texanischen Bisonplains zurück.

Unterdessen begehrten die Cheyenne nördlich des Arkansas auf. Am Spanish Fork tötete eine Kriegerschar vier Weiße und vergewaltigte drei Frauen. Die Armee rückte aus, um die Indianer zu bestrafen, und bald darauf hatte sich der Zwischenfall zu einem regelrechten Krieg über ganz Westkansas ausgewachsen. Ende 1868, zu dem Zeitpunkt, da das Indian Office in der Lage war, erstmals die vereinbarten Güter an die Comanchen auszugeben, hielt die Regierung es aufgrund der unbeständigen Lage für besser, die Comanchen-Kiowa-Agentur weiter nach Süden zu verlegen, um ihre potentiellen Verbündeten von den Cheyenne zu trennen. Soldaten geleiteten daher die Indianer tiefer in das Reservatsgebiet hinein zum Medicine Bluff, einem uralten geheiligten Ort, an dem die Krieger lange Zeit »Medizin« gesucht hatten. Drei Meilen von der Agentur entfernt wurde ein neues Fort geplant, da der Interimsagent Hazen erkannte, daß jene Indianer, die gewillt waren, sich bei der Agentur anzusiedeln, Schutz vor den noch frei lebenden wilden Banden benötigten. Anfang Februar 1869 begann man mit dem Bau dieses Postens, Fort Sill.

Hazen bemühte sich nach Kräften, so viele Comanchen und Kiowa wie möglich in sein Agrarprogramm einzubeziehen, stieß aber sofort auf unüberwindbare Schwierigkeiten. Die Männer hatten nicht das geringste Interesse, den Ackerbau zu erlernen; sie lehnten störrisch jede Arbeit außer der Jagd ab. Dennoch blieben viele Indianer in der Nähe des Agenturhauptquartiers, da sie, besonders während der Wintermonate, auf Nahrungsmittel hofften. Hazen mußte einen weißen Farmer anheuern, der die Felder pflügte und die Saat ausbrachte. Aus Neugier plünderten die Indianer die Felder, bevor das Getreide und Gemüse reif waren: Einige Comanchen aßen unreife Wassermelonen, was ihnen übel bekam, und verfluchten jeglichen Ackerbau als »schlechte Medizin«.

Auch die Zuwendungen enttäuschten die Nemene, da sie mit vielen der gelieferten Waren nichts anzufangen wußten. So war etwa die Art, in der Kleidung unter die Indianer verteilt wurde, geradezu grotesk. Die Regierung verfügte, daß jedem männlichen Stammesangehörigen ein Anzug, ein Hemd und ein Paar Socken auszuhändigen seien, und jede Frau erhielt einen Rock und 22 Meter Stoff, damit die Indianer sich »zivilisiert« kleiden konnten. Beides, die fertige Konfektionskleidung und der Stoff, waren durch und durch minderwertig. Die Männer bekamen schwarze Anzüge, rote Flanellhemden und einen seltsamen Hut, der stark an jene erinnerte, die die Pilgrim Fathers Anfang des siebzehnten Jahrhunderts trugen. Die Anzughosen hatten durchgängig eine Größe, wie sie Zweizentnermännern gepaßt hätte. Ganz offensichtlich machten die Lieferanten mit diesen Waren ungeheure Profite; doch das Geld wäre ohnehin verschwendet gewesen, denn die Comanchen lehnten es ab, sich zu kleiden wie Pioniere, die zu einem Camptreffen gehen. Die Männer warfen die Hüte weg, rissen die Ärmel aus den Anzugjacken (sie benutzten sie als Beinkleider für ihre Kinder) und schnitten aus den Hosen den Gesäßteil heraus, damit sie beim Reiten nicht kniffen. Die Frauen benutzten den schäbigen Kattun als Decken.

Mit den zugeteilten Nahrungsmitteln verhielt es sich nicht besser. Die Plainsstämme lebten vorwiegend von frischem Fleisch, doch man gab ihnen stark gepökeltes Schweinefleisch sowie Getreide, mit dem sie die Pferde fütterten. Die Kaffee- und Zuckerrationen nahmen sie gern an, aber die Seife warfen sie nach dem ersten Bissen weg. Die Regierung hatte geplant, sie drei Jahre lang mit Saatgut und Werkzeugen zu versorgen, und die Nahrungsmittel waren als Ergänzung zu den Agrarerzeugnissen gedacht, die die Indianer selbst produzieren sollten. Der Agent stellte jedoch fest, daß er sämtliche darüber hinausgehenden Barmittel für Rindfleisch ausgeben mußte; nichts blieb für notwendige Anschaffungen übrig, und so unterblieben sie auch.

Weder die Waren noch das Reservatsleben erschienen den Plainsindianern sonderlich attraktiv; daher verschwanden sie nach und nach wieder. Bis zum Sommer waren zwei Drittel der als Reservatsbewohner geführten Kiowa und Comanchen wieder zur Jagd auf die Bisonplains zurückgekehrt und kümmerten sich nicht mehr um die ihnen zugewiesenen Gebietsgrenzen.

Die Friedens- und die Reservationspolitik scheiterten bereits während des ersten Jahres. Die Friedenspolitik mußte allein deshalb schon scheitern, weil keine umfassenden Maßnahmen ergriffen wurden, um die Stämme in die Reservationen zu zwingen und dort zu halten. Das aber hätte nur mit militärischer Gewalt geschehen können, die die Friedenspolitiker ablehnten.

Mindestens ein Drittel der Comanchen ließ sich bei der Agentur überhaupt nicht blicken. Diese Banden jagten und führten Krieg, wie sie es immer getan hatten. Sie befehdeten die Ute, trieben Handel mit den Comancheros, mit denen sie Felle gegen Waffen und Munition tauschten, und überfielen das texanische Grenzgebiet. Die kleinen kriegerischen Banden, die über die gesamten Plains verstreut lebten, verunsicherten die Reiserouten der Weißen und die gesamte Umgebung des Indianergebietes; überdies verhinderten sie, daß die Reservatsindianer sich mit ihrer veränderten Lage wirklich abfanden.

Ruhelose junge Männer zogen mit den freien Banden in den Krieg gegen die Ute und andere Feinde. Im Frühsommer wurde der Drang, sich den Stammesgenossen auf den Plains anzuschließen, für die meisten Reservatsindianer unwiderstehlich. Im Sommer 1869 zeigte sich deutlich ihr neues Verhaltensmuster: Während der harten Wintermonate waren Tausende von Indianern bereit, Rationen von den Agenten entgegenzunehmen, doch wenn das neue Gras sproß, verschwanden sie wieder, um den Büffeln zu folgen. Im Winter hielten sie einigermaßen Frieden, nahte aber der Sommer, kam es vom Arkansas River bis zum Rio Grande immer wieder zu Überfällen und Kriegen. In Kansas und Colorado, wo in den Jahren nach dem Bürgerkrieg sehr viele Weiße durchzogen, hörte das Blutvergießen nicht auf.

Die Armee fand sich unversehens in zweifelhafte, grausame Kriege verwikkelt. Sie war 1869 neu aufgestellt und auf 25 000 Mann, Offiziere und Mannschaften, reduziert worden, besaß aber zehn Kavallerieregimenter für den Einsatz im Westen. Die neuen Regimenter umfaßten fünfhundert Kavalleristen, zehn Kompanien zu je fünfzig Mann. Jede Kompanie wurde von einem Hauptmann angeführt, dem ein Oberleutnant und ein Leutnant unterstanden. Der Führungsstab des Regimentes setzte sich aus einem kommandoführenden Oberst, einem Oberstleutnant, zwei Majoren, einem Adjutanten und einem Quartiermeister zusammen. Etwa die Hälfte der Offiziere waren West-Point-Absolventen; fast alle, außer den jüngsten Leutnants, hatten bereits am Bürgerkrieg teilgenommen. Doch als weit wichtiger erwies sich, daß alle Regimenter Veteranen der alten Indianerkriege in ihren Reihen hatten. Die Regimenter waren in weit verstreuten, kleinen Garnisonen im gesamten Westen stationiert.

Die Mannschaften entstammten denselben sozialen Gruppen wie in der alten Armee, doch war die Zusammensetzung ethnisch vielschichtiger geworden. Die Zahl der Iren und Deutschen war zurückgegangen, dafür traten jetzt mehr Südländer, Slawen, Italiener und sogar Armenier in den Militärdienst ein. Viele freigelassene Neger dienten in schwarzen Regimentern. Das Vierte und Zehnte Kavallerieregiment bestanden aus Schwarzen, unterstanden aber weißen Offizieren. Im Land geborene weiße Amerikaner machten weiterhin nur eine winzige Minorität im Armeedienst aus.

Einige Militärhistoriker behaupten, die Qualität der Truppe sei schlechter gewesen als vor dem Krieg. Die Zahl der Deserteure jedenfalls war unglaublich hoch. Etwa die Hälfte der Rekruten, die an die Westgrenze geschickt wurden, versuchte unterwegs zu fliehen, sobald das Ziel der Reise bekanntgeworden war. Die Zustände im Armeedienst hatten sich in keiner Weise gebessert, und Disziplin wurde noch immer mit Gewalt erzwungen.

In der neuen Armee herrschten allerdings zwanglosere und aufgelockertere Umgangsformen als im traditionsgebundenen, bewußt britisch ausgerichteten alten Heer. Die Veteranen des Westens im Offizierskorps zeigten weniger Interesse an Uniformen und Paraden. Verschiedenartige Uniformen traten an die Stelle der Eleganz des Zweiten Kavallerieregiments. Es war jetzt eine Armee in verwaschenem Taubenblau, die sich der Zeremonien und Paradesäbel entledigt hatte und ohne Lagerfeuer und Signalhorn über die Prärien ritt. Auf europäische Beobachter wirkte die neue Kavallerie weniger beeindruckend, doch den Indianern wurde sie mit wachsender Erfahrung noch weit gefährlicher als die alte.

Aber wie gut die Kavallerie auch ausgebildet und gerüstet sein mochte, eines der alten Probleme konnte sie wiederum nicht bewältigen. Zehn Regimenter reichten nicht aus, die riesige Indianergrenze unter Kontrolle zu halten. Wenn sie darauf angesetzt wurden, reichten sie aber aus, um die Stämme aufzuspüren und zu vernichten. Viele Amerikaner, damals und heute, sahen nicht, daß die Militäreinsparungen eine Tragödie heraufbeschworen: Der einzig wirksame Krieg, den die Kavallerie gegen die berittenen Indianer führen konnte, bestand in der Verfolgung und Bestrafung und führte zur Ausrottung.

Nach 1865 lehnten die Politiker derartige Missionen jedoch jahrelang ab. Das bedeutete allerdings nicht, daß die Armeee davon Abstand nahm. Nördlich des Arkansas mußten in den Jahren nach dem Bürgerkrieg Hunderte von Weißen sterben; eine Reihe kleinerer militärischer Kommandos wie Fettermans Vorposten am Bozeman Trail und Elliotts Schwadron 1868 am Washita River wurden abgeschnitten und massakriert. Zur Vergeltung wurden dann ganze Indianerdörfer ausgelöscht. Custer führte 1869 am Washita River begrenzte Operationen durch, die nicht weniger grausam waren als die von Chivington fünf Jahre zuvor. Soldaten, die mitten im Winter von Neu-Mexiko aus auf Comanchencamps stießen, zerstörten diese Lager völlig. Dennoch gab es keine umfassenden, abgestimmten Operationen mit dem Ziel, die Stämme so gründlich zu zerschmettern, daß sie nicht länger jagend und plündernd die Plains durchstreifen konnten. Beide, die Armee und das Indian Office, fanden die Situation ärgerlich. Jeder gab dem anderen die Schuld an den Problemen, die er hatte. Da keine der beiden Institutionen Weisungsbefugnis oder Kontrolle über die andere besaß, war wirkliche Politik nicht möglich. Die beiden Behörden bekämpften sich pausenlos, und ihr Streit wurde zusehends heftiger. Der Oberkommandierende der Armee, General Sherman, hielt, da er über die Fehlschläge des Sommers und die erzwungene Untätigkeit des Winters enttäuscht war, die Kavallerie dazu an, bei legalen Operationen so viele Indianer zu vernichten wie möglich: »Je mehr Indianer wir dieses Jahr töten können, desto weniger müssen wir nächstes Jahr töten . . .« Das Indianeramt sah darin reinen Völkermord. Die Auseinandersetzung zwischen den beiden Regierungsbehörden nahm eine ähnliche Schärfe an wie ehedem der Streit zwischen den spanischen Missionsbrüdern und den Soldaten. Die Generäle behaupteten, die Beamten des Indian Office seien zum größten Teil Phantasten und Heuchler, deren einziges Interesse darin bestehe, den Reservationsindianern die Lebensgrundlage zu entziehen, indem sie sich an den Zuwendungen bereicherten; diese Ausplünderung sei der eigentliche Grund für die unablässigen Kriege der Eingeborenen. Das Militär verwahrte sich gegen die Gegenanschuldigungen des Indianeramtes, das, wie Oberst Tappan schrieb, von der »fixen Idee« besessen sei, »immer seien die Weißen die Aggressoren, die die Indianer zum Krieg zwängen«.

Das Office of Indian Affairs brandmarkte Soldaten im Westen als »Schlächter, Gewohnheitstrinker, die entschlossen sind, die edlen Indianer auszurotten und Kriege zu entfachen, damit sie Beschäftigung haben«. Der Indianerkommissar N. P. Taylor, ein strenger Methodist mit der erklärten Absicht, »den Sozialstatus des amerikanischen Ureinwohners zu verbessern«, wurde zu einem Symbol der Menschenfreundlichkeit – aber nur östlich des Mississippi. Im Westen nannte man ihn »einen einfältigen Pfuscher, dem seine methodistische Frömmigkeit paßt wie ein Maßanzug«.

Das Militär und die weißen Siedler faßten zahllose detaillierte Berichte über »indianische Greueltaten« ab. Dem hielt das Indianeramt entgegen, alle diese Berichte seien maßlos übertrieben; die Comanchen und andere primitive Sttämme würden nur dann Weiße töten, wenn man sie provozierte, und sie würden in Frieden leben, wenn man sie nur freundlich behandelte.

Die Armee und die Weißen des Westens rächten sich, indem sie genaue Beschreibungen darüber veröffentlichten, was nach Überfällen der Plainsindianer von den Betroffenen übrigblieb. So begann zum Beispiel der Bericht des Armeearztes über die Überreste der Elliott-Schwadron: »Major Joel Elliott, ein Einschußloch in der linken Backe, zwei Kugeln im Kopf, Kehle durchgeschnitten, rechter Fuß abgetrennt, linker Fuß fast ganz abgetrennt, Waden stark verstümmelt, Leistengegend zerfetzt und noch anders verstümmelt.«

Die Methoden der indianischen Kriegführung selbst wirkten sich nicht so sehr auf den Streit um die Indianerfrage aus; aber die Scheußlichkeiten hatten einen derartigen Einfluß auf die Meinung der Amerikaner, daß das Indianeramt dazu überging, sie rundweg zu leugnen. Die Behörde konnte viele wohlmeinende Amerikaner davon überzeugen, daß die ständigen Berichte über Vergewaltigungen, Folterungen und Verstümmelungen nur Lügenpropaganda der Armee und der Grenzbevölkerung seien.

Über den Zänkereien der professionellen Ausrotter und der professionellen Menschenfreunde ging jede klare Sicht des Indianerproblems auf den Plains verloren. Die Zivilisation drang weiter in die Gebiete der Kiowa und Comanchen vor; Schienenwege und Siedlungen zerstörten die Büffeljagdgründe. Die kriegerischen Stämme waren keineswegs befriedet; sie wurden in den Reservationen, die man ihnen voller Willkür zugewiesen hatte, nicht angemessen versorgt. Die Feindseligkeit der Indianer wurde immer stärker angestachelt. Hunderte Weiße starben Jahr um Jahr; die Armee fuhr fort, die Stämme schrittweise zu vernichten.

Die »Friedenspolitik« nützte weder dem Frieden, noch war sie menschenfreundlich. Sie wurde fortgesetzt, weil der Kongreß und die ihn tragende Öffentlichkeit kaum Interesse an dem Problem hatten und entschlossen waren, jede kostspielige Lösung, sei es Befriedung mit militärischen Mitteln oder sei es angemessene Versorgung der Indianer, zu vermeiden. Wenn auch der eingefleischte Haß gegen die Indianer unter den Weißen des Westens ungebrochen fortlebte, wenn auch das Militär seine Aufgabe des Grenzschutzes mit abgestumpfter Brutalität ausführte, so muß doch in der Rückschau gesagt werden, daß die Politik des Office of Indian Affairs schlichtweg ein Irrtum war. Die Agenten hielten auch weiterhin an ihrem Glauben fest, daß die Comanchen und Kiowa zum Ackerbau übergehen, Kleider der Weißen tragen und in Häusern leben würden, wenn die Regierung ihnen nur die Mittel bereitstellte und ihnen etwas Zeit zur Anpassung ließ. Gerade diejenigen unter ihnen, die sich für die humanitärsten hielten, stellten nie den erdrückenden Paternalismus dieser Politik in Frage, und auch den anderen kamen kaum einmal Zweifel an der Richtigkeit ihres Handelns.

Alle Schwierigkeiten lastete man den Soldaten und Siedlern an; nichts unternahm man gegen die beständigen Betrügereien und Schiebungen, durch die ein Großteil der den Indianern zugedachten Mittel versickerte. Dauernd machten die Agenten den Indianern Versprechungen, die sie nicht halten konnten, und einige davon, die von besonderen Friedenskommissionen gemacht wurden, waren so unhaltbar, daß sogar das Amt selbst sie bestritt. Einige der Beauftragten schienen geglaubt zuu haben, daß es unendlich besser sei, die Indianer zu belügen, als ihnen die Wahrheit zu sagen, wenn die Wahrheit neue Probleme heraufbeschwor. Die dauernd wechselnden politischen Ernennungsbeamten verschlossen allesamt vor den Grundproblemen die Augen und suchten ihnen aus dem Wege zu gehen.

Eine Reihe indianischer Häuptlinge hielt die Friedensunterhändler auch zum Narren. Die beständigen Klagen der Indianer über Mangel an Gewehren ließ einige Weiße glauben, die Plainsstämme benötigten mehr Feuerwaffen, um sich durch Jagd selbst ernähren zu können. So kam es, daß das Innenministerium verschiedenen Gruppen Plainsindianern tatsächlich etliche Tonnen Gewehre und Munition lieferte, obwohl es nach den Bundesstatuten gesetzwidrig war, Indianern Waffen zu verkaufen. Bei vielen der gelieferten Waffen handelte es sich um neue Repetiergewehre und -karabiner der Typen Henry und Spencer. Die Armee dagegen war nach wie vor mit einschüssigen Gewehren ausgerüstet; dank der Regierung waren daher zahlreiche Plainskrieger besser bewaffnet als die eigene Armee.

Die Unfähigkeit des Indianeramtes führte schließlich zu seiner Auflösung; seine Argumentationsweisen und seine Politik behielten allerdings noch Einfluß auf die weitere Entwicklung. Um 1869 wurden die Schiebereien dieser Behörde so allgemein bekannt, daß der Kongreß sie abschaffen mußte. Der Präsident wurde beauftragt, eine neue Indianerkommission, das Indian Bureau, zu schaffen, das mit dem Innenministerium gemeinsam die Weisungsbefugnis in Indianerangelegenheiten und hinsichtlich der Zuwendungen an die Stämme haben sollte.

Präsident Grant, der selbst Soldat gewesen war, wollte die Geschäftsbefugnisse der Indianeragenturen der Armee übertragen, wie diese es lange gefordert hatte. Der Kongreß jedoch bewilligte diese Regelung nicht, und man erzielte einen Kompromiß, indem man die Agentenposten Kandidaten aus verschiedenen religiösen Sekten übertrug, von denen man hoffte, sie würden ihre Ämter ehrlicher verwalten als die bisherigen Ernennungsbeamten, und es würde ihnen gelingen, die Indianer zu befrieden, indem sie sie zum Christentum bekehrten. Wahrscheinlich wußten weder der Präsident noch der Kongreß, noch die verschiedenen religiösen Gruppen, die diese Aufgabe gern übernahmen und Agenten, Lehrer und andere Bedienstete bereitstellten, um die Erfahrungen, die die Spanier in früheren Jahrhunderten mit einem derartigen Konzept im Südwesten gemacht hatten.

Auf diesem Wege sollten die Plainsdakota zu Anhängern der Episkopalkirche gemacht werden. Die Betreuung der Comanchen vergab Ulysses S. Grant – es läßt sich nicht bestimmen, ob er es wirklich ernst meinte, oder ob er es aus einem Anflug von Humor heraus tat – an die Quäker.

Die Politik baute immer noch auf Frieden auf, und viele Leute in der Regierung glaubten, daß die Politik der freundlichen Überredung die unverbesserlichen Krieger der Plains einmal doch zur inneren Umkehr bewegen könne.

Der neue Agent der Comanchen, Kiowa und Kiowa-Apachen, ein Quäker, traf im Juli 1869 in der Agentur Fort Sill ein. Lawrie (laut manchen Berichten Laurie) Tatum schrieb, er wisse zwar nichts über diese neue Aufgabe, aber Gott habe ihn dazu berufen, und Gott werde ihm auch den Weg weisen. Er glaubte fest daran, daß die Quäker alle mit den Indianern verbundenen Probleme durch Güte und Aufrichtigkeit lösen könnten. Wie er dem Indianerkommissar nach seiner Ankunft mitteilte, wollte er die Rechte der Comanchen und Kiowa verteidigen und die Stämme in ihrer Anpassung an die Zivilisation so rasch und gut wie möglich unterstützen. Er verurteile jedwede Gewaltanwendung auf das schärfste, und er werde es niemals zulassen, daß Truppen die Stämme in ihren Reservaten belästigten, schrieb er. Die Comanchen nannten ihn seiner Glatze wegen Bald Head, und es darf als gesichert angesehen werden, daß die Comanchen ihn und seine Standpunkte ebensowenig verstanden wie er umgekehrt sie.

Lawrie Tatum war ein rechtschaffener, ein zwar phantasieloser, aber unerschrockener Mann – ein furchtsamer Charakter hätte diese Aufgabe auch nie übernommen. Verärgert schickte er die Soldaten, die das Hauptquartier der Agentur bewachten, nach Fort Sill zurück und wagte sich allein, ohne Schutz, unter die Indianer. Tatum war aufrichtig und ehrlich, und es würde seinem verdientermaßen guten Andenken unnötig Abbruch tun, wenn man seine wachsende Desillusionierung in allen Einzelheiten darstellen wollte. Die Probleme, die ihn erwarteten, waren größer als die Größe seiner besten Absichten.

Nur wenige Comanchen hatten sich bei der Agentur niedergelassen. Wie viele Diskussionen Tatum auch darüber führte und wie viele Boten er auch immer ausschickte, die Banden weigerten sich, in die Reservation zu kommen. Wie Mow-way (Shaking Hand) von den Kotsoteka ihm erläuterte, sahen die Comanchen keinen Grund, in die Reservation zurückzukehren, solange die dort ansässigen Nemene schlechter lebten als jene, die noch die Prärien durchstreiften. Die Familien, die ihre Tipis nahe der Agentur aufschlugen, ließen sich nicht zu sinnvollen Arbeiten bewegen. Nicht nur, daß sie sich weigerten, Gemüse und Getreide anzubauen, sie begriffen diese Pflanzen auch nicht als Nahrungsmittel; höchstens ließen sie sich einmal herbei, sie zu kosten.

Der erste Ausgabetag brachte einen Schock für den braven Tatum. Die Comanchen konnten sich nur eine Art vorstellen, die Rinder in Empfang zu nehmen: Sie bestanden darauf, die Tiere eines nach dem anderen freizulassen; dann stürzten die Krieger, denen sie zugedacht waren, hinterdrein und spickten die armen Viecher unter lautem Geschrei mit Pfeilen. Sobald die Tiere zusammenbrachen, rannten Frauen und Kinder mit lautem Gekreisch zu den zuckenden Rindern, um sich am Blut zu laben und sie zu schlachten. Draußen auf den Plains hatten die Comanchen nie eine Jagdpolizei benötigt, doch jetzt zeigte sich deutlich, daß in den Reservaten ihre alten Sitten und ihre Disziplin verfielen. Nie gab es genug Fleisch; daher kam es am Ausgabetag regelmäßig zu Zank und Streit über die Kadaver. Außerdem tauchten an diesen Tagen wilde Gruppen auf, die es darauf abgesehen hatten, die Agenturindianer auszuplündern.

Tatum merkte schon bald, daß er die Ordnung nicht aufrechterhalten konnte; aus Furcht vor einer Verschlimmerung bat er um militärischen Schutz. Die Truppen aus Fort Sill, die das Gemetzel der Comanchen überwachten, sicherten zumindest eine gerechte Verteilung, und die Schwachen wurden nicht mehr ihres Fleischanteils beraubt.

Die Banden kamen und gingen, wie es ihnen beliebte. Täglich trafen Meldungen über Überfälle in Texas und Kansas bei der Agentur ein. Die Garnison in Fort Sill, ein Kavallerieregiment, hatte keine Möglichkeit, diesem Treiben Einhalt zu gebieten. 1869 waren die Soldaten das ganze Jahr hindurch damit beschäftigt, ihre Garnison aufzubauen, und außerdem waren sie nicht befugt, über den Schutz der Agentur hinaus irgend etwas zu unternehmen. Den Richtlinien des Bundes zufolge durften die Reservatsindianer ohne ausdrückliche Genehmigung des Agenten von Soldaten oder Bundesbeamten weder angegriffen noch festgenommen werden. Soldaten, die plündernde Krieger verfolgten, waren gesetzlich gezwungen, die Verfolgung abzubrechen, sobald sie an die Grenzen der Reservation kamen.

Lawrie Tatum kam wie die meisten von religiösen Sekten benannten Agenten mit der Vorstellung in den Westen, seine Hauptaufgabe bestehe darin, die Indianer vor der Armee zu schützen; und wie die meisten seiner Kollegen während dieser Phase lehnte er es standhaft ab, den Soldaten Vergeltungsmaßnahmen zu gestatten. Es zeigte sich jedoch überdeutlich, daß die bloße Präsenz von Soldaten in Fort Sill die kriegerischen Stämme im Indianerterritorium nicht mehr einzuschüchtern vermochte.

Die Raubzüge hörten nicht auf; daher wurden Tatum 1869 sämtliche finanziellen Zuwendungen gestrichen und das Geld als Entschädigung an die Betroffenen ausgezahlt. Doch diese Maßnahme trug kaum dazu bei, die Comanchen und Kiowa zu befrieden; sie wurden immer unzufriedener mit dem Vertrag von 1867. Etliche Häuptlinge wandten sich an Tatum und klagten, daß der gegenwärtige Vertrag nicht gut sei; sie erwogen offen, ob die Stämme nicht einen besseren erzwingen könnten, wenn sie ihren totalen Krieg gegen den Weißen Mann wieder aufnähmen.

Die Bandenräte diskutierten ernsthaft die Möglichkeit, mit vielen Kriegern den Kriegspfad zu beschreiten, mit dem Ziel, den Großen Weißen Vater zu einem neuen Rat zu veranlassen. Rat und Vertrag waren im Bewußtsein der Comanchen inzwischen unauslöschlich mit großzügigen Geschenken und Geldgaben verknüpft; es scheint ihnen nicht entgangen zu sein, daß die Friedenskommissionen tatsächlich den Frieden mit Tributen, oder wie immer sie es nannten, zu erkaufen suchten.

416

Die Comanchen, wie sie Tatum gegenüber äußerten, erkannten etwas, das nur wenigen Weißen klar war: daß nur die Indianerstämme, die den Weißen heftig zusetzten, zu den Zusammenkünften geladen, mit Geschenken bedacht und auf die große Reise nach Washington mitgenommen wurden; jene Stämme aber, die sich den Weißen demütig unterwarfen und niemals die Verträge brachen, durften unbeachtet und in ihren Reservationen vergessen verhungern.

Im Verlauf des Jahres 1870 wurde die Lage immer gespannter. Im Juni hielten die Comanchen mit allen Stammeszirkeln der Kiowa während des Sonnentanzes der Kiowa einen großen Rat ab und erörterten, ob beide Völker vereint einen Generalkrieg beginnen sollten. Noch fand sich eine hauchdünne Mehrheit für den Frieden. Einige Häuptlinge lehnten es jedoch ab, den Beschluß zu akzeptieren, und zogen fort, um ihren eigenen Krieg zu führen. Die Tatenlosigkeit der Soldaten in Fort Sill verblüffte die Stämme; sie konnten sie nur nach ihren eigenen kulturellen Wertmaßstäben beurteilen und schlossen daher, die Soldaten hätten Angst. Auch Tatum und seine Quäker interpretierten das Verhalten der Comanchen unbeirrt nach ihren eigenen Anschauungen über die menschliche Natur. Währenddessen wurden die Krieger zusehends unruhiger.

In eben jenem Sommer forderte der Kriegshäuptling Tabenaneka (Hears the Sunrise) Tatum daher auf, die Soldaten auf die Prärien zu schicken: Er wollte Krieg. Doch Oberst B. H. Grierson, der Kommandeur von Fort Sill, konnte ihm den Gefallen nicht tun, wie auch immer er selbst dazu stand. Grierson, der im Bürgerkrieg eine der kühnsten Kavallerieoperationen geführt hatte, einen Plünderzug tief ins Gebiet der Konföderation, mußte während dieser Monate zahllose Erniedrigungen hinnehmen. Es war ihm nicht gestattet, Indianer anzugreifen, doch er hatte den Auftrag, weiße Gefangene freizukaufen. Die Regierung zahlte eine »Belohnung« von einhundert Dollar in Waren für die Rückgabe jedes Gefangenen. Besorgte Gruppen Suchender, Familien und Angehörige von Frauen und Kindern, die von der Grenze verschleppt worden waren, bedrängten dauernd das Militär, etwas zu unternehmen; die Soldaten zeigten zwar Verständnis und Mitgefühl, konnten ihnen aber nur wenig helfen. Es war auf jeden Fall ein Fehler, für Gefangenenrückgabe »Belohnungen« zu geben; dies ermutigte die Plünderer, Gefangene nur um der Geschenke willen zu machen. Entführung und Rückgabe weißer Gefangener wurde im Indianerterritorium regelrecht zu einem beliebten Sport; der Regierung entglitt jegliche Kontrolle. Die Krieger machten so viele Gefangene, wie sie wollten, und gaben sie zurück, wann es ihnen beliebte.

Die Krieger traten kühn und unverschämt auf, wenn sie mehr oder weniger zugerichtete Weiße zurückgaben – zerschundene Kinder, dreckige, verschmutzte, verlauste Frauen, die den Soldaten kaum in die Augen sehen konnten. Bei einer Gelegenheit wurden Grierson frische, noch blutige blonde Skalps unter die Nase gehalten. Leider hätte man diese *tejanos* nicht lebend abliefern können, doch vielleicht seien die Skalps den Weißen auch etwas wert.

Ein weißes Mädchen, das aufrichtiger und verständiger war als die meisten, sagte offen, was jeder wußte, doch kaum jemand aussprach. Einen Winter lang war sie gefangengehalten, von einem Indianer zum anderen weitergereicht und immer wieder vergewaltigt worden, bis ihr Besitzer schließlich beschloß, sie zum üblichen Preis einzulösen. Im Laufe der Zeit hatte sie einige Brocken der Comanchensprache erlernt. Sie hatte gehört, wie Comanchenfrauen prahlten – »mit den feinen Sachen, die die verdammten Narren, die *americanos*, für ein paar *tejano*-Ratten wie sie gaben«.

Dies war alles nicht neu; derlei hatte es an der Comanchengrenze immer gegeben; doch jetzt war unverkennbar geworden, daß die Vereinigten Staaten den Plünderzügen und dem Menschenraub durch ihre »Friedenspolitik« aktiv Vorschub leisteten.

Die meisten Comanchen waren eifrig damit beschäftigt, entlang der texanischen Grenze Vieh und Gefangene zu rauben; die Kiowa dagegen machten sich in unmittelbarer Umgebung der Agentur unliebsam bemerkbar. Während des Sommers 1870 wüteten sie unaufhörlich, schossen die Viehherden nieder, verheerten die Felder, die Tatum mühsam hatte kultivieren lassen, und stahlen der Garnison in Fort Sill dreiundsiebzig Packesel.

Die wirklichen Schuldigen waren nicht zu ermitteln. Die einzige Alternative wäre gewesen, unterschiedslos Strafmaßnahmen gegen den gesamten Stamm zu ergreifen. Doch Grierson war Berufssoldat; im Gegensatz zu Custer hielt er sich peinlich genau an seine Order. Und nur weil die meisten Offiziere Grierson ähnlicher waren als Custer, blieb die Armee so lange bei der Friedenspolitik.

Auf Tatums Bitte sandte Grierson ihm eine Wache für seine Agentur, denn inzwischen war der Agent nicht mehr in der Lage, die Rinder oder Waren vor der Verteilung zu sichern. Tatum entschloß sich zu diesem Schritt nur äußerst widerstrebend, denn er war ein aufrechter Quäker, der sogar die Zurschaustellung bewaffneter Macht ablehnte, doch er tat es, um die Vorräte der friedliebenden Indianer zu schützen, die bei der Agentur lebten und keine Schwierigkeiten machten – eine kleine Minderheit.

Im Herbst 1870 ließen die Kiowa Grierson durch Tatum mitteilen, daß sie den Winter im Reservat verbringen würden und die Soldaten jetzt Ruhe hätten. Grierson bekam große Worte zu hören: »Die Weißen brauchen nicht mehr zitternd in ihren Zelten zu sitzen und nach den Kriegern Ausschau zu halten. Ihr könnt eure Pferde draußen grasen lassen und eure Männer in die Wälder schicken, um Holz zu schlagen.«

Dieses Verhaltensmuster setzte sich bei allen kriegerischen Plainsstämmen durch; während der Schneestürme zogen sie ein friedliches Leben bei der Agentur vor, doch sobald die warmen Frühlingsregen einsetzten, wuchs ihre Unruhe.

Unterdessen besuchte eine Gruppe reisender Quäker Tatums Agentur. Sie war entsetzt, daß er Soldaten zur Bewachung seiner Gebäude duldete, und forderte unerbittlich, sie zurückzuschicken. Tatum gehorchte, denn unter dem neuen System diente jeder Agent zwei Herren. Er stand im Dienst der Regierung, war aber gleichzeitig seiner Sekte verantwortlich, der er seine Ernennung verdankte.

Das beschwor für Tatum einen unerträglichen Konflikt zwischen Politik und Gewissen herauf. Er sah nach und nach ein, daß die Plainskrieger Demut verachteten und einzig Stärke und Gewalt respektierten. Er erkannte, daß er seine Aufgabe niemals erfolgreich durchführen konnte, solange die aufsässigen Banden nicht zusammengetrieben und in der Reservation gehalten wurden, und 1870 wurde ihm klar, daß er dies nur durch das Militär erreichen konnte. Doch als er seinen Quäker-Vorgesetzten diese Einsichten erläuterte, stieß er auf kühle Ablehnung.

Tatum versuchte, seine Schutzbefohlenen auf die einzige ihm verbliebene Art und Weise zu disziplinieren, indem er ihre Rationen zurückhielt. Doch damit erzielte er nicht die beabsichtigte Wirkung; die Indianer, die immer noch auf Raubzüge gingen, blieben einfach der Agentur fern. Noch immer gab es Millionen Büffel auf den hohen texanischen Plains, und Tausende von Rindern grasten an der westtexanischen Grenze. Alle Waffen, die sie brauchten, bekamen die Comanchen und Kiowa aus Neu-Mexiko. Sie stahlen in Texas Rinder und tauschten sie bei den Comancheros gegen Gewehre ein. Sie töteten Büffel und überfielen die umliegenden Gebiete, wie sie es immer getan hatten.

Nichts hatte sich geändert, und als das junge Gras sproß und die lauen Sommermonde nahten, war der phlegmatische, geduldige, doch inzwischen desillusionierte Lawrie Tatum der Verzweiflung nahe.

Massaker am Butterfield Trail

In den sechziger Jahren nahmen die Kämpfe, die die nördlichen Cheyenne und Dakota wegen der Übergriffe auf ihre Jagdgründe führten, die Armee und die Regierung voll in Anspruch; darüber geriet das eigentliche Indianerproblem, die texanische Grenze, fast in Vergessenheit. Für die Weißen, die an den südlichen Rändern des Grasmeeres lebten, leitete die Friedenspolitik eine Ära des Leidens ein.

Die Bundesbehörden, die Texas im Sommer 1865 militärisch besetzen ließen, entwaffneten sämtliche paramilitärischen Verbände, die bis dahin die Indianergrenze geschützt hatten, und lösten sie auf. Allerdings hatten diese Truppen ihre Aufgabe ohnehin nur sehr unzulänglich erfüllt. In den letzten Monaten des Bürgerkriegs hatten zum Beispiel die Milizen eine Gruppe Kickapoo angegriffen, die aus dem Indian Territory nach Süden zog, um in Mexiko Zuflucht zu suchen. Doch die Kickapoo fügten dabei den Texanern schwere Verluste zu und jagten sie davon. Auch die Minute Men richteten nicht viel aus, vor allem nicht gegen die Überfälle der Comanchen. Aber trotz allem wurde die Grenze durch die Auflösung dieser Verbände auch noch der letzten Reste organisierter Verteidigung beraubt. Die Bundesbehörden fürchteten ein Aufbegehren der Konföderierten und machten sich Sorgen wegen der Operationen der Franzosen in Mexiko; der Indianerfrage jedoch schenkten sie keine Beachtung. Man nahm an, die in Kansas mit den Comanchen geschlossenen Verträge würden dieses Problem aus der Welt schaffen. Statt dessen aber ermutigte die Schwäche der texanischen Grenze die erbosten Stämme zu neuen Überfällen; die Comanchen kamen von der Reservation im Indian Territory, die inzwischen mit den Resten der Lipan- und Mescalero-Apachen verbündeten und zusammengeschlossenen Kickapoo fielen von Süden her nach Texas ein.

»Die Indianer setzten ihre Überfälle, die schon während des Krieges eine außerordentliche Heftigkeit erreichten, in verschärfter Form fort . . . Die Grenze wurde in einem Ausmaß wie nie zuvor in ihrer Geschichte heimgesucht. In einigen Gegenden wurde die Siedlungsgrenze um 150 Kilometer zurückgeworfen. Das Land westlich der Linie Gainesville–Fredericksburg wurde aufgegeben; dort blieben nur einige wenige Mutige, die in Palisadenforts lebten. Ihre schlimmsten Überfälle führten die Indianer in mondhellen Nächten durch, und der weich schimmernde Sommermond wurde zum Todesboten. Schwarz verräucherte Natursteinkamine, die stehengeblieben waren, gemahnten an die vernichteten Hoffnungen von Pionieren, und vielfach bezeichneten sie auch deren Gräber. Unvollständige Berichte von Bezirksrichtern aus der Zeit vom Ende des Bürgerkriegs bis zum August 1867 weisen aus: 163 von Indianern getötete Personen, 43 Entführte, 24 Verwundete.« So berichtete Rupert N. Richardson, der sich eingehend mit der Geschichte des Staates Texas befaßt hat.

Die Zustände ähnelten dem Chaos in den Anfangsjahren der Republik Texas, wenn sie nicht noch schlimmer waren. Das Volk der Comanchen mochte zwar nur noch etwa ein Zehntel der Zahlenstärke aufweisen, die es dreißig Jahre zuvor hatte, doch diese Stammesreste waren zehnmal so heimtückisch und mörderisch.

Alle Comanchen gaben den *tejanos* die Schuld an ihrem Unglück; mochten sie auch noch so viele Verträge mit den *americanos* abschließen, mit den Texanern konnte es für die meisten von ihnen keinen Frieden geben. Und die kleine, aber äußerst kriegerische Horde der Kotsoteka hatte ebenso wie die weitab auf dem Llano Estacado, den Staked Plains, heimischen Kwahari nie irgendein Abkommen mit irgend jemandem unterzeichnet. Diese Banden, denen sich regelmäßig Krieger aus der Reservation im Indianerterritorium anschlossen, terrorisierten die west- und mitteltexanischen Gebiete.

Wie zur Zeit Lamars wußten die Texaner auch jetzt wieder, wie sie darauf reagieren mußten. Im Jahre 1866 autorisierte die wieder zugelassene Legislative von Texas den Gouverneur, eine Truppe von tausend Rangern für den Dienst an der Indianergrenze aufzustellen. Doch der Staat unterstand immer noch der militärischen Kontrolle des Bundes; General Sheridan indes setzte sich über Gesetzgebungsorgan und Gouverneur kurzerhand hinweg.

Im September 1866 trafen die Truppen in Fredericksburg ein. Sheridan stellte zwei Regimenter Kavallerie für den Grenzdienst ab. Doch betrieb man die militärische Neubelegung der alten Grenzlinie schmerzlich langsam. In jenen Jahren wurde die Armee immer wieder vermindert und neu organisiert, und die Reihen der Mannschaft füllten sich mit militärisch unerfahrenen Einwanderern, aus denen man erst mühsam Reitersoldaten machen mußte. Die neuen Negerregimenter, von denen eines an der texanischen Grenze Garnison bezog, mußten von Grund auf ausgebildet werden. Fehler früherer Jahrzehnte wiederholten sich; so wurden die Posten am Rio Grande mit Infanterie besetzt. Als die alten Forts am 100. Längengrad mit einigen Änderungen wiederaufgebaut wurden, ging die Armee daher mit lauer, fast passiver Haltung an ihre Aufgaben heran; offensive Patrouillen gab es fast überhaupt nicht mehr.

Aus dem Vertrag von Medicine Lodge aus dem Jahre 1867 und der auf ihm beruhenden Politik ergaben sich für die Armee grundlegende Beschränkungen ihres Handlungsspielraums. So wurden gegen die Kwahari im Texas Panhandle keinerlei Maßnahmen ergriffen, obwohl diese Comanchengruppe nicht in die Reservation ging. Infolgedessen lag die texanische Grenze um 1869 im allgemeinen dort, wo sie bereits 1849 verlaufen war, und sie litt weit entsetzlicher als zwanzig Jahre zuvor. Die Comanchen und Kickapoo gingen den militärischen Vorposten aus dem Wege und führten ihre Überfälle im ungeschützten Hinterland durch.

Der Mehrheit der Texaner kam diese Politik wahnwitzig vor. In jenen Jahren bildete sich die zählebige Erbitterung gegenüber der Bundesregierung und den Ostlern im allgemeinen heraus. Viele Texaner dachten, die herrschenden Kräfte ließen sie absichtlich leiden, entweder aus antitexanischem Vorurteil oder aus Haß auf die ehemaligen Konföderierten. Beides traf nicht zu; vielmehr waren erst das Indian Office und dann die von Quäkern beherrschte Indianerkommission der irrtümlichen Überzeugung, ihre Politik sei erfolgreich und die Klagen der Texaner seien maßlos übertrieben. Es war allgemein bekannt, daß die Texaner die Indianer zutiefst haßten, und die meisten Beamten sahen keinen Grund, die Indianer zu vernichten, nur damit die Texaner sich deren Land aneignen konnten.

Man ging in Washington davon aus, daß die Indianer im Grunde aus Texas vertrieben seien und daß die Agenten im Indianerterritorium die ehemaligen Krieger bald in friedliche Ackerbauern verwandeln würden. Tatsächlich aber herrschte entlang der gesamten Grenze aufgrund der über weite Entfernungen durchgeführten Indianerüberfälle weiterhin blutiger Aufruhr, und das Vorrücken der Weißen nach Westen kam bald völlig zum Stillstand.

Die Farmlinie hatte am achtundneunzigsten Längengrad ihre natürliche Grenze erreicht. Weiter westlich waren die Niederschlagsmengen zu gering, um ohne Bewässerungssysteme noch sinnvoll Ackerbau betreiben zu können. Jenseits dieser Linie hatten die Texaner die sogenannte Viehzüchtergrenze geschaffen, ein Gebiet, das sich etwa fünfzig bis zweihundert

Kilometer über die Farmgrenze hinaus nach Westen erstreckte. Sie lag zwischen den Ackerbaugebieten und dem militärischen Kordon. Es war ein weites Steppengebiet, in dem in der Nähe seines Ostrandes ein Weißer auf etwa zweieinhalb Quadratkilometer kam; in der Nähe des Westrandes jedoch kam nur noch auf 2500 Quadratkilometer ein Weißer.

Es war die Zeit des ersten großen Rinderbooms im Westen. Die Viehzucht hatte sich zu einem äußerst profitablen Geschäft gemausert. Die aufstrebenden Städte im Norden und Osten Amerikas entwickelten einen unersättlichen Appetit auf texanisches Rindfleisch. Hunderttausende von texanischen Rindern wurden nach Norden zu den Verladestationen an den Endpunkten der Eisenbahnlinien in Kansas getrieben. Doch obwohl dringend neue Weidegründe benötigt wurden, um diesen landwirtschaftlichen Zweig auszubauen, konnte die Viehzuchtgrenze nicht über den hundertsten Längengrad hinaus nach Westen vordringen. Der Grund hierfür war keineswegs ökologischer Art, wie beim wasserfordernden Ackerbau: Hinter den einsamen Forts zogen sich bis zu den Bergen Neu-Mexikos schier endlose Prärien mit hervorragendem Weidegras hin. Aber auf ihnen nährten sich nur Millionen wilder Büffel, da die Rinderzuchtgrenze auf einen fast unsichtbaren Widerstand stieß.

Die Comanchen-Barriere hatte das europäische Vordringen auf diese Plains fast zwei Jahrhunderte lang blockiert. Sie war auf keiner Karte eingezeichnet und ließ sich nicht einmal annähernd bestimmen. Die Comanchen-Barriere – das waren Rauchwölkchen am Horizont; das waren Reiter, die plötzlich auf den Hügelrücken auftauchten; das waren Schüsse und Schreie bei Sonnenuntergang; das waren Schrecken unter dem Sommermond. Die Comanchen-Barriere war der Tod, der allen Weißen drohte, die sich in dieses unermeßliche Land vorwagten.

Der Vertrag von Medicine Lodge hatte die Comanchen und die Kiowa auf die Gebiete nördlich des Red River zurückgedrängt. Doch es zeigte sich bald, daß eben durch diesen Vertrag ein paar Nomadenbanden feindseliger Indianer fast die Hälfte der Fläche von Texas überlassen worden war. Die Indianer überquerten nach Belieben den Red River: Weniger als dreitausend Indianer hielten immer noch dem Druck von Millionen Weißen stand.

Dabei hatten doch die Texaner die von den Mexikanern übernommene Rinderzuchtkultur bereits über riesige Landstriche ausgedehnt und sie jenseits des Comanchenterritoriums zu einem großen, blühenden Wirtschaftszweig entwickelt. In den fünfziger Jahren umgingen Rancher die *Comanchería* südlich und siedelten sich in Neu-Mexiko an, wo sie eine ertragreiche Viehzucht aufbauten; aber es gelang ihnen auch von dieser Seite her nicht, in die von den Comanchen beanspruchten Gebiete vorzudringen. Nur die Hartgesottensten, Tapfersten – und von denen auch wiederum nur die, die wirklich Glück hatten – konnten an den Rändern der von den Comanchen behaupteten Plains als Viehzüchter bestehen.

Trotz ihres kämpferischen Rufes, trotz ihres Cowboy-Mythos war die Rinderkultur des Südwestens im Grunde ein reines Geschäftsunternehmen. Die Viehzüchter und Rindfleischpools zogen unmittelbar keinen Gewinn daraus, Indianer zu bekämpfen und zu töten. Gewiß – sie waren bereit, gegen die Indianer wie gegen alle Räuber und Viehdiebe vorzugehen; doch nur Narren setzen sich unnötigen Gefahren aus.

Hinter dem militärischen Kordon, der kaum Schutz bot, lebten die Viehzüchter in befestigten Häusern. Sie ritten nur schwer bewaffnet und in Gruppen hinaus. In den uneingezäunten, ungeschützten Weidegründen allerdings verloren sie viel Rindvieh und auch viele Pferde. Doch da sie gut bewaffnet und sehr auf der Hut waren und da sie ihre Häuser und Familien selten einmal ungeschützt ließen, fielen von den Weißen an der Grenze weniger den Indianerüberfällen zum Opfer als von den weniger wehrhaften ackerbauenden Farmern im Hinterland. Die Viehzüchter waren nicht darauf aus, die Indianer zu vernichten. Sie drängten auch die Comanchengrenze nicht gewaltsam zurück; daß sie dazu einen nennenswerten Beitrag geleistet hätten, ist eine Fiktion der amerikanischen Mythologie. Der *homo oeconomicus*, ob er nun Getreide anbaute oder Rinder züchtete, war den berittenen Barbaren, deren Lebensweise der Guerillakrieg war, im Kampf nicht gewachsen. Immer in der Geschichte haben die Zivilisierten Wilde und Barbaren nur durch überlegene Organisation besiegen können. So auch hier.

Einige tausend unbezähmbare Plainsindianer hielten durch schiere Grausamkeit eine ausufernde Zivilisation in Schach. Gerade wegen der ungeheuren Ungleichheit dieser beiden Kräfte und des Ausgangs der Auseinandersetzung wird dieser Sachverhalt in der Rückschau heute oft übersehen.

In den sechziger Jahren begannen die Reste der Kickapoo, Mescalero und Lipan über die schlecht geschützte Rio Grande-Grenze nach Südwesttexas hinein vorzustoßen und dort zu plündern. In nur fünf Jahren beraubten sie die Ranchen um Sachwerte und Vieh in Höhe von 48 Millionen Dollar, sofern die damaligen Schätzungen zutreffen. Sie hatten in den nahe gelegenen mexikanischen Siedlungen, die wie sie die *tejanos* haßten, einen guten Abnehmermarkt für die Beutegüter gefunden. Die Infanterie an der Grenze konnte ebensowenig ausrichten wie die häufigen Proteste, die das US-Außenministerium auf diplomatischem Wege an Mexiko richtete. Die mexikanischen Regimes Juárez und Tejada billigten die Überfälle keineswegs, aber sie waren kaum in der Lage, den wilden mexikanischen Norden zu kontrollieren, und sie konnten das Treiben der Indianer nicht unterbinden. Das Problem wurde noch dadurch kompliziert, daß diese Regierungen eifersüchtig über die Souveränität Mexikos wachten und nicht zuließen, daß amerikanische Truppen auf mexikanischem Territorium gegen die Räuberbanden Maßnahmen ergriffen. Erst mit dem Regime Porfirio Diaz sollte eine mexikanische Regierung stark genug sein, um gegen die nördlichen Indianer vorzugehen; diese Regierung war auch die erste, die bereit war, mit den Streitkräften der Vereinigten Staaten zusammenzuarbeiten.

Die Lage an der Grenze zwischen Eagle Pass und Laredo verschlimmerte sich dermaßen, daß die Armee die alten Grenzforts dort neu belegte, ehe sie noch die Posten am Rand des Comanchengebietes wieder besetzte. Überdies zogen die internationalen Probleme die Aufmerksamkeit Washingtons weitgehend auf sich, so daß sich die Regierung kaum mehr mit der Comanchengefahr im Nordwesten befaßte.

Während des Bürgerkriegs hatten die Comanchen Abnehmer aufgetan, denen sie texanische Rinder günstig verkaufen konnten – die Fleischaufkäufer des amerikanischen Bundesheeres. Mit dem Ende des Krieges hatten sie diesen Abnehmermarkt wieder verloren, doch nun übernahmen die Rancher von Neu-Mexiko und Arizona bereitwillig Tausende texanischer Rinder. Ohne viel zu fragen, kauften sie die Tiere von unternehmungslustigen Comancheros. Es ist dabei gleichgültig, ob die neumexikanischen Händler die Comanchen zu ihren Raubzügen veranlaßten oder nicht. Durch ihre Haltung boten sie den Indianern zumindest einen kräftigen Anreiz für Plünderungen und Viehdiebstähle. Die Comancheros zogen mit Wagenladungen der neuen Repetiergewehre auf die Plains und tauschten die Waffen gegen Herden ein, die die kleinen Kriegergruppen von der texanischen Grenze abgetrieben hatten.

Die Waffen wirkten sich erheblich auf das Kräfteverhältnis aus; durch sie wurde die Überlegenheit, die die Angloamerikaner mit der Revolverpistole gewonnen hatten, wieder aufgewogen. Die US-Armee führte die neuen Henry- und Winchester-Repetiergewehre nicht ein, da sie sich für militärische Zwecke kaum eigneten: Auf Entfernungen von mehr als hundert Meter waren sie nicht mehr treffgenau und besaßen nur ein Fünftel der wirksamen Reichweite, die die Hinterlader der Armee hatten. Für berittene Aktionen auf kurze Distanz aber waren sie überaus nützlich, denn sie gaben den Schützen eine erheblich gesteigerte Feuerkraft. Die Comanchen begriffen rasch die Vorteile der zehnschüssigen Repetierbüchsen. Sie wechselten ihr Waffensystem noch einmal: Bald besaß jeder Krieger, der nach Texas einfiel, eines der modernen Gewehre und war damit besser be-

waffnet als der durchschnittliche texanische Farmer oder der US-Kavalle-
rist.

Die Ersatzteilbeschaffung, Schwierigkeiten bei der Pflege und Reparatur
der komplizierten Waffen und die Munitionsbeschaffung – in jenen Jahren
wurde Munition noch ungenormt in großer Vielfalt von Kalibern hergestellt – warfen jedoch Probleme auf, die die Comanchen kaum lösen konnten. Jeder Schuß war teuer, kostete zehn Cents an der Grenze. Die
Comanchen mußten viele Herden aufbringen, um ihren Bedarf zu decken.
Die ihnen befreundeten Comancheros besaßen das Monopol für Waffen
und Munition und machten ungeheure Profite. Schätzungsweise wurden
in jenen Jahren mehr als dreihunderttausend Stück Rindvieh von den
Indianern gestohlen, um mit deren Erlös die Waffenkäufe tätigen zu können.

Noch unerträglicher als der Viehverlust war selbstverständlich, daß die
Überfälle der raubenden Indianer viele Menschenleben kosteten. Um 1870
lasen sich die Beschwerden, die in den texanischen Zeitungen abgedruckt
wurden, wie eine Litanei, mit Gebeten, flehentlichen Bitten und schließlich
Zornesäußerungen gegen die fernen Behörden; die folgenden Berichte aus
dem August 1870 sind typisch für Hunderte andere, die damals in den
staubigen Städten des Westens, von denen jede ihre kleine Lokalzeitung
besaß, geschrieben und veröffentlicht wurden.

Das *Daily State Journal* in Austin schrieb: »Die Counties Llano, Mason
und Gillespie wimmeln von Wilden. Die Farmer werden auf ihren Feldern
erschossen; viele müssen mit ansehen, wie ihre Viehbestände gestohlen
werden . . . Zwanzig Jahre lang sind die Indianer nicht mehr so wagemutig,
gut bewaffnet und zahlreich aufgetreten wie jetzt. In Llano bricht die
Grenze zusammen . . .«

Aus Lampasas, wo einige Jahre später erboste Farmer die People's oder
Populist Party gründen sollten, stammt der Bericht: »Während des vergangenen Monats sind unsere gesamten Ländereien – und, soweit man den
Darstellungen Glauben schenken kann, auch andere umliegende Counties
– von großen Scharen feindlicher Indianer heimgesucht worden. Tatsache
ist, daß die Grenze, wenn nicht bald etwas zu ihrer Entlastung unternommen wird, aufgegeben werden muß.«

Die Siedler von San Saba berichteten, die Lage sei relativ friedlich: »Die
Indianer schlagen nicht schlimmer zu als sonst. Im Verlauf des letzten ›mil-
den Mondes‹ wurden in dieser Gegend nur ein Mann getötet, zwei Kinder
entführt und etwa 75 Pferde geraubt.« Dabei war dieser Kommentar keineswegs satirisch gemeint.

All diese Vorfälle ereigneten sich im Farmgebiet; an der Viehzüchtergrenze gab es keine Zeitungen, und von dort stammen auch nur wenige Berichte. Die Leitartikler sparten in ihren Kommentaren nicht mit bitteren Worten. In einem der gemäßigtsten Artikel aus dem Texas jener Tage – er wurde 1870 in Austin veröffentlicht – heißt es: »Die Vorstellung, mit den Comanchen ›Verträge‹ schließen zu können, ist im höchsten Grade absurd; genausogut könnte man Verträge mit Klapperschlangen oder mexikanischen Tigern abschließen. An unserer Grenze wird Eigentum gestohlen, werden Männer gemordet, Frauen geschändet und Kinder geraubt, und zwar so lange, bis alle Indianer niedergemetzelt oder bis sie alle gefangen und in Käfige gesperrt sind.«

Diese Auffassung war im wesentlichen für die Stimmung unter den Farmern zutreffend, wenn sie auch den Friedensaposteln gegen den Strich ging. Es war unmöglich, sich über den Gang der Geschichte einfach hinwegzusetzen. Entweder mußten die Weißen das Land wieder aufgeben, oder die Indianer mußten derart hart angefaßt werden, daß sie nie wieder das Kriegsbeil erhoben. Längst besiedelte Regionen entvölkerten sich zusehends. Zwar fielen den Indianern nur einige hundert Siedler zum Opfer; aber unterdessen verließen Tausende von Weißen die Grenze. Es herrschte Panikstimmung; dies wird in der Rückschau leicht vergessen, weil all dies Chaos von nur kleinen Gruppen berittener Comanchen heraufbeschworen wurde und weil die tatsächliche Hilflosigkeit der Grenzbevölkerung gegenüber dieser relativ geringen Bedrohung sich mit dem angloamerikanischen Selbstverständnis von Kraft und Größe nicht gut verträgt. Zwar durften die Grenzer auch nach dem Bürgerkrieg Waffen tragen; aber es war ihnen nicht gestattet, sich zu ständigen bewaffneten Verbänden zusammenzuschließen und ihre Macht gezielt auszuüben.

Berichte und Klagen aus Texas, Kansas und anderen exponierten Gebieten des Westens stapelten sich auf dem Schreibtisch von US-Innenminister Delano. Die zivilen Machtträger im Innenministerium und in den Indianerkommissionen nahmen hinsichtlich der Probleme des Westens eine höchst unterschiedliche Haltung ein. Die Politiker des Ostens hielten die Darstellungen grundsätzlich für übertrieben; aber es deutet auch einiges darauf hin, daß der Minister die Berichte über die Verluste für die Bundesakten wissentlich abgeändert und verfälscht hat.

Viele Indianeragenten berichteten nach Washington, daß die Friedenspolitik nicht praktikabel sei und daß die Reservatsstämme nicht kontrolliert werden könnten. Das Innenministerium und die Quäker-Kommissare weigerten sich aber aus zwei Gründen, die Tatsachen zur Kenntnis zu nehmen: Es herrschte erstens weithin die Auffassung vor, die Weißen des Westens wollten landgierig die Indianer vernichten und man müsse deshalb die Eingeborenen schützen; zweitens aber fürchteten Innenministerium und Bureau of Indian Affairs, die Armee könne sich mit den bewaffneten weißen Farmern zu einem gemeinsamen Ausrottungskrieg gegen die Indianer zusammentun.

Tragischerweise förderte gerade die Haltung der Quäker einen solchen Ausrottungskrieg: Die absolut Friedfertigen konnten nicht einsehen, daß in gewissem Grade militärische Maßnahmen gegen Stämme wie die Comanchen unumgänglich waren, wenn man sie auch nur an die Reservation binden wollte.

Die zögernde Washingtoner Politik rief jetzt an der Grenze nicht mehr nur Besorgnis, sondern schon Wut hervor. Der Sprecher des texanischen Parlaments bereitete 1870 eine gemeinsame Resolution an den Kongreß vor, in der es hieß: ».. . während Großbritannien, die größte zivilisierte Macht, wegen der Festnahme eines halben Dutzends seiner Staatsbürger gegen Abessinien in den Krieg zieht, haben die Vereinigten Staaten wegen des Mordes an hundert ihrer Bürger . . . noch nicht einmal Protest erhoben.«

Wahrscheinlich wäre aus Washington noch jahrelang keine Hilfe gekommen, wenn man nicht aufgehört hätte, die »vertrackte Indianerfrage«, wie Sheridan sie nannte, als moralisches und bürokratisches Problem zu erörtern, statt als das, was sie längst war – als ein militärisches Problem. Die Comanchen-Barriere und der Terror der Indianer ließen sich nur durch die Generäle in Unionsblau beseitigen, die schon die Rebellion der Südstaaten niedergeschlagen hatten und die nun gegen die Wünsche der zivilen Regierungsinstanzen eine Lösung der Indianerfrage zu erzwingen begannen.

Als Ulysses S. Grant 1869 Präsident wurde, meinten seine alten Waffenbrüder, die im Westen das Kommando führten – Philip Sheridan im Südwesten und William T. Sherman von der Army of the Missouri –, daß es nun an der Zeit sei, sich einen größeren Einfluß zu sichern. Grant schenkte ihnen Gehör, er war aber kein machtvoller Präsident. Seine große und einzige Begabung lag in der Generalstabsarbeit, nicht in der Politik, und es gelang ihm nie, seinen außer Rand und Band geratenen korrupten Kongreß oder sein Kabinett unter Kontrolle zu bringen. Grant sympathisierte mit seinen Armeekommandeuren, die ihm vorhielten, es sei ihre verfassungsmäßige Aufgabe, amerikanische Bürger und nicht Indianer ohne Bürgerrecht zu schützen; sie könnten dieser Verpflichtung aber nicht nachkommen, da die offizielle Politik sie lähme.

Ulysses Grant war nicht die politische Persönlichkeit, die eine neue Politik hätte durchsetzen können. Und doch sollte der Präsident die Entwicklung im Westen enorm beeinflussen – freilich nur indirekt. Da Grant normalerweise niedergestimmt wurde, wenn er eine Vorlage durch den Kongreß zu bringen versuchte, nahm er bald eine passive Haltung ein. Sein Einfluß auf die Entwicklung des Indianerproblems bestand daher im wesentlichen darin, daß er seinen Truppenkommandeuren weitgehend freie Hand ließ. Die Generäle Sherman und Sheridan nutzten ihren Handlungsspielraum weidlich aus und unternahmen Aktionen, die der Politik und zuweilen sogar dem Gesetz zuwiderliefen, denn sie wußten, daß Grant sie deckte, wenn er ihr Vorgehen auch nicht immer nach außen hin billigen durfte. Fast immer sprachen die Generäle ihre geplanten Aktionen vorher mit dem Präsidenten ab.

Schon 1869 machte Phil Sheridan dem Präsidenten klar, daß es eine reine Komödie sei, mit den Indianern Verträge zu schließen. Denn da die Indianer doch Mündel der Bundesregierung waren, konnten sie nicht zugleich autonome Nationen sein. Dem stimmte Grant zu, und so zerschlugen sich die Hoffnungen der Comanchen auf neue Beratungen; es sollte auch keine Geschenke mehr für Friedensabschlüsse geben. Ähnlich wurden auch bestimmte Zusagen, die die verschiedenen Friedenskommissionen gemacht hatten, schlichtweg für null und nichtig erklärt. Sheridan und Sherman vertraten die Auffassung, was immer die Vereinigten Staaten mit den Indianern auch tun mochten, ihr Vorgehen werde durch Versprechen entwürdigt, die sie nicht halten konnten; also wurden Versprechen erst gar nicht gemacht.

Die Wende kam 1871.

Alles sprach dafür, daß dies – dem Jargon der Grenze nach – ein »schlimmes Indianerjahr« werden würde. Die Krieger von Tatums Agentur bei Fort Sill waren völlig aus dem Zaum geraten. Sie hatten mehrere Jahre lang Überfälle auf Texas verübt, und wenn die weißen Soldaten sie auch verfolgten, wo immer sie sie sahen, so verfolgten sie sie nie in die Reservation hinein. Und daß sie selbst dann noch straflos davonkamen, als Tatum von ihren Taten erfuhr, steigerte den Hochmut der meisten Krieger. Zwei alte Häuptlinge, Satanta und Satank, und ein junger Kiowa-Krieger namens Big Tree prahlten besonders mit ihren grausamen, in ihren Augen aber heldenhaften Überfällen.

Am 24. Januar überquerte eine Gruppe von Indianern den Red River und ritt im Young County den Salt Creek entlang. Dort legten sich die Indianer am alten Butterfield Trail zwischen Weatherford und dem neuen Posten Fort Griffin, der die Funktion des Fort Belknap übernommen hatte, in einen Hinterhalt und überfielen eine Wagenkolonne von vier schwarzen Fuhrleuten.

Die Neger lieferten den Indianern ein kurzes, verzweifeltes Gefecht, ehe sie überwältigt, getötet und skalpiert wurden. Die Krieger ritten im Triumph mit ihrer Beute und den blutigen Trophäen davon. Doch bald ekelten sie sich vor dem kurzen, krausen Negerhaar und warfen die Skalps weg. Reisende entdeckten wenig später die verstümmelten Leichen am Wege; Kavallerie kam von Fort Richardson bei Jacksboro, um sie zu begraben: Dies war das Ende von Britt Johnson, von dem einstigen Helden der texanischen Grenze, und seiner drei Geschäftspartner.

Die Kriegergruppen ließen nicht davon ab, jene Gegend heimzusuchen. Am 19. April 1871 ergriffen sie einen weißen Reisenden und skalpierten ihn lebend; während der folgenden Tage griffen sie Männer in der unmittelbaren Nähe von Fort Richardson an. Allein im April 1871 wurden in Young County 14 Menschen getötet.

Im Westen von Texas erhob sich nun immer heftigerer Protest gegen die Übergriffe der Indianer. Behörden und Privatleute wandten sich mit Beschwerden an den Gouverneur, die Legislative, den Kongreß in Washington, den Indianerkommissar und die Armee. Die ständigen Klagen veranlaßten General William Tecumseh Sherman, selbst die texanische Grenze zu inspizieren. Anfang Mai 1871 brach er mit einem kleinen Stab, dem Generalmajor Randolph Marcy angehörte, einer Ambulanz und einer Eskorte von 15 Kavalleristen von San Antonio aus nach Nordwesten auf.

Bei Tatums Agentur nahe Fort Sill gerieten die Indianer ihrer kleinen Siege wegen unterdessen außer Rand und Band. Der Kiowa-Medizinmann Mamanti the Sky Walker schlug einen größeren Einfall nach Texas vor. Am North Fork des Red River dröhnten die Trommeln durch die Nacht: Mamanti zog für seinen Kriegszug etwa 150 Kiowa und Comanchen zusammen, darunter auch Frauen und Jungen.

Agent Tatum wußte von diesen Vorgängen; viele der Kriegshäuptlinge prahlten offen mit ihren Taten. Doch sagte ihm der alte Satanta, der sich gleich Satank und Big Tree dem Zug von Mamanti angeschlossen hatte, die Krieger wollten nach Texas reiten, um die Tonkawa zu bekriegen. Die letzten noch überlebenden Tonkawa, die den Metzeleien der anderen Stämme im Indian Territory entgangen waren, lebten jetzt mit Erlaubnis der Weißen bei Fort Griffin, wo sie den Soldaten als Kundschafter dienten. Tatum wußte wohl, daß seine indianischen Mündel auf diesen Zügen erneut Weiße töten und ihres Eigentums berauben würden. Aber als standhafter Quäker weigerte er sich, Griersons Soldaten herbeizurufen, denn dann wäre es zu Gewalttaten gekommen; damit leistete er den Überfällen auf texanisches Gebiet praktisch Vorschub.

Die große Kriegerschar überschritt den Red River und legte in der Nähe des heutigen Vernon in Texas ein Basislager an, wo die Jungen und Frauen die Vorräte und die zusätzlichen Pferde bewachten. Zwei Frauen bestanden darauf, mit den Kriegern zu reiten, und sie waren auch dabei, als die Gruppe sich am 17. Mai auf einem kleinen Hügel sammelte, von dem aus sich der Butterfield Trail zwischen den Forts Richardson und Belknap überblicken ließ. Unter dem Vollmond suchten die Krieger letzte Medizin und reinigten ihre Kriegsschilde. Der Medizinmann Namanti hatte eine Vision, derzufolge zwei Gruppen Weißer den Weg entlangkommen würden; die erste durfte nicht belästigt, aber die zweite sollte massakriert werden. Durch diese Medizin ermutigt, legten sich über hundert Krieger auf die Lauer.

So kam es, daß General Shermans kleine Kolonne am nächsten Mittag unbehelligt die Stelle passieren konnte, ohne zu ahnen, daß sie durch reines Glück dem sicheren Tod entging. Zwar wollten einige der Comanchen angreifen, aber Mamanti schwor, dies würde die Medizin zerstören; sicher werde bald eine viel wertvollere Beute kommen. Bei Sonnenuntergang trafen Sherman und Marcy und ihre Eskorte in Jacksboro und Fort Richardson ein.

Marcy, der den Landstrich von früheren Dienstjahren in Texas her kannte, war deprimiert über den Anblick, den das Gebiet jetzt bot. Am 17. Mai 1871 vermerkte er in einem privaten Tagebuch: »In diesem schönen und reichen Landesteil leben nun nicht einmal mehr so viele Weiße wie vor achtzehn Jahren, als ich ihn besuchte, und wenn die indianischen Marodeure nicht bestraft werden, dürfte das ganze Land bald entvölkert sein.« Sherman dagegen war noch keineswegs sicher, ob die Berichte über die von Indianern verursachten Schäden und Grausamkeiten nicht doch übertrieben seien. Bei verschiedenen Unterbrechungen der Reise war er mit Gruppen klagender Bürger zusammengekommen; er äußerte sich unverbindlich zu ihren Beschwerden und machte den Abordnungen keineswegs Mut. An jenem Abend in Jacksboro traf er sich mit einer lokalen Delegation und hörte sich geharnischte Klagen an, daß die Reservatsindianer in Texas wüteten; er sagte nur freundlich zu, er wolle so bald als möglich eine Untersuchung einleiten.

Am Butterfield Trail fielen unterdessen die lauernden Indianer über die zweite Reisegruppe her, die des Weges kam. Es handelte sich um einen Zug von zehn Wagen, der Vorräte nach Fort Griffin schaffte. Über hundert Krieger, die alle mit Spencer-Repetiergewehren und Revolvern bewaffnet waren, griffen schreiend und schießend die Kolonne aus dem Hinterhalt an und versuchten unter den anfeuernden Rufen der beiden Frauen, die Weißen zu töten. Die Kutscher der Planwagen wollten mit ihren Fahrzeugen eine Wagenburg bilden. Doch dazu kam der Angriff zu plötzlich. Die Weißen konnten durch ihre Schüsse einen Comanchen töten und einen

Kiowa verwunden; aber der Fuhrmeister und mehrere seiner Leute wurden sofort erschossen oder verwundet. Die übrigen gerieten in Panik und versuchten, sich in ein nahe gelegenes Kieferngehölz zu retten. Dabei wurden zwei weitere niedergeschossen. Fünf der Weißen erreichten das Gebüsch, obwohl sie alle verletzt waren.

Statt die Fliehenden zu verfolgen, machten sich die Krieger über die Wagen her. Ein junger Kiowa, der es gar zu eilig hatte, wurde dabei von einem Weißen, der verwundet in einen der Wagen gekrochen war, mitten ins Gesicht geschossen und schwer verletzt. Erzürnt schossen die Indianer Löcher in alle Wagen. Sie zerrten den verwundeten Weißen hervor und banden ihn mit dem Kopf nach unten auf ein Wagenrad. Nachdem sie ihm die Zunge herausgerissen hatten, zündeten sie unter seinem Gesicht ein Feuer an. In den Wagen fanden die Indianer Äxte, mit denen sie die Leichen der sechs toten Weißen in Stücke hackten. Sie zertrennten die Körper und schossen Pfeile in einige der Leichenteile.

Nachdem der gemarterte Fuhrmann gestorben war – sein Kopf war völlig verkohlt –, luden die Indianer die Beute auf Maultiere und machten sich eilig davon. Ein schwerer Sturm zog herauf. Der Kriegerzug begrub den toten Comanchen auf dem Hügel und schaffte die Verwundeten auf Pferden festgebunden über den Red River in die Reservation zurück. Dort starb der unerfahrene junge Kiowakrieger unter Qualen, denn die gefürchtete texanische Goldfliege hatte Eier in seine Wunde gelegt, und nun fraßen sich die Larven in sein Gehirn.

Dies war das sogenannte »Wagon Train Massacre«; es unterschied sich nicht von vielen anderen in jenen Monaten, und es war auch in seinen Grausamkeiten nicht etwa schlimmer. Dennoch sollte gerade dieser Überfall weitreichende Folgen haben, denn einer der entkommenen Fuhrmänner schleppte sich, obwohl er einen Schuß durch den Fuß abbekommen hatte, nach Fort Richardson. Dort hielt sich immer noch Sherman auf. Der General befragte den verwundeten Mann eingehend im Lazarett. Als Sherman nun die Ereignisse und das Vorgehen der indianischen Plünderer aus erster Hand geschildert bekam, war er erschüttert. Er wies sofort Oberst Ranald S. Mackenzie an, die Indianer mit vier Kompanien der Vierten Kavallerie zu verfolgen. Mackenzie bekam den Befehl, sich mit Sherman und seiner Begleitung bei der Fort Sill-Agentur zu treffen, obwohl er keinerlei Befugnis hatte, Kavallerie in das Reservat zu beordern. An jenem Abend erklärte der General einer Bürgerdelegation aus den Counties Jack und Parker, er wolle alles tun, was in seiner Macht stehe, um die Bundesregierung zu einer Änderung ihrer Politik zu veranlassen und die Indianergefahr einzudämmen. Zum ersten Male schloß sich die Armee mit den

Grenzern in der gemeinsamen Sache gegen die Indianer zusammen – und gegen das Innenministerium in Washington.

Mackenzie zog trotz eines schweren Regensturms ins Feld. Seine Leute begruben die verstümmelten Leichen der Fuhrleute bei Cox Mountain, wo man ihre Gräber heute noch neben der Straße findet. Einer seiner Trupps stieß mit Teilen der Indianerhorde zusammen, die den Rückzug unterbrochen hatten, um eine kleine Herde Büffel zu jagen. Die Soldaten töteten und skalpierten einen Indianer. Die übrigen konnten entkommen. Der Regen verwischte ihre Spur. Dann überquerte Mackenzie den Red River, um sich mit Sherman in der Sill-Agentur zu treffen.

Am 23. Mai 1871 traf der inzwischen völlig umgestimmte General Sherman in Fort Sill ein. Er fragte hart den Agenten Tatum, ob sich von seinen Indianern jemand außerhalb des Reservats aufhalte. Der Quäker Tatum antwortete wahrheitsgetreu, daß Satanta und einige andere Indianer, die er kannte, fortgeritten seien, daß er sie aber, da ein Ausgabetag bevorstehe, bald zurückerwarte. Tatum bekannte dem General gegenüber ferner, einige Zeit habe auch er geglaubt, man müsse gegen die Kriegslüsternen unter seinen Schützlingen gewaltsam vorgehen; jedoch habe er seine Quäker-Oberen nicht für solche Härte gewinnen können. Entrüstet wies er den Verdacht von sich, den Indianern Feuerwaffen verkauft zu haben. Es stellte sich bald heraus, daß die Stämme über einen gewissen Caddo George, einen Untergebenen von Tatum in Anadarko, Gewehre bezogen. Tatum versprach, er werde die Comanchen und Kiowa deshalb zur Rede stellen, sobald sie sich zur Ausgabe der Rationen einfanden. Die Indianer kamen zurück.

Satanta, etwa fünfzig Jahre alt, gestand nicht nur unverblümt den Überfall ein, sondern versuchte überdies, sich selbst und nicht Mamanti den Ruhm für diesen Plünderzug zuzusprechen. Laut Tatum sagte er: »Ja, ich habe diesen Überfall geführt. Ich habe dich wiederholt um Waffen und Munition gebeten, aber keine erhalten, und auch viele andere meiner Bitten sind nicht erfüllt worden. Du hörst nicht auf das, was ich sage. Die Weißen gehen daran, eine Eisenbahn durch unser Land zu bauen, doch das werden wir nicht zulassen ... Als General Custer vor zwei oder drei Jahren hier war, hat er mich festgenommen und mehrere Tage eingesperrt. Doch das ist vorbei, es wird nie wieder vorkommen, daß ihr Indianer einsperrt. Daran will ich dich erinnern. Wegen dieser Mißstände habe ich vor kurzer Zeit etwa hundert meiner Krieger und die Häuptlinge Satank, Eagle Heart, Big Tree, Big Bow und Fast Bear versammelt ... Wir ritten nach Texas und überfielen dort in der Nähe von Fort Richardson eine Wagenkolonne ... Sollte sich irgendein anderer Indianer melden und die Ehre für sich beanspruchen, die Gruppe geführt zu haben, dann lügt er, denn ich selbst habe es getan.«

Ferner bekannte Satanta, sie hätten sieben Weiße getötet und selbst drei Krieger verloren; mehr gebe es dazu nicht zu sagen. Dabei war Satanta nicht etwa geistesgestört oder größenwahnsinnig; wie die meisten anderen Reservatsindianer mißverstand er nur völlig die Friedenspolitik der Quäker. Er erklärte Tatum, die Krieger hätten nicht die geringste Absicht, in der näheren Umgebung Überfälle durchzuführen; die *americanos* seien vor ihnen absolut sicher. Aber die Indianer würden Krieg gegen die Texaner führen, wann immer es ihnen beliebte. Als er Satantas Rede hörte, verlor Tatum seine Gewissensskrupel endgültig.

Die indianischen Häuptlinge wurden Grierson, Sherman und Tatum gegenübergestellt. Die Weißen nahmen Satanta, Satank und Big Tree mit Tatums Einwilligung als Hauptschuldige fest und stellten sie unter Arrest. Es war das erste Mal, daß ein Indianeragent die Festnahme von Indianern durch Soldaten zuließ. Die Krieger reagierten verwirrt. In dem Durcheinander der Festnahme wäre Sherman fast getötet worden; ein Indianer wurde tödlich getroffen, ein anderer erlitt eine schwere Verwundung.

Als Mackenzie mit seiner Truppe in Fort Sill eintraf, befahl Sherman ihm, die drei Häuptlinge nach Texas zu überführen und sie dort den zivilen Behörden zu übergeben, damit sie abgeurteilt werden könnten. In Ketten wurden die drei Indianer auf Wagen gelegt und unter Bewachung der Kavallerie abtransportiert. Der alte Häuptling Satank beschwerte sich, er gehöre zu den Kaitsenko, den zehn größten Kriegern, und man dürfe ihn nicht in dieser Weise erniedrigen. Er entschloß sich zu sterben. Ein Paar Kilometer von Fort Sill entfernt stimmte er das Todeslied der Kiowakrieger an:

O Sonne, du wirst ewig bleiben, doch wir Kaitsenko müssen sterben.
O Erde, du wirst ewig bleiben, doch wir Kaitsenko müssen sterben.

Die beiden anderen Häuptlinge saßen wie erstarrt; Caddo George, der dolmetschte, versuchte die verständnislosen Soldaten, die von einem unerfahrenen jungen Korporal befehligt wurden, zu warnen; eine Indianerin, die mit auf dem Wagen saß, begann zu Ehren von Satanks Tapferkeit zu wehklagen. Unter seiner Decke riß sich Satank das Fleisch auf, um die Fesseln abzuschütteln. Er stürzte sich, ein Messer in der Hand, das er verborgen hatte, auf einen seiner Bewacher, erstach ihn und warf ihn vom Wagen. Eine Kugel traf ihn durch die Lunge, und er starb, nach Luft ringend, im Staub; seine Ehre als Kaitsenko aber hatte er bewahrt.

Die anderen Gefangenen trafen unter dem Haßgeschrei der Bevölkerung in Jacksboro ein. Hunderte Grenzer drängten sich um das winzige

Gerichtsgebäude, wo der Schauprozeß abgehalten wurde. Der Mordprozeß gegen die beiden Indianer war keineswegs nur eine lokale Sensation, er erregte Aufsehen in den gesamten Vereinigten Staaten. Das »Wagon Train Massacre« wurde in allen grausigen Einzelheiten ausgebreitet. Mit diesem Fall leitete der Staatsanwalt, W. W. T. Lanham, eine Karriere ein, die ihn schließlich auf den Gouverneurssessel bringen sollte. Die weißen Rechtsanwälte aber, die die Indianer zu verteidigen hatten, setzten bei dieser undankbaren Aufgabe ihren Ruf und sogar ihr Leben aufs Spiel.

Die beiden Kiowa leugneten nichts; sie erwarteten, von ihren Feinden getötet zu werden, und baten auch nicht um Gnade. Satanta sagte voraus, sein Volk werde ihn auf seine Weise rächen. Die Jury befand beide Angeklagten des Mordes für schuldig, und der Richter verurteilte sie zum Tod durch Erhängen. Nicht darin lag die Heuchelei, sondern vielmehr darin, daß die beiden Kiowa den Prozeß überhaupt nicht begriffen und den Rechtscharakter der gegen sie vorgebrachten Anschuldigungen nicht einsehen konnten. Sie waren gefangengenommen worden, und sie erwarteten, umgebracht zu werden.

Der Tod blieb ihnen trotzdem noch erspart, denn es traten Ereignisse ein, die die beiden Krieger noch mehr verwirrt haben müssen als die unverständlichen Vorgänge bis dahin. Im Osten herrschte in der Bevölkerung eine starke Abneigung dagegen vor, die Eingeborenen zu hängen; und wichtiger noch, das Indian Bureau und das Innenministerium protestierten nach Kräften gegen die Einmischung der Armee in Indianerangelegenheiten. Die Indianerkommissare, die die Plains-Gesellschaften kaum kannten, fürchteten, die Vollstreckung der Urteile könnte sämtliche Plainsstämme zum Krieg anstacheln. Enoch Hoag, der Superintendent aller Indianeragenten, bat den Präsidenten, die Strafen auszusetzen. Dies war auf dem Rechtsweg nicht möglich, denn Grant besaß keinerlei Rechtskompetenzen über Verbrechen, die nicht unter die Bundesgesetzgebung fielen; doch unter erheblichem Druck telegraphierte der Präsident an den texanischen Gouverneur Edmund J. Davis und bat um Umwandlung der Todesstrafen in lebenslange Haft. Davis, dessen Administration in jenem Südstaat von den Bajonetten des Bundes abhing, gab nach. Die beiden Kiowa wurden daraufhin ins Staatsgefängnis in Huntsville gebracht.

Die beiden Gefangenen waren zu Spielfiguren in einer bürokratischen Auseinandersetzung zwischen General Sherman und der Armee einerseits und den Indianerkommissaren andererseits geworden. Beide Seiten reagierten unbesonnen. Das Indian Bureau versuchte, dem Prozeß die Schuld an der unbestreitbaren Unruhe unter den Plainsvölkern zu geben und die beiden Kiowa sogar als Märtyrer hinzustellen. Die meisten Agenten im

Westen berichteten von Unruhe unter ihren Indianern, und Tatum mußte zugeben, daß die Stimmung der Kiowa äußerst gereizt war; der Indianerkommissar berief eine große Konferenz nach Washington ein, denn Grant gestattete keine örtlichen Räte mit Vertragskompetenz mehr. Zu dieser Konferenz wurden Vertreter aller Plainsstämme gebracht. Häuptling Lone Wolf konnte es vorher noch mit diplomatischem Geschick durchsetzen, daß die beiden gefangenen Häuptlinge nach St. Louis gebracht wurden, damit er sich mit ihnen für die Beratungen in Washington besprechen konnte. (Sie nutzten diese Gelegenheit, um einen weiteren diplomatischen Schachzug zu vereinbaren, der es schließlich ermöglichte, Satanta und Big Tree ins Reservat zurückzuholen.)

Wie geschickt Lone Wolf dabei vorging, zeigt sich daran, daß er die Behörden zu dem Zugeständnis des Gesprächs in St. Louis, das ursprünglich in der Reservation stattfinden sollte, bewegen konnte, obwohl die anderen Stämme wohl kaum etwas vom Schicksal der beiden Kiowa gehört hatten und noch nicht einmal die Comanchen im Indian Territory darüber erbost waren, wie man mit den Kiowahäuptlingen umging. Im Gegenteil, selbst unter den Kiowa bildete sich nach und nach eine »Friedenspartei« heraus, die die Schuld an den Schwierigkeiten, die der Stamm in der Reservation hatte, den gefangenen Führern anlastete. Nichtsdestoweniger argumentierte Lone Wolf in Washington, nur wenn die einflußreichen Kriegshäuptlinge ins Reservat zurückkehren könnten, sei es aufgrund ihres Einflusses möglich, die jungen Männer vom Krieg gegen Texas abzuhalten – die Hauptforderung der Weißen –, und er hatte mit diesem Argument Erfolg.

Die Texaner, die bereits über die Strafumwandlung verärgert waren, reagierten empört. Die Legislative des Staates – Davis hatte sie weitgehend in der Hand – verabschiedete mit überwiegender Mehrheit eine Entschließung, die beiden Indianer niemals freizulassen. Sherman schrieb an den Innenminister, daß die beiden Häuptlinge, wenn man sie freiließ, fast mit Sicherheit wieder Raubzüge unternehmen würden, da dies ihrer Wesensart entspreche. Doch der Innenminister setzte den Gouverneur Davis mit allen Mitteln, amtlichen wie politischen, unter Druck, die beiden Indianer aus der Haft zu entlassen.

In seiner ohnehin zwiespältigen Position als Gouverneur in Texas war Davis gegen Druck des Bundes anfällig. Er wagte nicht, die Indianer voll zu begnadigen, aber er überstellte sie zurück an die Instanzen im Indian Territory. Seinem Rückhalt unter den Texanern tat dies wenig Abbruch, denn in einer Bevölkerung, die zu neunzig Prozent aus ehemaligen Konföderierten bestand, hatte er ohnehin kaum Freunde; aber die US-Armee brachte er mit diesem Schritt gegen sich auf. Sherman schrieb ihm einen giftig-unverblümten Brief, in dem es hieß, die freigelassenen Häuptlinge würden wieder »Skalps nehmen«, und der Gouverneur habe es verdient, den seinen als erster zu verlieren.

Die aufgebrachte Auseinandersetzung um zwei Kiowa zeigt deutlich, daß die amtlichen Kreise von ihrer Friedenspolitik nicht leichter Hand abgingen, was immer die Generäle des Präsidenten auch darüber denken mochten. Allerdings gab Lawrie Tatum dem General Sherman eine Handhabe zu Maßnahmen in Texas, indem er die Unterstützung der Armee anforderte, um die Comanchen ins Indianerterritorium zu verbringen.

Tatum hatte sich die Mißbilligung seiner Quäker-Vorgesetzten ohnehin bereits zugezogen, als er die Verhaftungen in der Reservation und die damit einhergehende Gewaltanwendung gegen Agentur-Indianer zuließ. Die direkte Zusammenarbeit mit dem Militär gab nun den letzten Anstoß dafür, daß sich die Quäker von Tatum distanzierten; Anfang 1873 wurde er übrigens durch einen standfesteren »Indianerfreund« abgelöst.

Trotz Tatums Beistandsersuchen unternahm die Armee 1871 nur halbherzige Versuche, die Kotsoteka und Kwahari ins Indian Territory zu zwingen. Mackenzie zog im Oktober mit einer berittenen Expedition der Vierten Kavallerie in den Blanco Canyon nach Nordwesttexas. Es war ein Marsch in unbekanntes Gebiet; keiner der weißen Offiziere und noch nicht einmal die Scouts der Tonkawa waren je sehr weit ins entlegene und gefährliche Llano Estacado vorgestoßen. Mackenzie und seine Truppe mußten sich erst mit dem Gebiet sowie damit vertraut machen, wie man Comanchenkriegern auf ihrem angestammten Boden begegnet.

Die Expedition in den Blanco Canyon stieß vielfach mit Kwahari-Kriegern unter dem jungen Häuptling Kwanah zusammen, der sich damals gerade seine Lorbeeren als Kriegshäuptling verdiente. In Texas kannte man ihn unter dem Namen Quanah Parker, und die Texaner, die inzwischen um seine Herkunft wußten, waren in gewissem Grade sogar stolz auf ihn. Quanah und seine Antilopen-Bande hielten die Kavallerie glänzend in Schach. Er zwang Mackenzie, alte Lektionen neu zu lernen, und etliche neue dazu. Dort oben auf der Hochgrasprärie waren die Kavalleristen ebenso häufig die Gejagten wie die Jäger. Quanah stellte sich nie der offenen Schlacht, aber er umpirschte ständig den Heerzug, bedrohte die Lager und Vorpostenlinien, griff dann und wann plötzlich an, tötete Wachen und vertrieb die Pferde der Kavalleristen, um sofort danach mit seinen Kriegern im hohen Gras unterzutauchen, ehe die Soldaten noch reagieren konnten. Bei einer Gelegenheit bekam sogar Mackenzie selbst einen Comanchenpfeil zu spüren.

Die Taktiken der Comanchen verwirrten die Bürgerkriegsveteranen, die von sich meinten, sie verstünden sich auf Kavalleriekampf. Die Krieger ritten in einer weiten, umgekehrten V-Formation von den Hügeln herab und schwirrten um sie herum. Die Kavallerie war nicht, wie ehedem die Texas Rangers, für den berittenen Kampf Mann gegen Mann, sondern für den Kampf in Einheiten ausgebildet. Wie immer schon, nützten Massentaktiken nichts gegen die Comanchen; bei Angriffen schwärmten sie einfach auseinander. Massiertes Gewehrfeuer blieb wirkungslos, denn Quanahs Krieger präsentierten sich nie als gebündeltes Ziel; ebenso sinnlos waren Angriffe mit dem Säbel.

Mackenzie begriff schnell, daß es besser war, wenn er die Pferde gut bewachen ließ. Er plazierte Scharfschützen – Männer, die in rascher Folge und treffsicher auf rasch sich bewegende Ziele schießen konnten – am Rand seiner Truppe. Auch bot er den Scharfschützen durch Trefferprämien und besondere Belobigungen einen zusätzlichen Anreiz. Auf diese Weise gelang es Mackenzie, die Comanchen auf Distanz zu halten; aber er erzielte damit eher ein Unentschieden als einen Sieg. Die Kavallerie lernte, den Taktiken der Comanchen zu begegnen, doch schlagen konnten die Soldaten die Indianer nicht.

Wenn sie unter Druck gesetzt wurden, lösten die Comanchen ihre lockeren Linien einfach auf und verschwanden. Auf kurze Entfernungen waren ihre Ponys den schwereren Kavalleriepferden nach wie vor an Schnelligkeit überlegen.

Bei der Kampagne von 1871 gelang es Mackenzie also nicht, Quanah Parker eine nachhaltige Lektion zu erteilen, denn die Kwahari zogen sich immer höher auf das Llano Estacado zurück, bis schließlich starke Kälteeinbrüche weitere Kavallerieoperationen unmöglich machten. Mackenzie konnte nicht einmal schätzen, wieviel Verluste er den Indianern zugefügt hatte, da die Comanchen immer erst ihre Toten und Verwundeten bargen, ehe sie sich mit ihnen davonmachten. Doch der Oberst und seine Soldaten machten zwar bittere, aber für zukünftige Feldzüge überaus nützliche Erfahrungen.

Anfang 1872 hatte sich die Lage noch kaum geändert. Die Kiowa hatten ihren Schrecken überwunden und gingen wieder in die Offensive. Die Kwahari zogen nach wie vor ungebändigt umher; die Comanchen im Reservat aber wurden mit ihrer Situation zusehends unzufriedener. Mow-way, der Kotsoteka-Häuptling, brachte seine Leute den Winter über der Zuteilungen wegen ins Reservat, aber sobald das junge Gras sproß, wurden alle Comanchen unruhig. Sie waren erbost darüber, daß in die Gebiete, die sie immer noch als ihr Eigentum betrachteten, von Kansas aus

in großer Zahl Büffeljäger vordrangen; viele Familien wollten auch Rache
für Angehörige üben, die im Vorjahr in Texas getötet worden waren. Doch
vor allem strebten die jungen Krieger nach Kriegsruhm und Ansehen in
der Gruppe. Die Häuptlinge konnten unter den Bedingungen der Reservation ihre Position kaum halten. Die Annahme von Tatums Rationen schadete unweigerlich dem Prestige eines Häuptlings, und die jüngeren Krieger
meinten, daß die älteren Indianer, die zu Frieden mit dem Weißen Mann
rieten, für sie unerträglich wurden. Die Jungen sammelten sich um Krieger,
die gute Medizin suchten und von neuem Ruhm auf dem Kriegspfad sprachen.

Der Indianer-Sonderbeauftragte Henry Alvord versuchte, den Stämmen
klarzumachen, daß sie ihre Lebensweise umstellen müßten, denn bald
werde es keine Büffel mehr geben. Von den Comanchen glaubte ihm keiner; sie konnten sich etwas so Ungeheuerliches nicht vorstellen; allein die
Gespräche über die mögliche Vernichtung ihrer Lebensgrundlage machte
sie wütend. Häuptling Tabenaneka, genannt Hears the Sunrise, schrie
Alvord in einer Lautstärke an, daß man ihn einen halben Kilometer weit
hören konnte, ehe er sich in eine Reservation zwängen lasse, würden er und
seine Leute »lernen, auf der Prärie Scheiße zu essen«.

Die Quäker bemühten sich 1872, die Comanchen durch andere Indianer
zu beeinflussen. Angehörige der Cherokesen, Choctaw und anderer »zivilisierter« Stämme kamen bei Fort Cobb mit den Plainsvölkern zusammen.
Diese Indianer hatten erlebt, wie in ihren angestammten Gebieten das Wild
dezimiert worden war; sie sagten den Comanchen, ihnen werde es bald
ähnlich ergehen, und sie müßten den Ackerbau erlernen oder verhungern.
Doch die wenigen Vertreter der Comanchen, die zu diesem Treffen erschienen, widersetzten sich stur jeder Einsicht; es könne vielleicht mal ein
schlechtes Jahr oder auch zwei geben, aber immer kämen die Büffel wieder,
meinten sie. Inzwischen, so versicherten sie, könnten sie doch vom texanischen Vieh leben. Die zivilisierten Stämme berichteten den Quäkern, die
Plainskrieger verschlössen sich jeder Argumentation, und kehrten in ihre
Reservate zurück.

Das Jahr 1872 sollte ein »schlimmes Jahr« für die Indianer werden. Zu
Beginn des Frühjahrs überzogen die Krieger wieder die gesamte texanische
Nordwestgrenze mit ihren blutigen Überfällen. Dutzende von Grenzerfamilien wurden getötet, viele Farmen wurden in Brand gesetzt, viel Vieh
wurde gestohlen. Im April kam es im Crocket County zu einer Neuauflage
des »Wagon Train Massacre«. Diesmal fielen dem indianischen Überfall 16
weiße Fuhrleute zum Opfer, und die Angreifer wehrten zwei volle Kompanien Kavallerie ab, ehe sie in ihr Refugium, das Indian Territory, entka-

men. Agent Tatum, 1872 noch im Amt, führte in seinen Berichten zahlreiche Vergewaltigungen und Metzeleien auf, von denen er Kenntnis erhalten hatte. Auch feilschten seine indianischen Mündel regelmäßig mit ihm um die Rückgabe von Gefangenen.

Zitate aus Tatums Berichten: »Sie haben eine junge Frau und zwei Kinder entführt und, so habe ich gehört, in Texas 21 Personen umgebracht . . . Sie haben zwei der Gefangenen, Susanne und Milly F. Lee, mitgebracht . . . Sie haben versprochen, in zwei Wochen den Bruder (der Mädchen) zu bringen.«

Unter den enormen psychischen Belastungen vergaß Tatum seine Grundsätze. Er werde nie wieder Rationen an diese marodierenden Indianer austeilen, es sei denn, man weise ihn ausdrücklich dazu an, schrieb er. Seines Wissens hätten die Indianer der Fort Sill-Agentur 16500 Pferde und Maultiere in Texas gestohlen, berichtete er. Und im Juni 1872 überfiel eine kleine Gruppe Kotsoteka den Pferch von Fort Sill und entkam mit 54 Pferden und Maultieren der Regierung.

In seinem offiziellen Bericht über das Jahr 1872 gab der United States Indian Commissioner jedoch nur zu, daß im gesamten Westen von »Reservatsindianern hundert Personen getötet und tausend Pferde gestohlen« worden seien. Die Zahlen dieses Berichts hatte das Amt mit Sicherheit absichtlich gefälscht; sie stimmten mit den Angaben aus den eigenen Agenturen, die weit größere Verluste meldeten, nicht überein.

Welche Ansichten und Gefühle in jener Ära an der westlichen Grenze vorherrschten, macht ein Brief anschaulich, den Charles Howard, der Richter des Dreizehnten Gerichtsbezirks von Texas, an den Präsidenten in Washington schrieb.

»Lange Zeit haben die Menschen hier einen fast ununterbrochenen blutigen und grausamen Krieg seitens . . . der Indianer erduldet. Diese Raubzüge, Sir, sind immer schlimmer geworden, und unsere Bevölkerung ist von tiefer Sorge ergriffen. Ich könnte Eurer Exzellenz aus jüngster Zeit reihenweise Morde, Vergewaltigungen und Raubzüge aufzählen, die die Indianer allein in den Counties begangen haben, aus denen sich mein Gerichtsbezirk zusammensetzt. Es ist erst wenige Tage her, daß die gesamte Familie Lee, darunter die Frauen, geschändet, ermordet und auf das schrecklichste verstümmelt worden ist. Dann ist erst letzte Woche Mr. Dobs, der Friedensrichter von Palo Pinto County, ermordet und skalpiert worden, wobei ihm Nase und Ohren abgeschnitten wurden. Das gleiche Schicksal ereilte im nämlichen County Mr. Peoples und Mr. Crawford. Erst gestern wurde von den gleichen Quäker-Schützlingen William McCluskey auf seinem eigenen Grund und Boden erschossen. Ich schreibe an Euer Exzellenz, weil Sie in Ihrer herausgehobenen Stellung in unserer Nation uns vor dieser unmenschlichen Schlächterei schützen *können*, wenn Sie *wollen* ... Ihr untertäniger Berichterstatter glaubt, Euer Exzellenz seien zumindest mit einem gewissen Maß menschlichen Empfindens und einem Verstand begabt, der sich nicht durch jene geisteskranke pseudo-humanitäre Politik trüben läßt, die gemeinhin die ›Quaker Indian Peace Policy‹ genannt wird. Oder irre ich?«

Richter Howard irrte sich nicht. Grants Verstand war ungetrübt, und wenn ihm auch durch die öffentliche Meinung des Ostens und die eigene Büro-kratie die Hände gebunden waren, so besaß der Präsident doch vielfältige Handlungsvollmacht. Bei Operationen, die ihrem Umfang nach zu klein waren, um als »Kriege« gelten zu können, unterstand das Militär auch im neunzehnten Jahrhundert schon der Kontrolle der Exekutive. Grant stimmte mit Sherman und Sheridan, den Generälen des Westens, darin überein, daß die Armee hinsichtlich des Indianerproblems die Initiative er-greifen müßte. Stillschweigend wurden die Generäle bevollmächtigt, die Unruheherde in Texas zu beseitigen.

Im Kommandeur der Vierten Kavallerie, Ranald Slidell Mackenzie, besaß die Armee einen hervorragenden Sachwalter dieser stillschweigend einge-leiteten Politik. Mackenzie, der Sohn eines hohen Marineoffiziers, stammte wie Sheridan aus dem Staat New York. 1862 hatte er die Militär-akademie West Point absolviert, und in drei kurzen Kriegsjahren war er viermal schwer verwundet worden, wobei er einmal einen Zeigefinger ver-lor. Die Comanchen nannten ihn daher »Three Fingers«. Eine seiner Ver-wundungen sollte niemals richtig ausheilen. Siebenmal war er – bis zum Generalleutnant – befördert worden. Sheridan und Grant kannten ihn per-sönlich und schätzten ihn als Soldaten außerordentlich. Er war an die te-xanische Grenze versetzt worden, weil man meinte, dort könne er seine Talente am besten entfalten.

Am Ende des Bürgerkriegs – er war damals erst 25 Jahre alt – wurde Mackenzie im Besoldungsrang eines Oberst im Armeedienst behalten. Die Armee hielt immer noch nach englischem Vorbild an dem verwirrenden System der doppelten Ränge fest; daher hatten die meisten altgedienten Offiziere Ehrenränge inne, die weit über denen lagen, in denen sie tatsäch-lich dienten. Mackenzie war demnach Oberst im Rang eines Generalleut-nants, und Custer und Grierson durften die Titel und Abzeichen von Generalmajoren führen, erheblich über ihren Besoldungsrängen. Die Ehrenränge halfen den Offizieren ein wenig über die Enttäuschungen des unglaublich trägen Beförderungssystems hinweg, denn in der verkleiner-ten Armee von 1869 kamen einige Obersten nie über den Rang eines Oberleutnants hinaus, waren also Oberleutnants im Rang eines Oberst. Offiziere mit Selbstbewußtsein, so auch Mackenzie, zogen es vor, sich nach dem Rang betiteln zu lassen, nach dem sie besoldet wurden; eitlere Naturen wie Custer, der der Soldliste nach Oberstleutnant war, bestanden jedoch auf ihren Sternen und Titeln.

Ranald Mackenzie entwickelte sich rasch zum besten Indianerexperten des Westens. Er besaß große Begabungen auf militärischem Gebiet. Er hatte Initiative genug, um unter grob umrissenen Befehlen eigenständig zu handeln, ohne daß man ihm detaillierte Anweisungen zu geben brauchte. Er konnte zudem auch scheinbare Nebensächlichkeiten genauestens im Auge behalten. Vor allem aber war er von einer fast unglaublichen Angriffslust beseelt. Man braucht nicht hervorzuheben, daß er weder andere Meinungen noch den Feind fürchtete.

Mackenzie machte die Negerkavallerie zu einem erstklassigen militärischen Instrument. Er verfeinerte auf vielfältige Weise die Plainstaktik der Armee. So benutzte er etwa mit Infanterie besetzte Wagen als mobile Waffenplattformen, und zur Verfolgung gliederte er seine Truppen in mehrere kleinere Stoßtrupps auf. Vor allem aber führte er die Kavallerie zur Praxis der gnadenlosen, unnachgiebigen Jagd zurück, der wirksamsten aller Maßnahmen gegen die Guerillataktik der Indianer.

Er organisierte die Zerschlagung des Comanchen-Widerstands auf den Plains und führte sie entschlossen durch; dann vernichtete er die Cheyenne im Norden. Seine Techniken und Taktiken wurden von sämtlichen späteren Kommandeuren bei allen Indianeroperationen von Dakota bis Arizona übernommen.

Doch Mackenzie sollte zu einer tragischen Persönlichkeit des amerikanischen Militärs werden und im Alter von 42 Jahren verbittert aus der Armee ausscheiden. Obwohl Grant ihn als den vielversprechendsten jungen Offizier bezeichnete, sollte er in Vergessenheit sterben und bei seinen Landsleuten vergessen bleiben.

Mackenzie entsprach nicht dem Standardbild vom amerikanischen Helden: Er war kühl, reserviert, wortkarg, durch und durch Berufssoldat – kurz, ein »Mönch in Militärstiefeln«, der außer der Durchführung von Kampfaufträgen keinerlei andere Interessen kannte; er war nicht arrogant, kapriziös, unlauter oder eingebildet, und sein Stab hegte ihm gegenüber größten Respekt. Doch was die Pflichterfüllung anging, war Mackenzie gnadenlos. Er war hart zu seinen Offizieren, hart zu den Mannschaften und hart zu den Pferden – und am härtesten sich selbst gegenüber. Er baute keine smarten Regimenter auf, sondern zog sich eine Truppe von äußerlich wenig attraktiven, ja ungepflegten Indianerkillern in oft verdreckten Uniformen

heran. Er machte aus seinen analphabetischen schwarzen und weißen Söld-
nern fast ebenso schlagkräftige Soldaten, wie er selbst einer war.

Mackenzie entsprach in nichts einem Bilderbuchoffizier; beliebte militärische Accessoires wie Signalhorn oder Säbel schaffte er kurzerhand ab, und
Drückeberger ließ er an Wagenräder binden und ausprügeln. Er sollte nie
ein Volksheld werden, denn seine Methoden hätten, wären sie der Öffentlichkeit bekannt geworden, Grauen erweckt. Er und seine weißen und
schwarzen Helden durften wahrscheinlich deshalb in den gängigen
Geschichtsbüchern keinen Platz finden, weil sie in das damals gerade entstehende Bild Amerikas von sich selbst nicht ganz paßten.

Anders als Custer, dem er in nichts ähnelte, ließ Mackenzie nie Pressekor-
respondenten mit auf seine Expeditionen reiten; nie strich er sich in seinen
Berichten heraus, und nie ging er ins Detail. Er wußte, daß die Führungs-
spitze zwischen den Zeilen lesen konnte, und die öffentliche Meinung war
ihm gleichgültig. Als echter Berufssoldat strengte er sich besonders an,
seine Kriegszüge durch Aktionen zu gewinnen, die absichtlich nicht spek-
takulär und farbenprächtig und damit teuer waren. So blieben die Leistungen seiner Männer »ungerühmt«, wie einer von ihnen in seinen Erinnerungen vermerkte, während andere Kommandeure ihm die Schau stahlen. Es
war kein Zufall, daß Custer von Indianern getötet wurde, daß aber Miles,
Terry und Crook sich bis zum Ende der Indianerkriege Mackenzies Taktiken und Praktiken des Überlebenstrainings, der Späher, der aufeinander
zu marschierenden Heereskolonnen und der unnachgiebigen Verfolgung
bedienten und damit überlebten.

Von den Forts Richardson, Griffin und Concho aus nahm Mackenzie die
alte Taktik der rücksichtslosen, offensiven Patrouillen wieder auf, wie sie
die Texas Rangers entwickelt hatten. Er schickte Männer ins Feld und beließ sie dort, indem er ihnen monatlich den Proviant nachsandte. Seiner
Ansicht nach waren die Comanchen während der herbstlichen Jagdsaison
am leichtesten verwundbar; er wollte ihnen keine Gelegenheit lassen, Wintervorräte einzulagern. Er führte selbst einen Heerzug von zwanzig Tonkawaspähern und 222 Soldaten quer durch Westtexas, wobei er sich den
Nachschub aus Neu-Mexiko beschaffte. Ende September 1872 kundschafteten seine Tonkawa am McClellan Creek, einem Nebenfluß des Red River
weit oben im Texas Panhandle, ein Lager der Kotsoteka aus.

Mackenzie fiel über das Indianerdorf her und zerstörte es. Mindestens
fünfzig Comanchen wurden getötet und 130 gefangengenommen. Die
Büffelsoldaten – so nannten die Indianer die schwarzen Kämpfer wegen
ihrer Hautfarbe und des krausen Haars – brannten alles nieder: Tipis,
Stangen, Häute, Decken und die gesamten Fleischvorräte für den Winter,

die zum Trocknen aufgehängt waren, und sie erbeuteten eine große Pferdeherde.

Die Herde ließ sich nur schwer bewachen; in der folgenden Nacht griffen einige verzweifelte Comanchen an und trieben die Pferde auseinander. Sie konnten dabei auch einige Kavalleriepferde mit forttreiben. Daraufhin gab Mackenzie Befehl, daß in Zukunft erbeutete Indianerponys auf der Stelle zu töten seien.

Die Kotsoteka waren durch diesen Überfall praktisch vernichtet und ihre Reste demoralisiert. Einige Krieger zwar konnten entkommen, aber ihre Frauen und Kinder hielt Mackenzie in Fort Concho gefangen. Abgesandte kamen unter der Waffenstillstandsfahne und baten um ihre Rückgabe. Mackenzie stellte einfache, klare Bedingungen. Die Comanchen müßten in die Reservation ziehen und sämtliche weißen Gefangenen ausliefern. Die Kotsoteka waren gedemütigt; sie versicherten Mackenzie ihrer Freundschaft, und bei der Fort Sill-Agentur wurden dann die Gefangenen ausgetauscht.

In jenem Winter unterblieben die indianischen Überfälle. Die Kwahari verließen ihre Jagdgründe und lagerten in der Reservation nahe dem heutigen Lawton, Oklahoma. Auch während des Frühjahrs 1873 wurden von der texanischen Grenze kaum Comanchen gemeldet.

Tatum unterstützte Mackenzies Operationen nach Kräften; auch ihm war aufgefallen, daß sich die Comanchen nach Strafexpeditionen zurückhaltender und friedlicher verhielten. Dieser Wandel im Vorgehen des Agenten gab seinen Glaubensbrüdern den letzten Anstoß für seine Ablösung am 1. April 1873 durch einen anderen Quäker, der unerschütterliche Treue zu den Grundsätzen der Gewaltlosigkeit bekundete.

Der Nachfolger, J. M. Haworth, schickte sofort den militärischen Wachtrupp, den Tatum erneut zur Agentur gerufen hatte, ins Fort zurück und ernannte einen alten, friedfertigen Kiowa zum Aufseher über die Ausgabe der Zuteilungen. Einen Monat und einen Ausgabetag später schrieb Haworth an Oberstleutnant Davidson in Fort Sill und bat darum, die Agentur nachts wieder zu bewachen. Schadenfroh weigerten sich die Soldaten nun, für die Quäker irgend etwas zu tun, sofern sie nicht schriftliche Gesuche einreichten, die man zu den Akten nehmen konnte.

Mackenzie wandte indessen seine Aufmerksamkeit einem anderen Problem zu – der blutenden mexikanischen Grenze. Im Mai 1873 führte er eine der eigenwilligsten, am wenigsten gefeierten und doch wirksamsten Kavallerieunternehmungen der Geschichte durch.

Die Proteste bei der mexikanischen Regierung über die Überfälle der Kikkapoo, Lipan und Mescalero hatten nichts genützt. Im März hatte Sheridan an Mackenzie daher eine schriftliche Order gesandt, mit der Vierten Kavallerie nach Fort Clark zu marschieren, das etwa dreißig Kilometer vom Rio Grande entfernt lag, und »alle Maßnahmen zu ergreifen, die Sie für angemessen erachten«, um die Überfälle zu unterbinden. Die eigentlichen Befehle hätten nicht schriftlich gefaßt werden dürfen, doch Mackenzie begriff, auf was es ankam, und Sheridan wußte, daß der Präsident ihm den Rücken decken würde. Mackenzie sollte die Grenze überschreiten.

Späher der Seminole überquerten den Rio Grande und kundschafteten bei Santa Rosa in der trockenen Bolsón de Mapimi-Region in Nordcoahuila die Lager der marodierenden Indianer aus. Die Dörfer lagen 130 Kilometer tief in Mexiko, in einem extrem rauhen und trockenen Gebiet. Mackenzie traf überaus gründliche Vorbereitungen. Tagelang ließ er seine Soldaten mit den Karabinern Schießübungen machen, und entgegen den Dienstvorschriften befahl er ihnen, die Säbel zu schärfen, denn er wußte genau, daß seine Truppe kämpfen mußte, falls sie von mexikanischer Kavallerie entdeckt wurde. Dann führte er am 17. Mai 1873 noch vor Sonnenaufgang vierhundert Kavalleristen zum Rio Grande und überquerte ihn. Er hatte seine Truppe so gut in der Hand, daß seine verwirrten Offiziere, die er nicht eingeweiht hatte, keinen Protest erhoben.

Dann wechselte er die Gangart, um die Pferde auszuruhen, machte aber unterwegs keine Rast und trieb seinen Heerzug durch die Alkaliwüste voran zu den Indianerdörfern. Gegen Abend, als immer noch eine weite Strecke zu reiten war, ließ er die Lasttiere zurück und bepackte seine Leute mit Munition und Zwieback.

In der nächsten Morgendämmerung erreichten die staubbedeckten, erschöpften Reiter die Kundschafter, die ihnen in einem Tal drei Dörfer von Kickapoo und Apachen zeigten. Mackenzie hatte seinen Plan bereits ausgearbeitet, und in zwei Wellen galoppierte das Regiment unverzüglich zum Angriff.

Die Kavallerie traf die Indianer völlig unvorbereitet. Es gab nicht einmal eine Schlacht. Mackenzies Bericht über die Aktion war dementsprechend bewußt knapp und vage gehalten. »... Uns fielen 19 tote Krieger in die Hände.« Ein Häuptling wurde gefangengenommen, ferner vierzig Frauen und Kinder; außerdem erbeuteten die Kavalleristen zahlreiche Pferde. Wie viele Indianer getötet, aber nicht gezählt wurden, wird sich nie ermitteln lassen. Jedenfalls regte sich kein Leben mehr in den Dörfern, als Mackenzie sie niederbrennen ließ und sich gleich darauf auf den Rückweg machte.

Wenn es auch zu dem befürchteten Zusammenstoß mit mexikanischen Truppen nicht kam, war es doch für Männer und Tiere ein schrecklicher Marsch ohne jede Ruhepause und Schlaf. Die Gefangenen wurden nach

Indianermanier auf ihre Pferde gebunden. Schließlich, nach sechzigstündigem unablässigem Ritt und einer Blitzaktion, durchquerte die Streitmacht erneut den Rio Grande. Als das Haltsignal ausgerufen wurde, fielen die Männer wie Tote aus dem Sattel. Dann unterrichtete Mackenzie – offenkundig für das Protokoll – seine Offiziere, daß er den Überfall auf eigene Verantwortung durchgeführt hatte. Einer von ihnen fragte verstört, was Mackenzie denn getan hätte, wenn er sich geweigert hätte, die Grenze zu überschreiten. »Ich hätte Sie erschießen lassen«, antwortete der kurz und bündig.

Während der unweigerlich folgenden politischen und internationalen Verwicklungen stellten sich Sherman und Sheridan unerschütterlich hinter Mackenzie. Er wurde von ihnen gedeckt, erhielt aber keine volle Absolution, und es kann durchaus sein, daß er sich mit diesem Kommandounternehmen wieder einmal die Beförderung in den Generalsrang verstellte. Doch Mackenzie war der Held der Grenze, wo man ihm von nun an mit einer gewissen Ehrfurcht begegnete. Über die mexikanische Grenze hinweg unterblieben nun die Überfälle auf texanisches Gebiet, denn Mackenzie hatte die Stämme vernichtet, denen Mexiko als Zufluchtsort gedient hatte.

Mackenzies Erfolge ließen bittere Zeiten für jene Comanchen anbrechen, die sich noch immer bemühten, ihre Jagdgründe in Texas zu halten. Das ganze Jahr 1873 hindurch setzte die Vierte Kavallerie ihre offensiven Patrouillen fort. Es kam nur zu wenigen Kämpfen; die Kwahari gingen den Trupps aus dem Wege, und Mackenzie versuchte auch nicht, sie zur Schlacht zu zwingen. Er hatte nicht vor, die Comanchen auszurotten, sondern er wollte sie nur nicht zur Ruhe kommen lassen, damit sie genötigt wären, in die Reservation zu ziehen. Anders als die Kotsoteka waren Quanahs Kwahari immer noch nicht eingeschüchtert. Doch konnten sie nirgendwo in ihren angestammten Revieren auf dem Llano Estacado mehr sicher lagern. Sobald sie Feuer anzündeten, konnten sie sicher sein, daß sie damit Trupps der Blauröcke anlockten, die auf den Plains patrouillierten. Die Comanchen waren also dauernd auf der Flucht.

Doch Quanah Parker selbst war ein gerissener Gegner, der sich auf seine Art der Kriegführung verstand, so daß Mackenzies Verbände ihn nicht stellen konnten. Immer wieder verstreuten die Kwahari-Comanchen sich nach leichten Zusammenstößen auf den weglosen Plains des Texas Panhandle. Nie gelang es der Kavallerie, Quanah und seine Leute zu schlagen. Es hätte Jahre dauern können, diese paar zähen, beweglichen Krieger zu zähmen, wenn die Armee in den Büffeljägern, die von den Eisenbahnendstationen in Kansas aus operierten, nicht einen Verbündeten bekommen hätten. Das Schicksal der südlichen Plainsvölker wurde nicht in der Schlacht gegen den Weißen Mann besiegelt, sondern durch die Vernichtung ihrer Lebensgrundlage.

Die Büffel waren in Nordamerika schon viele Jahre lang immer weiter zurückgedrängt und dezimiert worden. In den dreißiger Jahren des neunzehnten Jahrhunderts verschwanden sie aus den Präriestaaten und den Randzonen der Great Plains; ein Wesensmerkmal dieser Tiere bestand darin, daß sie aus Gebieten mit fester Besiedlung abwanderten und stets das freie, offene Land suchten.

Die vordringenden Weißen trieben die Büffel nach Westen. Um 1841 wurde für die Osage das Wild knapp; Anfang der fünfziger Jahre hungerten bereits alle Stämme, die sich nicht im Rahmen der Plainskultur am Leben erhalten konnten. Die Eisenbahnen zertrennten die Jagdgründe der Arapaho und teilten die großen Bestände der Plains in eine nördliche und eine südliche Gruppe. Doch Ende der sechziger Jahre waren die südlichen Herden, die südlich und westlich des Arkansas River grasten, immer noch unermeßlich groß. Der Büffeljäger Robert Wright ritt tagelang durch dieses Gebiet, wobei er entlang des Arkansas und des Cimarron unzählige Tiere entdeckte. Zu jener Zeit dürfte es noch um sechzig Millionen Büffel gegeben haben.

Bis dahin glaubten weder die Indianer noch die Amerikaner, daß die Büffel überhaupt je ausgerottet werden könnten. Die Regierung hatte in den fünfziger Jahren eine Politik eingeleitet, die darauf abzielte, die Tiere als Existenzgrundlage für die Reservatsindianer zu erhalten. Der Vertrag von Medicine Lodge garantierte den Stämmen die Unverletzlichkeit der südlichen Bestände, indem er Weißen die Jagd südlich des Arkansas untersagte. Bis zu jener Zeit hatten die Amerikaner noch keinen Grund, die Büffel abzuschlachten. Beide Völker nutzten die Tiere als Quelle von Fleisch und Häuten; aber damals gab es noch nicht sehr viele Weiße im Westen. Mäntel und Decken aus Büffelfell waren zwar in Mode, aber diese Art der Nutzung entwickelte sich nie zu einem großen Geschäft; nur etwa hunderttausend Häute wurden jährlich verkauft. Die Besatzungen der Eisenbahnzüge bestritten wie die Armee ihren Frischfleischbedarf aus den Herden, was die Zahl der Tiere jedoch nur an wenigen Orten und dort auch nur geringfügig verkleinerte. William Cody, der eine Eisenbahnlinie mit Fleisch versorgte, tötete in einem Zeitraum von sieben Monaten 4280 Büffel; so kam er zu dem Spitznamen Buffalo Bill. Selbst durch eine stetige Einbuße in dieser Größenordnung hätten die riesigen Büffelbestände nicht ausgerottet werden können.

Die Vernichtung der Büffel ist vielfach als sinnlos bezeichnet worden, und ganz gewiß ist sie in weiten Teilen leichtfertig und überflüssig gewesen. Weiße, die mit der Eisenbahn die Plains überquerten, schossen die Tiere vielfach zum Vergnügen aus den Zügen heraus ab; sogar aus Europa kamen Sportschützen, um ihre Jagdlust an den leicht erlegbaren Ungetümen zu stillen. Doch die wirkliche Bedrohung und Vernichtung der Büffel begann erst 1870, als die amerikanische Lederindustrie Verfahren entwickelte, durch die die Häute sich zu wertvollem Leder verarbeiten ließen. Ungegerbte Häute erbrachten auf dem industriellen Markt um 1872 etwa 3,75 Dollar pro Stück. Dadurch wurde der schnellen Ausrottung der Büffel enorm Vorschub geleistet.

W. T. Hornaday von der Smithsonian Institution, der großen Naturschutzorganisation, schrieb später bitter, daß »die wohl gigantischste Leistung auf dem Gebiet der Wildvernichtung auf diesem Kontinent die Ausrottung der Büffel durch die Hautjäger in den riesigen Weidegebieten des Westens gewesen ist. Wahrscheinlich haben die ungeheure Geschwindigkeit und der Erfolg, mit denen dieses stolze Unterfangen vollbracht wurde, selbst diejenigen erstaunt, die unmittelbar daran beteiligt waren.«

Hornadays Zorn war durchaus berechtigt; doch richtig begriffen hat auch er das Phänomen nicht. Es war der angloamerikanische Geschäftssinn, der das Schicksal der Büffel besiegelte. Sobald eine kommerzielle Nutzung für die Häute gefunden war, gab der Büffel Tausenden Menschen Arbeit und Einkommen. Die sieben Millionen Pfund Büffelzungen übrigens, die in zwei Jahren als Delikatesse von Dodge City, Kansas, aus versandt wurden, waren nur Nebenprodukte einer aufstrebenden Industrie.

Fortschritte in der Waffentechnik erleichterten das Gemetzel ungemein. Mit dem Sharps-Gewehr Kaliber 50, das mit acht Gramm Pulver ein fast vierzig Gramm schweres Geschoß abfeuerte, konnte man einen ausgewachsenen Büffel noch auf eine größere Entfernung hin töten. Die Eigenart der Tiere, erst dann zu fliehen, wenn sie die Gefahrenquelle erblickt hatten, machte es versteckten Scharfschützen möglich, ganze Büffelgruppen abzuschießen, ohne daß diese davonrannten. Wylie Poe, der von Fort McKavett in Texas aus operierte, tötete einmal hintereinander neunzig Tiere einer Gruppe, ohne seine Position zu wechseln. Ein anderer namhafter Jäger, Brick Bond, erlegte normalerweise 250 Büffel pro Tag und hielt 15 Männer voll beschäftigt, die seine Beute abhäuteten. Durchschnittliche Jäger töteten zwischen 25 und 40 Tiere pro Tag.

Die Jäger, genauer gesagt die Schlächter – denn mit der Würde der Jagd hatte diese Art des Beutemachens kaum noch etwas gemein –, waren die Vorreiter des neuen Industriezweigs. Jeder Büffelschütze wurde von etwa zwölf Hautabziehern begleitet. Die Mannschaften zogen mit ganzen

Wagenkolonnen und Tonnen von Munition hinaus auf die Plains. Die Schützen erlegten Büffelgruppe um Büffelgruppe; die schwitzenden, vor Blut stinkenden Hautabzieher häuteten danach die Tiere und ließen die Kadaver einfach verrotten. Wagenladungen bluttriefender Häute rumpelten nach Fort Griffin, Fort Worth und anderen Vorposten, um dann nach Dodge City gebracht und von dort aus per Bahn weiterversandt zu werden. Die Büffeljäger erzielten gutes Geld. Vielen Männern hing diese Arbeit nach einer Saison zum Hals heraus; aber es gab genug, die nur darauf warteten, an ihre Stelle zu treten.

Die Büffeljäger waren naturgemäß rauhe, verdreckte, gewalttätige Männer. Sie arbeiteten hart und unter erheblicher Gefahr, denn die Indianer griffen jede Gruppe an, die sie auf den Plains überraschten. Die Büffelschützen waren zumeist Spielernaturen, und wie die Goldsucher, Soldaten und Viehzüchter brachten sie ihre Form der Zivilisation auf die Plains. Wo immer sie ihre Treffpunkte anlegten, schossen die berüchtigten Pokerstädte des Westens aus dem Boden.

The Flat, die Siedlung außerhalb der Palisadenwände von Fort Griffin, war ein typisches Beispiel für diese Ansiedlungen: Da wurden aus groben Balken, die über Hunderte Kilometer herangeschafft werden mußten, grobe Gebäude zusammengezimmert, die dann stolze Bezeichnungen wie Tanzhalle, Hotel und Saloon führten. Hunderte »Hooker« (benannt nach »Fighting Joe« Hooker, dem Unionsgeneral des Bürgerkriegs mit der ausgeprägten Vorliebe für Prostituierte) und »Whirlago« Girls, also Tanzhallenliebchen, kamen zusammen mit Spielkartenhaien und Revolverhelden in den Westen. Im Flat führte Lottie Deno, die legendäre rothaarige Pokerkönigin von Texas, das Regiment. Sie betrieb mit List und Geschick ihre Spieltische, und ihre Berufskiller schossen jeden zusammen, der an der Ehrenhaftigkeit ihrer Unternehmungen zu zweifeln wagte.

Die Armee besaß keine Rechtsgewalt und mischte sich auch nie ein. Jahrelang gab es keinerlei Zivilrecht, und als es in diese entlegenen Gegenden schließlich Einzug hielt, geschah dies in Form von Pistolenhelden in kugelsicheren Westen, die von den Vertretern des Geschäftslebens angeheuert wurden. Wie Lottie Deno und ihre Mitarbeiter entsprachen diese »Schutzpolizisten« kaum einer der späteren Legenden von der rauhbeinigen Galanterie des Westens. Sie zogen ihre Bannmeilen und setzten ihre Sperrstunden mit Hilfe abgesägter Schrotflinten und eines Dutzends halbkrimineller Hilfssheriffs durch.

Ob sie nun Wyatt Earp oder Wild Bill Hickock hießen – Killer waren sie durchweg. In ihren Boomstädten war immer etwas los, und sie brachten auf ihre Art sogar eine neue Art des Wohlstands in den Westen.

Die Büffeljagd war ein einträgliches Geschäft. An einem einzigen Tag gingen auf dem Schienenweg vierzigtausend Häute von Dodge City auf die Reise. Robert Wright sandte in einem Winter zweihunderttausend Häute ab. In den Jahren 1872 bis 1874 wurden allein über Dodge City anderthalb Millionen Stück versandt. Danach ging dieser Handel zurück, denn die Jäger warfen sich mit ihrem hastigen Erwerbsdrang am Arkansas selbst aus dem Geschäft; in der Jagdsaison vom Dezember 1877 bis zum Januar 1878 spürten sie nur noch hunderttausend Büffel auf. Einige verdrossene Jäger verlegten sich aufs Knochensammeln; den Aufzeichnungen zufolge wurden zwischen 1868 und 1881 im Staat Kansas die Knochen von 31 Millionen Tieren als Dünger verkauft. Für die Zeit nach 1881 gibt es keine Aufzeichnungen, denn es gab weder Knochen noch Büffel mehr.

Um 1873 aber konzentrierte sich die Büffeljagd noch auf die texanischen Plains; die Jäger besorgten sich in Fort Worth Nachschub und Munition und operierten vom Flat um Fort Griffin und anderen rasch um die Armeeposten aufgeblühten Städten aus.

Das Töten der Büffel verletzte den Vertrag von 1867 mit den Kiowa und Comanchen. Doch der Vertrag selbst wiederum stand in Gegensatz zu den Rechten amerikanischer Bürger, die sich auf texanischem Boden ihren Lebensunterhalt verdienten. Es gab keinerlei rechtliche Mittel gegen die Jäger, die nun in großen, wilden Horden auf die hochgelegenen Bisonplains des Texas Panhandle hinauszogen. Tatsächlich wollte die Armee ihnen auch gar nicht Einhalt gebieten, da die meisten Offiziere im Westen in den Büffeljägern Verbündete sahen: General Sheridan, der Kommandeur des Südwestlichen Militärbezirks, äußerte dazu einmal die Ansicht, daß die Büffelschützen die Verpflegungsbasis der Indianer zerstörten und also zu begrüßen seien.

Im Gegenteil betätigte sich die Armee ganz im Sinne der Jäger: Sie verhinderte, daß jemand ihr Treiben unterband. Viele Texaner widerte das unsinnige Abschlachten der »wilden Geschöpfe Gottes« inzwischen an; in der gesetzgebenden Körperschaft des Staates Texas wurde sogar ein Entwurf eingebracht, durch den die Büffelvernichtung grundsätzlich verboten werden sollte. Dagegen jedoch opponierten die Lederlobbies und auch die Viehzüchter; diese sahen in den wilden Büffeln nur ein unnützes Hindernis für ihr Vordringen nach Westen. Trotzdem wäre das Gesetz wahrscheinlich verabschiedet worden, wenn nicht Sheridan mit Billigung Shermans eine Reise nach Austin unternommen hätte, um vor dem gesetzgebenden Parlament eine Rede zu halten. Sheridan argumentierte leidenschaftlich und sagte, Opposition gegen das Abschlachten der Büffel sei Opposition gegen den Vormarsch der Zivilisation. Das Bündnis zwischen den Ranchern, den Lederfabrikanten, den Soldaten und den Indianerhassern setzte sich gegen die besonnenen Politiker durch: der Entwurf fand keine Mehrheit im Parlament.

Die Hochebenen von Texas wurden wie die von Colorado und Kansas zum Büffelfriedhof. Es gab nichts mehr, das diese Entwicklung aufhalten konnte.

Die indianischen Stämme begriffen nur langsam, was da vor sich ging. Da sie im Sommer ihre Überfälle und Plünderzüge durchführten und dabei oft die Soldaten zum besten hielten, im Winter ihre Tipis in der Reservation aufschlugen, um Mackenzies Kavallerie zu entgehen, wurde ihnen die Bedeutung des Gemetzels erst klar, als es schon zu weit vorangeschritten war. Im Frühjahr 1874 entdeckten Späher der Indianer, die ausritten, um die Büffelherden aufzuspüren, voller Entsetzen meilenweite Gebiete übersät mit verwesenden Kadavern und gebleichten Knochen.

Die Ausrottung der Büffel beschleunigte die letzte große Krise auf den südlichen Plains.

Abschied vom letzten Lager

Der Frieden an der texanischen Grenze nach den Kommandounternehmen Mackenzies war nur von kurzer Dauer. Im Juni 1873 forderte Agent Haworth nachdrücklich die Freilassung der Gefangenen, die Mackenzie gemacht hatte. Doch kaum waren die Indianer zu ihren Gruppen zurückgekehrt, nahmen diese ihre altgewohnte Plündertätigkeit wieder auf. Allerdings sprachen auch Anzeichen für einen wichtigen Wandel der Verhältnisse. Zahlreiche Comanchen hatten die Raubzüge aufgegeben. Manche Häuptlinge lieferten sogar bei der Agentur gestohlene Pferde ab. Quanah und andere Kriegshäuptlinge wiesen ihre Krieger an, keine weißen Frauen und Kinder mehr zu verschleppen. Ihnen war klargeworden, daß gerade dies die Weißen Männer in mörderischen Zorn versetzte; wenn die Soldaten weibliche weiße Gefangene in Indianerlagern fanden, töteten sie oft alle Indianer, deren sie habhaft werden konnten.

Das Abschlachten der Büffel durch die weißen Jäger war jedoch nicht der einzige Grund dafür, daß ab Anfang 1874 wieder verstärkt Feindseligkeiten ausbrachen; die Weißen hatten mehrere Verträge gebrochen, die sie mit den Comanchen und den Kiowa abgeschlossen hatten. Die Zuwendungen waren immer als Ergänzung dessen gedacht gewesen, was die Indianer selbst produzieren sollten. Die Rindfleischrationen aber reichten nie aus, um Stämme zu ernähren, die fast ausschließlich von Fleisch lebten. Außerdem war die Verteilung nicht gut organisiert; es kam zu erheblichen Schiebungen mit den Gütern, die den Indianern zugedacht waren. Die lautstark bekundete Frömmigkeit und Menschenfreundlichkeit der Indianerbeauftragten der Grant-Administration erstickte vielfach in der Bürokratie. Einige fromme Männer, die gegen das Töten von Indianern zu Felde zogen, lebten gut davon, daß sie ihre Mündel betrogen. Das Ergebnis insgesamt war: Den Comanchen ging es nicht gut in der Fort Sill-Reservation.

Anfang 1874 verzögerten schwere Regenfälle die Lieferungen. Agent Haworth setzte die Indianer auf halbe Ration, was sie dazu zwang, ihre Pferde zu schlachten und zu verzehren. Die Banden wurden aufsässig. Der Agent zeigte Verständnis dafür, daß sie sich mit den noch frei umherziehenden Gruppen, die nie zur Agentur kamen, trafen und Beratungen abhielten. Hätte Haworth allerdings seine Schutzbefohlenen schärfer beobachtet, dann wären ihm einige böse Vorzeichen aufgefallen, die eine tiefe soziale und psychische Krise der Indianer signalisierten.

Generationenlang waren die Familien- und Gruppenstrukturen nun bereits einer stetigen Zersetzung durch Kugeln und Krankheiten ausgesetzt. In der Reservation zusammengedrängt, wurden sich die schrumpfenden Banden ihrer Zahlenschwäche schmerzlich bewußt. Wo sich einstmals die Lager am Canadian und Cimarron meilenweit erstreckt hatten, gab es jetzt nur noch kleine Ansammlungen von Tipis mit wenigen hundert Indianern. Und den Überlebenden stand eine Zukunft bevor, die ihnen Angst einflößte und sie mutlos machte.

Da es keinen Krieg, keine Jagd mehr gab, war das Leben der Nemene sinnentleert und inhaltslos geworden. Es war – so meinten die Indianer – zu einem Sklavendasein herabgewürdigt worden. Die Männer langweilten sich und warteten auf Rindfleisch, das nicht eintraf; die Frauen und Kinder jammerten vor Hunger. Wozu war ein Krieger denn eigentlich da? Was konnte ein Mann seine Söhne, Enkel und Neffen lehren, außer daß er ihnen von den Erregungen der Jagd und der alten Kriegszüge erzählte und sie damit unruhig machte? Den Jungen, die ins Mannesalter kamen, gingen die Zustände gegen den Strich – die alten Männer mit ihrer Schwelgerei in Erinnerungen, die Häuptlinge, die sich gegen neue Kriege aussprachen, aber Prestige und Privilegien der Krieger weiter für sich beanspruchten, die sie in längst vergangenen Zeiten erlangt hatten. Wie konnte sich ein junger Mann in dieser sich wandelnden Welt Ehren erwerben, damit die Frauen ihn bewunderten und lobten?

Man kann es gewiß nur als Schande für die amerikanische Regierung bezeichnen, daß sie den zusammengeschrumpften indianischen Völkern in der Reservation nicht genügend Nahrung zur Verfügung stellte. Noch schmählicher – allerdings unbeabsichtigt und aus Unwissenheit – versagte sie in einem anderen Punkt, doch wirkte sich dieses Versagen noch grausamer aus als der Umstand, daß sie die Indianer praktisch verhungern ließ. Die Amerikaner, die sich aus ihrer eigenen Moralauffassung einbildeten, die soziale Stellung der Eingeborenen zu heben, zerstörten tatsächlich deren gesamtes Wertsystem, ohne ihnen Zugang zu sozialem Rang und Ansehen in der neuen Welt der Weißen zu gewähren.

Die Unfähigkeit zur Integration der Indianer kam jedoch weniger aus einer Rassendiskriminierung als vielmehr aus einem tiefen Mißverstehen der Plainskultur. Historisch betrachtet war die Unterwerfung der Plainsstämme unumgänglich und sogar, nachdem der Konflikt einmal ausgebrochen war, auch notwendig. Und so peinlich der Rückfall der weißen Grenzer in die Barbarei in der Rückschau auch sein mag, er ist immerhin verständlich. Die Reservationspolitik der Regierung jedoch, die bewußt als Maßnahme gegen jene Barbarei eingeleitet wurde, war auf eine andere Art viel stärker barbarisch. Sie muß als um so schamloser eingestuft werden, als sie gegen die eigenen Rechts- und Anstandsnormen des Siegers verstieß. Nachdem die Plainsstämme den Vormarsch der Zivilisation nicht mehr behinderten und begonnen hatten, vor der überlegenen Macht zu kapitulieren, hätte es ihnen zugestanden, nach den ethischen Normen des Siegers behandelt zu werden statt nach Vorgehensweisen, wie sie nur im gewaltsamen Konflikt zwischen Rassen und Kulturen zu verstehen sind.

Die Comanchen wie auch andere kriegerische Stämme machten den Amerikanern ihre Aufgabe allerdings nicht leicht. Sie begriffen nie die Motive und Denkweisen der Weißen, verstanden nie deren Wesensart. Einzig deren Scheinheiligkeit und Heuchelei durchschauten sie. Das Land gehörte ihnen nicht mehr, und sie besaßen ihre alten Freiheiten nicht mehr; die Freiheiten, nach denen die Comanchen in der Reservation immer noch verlangten, konnten ihnen im Rahmen einer zivilisierten Gesellschaft nicht mehr zugestanden werden. Die Nemene konnten eben nicht mehr von kriegerischen Überfällen und von der Jagd leben, als die Angloamerikaner ihr Land umschlossen hatten, und sie konnten auch ihre althergebrachte Magie nicht mehr heraufbeschwören.

Natürlich lebte ein tiefes Verlangen nach dieser Lebensweise bei den Stammesresten fort, doch es konnte kein Wiederaufleben indianischer Macht geben, es sei denn in einer Weise, die sich den politischen und sozialen Instanzen der Amerikaner anpaßte und sich ihrer bediente. Die Kriegervölker mußten die Tyrannei von Ursache und Wirkung akzeptieren lernen. Sie konnten nicht gedeihlich in einer kapitalistischen Gesellschaftsordnung leben, ohne sich deren Grundnormen des Privateigentums, der sozialen Hierarchie und der Arbeit um des wirtschaftlichen Nutzens willen zu eigen zu machen.

Die Quäker-Vorgesetzten der Comanchen in der Reservation besaßen Vernunft genug, um dies zu begreifen; aber ebenso beharrlich, wie die Comanchen den Charakter der Welt der Weißen nicht zur Kenntnis nehmen wollten, weigerten sich die Quäker, den Charakter der Ethik und Gesellschaft der Indianer in Rechnung zu stellen. In dem, was die Nemene waren, konnten die Quäker allenfalls eine schreckliche Verirrung sehen. Die Wertnormen der Comanchen konnten sie angesichts der Auffassungen ihrer Sekte von der menschlichen Natur und Gesellschaft nur als nichtswürdig begreifen. So kam es, daß die Tatums und Haworths und Generationen ihrer Nachfolger die wahren Probleme der Assimilation gar nicht erkannten und nicht mit der eigentlichen Arbeit dafür beginnen konnten. Sie wußten nicht, wie sie sich die Achtung der Indianer erwerben oder wie sie den Stolz und die Aggressionen der Comanchen auf neue Ziele umlenken konnten, weil sie die Nemene als Menschen nicht verstanden. Sie verlängerten die Agonie der Unterwerfung um ein ganzes Jahrzehnt, weil ihre eigene kulturell bedingte Ablehnung von Krieg und Gewalt dermaßen stark in ihnen verwurzelt war, daß sie sich die wahre Lage der Dinge nicht eingestehen konnten – nämlich, daß man den Comanchen gegenüber erst einmal übermächtige Gewalt demonstrieren mußte, ehe diese bereit wären, eine kulturelle und soziale Anpassung in Erwägung zu ziehen.

Die Quäker waren ausgezogen, um die indianischen Eingeborenen vor den Angriffen der Weißen zu schützen; sie scheiterten, weil sie in ihrer ganzen Mentalität der Wildheit des Roten Mannes nicht gewachsen waren. Ihr schlimmstes Scheitern aber besteht darin, daß sie, nachdem die Indianer schließlich unterworfen waren, nicht zu Hütern ihrer Roten Brüder wurden, sondern zu Wärtern von Indianergefängnissen – oder gar von Indianerzoos.

Im Endeffekt errichteten sie eine der fürchterlichsten Tyranneien der Menschheitsgeschichte. Sie gestatteten den Besiegten keine taktvolle, würdevolle Annäherung an ihre Welt. Die Sitten und Bräuche der Comanchen behandelten sie wie die von irregeleiteten Kindern. Sie griffen in die Religion, die Heiratsbräuche, die Medizin der Indianer ein. Sie nahmen den Eltern ihre Kinder weg und steckten sie in weiße Schulen, und ebenso wie das Vorenthalten von Rationen als Strafmaßnahme begriffen sie dieses Vorgehen als pädagogische und moralische Besserungsmaßnahme, niemals aber als das, was es in den Augen der Indianer war – als tiefe Erniedrigung. Da sie ihre eigene engstirnige Lebensweise als die natürliche ansahen, erwarteten sie von den Indianern, daß sie sie übernahmen. Am Ende wendeten sie sogar Gewalt an und verlegten damit die Assimilation in die Unendlichkeit. Das Bureau of Indian Affairs war nach der Unterwerfung die einzige angloamerikanische Institution, mit der die westlichen Stämme Kontakt hatten, und welches Volk wäre schon bereit, sich seinen Gefängniswärtern zu assimilieren oder sie zu bewundern?

Anfang der siebziger Jahre machte sich unter den Soldaten, die die Plainskrieger in ihre neuen Käfige trieben, Zorn über die Behandlung breit, die

die Regierung den Reservatsindianern angedeihen ließ. Insbesondere Crook und Miles bewunderten die indianischen Krieger als Krieger, als tapfere, wenn auch grausame und gewalttätige Wilde. Die Generäle, die die Stämme niederwarfen, achteten ihre Menschenwürde, auch wenn sie ihnen trotz dieses Mitgefühls nicht das Recht oder auch nur die geringste Chance zugestanden, die überlegene Macht in ihrem Vormarsch zu behindern. Eine Generation zuvor, noch ehe 1906 den Cherokesen das Bürgerrecht zugesprochen wurde, trat Crook bereits dafür ein, den Indianern amerikanisches Bürgerrecht von Geburt wegen zu geben. Der erbarmungslose Mackenzie und auch Miles hatten kein Interesse daran, die Indianer auszurotten. Die Frage war für sie vielmehr die: Wie rasch und wie sauber ließ sich der Konflikt beenden und der unvermeidliche Prozeß der Neuorientierung und Assimilation einleiten? Daher sagten Miles und Mackenzie den Stämmen, sie würden gnadenlos gegen sie vorgehen, solange sie Widerstand leisteten, und versprachen ihnen gerechte Behandlung, sobald sie sich endgültig ergaben – ein Versprechen, das die Regierung nie einlöste.

Die Theorie der Reservationen an sich war gut, ebenso gut wie das einstige Konzept der Spanier, die Indianer so lange anzuleiten, bis sie als Gleiche in die neue Gesellschaft aufgenommen werden konnten. Die Praxis jedoch geriet langfristig ebenso bevormundend und selbstbezogen wie die der Missionsbrüder. Das Schlimmste jedoch war, daß das Leben in den Reservaten die Indianer innerhalb der amerikanischen Nation hilflos und verwundbar machte. Nachdem sie einmal aufgehört hatten zu kämpfen, wandte sich das nationale Interesse rasch von ihnen ab. Die Weißen des Westens begegneten den Indianern nachtragend und rachsüchtig, die des Ostens gleichgültig.

Die amerikanische Demokratie reagierte nur auf Druck und Pressure Groups, und soweit Druck ausgeübt wurde, richtete er sich unweigerlich gegen die Indianer. Die Reservatsvölker konnten auf die politischen Organe etwa ebensoviel Druck ausüben wie eingekerkerte Schwerverbrecher auf ihre Wärter. So kam es, daß die Grausamkeiten noch weitergingen, lange nachdem die Indianer aufgehört hatten, der amerikanischen Nation Schwierigkeiten zu bereiten.

Die ursprünglichen westlichen Reservate reichten für die an Zahl stark reduzierten Stämme, die sich schließlich in ihnen niederließen, zunächst völlig aus. Doch später wurde keines von ihnen gegen weitere Übergriffe geschützt. Aufteilungen, Beschneidungen und Öffnungen der Gebiete, Verletzungen der vertraglich zugestandenen Rechte und regelrechtes Aushungern wurden ebenso fortgesetzt wie die kulturelle Erniedrigung der Reservatsindianer.

Die meisten hohen Bundesbeamten wußten überhaupt nichts über die Vorgänge in den Regierungsreservaten. Für diese Gebiete hatte man schließlich eine eigene Behörde geschaffen. Die Übertragung der Verantwortung an die religiösen Sekten in der Ära Grant zeitigte nur kurzfristig geringe positive Auswirkungen: nur wenige integre Leute waren bereit, eine Aufgabe zu übernehmen, bei der man unter Indianern leben und sie beaufsichtigen mußte; die wenigen, die es taten, waren größtenteils aus vielerlei Gründen für die Agentenposten ungeeignet, und sie ließen sich auch kaum reglementieren. Viele dieser Ernennungsbeamten besaßen politischen Einfluß, und die Organisationen, die hinter ihnen standen, erhoben nachdrücklichen Protest, wenn etwas nicht in ihre Richtung paßte. Wie jede normale Behörde befaßte sich das Bureau of Indian Affairs hauptsächlich mit seiner Selbsterhaltung, was ihm auch nicht sonderlich schwerfiel; nach Beendigung der Indianerkriege im Westen zeigte die Öffentlichkeit an den Vorgängen in den Regierungsreservationen etwa ebensoviel Interesse wie an den Vorgängen in Militärgefängnissen.

Noch bevor ihre letzten Reste von Kampfkraft vernichtet waren, wurde den Stämmen schmerzlich klar, wie trostlos das ihnen zugedachte Dasein beschaffen sein würde. Sie erlebten, wie die gegebenen Zusagen gebrochen wurden. Dies beschwor unweigerlich die letzten verzweifelten Gefechte von Texas bis Montana herauf. Gegen Ende setzten sich die Völker, Comanchen ebenso wie Dakota und andere, mit allen Mitteln zur Wehr, doch ironischerweise führte gerade dieser Widerstand dazu, daß die Amerikaner in der Folgezeit alle ihre Zusagen ungestraft brechen konnten.

Die Nemene waren zwar unwissend, aber nicht dumm. Als sie die Unmengen vermodernder Büffelknochen auf den Plains entdeckten und gleichzeitig vergebens auf die versprochenen Rinder warteten, dämmerte ihnen, wie ihre Zukunft aussehen würde: Dunkle Schatten verfinsterten ihre in dieser Beziehung bisher heile Welt.

Die Banden waren in jeder Beziehung – bis auf ihre Furcht vor dem Leben im Reservat und ihren Haß auf die *tejanos* – verunsichert. Eben dieser Haß hatte sie wohl lange Zeit psychisch gesund erhalten, denn Jahr für Jahr hatten sie sich aus der Reservation geschlichen, um ihre Aggressionen auszuleben und Blutrache zu üben. Doch in der Endphase ihrer Existenz als Stamm ließen die Nemene tatsächlich in jeder Weise soziale und psychische Verunsicherung erkennen. Das Volk, das sich einstmals überaus engstirnig auf seine eigene Lebensweise beschränkt und durch die Riten und magischen Zeremonien seiner Nachbarn nicht hatte beeindrucken lassen, zeigte neuerdings eine alarmierende Anfälligkeit gegenüber fremden Einflüssen.

Die Kriegshäuptlinge der Comanchen übernahmen den Federkopfschmuck der Cheyenne, und mehrere Banden gingen zu den Begräbnissitten der nördlichen Stämme, den Leichengerüsten, über. In seiner Verzweiflung suchte das Volk nach neuen Wegen. Viele Krieger der Comanchen hatte längst der lähmende Verdacht befallen – den sie jedoch nicht offen zu äußern wagten –, daß die Medizin des Weißen Mannes und der *tejanos* stärker sei als die der Indianer. Aufgrund ihrer Weltanschauung konnten sie die Katastrophen, die über sie hereingebrochen waren, einfach nicht anders erklären. Nach wie vor fürchteten sich die Krieger vor der Rache ihrer Schutzgeister und vermieden ängstlich jede Verletzung des Tabus. Doch nur wenige glaubten noch fest daran, daß ihre Medizin die Pistolenkugeln der *tejanos* abzuhalten vermochte. Sie hatten sich die Waffen der Weißen und die Sitten der Cheyenne und Kiowa zu eigen gemacht und hätten möglicherweise sogar die Medizin des Weißen Mannes ausprobiert – doch sie wußten nicht, wie diese zu erlangen sei.

Zwei Dinge blieben ihnen so im Hungerfrühling des Jahres 1874: eine zunehmende psychische Verrohung gegenüber der Außenwelt, ähnlich der der Apachen, und die verzweifelte Hoffnung auf eine Bestätigung ihrer alten Lebensweise. Ein allumfassendes Konzept eines hilfreichen Großen Geistes oder Gottes war ihnen fremd, doch schienen sie reif für einen Heilsbringer. Unweigerlich sollte sich einer von ihnen in die Rolle des Propheten aufschwingen.

Isatai (Coyote Droppings), der Medizinmann, repräsentierte ein Phänomen, das damals bei vielen schrumpfenden Indianerstämmen vom Südwesten bis zum Pazifik auftauchte oder sehr bald auftauchen sollte; er war weniger ein Symbol der Hoffnung als der Verzweiflung und des gesellschaftlichen Verfalls. Als Comanche handelte er entsprechend den Traditionen und dem Selbstverständnis seines Volkes. Er bekräftigte erneut die Kraft der Geisterwelt und beschwor alle Götter, den Nemene im Krieg beizustehen.

Isatai hatte sich noch nicht im Kampf hervorgetan, doch der junge Mann verfügte angeblich über eine mächtige *Puha*, also über große Zauberkräfte. Feindliche Kugeln, so hieß es, könnten ihm nichts anhaben, und er habe schon Wunder vollbracht: Er habe Tote wiedererweckt und eine Wagenladung Munition aus seinem Bauch hervorgezaubert. Den Comanchen war solche Magie durchaus geläufig, und sie hielten im Grunde nicht mehr sehr viel davon; doch sie nahmen die Macht Isatais ernst, als er prophezeite, ein Komet werde fünf Tage am Himmel leuchten und darauf eine Dürre folgen. Und so geschah es (Coggias Komet); die Comanchen begannen erneut, an Zauberkräfte zu glauben. In ihrer Verzweiflung blieb ihnen nur die Flucht in den Aberglauben. Als Isatai verbreitete, er sei über die Wolken emporgestiegen und habe sich mit einem Großen Geist beraten, zeigten sich selbst große Krieger beeindruckt.

Dieser Prophet zog im Frühling 1874 von Bande zu Bande und verkündete den Comanchen, wenn sie sich einer Läuterung unterzögen, sei die Zeit der Erlösung nahe. Er beteuerte, daß er eine Macht besitze, die sie vor ihren Feinden schützen könne. Bereits im Mai hatte er die noch frei umherziehenden Reste der Comanchen nördlich des Red River in einer Zahl versammelt, wie es noch keinem früheren Kriegshäuptling gelungen war. Erstmalig in der Geschichte des Volkes brachte es damit ein Führer fertig, fast alle Zelte des Stammes in einem Lager zu vereinen.

Er wies die Nemene an, dieses Jahr müßten auch sie wie die Kiowa, Cheyenne und Dakota den geheiligten Sonnentanz vollführen. Nicht einmal Skeptikern kam es in den Sinn, daß der Sonnentanz die anderen Stämme der Plains bislang nicht vor Übel bewahrt hatte; diese Magie mit allen ihren Begleiterscheinungen war ihnen vertraut. Die Comanchen besaßen jedoch weder die kulturellen noch die gesellschaftlichen Voraussetzungen, um den Sonnentanz unverfälscht durchzuführen, besaßen weder *taime*-Figuren noch Priesterschaften, und selbst die »heiligen Bündel« der Cheyenne fehlten ihnen. Auch sagte ihnen der überkommene Symbolismus dieser Riten nichts.

Doch Isatai meinte, solche Dinge seien unwichtig: Nicht die äußere Form, sondern der geballte Wille des Volkes, das sich im Tanz vereinte, würde seinen Großen Geist beschwören. So stellte der erste Sonnentanz der Comanchen in seiner Vorbereitung und Ausführung mehr ein sozialintegratives Moment als eine wahrhaft religiöse Zeremonie dar.

Die Ausgestaltung folgte in vielen Dingen getreu den Bräuchen, die die Nemene bei den Kiowa und den nördlichen Stämmen beobachtet hatten. Eine Gefangene, von der man wußte, daß sie ihrem Herrn treu ergeben war und die daher als sehr tugendhaft galt, schlug den Baum für den heiligen Pfahl in der Mitte des Tanzbereiches. Der Pfahl wurde genau nach dem Ritual der Kiowa, mit drei Fehlversuchen, aufgestellt. Ein frisch geschlachteter Büffel wurde entsprechend allgemeinem Brauch auf dem Pfahl befestigt. Die rituellen Vorbereitungen, die mit Scheinjagden und Scheinkämpfen die Erinnerung an vergangenen Ruhm wachriefen, währten fünf Tage. Die Comanchen zeigten jedoch keine Neigung, den masochistischen Praktiken der nördlichen Stämme nachzueifern: Es wurden keine Krieger mit Riemen durch das Fleisch an ihren Brustmuskeln aufgehängt; auch Tänze mit Büffelschädeln, die mit Schnüren an der Rückenmuskulatur befestigt waren, gab es nicht, ebenso keine Tänze bis zur völligen Erschöpfung. Die

Nemene suchten im Tanz keine Medizinvisionen, da Isatai seine Machtvision bereits gefunden hatte. Das Sonnentanzritual der Comanchen war notgedrungen eine sehr vereinfachte Version, denn die traditionellen Rollen der Jagdpolizei, der Kriegergesellschaften und der Figurenhalter entfielen, da die Nemene solche Organisationen nicht besaßen.

Isatai bewies hervorragenden Instinkt, denn alles, was er von den Nemene forderte, kam sowohl ihrem Spiritualismus wie ihrem kulturellen Pragmatismus entgegen.

Am vierten Tag der Vorbereitungen ritten Ausrufer durch das riesige Camp und forderten jede einzelne Bande auf, sich vor ihren Tipis aufzustellen. Zu Hunderten begannen sie ihre Lieder zu singen und ihre besonderen Tänze zu vollführen, die Kwahari vom Llano Estacado, die Yamparika vom Arkansas, die Kotsoteka und die Tanima.

Die Penateka allerdings waren nicht erschienen, da sie aus Isatais Reden entnommen hatten, daß alle Nemene sich nach dem Tanz zusammentun, die Weißen überfallen und ausrotten wollten, damit die Büffel auf die Plains zurückkehren konnten. Alles würde dann wieder sein wie früher; die Nemene würden wieder ein großer, mächtiger Stamm werden. Ihr Plan könnte allein deswegen nicht scheitern, da Isatais Macht sie beschützte; er würde ihnen seine eigene Unverletzlichkeit verleihen.

Die Überreste der Penateka glaubten nicht an solches Gerede; es bestärkte nur ihre Furcht, denn sie kannten die Macht und Stärke der Texaner besser als alle anderen. Die Penateka-Häuptlinge führten deshalb ihre Familien weit weg, über den Red River, wo sich ihnen ein paar umherstreifende Gruppen anschlossen.

Die anderen Banden jedoch waren vereint wie nie zuvor. Vor ihren Tipis verschmolzen sie zu einer einzigen großen Masse von Tanzenden, die immer mehr Gleichtakt erreichten, bis ihr Stampfen die Erde beben ließ.

Drei Tage lang tanzten die Nemene zum Klang der Trommeln, Rasseln und der Pfeifen aus Adlerknochen. Ihr Gesang schallte über die Prärie, und die Trommeln dröhnten durch die Nacht, während die Krieger ruhten, um den Anstrengungen des nächsten Tages gewachsen zu sein. Nach drei Tagen erklärte Isatai, die Nemene seien jetzt vereint; sie waren bereit.

Er hatte immer wieder gepredigt, die Stämme der Caddo und Wichita seien verschwunden, weil sie einer nach dem anderen und nicht gemeinsam gegen die Weißen gekämpft hätten und einer nach dem anderen in Reservate gesperrt worden seien. Isatai lud daher die Kiowa, Cheyenne und Arapaho ein, sich seinem Volk anzuschließen. Nach dem großen Sonnentanz zog er mit einer imposanten Kriegerschar zum Lager der Cheyenne am Washita River. Die Cheyenne und Arapaho lauschten Isatais Prophezeiungen.

Nachts tanzten die Kriegergesellschaften, während der Prophet und die Kriegshäuptlinge der Comanchen, Cheyenne, Kiowa und Arapaho Rat abhielten. In äußerste Erregung versetzt, schlossen sich viele Krieger den Nemene zum großen Vernichtungskrieg gegen die Weißen, dem Krieg zur Rettung der Büffel, an.

Die Führer der Krieger, Quanah von den Kwahari, Lone Wolf und Woman's Heart von den Kiowa, Stone Calf und White Shield von den südlichen Cheyenne, kamen in zwei Punkten überein: Quanah sollte der oberste Häuptling dieses Krieges sein, und der erste Schlag sollte gegen die Büffeljäger geführt werden.

Die Stämme ritten nach Süden, zum Texas Panhandle. Ihr überschwenglicher Glaube an die neue Medizin stimmte sie zuversichtlich. Die Kwahari, die als einzige der südlichen Plainsbanden noch mächtig waren, machten den Hauptteil der Truppe aus, die über siebenhundert Kämpfer zählte. Doch selbst dieser kleine Verband hätte sämtliche Büffeljäger von den Plains hinwegfegen können.

Am 27. Juni 1874 griffen sie kurz vor Sonnenaufgang den ehemaligen Handelsposten Bents bei Adobe Walls an. Die weißen Jäger benutzten die verlassenen Gebäude als Hauptquartier und Treffpunkt. Zu jener Zeit, im Frühsommer, befanden sich nur 28 weiße Jäger und eine weiße Frau im Camp; die Männer hatten die Nacht hindurch gearbeitet, um einen Dachbalken zu reparieren. Das war ihre Rettung. Zwei Männer arbeiteten noch draußen, als die Indianer im gespenstischen Zwielicht des Morgens auf den Bergkämmen auftauchten. Sie schlugen Alarm, bevor Quanah seinen Reitern den Angriff befehlen konnte.

Die Jäger verdienten ihren Lebensunterhalt durch ihre Schießkunst und die Treffsicherheit der weitreichenden Sharps-Büffelgewehre. Als die Comanchen und ihre Verbündeten auf Adobe Walls losstürmten, streckten die Schüsse aus diesen schweren Gewehren Reiter und Pferde zu Boden. Zwei Cheyennekrieger und ein Comanche wurden erschossen, als sie bis zu den Schutzmauern vorgedrungen waren. Quanahs Pferd wurde unter ihm von einer Kugel getroffen; er selbst konnte sich, von einer Kugel an der Schulter gestreift, hinter einen halbverwesten Büffelkadaver retten, der ihm als Deckung diente. Von Entsetzen gepackt, begingen die Angreifer einen charakteristischen, doch diesmal fatalen Fehler: Sie verteilten sich und umkreisten die Mauern und Wagen, ohne den Angriff bis zu den Lehmhütten voranzutreiben und die Weißen im Nahkampf zu überwältigen.

Auf größere Entfernung vermochten die Karabiner der Comanchen nichts gegen die geübten Scharfschützen mit ihren Büffelgewehren auszurichten. Weitere Krieger wurden getötet, so daß die Angreifer sich schließlich auf die fernen Hügel zurückzogen. Sie griffen erneut an, doch wiederum wagten sie sich nicht nahe genug an den Feind heran und wurden unter Verlusten zurückgeschlagen.

Auf einer fernen Bergkuppe saß nackt, in gelber Kriegsbemalung, Isatai auf seinem Pferd und verfolgte den Kampf. Sein starkes Heer hätte an jenem Morgen jederzeit das Lager stürmen und die wenigen Jäger niedermetzeln können. Doch die Tradition und das Erbe von Jahrhunderten machten die Visionen Isatais zunichte: Es war den Indianern nicht gelungen, die Jäger zu überraschen, und nun weigerten die Häuptlinge sich, die Attacke unter notwendig schweren eigenen Verlusten forciert voranzutreiben. Das wäre nicht Indianerart gewesen. So aber fielen die Angreifer von stolzer Zuversicht in tiefe Depression.

Isatais magische Kräfte waren verflogen: Der Vater eines vor den Mauern erschossenen Cheyennekriegers verlangte vom Propheten, er möge doch, wenn er vor Kugeln wirklich so sicher sei, hinunterreiten und die Leiche seines Sohnes bergen. Isatai saß reglos. In diesem Augenblick, wie von Geisterhand, warf eine Sharpskugel einen der Krieger, die neben dem Medizinmann saßen, aus einer Entfernung von über eineinhalb Kilometern bewußtlos vom Pferd.

Mit der Medizin des Propheten begann auch das ohnehin brüchige Bündnis der Indianer untereinander zu bröckeln. Ein Cheyenne schlug Isatai mit der Reitpeitsche ins Gesicht. Der blieb ohne Bewegung. Aber er sprach. Der Medizinmann schob die Schuld am Versagen auf die Cheyenne: Ein Cheyennekrieger hätte am Vortage der Schlacht ein Stinktier getötet und damit seine Medizin zerstört. Überkommene Antipathien und Mißtrauen loderten auf, als sich die Indianer in heilloser Verwirrung zurückzogen. Neun Krieger waren gefallen; von den vielen Verletzten würden noch weitere sterben – und nur drei Weiße Männer hatten sie getötet.

Als sich die Kriegerschar zurückzog, fielen die Jäger in dem verlassenen Handelsposten einander um den Hals; sie konnten es kaum fassen, daß die Indianer aufgaben. Obgleich die Schlacht an sich unbedeutend war, sollte sie die Entwicklung entscheidender beeinflussen als die meisten anderen Kämpfe, die auf den Plains ausgetragen worden waren. Denn wegen der peinlichen, unerwarteten, schockartigen Niederlage von Adobe Walls zerbrach das Bündnis der Comanchen, Kiowa, Cheyenne und Arapaho. Die Comanchen erkannten, daß die Magie des Sonnentanzes nichts mehr wert war, und wollten diese Medizin nie wieder beschwören. Die Indianer waren noch einmal vereint gewesen, doch nur kurz. Als Isatais Einfluß schwand, verfielen sie erneut in ihren gewohnten Separatismus. Einige verließen auch die frei lebenden Banden und kehrten in die Reservate zurück.

Der Krieg gegen die Weißen war nicht ganz vorüber, doch wurde er ohne Plan, ohne Ziel, zusammenhanglos weitergeführt. Kleinere Gruppen von Comanchen, Cheyenne und deren Verbündeten ritten wütend von Adobe Walls in alle Richtungen und verbreiteten in fünf Staaten immer wieder Tod und Schrecken. Reisende und Ranchen bekamen die Furcht und Wut der Stämme zu spüren; Postkutschen wurden überfallen und Pferdewechselstationen niedergebrannt; von Colorado bis Texas wurden kleinere Büffeljägertrupps einfach ausgelöscht. Männer wurden auf den Plains auf Pfähle gespießt; weißen Frauen rammten die Indianer Messer in die Körper und die Sexualorgane. Die südlichen Plains erlebten erneut die Schrecken eines ausgedehnten Indianerkrieges: Allein in diesen Sommermonaten kamen 190 Weiße um.

Die Büffeljagd mußte abgebrochen werden. Überall drängten Weiße in die Grenzforts und Städte und forderten Schutz.

Dieser zweite allgemeine Aufstand beeinflußte die öffentliche Meinung weitaus stärker, als die lokalen Überfälle in Texas zuvor das je vermocht hatten. Als die Telegraphen Bericht um Bericht über nachgewiesene Grausamkeiten in die großen Städte tickerten, schlug die Haltung der Öffentlichkeit ins Gegenteil um. Der Terror und die Verwüstungen nahmen den Humanitätsaposteln des neunzehnten Jahrhunderts die letzten Argumente. Die Sympathie wich der Verbitterung, und auf die Verbitterung folgte Zorn.

Präsident Grant beauftragte die Armee, sofort auszurücken, um »alle Indianer, die verfassungsmäßigen Organen Widerstand leisten, zu unterwerfen«. Die bisherige »Friedenspolitik« wurde offen als Fehlentscheidung hingestellt; der neue Frieden müsse mit militärischen Mitteln erzwungen werden, hieß es nun. Die Armee durfte jetzt im Westen ohne die geringste Rücksichtnahme vorgehen. Sämtliche Indianer, die sich außerhalb der Reservation aufhielten, waren als feindlich anzusehen und zu verfolgen. Ergaben sie sich, waren sie als Kriegsgefangene zu betrachten, leisteten sie jedoch Widerstand, mußten sie vernichtet werden.

Diese 1874 beschlossene Neuorientierung der Politik setzte den Schlußstrich. Die Regierung hatte »die Nase von den Indianern voll«, wie ein Beamter es ausdrückte; die neue politische Konzeption sollte die Autonomie *aller* westlichen Stämme aufheben und alle Indianer in ihre festgelegten Reservate zwingen. Danach wollte man dafür sorgen, daß die Stämme ihre Reservate niemals mehr verlassen, daß sie niemals mehr Krieg gegen die Weißen führen konnten.

So nahmen die südwestlichen Indianer indirekt entscheidenden Einfluß auf das Schicksal auch aller anderen Stämme, indem sie durch ihren Krieg den

Wandel der Politik herbeiführten. Auch die Plains-Dakota hatten Gefechte mit der Armee ausgetragen; doch wie die meisten Stämme des Nordens hatten sie bei ihren Raubzügen niemals die Grenzen ihres anerkannten Territoriums überschritten. In der Phase zwischen 1874 und 1877 sollten nun auch sie ebenso wie die Nez Percé und etliche andere, noch autonome Stämme die Rache der Amerikaner, die sich gegen die berittenen Indianer des Südens richtete, zu spüren bekommen. Die zornigen Maßnahmen der Armee lösten den letzten der großen Plainskriege aus – ein paar kurze, blutige Jahre des Aufruhrs vom Rio Grande bis weit hinauf zur kanadischen Grenze.

Es handelte sich nicht im eigentlichen Sinne um »Kriege«, obgleich Tausende von Soldaten daran teilnahmen; diese Kampagnen wurden nicht wie Kriege erklärt, und die Aufsicht und Leitung der Befriedungsaktionen oblag Kontrollorganen der Exekutive. Die Säuberungsfeldzüge der sechziger Jahre waren die Endphase eines Konflikts, der dreihundert Jahre zuvor begonnen hatte. Unmittelbar stellten sie eine Fortsetzung der alten Jacksonschen Ausrottungspolitik dar.

Die letzten Kampagnen gruben sich tiefer und genauer in das Gedächtnis der Amerikaner ein, nicht nur, weil sie den Abschluß bildeten, sondern vor allem, weil die verbesserten Kommunikationsmöglichkeiten für größere Publizität sorgten. Zeitungsberichterstatter begleiteten die Armee (charakteristischerweise nahm Custer, entgegen seinen Vorschriften, einen Korrespondenten mit zum Little Big Horn), da sich das öffentliche Interesse in dieser Phase stärker dem Westen, der letzten Grenze, zuwandte. Über die einzelnen Kampagnen wurde jedoch in höchst unterschiedlichem Umfang berichtet; einigen Operationen widmete die Presse große Aufmerksamkeit, andere ließ sie völlig unbeachtet. Wann immer die Armee besonders schnell und wirksam zuschlug, sprach kaum jemand davon. Umgekehrt sollte über Custers Fiasko am Little Big Horn mehr geschrieben werden als über alle anderen Operationen zusammengenommen.

Inzwischen wurden kaum noch Stimmen gegen die Zerschlagung der indianischen »Barriere« laut. Fast sämtliche Leitartikel und Kommentare unterstützten jetzt die Politik der Regierung. In den wenigen Diskussionen überhaupt wurden die Rechte der Primitiven den Forderungen und Bedürfnissen der Zivilisation gegenübergestellt. In dieser wie in jeder anderen von Selbstbewußtsein bestimmten Ära lag das Ergebnis klar auf der Hand: Es mangelte gewiß nicht an Mitgefühl mit den Eingeborenen, doch der Fortschritt ließ sich nun einmal nicht aufhalten. Jedermann hatte nun das Bewußtsein, daß eine Epoche zu Ende ging.

Den Comanchen und Kiowa wurde befohlen, sich östlich des Cache Creek bei der Fort Sill-Agentur zu sammeln. Der größte Teil der Comanchen gehorchte nicht und blieb auf den Plains. Die Detsanayuka oder Nokoni, die keinen Krieg wollten, sich aber weigerten, nahe der Agentur zu leben, suchten neutralen Boden auf. Sie begaben sich zur Wichita-Agentur und baten den dortigen Agenten um Schutz. Unter der neuen Politik jedoch durften die Agenten ihnen keine Zuflucht mehr gewähren. Die Armee forderte ihre Herausgabe als Kriegsgefangene; sie kämpften und flüchteten schließlich auf die Prärien.

Im Spätsommer 1874 wurden daher die meisten Comanchen zu Feinden erklärt, und die Armee leitete Aktionen gegen sie ein; in einer ersten großen und koordinierten Kampagne hoffte sie, die Comanchen mit Tausenden von Soldaten, Heereskolonnen aus verschiedenen Richtungen und anhaltenden Operationen im Feld zu unterwerfen.

Mackenzie brach mit dem Vierten Kavallerieregiment und unterstützender Infanterie, der »Southern Column«, insgesamt etwa sechshundert Mann und dreißig Kundschaftern, von Fort Concho auf. Oberst Nelson A. Miles zog von Fort Leavenworth nach Westen, zum Arkansas River. Oberstleutnant Davidson operierte von Fort Sill aus, Buell entlang dem Red River, und Major William Prices Truppe rückte von Neu-Mexiko aus in die *Comanchería* vor. Die Comanchen und Kiowa sollten von den aufeinander zu marschierenden Truppen umzingelt und aufgerieben werden.

Es war eine rein militärische Aktion; die Rangers, die Viehzüchter, die Jäger und die Grenzer waren an ihr nicht nennenswert beteiligt. Die Texas Rangers, 1874 von der ersten Legislative nach der Rekonstruktionsära wieder eingesetzt, beschränkten sich auf die Verteidigung. Sechs Kompanien patrouillierten die Brazos-Grenze im Nordwesten und schlossen die Lücken in der Kette der Grenzforts.

Im Sommer 1874 fochten sie fünfzehn kleinere Kämpfe aus. Ihre Order lautete, das Vordringen plündernder Comanchen zu unterbinden. Das gelang ihnen erstaunlich gut: Sie vertrieben etliche Kriegerscharen der Comanchen und beschafften einen großen Teil der gestohlenen Herden wieder. Den zweifelhaften Ruhm jedoch, Quanah Parker und seine Kwahari auf dem Llano Estacado aufzuspüren und zu bekämpfen, überließen sie notgedrungen der Armee.

Mackenzies Marsch durch den Texas Panhandle im September 1874 folgte dem Muster früherer Kampagnen. Wieder einmal erwies es sich als unmöglich, die Comanchen in offener Schlacht zu stellen und zu schlagen. Quanahs Kwahari, der harte Kern des Widerstandes der Comanchen, verunsicherte seine Truppen; mehrere Male sahen die Kavalleristen, wie die Indianer sie im Mondlicht umzingelten. Die Comanchen griffen behende an, umschwirrten die Biwaks und verschwanden wieder, wie ein Offizier es ausdrückte, »wie von magischer Hand«. Lautlose Pfeile töteten vorgeschobene Posten; es bestand dauernd Gefahr, daß die Pferdeleinen rissen, wenn die Indianer die Herde zu vertreiben suchten.

Mackenzie, der seine Kavalleristen den Comanchen unzählige Stunden in Schußweite folgen ließ, postierte seine Scharfschützen an den Flanken und transportierte die Infanterie in Wagen. Durch das Durchhaltetraining, das er eingeführt hatte, waren seine schwarzen Soldaten abgehärtet; sie konnten diese Ritte und Geplänkel endlos durchhalten.

Obgleich sich die Comanchen in dieser Art Guerillakrieg als die beweglicheren und geschickteren Kämpfer erwiesen und ihre Repetiergewehre den einschüssigen Karabinern Modell 1873 der Armee, die, wenn sie vom Schießen heiß geworden waren, leergeschossene Patronenhülsen nicht mehr auswarfen, bald überlegen waren, besaß die Kavallerie über ihre Disziplin hinaus noch andere unschätzbare Vorteile.

Die Banden waren gezwungen, sämtliche Frauen, Kinder und Alten mit auf den Kriegspfad zu nehmen. Ließen sie Angehörige im Reservat zurück, so wurden diese als Geiseln festgehalten. Die Lager der Comanchen waren daher außerordentlich verwundbar, und Mackenzies Strategie lief darauf hinaus, zuerst indianische Camps aufzuspüren und zu zerstören. Er konnte seine Streitmacht im Feld mit Nachschub versorgen lassen und die Kampagne den ganzen Winter fortführen. Die Comanchen dagegen, die immer wieder fliehen mußten, fanden keine Zeit, Wintervorräte anzulegen; ihre Lager waren ständiger Bedrohung ausgesetzt.

Die Armee hatte Jahre harter Lektionen durchgestanden, bevor sie erkannte, daß die einzige Möglichkeit, die Indianer zu besiegen, darin bestand, sie mitleidslos aufzuspüren und über die Plains zu hetzen, bis Hunger und Entmutigung sie gefügig machten: Wenn dies ein Vernichtungskrieg war, so hatten die Stämme ihn selbst heraufbeschworen.

Einige Wochen lang trug Quanah die Siege davon. Dann konnte Mackenzie die Entscheidung infolge einer Kette von Ereignissen erzwingen, die in den offiziellen Berichten nirgends erwähnt sind, doch viel später von seinen Untergebenen ausgeplaudert wurden.

Die Kavallerie nahm den Comanchero José Tatoya gefangen, der sich auf dem Weg zu einem Treffen mit den Indianern befand. Die Handlungsweise des Oberst Mackenzie muß unter dem Aspekt betrachtet werden, daß alle Angloamerikaner des Südwestens die neumexikanischen Händler für Verräter hielten, die durch ihre Waffenlieferungen an die Feinde zum Tode der Amerikaner beitrugen. Mackenzie ließ Tatoya auf ein Wagenrad binden. Der Comanchero redete unter der Folter und verriet Quanahs Versteck.

Der Hauptteil der Bande befand sich im Palo Duro Canyon, einer versteckten Schlucht, die die Amerikaner noch nicht kannten.

Die Führer des Kundschaftertrupps, Leutnant William Thompson, John Charlton und ein Tonkawa namens Job ritten der Truppe etwa vierzig Kilometer voraus und überprüften die Angaben des Comancheros. Am 27. September stießen sie auf eine langgezogene steile Schlucht, die sich zur Hochebene hin öffnete. Auf allen vieren krochen sie bis an den äußersten Rand. Tief unter sich sahen sie entlang eines Flusses, der sich in Jahrmillionen in das Gestein eingeschnitten hatte, Hunderte Pferde und ein indianisches Lager, das sich über fünf Kilometer hinzog. So rasch es ging, ritten die Späher zu Mackenzie zurück, der ohne Zögern die Versorgungswagen im Tule Canyon zurückließ und sein Regiment in einem Nachtmarsch zum Palo Duro Canyon führte.

Bei Sonnenaufgang erreichten die Amerikaner ihr Ziel. Die Späher konnten nur einen Weg zum Grund des Canyons entdecken, einen abschüssigen Pfad, den die Soldaten nur zu Fuß, im Gänsemarsch, die Pferde an den Zügeln führend, begehen konnten. Der Feind befand sich in einer Sackgasse, in der er allerdings äußerst schwer anzugreifen war.

Mackenzie befahl Thompsons Spähertrupp, vorauszugehen, den Weg auszukundschaften, die Wachen der Indianer zu beseitigen und dem Generalangriff den Weg zu bereiten. Thompson, Charlton und zwei Dutzend Tonkawaspäher und Kundschafter aus dem texanischen Grenzgebiet schlichen im grauen Zwielicht den Steilpfad hinab. Sie kamen unbemerkt unten an und wurden von Beaumonts fünfzig Mann starker Kompanie A überholt, ehe die Indianer Alarm schlagen konnten.

Beaumont ritt unverzüglich auf die Pferdeherde los. Er erreichte sie vor den bestürzten Indianern und jagte über tausend Pferde den Canyon hinab, während die schreienden Krieger zu Fuß die Verfolgung aufnahmen. Dann brachte Mackenzie die inzwischen unten angekommenen Kompanien L und H in Stellung und griff die Tipis an. Doch die überraschten Krieger leisteten tapfer Widerstand, um die Flucht der Frauen und Kinder zu decken, die die Steilhänge hinaufkletterten und sich im Gestrüpp verbargen. Der langsame Abstieg des Regiments auf dem schmalen, gewundenen Pfad machte es Mackenzie unmöglich, mit voller Kraft loszuschlagen. Im Schutz einer Flammenwand zogen sich die Indianer zurück, sobald sich ihre Familien in Sicherheit gebracht hatten.

Da Mackenzie kein ruhmsüchtiger Draufgänger war, wartete er mit der Verfolgung, bis er seine Truppe vollzählig versammelt hatte. Doch dann war es zu spät. Da sich die Comanchen einzeln zurückzogen, stellte er ihnen nicht nach. Seine Männer und Pferde hatten einen mehrstündigen

Gewaltritt über vierzig Kilometer hinter sich, und außerdem war ihm der Sieg gewiß, obgleich niemand außerhalb der Armee ihm die gebührende Anerkennung dafür zollte. Er hatte nur vier Comanchen töten können, wobei einige seiner Männer verwundet wurden, doch waren ihm sämtliche Pferde, Zelte und Vorräte der Indianer in die Hände gefallen. In dem verlassenen Camp fand er tonnenweise Mehl, Zucker, getrocknetes Bisonfleisch und Decken, Kisten mit nagelneuen Karabinern und Munition. Mackenzie befahl, alles niederzubrennen. Quanahs Hoffnungen auf einen sorglosen Winter fanden ihr unerwartetes Ende in den Flammen.

Die vierzehnhundert eingefangenen Pferde stellten ein Problem dar, das Mackenzie auf die einzig sinnvolle Weise löste. Er erlaubte den Tonkawaspähern, sich ein paar hundert für den Abtransport der Beute auszusuchen, die sie zusammengetragen hatten, bevor das Lager niedergebrannt wurde. Den Rest der Herde, über tausend Tiere, ließ er auf den Plains gnadenlos töten; Mackenzie wußte nur zu genau, daß die verzweifelten indianischen Krieger wie 1871 alles daransetzen würden, ihre Pferde zurückzuerlangen. Jahrelang blieben die über tausend Pferdeskelette liegen, bis ein Handelsunternehmer sie wegschaffte und an einen Düngemittelhersteller verkaufte, der sie zu Knochenmehl verarbeitete.

Mackenzie hatte Quanah und die Comanchen so vernichtend getroffen, als hätte er sie mit den Pferden erschossen. Ein Plainskrieger ohne Pferd war unfähig zu kämpfen, unfähig zu jagen, ja sogar unfähig, über die Prärie zu ziehen. Die flüchtende Bande begann nach ein bis zwei Tagen, sich der wenigen Habseligkeiten zu entledigen, die die Frauen gerettet hatten. Als Mackenzie die Verfolgung aufnahm, fanden die Soldaten den Rückzugsweg mit indianischen Gerätschaften übersät.

Viele Krieger gaben auf. Sie schlugen den langen gefährlichen Weg zurück nach Fort Sill ein; hungrig, erschöpft, verzweifelt flehten sie den Agenten um Lebensmittel an. Doch Quanah und der harte Kern der Kwahari gaben noch nicht auf. Es ging um ihr Land und um ihr Leben, und nur unter äußerstem Zwang wollten sie dem Weißen Mann nachgeben. Sie flüchteten noch tiefer ins Llano Estacado hinein.

Woche um Woche hetzte Mackenzie seine Truppen unablässig jeder Spur nach, verfolgte jede einzelne kleine Gruppe bis tief in den Winter. Einige machte er ausfindig und führte fünfundzwanzig kleinere Gefechte – so geringfügig, daß er sie nicht einmal in seinen Berichten erwähnte. Die Tonkawaspäher hielten nahe dem Lager der Kavallerie ihre letzten Skalptänze ab und schrien dem Herbstmond ihre Siege zu. Die Herren der südlichen Plains gab es nicht mehr. Aber auch die Tonkawa waren so gut wie ausgelöscht; weniger als hundert hatten überlebt. Ein paar Jahre später sollten die letzten noch verbliebenen fünfzig von ihnen mit den knapp über fünfzig noch lebenden Lipan-Apachen in einer Reservation des Indianerterritoriums verschmelzen und so für immer vom amerikanischen Kontinent verschwinden.

Wie die Soldaten feststellten, blieb der Haß der Stämme untereinander wach, bis sie einer nach dem anderen untergingen. Als Mackenzie zwei Jahre später im Norden Dull Knifes Cheyennebande vernichtete, stieß er auf ein Lager, in dem die verfolgten Krieger ein Massaker an den Schoschonen veranstalteten; sie hatten eigens ihre eigene Flucht unterbrochen, um ihre indianischen Feinde zu überfallen und zu ermorden.

Mitte Januar 1875 kehrte Mackenzie nach Fort Richardson zurück. Sein Regiment hatte während des viermonatigen Feldzuges Tausende Kilometer zurückgelegt und über zwei Dutzend Gefechte durchgestanden. Der Kommandeur des Bezirkes Texas glaubte, er habe die Comanchen so endgültig und gründlich besiegt, daß seine Fähigkeiten anderweitig eingesetzt werden könnten. Er wurde versetzt, um gegen die Cheyenne, die Ute und Apachen zu kämpfen, und nahm auch an den letzten Kampagnen gegen die Dakota teil. In allen diesen Kampagnen bewies er seine herausragende Fähigkeit, erntete aber weder Ruhm noch Anerkennung.

Das Kommando in Texas ging an Grierson über, der mit seinen eigenen Truppen, dem schwarzen Zehnten Kavallerieregiment und mit Shafters Vierundzwanzigstem Infanterieregiment Mackenzies Politik weiterführte. Die Verfolgung wurde das ganze Jahr 1875 hindurch fortgesetzt. Noch manches Tipi der Comanchen wurde niedergebrannt, Tonnen von Fleisch und andere Vorräte wurden vernichtet.

Im Norden ging Miles in gleicher Weise gegen die Cheyenne vor. Privat war er einer der besten Freunde, die die Plainsindianer je unter den Weißen besaßen; doch er versuchte den Häuptlingen einzuschärfen, daß es keine Gnade für sie gab, solange sie ihre Raubzüge nicht unterließen und sich außerhalb der Reservate bewegten. Militärs wie er waren durchaus nicht indianerfeindlich; aber sie waren durch und durch pflichtgetreue Berufssoldaten.

Die Kwahari und einige andere kleine Banden blieben anfangs unentdeckt. Doch die weißen Offiziere kannten das Land mittlerweile, und sie kannten die Zufluchtsstätten der Indianer. Als die Weißen die Büffeljagd wiederaufnahmen, wurden die Bisons immer seltener, und die Indianer besaßen nur noch wenige Pferde. Vom Februar 1875 ab begannen die Indianer deshalb eines quälenden, langsamen Hungertodes zu sterben.

In jenem Monat erschienen auch Lone Wolf und die letzten Kiowakrieger in Fort Sill, nachdem die Soldaten zugesagt hatten, sie unbehelligt ins

Reservat wandern zu lassen. Nach und nach fanden sich alle Banden außer den Kwahari ein. Einige kamen im Familienverband, andere allein; selbst der Bandenzusammenhalt bröckelte langsam infolge der grausamen Hungersnot auseinander. Im März gaben die südlichen Cheyenne ihren Widerstand auf.

General Pope bemerkte in seinem Bericht, die Cheyenne seien »fast verhungert und befinden sich in einem bedauernswerten Zustand«. Auch Tabenaneka konnte seine verzweifelte Prahlerei nicht einlösen, denn seine Frauen und Kinder konnten vom Kot nicht leben. Im April hatten sich alle Banden außer Quanahs ergeben. Viele Comanchen kamen in den Schneestürmen ums Leben. Die Banden, die aufgaben, besaßen zumeist einen starken Überlebenswillen oder wollten nicht mitansehen, wie ihre Familien zugrunde gingen.

Für alle, die nun kamen, gab es keine Verträge, Geschenke oder Ehrungen mehr. Die Krieger wurden in ein Konzentrationslager am Cache Creek gepfercht, das eingezäunt war und von Soldaten bewacht wurde. Diejenigen, die als besonders gefährlich galten, wurden in einen unfertigen Eiskeller der Agentur eingesperrt; einmal am Tage warf man diesen Gefangenen über die Mauern rohes Fleisch zu. Die Indianer aller Stämme waren entwaffnet, ihre Pferde und Packesel, über 7 500 Tiere, erhielten die indianischen Kundschafter, über 5 500 wurden auf Auktionen verkauft, der Rest wurde getötet.

Häuptlinge, die Verträge unterzeichnet und nicht eingehalten hatten, wurden hart angefaßt. Zum Beispiel Satanta, Häuptling der Kiowa, hatte sein Wort durch die Teilnahme am Überfall auf die Büffeljäger gebrochen; er wurde in ein texanisches Zuchthaus gesteckt: Für einen Plainsindianer, der auf offener Prärie geboren worden war, mußte solch eine Strafe schlimmer sein als Foltertod. Satanta schnitt sich die Pulsadern auf, doch ein weißer Arzt verhinderte, daß er verblutete. Schließlich sprang er in einem unbewachten Augenblick vom Dach des Gefängnisses in den Hof und brach sich das Genick.

Seinen Gefährten Big Tree jedoch schüchterten die Gefängnisgitter ein. Er stumpfte ab. Seine Strafe wurde ihm schließlich unter Auflage gewisser Bedingungen erlassen. Big Tree starb im Alter von achtzig Jahren an Altersschwäche. Er war zuletzt Lehrer in einer Sonntagsschule der Baptisten.

Viele der Häuptlinge wie Lone Wolf, Woman's Heart, Mamanti und andere wurden zu hohen Gefängnisstrafen verurteilt. Eine Reihe Comanchen, Kiowa und Cheyenne wurden unter militärischer Bewachung ins Exil nach Florida gebracht. Diese Maßnahmen waren mehr als Präventiv-

denn als Strafmaßnahmen gedacht. Seit der letzten großen Erhebung 1874 hegten die Armee und die Regierung den Indianern gegenüber großes Mißtrauen. Die Stämme der südlichen Plains waren jedoch während des fürchterlichen Winters 1874/75 in ihrem Widerstandswillen gründlicher gebrochen worden als die Amerikaner annahmen, denn der überwiegende Teil der überlebenden Indianer akzeptierte das Reservationsleben apathisch und widerspruchslos. Es bestand keine Notwendigkeit, die Häuptlinge einzusperren; die meisten von ihnen wurden deshalb bald wieder auf freien Fuß gesetzt, und auch die vermeintlichen Aufrührer durften nach einigen Jahren aus dem Exil heimkehren. Ein Cheyenne ließ einen Wachsoldaten aus Florida schreiben, seine Söhne müßten den Weg des Weißen Mannes einschlagen, denn die Weißen seien so zahlreich wie die Blätter an den Bäumen, und niemand könne sie besiegen.

Die unnachgiebigen, zähen Kwahari lebten den Winter über von Nüssen, Knollen und Nagetieren. Sie besaßen keine Pferde für die Jagd, doch selbst wenn sie welche besessen hätten, hätten sie nicht jagen können. Die Kavallerie patrouillierte ständig die Plains, und die Büffel wurden immer weniger. Die Plainskultur war an der Wurzel zerstört. Doch einige Kwahari klammerten sich noch immer an ihre Freiheit. Ein Teil von ihnen zog sich in die Rocky Mountains zurück, andere wanderten den Pecos River entlang ins Big Bend-Gebiet in Texas; beide Gruppen kehrten zu der versteckten, verborgenen, unauffälligen Lebensweise ihrer schoschonischen Vorfahren zurück. Sie wären wahrscheinlich wie ihre Vorgänger, die Apachen, allmählich ausgestorben; doch die Soldaten waren noch nicht mit ihnen fertig. Sergeant Charlton und einige befriedete Comanchen suchten sie mit Friedensflaggen auf. Charlton nannte ihnen die Bedingungen der Regierung: Leben in der Reservation oder Krieg bis aufs Messer. Er versprach ihnen, daß der nächste Sommer keine Überlebenden sehen würde.

Quanah, der letzte und vielleicht größte der Comanchenhäuptlinge, entschloß sich zur Kapitulation. Er sammelte alle Nemene, die er aufspüren konnte, und zog im Juni 1875 ins Reservat.

Die Gebiete, die Quanahs freiheitsliebende, aber doch unterlegene Kwahari aufgaben, wurden sofort von der vorrückenden amerikanischen Grenze vereinnahmt. Wie brüchig die Comanchen-Barriere geworden war, zeigt sich deutlich an der Statistik: In den acht Jahren 1875 bis 1883 drang die weiße Grenze rascher und weiter vor als in den vorangegangenen vierzig Jahren zusammen.

Die Büffeljäger rotteten die letzten noch verbliebenen Büffel aus, und die Viehzüchter rückten mit ihren riesigen Herden nach. Charles Goodnight, der nun endlich von Neu-Mexiko aus die reichen Gebiete des Texas Panhandle mit seinen Rindern überziehen konnte, rettete auf seiner Ranch einige wenige Bisons. Bezeichnenderweise aber waren es Kanadier, die sich stärker für die urtümlichen Plainsbüffel einsetzten und das Überleben der Art sicherten.

Innerhalb weniger Jahre hatten die Viehzüchter das gesamte riesige Gebiet umschlossen; es wurde von Straßen und Schienenwegen durchschnitten; die Besiedlung begann und setzte das Land neuen Formen der Zerstörung aus. Von hungrigen Rindern bis auf die Grasnarbe abgefressen, verwandelten sich rasch endlose Weidezonen in trockene Mesquitestrauchprärie. Von tiefgreifenden Pflügen umgegraben, wurde Frühjahr um Frühjahr die Humusdecke tonnenweise von den heftigen Winden abgetragen. Der Grundwasserspiegel sank immer tiefer, und bald mußten die über undenkliche Zeitalter angesammelten Reserven angegriffen werden.

Das Land wurde rasch von der Zivilisation vereinnahmt. Aber es war ein rauhes Land, das es der Zivilisation schwermachte. Der Mensch war nur ein Sprenkel auf seiner Oberfläche. So kam es, daß ungeachtet der großen Zahl der Zuwanderer und der Fortschrittlichkeit der Technologien, die sie mitbrachten, auf dem Mutterboden des Mittkontinents keine hohe Stufe menschlicher Kultur gedeihen konnte.

Quanah und seine Leute kapitulierten bedingungslos, aber sie erfuhren keine grausame Behandlung. Viele Armeeobersten setzten sich zu seinen Gunsten ein. Er hatte getötet und gebrandschatzt, aber er hatte es in Verteidigung seines angestammten Gebietes getan. Er hatte sich nie mit Weißen Männern zum Rat zusammengesetzt, also konnte er auch keine Zusagen oder Verträge brechen. Selbst die Texaner waren jetzt in gewisser Weise auf ihn stolz. Und die weißen Offiziere, bei denen die Rechtsgewalt im Westen lag, achteten Mut genauso hoch, wie das jeder Indianer tat.

Die Achtung, die er genoß, und seine persönlichen Fähigkeiten machten es Quanah möglich, seinem Volk hervorragend zu dienen und bei den kommenden Erniedrigungen, wenn die Reservation weiter verkleinert oder Zuwendungen gestrichen wurden, die bestmöglichen Lösungen auszuhandeln. Als die Reservation schließlich gegen leidenschaftlichen Protest aufgelöst wurde, erhielt jeder Comanche 160 Acre Land in den Prärien – das sind etwa 65 Hektar –, während der Rest für die Besiedlung durch Weiße freigegeben wurde.

Die »Heimführung« der Comanchen war abgeschlossen. Es kam noch zu einigen Vorstößen nach Texas, bei denen Pferde entwendet wurden, aber die Kriege waren ausgekämpft. Die überlebenden Kriegshäuptlinge schworen dem Krieg ab. Sie legten Schild und Kriegsputz beiseite und gaben Prestige und Privilegien auf. Keiner dieser Männer posierte für Fotos, wie sie für durchreisende Politiker oder Anthropologen aufgenommen wurden, keiner von ihnen ließ sich dazu herab, jenen Vorstellungen des zwanzigsten Jahrhunderts vom Aussehen der Plainskrieger zu entsprechen, die den echten Habitus der Stämme mit der scheinbaren Realität von Indianerausrüstungen aus dem Versandhaus mischen. Soweit ihre Porträts erhalten sind, zeigen sie grimmige, nackte Männer, die unerschrocken in die Kamera blicken.

Doch in späteren Jahren wurden auch bei einigen von ihnen glasperlengeschmückte Rehlederjacken und grellbunter Federkopfschmuck üblich – weil die Weißen so etwas halt von den Comanchen erwarteten. Kulturellen Hintergrund hatte solcher Putz nicht; Jacken und Federn waren nur verzerrte Überbleibsel einer untergegangenen Kultur. Viele Jahre später stellte sich selbst der stolze Quanah in solcher Aufmachung der Kamera.

Die indianische Bandenstruktur brach auf. Für die Aufrechterhaltung der Banden gab es auf dem Pfad und in den Häusern des Weißen Mannes keinerlei Notwendigkeit mehr. Die Familien trennten sich voneinander. Aber das Volk, die Nemene, spürten schmerzlich, daß etwas fehlte, und wenn sie auch keinen Ersatz für das althergebrachte Geisterleben und die Gemeinsamkeit von Tanz und Lagerfeuer fanden, so bot ihnen das Peyote, das sie von den Apachen übernahmen, wenigstens ein bißchen Trost.

Vor ihrer Unterwerfung hatten die Comanchen keinen Peyotekult gekannt. Nie zuvor hatte das Volk systematisch Drogen angewandt; aber nun bestand ein verzweifeltes Bedürfnis nach einer bewußtseinsverändernden Substanz. Da kam Peyote zu Hilfe.

Im Gegensatz zu Alkohol ist Peyote weder körperlich schädlich noch suchtbildend. Es ist ein Halluzinogen, aber anders als der Kriegstanz oder die einsame Nachtwache auf der Suche nach Medizin führt es sanfte und dämpfende Visionen herbei, führt es zu Euphorie, statt gewalttätige Aggressivität auszulösen. Im Kreis der Peyoteesser konnten die Krieger alles erleben, was einem Indianer auf der Suche nach seiner Magie möglich war, und neben friedlicher Stimmung und Entspannung rief Peyote beim Zusammenhocken und gemeinsamen Erleben der Droge das Gefühl einer spirituellen Vereinigung miteinander wach. Die wenigen noch verbliebenen Nemene – geplagt, gebrochen und erniedrigt – fühlten sich unter dem Einfluß von Peyote, dessen Wirksubstanz das Meskalin ist, weniger auf Gnade oder Ungnade einer Welt ausgeliefert, an die sie nicht mehr glauben konnten. Peyote nahm ihnen wenigstens für Stunden etwas von ihrer Angst und ihrer Einsamkeit.

Der Peyotekult machte die böse, fremd gewordene Welt für sie etwas erträglicher. Wie verzweifelt das Bedürfnis nach einem solchen Hilfsmittel war, zeigt sich an der schwindenden Zahlenstärke des Stammes. Im August 1875 wurden bei der Agentur am Cache Creek nur noch 1597 Comanchen aller Gruppen registriert, wobei etwa fünfzig unerfaßt blieben. Nur ein Zwölftel der früheren Population hatte die voraufgegangenen 25 Jahre überlebt. Immer noch wurden sie – und unter ihnen insbesondere die reinblütigen Indianer – von Krankheiten dahingerafft. Trotz vieler Geburten sollten sie 1884 nur noch 1382 Köpfe zählen, und obwohl eine neue Generation nachgewachsen war, sollten es 1910 nur noch 1171 sein. Ab 1910 verschwanden die reinblütigen Nemene von der Bildfläche; die Hälfte der Überlebenden hatte mexikanisches oder amerikanisches Blut in ihren Adern. Im Jahre 1931 schätzte der Anthropologe Marcus S. Goldstein, daß nur zehn Prozent der Überlebenden noch reinblütige Nemene seien.

Um die Mitte des zwanzigsten Jahrhunderts lebten bei Lawton, Oklahoma, etwa dreitausend »Comanchen«; aber zu jener Zeit war der Begriff Comanche rassisch oder kulturell längst inhaltslos geworden.

Nur sehr wenige Indianer in den Registern des ehemaligen Indian Territory also waren noch echte Indianer, wenn sie auch noch keineswegs ausgesprochen amerikanisch geworden waren. Sie waren zwischen zwei Welten gefangen, von denen keine ihnen wirkliches Gedeihen ermöglichte. Und doch bestand noch Hoffnung auf eine schrittweise Assimilation, und zwar weit mehr im Indian Territory als an den anderen entlegenen Orten, an denen sie nicht hatte stattfinden können. Die Nachfahren des Häuptlings Quanah Parker in der vierten Generation hielten mit dem Parker-Clan von Texas an den Gräbern von Quanah, Topsannah und Cynthia Ann regelmäßig Familientreffen ab, und beide Sippenzweige dachten voll Stolz und voller Trauer an das gelebte Beispiel ihres verwobenen Schicksals der Weißen und der Roten zurück.

Die Bedeutung dessen zu übersehen, hieße den eigentlichen Inhalt der Tragödie der Comanchen zu übersehen: Neue Völker, neue Kulturen sprossen aus den Gräbern der alten. Kein Übergang geht leichter Hand vonstatten. Von den Comanchen wurde mit ihrer Kapitulation gefordert, achtzig Jahrhunderte sozusagen über Nacht zu überspringen. Dieser Wandel griff zu tief in die Individual- und Ethnopsyche ein; viele von ihnen schafften nicht einmal den ersten Schritt. Sie waren auf die erhebenden Schauer der Jagd und des Krieges und die wilden Freiheiten der Prärie hin erzogen worden. Die meisten Nemene versuchten an ihrer hergebrachten Welt festzuhalten, selbst als sie schon zwischen den Trümmern saßen.

Sie wollten jagen. Die vier Pfund Rindfleisch pro Woche, die der Agent ihnen in harten Wintern – gewöhnlich war es erheblich weniger – aushändigte, stillten nie ihren Hunger. Sie benötigten auch Büffelhäute, denn die meisten Jäger-Krieger verabscheuten amerikanische Kleidung. Sie wollten die Kleider, die ihre Frauen nähten. Doch Häute, die man nicht unmittelbar selbst brauchte, bedeuteten Geld – jenen seltsamen neuen Zauber, den auch die Indianer langsam entdeckten.

Die Comanchen mußten sich Pässe besorgen, ehe sie die Agentur verlassen durften, um irgendwo draußen zu handeln. Doch da einige indianische Jäger in Texas eingefallen waren – unblutig zwar, aber den Pferden hatten sie nicht widerstehen können –, hielten die Armeeoffiziere die Pässe zurück.

Die Männer bedrängten den neuen Agenten, P. B. Hunt. Hunt zeigte Mitgefühl; er legte sich mit dem Militär wegen der Pässe an. Schließlich setzte er durch, daß dem Stamm der Comanchen für eine Jagd im Herbst 1878 die Pässe bewilligt wurden. Alle durften daran teilnehmen unter der Bedingung, daß eine kleine Militäreskorte sie begleitete.

Als die Zeit für den Jagdzug nahte, bereiteten sich alle Comanchen der Agentur freudig darauf vor. Sie riefen die Büffelmedizin wieder wach und die überlieferten Tänze; die alten Männer erzählten den jungen, wie es sein würde, und sie alle lechzten nach dem Geschmack der Markknochen. Männer, die aufgegeben hatten, sahen wieder einen Sinn im Leben, prahlten, wie sie in alten Tagen, die gerade ein paar Jahre zurücklagen, die Büffel getötet hatten. Weder die Armee noch der Agent handelten absichtlich grausam, als sie die Indianer auf diese Expedition ziehen ließen. Sie glaubten, es würde sie aufleben lassen.

Fünfzehnhundert Comanchen zogen begierig auf die Plains hinaus, nach Westen. Die Kundschafter wurden ausgesandt, Kilometer voraus. Stundenlang beobachtete die Horde den Himmel, aber es stiegen keine Rauchzeichen auf. Die Späher kamen hungrig zurück, ritten wieder aus. Sie hatten keine Büffel entdeckt, nur Knochen. Überall lagen, über riesige Areale dicht gestreut, gebleichte Schädel. Die Jäger kundschafteten jeden Bachlauf, jede Schlucht, jede Baumgruppe aus. Sie ritten viele Kilometer und Tage. Sie erlegten ein paar Antilopen und andere Tiere, nie aber mehr als ein paar Krümel für die hungrige Jägerschar, die erwartungsvoll in den Tipis ausharrte.

Die Pessimisten sagten, es werde keine Büffel, kein Fleisch, keine Felldecken geben für den Winter. Der mitgenommene Agenturproviant wurde knapp; es wurde Zeit zurückzukehren. Doch die alten Männer sagten nein. Die Büffel würden kommen, wenn die Blätter fielen, wie sie immer gekommen waren, wenn die heftigen Nordwinde die Blätter vor sich hergetrieben hatten; sie würden zu Millionen in die südlichen Gebiete kommen.

Aber als die Plains weiß im winterlichen Frostkleid lagen, waren die Horizonte noch immer weit und leer. Die Frauen klagten, die Kinder weinten. Die Krieger beschworen neue Medizin herauf. Sie flehten den Büffelgeist an, die Winde, jeder seinen persönlichen Beschützer, seine Medizin. Jetzt heulten die Nordwinde von den Bergen herunter; das Gras raschelte frostgehärtet in der Nacht; Schneegeruch füllte die Luft.

Die Zeit, für die der Jagdpaß bewilligt worden war, verstrich. Der verantwortliche Offizier der Eskorte meinte, man solle den Indianern dennoch ihren Willen lassen. Auch die weißen Soldaten beobachteten nun scharf den Horizont; vielleicht dämmerte ihnen eine ansatzweise begriffene Ungeheuerlichkeit. Nach und nach aber verließen die indianischen Familien das Lager und zogen entmutigt des Mehls, Zuckers und Reises willen, die sie dort erwarteten, nach Cache Creek zurück. Die ältesten und größten Jäger-Krieger ritten immer noch über die Plains und suchten, suchten, suchten. Sie entdeckten nichts als Knochen, und abends saßen sie am Lagerfeuer und starrten entmutigt in die kleiner werdenden Flammen.

Da kam der Schnee. Der Proviant ging zu Ende. Einige der Jäger schlachteten bereits ihre alten Pferde.

Der Indianeragent begriff die Comanchen nicht. Er konnte nicht begreifen, was in ihnen vorging. Doch die hungrigen Kinder machten ihm Sorge. Er sandte Wagen mit Lebensmitteln hinaus auf die Prärie. Als sie eintrafen, saßen die Comanchen in ihren Tipis, inmitten eines Schneesturmes. Sie verhungerten. Schwermütig und ohne Hast nahmen sie die Nahrung an. Sie hörten ohne Freude die Aufforderung des Agenten, zur Reservation zurückzukommen, wo die Regierung sie ernähren würde.

Das letzte Jägerlager wurde abgebrochen, Bogen und Lanzen wurden beiseite gelegt. In einem langen, schweigenden Zug verließen die letzten Comanchen die Schädelstätten der Plains und kehrten zur Agentur zurück. Ohne Hoffnung, ohne Glück, ohne Auflehnung ergaben sie sich ihrem Schicksal und ihrem lautlosen Abschied vom Indianerdasein.

Die Monde der Comanchen über der Prärie gingen auf und gingen in den nebligen, sonnendurchhellten Morgen wieder unter. Es waren noch immer die Monde der Comanchen. Nur es gab keine Comanchen mehr.

Literaturverzeichnis

Atkinson, M. J.   The Texan Indians. San Antonio 1935

Bancroft, Hubert H.   History of Arizona and New Mexico. San Francisco 1889

Berlandie, Jean Louis   The Indians of Texas in 1830. Washington 1969

Boas, Frank   Handbook of American Indian Languages. Washington 1911–12

Bolton, Herbert E.   Athanase de Mézières and the Louisiana-Texas Frontier 1786–1780. Cleveland 1914

Brown, John H.   Indian Wars and Pioneers of Texas. Austin 1890

Cardinal, E.   Für die Indianer Amerikas. Hammer, Wuppertal 1973

Carter, Robert G.   The Old Sergeant's Story. New York 1926

Catlin, George   North American Indians. Edinburgh 1926

Cook, John R.   The Border and the Buffalo. Topeka (Kans.) 1907

Curtis, Edward S.   The North American Indian. Norwood (Mass.) 1930

Elman, Robert   Faustrecht – Verbrechen und Verbrecher im Wilden Westen. Umschau, Frankfurt 1975

De Shields, J. J.   Border Wars of Texas. Tioga (Tex.) 1912

Dobie, J. Frank   The Mustangs. Boston 1952

Dodge, Richard I.   Our Wild Indians. Hartford (Conn.) 1882

Farb, Peter   Die Indianer. Molden, Wien 1971

Fehrenbach, T. R.   Lone Star: A History of Texas and the Texans. New York 1968

Fehrenbach, T. R.   Fire and Blood: A History of Mexico. New York 1973

Foreman, Grant   Pioneer Days in the Early Southwest. Cleveland 1926

Garretson, Martin S.   The American Bison. New York 1938

Glisan, Rodney   Journal of Arma Life. San Francisco 1874

Grinnell, George B.   The Story of the Indian. London 1896

Hackett, Charles W.   Historical Documents Relating to New Mexico, Nueva Vizcaya to 1773. Washington 1923–37

Hetman, F.   Indianermärchen aus Nordamerika. Fischer, Frankfurt am Main 1970

Hodge, Frederick W.   Handbook of American Indians North of Mexico. Washington 1907

Hornaday, W. T.   The Extermination of the American Bison. Washington 1887

House, E.   A Narrative of the Captivity of Mrs. Horn and Her Two Children with That of Mrs. Harris by the Commanche Indians. St. Louis 1839

Huffaker, C.   Hilf dir selber, Indianer. Fischer, Frankfurt am Main 1973

Jacobs Landau Pell   Brüder, sollen wir uns unterwerfen? Hanser, München 1972

Jones, Jonathan H. A.   A Condensed History of the Apache and Comanche Indian Tribes. San Antonio 1899

Keim, Randolph de B.   Sheridan's Troopers on the Border. Philadelphia 1885

Kroeber, Alfred L.   Cultural and Natural Areas of Native North America. Berkeley 1947

Lee, Nelson   Three Years Among the Commanches. Albany 1859

Lehmann, Hermann   Nine Years Among the Indians (1870–79). Austin 1927

Levi-Strauss, Claude   Strukturale Anthropologie. Suhrkamp, Frankfurt 1969

Manypenny, George W.   Our Indians Wards. Cincinati 1880

Marcy, Randolph B.   Thirty Years of Army Life on the Border. New York 1866

Mayhall, Mildred P.   Indian Wars of Texas. Waco (Tex.) 1965

Neighbors, Robert S.   The Naüni or Comanches of Texas. Philadelphia 1853

Newcomb, W. W. Jr.   The Indians of Texas. Austin 1961

Nye, Wilbur S.   Carbine and Lance: The Story of Old Fort Sill. Norman (Okla.) 1937

Oates, Stephen B.   Rip Ford's Texas. Austin 1963

Otis, Elewell S.   The Indian Question. New York 1878

Richardson, Rupert N.   The Comanche Barrier to South Plains Settlement. Glendale (Calif.) 1933

Rister, Carl C.   Border Captives. Norman (Okla.) 1955

Roe, Frank G.   The Indian and the Horse. Norman (Okla.) 1955

Smithwick, Noah   The Evolution of a State. Austin 1900

Tatum, Lawrie   Our Red Brothers and the Peace Policy of President Ulysses S. Grant. Philadelphia 1889

Thomas, Alfred B.   Forgotten Frontiers: A Study of the Spanish Indian Policy of Don Juan Bautista de Anza, Governor of New Mexico. Norman (Okla.) 1932

Twitchell, Ralph E.   Spanish Archives of New Mexico. Cedar Rapids (Iowa) 1914

Wallace, Ernest, and Hoebel, E. Adamson   The Comanches, Lords of the South Plains. Norman (Okla.) 1952

Webb, Walter P.   The Great Plains. New York 1931

Webb, Walter P.   The Texas Rangers: A Century of Frontier Defense. Austin 1935

Wilbarger, J. W.   Indian Depredations in Texas. Austin 1889

Wilson, Edmund   Abbitte an die Irokesen. Hanser, München 1974

Wissler, Clark   North American Indians of the Plains. New York 1927

Yoakum, Henderson K.   History of Texas. New York 1856

Der Autor konnte außerdem auf folgende Dokumente zurückgreifen:

Office of Commissioner of Indian Affairs, 1829–55: Agents' Reports (Indian Archives).

Texas Indian Papers.

Commissioner of Indian Affairs. Annual Reports 1830–75.

American State Papers: Indian Affairs; Military Affairs.

Smithsonian Miscellaneous Collection, Indian Affairs.

War of the Rebellion: Official Records of the Union and Confederate Armies. Washington 1881–1902.

Monographien und Untersuchungen in folgenden Zeitschriften wurden ausgewertet:

American Anthropologist. Chronicles of Oklahoma. Missouri Historical Review.

Southwestern Historical Quarterly. Southwestern Journal of Anthropology. Monographs of the American Ethnological Society.